民法問答講義

吉野寛講義

明治卅五年五版

民法問答講義

日本立法資料全集 別巻 1218

信山社

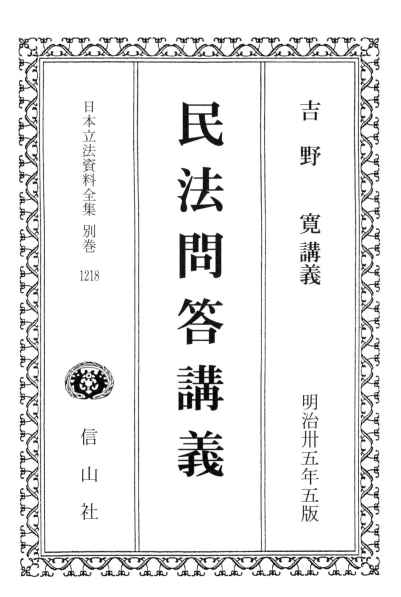

注記

吉野寛講義『民法問答講義』（文間安次郎、五版、一九〇二〔明治三五〕年）（以下、本書という）の復刻にあたって、底本として用いた原本には、七七頁に文字欠けがある。復刻に際しては、別の版のさらなる探索などもありうるところであったが、現存部数が少なく、また、文字欠けの範囲は一部にとどまるため、敢えて、現状のまま復刻することとした。

なお、七七頁の他にも判読しにくい箇所が散見されるが、前後の文脈などで補うことで、その多くは、判読しうると判断した。

〔信山社編集部〕

朕帝國議會ノ協賛ヲ經タル民法中修正ノ件ヲ裁可シ茲ニ之ヲ公布セシム

御名御璽

明治二十九年四月二十三日

法律第八十九號

民法第一編第二編第三編別冊ノ通定ム

此法律施行ノ期日ハ勅令ヲ以テ之ヲ定ム

明治二十三年法律第二十八號民法財産編財産取得編債權擔保編證據編ハ此法律發布ノ日ヨリ廢止ス

朕帝國議會ノ協賛ヲ經タル民法中修正ノ件ヲ裁可シ茲ニ之ヲ公布セシム

御名御璽

明治三十一年六月十五日

法律第九號

民法第四編第五編別冊ノ通之ヲ定ム

此法律施行ノ期日ハ勅令ヲ以テ之ヲ定ム

明治二十三年法律第九十八號民法財産取得編人事編ハ此法律發布ノ日ヨリ之ヲ廢止ス

朕民法法例戸籍法及競賣法施行ノ件ヲ裁可シ茲ニ之ヲ公布セシム

御名御璽

明治三十一年六月二十一日

内閣總理大臣　侯爵伊藤博文
海軍大臣　侯爵西鄕從道
大藏大臣　伯爵井上馨
內務大臣　子爵芳川顯正
外務大臣　男爵西德二郎
陸軍大臣　子爵桂太郎
司法大臣　曾禰荒助
遞信大臣　文學博士男爵末松謙澄
農商務大臣　金子堅太郎
文部大臣　文學博士外山正一

勅令第百二十三號

明治二十九年法律第八十九號民法第一編第二編第三編明治三十一年法律第九號民法第四編第五編同年法律第十號法例同年法律第十二號戶籍法及同年法律第十五號競賣法ハ明治三十一年七月十六日ヨリ之ヲ施行ス

緒言

本書ハ問答講義ト題シタル其名ニ背カス問ヒニ答ヘテ意義ヲ講釋スルノ仕組ニテ至テ解リ易クシタリ而ルニ問答トアリテ問ヒヲ掛ケタル文章無シト言フ者アラン併シナカラ問ヒノ辭ナルモノハ法文ノ正條ニテ其左傍ヲ塡ムルニ更ニ正條ヲ書スルハ所謂ル贅文ナリ斯ク徒ラニ紙面ヘ文字ヲ塡ムルモ其得ル所ハ紙數ヲ增加スルノミニテ隨テ書價ヲ貴クスルノ他ハアラス依テ法文ノ正條ヲ其儘問ヒノ辭トス而シテ講義ナルモノハ何程ニテモ詳シクスルヲ得ヘケレトモ讀者ハ解シ得ルヲ以テ度トシ簡

ニシテ要ヲ得レハ足レリト思ヘハ勉メテ煩雜ニ亙ルヲ避ケタリ物ニハ程度ト云フモノアレハ一般ノ十人好ノ所ヲ度トシテ稿ヲ脱セリ、偖テ意義ヲ解キテ解シ得ルモノハ其意義ノミノ講義ニ止ムレトモ例證ヲ擧ケサレハ充分ニ其意ヲ解スル能ハサルモノハ深切叮嚀ニ適切ノ例證ヲ擧ケ他ノ準用ノ條目ハ參照ニ供シ法理ノ解カサルヘカラサルモノハ悉ク其條下ニ解キタリ而シテ民法ハ譬ヘハ器械ノ如ク民法施行法ハ使用法ノ如キモノナレハ卷末ニ於テ詳細ニ之ヲ解ケリ讀者請フ焉ヲ諒セヨ

明治三十一年八月

著者識

民法問答講義目録

第一編　總則……一
第一章　人……一
第一節　私權ノ享有……二
第二節　能力……三
第三節　住所……一五
第四節　失踪……一六
第二章　法人……二三
第一節　法人ノ設立……二四
第二節　法人ノ管理……三四
第三節　法人ノ解散……四一
第四節　罰則……五二
第三章　物……五四
第四章　法律行爲……五七
第一節　總則……五七

第二節　意思表示……五八
第三節　代理……六二
第四節　無效及ヒ取消……七二
第五節　條件及ヒ期限……七八
第五章　期間……八四
第六章　時效……八六
第一節　總則……八六
第二節　取得時效……九三
第三節　消滅時效……九五
第二編　物權……一〇一
第一章　總則……一〇一
第二章　占有權……一〇三
第一節　占有權ノ取得……一〇三
第二節　占有權ノ效力……一〇六
第三節　占有權ノ消滅……一一四
第四節　準占有……一一五

第三章　所有權……一一六
第一節　所有權ノ限界……一一六
第二節　所有權ノ取得……一三一
第三節　共有……一三五
第四章　地上權……一四二
第五章　永小作權……一四五
第六章　地役權……一四九
第七章　留置權……一五六
第八章　先取特權……一六〇
第一節　總則……一六〇
第二節　先取特權ノ種類……一六二
第一款　一般ノ先取特權……一六二
第二款　動產ノ先取特權……一六五
第三款　不動產ノ先取特權……一七二
第三節　先取特權ノ順位……一七四
第四節　先取特權ノ效力……一七八

第九章　質權……一八二

第一節　總則……一八三

第二節　動產質……一八七

第三節　不動產質……一八八

第四節　權利質……一九一

第十章　抵當權……一九五

第一節　總則……一九五

第二節　抵當權ノ效力……一九八

第三節　抵當權ノ消滅……二一一

第三編　債權……二一三

第一章　總則……二一三

第一節　債權ノ目的……二一三

第二節　債權ノ效力……二一九

第三節　多數當事者ノ債權……二三八

第一款　總則……二三九

第二款　不可分債務……二三九

第三款　連帯債務……二三二
第四款　保證債務……二三九
第四節　債權ノ讓渡……二五一
第五節　債權ノ消滅……二五六
第一款　辨濟……二五六
第二款　相殺……二七五
第三款　更改……二八〇
第四款　免除……二八三
第五款　混同……二八四
第二章　契約……二八四
第一節　總則……二八四
第一款　契約ノ成立……二八五
第二款　契約ノ效力……二九二
第三款　契約ノ解除……二九七
第二節　贈與……三〇二
第三節　賣買……三〇五

第一款　總則……三〇五
第二款　賣買ノ效力……三〇七
第三款　買戻……三一九
第四節　交換……三二五
第五節　消費貸借……三二五
第六節　使用貸借……三二八
第七節　賃貸借……三三三
第一款　總則……三三三
第二款　賃貸借ノ效力……三三五
第三款　賃貸借ノ終了……三四一
第八節　雇傭……三四五
第九節　請負……三五一
第十節　委任……三五七
第十一節　寄託……三六四
第十二節　組合……三六八
第十三節　終身定期金……三七九

第十四節　和解……三八二
第三章　事務管理……三八三
第四章　不當利得……三八七
第五章　不法行爲……三九〇
第四編　親族……一
第一章　總則……一
第二章　戸主及ヒ家族……七
第一節　總則……八
第二節　戸主及ヒ家族ノ權利義務……一七
第三節　戸主權ノ喪失……二一
第三章　婚姻……三三
第一節　婚姻ノ成立……三三
第一款　婚姻ノ要件……三三
第二款　婚姻ノ無效及ヒ取消……四一
第二節　婚姻ノ效力……四七
第三節　夫婦財産制……五〇

第一款　總則……五〇
第二款　法定財產制……五〇
第四節　離婚……五八
第一款　協議上ノ離婚……五九
第二款　裁判上ノ離婚……六二
第四章　親子……六八
第一節　實子……六八
第一款　嫡出子……六九
第二款　庶子及ヒ私生子……七二
第二節　養子……七六
第一款　緣組ノ要件……七六
第二款　緣組ノ無效及ヒ取消……八二
第三款　緣組ノ效力……八七
第四款　離緣……八八
第五章　親權……九七
第一節　總則……九七

第二節　親權ノ效力……九八
第三節　親權ノ喪失……一〇八
第六章　後見……一〇九
第一節　後見ノ開始……一一〇
第二節　後見ノ機關……一一〇
第一款　後見人……一一一
第二款　後見監督人……一一七
第三節　後見ノ事務……一二〇
第四節　後見ノ終了……一三一
第七章　親族會……一三四
第八章　扶養ノ義務……自一三九至一四五
第五編　相續……一
第一章　家督相續……一
第一節　總則……一
第二節　家督相續人……四
第三節　家督相續人ノ效力……二一

第二章　遺産相續……二六
第一節　總則……二六
第二節　遺産相續人……二七
第三節　遺産相續ノ效力……三一
第一款　總則……三一
第二款　相續分……三四
第三款　遺産ノ分割……四〇
第三章　相續ノ承認及ヒ拋棄……四四
第一節　總則……四四
第二節　承認……四八
第一款　單純承認……四九
第二款　限定承認……五二
第三節　拋棄……六二
第四章　財産ノ分離……六四
第五章　相續人ノ曠缺……七四
第六章　遺言……七九

第一節　總則……七九
第二節　遺言ノ方式……八三
第一款　普通方式……八三
第二款　特別方式……九一
第三節　遺言ノ效力……九八
第四節　遺言ノ執行……一一三
第五節　遺言ノ取消……一一四
第七章　遺留分……一一七

民法施行法……一

第一章　通則……一
第二章　總則編ニ關スル規定……九
第三章　物權編ニ關スル規定……二一
第四章　債權編ニ關スル規定……二九
第五章　親族編ニ關スル規定……三四
第六章　相續編ニ關スル規定……四五

民法問答講義目錄終

民法問答講義

吉野寛講義

民法

民法問の答　民法とは我々《われ〳〵》人との附合《つきあひ》より出來《でき》る事柄《ことがら》を記《しる》したる法律《はふりつ》にして則《すなは》ち人が數《あま》多《た》相集りて一の國《くに》を爲《な》す上《へ》は其内に男と女とあり亦其内にも大人《おとな》と子供《こども》と盲唖《めくらをし》の如き片《かた》輪《わ》の者《もの》とありて此等《これら》の者の間に出來《でき》る事柄《ことがら》は如何樣《いかやう》に取扱《とりあつか》へばよろしきか又人は生《い》きて居《を》るものなれば其命《いのち》を保《たも》つ可き食物《しよくもつ》と身《み》を入るゝ家と寒《さむ》さを防《ふせ》ぐべき着物《きもの》とが入用《いりよう》なり其入用の物は自分が働《はたら》きて拵《こしら》へねばならぬ就《つい》ては人より金錢其他田地《でんち》家等を借《か》ることもあれば又は人に貸《か》すこともあり自分の不用《ふよう》の物を賣り拂ひ入用の物を買ひ受くることもあり若し代金を拂はずして品物《しなもの》を受取り又借りたる物を返《かへ》さず借賃《かりちん》を支拂《しはら》はざるときは如何《いか》にするか人には子や孫があり其子や孫に自分《じぶん》が拵へたる金錢其外の家田地等を分《わか》ち與《あた》へるには如何に定《さだ》むるときは都合《つがふ》よきか是れ皆民法の定むる所にして今八兵衛と七兵衛との間に土地の小作《こさく》に付き苦情起《くじやうおこ》り裁判所に持ち出せば民法に定めたる通《とほ》りに裁判せらるゝものなれば民法を知ると知らざるとにより大に損得《そんとく》のあることは言《い》ふまでもなしされば一《ひ》と通りは誰にても心得《こゝろえ》置くこそ肝要《かんえう》なれ然るに茲《こゝ》に氣を附けねばならぬことは民法が行《おこな》はれたるより何もかも民法の定めたる通りに相考《あひかんが》へ何事にも權利《けんり》とか義務《ぎむ》とか

を唱《とな》へ終《つひ》に悪《あ》しき事をのみ為《な》すに至り治《をさ》まりのつかぬことゝなるにより道徳《だうとく》と云ふものと民法と搗《つ》き交《ま》ぜて日々《ひゞ》の暮《くら》しの道とすれば過《あやま》ちなかる可きか

第一編　總則

第一編問の答　民法に記《しる》されたる一切《いつさい》の事柄に付用うる規則を定めたるものにして事の民事《みんじ》に關《くわん》するものは皆本編によらざる可からず

第一章　人《ひと》

本章問の答　此《こ》の人とは命《いのち》ある吾々《われく》の様《やう》な人と會社の様な法律《はふりつ》が人と為《な》したる人とを云ふ又本章には吾々の様な人は生《う》まれて權利を有《いう》することゝなり何歳《なんさい》になれば一人前の人《にん》間《げん》となるか其住所《ぢうしよ》は何處《どこ》か等《など》又法律かふ人と定めたる法人《はふじん》は何日《いつ》生《う》まるゝか則ち出來《でき》るか何日死《し》するかを定むるものなり

第一節　私權《しけん》ノ享有《きやういう》

本節問の答　凡人《およそひと》の權利には二種《しゆ》あり公權《こうけん》則ち議員《ぎゐん》を撰擧《せんきよ》する權《けん》又撰擧せらるゝ權と私《し》權《けん》則ち物を貸《か》し借《か》りする權又物を賣《う》り買《か》ひする權等《など》あり本節には私權を有《いう》することに付き其定め方《かた》を為《な》せり

第一條　私權ノ享有ハ出生《しゆつしやう》ニ始《はじ》マル

本條問の答　前に述《の》べたる私權は人が生《う》まれ出でゝ始《はじ》めて有《いう》することゝなるなり相續法《さうぞくはふ》

には腹《はら》に在る子が家督人《かとくにん》となる場合《ばあひ》を定めたれども只相續の点《てん》より認《みと》めたるものにて本條の私權の享有《きやういう》にあらざるなり或は死して生《う》まるゝやも斗られざれば矢張《やはり》生まるゝによりて權利《けんり》を有することゝなるべし

第二條 外國人ハ法令《はふれい》又ハ條約《でうやく》ニ禁止《きんし》アル場合ヲ除《のぞ》ク外私權ヲ享有ス

本條問の答 外國人《ぐわいこくじん》にして日本の國に住《す》み居《を》るものは法律や内務省《ないむしやう》や外務省《ぐわいむしやう》の如き官省《くわんしやう》より出でたる省令《しやうれい》又は日本の國と外國とが取結《とりむす》びたる條約《でうやく》に外國人には土地所有の權を與《あた》へずと云ふ如き禁《きん》じ止《とゞ》めある場合の外は日本人と同じく私權を有するなり

第二節 能《のう》力《りよく》

本節問の答 事を爲《な》し能《あた》ふ力《ちから》則ち智慧《ちゑ》を法律にて能力と云ふ人は生《うま》れて智慧のあるものにあらず追々《おひ〳〵》歳《とし》が加《くは》はるに從ひ智慧が出來《でき》るものなり何歳になれば一人前のものとなるか其迄《それまで》は如何樣《いかやう》に取扱《とりあつか》ふべきか又何程歳が加はると雖《いへ》ども愚《おろ》のなるものもあり其等《それら》の者は如何樣にせねばならぬか則《すなは》ち此等《これら》の者に付ての事を定めたり

第三條 滿《まん》二十年ヲ以テ成年《せいねん》トス

本條問の答 滿《まん》二十年生まれ月より計《かぞ》へて二十年に滿《み》つるときは成年《せいねん》則ち一人前《にんまへ》の年となしたり隨分《ずるぶん》十八九年にて賢《さか》しき者あれども先《ま》づ通例《つうれい》は滿二十年にならねば一人前の事

が出來《でき》ぬと見て斯《か》くは定めたるなり

第四條　未成年者《みせいねんしや》カ法律行爲《はふりつかうゐ》ヲ爲スニハ其法定《はふてい》代理人ノ同意ヲ得ルコトヲ要ス但單《たん》ニ權利ヲ得又ハ義務ヲ免《まぬか》ルヘキ行爲ハ此限ニ在ラス

前項ノ規定《きてい》ニ反《はん》スル行爲ハ之ヲ取消《とりけ》スコトヲ得

本條問の答、未成年者《みせいねんしや》則ち滿二十年にならぬ者が法律行爲《はふりつかうゐ》則ち或《あ》る田地を抵當《ていたう》に入れ金を借る約束を取結ぶには法定《はふてい》代理人なる後見人《こうけんにん》保佐人《ほさにん》の承知を得たる上ならねば爲《な》し能はざるなりされども何にもかも後見人の承知《しようち》を得ねばならぬとするときは不自由《ふじゆう》なるを以て但書《たゞしがき》に單《たん》に權利を得る行爲《かうゐ》假令《たとへ》ば友達《ともだち》と遊《あそ》びに出かけ少々の金を取替《とりか》ふる如き事又は義務を免《まぬ》がるゝ行爲《しわざ》則ち右の塲合の如き金を返却《へんきやく》する樣《やう》の事は後見人の承知を得るに及ばずと第一項に定め第二項に若し右の定め方《かた》に背《そむ》きて爲《な》したる事は取消《とりけ》すことが出來ると定めたれば誰も未成年者なるや否《いな》やを取調《とりしら》べ約束を取結ぶべきなり

第五條　法定代理人カ目的《もくてき》ヲ定メテ處分ヲ許《ゆる》シタル財產ハ其目的ノ範圍內《はんゐない》ニ於テ未成年者隨意《ずゐい》ニ之ヲ處分スルコトヲ得目的ヲ定メスシテ處分ヲ許シタル財產ヲ處分スル亦同シ

本條問の答　法定代理人則ち法律から定めたる未成年者《みせいねんしや》の代理人たる後見人の如き者が

金の使ひ途《みち》を定め未成年者が所有《しよいう》し居る米麥《こめむぎ》の如き財産《ざいさん》を處分《しよぶん》則ち賣拂ふことを許《ゆる》したるときは未成年者は其金の使《つか》ひ方《かた》の内にて自分勝手《じぶんかつて》に入用丈けのもの金になる財産を賣拂ふことを得假令《たとへ》ば未成年者の家を修繕《しうぜん》する爲めに金が入用となり後見人《こうけんにん》が金が入用ならば米を賣りて修繕《しゆうぜん》を爲《な》すべしとて米の賣拂《うりはらひ》を命《めい》じたるとき修繕に入用の金丈《かねだ》けの米を自由《ゆう》に賣ることを得《う》るなり又目的《もくてき》を定めずして則ち何の爲めに金を費すべきかを定めずして賣ることを許《ゆる》したるときも自由に處分《しよぶん》を爲すことを得るなり

第六條　一種《しゆ》又ハ數種《すうしゆ》ノ營業《えいげふ》ヲ許《ゆる》サレタル未成年者ハ其營業ニ關《くわん》シテハ成年者ト同一ノ能力《のうりよく》ヲ有《いう》ス

前項ノ場合ニ於テ未成年者カ未タ其營業ニ堪《た》ヘサル事跡《じせき》アルトキハ其法定《はふてい》代理人ハ親族編《しんぞくへん》ノ規定ニ從ヒ其許可ヲ取消シ又ハ之ヲ制《せい》限《げん》スルコトヲ得

本條問の答　後見人《こうけんにん》が未成年者に一色《ひといろ》か又ハ二色以上《ふたいろいじやう》の營業則ち仕事《しごと》を自分獨《ひと》りで爲すことを許《ゆる》したるときは其未成年者は營業丈《だ》けには成年《せいねん》の者と同じき能力《のうりよく》を有《いう》することゝなる若《も》し然らずとするときは未成年者の爲すべき事は取消《とりけ》さるゝことあるにより誰《たれ》も未成年者と安心《あんしん》して事を約束《やくそく》するものなきに至り折角許《せつかくゆる》したる營業も其甲斐《かひ》なきに至る又後見人が十分の能力《のうりよく》あると思ひ未成年者に營業を許したるに思《おもひ》の外《ほか》營業に付き損《そん》を受く

る樣《やう》の等ありて迚《とて》も營業を爲《な》すことが出來《でき》ぬと見るときは後見人が親族編の記《しる》されたる所により一旦《いつたん》許《ゆる》しさる營業を取消《とりけし》則ち止めしめ又三色《みいつ》の營業を制限《せいげん》して一色か二色かに減《げん》ずることが出來る是れは未成年者を保護《ほご》するに必要《ひつよう》の定め方なり

第七條　心神喪失《しんじさうしつ》ノ常況《じやうきやう》ニ在ル者ニ付テハ裁判所ハ本人、配偶者《はいぐうしや》、四親等内《しんとうない》ノ親族、戸主、後見人《こうけんにん》、保佐人《ほさにん》又ハ檢事ノ請求ニ因《よ》リ禁《きん》治産《ちさん》ノ宣告《せんこく》ヲ爲スコトヲ得

本條問の答　心神喪失《しんじさうしつ》の常況《じやうきやう》に在る者則ち物の是非《ぜひ》など別《わか》つことの出來ぬものに附《つい》ては裁判所は其本人及び配偶者《はいぐうしや》則ち夫《をつと》又は婦《つま》四親等内《しんとうない》の親族則ち本人より四代前《だいまへ》の祖父《そふ》四代後《ど》の子孫《しそん》迄の間の者一家《いつか》の戸主《こしゆ》後見人《こうけんにん》あれば後見人保佐人《ほさにん》あれば保佐人又は檢事《けんじ》の請求よより禁治産《きんちさん》則ち其財産を支配《しはい》することを禁ずる言渡《いひわたし》を爲すことを得るとあり

第八條　禁治産者《きんちさんしや》ハ之ヲ後見《こうけい》ニ付ス

本條問の答　前條の定め方《かた》に因《よ》りて禁治産の言渡《いひわたし》を受けたる者は其所有《しよいう》の財産を支配することが出來《でき》ぬものなれば之れに後見人と付けて其者を保護《ほご》せねばならぬ而して後見人は法律上《はふりつじやう》の代理人となり萬事此等《これら》の者の世話《せわ》をなすものなり

第九條　禁治産者ノ行爲《かうゐ》ハ之ヲ取消スコトヲ得

本條問の答　禁治産の言渡《いひわたし》を受けたる者が自分勝手《じぶんかつて》に爲したる事は取消《とりけ》すことが出來る

其れは物の是非《ぜひ》を別《わか》つことが出來《でき》ぬものなれば無法《むはふ》の事を爲すやも知れざる故なり

第十條　禁治産ノ原因《げんいん》止ミタルトキハ裁判所ハ第七條ニ掲ケタル者ノ請求《せいきう》ニ因《よ》リ其宣告《せんこく》ヲ取消スコトヲ要ス

本條問の答　禁治産の言渡を受けたる原因止《げんいんや》みたるときは第七條に掲《かゝ》げたる者等より禁治産の取消《とりけし》を求《もと》むるときは裁判所は其言渡《いひわたし》を取消さゞる可からず元《も》と禁治産は一時《じ》精神《せいしん》を失《うしな》ふて何事も爲《な》すことが出來《でき》ぬ所より來りたるものなれば其原因たる本《もと》が止《や》めば取消を爲すことと當《あた》り前《まへ》の事なり

第十一條　心神耗弱者《しんしんかうじやくしや》、聾者《りようしや》、啞者《あしや》、盲者《まうしや》及ヒ浪費者《らうひしや》ハ準禁治産者《じゆんきんちさんしや》トシテ之ニ保佐人ヲ附スルコトヲ得

本條問の答　心神耗弱者則ち第七條の者より少々是非《ぜひ》が知れる者聾者《りようしや》（つんぼ）啞者《あしや》（をし）盲者《まうしや》（めくら）浪費者《らうひしや》則ち猥《みだ》りに金を費《つか》ふ者は禁治産に準《じゆん》ずるものにして保佐人《ほさにん》を附けることが出來るべし然らざれば此等《これら》の者は不利益《ふりえき》を受くればなり

第十二條　準禁治産者《じゆんきんちさんしや》カ左ニ掲《かゝ》ケタル行爲《かうゐ》ヲ爲スニハ其保佐人《ほさにん》ノ同《どう》意《い》ヲ得《う》ルコトヲ要ス

一　元本《げんほん》ヲ領收《りやうしう》シ又ハ之ヲ利用《りよう》スルコト

二　借財《しやくざい》又ハ保證《ほしよう》ヲ爲スコト

三　不動産《ふどうさん》又ハ重要《ぢうえう》ナル動産ニ關《くわん》スル權利ノ得喪《とくそう》ヲ目的トスル
行爲《かうゐ》ヲ爲スコト
四　訴訟《そしよう》行爲ヲ爲スコト
五　贈與《ぞうよ》、和解《わかい》又ハ仲裁《ちうさい》契約ヲ爲スコト
六　相續《さうぞく》ヲ承認《しやうにん》シ又ハ之ヲ抛棄《はうき》スルコト
七　贈與若クハ贈遺《ぞうい》ヲ拒絶《きよぜつ》シ又ハ負擔附《ふたんつき》ノ贈與若クハ贈遺ヲ受《じゆ》
諾《だく》スルコト
八　新築《しんちく》、改築《かいちく》、增築《ぞうちく》又ハ大修繕《だいしうぜん》ヲ爲スコト
九　第六百二條ニ定メタル期間《きかん》ヲ超ユル賃貸借《ちんたいしやく》ヲ爲スコト
裁判所ハ場合ニ依リ準《じゆん》禁治産者カ前項ニ揭《かゝ》ケサル行爲《かうゐ》ヲ爲スニモ
亦其保佐人ノ同意アルコトヲ要スル旨ヲ宣告《せんこく》スルコトヲ得
前二項ノ規定《きてい》ニ反《はん》スル行爲ハ之ヲ取消《とりけ》スコトヲ得

本條問の答　前條に定《さだ》めたる準禁治産者《じゆんきんちさんしや》が第一號《がう》より第九號に揭げある事を爲すには保佐人の承知を得ねばならぬと定めたり其事は第一元金《もときん》を受取ること又は元金を人に貸《かし》して利子《りし》を取り上ぐること第二人より金錢を借入《かりい》るゝことと又は人の引受人となること第三

不動産《ふどうさん》則ち土地《とち》家屋《かおく》又は價《あたひ》の高き動産則ち名人《めいじん》の掛圖《かけづ》等を賣渡《うりわた》す約束又買ひ受《う》くる約束《やくそく》等を爲すことと第四訴訟行爲《そしようかうゐ》則ち他人と一の苦情起《くじやうおこ》り裁判所に訴《うつた》ふることと第五人に物《もの》を與《あた》ふること人となかなをりを爲すことと又人と爭《あらそひ》が出來《でき》其事のなかなをりを何某に任《まか》さんとの約束を爲すことと第六相續則ち人の跡《あと》を繼《つ》ぐことを承知することと又其受けたる相續を止《や》むことと第七人より物を與《あた》ふるとの申込《まをしこみ》又は遺言《ゐごん》にて物を與《あた》ふるとの申込を拒《こば》み又は負擔《ふたん》付《つき》の贈與《ぞうよ》若くは贈遺《ぞうゐ》則ち抵當《ていたう》に差入《さしい》れある田地《でんち》を與ふるとの申込又此等《これら》の物と遺言にて與ふるとの申込を受くることと第八家屋《かおく》を新《あら》たに建《た》つることと改《あらた》め立つることと又は甚だしく荒《あ》れたる家《いへ》を修繕《しゆうぜん》することと第九第六百二條に定めたる期間十年五年若くは三年六月を過《す》ぐる賃借《ちんがり》を爲すこととの九個《こゝのつ》の事柄《ことがら》なり準禁治産者が此等《これら》の事柄を爲《な》すには是非《ぜひ》共《とも》保佐人の同意《どうい》を得《え》ねばならぬこととなれども尚此外にも保佐人の同意を要《えう》すと見たる大切《たいせつ》の事柄あるときは裁判所は保佐人の同意が入用との言渡《いひわたし》を爲すことを得《う》ると定めたり故に若《も》し準禁治産者が保佐人の同意を得《え》ずして右の事柄を爲したるときは取消《とりけ》すことを得るなり

第十三條　第七條及ヒ第十條ノ規定《きてい》ハ準禁治産ニ之ヲ準用《じゆんよう》ス

本條問の答　第七條第十條は準禁治産《じゆんきんちさん》に準じ用ゐるとあるにより準禁治産者たる言渡を求《もと》むるものは第七條に定めたるものより之《これ》を爲《な》し準禁治産者たる原因止むときは準禁治産者たる言渡を取消すべき求めを爲すものも亦此等の者より求むべきなり

第十四條 妻カ左《さ》ニ掲《かゝ》ケタル行爲ヲ爲スニハ夫ノ許可《きよか》ヲ受クルコトヲ要ス

一 第十二條第一項第一號乃至第六號ニ掲ケタル行爲ヲ爲スコト

二 贈與若クハ遺贈ヲ受諾《じゆだく》シ又ハ之ヲ拒絶《きよぜつ》スルコト

三 身體《しんたい》ニ羈絆《きはん》ヲ受クヘキ契約《けいやく》ヲ爲スコト

前項ノ規定ニ反《はん》スル行爲ハ之ヲ取消スコトヲ得

本條問の答 妻は夫に従《したが》ふべき身分《みぶん》なれば夫の許可《きよか》を受け和合《わがふ》の道を斗《はか》らねばならぬ其許《ゆるし》を受《う》く可き場合《ばあひ》は第一第十二條の第一號より第六號に上げたる事柄第二贈與《ぞうよ》を受くることと又遺贈を受くることと又は此等《これら》の物を拒《こば》むことと第三妻自分《じぶん》の身体に羈絆《きはん》則ち身の自由《じゆう》にならぬ事を約束《やくそく》することとの三個の場合なり是等は事最《もつと》も大切《たいせつ》のものなるを以てなり若し妻が夫の許しなきにも拘《かゝは》らず右の事柄を爲したるときは取消すことを得るなり然らざれば事夫に及び夫の迷惑大《めいわくだい》なるを以てなり

第十五條 一種又ハ數種ノ營業《えいげふ》ヲ許《ゆる》サレタル妻ハ其營業ニ關《くわん》シテ獨立人《どくりつにん》ト同一ノ能力《のうりよく》ヲ有《いう》ス

本條問の答 夫より一種又は二三種の營業を許《ゆる》されたる妻《さい》は其營業に付ては獨《ひと》り立《だ》ち

人と同じき能力《のうりよく》を有《いう》することゝなる是れは第六條と同じことなれども妻は常に夫に從ふものなれば假令《たとひ》營業を許《ゆる》さるゝも十分の能力《のうりよく》を有することが出來《でき》ぬとの考《かんがへ》を持《も》つものならんと思ひ斯《か》く定めたるなり

第十六條　夫ハ其與《あた》ヘタル許可《きよか》ヲ取消シ又ハ之ヲ制限《せいげん》スルコトヲ得《う》
　但其取消又ハ制限ハ之ヲ以テ善意《ぜんい》ノ第三者ニ對抗《たいかう》スルコトヲ得ス

本條問の答　夫《をつと》は妻《さい》に一旦《いつたん》營業を爲《な》すことを許《ゆる》したるも妻の仕方《しかた》が宜《よろ》しくないと見《み》たるときは其許《ゆるし》を取消し之は三種の營業を許したる場合《ばあひ》には一種若《も》しくば二種に減《げん》ずることが出來《でき》る然《しか》れども其取消《とりけし》又は制限《せいげん》が妻の營業に關係《くわんけい》したる人に損害を與《あた》ふる樣《やう》の時は其事丈けは始末《しまつ》を附《つ》けて第三者に損害を掛《か》けぬ樣に爲さざるべからず此の定め方は未成年者の取消又は制限の場合と異《こと》なる所以《ゆゑ》は妻は只《たゞ》夫の權利を重《おも》ずるより其能力《のうりよく》を失はしめたるものなれは此《こ》の違《ちが》ひがあるものなり

第十七條　左ノ場合ニ於テハ妻ハ夫ノ許可《きよか》ヲ受《う》クルコトヲ要セス
一　夫カ生死分明《せいしぶんめい》ナラサルトキ
二　夫カ妻ヲ遺棄《ゐき》シタルトキ
三　夫カ禁治産者《きんちさんしや》又ハ準《じゆん》禁治産者ナルトキ
四　夫カ瘋癲《ふうてん》ノ爲メ病院《びやういん》又ハ私宅《したく》ニ監置《かんち》セラルトキ

五　夫カ禁錮《きんこ》一年以上ノ刑《けい》ニ處《しよ》セラレ其刑《けい》ノ執行中《しつかうちう》ニ在ルトキ

六　夫婦ノ利益相反《りゑきあひはん》スルトキ

本條問の答　本條に定めたる場合には妻は夫の許《ゆるし》を受くるに及ばざるなり其場合は第一夫が遠《とほ》き所に至《いた》り生《い》きて居《を》るか死《し》したる者明《あきら》かならざるとき第二夫《をつと》が妻《さい》を遺棄《ゐき》即《すなは》ち打捨《うちす》て遠《とほ》き所に行《ゆ》きたるとき第三夫が禁治産者の又は準禁治産者なるとき第四夫が氣違《きちがひ》の爲め病院《びやうゐん》に入りたるか又は私宅《したく》即ち通常人《つうじやうじん》の家に假《か》りの室《ま》を作《つく》りて入《い》れたるとき第五夫が或《あ》る罪により禁錮《きんこ》一年以上の刑《けい》の言渡《いひわたし》を受けて監獄《かんごく》に在るとき第六夫婦《ふうふ》の利益相反《りゑきあひはん》するとき則《すなは》ち夫の利となる事は妻《さい》の害《がい》となり妻の利となる事は夫の害となる如き事柄《ことがら》に關《くわん》してのときなり此の場合に於て妻たるものは尚《な》ほ夫の許《ゆるし》を受けねばならぬとするときは恰も出來《でき》ぬことを爲《な》さしむるものにして殊《こと》に第一の如き場合は許を受けんとするも生死《しやうし》の明《あきら》かならぬときなれば如何《いかに》とも爲《な》す可き樣《やう》なし是れ本條に妻に自由《じゆう》を許《ゆる》したるものなり

第十八條　夫カ未成年者《みせいねんしや》ナルトキハ第四條ノ規定ニ依《よ》ルニ非《あら》サレハ妻ノ行爲《かうゐ》ヲ許可《きよか》スルコトヲ得ス

本條問の答　夫が未成年者なるときは第四條の規定《きてい》に依《よ》らねば妻のなす事を許《ゆる》すことが出來《でき》ざる故に尚《な》ほ後見人の同意《どうい》を得て妻の爲すべき事を許す可きなり

第十九條　無能力者《むのうりよくしや》ノ相手方《あいてがた》ハ其無能力者カ能力者ト爲リタル後之

ニ對《たい》シテ一个月以上ノ期間內ニ其取消シ得ヘキ行爲《かうゐ》ヲ追認《ついにん》スルヤ否ヤヲ確答《くわくたふ》スヘキ旨ヲ催告《さいこく》スルコトヲ得若シ無能力者カ其期間內ニ確答ヲ發《はつ》セサルトキハ其行爲ヲ追認シタルモノト看做《みな》ス

無能力者カ未タ能力者《のうりよくしや》トナラサル時ニ於テ夫又ハ法定《はふてい》代理人ニ對《たい》シ前項ノ催告《さいこく》ヲ爲スモ其期間內《きかんない》ニ確答ヲ發《はつ》セサルトキハ亦同シ但《たゞし》㊂法定代理人ニ對《たい》シテハ其權限內《けんげんない》ノ行爲《かうゐ》ニ付テノミ此催告《さいこく》ヲ爲スコトヲ得

特別《とくべつ》ノ方式《はうしき》ヲ要スル行爲ニ付テハ右ノ期間內ニ其方式ヲ踐《ふ》ミタル通知《つうち》ヲ發《はつ》セサルトキハ之ヲ取消シタルモノト看做ス

準禁治產者及ヒ妻《さい》ニ對《たい》シテハ第一項ノ期間內ニ保佐人《ほさにん》ノ同意又ハ夫ノ許可ヲ得《え》テ其行爲ヲ追認スヘキ旨ヲ催告《さいこく》スルコトヲ得若シ準《じゆん》禁治產者又ハ妻カ其期間內ニ右ノ同意又ハ許可ヲ得タル通知《つうち》ヲ發《はつ》セサルトキハ之ヲ取消シタルモノト看做《みな》ス

本條問の答　無能力者《むのうりよくしや》則ち未成年者禁治產者《きんちさんしや》準禁治產者及び妻と事を約束《やくそく》したる所の相手の者は其無能力者が滿《まん》二十年以上となり禁治產者準禁治產が其原因《げんいん》が止みて右言渡を取消され又妻が妻たる身分を失ひ獨り身となりたる後《のち》一个月以上の期限《きげん》の內に其無能力

者の時に爲《な》したる取消し得《う》べき事柄を認《みと》めて取消すことが出來《でき》ぬものと爲《な》すや否《いな》やを確《たし》かに返答《へんたふ》を爲《な》す事を催《もよふ》し告《つ》ぐることを得若《うも》し右の期限《きげん》の内に確答《くわくたふ》を爲さゞるときは其取消す可き事柄を認《みと》めて取消す可《べ》からざるものとなしたると看做《みな》すも然らざれば相手方《あひてかた》は何《いつ》時取消さるゝかも知れざるなり甚だ迷惑《めいわく》なればなり

第二項は右の無能力者《むのうりよくしや》が未だ獨《ひと》り立《だ》ちの者と成らざるときに無能力者と直《ち》き約束等《やくそくとう》を爲《あ》したる相手方《あひてかた》が夫又は後見人及び保佐人に向ふて一个月以上の期限内に右の事柄を認《みと》むるか否《いな》やの催促《さいそく》を爲したるも其期限内《きげんない》に何等《なんら》の返答《へんたふ》あらざるときは亦追認《つゐにん》して取消すことが出來《でき》ぬものと爲したると看做す然《しか》れども法定代理人に向ふては其代理人の有する權《けん》限《げん》の内の事柄《ことがら》に付てのみ催告《さいこく》は爲すことが出來《でき》るなりとの定めなり

第三項は贈與《そうよ》とこの遺贈《いそう》の如き特別《とくべつ》の方式《はうしき》を爲す可き行爲《かうゐ》に付ては右の一个月の内に其の爲《な》さゞる式《しき》を爲したるとの知らせを發《はつ》せざるときは右の事柄は取消したるものならんと看做す此《こ》の樣《やう》に定めたるは此等の事柄ハ特別《とくべつ》の式を爲さしめ事を確《たし》かに考《かんが》へ後日《ごにち》思ひ違《ちが》ひのなき樣との精神《せいしん》より來《き》たるものなれば其特別の式《しき》を爲したるとの通知《つうち》なき上は取消を爲したると推測《すゐそく》するは當《あた》り前《まへ》の事なり

第四項は準禁治産者及び妻に向ふて第一項の一个月以上の期間内《きげんない》に保佐人《ほさにん》の承知《しやうち》又妻は夫の許《ゆるし》を得て其爲したる事柄《ことがら》を認《みと》むべきか否《いな》やの催告《さいこく》を爲《な》すことを得るか若《も》し準禁治産

者又は妻が右一个月以上の内ニ其同意《どうい》を得ざることと又は許を得たることの知《し》らせを發《はつ》せざるときは取消《とりけ》したるものと看做《みな》すべきなり

第二十條 無《む》能力者《のうりよくしや》カ能力者タルコトヲ信《しん》セシムル爲メ詐術《きじゆつ》ヲ用ヰタルトキハ其行爲ヲ取消スコトヲ得ス

本條問の答　以上述べたる無能力者《むのうりよくしや》が爲《な》したる事柄《ことがら》は無能力者より其相手の者に取消を求《もと》め既《すで》に爲したる事柄は爲さゝる如くに爲すことが出來《でき》るものなれども無能力者が自分《じぶん》は能力者《のうりよくしや》と思はしむる爲めに詐術假令《さむせつたとへ》ば二十歳以下《さいいか》のものが身分登記簿《みぶんとうきぼ》の謄本《とうほん》を僞《いつは》り造《つく》り年齢《ねんれい》を二十歳以上となし其謄本を見せて二十歳以上と思《おも》はしめて相手《あひて》の者を詐《いつは》り或る約束を取結《とりむす》びたるときは其約束は無能力者より取消すことを得ざるべし

第三節　住《ぢう》所《しよ》

本節問の答　人が暮《くらし》を爲す所は何所《どこ》なるかと云ふことを定めたるなり

第二十一條 各人《かくじん》ノ生活《せいくわつ》ノ本據ヲ以テ其住所トス

本條問の答　人々《ひと〴〵》が日々《ひゞ》の暮《くらし》を爲《な》すに本《もと》と爲《な》し據《よ》り所《ところ》と爲したる所を住所《ぢうしよ》と定む故に住所には生活《せいくわつ》を爲《な》すに入用《いりよう》の財産は勿論《もちろん》其他一切《いつさい》所有の財産を貯《たくは》へ家族も共に住《す》み居るときは假令《たとひ》本籍《ほんせき》は其地にあらざるも何人が見ても永《なが》く住み居るもの又は居らんと見らるゝ場合《ばあひ》は其所を住所とするなり然れども大抵《たいてい》の者は本籍のある所を住所と見て差支《さしつかへ》なし

第二十二條　住所ノ知レサル場合ニ於テハ居所ヲ以テ住所ト看做《みな》ス

本條問の答　住所の知《し》れざる場合則ち本籍は何所《どこ》にあるか明《あきら》かならず又神戸《かうべ》に一月《ひとつき》長崎《ながさき》に一月住《す》み恰《ちやう》ど一定《いつてい》の住所の知らざるものは止《や》むなく現在《げんざい》の居所を住所と看做《みな》す

第二十三條　日本ニ住所ヲ有《いう》セサル者ハ其日本人タルト外國人《ぐわいこくじん》タルトヲ問《と》ハズ日本ニ於ケル居所ヲ以テ其住所ト看做《みな》ス但法例《はふれい》ノ定ムル所ニ從《したが》ヒ其住所ノ法律《はふりつ》ニ依ルヘキ場合ハ此限ニ在ラス

本條問の答　日本《につぽん》に住所を有《いう》せざるものは日本人にもせよ外國人にもせよ日本に現在居《げんざいきよ》る所を其住所と看做《みな》す故に此の者に向《むか》つて訴《うつた》へを爲《な》さんとするときは現在の居所の裁判所に訴ふべきなり然れども法例《はふれい》の定《さだ》むる所により其住所の法律に依るべき場合則ち婚姻《こんいん》を爲《な》すに付きては其本國《ほんごく》の法律に依《よ》る如き場合は住所は其居所と定むることが出來ぬなり

第二十四條　或《ある》行爲ニ付キ假《かり》住所ヲ選定《せんてい》シタルトキハ其行爲ニ關《くわん》シテハ之ヲ住所ト看做《みな》ス

本條問の答　或る事柄《ことがら》に付假住所《かりぢうしよ》を定めたるときは其事柄丈《だ》けには假《か》りの住所を住所と看做す可し假令《たとへ》ば或る裁判所に訴《うつたへ》を起《おこ》す場合に假《かり》住所を定めて届《とゞ》け置《お》くことあり是れは書類《しよるゐ》を送《お》くるに便利《べんり》なる爲めなり則ち斯《か》ゝる場合の假住所を本條に定めたるものなり

第四節　失踪《しつそう》

本節問の答　長《なが》らくの間家出《いへで》を爲し一通《いつつう》の葉書《はがき》も來《こ》ず其行先《ゆくさき》明《あきら》かならず財産が殘《のこ》り居ると云ふ場合には何とか其取締《とりしまり》を付けねばならぬ隨分《ずゐぶん》今日の世《よ》は交通《かうつう》の道開《みちひら》け居るも尚《な》ほ斯《か》ゝる者あるは日々《ひゞ》の新聞《しんぶん》を見《み》ても明《あきら》かなれば本節の定め方は實《じつ》に入用のものなり

第二十五條　從來《じうらい》ノ住所又ハ居所ヲ去リタル者カ其財産《ざいさん》ノ管理人《くわんりにん》ヲ置《お》カサリシトキハ裁判所ハ利害關係人《りがいくわんけいにん》又ハ檢事ノ請求《せいきう》ニ因リ其財産ノ管理ニ付《つ》キ必要《ひつえう》ナル處分《しよぶん》ヲ命スルコトヲ得

本人ノ不在中《ふざいちう》管理人ノ權限《けんげん》カ消滅《せうめつ》シタルトキ亦同シ

本人カ後日ニ至リ管理人ヲ置キタルトキハ裁判所ハ其管理人、利害關係人《りがいくわんけいにん》又ハ檢事《けんじ》ノ請求ニ因リ其命令《めいれい》ヲ取消スコトヲ要ス

本條問の答　今迄長く住《す》み居《を》りたる所又は一時《いちじ》住み居りたる所を去《さ》りたる者が其所有し居《を》りたりし田地《でんち》とか又家《いへ》を支配《しはい》する人を置《お》かざりしときは裁判所は利害關係人《りがいくわんけいにん》則ち其田地を買受《かひう》くる約束を爲したる者或は其家を抵當《ていたう》に取り金を貸《か》したる者又は檢事の求《もと》めに依り其財産《ざいさん》の支配《しはい》に付必要なる處分假令《しよぶんたとへ》ば田地は人に小作《こさく》を爲《な》さしむるか家は人に貸すの或は荒《あ》れたるときは修覆《しうふく》を爲す如きことを言ひ付《いつ》くることが出來《でき》ると定めたり是れ只《たゞ》に利害の關係ある人の爲めのみならず又國《くに》の爲めなり

右は本人が管理《くわんり》する人を置《お》かざりし場合なるが若し本人が管理する人を置きて失踪《しつそう》を爲

し其不在《ふざい》の中《うち》に本人の置きたりし管理人《くわんりにん》の權限《けんげん》が無くなる則ち期限が來たるときは利害の關係ある者又檢事《けんじ》の求めにより裁判所は管理人を命《めい》ずるなり若し又本人後日《ごにち》歸《かへ》り來《きた》り管理人を置きたるときは裁判所は本人の置きたる管理人又利害關係人又は檢事の求めにより其命令《めいれい》を取消《とりけ》さねばならぬと定めたるなり

第二十六條　不在者《ふざいしや》カ管理人《くわんりにん》ヲ置キタル塲合ニ於テ其不在者ノ生死《せいし》分明《ぶんめい》ナラサルトキハ裁判所ハ利害關係人又ハ檢事《けんじ》ノ請求ニ因《よ》リ管理人ヲ改任《かいにん》スルコトヲ得

本條問の答　不在《ふざい》の者が管理人を置きて家出《いへで》を爲し其生死《しやうし》明ならぬときは裁判所は利害の關係《くわんけい》あるもの又は檢事の求めにより管理人を改《あらた》むることを得《う》是れ不在者の定めたる管理人は不在者の歸り來らざる所より不都合《ふつがふ》の管理を爲《な》し不在者《ふざいしや》に損害《そんがい》を爲すやも知《し》れさるを以てなり

第二十七條　前二條ノ規定《きてい》ニ依リ裁判所ニ於テ選任《せんにん》シタル管理人《くわんりにん》ハ其管理スヘキ財產《ざいさん》ノ目錄《もくろく》ヲ調製《てうせい》スルコトヲ要ス但其費用《ひよう》ハ不在者ノ財產ヲ以テ之ヲ支辨《しべん》ス

不在者ノ生死分明《せいしぶんめい》ナラサル塲合ニ於テ利害關係人又ハ檢事ノ請求アルトキハ裁判所ハ不在者カ置キタル管理人ニモ前項《ぜんこう》ノ手續《てつゞき》ヲ命《めい》

スルコトヲ得《う》右ノ外總《すべ》テ裁判所カ不在者ノ財産ノ保存《ほぞん》ニ必要《ひつえう》ト認《みと》ムル處分《しよぶん》ハ之ヲ管理人ニ命《めい》スルコトヲ得

本條問の答　第二十五條第二十六條の定めにより裁判所より選《えら》びたる管理人は其管理《くわんり》すべき財産の目録《もくろく》を作《つく》らねばならぬ是《こ》れ其財産の紛失《ふんじつ》を防《ふせ》ぐ為めにして其目録の入費《にふひ》は不《ふ》在者《ざいしや》の財産にて支拂《しはら》ふ可きものあり不在者が死したるか生《い》きて居《ゐ》るか明《あき》らかならざる場合に利害關係の者又は檢事の求めあるときは裁判所は不在者が家出《いへで》を為《な》す前《まへ》に置きたる管理人にも目録の作《つく》らねばならぬことを言《い》ひ付《つ》くるなり尚《な》ほ此外裁判所が不在者の財産を守《まも》り紛失《ふんじつ》せぬために必要と認《みと》めたる處分《しよぶん》は管理人に命《めい》ずることを得《う》るなり

第二十八條　管理人カ第百三條ニ定メタル權限《けんげん》ヲ超《こ》ユル行為《かうゐ》ヲ必要《ひつえう》トスルトキハ裁判所ノ許可《きよか》ヲ得テ之ヲ為スコトヲ得《う》不在者ノ生死《せいし》分明《ぶんめい》ナラサル場合ニ於テ其管理人カ不在者ノ定メ置《お》キタル權限ヲ超《こ》ユル行為ヲ必要トスルトキ亦同シ

本條問の答　不在者の財産《ざいさん》を管理する者が第百三條に定めたる權限則ち保存行為《ほぞんかうゐ》假令《たとへ》ば管理する財産が家屋《かおく》にして打捨《うちす》て置《お》くときは倒《たふ》れんとする場合に大工《だいく》を雇《やと》ふて修覆《しうふく》を為すべき事柄《ことがら》と又管理する物《もの》又は權利の性質《せいしつ》を變《へん》せざる樣《やう》に利用《りよう》するか又は改良《かいりやう》すること假令ば乘馬《じやうば》なれば乘用《じようよう》に貸金《かしきん》のあるときは矢張《やはり》貸付けに為し置きて利子《りし》の澤山《たくさん》上がる借

受所あるときハ其等《それら》に貸《か》すことよりも尚《な》ほ之れに超《こ》ゆる事柄《ことがら》假令ば不在者《ふざいしや》の財産中に山林《さんりん》あるときは其林《はやし》の木《き》を伐《き》りて家の修繕《しゆうぜん》に用《もち》ゐる如き事は裁判所の許《ゆるし》を得《え》て爲《な》すことを得《う》又不在者の生死《しやうし》明ならざる場合《ばあひ》に不在者が管理の方法《はうはふ》を定め置きたるも其方法にて不十分《ふぶん》と見たるときは裁判所の許《ゆるし》を得《え》て其方法に超《こ》へたる管理《くわんり》を爲すことを得《う》と定め以て管理をして十分に行屆《ゆきとゞ》かしめんが爲めに此の定めをなしたり

第二十九條　裁判所ハ管理人ヲシテ財産《ざいさん》ノ管理《くわんり》及ヒ返還《へんくわん》ニ付キ相當《さうたう》ノ擔保《たんぽ》ヲ供《きよう》セシムルコトヲ得

裁判所ハ管理人ト不在者《ふざいしや》トノ關係《くわんけい》其他ノ事情《じじやう》ニ依リ不在者ノ財産《ざいさん》中《ちう》ヨリ相當《さうたう》ノ報酬《はうしう》ヲ管理人ニ與《あた》フルコトヲ得

本條問の答　裁判所は不在者《ふざいしや》の財産を管理する者に財産を管理することと返還《へんくわん》することに付き善《よき》加減《げん》の引當《ひきあて》を出《だ》さしむることを得《う》ると定めたり其《そ》れは管理人が管理する財産より上《あが》る利益を自分《じぶん》が取込《とりこ》むことあるか又其管理する財産を返還せざる樣《やう》のことありては不在者の迷惑《めいわく》甚しきにより引當《ひきあて》を差出《さしだ》さしめ不在者を保護したるものなり又管理人と不在者との關係《くわんけい》は親族《しんぞく》の間柄《あひだがら》なるか或は其他《た》の事情《じじやう》假令《たとへ》ば隣家《りんか》の間柄なるを以て親切上《しんせつじやう》より管理を爲したるものあるか等《とう》を相考《あひかんが》へ不在者《ふざいしや》の財産の中より管理の勞《らう》と同《おな》じ程《ほど》の報酬《はうしう》則ち禮物《れいもつ》を與《あた》へて管理人を慰《たぐさ》むことを得《う》而して其與《あた》ふる者は裁判所なり

第三十條　不在者ノ生死《せいし》カ七年間分明ナラサルトキハ裁判所ハ利害關係人ノ請求ニ因《よ》リ失踪《しつそう》ノ宣告《せんこく》ヲ為スコトヲ得
戰地《せんち》ニ臨《のぞ》ミタル者沈沒《ちんぼつ》シタル船舶中《せんぱくちう》ニ在リタル者其他死亡《しばう》ノ原因《げんいん》タルヘキ危難《きなん》ニ遭遇《さうぐう》シタル者ノ生死カ戰爭《せんさう》ノ止《や》ミタル後、船舶ノ沈沒シタル後又ハ其他ノ危難《きなん》ノ去《さ》リタル後三年間分明ナラサルトキ亦同シ

本條問の答　不在者の生《い》きて居《を》るか既《すで》に死《し》したるものなるか明《あきら》かならざること七年間なるときは裁判所は利害の關係ある者の求《もと》めにより失踪《しつそう》と云ふ言渡《いひわたし》を為《な》すことを得《う》べし又戰爭《せんさう》に行《ゆ》くか又戰爭の有様《ありさま》を取調《とりしら》べに行《ゆ》きたる者新聞記者《しんぶんきしや》の如き者海《うみ》の中《なか》に沈《しづ》みたる船《ふね》の中《なか》に在りたる者船乘《ふなのり》又は海軍人《かいぐんじん》の如き其他死亡の原因《げんいん》たるべき危難《きなん》に遇《あ》ひたる者假令ば旅行先《たびさき》にて地震《ちしん》ありたることは明《あきら》かなるも其生死《しやうし》明かならずして長《なが》く歸《かへ》らざる場合の如し此等《これら》の者の生死が戰爭の止《や》みたる後《のち》又船の沈《しづ》みたる後又は其他《た》の危《あやふ》き事の無《な》くなりたる後三年の間《あひだ》も明かならぬときは是《こ》れも亦失踪《またしつそう》の言渡を為すことを得るなり

第三十一條　失踪《しつそう》ノ宣告《せんこく》ヲ受ケタル者ハ前條ノ期間滿了《きかんまんれう》ノ時ニ死亡《しばう》シタルモノト看做《みな》ス

本條問の答　前條の定むる所により失踪《しつそう》の言渡《いひわたし》を受くるときは七年若《もし》くば三年の月日《つきひ》が

満《み》ちたる時に死《し》したるものと看做《かな》す故よ其時より相續《さうぞく》も始《はじ》まりて一切《いつさい》の事皆通例《つうれい》の死亡《しばう》と同じことゝなるべし

第三十二條　失踪者《しつそうしや》ノ生存《せいぞん》スルコト又ハ前條ニ定メタル時ト異《こと》ナリタル時ニ死亡《しばう》シタルコトノ證明《しようめい》アルトキハ裁判所ハ本人又ハ利害《りがい》關係人《くわんけいにん》ノ請求《せいきう》ニ因《よ》リ失踪ノ宣告《せんこく》ヲ取消スコトヲ要ス但失踪ノ宣告後《と》其取消前ニ善意《ぜんい》ヲ以テ爲シタル行爲《かうい》ハ其効力《かうりよく》ヲ變《へん》セス

失踪ノ宣告ニ因《よ》リテ財産《ざいさん》ヲ得タル者ハ其取消《とりけし》ニ因リテ權利《けんり》ヲ失フモ現《げん》ニ利益《りえき》ヲ受クル限度《げんど》ニ於テノミ其財産ヲ返還《へんくわん》スル義務《ぎむ》ヲ負《お》フ

本條問の答　前條の定め方《かた》は止《や》むなく法律《はふりつ》より定めたるものなれども若しも失踪者《しつそうしや》は死せずして現《げん》に何某《なにがし》の所に生《い》きて仕事《しごと》を爲しつゝあることの証明《しようめい》あるとき又既《すで》に死《し》したるものなれども前條に定めたる家出《いへで》より七年又は三年の後に死したるものにあらざることの証明あるときは裁判所は本人則ち生きて居るときは本人又は死したるときは利害《りがい》の關係あるものより失踪《しつそう》の取消を求むるときは其言渡《いひわたし》を爲《な》すべきものなり然れども失踪の宣《いひ》告《わたし》後《と》則《すなは》ち家出をしてから七年とか三年とかを過《す》ぎさるにより既《すで》に死したるものと考《かんが》へ失踪の言渡を爲《な》したる後と其言渡を取消《とりけ》す可き前に於て善意《ぜんい》を以て爲したる行爲《しわざ》假令《たとへ》は失踪の言渡により相續《さうぞく》を爲し失踪者《しつそうしや》の財産は皆《みな》我《わ》が物《その》と思《おも》ひ賣渡《うりわたし》を爲したるときは矢張《やはり》賣

買も有効《いうこう》にして何等《なんら》の事《こと》もあらざるなり又失踪《しつそう》の言渡によりて財産《ざいさん》を得たるものは則《すなは》ち相續人《さうぞくにん》の如きものは其言渡が取消されて權利を失《うしな》ふも原《もと》の通《とほ》りにして返却《へんきやく》するにあらずして現在自分《げんざいじぶん》が受けたる利益丈《りえきだけ》を返《かへ》せば事足《ことた》るなり故に失踪者の財産《ざいさん》五万圓の價《あたひ》ありしものあるも其財産を得たるものは實際《じつさい》四万圓丈けの利益を受《う》けたるときは其四万圓を返《かへ》せば義務《ぎむ》は免《のが》るゝことゝなるべし

第二章　法人《はふじん》

本章問の答　法人《はふじん》とは法律の人と云ふことにして法律から認《みと》めて人となしたるものなり、法律は何故に彼《か》の保險會社《ほけんぐわいしや》の如き紡績會社《ばうせきぐわいしや》の如きものを法人となしたるかと云ふに會社の盛大《せいだい》を欲《ほつ》してなり何となれば今《いま》會社を法人とするときは社員《しやゐん》の持《も》ち出したる資本金《しほんきん》は皆會社たる法人の所有《しよいう》となりて假令《たと》ひ社員は他人《たにん》より金を借《か》り居《を》る場合《ばあひ》にも會社の財産は差押《さしおさへ》を受くる樣《やう》のことなくして會社は安心《あんしん》して其業《げふ》を營《いとな》むことを得るも若し此を法人と爲《な》さゞるときは會社には一《いつ》も財産と云ふ物《もの》なく資本金《しほんきん》は皆社員の所有にして社員に其債權者《さいけんしや》の金を返《かへ》すことの出來《でき》ぬものあるときは忽《たちま》ち會社の資本の一分なる其社員《しやゐん》の持分《もちぶん》を差押《さしおさ》へられ會社は其業《げふ》を營《いとな》むこと出來《でき》ざるに至るを以てなり實《じつ》に法律は會社の數《かず》を增《ま》し國《くに》を富《と》ますの考へより會社を固《かた》くする方法《はうはふ》を案《あん》じ斯《か》く定《さだ》めたるなり斯《か》る會社の外に尚《な》は法人《はふじん》となしたるものもあれば各條《かくでう》に入りて述《の》ぶべけれども其法人となしたるの理《り》は此

れに外《ほか》ならざるなり

第一節　法人ノ設立《せつりつ》

本節問の答　法人を設《まう》け立《た》つることに付ての定めを本節に掲《かゝ》げたり

第三十三條　法人ハ本法其他ノ法律《はふりつ》ノ規定《きてい》ニ依《よ》ルニ非《あら》サレハ成立《せいりつ》スルコトヲ得ス

本條問の答　法人は民法及其他の法律則ち商法《しやうはふ》の定むる所に依《よ》らねば成立《なりた》つことを得ずと故に氣儘《きまゝ》に會社を立《た》つることを得ず其《そ》は會社と法人とするからは色々《いろ〳〵》の取締《とりしまり》の規則《きそく》を要《えう》するによりて斯《か》く定《さだ》めたるなり

第三十四條　祭祀《さいし》、宗教《しうけう》、慈善《じぜん》、學術《がくじゆつ》、技藝《ぎげい》其他公益《こうえき》ニ關スル社團《しやだん》又ハ財團《ざいだん》ニシテ營利《えいり》ヲ目的《もくてき》トセサルモノハ主務官廳《しゆむくわんちやう》ノ許可《きよか》ヲ得テ之ヲ法人ト爲スコトヲ得

本條問の答　利益《りえき》を得る目的《もくてき》にあらざる祭祀《さいし》宗教《しうけう》則ち寺宮《てらみや》の如き又慈善《じぜん》則ち人を憐《あはれ》むために設《まう》けたる會又は學術技藝《がくじゆつぎげい》を進歩《しんぽ》せしむる爲めに設けたる學術研究會《けんきうくわい》とか技藝會《ぎげいくわい》とか其他《そのた》公益に關《くわん》する社團《しやだん》又は財團則ち公立病院《こうりつびやうゐん》の如きは主務官廳《しゆむくわんちやう》其事業《じげふ》を取扱《とりあつか》ふ可き役所《やくしよ》の許を得て法人と爲すことを得るなり

第三十五條　營利《えいり》ヲ目的トスル社團、ハ商事會社設立《しやうじくわいしやせつりつ》ノ條件《でうけん》ニ從ヒ之

ヲ法人《はふじん》ト為《な》スコトヲ得
前項ノ社團法人ニハ總《すべ》テ商事會社《しやうじくわいしや》ニ關《くわん》スル規定《きてい》ヲ準用《じゆんよう》ス

本條問の答　營利《えいり》則ち利益《りえき》を得《う》るを以て目的《もくてき》とする社團《しやだん》則ち會社《くわいしや》は商法《しやうはふ》の會社の設立《せつりつ》する个條に依《よ》りて法人とすることを得る此の場合《ばあひ》には一切《いつさい》商事會社の規則《きそく》を準《じゆん》じ用ゐるものにして其詳《くは》しき同法に定《さだ》むれば此に贅《ぜい》せず

第三十六條　外國法人ハ國《くに》、國ノ行政《ぎやうせい》區畫《くくわく》及ヒ商事會社ヲ除《のぞ》ク外其成立《せいりつ》ヲ認許《にんきよ》セス但法律又ハ條約ニ依リテ認許セラレタルモノハ此限ニ在ラス
前項ノ規定《きてい》ニ依リテ認許セラレタル外國法人ハ日本ニテ成立スル同《どう》種《しゆ》ノ者ト同一ノ私權《しけん》ヲ有ス但外國人カ享有《きやういう》スルコトヲ得サル權利及ヒ法律又ハ條約《でうやく》中《ちう》ニ特別《とくべつ》ノ規定《きてい》アルモノハ此限ニ在ラス

本條問の答　外國の法人は國及び國の行政區畫《ぎやうせいくくわく》及び商事會社を取除《とりのぞ》きたる外は成立することを許《ゆる》さざるなり然れども法律《はふりつ》によるか又は條約《でうやく》に依りて許されたるときは成立《せいりつ》と許すものなり右の規定《きてい》によりて外國法人《ぐわいこくほふじん》が成立することを許されたるときは日本にて成り立ち居る同じ種類《しゆるゐ》の者と同じき私權《しけん》を有することゝなる但外國人たる生《い》きて居る者が有することを得ざる權利則《すなは》ち土地を所有《しよいう》する權利の如き及び法律《はふりつ》又は條約《でうやく》の中に特別《とくべつ》に記さ

れたるものあるときは格別《かくべつ》なり

第三十七條　社團法人《しやだんはふじん》ノ設立者《せつりつしや》ハ定款《ていくわん》ヲ作《つく》リ之ニ左ノ事項ヲ記載《きさい》スルコトヲ要ス

一　目的
二　名稱
三　事務所
四　資産《しさん》ニ關スル規定《きてい》
五　理事《りじ》ノ任免《にんめん》ニ關《くわん》スル規定
六　社員タル資格《しかく》ノ得喪《とくそう》ニ關スル規定

本條問の答　社團法人《しやだんはふじん》則ち社を立てゝ成立《せいりつ》する法人の設立者《せつりつしや》は定欵《ていくわん》則ち社團の約束書《やくそくしよ》を作《つく》り其《そ》れに第一何の爲めに社團を爲すか第二何と云ふ名前《なまへ》なるか第三社團の事務《じむ》を取扱《とりあつか》ふ所第四資産社團の身代《しんだい》は何程《なにほど》あるか第五社團を代理《だいり》して事務《じむ》を取扱ふべき者を撰《えら》び方又罷《や》むる定め方第六社團を組立《くみた》て居る社員の資格《しかく》を得ると失《うしな》ふとに關《くわん》する定めを記《しる》さねばならぬ是れは社團に取りては實《じつ》は肝要《かんよう》のものなり

第三十八條　社團法人《しやだんはふじん》ノ定款ハ總社員《そうしやゐん》ノ四分ノ三以上ノ同意《どうい》アルトキニ限《かぎ》リ之ヲ變更《へんかう》スルコトヲ得但定款《ていくわん》ニ別段ノ定アルトキハ此限

ニ在ラス

定款ノ變更《へんかう》ハ主務官廳《しゆむくわんちやう》ノ認可《にんか》ヲ受《う》クルニ非サレハ其效力《かうりよく》ヲ生セス

本條問の答　社團法人の定款《ていくわん》は猥《みだ》りに變《か》へることを許《ゆる》さず必ず總《すべ》ての社員《しやゐん》の四分の三以上則ち十二人の社員あるときは九人以上の者が承知《しやうち》するになければ改《あらた》むることを得《と》ず這は重大《ちうだい》なるものなればなり然《しか》れども定款に別段《べつだん》の定め方則《すなは》ち社員の凡《すべ》てが同意するか或は半分《はんぶん》以上の者が同意すれば改むることが出來《でき》るとの定めあるときは右の通りにするに及ばずとなしたり既《すで》に社員の同意《どうい》ありて定款を改めたるも直《たゞ》ちに改めたる効《かう》が出來《でき》るにあらずして其社團の事務《じむ》を取扱ふべき官廳《くわんちやう》の認可《にんか》を受けねば未《いま》だ改正《かいせい》の效あらざるなり

第三十九條　財團法人《ざいだんはふじん》ノ設立者《せつりつしや》ハ其設立《せつりつ》ヲ目的《もくてき》トスル寄附行爲《きふかうゐ》ヲ以テ第三十七條第一號乃至第五號ニ掲《かゝ》ケタル事項《じかう》ヲ定ムルコトヲ要ス

本條問の答　財産を集《あつ》めて立てたる所の財團法人の設立者《せつりつしや》は其財團を設《まう》け立《た》てたる目的《もくてき》は寄附行爲《きふかうゐ》則ち金圓の寄附に上りたるを以て第三十七條の第一號より第五號に擧《あ》げたる事柄《ことがら》は皆其主旨《しゆし》にて定めねばならぬものなり

第四十條　財團法人ノ設立者カ其名稱《そのめいしやう》、事務所《じむしよ》又ハ理事《りじ》任免《にんめん》ノ方法ヲ定メスシテ死亡《しばう》シタルトキハ裁判所ハ利害關係人《りがいくわんけいにん》又ハ檢事《けんじ》ノ請

求ニ因リ之ヲ定ムルコトヲ要ス

本條問の答　財團法人を立《た》てたるものが其財團の名前《なまへ》及事務所《じむしよ》又は事務を取扱ふべき理《り》事《じ》の免任方法《めんにんはうはふ》を定めずして死《し》したるときは裁判所は財團に利害の關係あるもの又は檢事の求により名前及び事務所等定むべきあり

第四十一條　生前處分《せいぜんしよぶん》ヲ以テ寄附行爲ヲ爲ストキハ贈與《ぞうよ》ニ關《くわん》スル規《き》定《てい》ヲ準用《じゆんよう》ス

遺言ヲ以テ寄附《きふ》行爲ヲ爲ストキハ遺贈《ゐぞう》ニ關《くわん》スル規定ヲ準用ス

本條問の答　生前處分《せいぜんしよぶん》を以て寄附行爲《きふかうゐ》を爲《な》すとき則ち生きて居《ゐ》る內に金壹万圓を寄附《きふ》するとか或は土地《とち》何段かを寄附するときは贈與《ぞうよ》に付て定めたる規則を用ゐ遺言《ゐごん》にて寄附したるときは遺贈の定め方を用ゐるなり

第四十二條　生前《せいぜん》處分ヲ以テ寄附行爲ヲ爲シタルトキハ寄附財產《ざいさん》ハ法人設立《はふじんせつりつ》ノ許可アリタル時ヨリ法人ノ財產ヲ組成《そせい》ス

遺言《ゐごん》ヲ以テ寄附行爲ヲ爲シタルトキハ寄附財產ハ遺言カ效力《かうりよく》ヲ生《しやう》シタル時ヨリ法人《はふじん》ニ歸屬《きぞく》シタルモノト看做《みな》ス

本條問の答　生前《せいぜん》の處分《しよぶん》にて寄附《きふ》を爲したるときは其寄附よかゝる財產は主務官廳《しゆむくわんちやう》より法人《はふじん》を立つる許あるときは其時より法人とありて其財產は何人《なんぴと》も動《うごめ》すことが出來《でき》ぬこと

となる遺言《ゐごん》にて寄附を爲したるときは其寄附の財產《ざいさん》は遺言が效《かう》を生《しやう》じたる時則ち遺言したる者が死《し》したる時より財團たる法人の所有となり最早《もはやたれ》誰も動《うご》かすことか出來《でき》ぬこととなるべし此等《これら》財團を法人となし其財產を堅《かた》くするは寄附行爲者の心《こゝろ》に叶《かな》ふものなり

第四十三條　法人《はふじん》ハ法令《はふれい》ノ規定ニ從ヒ定款又ハ寄附行爲ニ因リテ定マリタル目的《もくてき》ノ範圍內《はんゐない》ニ於テ權利ヲ有《いう》シ義務ヲ負《お》フ

本條問の答　法人は法律其他の規則に從《したが》ひ定款《ていくわん》又は寄附行爲によりて定《さだ》まりたる目的通《もくてきどほ》りに權利《けんり》を得《う》ることもあれば義務《ぎむ》則ち金《きん》を借《か》ることもあるべし

第四十四條　法人ハ理事《りじ》其他ノ代理人カ其職務《しよくむ》ヲ行《おこな》フニ付キ他人ニ加《くは》ヘタル損害《そんがい》ヲ賠償《ばいしやう》スル責《せめ》ニ任《にん》ス

法人ノ目的ノ範圍內《はんゐない》ニ在ラサル行爲《かうゐ》ニ因《よ》リテ他人ニ損害《そんがい》ヲ加《くは》ヘタルトキハ其事項《じかう》ノ議決《ぎけつ》ヲ贊成《さんせい》シタル社員、理事及ヒ之ヲ履行《りかう》シタル理事其他ノ代理人連帶《れんたい》シテ其賠償《ばいしやう》ノ責ニ任ス

本條問の答　法人は其法人の理事《りじ》則ち支配人取締役《しはいにんとりしまりやく》の如き者其他《た》の代理する者が法人《はふじん》の職業《しよくげふ》を行《おこな》ふに付き他人に損害《そんがい》を與《あた》ふるときは其損害を償《つぐな》はねばならぬ然《しか》れども法人の目的外の事柄《ことがら》により他人に損害を加へたるときは其目的外《もくてきぐわい》の事を行ふに贊成《さんせい》したる社員なり理事《りじ》なり及び其事を行《おこな》ひたる理事其他の代理人が連帶《れんたい》して之を償《つぐな》はざるべからず

第四十五條　法人ハ其設立ノ日ヨリ二週間內ニ各事務所ノ所在地ニ於テ登記《とうき》ヲ爲《な》スコトヲ要ス
法人ノ設立ハ其主《しゆ》タル事務所ノ所在地《しよざいち》ニ於テ登記ヲ爲スニ非サレハ之ヲ以テ他人《たにん》ニ對抗《たいかう》スルコトヲ得ス
法人《ほふじん》設立《せつりつ》ノ後新《あらた》ニ事務所ヲ設《まう》ケタルトキハ一週間內ニ登記ヲ爲スコトヲ要ス

本條問の答　法人は其設立《せつりつ》ありたる日より二週間《しうかん》の內に各事務所《かくじむしよ》の所在地《しよざいち》則ち事務所が二个所あれば其二个の登記《とうき》を爲《な》すべく又法人の設立《せつりつ》ありたることを社員外《しやゐんぐわい》の者に知《し》らすには是非共《ぜひとも》其主《しゆ》たる事務所の所在地則《すなは》ち本店《ほんてん》に於て登記を爲《な》さねばならぬ若《も》し登記を爲さゞるときは會社員外《くわいしやゐんぐわい》の者に手向《てむか》ふことを得《え》ざるなり是れ登記は戸籍簿《こせきぼ》と同じく登記よより法人の生《うま》れ出《い》でたることを世間《せけん》に知らすものなればなり又法人が設立《せつりつ》せられたる後新《あらた》に事務所を設《まう》けたるときは一週間に登記を爲すべしと定めたり

第四十六條　登記《とうき》スヘキ事項《じこう》左ノ如シ
一　目的《もくてき》
二　名稱《めいしやう》
三　事務所

四　設立《せつりつ》許可《きよか》ノ年月日

五　存立《そんりつ》時期《じき》ヲ定メタルトキハ其時期《じき》

六　資産《しさん》ノ總額《そうがく》

七　出資《しゆつし》ノ方法《はうはふ》ヲ定メタルトキハ其方法

八　理事《りじ》ノ氏名《しめい》、住所

前項ニ掲《かゝ》ケタル事項中《じかうちう》ニ變更《へんかう》ヲ生《しやう》シタルトキハ一週間內ニ其登記《とうき》ヲ爲スコトヲ要ス登記前ニ在リテハ其變更ヲ以テ他人ニ對抗《たいかう》スルコトヲ得ス

本條問の答　登記を爲すべき事柄《ことがら》は第一法人《はふじん》の爲すべき事業《じげふ》則ち目的《もくてき》第二法人の名稱假《めいしようたと》へ令ば土木會社《どぼくぐわいしや》とか或は丸三麥酒《まるさんビール》會社の如し第三事務所の所在地第四法人を設立し主務官《しゆむくわん》廳《ちやう》に願ひ出《い》て其許可《きよか》ありたる年月日第五存立時期《そんりつじき》則ち法人の成立《なりた》ち居《を》る日を定めたるときは其日第六法人の身代《しんだい》の高第《たか》七法人を組立《くみた》て居る社員より資本《しほん》を持ち出《だ》す方法《はうはふ》の定めあるときは其方法假令《たとへ》ば金錢を出すものと家《いへ》を出《いだ》すものとあれば其事第八理事《りじ》則ち支配人とか取締役《とりしまりやく》の如き者の氏名又其住所を登記すべきものにして若し此の事柄《ことがら》の中に變《かは》りたる事柄あるときは一週間の內に登記を爲《な》すべく登記の前《まへ》には其變りがあるとて社員外《しやゐんぐわい》の人ゟ手向《てむか》ふことを得《え》ざるべし

第四十七條　第四十五條第一項及ヒ前條ノ規定《きてい》ニ依《よ》リ登記スヘキ事《じ》項《こう》ニシテ官廳《くわんちやう》ノ許《きよ》可《か》ヲ要スルモノハ其許可書ノ到達《たうたつ》シタル時ヨリ登記ノ期間ヲ起算《きさん》ス

本條問の答　第四十五條第一項及び前條の定むる所により登記する事柄にして官廳の許あらざれば登記の出來《でき》ざるものあるときは其許可書《きよかしよ》の下附《かふ》なりたる時《とき》より登記の期間《きかん》則ち二週間若《も》しくは一週間の日を計《かぞ》ふ可きものなり

第四十八條　法人カ其事《じ》務所ヲ移轉《いてん》シタルトキハ舊《きう》所在地ニ於テハ一週間內ニ移轉ノ　ヲ爲シ新《しん》所在地ニ於テハ同期間內ニ第四十六條第一項ニ定メタル登記ヲ爲スコトヲ要ス

同一ノ登記所ノ管轄《くわんかつ》區域內《くゐきない》ニ於テ事務所ヲ移轉《いてん》シタルトキハ其移轉ノミノ登記ヲ爲スコトヲ要ス

本條問の答　法人《はふじん》が其事務《じむ》を取扱ふべき所を移《うつ》りたるときは舊事務所《きうじむしよ》の地にて一週間の內に移《うつ》りたる登記を爲し新《あらた》に移《うつ》りたる地にて同じく一週間に四十六條第一項に定めたる第一號より第八號までの登記を爲すべし併《しか》し此《こ》れは登記所の管轄《くわんかつ》の異《こと》なる場合《ばあひ》にして同じ登記所の管轄區域《くいき》の內《うち》にて事務所を移轉《いてん》したるときは只《たゞ》其移轉のみ登記を爲《な》せば十分なり是れ吾々が戸籍《こせき》の送附《そうふ》を求《もと》むる手續《てつゞき》と異《こと》ならざるなり

第四十九條　第四十五條第三項、第四十六條及ヒ前條ノ規定《きてい》ハ外國法人カ日本ニ事務所ヲ設《まう》クル塲合《ばあひ》ニモ亦之ヲ適用《てきよう》ス但外國ニ於テ生シタル事項《じこう》ニ付テハ其通知《つうち》ノ到達《たうたつ》シタル時ヨリ登記ノ期間ヲ起《き》算《さん》ス

外國法人カ始メテ日本ニ事務所ヲ設《まう》ケタルトキハ其事務所ノ所在地ニ於テ登記ヲ爲スマテハ他人ハ其法人ノ成立《せいりつ》ヲ否認《ひにん》スルコトヲ得

本條問の答　外國法人《ぐわいこくほふじん》か日本に事務所《じむしよ》を設《まう》けたるときは尚《な》ほ第四十五條第三項第四十六條及び前條の定め方を適用するものなれば若し外國法人が此等の條によらざるときは法人は日本にては成立《なりたゝ》ざることもあり又他人に手向《てむか》ふことを得ざるべし又外國にて出來《でき》たる事柄《ことがら》に付ては其通知《つうち》が届《とゞ》きたる時より登記をすべき日《ひ》を計《かぞ》へるなり又外國法人が始《はじ》めて日本に事務所を設けたる塲合に於て其事務所の在る地にて登記を爲さゞる可からず其登記を爲すまでは外國法人に關係《くわんけい》せぬ者は其法人の成立《なりたち》を否認《ひにん》則ち法人なると言《い》ふことを得べし

第五十條　法人ノ住所ハ其主タル事務所ノ所在地ニ在ルモノトス

本條問の答　法人の住所《ぢうしよ》は數多《あまた》の事務所あるときには何《いづ》れの地を住所となすかと云ふに

主《しゆ》たる事務所のある地則ち本店《ほんてん》のある地《ち》を住所と定む

第五十一條　法人《はふじん》ハ設立《せつりつ》ノ時及ヒ毎年初《はじめ》ノ三个月内ニ財産目錄《ざいさんもくろく》ヲ作リ常《つね》ニ之ヲ事務所ニ備《そな》ヘ置《お》クコトヲ要ス但特ニ事業年度《じげふねんど》ヲ設《まう》クルモノハ設立ノ時及ヒ其年度ノ終《をはり》ニ於テ之ヲ作ルコトヲ要ス

社團《しやだん》法人ハ社員名簿《めいぼ》ヲ備《そな》ヘ置キ社員ノ變更《へんかう》アル毎《ごと》ニ之ヲ訂正《ていせい》スルコトヲ要ス

本條問の答　法人《はふじん》其設立《せつりつ》の時と毎年始《はじ》めの三个月内《ない》に法人の財産目錄《ざいさんもくろく》を作り何日《いつ》も事務所に備《そな》へ置《お》かねばならぬ然れども特別《とくべつ》に事業《じげふ》に付年度《ねんど》を設けたるときは法人を設立したる時と其年度の終《をはり》に作《つく》らねばならぬ又社團《しやだん》法人の方《はう》にては社員名簿を拵《こしら》へ置《お》き社員の變《かは》りたる度毎《たびごと》に之を訂正《ていせい》せねばならぬ斯《か》くの如く財産目錄を備《そな》へ置くは法人の有樣《ありさま》を何人《なんぴと》にも知らす爲めなり

第二節　法人ノ管理《くわんり》

本節問の答　法人は二人以上の人が金錢物件《きんせんぶつけん》を持出《もちだ》して設《まう》けたるものなれば法人を組《く》み立《た》つる者の内より法人を支配《しはい》する者を設《まう》くる必要《ひつえう》あり則ち本節《ほんせつ》には其管理則ち支配する方法《はうはふ》を定めたり

第五十二條　法人ニハ一人又ハ數人《すうにん》ノ理事《りじ》ヲ置《お》クコトヲ要ス

理事《りじ》數人《すうにん》アル塲合ニ於テ定款《ていくわん》又ハ寄附行爲《きふかうゐ》ニ別段ノ定ナキトキハ
法人ノ事務《じむ》ハ理事ノ過半數《くわはんすう》ヲ以テ之ヲ決《けつ》ス

本條問の答　法人は自《みづか》ら立《た》て事《こと》を爲《な》すものにあらざれば其代理を爲すべき理事《りじ》一人か又は數人を置《お》かねばならぬ理事數人ある塲合《ばあひ》に法人の事務を行《おこな》ふに如何《いか》に決《けつ》するかと云ふに定款又は寄附行爲《きふかうゐ》に別に定めを爲すときは其《そ》れに依《よ》らねばならぬか若し何等《なんら》の定めなきときは理事の過半數《くわはんすう》則ち理事五人あるときに三人の同意《どうい》あるときは三人の意見通《いけんどほ》りに行ふ可きことゝなしたり

第五十三條　理事ハ總《すべ》テ法人ノ事務ニ付キ法人ヲ代表《だいへう》ス但定款ノ規《き》定《てい》又ハ寄附《きふ》行爲ノ趣旨《しゆし》ニ違反《ゐはん》スルコトヲ得ス又社團《しやだん》法人ニ在リテハ總會《そうくわい》ノ決議《けつぎ》ニ從《したが》フコトヲ要ス

本條問の答　理事に擧《あ》げられたるものは法人の事務《じむ》を代理《だいり》することゝなる但《たゞし》法人の定款《ていくわん》又は寄附行爲に定めたる旨《むね》に違《たが》ふことは出來《でき》ぬ又社團法人の理事は總會《そうくわい》の決議《けつぎ》に從《したが》ひて事を行《おこな》はねばならぬ斯《か》くしてこそ法人の利益《りえき》を保護《ほご》することを得るなり

第五十四條　理事ノ代理權《だいりけん》ニ加ヘタル制限《せいげん》ハ之ヲ以テ善意《ぜんい》ノ第三者ニ對抗《たいかう》スルコトヲ得ス

本條問の答　理事の代理《だいり》の權利《けんり》に制限《せいげん》を加《くは》へたるときは則ち或《あ》る事は代理を爲すことを得

るも或《あ》る事は代理することを得ずと爲したるときに社員外《しやゐんぐわい》の者が其制限あることを知《し》らずして理事は完全《くわんぜん》の代理權《だいりけん》あるを信《しん》じ或る約束《やくそく》を取結《とりむす》びたるに思ひの外代理權外の事なりとて法人は關係《くわんけい》する所にあらずとあし社員外の者に手向《てむか》ふを得ざるなり

第五十五條　理事ハ定款《ていくわん》、寄附行爲《きふかうゐ》又ハ總會《そうくわい》ノ決議《けつぎ》ニ依リテ禁止《きんし》セラレサルトキニ限リ特定《とくてい》ノ行爲ノ代理ヲ他人ニ委任《ゐにん》スルコトヲ得

本條問の答　理事は定款《ていくわん》寄附行爲又は總會《そうくわい》の決議《けつぎ》にて禁《きん》じ居らざるときに於《を》てのみ特《とく》に定めたる事柄《ことがら》の代理を他の人に委《ゆだ》ね任《まか》すことを得《う》故に定款寄附行爲《ていくわんきふかうゐ》又は總會の決議にて他人に法人の事務《じむ》を任かすべきことを許《ゆる》さゞるときは自分《じぶん》の代理を爲さしむるを得ざるべし此の場合は理事其人《そのひと》を信《しん》じて法人の事務を代理せしめたるものなれば若し他人をして代理せしむるとせば初《はじ》めの目的《もくてき》に背《そむ》けばなり

第五十六條　理事ノ缺《か》ケタル場合ニ於テ遲滯《ちたい》ノ爲メ損害《そんがい》ヲ生スル虞《おそれ》アルトキハ裁判所ハ利害關係人又ハ撿事《けんじ》ノ請求《せいきう》ニ因《よ》リ假《かり》理事ヲ選《せん》任《にん》ス

本條問の答　法人の理事の欠《か》けたる場合則ち理事が病氣《びやうき》にかゝり法人の事務を代理することが出來《でき》ざるよりして辭《じ》したる時に他の理事を選《えら》ぶ迄《まで》待《ま》つ時は遲《おそ》くなる爲め損害を生《しやう》ずるならんとの恐《おそれ》あるときは利害《りがい》關係人又は撿事の求《もと》めにより裁判所は假《かり》の理事を選《えら》

び法人の事務《じむ》を取扱《とりあつか》はしむるなり

第五十七條 法人《はふじん》ト理事《りじ》トノ利益相反《りゑきあいはん》スル事項《じかう》ニ付テハ理事ハ代理權《けん》ヲ有《いう》セス此場合ニ於テハ前條ノ規定《きてい》ニ依《よ》リテ特別《とくべつ》代理人ヲ選任《せんにん》スルコトヲ要ス

本條問の答　法人と理事と利益相反《りゑきあひはん》する事項假令《たとへ》ば理事中《りじちう》一人又は二人の者が法人《はふじん》に金錢《かね》を貸《か》したる場合《ばあひ》又法人が理事に損害《そんがい》を求《もと》むる場合には理事は代理權《だいりけん》なし何となれば理事は自分の利益を斗《はか》らんとせば法人の損害となるを以てなり故に此場合には前條《ぜんでう》の定むる所により利害關係人《りがいくわんけいにん》又は撿事の求めにより裁判所《さいばんしよ》は特別《とくべつ》の代理人を選《えら》ぶべきなり

第五十八條 法人ニハ定款《ていくわん》、寄附行爲又ハ總會《そうくわい》ノ決議《けつぎ》ヲ以テ一人又ハ數人ノ監事《かんじ》ヲ置クコトヲ得

本條問の答　法人には理事のみにては時に不都合《ふつがふ》の事《こと》あるやも斗られざるにより定款寄附行爲《かうい》又は總會《そうくわい》の決議《けつぎ》にて一人か又は二三人の監事《かんじ》ある者を置《お》くことが出來《でき》るなり

第五十九條 監事《かんじ》ノ職務《しよくむ》左ノ如シ

一　法人《はふじん》ノ財産ノ狀況《じやうきやう》ヲ監査スルコト

二　理事ノ業務《げふむ》執行《しつかう》狀況ヲ監査《かんさ》スルコト

三　財産ノ狀況《じやうきやう》又ハ業務ノ執行ニ付キ不整《ふせい》ノ廉《かど》アルコトヲ發見《はつけん》

シタルトキハ之ヲ總會又ハ主務官廳《しゆむくわんちやう》ニ報告スルコト

四　前號ノ報告《はうこく》ヲ爲ス爲メ必要《ひつよう》アルトキハ總會ヲ招集《せうしふ》スルコト

本條問の答　前條により選《えら》びたる監事は爲すべき仕事は第一法人の財產の有樣《ありさま》は如何なる有樣にあるか其有樣を監査《かんさ》則ち取調《とりしら》ぶること第二理事が法人の業務《げふむ》を行《おこな》ひつゝあるは親切《しんせつ》に行ひ居るか其有樣を取調ぶること第三法人の財產の有樣又は理事が行ひつゝある業務に付き不都合《ふつがふ》の事あるを見出《みいだ》したるときは法人の總會又は主務官廳に報じ告《つ》ぐることと第四前號の報《はう》じ告ぐることに付き總會を集《あつ》め相談《さうだん》を爲す必要《ひつえう》あるときは總會を招集することの四個の職務《しよくむ》あり此れありてこそ法人の利益は全《まつた》ふするを得るなり

第六十條　社團法人《しやだんはふじん》ノ理事ハ少《すく》クトモ毎年一回社員ノ通常總會《つうじやうそうくわい》ヲ開クコトヲ要ス

本條問の答　社團法人の理事《りじ》は毎年一度は社團に關係《くわんけい》する社員の通常總會を開《ひら》かねばならぬ本條に少《すく》くともとある故に少なくて一度は是非共《ぜひとも》通常總會を開き一年中の會社の爲し來《き》たりし事業《じげふ》の報告又次ぎの年より爲す可き仕方《しかた》に付て相談《さうだん》を爲さゞる可からず

第六十一條　社團法人ノ理事ハ必要アリト認《みと》ムルトキハ何時ニテモ臨時總會《りんじそうくわい》ヲ招集《せうしふ》スルコトヲ得

總社員ノ五分ノ一以上ヨリ會議《くわいぎ》ノ目的《もくてき》タル事項ヲ示《しゆ》シテ請求《せいきう》ヲ爲

シタルトキハ理事ハ臨時總會ヲ招集スルコトヲ要ス但此定數ハ定款ヲ以テ之ヲ增減《ぞうげん》スルコトヲ得

本條問の答　前條通常總會《つうじやうそうくわい》を開《ひら》く可きことを定めたりしか此條には臨時《りんじ》總會は社團《しやだん》法人の理事が通常總會を開く日迄待《ま》つこととの出來ざる必要ある事項《じかう》が出來たるときは何時にても總會を招《まね》き集《あつ》むることを得るとせり又第二項に總ての社員の五分の一以上假令《たとへ》ば總社員百人あるときは二十一人のものが如何《いか》なる事件《じけん》に付て會議《くわいぎ》すべきものなるか其事件を示《しめ》して理事に總會の招き集まることを求めたるときは是非《ぜひ》共《とも》開かねばならぬ但し此五分の一と云ふ數は定款《ていくわん》にて四分の一となし又六分《ぶ》の一となすことは自由《じいう》なり

第六十二條　總會ノ招集《せうしふ》ハ少クトモ五日前ニ其會議《くわいぎ》ノ目的《もくてき》タル事項ヲ示《しめ》シ定款《ていくわん》ニ定メタル方法ニ從《したが》ヒテ之ヲ爲スコトヲ要ス

本條問の答　總會は通常總會と臨時總會とを問はず凡て之を開くには少ふても五日前に其會議す可き事件を示《しめ》し則ち通知《つうち》を社員に爲し置き且《かつ》定款に定めたる方法《はうはふ》により總會を開かねばならぬ是れ前以て社員に知らさゝるときは折角《せつかく》の總會も十分法人の利害《りがい》を斗《はか》らんとするも爲《な》し能《あた》はざればなり

第六十三條　社團法人ノ事務《じむ》ハ定款《ていくわん》ヲ以テ理事其他ノ役員《やくゐん》ニ委任《いにん》シタルモノヲ除ク外總《すべ》テ總會《そうくわい》ノ決議ニ依リテ之ヲ行《おこな》フ

本條問の答　社團法人の事務は法人の定款《ていくわん》にて理事其外《そのほか》の役員《やくいん》に任《にん》じたる事務を取《と》り除《のぞ》き其外の事務は總《すべ》て通常總會又は臨時總會にて定《さだ》めたる所に依《よ》りて行ふべきものなり

第六十四條　總會ニ於テハ第六十二條ノ規定《きてい》ニ依リテ豫《あらかじ》メ通知《つうち》ヲ爲《な》シタル事項ニ付テノミ決議ヲ爲スコトヲ得但定款ニ別段ノ定アルトキハ此限ニ在ラス

本條問の答　通常《つうじやう》總會又は臨時《りんじ》總會にては第六十二條の定むる所により前以て社員に知らしたる事柄《ことがら》に付てのみ議《ぎ》して定むることを得《う》然らざるときは突然事件《とつぜんじけん》を會議に掛《か》けられ不都合《ふつがふ》の事を生ずるに至る但し定款に別段《べつだん》の定めを爲したるとき則ち一日前に通知《つうち》せばよろしとの定《さだ》めあるときは社員凡《すべ》ての意見《いけん》故本條の通りにするに及ばざるなり

第六十五條　各社員ノ表決權《へうけつけん》ハ平等《びやうどう》ナルモノトス

總會ニ出席《しゆつせき》セサル社員ハ書面《しよめん》ヲ以テ表決《へうけつ》ヲ爲シ又ハ代理人ヲ出タスコトヲ得

前二項ノ規定《きてい》ハ定款ニ別段《べつだん》ノ定《さだめ》アル場合ニハ之ヲ適用《てきよう》セス

本條問の答　各の社員が總會にて可否《かひ》する意見を表《あらは》す權利は平等《べうどう》なり則ち壹萬圓の金を差出《さしだ》し居る者も拾圓の金を差出し居る者も皆同じことなり又總會に出席《しゆつせき》せざるときは書《しよ》面《めん》にて自分の意見《いけん》を表し又代理人をして總會に差出すことを得るなり然れども若し定款

に於て別段《べつだん》の定め則ち意見を表《あらは》す權利《けんり》は百圓を差出し居る社員は一個《いつこ》の權利にして二百圓差出す社員は二個の權利あるとの定め又代理人は許さずとかの定めあるときは定款によ る定款は社員に取りては一種《いつしゆ》の法律《はふりつ》なればなり

第六十六條　社團法人ト或《ある》社員《しやゐん》トノ關係《くわんけい》ニ付キ議《ぎ》決《けつ》ヲ爲ス場合ニ於テハ其社員ハ表決《へうけつ》權《けん》ヲ有《いう》セス

本條問の答　社團法人と或る社員との關係則ち貸金《かしきん》の如き事に付き總會《そうくわい》を開き決議《けつぎ》を爲《な》す場合《ばあひ》には其關係ある社員は可否《かひ》の意見を表《あらは》すことを得ざるなり若《も》し意見を表し議決の數《すう》に入るゝと爲すときは自分《じぶん》の利益《りえき》の方に加《くは》はるべきは當《あた》り前《まへ》なれば始めより議決の數に入れざるの優《まさ》れるに如《し》かざるなり

第六十七條　法人ノ業務《げふむ》ハ主務官廳ノ監督《かんとく》ニ屬《ぞく》ス

主務官廳ハ何時《なんどき》ニテモ職權《しよくけん》ヲ以テ法人ノ業務《げふむ》及ヒ財産《ざいさん》ノ狀況ヲ撿《けん》査《さ》スルコトヲ得

本條問の答　社團法人《しやだんはふじん》の仕事《しごと》は其仕事を管轄《くわんかつ》す可き官廳の取締《とりしまり》に屬《ぞく》せしむ故に主務《しゆむ》官廳は何時にても其職務上《しよくむじやう》の權利にて法人の業務《げふむ》は定款通《ていくわんどほ》りなるか又財産は登記《とうき》を爲したる高と相違《さうゐ》なきか等の狀況《じやうきやう》を撿査《けんさ》則ち取調《とりしらべ》を爲すことを得るなり

第三節　法人《はふじん》ノ解散《かいさん》

本節問の答　法人の解散《かいさん》とは法人が無《な》くなることにして如何《いか》なることにより法人ハ解散するが解散するときは其跡方《あとかた》は如何にするかと云ふことを定む恰《あたか》も吾々《われ〳〵》が死《し》したる時は其原因《げんいん》は何其跡方は如何様《いかやう》にするかと云ふが如し

第六十八條　法人ハ左ノ事由《じゆう》ニ因《よ》リテ解散《かいさん》ス

一　定款《ていくわん》又ハ寄附行爲《きふかうい》ヲ以テ定メタル解散《かいさん》事由《じゆう》ノ發生《はつせい》

二　法人ノ目的タル事業《じげふ》ノ成功《せいこう》又ハ其成功ノ不能《ふのう》

三　破産《はさん》

四　設立許可ノ取消《とりけし》

社團法人ハ前項ニ掲ケタル場合ノ外《ほか》左《さ》ノ事由《じゆう》ニ因《よ》リテ解散《かいさん》ス

一　總會《そうくわい》ノ決議《けつぎ》

二　社員ノ缺亡《けつばう》

本條問の答　法人は本條に定むる事柄《ことがら》によりて解散則《すなは》ち無《な》くなる其場合《ばあひ》は第一法人の定款又は寄附《きふ》したる時の事柄まて法人が解散すべき事由《じゆう》を定めたるときに於て其事由が生《しやう》じたる時假令《たとへ》ば法人の成り立ち居る期間《きかん》を定めたるときに其期間が來りたるとき第二法人が沈《しづ》み居る船《ふね》を引き上ぐる目的《もくてき》にて設《まう》けられたるときに其船を引き上げ又到底《たうてい》引き上ぐる見込《みこみ》なきとき則ち事業の成功《せいこう》又は不能《ふのう》第三法人が失敗《しつぱい》して破産《はさん》則ち身代限《しんだいかぎり》を爲した

るとき此場合は到底《たうてい》法人は解散せねばならぬ第四法人が設立《せつりつ》するに付主務官廳《くわんちやう》より許可《きよか》ありたるに法人の目的《もくてき》たる事業《じげふ》が國の治安《ちあん》を害《がい》す可きに至りたるときに於て其許可を取消《け》されたるときは財團《ざいだん》法人は解散す社團法人は右の外第一法人總會にて解散すると決議《けつぎ》を爲したるとき假令《たとへ》ば法人の事業は大ヌ損毛《そんまう》を受け維持《ゐぢ》の見込なきときに於て解散する方善からんとて解散の決議を爲す場合第二社員の欠亡《けつばう》則ち社員中にて死亡《しばう》破産《はさん》したる者澤山《たくさん》ありて法人《はふじん》の成立《なりたち》六ヶ敷《しき》とき又社員が互に相信《あひしん》じて成立つ法人なる時は一人欠亡するも解散せねばならぬ則ち財團《ざいだん》法人の解散する場合《ばあひ》は四個《こ》にして社團法人の解散する場合は六個ありと知るべし

第六十九條　社團法人ハ總社員《そうしやゐん》ノ四分ノ三以上ノ承諾《しやうだく》アルニ非《あら》サレハ解散《かいさん》ノ決議ヲ爲スコトヲ得ス但定款ニ別段《べつだん》ノ定アルトキハ此限《このかぎり》ニ在ラス

本條問の答　法人を解散するには總會の決議《けつぎ》にて爲すことを得ると前條第二項の第二號にありしが猥《みだ》りに解散の決議を爲すことを得ず必ず總社員《そうしやゐん》の四分の三以上の者が承知《しやうち》あらねば解散を爲《な》すことを得《え》ざるなり然れども定款は一種の法律《はふりつ》なれば別段《べつだん》の定め則ち三分《ぶ》一の承諾あれば解散することを得《う》ると定めたるときは三分一の承諾《しやうだく》あれば解散することを得るなり是れは吾々《われ〳〵》の意思《いし》は自由《じゆう》のものなりとの道理《だうり》より來《き》たるなり

第七十條　法人カ其債務《さいむ》ヲ完濟《くわんさい》スルコト能《あた》ハサルニ至リタルトキハ裁判所ハ理事若クハ債權者《さいけんしや》ノ請求《せいきう》ニ因リ又ハ職權《しよくけん》ヲ以テ破産《はさん》ノ宣告《せんこく》ヲ爲《な》ス

前項ノ場合ニ於テ理事《りじ》ハ直《たゞ》チニ破産宣告《はさんせんこく》ノ請求ヲナスコトヲ要《えう》ス

本條問の答　法人が其借《か》りたる金錢等を全《まつた》く返へすことが出來《でき》ぬ樣になるときは裁判所は其職權《しよくけん》にて又は理事又は債權者《さいけんしや》の求《もと》めにより破産《はさん》の言渡《いひわたし》を爲すべきなり又理事は常に法人を代理するものなれば法人の財産の有樣を能《よ》く知るものなるにより其借金《しやくきん》を全く返《かへ》すことが出來ぬと見るときは直ぐに破産《はさん》の言渡の求《もとめ》を爲さざる可からず

第七十一條　法人カ其目的以外《いぐわい》ノ事業《じげふ》ヲ爲シ又ハ設立《せつりつ》ノ許可《きよか》ヲ得タル條件《でうけん》ニ違反《ゐはん》シ其他公益《こうえき》ヲ害《がい》スヘキ行爲ヲ爲シタルトキハ主務官廳ハ其許可ヲ取消《とりけ》スコトヲ得

本條問の答　法人が其目的以外の事業《じげふ》則ち定款《ていくわん》又は寄附行爲《かうゐ》又は登記を爲したる目的の外の事業を爲し又は設立《せつりつ》の許可を得たる條件則ち設立の願出《ねがひいで》に對《たい》する指令《しれい》に保証金は年々百圓を積《つ》むべしとありしに初め一年丈け積みて二年目に積まざるとき其他公益《こうえき》を害《がい》すべき行爲《かうゐ》則ち法人《はふじん》の事業が世《よ》の中《なか》の人の身躰《しんたい》を害する物を製造《せいぞう》するに至りたるときは主務官廳は其許可を與《あた》へたる時と大《おほい》に法人の有樣異《ありさまこと》なるに至りたれば其一旦《いつたん》許可を與へた

る法人なるも取消すことを得則ち第六十八條の第四號の場合なり

第七十二條　解散《かいさん》シタル法人ノ財産《ざいさん》ハ定款《ていくわん》又ハ寄附行爲《きふかうい》ヲ以テ指《し》定《てい》シタル人ニ歸屬《きぞく》ス

定款又ハ寄附行爲ヲ以テ歸屬權利者《きぞくけんりしや》ヲ指定《してい》セス又ハ之ヲ指定スル方法ヲ定《さだ》メサリシトキハ理事ハ主務官廳ノ許可ヲ得テ其法人ノ目《もく》的《てき》ニ類似《るゐじ》セル目的ノ爲メニ其財産ヲ處分《しよぶん》スルコトヲ得但社團法人ニ在リテハ總會《そうくわい》ノ決議《けつぎ》ヲ經《へ》ルコトヲ要ス

前二項ノ規定ニ依《よ》リテ處分《しよぶん》セラレサル財産《ざいさん》ハ國庫《こくこ》ニ歸屬《きぞく》ス

本條問の答　法人が解散したるときは其法人《はふじん》の所有《しよいう》したりし財産は定款《ていくわん》又は寄附《きふ》行爲に法人解散するときは八兵衛に與《あた》へるとか又社員か分《わ》くるとのことを指《さ》し定めたるときは八兵衛なり社員《しやゐん》なりの物となる然《しか》るに定款又は寄附行爲にて其財産《ざいさん》の行くへき所を定めず又如何《いか》にして其財産の始末《しまつ》を附くるものなるかをも定めざるときは理事は法人を監督《かんとく》する官廳《くわんちやう》の許可を得たる上にて法人が其事業を目的《もくてき》となしたりしものと相似《あひに》たる目的の爲めに其財産の處分《しよぶん》則ち始末《しまつ》を附くることが出來る斯《か》くの如き處分《しよぶん》方は財産を賣拂《うりはら》ふに付ても高價《かうか》に賣拂ふを得都合《つがふ》好き處分方なり併《しか》し社團法人は兎角《とかく》寄附によりて成立つものの多ければ總會の決議《けつぎ》を得たる上にて爲すべきなり右の處分法によるも始末《しまつ》の付けられ

ぬ時は其財産は國庫《こくこ》則ち國の物《もの》となる可きなり

第七十三條　解散《かいさん》シタル法人ハ清算《せいさん》ノ目的ノ範圍內《はんゐない》ニ於テハ其清算ノ結了《けつれう》ニ至ルマデ尙《な》ホ存續《そんぞく》スルモノト看做《みな》ス

本條問の答　解散したる法人は吾々《われく》の死したる時と同じく世《よ》の中《なか》に居らざれども清算《せいさん》則ち勘定《かんぢやう》を爲すべき目的の範圍《はんゐ》の內にては其清算が濟《す》み終る迄は尙ほ法人は續ぎあるものと看做《みな》すものなり故に法人は新《あら》たに取引等を爲すことを得ざれども未だ支拂《しはらひ》の濟まざる金は返却《へんきやく》を爲し又人より取立つる金あるときに催促《さいそく》を爲すには皆法人は成立ちつゝあると看做す若し斯く爲《な》さゞるときは法人解散《かいさん》すれば直《す》ぐに社員《しやゐん》のものとなり社員の權利者《けんりしや》より取立られ法人の支拂《しはらひ》は出來《でき》ざるに至ればなり

第七十四條　法人カ解散シタルトキハ破產《はさん》ノ場合ヲ除《のぞ》ク外《ほか》理事其清《せい》算人《さんにん》ト爲ル但定款《ていくわん》若クハ寄附行爲《きふかうい》ニ別段《べつだん》ノ定《さだめ》アルトキ又ハ總會ニ於テ他人《たにん》ヲ選任《せんにん》シタルトキハ此限ニ在ラス

本條問の答　法人が解散したるときに破產《はさん》にて法人が解散したる場合は破產管財人《くわんざいにん》があれば破產の場合《ばあひ》は別にして其外の解散の場合には理事《りじ》が清算人と爲ると定めたり是れ理事は法人の財產の有樣《ありさま》を能く知るを以て他人を命《めい》ずるよりも大に便利《べんり》あるによる併《しか》し定款若《も》しくば寄附行爲に別の定《さだめ》あるとき則ち理事外《りじくわい》の社員を淸算人と爲すと定めたるとき又

總會に於て現在《げんざい》理事は不都合《ふつがふ》の行ありたるにより他の人を選《はら》びたるとき又社員外に清算に精《くは》しき人ありて其人を選びたるときは理事を清算人《せいさんにん》と選ぶに及ばざるなり

第七十五條　前條ノ規定《きてい》ニ依リテ清算人タル者ナキトキ又ハ清算人《せいさんにん》ノ缺《か》ケタル爲メ損害《そんがい》ヲ生スル虞《おそれ》アルトキハ裁判所ハ利害關係人若クハ檢事ノ請求《せいきう》ニ因リ又ハ職權《しよくけん》ヲ以テ清算人ヲ選任《せんにん》スルコトヲ得

本條問の答　前條の定め方に從ふも清算人となる者なく又一度清算人を選びたるも其清算人は病氣等《びやうきとう》にて清算人を止《や》めたるときに清算人が欠《か》け爲めに損が生ずる恐《おそれ》あるときは其儘《そのまゝ》に打捨《うちす》て置く譯《わけ》に行《ゆ》かざれば裁判所は利害關係人則ち法人と種々《しゆ〴〵》取引を爲し居るもの若くは檢事の求めにより又裁判所は自ら其職務を以て假令《たとひ》此等《これら》の者より求めなくとも清算人を選ぶことが出來る是れは事大切《たいせつ》なる場合《ばあひ》なるが故なり

第七十六條　重要《ちうよう》ナル事由《じゆう》アルトキハ裁判所ハ利《り》害關係人《がいくわんけいにん》若クハ檢事ノ請求ニ因リ又ハ職權《しよくけん》ヲ以テ清算人《せいさんにん》ヲ解任《かいにん》スルコトヲ得

本條問の答　重要《ちうよう》なる事由《じゆう》則ち清算人が或者《あるもの》に多くの別《わ》け口《くち》を與《あた》へ或者に少しく與へて正《たゞ》しき清算を爲さゞる樣《やう》の事あるときは裁判所は利害關係ある人若くは檢事の求めにより又は其職務上の權利《けんり》にて清算人を罷《や》めしめ他の清算人を選《はら》ぶことを得るなり檢事が此の求めを爲すものは檢事は公益《こうえき》を守《まも》る人なるが故なり

第七十七條　清算人ハ破産ノ場合ヲ除ク外解散後一週間内ニ其氏名住所及ヒ解散ノ原因、年月日ノ登記ヲ為シ又何レノ場合ニ於テモ之ヲ主務官廳ニ屆出ツルコトヲ要ス

清算《せいさん》中《ちう》ニ就職《しうしよく》シタル清算人ハ就職後一週間内ニ其氏名、住所ノ登記ヲ為シ且ツ之ヲ主務官廳ニ屆出ツルコトヲ要ス

本條問の答　清算人に選ばれたるものは法人が破産したる場合を除き其他の事由による解散の場合には法人が解散したる日より一週間の内に清算人の氏名住所及び法人の解散したるは何に因るか其原因　解散したる年月日の登記を求め又何れの原因による解散の場合にても主務官廳に其事を屆出ねばならぬ又清算の中に就職したる清算人則ち先きの清算人と代りたる清算人は其清算の職に就きたる後一週間の内に其氏名住所の登記を求め其上主務官廳に屆出ねばならぬ是れは主務官廳に清算人を知らしむる為めなり

第七十八條　清算人ノ職務左ノ如シ

一　現務《げんむ》ノ結了《けつれう》

二　債權《さいけん》ノ取立《とりたて》及ヒ債務ノ辨濟

三　殘餘財産ノ引渡

清算人ハ前項ノ業務ヲ行フ為メニ必要ナル一切ノ行為ヲ為スコト

ヲ得

本條問の答　清算人の職務《しよくむ》は則ち第一現務《げんむ》の結了《けつれう》則ち法人が解散したるも解散前より手《て》を着《つ》けたる事件未《いま》だ成就《じやうじゆ》せざるときは其れを終《をは》るべきこと第二債權の取立《とりたて》則ち法人より他人に賣渡《うりわた》したる品物の代金或は事業を請負《うけお》ひたるときは其請負金を取立つること及び債務《さいむ》の辨濟《べんさい》則ち法人が或る事業を爲すに付他人より品物《しなもの》を買込《かひこ》み其代價の支拂《しはら》ひあらざるときは之を支拂ふべきこと第三殘餘財産《ざんよざいさん》の引渡則ち法人の借金を支拂ひ終りて殘りたる財産あるときは其財産を社員《しやゐん》に分《わか》つ可きときの引渡を爲すとの三個《こ》の職務にして此等《これら》の職務を行《おこな》ふために是非《ぜひ》爲さねばならぬ事を爲すことを得《う》故に債權《さいけん》を取立つる爲めに裁判所に出頭《しゆつとう》することも有るべし

第七十九條　清算人ハ其就職《しうしよく》ノ日ヨリ二个月内ニ少クトモ三回ノ公告《こうこく》ヲ以テ債權者ニ對《たい》シ一定《てい》ノ期間内ニ其請求ノ申出《まをしいで》ヲ爲《な》スヘキ旨ヲ催告《さいこく》スルコトヲ要ス但其期間ハ二个月ヲ下ルコトヲ得ス

前項ノ公告ニハ債權者《さいけんしや》カ期間内《きかんない》ニ申出ヲ爲《な》ササルトキハ其債權ハ清算ヨリ除斥《ぢよせき》セラルヘキ旨ヲ附記《ふき》スルコトヲ要ス但清算人ハ知レタル債權者ヲ除斥スルコトヲ得ス

清算人ハ知レタル債權者ニハ各別《かくべつ》ニ其申出ヲ催告《さいこく》スルコトヲ要ス

本條問の答　淸算人は其淸算の職《しよく》に就《つ》きたる日より二月の内に少ふても三回《くわい》の公告《こうこく》を爲し法人の債權者に向ふて一定の期間内則ち來る何月何日迄に其債權を求むべき申出を爲す可きことを催促《さいそく》せねばならぬ併《しか》し其債權の申出を爲すべき期限《きげん》は二个月の猶豫《いうよ》は置《お》かねばならぬ又其公告には債權者が其申出を爲すべしとの期限内《きげんない》申出を爲さざるときは其債權《さいけん》は淸算より取除《とりのぞ》くべしとの旨《むね》を書き添《そ》へ置くべし然らざれは淸算は長《な》が引《ひ》き且《かつ》大に面倒《めんだう》なるが故なり併し淸算人は債權者の誰《たれ》なるか知れ居るときは取除くことを得ざるべし而して其債權者には別々《べつべつ》に其申出の催促《さいそく》を爲さゞるべからず

第八十條　前條ノ期間《きかん》後ニ申出テタル債權者ハ法人《はふじん》ノ債務完濟《さいむくわんさい》ノ後《のち》未タ歸屬權利者《きぞくけんりしや》ニ引渡《ひきわた》サヽル財產ニ對シテノミ請求ヲ爲スコトヲ得

本條問の答　前條の期限後則ち淸算人が債權を申出づべしと公告又は催促したる期限後に申出たる債權者は法人の借金《しやくきん》を全く返却《へんきやく》し社員或は他の人に與へる財產《ざいさん》にして引渡を爲さゞる財產あるときは其財產のみに向ふて請求《せいきう》することを得《う》るなり故に若し法人の借金を返却し財產少しも殘らざるか或ハ社員に引渡したる後なるときは法人に向ふて請求することを得ざるべし此の塲合《ばあひ》には社員各別《かくべつ》に求《もと》むるの外あらざるなり

第八十一條　淸算中ニ法人ノ財產《ざいさん》カ其債務《さいむ》ヲ完濟《くわんさい》スルニ不足《ふそく》ナルコ

ト分明《ぶんめい》ナルニ至リタルトキハ清算人ハ直《たゞ》チニ破産宣告《はさんせんこく》ノ請求ヲ爲シテ其旨ヲ公告スルコトヲ要ス

清算人ハ破産管財人《はさんくわんざいにん》ニ其事務ヲ引渡《ひきわた》シタルトキハ其任《そのにん》ヲ終ハリタルモノトス

本條ノ場合ニ於テ既《すで》ニ債權者《さいけんしや》ニ支拂《しはら》ヒ又ハ歸屬權利者《きぞくけんりしや》ニ引渡《ひきわた》シタルモノアルトキハ破産管財人《はさんくわんざいにん》ハ之ヲ取戻《とりもど》スコトヲ得

本條問の答　清算《せいさん》を爲しつゝある中に法人《はふじん》の財産が其借金を全く返却《へんきやく》するに不足《ふそく》することが明《あきら》かとなりたるときは清算人は直《す》ぐに破産《はさん》の言渡を受くる求を爲して其旨《むね》即ち法人の財産不足《ふそく》するにより破産の言渡《いひわたし》を受くる求を爲せりとのことを公告せねばならぬ此場合に清算人は破産管財人《はさんくわんざいにん》に其法人の事務《じむ》を引渡したるときは清算人の仕事《しごと》は終《をは》りたるものなり而して右の場合に於て清算人より既《すで》に債權者に支拂《しはら》ひたるもの又は分《わ》け前《まへ》の定りて引渡すべき權利者《けんりしや》に引渡したるものあるときは破産管財人則破産を取扱《とりあつか》ふ可き人は取《とり》戻《もど》して破産の財産中に加《くは》ふることが出來るなり

第八十二條　法人ノ解散《かいさん》及ヒ清算ハ裁判所ノ監督《かんとく》ニ屬《ぞく》ス

裁判所ハ何時《なんどき》ニテモ職權《しよくけん》ヲ以テ前項ノ監督《かんとく》ニ必要《ひつえう》ナル檢査《けんさ》ヲ爲スコトヲ得

本條問の答　法人が第六十八條の場合に於て解散《かいさん》を爲し解散を爲したるに付清算《せいさん》を爲すべき場合は裁判所の監督《かんとく》則ち取締《とりしまり》を受くることゝなる故に裁判所は何時にても其職權《しよくけん》にて検査《けんさ》を爲すべき必要《ひつえう》あると見るときは検査を爲《な》すことを得るなり

第八十三條　清算カ結了《けつれう》シタルトキハ清算人ハ之ヲ主務官廳《しゆむくわんちやう》ニ屆出ツルコトヲ要ス

本條問の答　清算が結了則《けつれうすなは》ち終《をは》りたるときは清算人は其清算の終りたる旨を主務《しゆむ》官廳に屆出ねばならぬ此の屆出により法人は全く解散したることゝなるなり

第四節　罰《ばつ》　則《そく》

本節問の答　法人の理事《りじ》監事《かんじ》又は清算人が法律《はふりつ》に定めたる通りを行はざるにより他人が損害《そんがい》を受くるに至るかも知《し》れざるが故に是非共《ぜひとも》法律の定め通《どほり》を行はしむる爲めに設《まう》けたるものにして他人を守る目的に出づるなり

第八十四條　法人《はふじん》ノ理事《りじ》、監事《かんじ》又ハ清算人《せいさんにん》ハ左ノ場合ニ於テハ五圓以上二百圓以下ノ過料《くわれう》ニ處《しよ》セラル

一　本章ニ定《さだ》メタル登記《とうき》ヲ爲スコトヲ怠《おこた》リタルトキ

二　第五十一條ノ規定《きてい》ニ違反《ゐはん》シ又ハ財産目録《ざいさんもくろく》若クハ社員名簿《しやゐんめいぼ》ニ不正《ふせい》ノ記載《きさい》ヲ爲シタルトキ

三　第六十七條又ハ第八十二條ノ場合ニ於テ主務官廳又ハ裁判所ノ檢査《けんさ》ヲ妨《さまた》ケタルトキ

四　官廳又ハ總會《そうくわい》ニ對シ不實《ふじつ》ノ申立ヲ爲シ又ハ事實《じじつ》ヲ隱蔽《いんぺい》シタルトキ

五　第七十條又ハ第八十一條ノ規定ニ反シ破産宣告《はさんせんこく》ノ請求《せいきう》ヲ爲スコトヲ怠《おこた》リタルトキ

六　第七十九條又ハ第八十一條ニ定メタル公告ヲ爲スコトヲ怠リ又ハ不正《ふせい》ノ公告《こうこく》ヲ爲シタルトキ

本條問の答　法人の理事監事又は清算人が五圓以上二百圓以上の過料《くわれう》に處《しよ》せらるゝ場合《ばあひ》は第一本章に定めたる登記《とうき》則ち第四十五條第四十六條第四十九條第六十八條第七十七條の登記を爲すことを怠《おこた》りたるとき第二第五十一條の規定に背《そむ》き財産目錄を作《つく》らざるとき又は財産目錄に法人《はふじん》の所有にあらざる財産を法人の所有《しよいう》の如くに書《か》き込《こ》み又社員名簿《めいぼ》に社員にあらざる他人を社員の如くに書き込みたるとき第三第六十七條の場合則ち法人の業務は主務官廳の監督《かんとく》を受く可きものなるに其檢査を妨《さまた》げ又第八十二條の場合《ばあひ》則ち法人の解散及清算は裁判所の檢査を受《う》くべきものなるに其檢査を妨げたるとき第四官廳《くわんちやう》及に總會に向《むか》ひ實際《じつさい》無きことを申立又は實際の事柄を隱《かく》したるとき第五第七十條又は第八十

一條の規定に反《はん》し破産宣告の求《もとめ》を爲すことを怠《おこた》りたるとき則ち法人の財産にて其借金を返濟《へんさい》するに足《た》らざるとき又清算中借金を返濟するに足らざること明かなるに破産宣告の求をなさゞるとき第六第七十九條又第八十一條に定めたる公告則ち債權者に其債權の申出を爲すべしとの公告《こうこく》又清算中法人の財産不足《ふそく》にして借金を返すことの出來《でき》ざること明《あきら》かなりたるときに破産を求《もと》め其旨《むね》を公告すべきに其公告を爲《な》すことを怠り又は不正《ふせい》の公告を爲したるときの六個《こ》の場合に於て理事が過料《くわれう》を受くることあり又監事《かんじ》のみが受くることもありて皆《みな》其爲すべき事を爲さゞるより罰《ばつ》せらるゝものなれば其場合を考《かんが》ふべし

第三章　物《もの》

本章問の答　世《よ》の中《なか》に有《あ》るものは皆《みな》物なれば人も物の中に入るべき筈《はず》なれども人は尊《たつと》びて物の中に入れずして人より外の物に付定めたるなり

第八十五條　本法《ほんぱふ》ニ於テ物《もの》トハ有體物《いうたいぶつ》ヲ謂《い》フ

本條問の答　民法にて物と云ふものは形《かたち》の有る物を云ふ故に空氣《くうき》香《にほひ》の如きは民法に云ふ所の物にあらざるなり而して此物は人が所有するより次條《じでう》の如く動産不動産《どうさんふどうさん》となるなり

第八十六條　土地《とち》及ヒ其定著物《ていちやくぶつ》ハ之ヲ不動産《ふどうさん》トス

此他《このた》ノ物《もの》ハ總《す》テ之ヲ動産《どうさん》トス

無記名債權《むきめいさいけん》ハ之ヲ動産ト看做《みな》ス

本條問の答　土地則ち田畑山《たはたやま》及び其定著物則ち土地に付着《ふちやく》する家納屋《いへなや》等は不動産とす故に此外の物は皆動産なり則ち土地《とち》と土地に付着せざる物の外の物は皆動産たり此區別《くべつ》よりして法律の取扱《とりあつかひ》を異《こと》にするなり一寸其異なる一二を言《い》へば不動産は登記すべきも動産は登記の必要《ひつえう》なし又不動産に關《くわん》する訴《うつたへ》は不動産のある土地の裁判所に起《おこ》すべきも動産は然らず是《こ》れは其異《こと》なる所の重《おも》なるものなり第三項に無記名《むきめい》債權則ち氏名《しめい》を記さゞる權利にして不動産を目的《もくてき》とするときは不動産たることあるも尙は此を動産となし其取扱を便《べん》ならしめんがために斯《か》くの如《ごと》く定めたるなり

第八十七條　物ノ所有者カ其物ノ常用《じやうよう》ニ供《きよう》スル爲メ自己《じこ》ノ所有ニ屬《ぞく》スル他《た》ノ物《もの》ヲ以テ之ニ附屬《ふぞく》セシメタルトキハ其附屬セシメタル物ヲ從物《じゆうぶつ》トス

從物ハ主物《しゆぶつ》ノ處分《しよぶん》ニ隨《したが》フ

本條問の答　物の所有者《しよいうしや》が其所有する土地家屋《かおく》等《とう》の常用《じやうよう》則ち毎日用ゐる爲めに自分の持ち居る物を附けたるときは其付けしめたる物は從《じゆう》たる物にして從たる物は常に主《しゆ》たる物の處分に隨《したが》ふものなり假令《たとへ》ば茲《こゝ》に一の紡績場《ばうせきぢやう》あり其紡績場に備付《そなへつ》けたる機械《きかい》は常に紡績の爲めに用ゐるものなれば則ち本條の常用にして從たる物なり又紡績場は主たる物なり故に今此紡績場を賣る場合には常に機械は從たるものにて主の處分に從ふものなれば共

に賣拂はるゝものなり

第八十八條　物ノ用方《ようはう》ニ從《したが》ヒ收取《しうしう》スル産出物《さんしゆつぶつ》ヲ天然果實《てんねんくわじつ》トス
物ノ使用《しよう》ノ對價《たいか》トシテ受《う》クヘキ金錢《きんせん》其他ノ物ヲ法定果實《はうていくわじつ》トス

本條問の答　物《もの》其れの用方《もちゐかた》により收め取る所の産出物則ち出來る物を天然果實《てんねんくわじつ》とすと假《たと》へば田畑の米麥豆《こめむぎまめ》又池に魚を養《か》ふ時は其魚等の如し又物を使用する代《かは》りの價《あたひ》として受く可き金錢其他の物を法定《はふてい》の果實とすと故ゑ假令ば家を貸すときは其貸賃《かしちん》土地を小作《こさく》せしむるときは小作料等の如き物を法定果實と云ふなり

第八十九條　天然果實《てんねんくわじつ》ハ其元物《そのげんぶつ》ヨリ分離《ぶんり》スル時ニ之ヲ收取スル權利《けんり》ヲ有スル者ニ屬ス
法定果實《はふていくわじつ》ハ之ヲ收取スル權利ノ存續期間《そんぞくきかん》日割《ひわり》ヲ以テ之ヲ取得《しゆとく》ス

本條問の答　天然果實則ち土地の米麥の如き物は其元物《げんぶつ》則ち土地より分離《ぶんり》する時苅《か》り上《あ》げたるときは其米麥を收取《しうしゆ》する權利を有《いう》する者に屬《ぞく》す又法定果實則ち家賃《やちん》小作料《こさくれう》等の如き物は之を收取する權利が續《つゞ》く間の日割《ひわり》にて其收取する權利ある人の物となる此の如く日割にすると分離《ぶんり》するときに初《はじ》めて其所有者が定まることは大に必要《ひつえう》なれば能く覺《おぼ》へ置く可きことなり其區別《くべつ》ある譯《わけ》は天然果實は計算《けいさん》の上ゑて面倒《めんだう》なれば或は苦情《くじやう》の起《おこ》ることもあれども法定果實は大抵月定《たいていつきさだ》めか日定《ひさだ》めのものなれば日割《ひわり》とするも面倒のことなへ却《かへ》

て便利《べんり》なれば斯くの如く定めたるなり

第四章　法律行爲《はふりつかうい》

本章問の答　法律行爲とは法律上の行《おこな》ひと云ふことにして吾々《われく》のなす可き事は大概《たいがい》法律行爲となるものなり則ち他人と金錢の貸借契約《たいしやくけいやく》を取結ぶ約束《やくそく》或は米と麥と交易《かうゑき》する約束の如き皆一として法律行爲とならぬものはなし然れども父に孝《かう》を盡《つく》す義務《ぎむ》の如き兄弟相《きやうだいあひ》愛《あい》する義務の如きは法律行爲にあらざるなり

第一節　總《そう》則《そく》

本節問の答　法律行爲に付ての總ての規則を定むるものなり

第九十條　公《おほやけ》ノ秩序《ちつじよ》又ハ善良《ぜんりやう》ノ風俗《ふうぞく》ニ反《はん》スル事項ヲ目的トスル法律《はふりつ》行爲《かうい》ハ無《む》效《かう》トス

本條問の答　公《おほやけ》の秩序則ち農人《のうじん》は農に安《やすん》じ商人は商に安ずること又は善良《ぜんりやう》の風俗則ち善《よ》き風《ふう》と云ふことゝして道德《だうとく》を大切《たいせつ》にして節儉《せつけん》を大切にして其日を暮《くら》し男女の間に於ても猥个敷事《みだりがましきこと》なき等にして此《これ》に背《そむ》きたる事を目的とする法律の行爲は無效《なかう》とすと故に假令ば人を殺《ころ》すときは金何圓を與《あた》ふとか或は何某の犯罪《はんざい》を隱《かく》すときは余の娘を與《あた》ふとか又夫《をつと》のある某女に通《つう》ずるときは金何圓を送《おく》るとか云ふ如き事は無效にして假令《たと》ひ其約束の事柄《ことがら》が成就《じやうじゆ》するも金圓を求むることが出來ぬものなり

第九十一條　法律行爲ノ當事者カ法令中《はふれいちう》ノ公ノ秩序《ちつちよ》ニ關《くわん》セサル規定《きてい》ニ異《こと》ナリタル意思《いし》ヲ表示《へうじ》シタルトキハ其意思ニ從《したが》フ

本條問の答　法律行爲を爲したる關係者《くわんけいじや》が法律又は規則の中の公《おほやけ》の秩序に關せざる定方《さだめかた》に異《こと》なりたる考《かんがへ》を以て法律行爲を爲したるときは其法律行爲は無効とせずして有効《いうかう》とするなり而して公の秩序に關せざる規定とは假令ば民法第五百九十五條に借主は借用物の通常是非共入る可き費用《ひよう》をなさねばならぬとあり然れども關係者各々此れと異《こと》なる契約《けいやく》則ち其費用は貸主《かしぬし》がなすとの約束を取結《とりむす》ぶことを得るとのことあり

第九十二條　法令中ノ公ノ秩序ニ關《くわん》セサル規定ニ異ナリタル慣習《くわんしふ》アル場合《ばあひ》ニ於テ法律行爲ノ當事者《たうじしや》カ之ニ依ル意思《いし》ヲ有セルモノト認《みと》ムヘキトキハ其慣習ニ從フ

本條問の答　法律又は規則中の公《おほやけ》の秩序《ちつちよ》に關係なき定め方に異なる慣習行《くわんしふおこな》はれつゝある場合《ばあひ》に於て法律行爲を爲したる當事者が其慣習に依りて爲したる者と認《みと》めらるゝときは其慣習に依て法律行爲を支配《しはい》するなり併《しか》し其慣習は長《なが》く行れ且《か》つ廣《ひろ》き所に行れたるものあらざる可からず然らざれば慣習を言ひ立てゝ法律を破るに至るべし

第二節　意思表示《いしへうし》

本節問の答　意思表示とは考《かんがへ》を現《あら》はすことにして法律行爲を爲《な》すに如何《いか》にして其意を互《たがひ》

に知り合ふか若し詐《いつはり》を用ね一方を欺《あざむ》きたるときは如何《いか》にするか本節には其事を規定す

第九十三條　意思表示ハ表意者カ其眞意《しんい》ニ非《あら》サルコトヲ知リテ之ヲ爲《な》シタル爲メ其效力《かうりよく》ヲ妨《さまた》ケラルルコトナシ但相手方《あひてかた》カ表意者ノ眞意ヲ知リ又ハ之ヲ知ルコトヲ得ヘカリシトキハ其意思表示ハ無效トス

本條問の答　法律行爲を爲すときまは自分《じぶん》の考《かんがへ》を口《くち》に出さゞる可からず其時に考を口に出したる者か其言《い》ふたる事が眞見《しんけん》に言ふたものになきことを知りて法律行爲《はふりつかうい》を爲したるも其法律行爲ハ無效《むかう》とならざるなり假令《たとへ》ば太郎が次郎に一冊《さつ》の書物《しよもつ》を賣ることを申込めりさきど太郎は其申込は眞見《しんけん》にあらざることを知《し》りて爲したる申込ありと雖《いへ》ども次郎が承知《しようち》するときは太郎は其書物《しよもつ》を賣らねばならぬ併《しか》し相手《あひて》の者が其考を口に出したる者は眞見にあらす冗談《じやうだん》なることを知り亦知ることが出來たるときは其考を口に出したることは無効なり右の例《れい》にて次郎が太郎は戯《たはむれ》まて書物を賣《う》ると云ふものなることを知るときハ太郎に書物の賣渡を求むることを得ざるべし

第九十四條　相手方ト通《つう》シテ爲《な》シタル虚僞《きよぎ》ノ意思表示ハ無效トス

前項ノ意思表示ノ無效ハ之ヲ以テ善意《ぜんい》ノ第三者《だいさんしや》ニ對抗《たいかう》スルコトヲ得ス

本條問の答　相手方と相談《きうだん》の上虚僞《きよぎ》則ち詐《いつは》りの意思《いし》を表《あら》はしたるときは無效とす假令《たとへ》ば太郎と次郎とが三郎を詐《あざむ》かんとの目的より詐《いつは》りの意思を表はし則ち太郎は次郎より金五百圓も借《か》り居《を》らざるに借り居る如くなし三郎なる太郎の債主《さいしゆ》を詐《いつは》らんとするが如し併《しか》し此の詐りの意思表示《いしへうし》は其事の約束《やくそく》に關係せざるものにして且其約束を知らざる者には手《て》向《むか》ふことを得ず即ち無效《むかう》とすることを得ざるなり右の例《れい》にて太郎は次郎より金五百圓を借り居る約束なる故次郎の債主は太郎に五百圓を求むることを得るなり

第九十五條　意思表示ハ法律行爲《はふりつかうい》ノ要素《えうそ》ニ錯誤《さくご》アリタルトキハ無效《むかう》トス但表意者ニ重大《ぢうだい》ナル過失《くわしつ》アリタルトキハ表意者自ラ其無效ヲ主張《しゆちやう》スルコトヲ得ス

本條問の答　意思表示は法律行爲の要素《えうそ》則ち物の賣《う》り買《か》ひの約束《やくそく》を爲さんとて賣る者より買ふ者に申込《まをしこ》めるに買主は其事は承知したる後ちて能く見るときは其物品《ぶつぴん》に錯誤《さくご》則ち買はんと思ひたる物品と異《こと》なるときは其意思表示《いしへうし》則ち買ふとの申込は無效なり併《しか》し意思を表《あら》はしたる者に重大《ぢうだい》なる過失《くわしつ》則ち品物を能く見《み》れば知れるに能く見ずして承知したる如きときは其者則ち表意者は無效を申立つることを得ざるなり

第九十六條　詐欺《さぎ》又ハ强迫《きやうはく》ニ因《よ》ル意思表示ハ之ヲ取消《とりけ》スコトヲ得
或人《あるひと》ニ對《たい》スル意思表示ニ付キ第三者カ詐欺《さぎ》ヲ行《おこな》ヒタル場合ニ於テ

ハ相手方《あいてかた》カ其事實《じじつ》ヲ知リタルトキニ限《かぎ》リ其意思表示ヲ取消スコトヲ得

詐欺《さぎ》ニ因《よ》ル意思表示ノ取消《とりけし》ハ之ヲ以テ善意ノ第三者ニ對抗《たいこう》スルコトヲ得ス

本條問の答　詐欺《さぎ》又は強迫《きやうはく》則ち自分の言《い》ふことに承知せざれば殺《ころ》すとて承知せしめたるときの意思表示は取消すことを得《う》又或人に對する意思表示《いしへうじ》に付き他人が詐欺を行《おこな》ひたる場合《ばあひ》則ち太郎と次郎とが一の約束《やくそく》を爲すときに其外の者三郎が詐欺を爲したる場合に於て相手方則ち詐欺にかゝりたる者の相手《あひて》の者が其詐欺を知るときにのみ其承知《しやうち》したることを取消《とりけ》すことを得又詐欺に因りて承諾《しやうだく》を爲したる場合に其取消は詐欺の事を知らざる他人には手向《てむか》ふことを得ざるなり

第九十七條　隔地者《かくちしや》ニ對スル意思表示ハ其通知《そのつうち》ノ相手方ニ到達《とうたつ》シタル時ヨリ其效力《かうりよく》ヲ生ス

表意者カ通知ヲ發《はつ》シタル後ニ死亡《しばう》シ又ハ能力《のうりよく》ヲ失《うしな》フモ意思表示ハ之カ爲メニ其效力ヲ妨ケラルルコトナシ

本條問の答　隔地者《かくちしや》則ち神戸《かうべ》に居る者と長崎に居る者とが一個の約束を爲す場合に互に其考《かんがへ》を示《しめ》すには其通知が相手の者に着《つ》きたる時より意思を示したる效《かう》が出來る故に米五

百石を賣らんと神戸《かうべ》より長崎《ながさき》の者に申込みたるときは神戸の者は其申込が先方《せんぽう》へ着したるときより取消すことを得ざるなり又既《すで》に意思を示したるものが其通知を出したる後に死するか又能力《のうりよく》を失ひ狂氣者《きやうきもの》となるも一旦《いつたん》出したる意思は尙ほ效あるなり故に相續人は其事を引受け若し先方より承知の知らせを爲し來るときは其れに應《おう》せねばならぬ

第九十八條　意思表示ノ相手方カ之ヲ受ケタル時ニ未成年者《みせいねんしや》又ハ禁《きん》治産者《ちさんしや》ナリシトキハ其意思表示ヲ以テ之ニ對抗《たいかう》スルコトヲ得ス但其法定代理人カ之ヲ知リタル後ハ此限ニ在ラス

本條問の答　表示《へうじ》したる意思の相手の者が其意思の申込《まをしこみ》を受けたる時に未成年者《みせいねんしや》又は禁《きん》治産者《ちさんしや》なるときは其意思の表示を爲したるとて手向ふことを得ざるべし此等《これら》の者は自分《じぶん》が其意思の申込を受くる能力《のうりよく》なき故なり併《しか》し其法定代理人たる後見人《こうけんにん》等が其事を知りたる後は其意思の表示を以て手向ふことを得るなり

第三節　代理《だいり》

本節問の答　代理とは人《ひと》の代《かは》りとなることにして誰《たれ》も自分《じぶん》の事一切《いつさい》自分が爲《な》し得《う》るものにあらず或る場合には自分の代《かは》りとして他人を立つることあり其場合に代人は如何《いか》なることを爲し得るか實に入用のものなり

第九十九條　代理人《だいりにん》カ其權限內《けんげんない》ニ於テ本人ノ爲メニスルコトヲ示《しめ》シ

テ爲シタル意思表示ハ直接《ちよくせつ》ニ本人ニ對シテ其效力《かうりよく》ヲ生ス

前項ノ規定ハ第三者カ代理人ニ對シテ爲シタル意思表示ニ之ヲ準用ス

本條問の答　代理人が其權限内《けんげんない》則ち本人より受けたる權利の内にて本人の爲めなることを言ひ又書面《しよめん》にて知らして爲したる所の意思表示《いしへうじ》は本人に向ふて直接《ちよくせつ》の效《かう》が出來る故に代理人が罷《や》めたるときと雖も本人と相手《あひて》の者とは少《すこ》しも變《かはり》を受くることとなし又第三者《だいしや》則ち代理人《だいりにん》と取り結《むす》びを爲したる他人が代理人に爲したる意思表示は本人に爲したるものとになるなり則ち第二項に之れが定めを爲せり

第百條　代理人カ本人ノ爲メニスルコトヲ示サスシテ爲シタル意思表示ハ自己《じこ》ノ爲メニ之ヲ爲シタルモノト看做《みな》ス但相手方カ其本人ノ爲メニスルコトヲ知リ又ハ之ヲ知ルコトヲ得ヘカリシトキハ前條第一項ノ規定ヲ準用《じゆんよう》ス

本條問の答　代理人が本人の爲めに爲すものなることを知らさずして或る約束を取結ぶときは自分則ち代理人の爲めに爲したるものと看做《みな》すなり併《しか》し相手の者が本人の爲めなることを知るが又本人の爲めなることを知ることが出來るときは前條第一項を準用《じゆんよう》する故に本人に向ひて效を生ずることゝなるなり

第百一條　意思表示ノ效力《こうりよく》カ意思ノ欠缺《けつけつ》、詐欺《さぎ》、强迫《きやうはく》又ハ或事情ヲ知リタルコト若《もし》クハ之ヲ知ラサル過失《くわしつ》アリタルコトニ因リテ影響《えいきやう》ヲ受クヘキ場合《ばあひ》ニ於テ其事實《じじつ》ノ有無《いうむ》ハ代理人ニ付キ之ヲ定ム

特定《とくてい》ノ法律行爲ヲ爲スコトヲ委託《いたく》セラレタル場合ニ於テ代理人カ本人ノ指圖《さしづ》ニ從ヒ其行爲ヲ爲シタルトキハ本人ハ其自ラ知リタル事情ニ付キ代理人ノ不知《ふち》ヲ主張《しゆちやう》スルコトヲ得ス其過失《くわしつ》ニ因リテ知ラサリシ事情ニ付キ亦同シ

本條問の答　意思を表示したる效力が意思が欠《か》けたること又詐欺《さぎ》及び强迫《きやうはく》又或る事情を知りたること則ち物を買ふべき代理の場合よ本人が先方《せんぱう》の事情《じやう》を知り居りたるが如き又其事柄を知らざる落度《おちど》あること等によりて影響《えいきやう》則ち意思は十分なかりしとかありたるとかの疑《うたがひ》ある場合には其事實《じじつ》の有りしか無かりしかは代理人に付て之を取調《とりしら》ぶべくして本人は關係《くわんけい》なし又特《とく》に定めたる法律行爲を爲すことの委託《ゐたく》を代理人が受けたるときに於て代理人が本人の指圖《さしづ》通りに其事柄《ことがら》を爲したるときは本人自《みづか》ら其事柄に付知りたるものに付ては代理人の不知を申立つることゝを得ず又過失《くわしつ》に因《よ》りて知らざる事柄に付ても亦同じく代理人の不知《ふち》を申立つることを得ざるなり

第百二條　代理人ハ能力者《のうりよくしや》タルコトヲ要セス

本條問の答　代理人は能力ある者に限らず故に本人は二十歳以下の者を代理人となすことを得是れ代理人は只本人の事を本人に代りて爲すものなればなり

第百三條　權限ノ定ナキ代理人ハ左ノ行爲ノミヲ爲ス權限ヲ有ス

一　保存行爲《ほぞんかうい》

二　代理ノ目的《もくてき》タル物又ハ權利ノ性質《せいしつ》ヲ變セサル範圍內《はんゐない》ニ於テ其利用又ハ改良《かいりやう》ヲ目的トスル行爲《かうい》

本條問の答　權限《けんげん》の定なき代理人則ち代理事件《じけん》に付て其の區域《くいき》の定めを受けざる代理人は第一保存《ほぞん》行爲則ち代理し居る事件に付き家屋《かおく》なるときは其荒《あ》れたる所を修繕《しゆうぜん》すること等の事柄第二代理を爲し居る目的《もくてき》たる物又は權利の性質《せいしつ》を變《へん》せざる範圍《はんゐ》の內にて其れを利益《りえき》の方に用ゐ又は改《あらた》め良《よ》くする方の事を目的とすることのみを爲すことを得るなり

第百四條　委任《いにん》ニ因《よ》ル代理人ハ本人ノ許諾《きよだく》ヲ得タルトキ又ハ已《や》ムコトヲ得サル事由アルトキニ非《あら》サレハ復代理人《ふくだいりにん》ヲ選任《せんにん》スルコトヲ得ス

本條問の答　本人より委《ゆだ》ね任《まか》すとの意思《いし》を示して代理人となりたるものは本人より復《ふく》代理人《だいりにん》を選《えら》ぶことの許《ゆるし》を得たること又復代理人を用ゐねばならぬ事由《じゆう》あるときでなければ復代理人を選《えら》ぶことを得ざるなり是れは代理は信用《しんよう》によりて出來たるものなれば若し

代理人が自由《じゆう》に復《ふく》代理人を選ぶとするときは本人の考《かんがへ》に違《たが》ふべければなり

第百五條　代理人カ前條ノ場合ニ於テ復代理人ヲ選任シタルトキハ選任《せんにん》及ヒ監督《かんとく》ニ付キ本人ニ對《たい》シテ其責《そのせめ》ニ任《にん》ス

代理人カ本人ノ指名《しめい》ニ從ヒテ復代理人《ふくだいりにん》ヲ選任シタルトキハ其不適《ふてき》任《やにん》又ハ不誠實《ふせいじつ》ナルコトヲ知リテ之ヲ本人ニ通知《つうち》シ又ハ之ヲ解任《かいにん》ス

ルコトヲ怠《をこた》リタルニ非サレハ其責《せめ》ニ任《にん》セス

本條問の答　代理人が前條の場合《ばあひ》則ち本人より許《ゆるし》ありたるとき又已《や》むを得ざる事由により復代理人を選びたるときは其選任又は監督《かんとく》に付き本人に向て責《せめ》に任《にん》ぜねばならぬ故に不都合《ふつがふ》の者を選びたるの又取締《とりしまり》の悪《あ》しき所より損害《そんがい》が出來るときは自分は其れを償《つぐな》はねばならぬ又代理人が本人の指名《しめい》に從《したが》ひて則ち本人より何某を復代理人《ふくだいりにん》と爲す可しとの命《めい》に從ひて復代理人を選びたるときは其復代理人は不適任《ふてきにん》則ち代理事件に適《かな》ふ人にあらざること又不誠實《ふせいじつ》則ち不信切《ふしんせつ》なることを知るにも拘《かゝは》らず本人に知らすことを怠《おこた》り又其任を罷めしむることを怠りたるときに責《せめ》に任《にん》ずることゝなるべし

第百六條　法定代理人《はふていだいりにん》ハ其責任《せきにん》ヲ以テ復代理人ヲ選任《せんにん》スルコトヲ得

但已ムコトヲ得サル事由アリタルトキハ前條第一項ニ定メタル責任ノミヲ負フ

本條問の答　法定代理人則ち後見人の如き者は自分《じぶん》の責任《せきにん》にて復代理人を選《えら》ぶことが出來る其《そ》は本人の許を得んとするも能《あた》はざるが故なり但し已《や》むを得ざる事由あるときに限《かぎ》り前條第一項の責任則ち復代理人の選任《せんにん》及び監督《かんとく》に付てのみ本人に向て責に任ずるなり

第百七條　復代理人ハ其《その》權限《けんげん》内《ない》ノ行爲《かうい》ニ付キ本人ヲ代表《だいへう》ス

復代理人ハ本人及ヒ第三者ニ對シテ代理人ト同一ノ權利義務ヲ有ス

本條問の答　復代理人は代理人より任《まか》かされたる權利《けんり》の内にて爲《な》したる事柄《ことがら》に付本人を代理するなり又た復代理人は本人と第三者とに向《むか》ふて代理人と同じき權利義務《ぎむ》を有《いう》するなり

第百八條　何人《なんぴと》ト雖《いへど》モ同一ノ法律行爲《はふりつかうい》ニ付キ其相手方ノ代理人ト爲リ又ハ當事者《たうじしや》雙方《さうはう》ノ代理人ト爲ルコトヲ得ス但債務《さいむ》ノ履行《りかう》ニ付テハ此限ニ在ラス

本條問の答　如何《いか》なる人と雖ども同一の法律行爲《はふりつかうゐ》に付て自分《じぶん》の相手《あひて》の代理人と爲ることが出來ず又其事件に關係《くわんけい》ある双方《さうはう》の者の代理人と爲ることが出來ぬ併《しか》し債務の履行《りかう》則ち借金を返却《へんきやく》する事件《じけん》の代理は双方の代理も又相手方《あひてかた》の代理《だいり》もなすことを得るなり

第百九條　第三者ニ對《たい》シテ他人ニ代理權《だいりけん》ヲ與《あた》ヘタル旨《むね》ヲ表示《へうじ》シタル

者ハ其代理權ノ範圍內《はんゐない》ニ於テ其他人ト第三者トノ間《あいだ》ニ爲《な》シタル行爲ニ付キ其責ニ任ス

本條問の答　第三者則ち代理の事件に關係《くわんけい》せぬ者に向《むか》ふて自分の權利は既《すで》に或人に代理權を任《ま》かしたる事を言ひたるものは其代理の權利の內《うち》にて其或人《あるひと》と第三者との間に爲したる事柄《ことがら》に付き責《せめ》に任《にん》じ則ち本人は其事を引受ねばならぬものなり

第百十條　代理人カ其權限外《けんげんぐわい》ノ行爲ヲ爲シタル場合ニ於テ第三者カ其權限アリト信《しん》スヘキ正當《せいたう》ノ理由《りゆう》ヲ有セシトキハ前條ノ規定《きてい》ヲ準用ス

本條問の答　代理人が自分が爲すべき權利の外の事を爲したるときに若し第三の者代理人と事を取結《とりむす》び杯《など》をなしたる者が代理人の爲したる事柄は代理人に爲す可き權利ありと思ふべき正當《せいたう》の理由《りいう》あるときは前條の定むる所により本人は其責に任ず可きなり

第百十一條　代理權《だいりけん》ハ左ノ事由ニ因リテ消滅《せうめつ》ス

一　本人ノ死亡《しばう》

二　代理人ノ死亡、禁治產《きんちさん》又ハ破產《はさん》

此他委任《ゐにん》ニ因《よ》ル代理權ハ委任ノ終了《しうれう》ニ因リテ消滅ス

本條問の答　代理の權は第一本人の死したるとき第二代理人の死したるとき代理人が禁

治産又は破産《はさん》を爲したるとき此外委任《ゐにん》に因《よ》りて代理を爲したる場合は委任が終《をは》るときは代理が消ゆることになるなり

第百十二條　代理權ノ消滅《せうめつ》ハ之ヲ以テ善意《ぜんい》ノ第三者ニ對抗《たいこう》スルコトヲ得ス但第三者カ過失《くわしつ》ニ因リテ其事實《じじつ》ヲ知ラサリシトキハ此限ニ在ラス

本條問の答　代理權の消滅《せうめつ》したる場合に於ては其消滅を以て善意《ぜんい》の第三者に手《て》向ふことが出來ぬ故に代理の消滅したることを知らずして代理人たりしものと或る約束を爲したる處《ところ》後ち本人に其事件の求《もと》めを爲したる場合に本人は代理は既《すで》に消滅したるとて其事を退《しりぞ》くることを得ざるべし然れども代理の消滅したることを通知《つうち》したるに其知《し》らせを忘《わす》れ代理人たると思《おも》ひ約束《やくそく》したるが又は金を渡したるときは本人に向ふて苦情《くじやう》を述《のぶ》るを得ず

第百十三條　代理權《だいりけん》ヲ有セサル者カ他人ノ代理人《だいりにん》トシテ爲シタル契《けい》約《やく》ハ本人カ其追認《ついにん》ヲ爲スニ非サレハ之ニ對シテ其效力《かうりよく》ヲ生セス追認又ハ其拒絶《きよぜつ》ハ相手方ニ對シテ之ヲ爲スニ非サレハ之ヲ以テ其相手方《あひてかた》ニ對抗《たいかう》スルコトヲ得ス但相手方カ其事實《じじつ》ヲ知リタルトキハ此限ニ在ラス

本條問の答　代理權を有《いう》せざる者が他人の代理人となり或る者と契約《けいやく》を爲したるときは

本人が其契約を後より認《みと》むるにあらざれば契約の效を生《しやう》ぜざるなり又其契約を認むることと及其契約を拒《こば》むことを相手の者に向《むか》ふて爲さゞるときは相手の者に手向《てむか》ふことが出來ぬ併《しか》し相手の者が其事實《じじつ》を知りたるとき則ち代理人は實際某《じつさいなにがし》の代理人と云ふも代理人にあらざることを知るときは相手の者に爲すに及ばざるなり

第百十四條　前條ノ場合ニ於テ相手方《むかふ》ハ相當《さうたう》ノ期間《きかん》ヲ定メ其期間内ニ追認《ついにん》ヲ爲スヤ否ヤヲ確答《かくたう》スヘキ旨ヲ本人ニ催告《さいこく》スルコトヲ得若《も》シ本人カ其期間内ニ確答ヲ爲ササルトキハ追認《ついにん》ヲ拒絶《きよぜつ》シタルモノト看做《みな》ス

本條問の答　前條の塲合則ち代理人たらざる者が他人の代理を爲したるときは相手の者は相當の期間則ち善加《よきか》減《げん》の期限を定め其期限内に認《みと》むるや否《いな》や確《たし》かに返答《へんたふ》を爲す可き旨を催促《さいそく》することが出來る若し本人が其期間内に返答を爲さゞるときは認むべきことを拒《こば》みたるものと看做《みな》す何となれば認むるものなれば期間内に返答を爲すべければなり

第百十五條　代理權ヲ有セサル者ノ爲シタル契約ハ本人ノ追認ナキ間ハ相手方ニ於テ之ヲ取消《とりけ》スコトヲ得但契約ノ當時《たうじ》相手方カ代理權ナキコトヲ知リタルトキハ此限ニ在ラス

本條問の答　代理の權利《けんり》なき者が爲したる契約《けいやく》は本人の追認則《ついにんすなは》ち認《みと》めざる間は其代理權

なきものと取結《とりむす》びたる相手方にて取消《とりけし》を為《な》すことを得る是れは本人の認めざるときは契約の效《かう》を生せざるものなれば其認むる日まで待《ま》つに及ばざるなり但し契約の取結を為すときに相手の者が代理權《だいりけん》のなきことを知るときは取消を為すことを得ざるなり

第百十六條　追認《ついにん》ハ別段《べつだん》ノ意思表示ナキトキハ契約《けいやく》ノ時ニ遡《さかのぼ》リテ其效力ヲ生ス但第三者ノ權利ヲ害スルコトヲ得ス

本條問の答　追認は別段の意思表示《いしへうじ》なきとき則ち何等《なんら》の事も示さゞるときは契約を取結びたる時に遡《さかのぼ》り其日より效力が出來《でき》る故に契約の日と追認の日との間一ヶ月も隔《へだ》つるときにも契約の日より本人に向ふて效力が出來るなり併し其間に第三者が權利を得たることあるときは其權利を追認《ついにん》を以て害《がい》することを得ざるべし

第百十七條　他人《たにん》ノ代理人トシテ契約《けいやく》ヲ為シタル者カ其代理權ヲ證《しよう》明《めい》スルコト能《あた》ハス且本人ノ追認ヲ得サリシトキハ相手方ノ選擇《せんたく》ニ從《したが》ヒ之ニ對シテ履行《りかう》又ハ損害賠償《そんがいばいしやう》ノ責《せめ》ニ任《にん》ス

前項ノ規定《きてい》ハ相手方カ代理權《だいりけん》ナキコトヲ知リタルトキ若クハ過失《くわしつ》ニ因リテ之ヲ知ラサリシトキ又ハ代理人トシテ契約ヲ為シタル者カ其能力《そののうりよく》ヲ有セサリシトキハ之ヲ適用《てきよう》セス

本條問の答　他人の代理人として或《あ》る者と契約を為し而《しか》して其代理の權の證據立《しようこたて》を為し

代理たることを明《あきら》かにすることが出來ず又本人の追認を得ざるときは相手方の撰擇《せんたく》則ち選《えら》びに任《まか》かせ其代理なりと云ふ者に契約通りの行を求めるか又損害《そんがい》の賠償《ばいしやう》を爲すか二個中何れなりとも其責《せめ》に任《まか》せねばならぬ又此の定めは相手方《あひてかた》が代理の權《けん》なきを知りたるとき又過失《くわしつ》に因《よ》りて知らざるとき則ち能《よ》く氣《き》を付くるときは知れるに氣を付けざる故知らざるとき又は代理人として契約《けいやく》を爲したる者が禁治産者《きんちさんしや》の如き能力《のうりよく》を有せざるものなるときは適用《てきよう》せず則ち相手方の選びに任《まか》せ履行《りかう》又は損害の賠償《ばいしやう》の責に任ぜざるなり

第百十八條　單獨《たんどく》行爲ニ付テハ其行爲ノ當時《たうじ》相手方《あひてかた》カ代理人ト稱《せう》スル者ノ代理權ナクシテ之ヲ爲スコトニ同意《どうい》シ又ハ其代理權ヲ爭《あらそ》ハサリシトキニ限リ前五條ノ規定ヲ準用ス代理權ヲ有セサル者ニ對シ其同意《どうい》ヲ得テ單獨行爲ヲ爲シタルトキ亦同シ

本條問の答　單獨行爲《たんどくかうい》則ち本人の物を或る所に屆《とゞ》くる如き事に付ては其事柄を爲す時に相手方が代理人と云ひ居る者が代理權は無けれども其事を爲すに承知を爲し又代理權の有無《うむ》を爭はざるとき此場合《ばあひ》に限り前五條の定《さだめ》を用ゐるなり又代理權の無き者に向ひ其者の承知を得て單獨行爲を爲したるときも亦同じく前五條の定めを用ゐるなり

第四節　無效《むかう》及《およ》ヒ取消《とりけし》

本節問の答　無效とは或る約束《やくそく》の關係者《くわんけいしや》の思ひが共《とも》に合はざるとき又買《か》はんと思ひたる

物がないとか又代價《だいか》の何程《なにほど》あるが附《つ》け樣《やう》のなきときに於て約束《やくそく》が無效となる取消とは未《み》成年者《せいねんしや》又は禁治產者《きんちさんしや》の如く一人前の能力《のうりよく》なきものが或約束を爲し又或る約束に承知《しやうち》を爲したれ共十分の承知なく物に見違《みちが》ひのありしとき等に於て取消とある故に取消は之れを認《みと》め又取消すときは其約束は正《たゞ》しきものとなり又無くあるが無效《むかう》ハ之を正しきものとせんと思ふも致方《いたしかた》のなきものあり取消は病人《びやうにん》の如く無效は死人《しにん》の如し

第百十九條 無效《むかう》ノ行爲ハ追認《ついにん》ニ因リテ其效力ヲ生セス但當事者《たうじしや》カ其無效ナルコトヲ知《し》リテ追認ヲ爲《な》シタルトキハ新《あらた》ナル行爲《かうい》ヲ爲シタルモノト看做ス

本條問の答 無效《むかう》の行爲《かうい》は追認則ち後より其約束を正《たゞ》しきものなりと認むるも約束は效が生《しやう》ぜずして初めより約束なかりしものゝ如くなる故に無效の約束《やくそく》は何時《いつ》まで捨《す》て置《お》くも約束の效生せず故《ゆゑ》に一方のものは其相手の者に約束通《どほ》り行《おこな》へと迫《せま》ることが出來ざるなり併《しか》し約束に關係《くわんけい》の者が約束の無效なることを知りて追認を爲したるときは新なる行爲《かうい》則ち新《あたら》しき約束を爲したるものと看做《みな》す可きなり

第百二十條 取消《とりけ》シ得ヘキ行爲ハ無能力者《むのうりよくしや》若クハ瑕疵《かし》アル意思表示ヲ爲シタル者、其代理人又ハ承繼人《しやうけいにん》ニ限リ之ヲ取消《とりけ》スコトヲ得

妻《さい》カ爲シタル行爲《かうい》ハ夫《ふ》モ亦之ヲ取消スコトヲ得

本條問の答　取消し得る行爲則ち約束は未成年者禁治產者及婦又は瑕疵《かし》ある意思《いし》表示《へうじ》則ち十分の思《おも》ひを約束に與《あた》へざる者又は此等《これら》の代理人たる後見人又は相續人に限り其約束を取消し約束なかりしものとなすことを得又妻《つま》が爲《な》したる行爲《かうい》は夫《をつと》も亦取消を爲し約束なかりしものとなすことを得るなり

第百二十一條　取消シタル行爲ハ初《はじめ》ヨリ無效《むかう》ナリシモノト看做《みな》ス但無能力者ハ其行爲ニ因リテ現《げん》ニ利益《りえき》ヲ受クル限度《げんど》ニ於テ償還《しやうくわん》ノ義務ヲ負フ

本條問の答　無能力者《むのうりよくしや》其他の者の爲したる契約《けいやく》にして之を取消したるときは其行爲《かうい》は初より無效でありしものと看做《みな》す併《しか》し無能力者は其行爲に因《よ》りて實際《じつさい》利益を受けたりしものは償《つぐな》はねばならぬ故に無能力者が五百圓にて自分《じぶん》の所有の火鉢《ひばち》十組を賣拂《うりはら》ひたる處其行爲取消されたるときは火鉢は返《か》へりたるも五百圓の金は返へすに及ばずと云ふことが出來ぬ然《さ》れど二百圓は既《すで》に消費《せうひ》し三百圓丈け無能力者が利益《りえき》を得たるときは三百圓を返せば事足《ことた》るなり則ち本條に現に利益を受くる限度とあるを以て知らるゝなり

第百二十二條　取消シ得ヘキ行爲ハ第百二十條ニ揭《かゝ》ケタル者カ之ヲ追認《ついにん》シタルトキハ初ヨリ有效《いうかう》ナリシモノト看做ス但第三者ノ權利《けんり》ヲ害スルコトヲ得ス

本條問の答　取消し得べき行爲を第百二十條に掲げたる無能力者又は十分の意思《いし》表示を爲さゞるもの又は此等《これら》の代理人又は承繼人《しやうけいにん》が後日其れを認《みと》めたるときは初より有效《いうかう》なる行爲と看做《みな》す故に取消し得べき行爲は後日《ごにち》認《みと》めらるゝときは不都合《ふつがふ》なきものとなる併《しか》し追認を爲すべき前に既《すで》に他人と其取消し得《う》べき事柄《ことがら》に付き或る契約を取結《とりむす》びたるときは追認を爲し他人の權利《けんり》を害《がい》することが出來ざるべし

第百二十三條　取消《とりけ》シ得ヘキ行爲ノ相手方カ確定《かくてい》セル場合ニ於テ其取消又ハ追認《ついにん》ハ相手方ニ對《たい》スル意思表示ニ依リテ之ヲ爲ス

本條問の答　取消し得《う》べき行爲の相手方《あひてかた》が確定《かくてい》せる場合則ち無能力者《ひのうりよくしや》が能力者となりたる場合又は法定代理人が出來たる場合に於ては其取消を爲すか又追認を爲すかハ相手方に其事の意思表示則ち追認を爲す又は取消を爲すと申込むときは其れにて追認又は取消が出來ることゝなるなり

第百二十四條　追認《ついにん》ハ取消ノ原因《げんいん》タル情況《じやうきやう》ノ止《や》ミタル後之ヲ爲スニ非サレハ其效ナシ

禁治產者《きんちさんしや》カ能力ヲ回復《くわいふく》シタル後其行爲ヲ了知《れうち》シタルトキハ其了知シタル後ニ非サレハ追認ヲ爲スコトヲ得ス

前二項ノ規定ハ夫又ハ法定代理人カ追認ヲ爲ス場合ニハ之ヲ適用

セス

本條問の答　追認は取消し得べき行爲《かうい》が取消す可きものとありたる原因《げんいん》の有樣《ありさま》が止《や》みたる後に追認を爲すにあらざれば追認の效なし故に無能力者が能力者となりたる後に追認せざれば取消《とりけ》し得べき行爲は有效《いうかう》のものとならざるなり又禁治産《きんぢさん》は其能力を回復《くわいふく》して其取消し得べき行爲を知りたるときは其知りたる日より後にあらざれば追認を爲すことを得ざるべし此の定《さだ》め方は夫又は法定代理人たる後見人《こうけんにん》が追認を爲すべき塲合には適用《てきよう》せざるなり何《な》せなれば此等《これら》は意思《いし》の欠《か》けたると云ふものなければなり

第百二十五條　前條ノ規定《きてい》ニ依リ追認《ついにん》ヲ爲スコトヲ得ル時ヨリ後取消シ得ヘキ行爲ニ付キ左ノ事實アリタルトキハ追認ヲ爲シタルモノト看做《みな》ス但異議《いぎ》ヲ留《とゞ》メタルトキハ此限ニ在ラス

一　全部《ぜんぶ》又ハ一部ノ履行《りかう》
二　履行《りかう》ノ請求
三　更改《かうかい》
四　擔保《たんぽ》ノ供與《きやうよ》
五　取消シ得ヘキ行爲ニ因リテ取得シタル權利ノ全部又ハ一部ノ讓渡《ゆずりわたし》

六　強制執行《きやうせいしつかう》

本條問の答　前條々の定め方に依り追認を爲すことが出來る時より後にて取消を爲すべき行爲に付き第一取消し得べき行爲《かうゐ》の凡《すべ》てを行ひたるか又一部を行ひたるとき第二其行爲を行《おこな》ふべしと求《もと》めたるとき第三更改《かうかい》則ち取消し得べき行爲と他の行爲と代《か》へたるとき第四取消し得べき行爲に付擔保《たんぽ》則ち保証人《ほしようにん》等を入れたるとき第五取消し得べき行爲によりたる權利の全部《ぜんぶ》か又は一部の讓渡を爲したるとき第六強制執行《きやうせいしつかう》則ち取消し得べき差押《さしおさへ》ありたるときは追認ありたるものと看做《みな》すべきなり何であれば若し追認《ついにん》を爲るものあれば此等の事柄《ことがら》を爲すべき筈《はず》なし併《しか》し此れは追認を爲すものにあらずとの異議《いぎ》を留《とゞ》めたるときは追認と看做さゞるなり

第百二十六條　取消權《とりけしけん》ハ追認ヲ爲スコトヲ得ル時ヨリ五年間之ヲ行ハサルトキハ時效《じかう》ニ因リテ消滅《せうめつ》ス行爲ノ時ヨリ二十年ヲ經過《けいくわ》シタルトキ亦同シ

本條問の答　取消すべき權利《けんり》は何日《いつ》までも行ふことを得るとなすときは物の確定《くわくてい》と云ふことなきにより本條には追認を爲すことが出來る時より五年間之を行はざるときは時效《じかう》により消えてなくなり又取消すべき行爲のありたる時より二十年を過ぎたるときは又時效により無くなるなり

第五節　條件《でうけん》及ヒ期限《きげん》

本節問の答　條件とは假令《たとへ》ば山城丸が神戸港《かうべかう》に着《ちやく》するときは金巾《かねきん》五十反を賣渡すとの約は今此家を君に貸《か》す約束《やくそく》を爲し置くも若し自分の子が東京より歸《かへ》り來らば返還《へんくわん》せらるべしと則ち神戸港ヘ山城丸が着せば又子が東京より歸らばと云ふことは條件にして前のものは停止條件《ていしでうけん》にして後のものは解除《かいぢよ》條件なり故に各條に條件のことは其考《かんがへ》にて見るべきなり次ぎに期限《きげん》とは來る何日迄《なんにちまで》ヘ義務《ぎむ》を行ふべしとか來る何日迄借用《しやくよう》すと云ふが如し

第百二十七條　停止條件附《ていしでうけんつき》法律行爲ハ條件成就《じやうじゆ》ノ時ヨリ其效力ヲ生ス

解除《かいぢよ》條件附法律行爲ハ條件成就ノ時ヨリ其效力《かうりよく》ヲ失《うしな》フ

當事者カ條件成就ノ效果《かうくわ》ヲ其成就以前《いぜん》ニ遡《さかのぼ》ラシムル意思ヲ表示シタルトキハ其意思ニ從フ

本條問の答　停止《ていし》條件を付けて法律行爲《はふりつかうい》則ち一の約束を爲すときは條件成就《じやうじゆ》の時右の例《れい》にて山城丸《やましろまる》が神戸港に着《ちやく》したるときより其效力が生じ確《たし》かのものとなるなり又解除條件を付て爲したる法律行爲則ち或家を貸《か》すときは條件成就の時則《すなは》ち右の例《れい》にて子が東《と》京より歸り來たるときは其效力《かうりよく》を失《うしな》ひ家を返却《へんきやく》せねばならぬ次ぎに當事《たうじ》者《しや》則ち法律行爲に關《くわん》係《けい》したるものは條件が成就したるときの效ぱ其成就する前則ち法律行爲を約束《やくそく》したる日

に逆上らしむる意見なるときは其意見に依りて法律行為を約束したる日より其效が生するこゝとなるなり

第百二十八條　條件附法律行爲ノ各當事者ハ條件ノ成否未定ノ間ニ於テ條件ノ成就ニ因リ其行爲ヨリ生スヘキ相手方ノ利益ヲ害スルコトヲ得ス

本條問の答　條件附の法律行爲を爲したる各當事者は條件が成就したるが否や未だ定まらざる間に條件が成就するときは其行爲から相手方に出來る利益を害することが出來ぬと定めたり然らざるときは條件が成就するも相手方は利益を受くるを得ざるべし

第百二十九條　條件ノ成否未定ノ間ニ於ケル當事者ノ利權義務ハ一般ノ規定ニ從ヒ之ヲ處分、相續、保存又ハ擔保スルコトヲ得

本條問の答　條件が成就するか否やが未だ定まらざる間に於て條件付行爲に關係したる者の權利義務は一般の規定則ち通例の場合の如くに處分則ち賣買又は讓渡を爲し相續保存又擔保を引受けを爲すことを得るなり

第百三十條　條件ノ成就ニ因リテ不利益ヲ受クヘキ當事者カ故意ニ其條件ノ成就ヲ妨ケタルトキハ相手方ハ其條件ヲ成就シタルモノト看做スコトヲ得

本條問の答　條件付の行爲が條件が成就するに因《よ》りて不利益《ふりえき》となるべき關係《くわんけい》の者が故意《こい》則ち惡意《あくい》にて其條件の成就を防《ふせ》げたるとき右例にて東京より歸《かへ》らんとする子を歸らざる樣《やう》になしたるときは相手方は其條件は成就《じやうじゆ》したるものと看做《みな》し其行爲を行ふべきことを求むる得るなり此れ條件の成就を防《さまた》ぐる恐《おそ》れあるを以て斯《か》く定めたるなり

第百三十一條　條件カ法律行爲《はふりつかうい》ノ當時既《すで》ニ成就セル塲合ニ於テ其條《でう》件《けん》カ停止《ていし》條件ナルトキハ其法律行爲ハ無條件トシ解除條件ナルトキハ無效トス

條件ノ不成就《ふじやうじゆ》カ法律行爲ノ當時《たうじ》既ニ確定《くわくてい》セル塲合ニ於テ其條件カ停止《ていし》條件《でうけん》ナルトキハ其法律行爲ハ無效トシ解除條件ナルトキハ無條件トス

前二項ノ塲合ニ於テ當事者カ條件ノ成就又ハ不成就ヲ知ラサル間ハ第百二十八條及ヒ第百二十九條ノ規定ヲ準用《じゆんよう》ス

本條問の答　條件が法律行爲則ち或《あ》る約束《やくそく》を爲すべき時既《すで》に成就したるときは其條件が停止條件のものなるときは其法律行爲は條件の無きものと爲し解除《かいぢよ》條件のものなるときは無效《むかう》とするなり又條件の成就せざるものなることが法律行爲の當時に既に確《たし》かに定《さだま》りたるときは其條件が停止《ていし》條件あるときは其法律行爲《はふりつかうい》は無效とし解除條件なるときは條件

なきものとするなり右の二個《こ》の塲合《ばあひ》に於て當事者が條件の成就したるか成就せざるかを知らざる間《あひだ》は第百二十八條及び第百二十九條の定《さだ》め方《た》に從《したが》ふべきものとす

第百三十二條　不法《ふはふ》ノ條件ヲ附《ふ》シタル法律行爲ハ無效《むかう》トス不法行爲ヲ爲サヽルヲ以テ條件トスルモノ亦同シ

本條問の答　不法《ふはふ》の條件を附したる法律行爲則ち或人《あるひと》の家を燒《や》けば金百圓を與《あた》ふべしやの約束《やくそく》を爲すときは無効たり又汝《なんぢ》は人を殺《ころ》さゞるときは金五百圓を與ふるとの條件を付《ふ》したるときも無効とするなり

第百三十三條　不能《ふなふ》ノ停止《ていし》條件ヲ附《ふ》シタル法律行爲ハ無效トス
不能《ふなふ》ノ解除《かいぢよ》條件ヲ附シタル法律行爲ハ無條件トス

本條問の答　不能の停止條件假令《たとへ》ば角《かど》なき三角《かく》を作《つく》るときは自分《じぶん》所有の馬《うま》を賣渡すとの約束は無効とす又不能の解除《かいぢよ》條件假令ば一口《ひとくち》に水一斗《みつ》を飮《の》まざるときは自分の土地《とち》を賣り渡《わた》すべしとの條件を付したる契約《けいやく》は無効とするなり

第百三十四條　停止《ていし》條件附《でうけんつき》法律行爲ハ其條件カ單《たん》ニ債務者《さいむしや》ノ意思ノミニ係《かゝ》ルトキハ無效トス

本條問の答　停止《ていし》條件付きの法律行爲《かうい》は其條件が債務者《さいむしや》の意思《いし》のみに係るとき則ち汝《なんぢ》が東京へ學問《がくもん》の修業《しゆげふ》に行《ゆ》きたるときは自分の自轉車《じてんしや》を賣渡《うりわた》すべしとの條件を付けたるとき

は無效とす何となれば東京《とうきやう》へ行くと行《ゆ》かざるとは自分の自由《じゆう》なれば條件を成就せしむると否《いな》やとは又自由なればなり

第百三十五條　法律行爲ニ始期《しき》ヲ附《ふ》シタルトキハ其法律行爲ノ履行《りかう》ハ期限ノ到來《とうらい》スルマテ之ヲ請求《せいきう》スルコトヲ得ス

法律行爲ニ終期《しうき》ヲ附《ふ》シタルトキハ其法律行爲ノ效力《かうりよく》ハ期限《きげん》ノ到來シタル時ニ於テ消滅《せうめつ》ス

本條問の答　法律行爲に始期《しき》を附《ふ》したるとき假令《たとへ》ば太郎が自分の土地《とち》を次郎に一个月の后に賣渡《うりわた》さすとの約束《やくそく》を爲すときは其法律行爲の履行《りかう》則ち土地の引渡《ひきわたし》は一个月の期限《きげん》が來たるまでは求むることを得ず又法律行爲に終期《しうき》を付したるとき假令ば貸金契約《かしきんけいやく》の塲合に一个月の終《をはり》に返濟《へんさい》するとあるときは一个月が來《き》たるときは返却《へんきやく》せねばならぬ則ち法律行爲の效力《かうりよく》が消《き》へてなくなるべきものとす

第百三十六條　期限ハ債務者ノ利益《りえき》ノ爲メニ定メタルモノト推定《すゐてい》ス

期限ノ利益ハ之ヲ拋棄《はうき》スルコトヲ得但之カ爲メニ相手方ノ利益ヲ害スルコトヲ得ス

本條問の答　期限あるものは債務者《さいむしや》たる義務者の利益のために設《まう》けたるものと定む元來《ぐわんらい》債務者は期限《きげん》によりて利益《りえき》を得るものなれば其利益を得るもの丶爲めに設くると推測《すゐそく》す

るは至當《じたう》なるによる又期限によりて得《う》る利益は棄《す》つることを得る是れは自分《じぶん》の利益は棄つるは自由なるによる併《しか》し期限の利益《りゑき》を棄つるにより相手方《あひてかた》の有する利益を害《がい》することを得ざるべし是れは借家契約《しやくやけいやく》の如き場合は借賃《かりちん》にて貸主《かしぬし》は利益を得るに期限《きげん》を棄《す》てたるにより貸主は其利益を害《がい》せらるゝにより双方《さうはう》の利害を考《かんが》へて定むるものなり

第百三十七條　左ノ場合ニ於テハ債務者《さいむしや》ハ期限ノ利益ヲ主張《しゆちやう》スルコトヲ得ス

一　債務者《さいむしや》カ破産《はさん》ノ宣告《せんこく》ヲ受ケタルトキ

二　債務者カ擔保《たんぽ》ヲ毀滅《きめつ》シ又ハ之ヲ減少《げんせう》シタルトキ

三　債務者カ擔保ヲ供《きやう》スル義務《ぎむ》ヲ負《お》フ場合ニ於テ之ヲ供《きやう》セサルトキ

本條問の答　本條の定むる場合《ばあひ》には債務者は期限《きげん》の利益を申立《まをした》つることを得ず其場合は第一債務者が破産《はさん》則ち身代限《しんだいかぎり》の處分《しよぶん》を受けたるとき此場合に期限を與《あた》ふるときは債權者は其割前《わりまへ》を得ることが出來ざるに至る第二債務者が其差出したる擔保《たんぽ》則ち抵當《ていたう》の品物を毀滅《きめつ》し又は減少《げんせう》したるとき此場合は擔保によりて期限を與へたるに其本が減《げん》ずるか無くなるときは期限も無くなるは當《あた》り前《まへ》なり第三債務者が擔保を差出《さしだ》すべき義務《ぎむ》を負《お》ひたる場合に差出さゞるとき等に於て期限を失《うしな》ふとて苦情《くじやう》を申立つるを得ざるなり

第五章　期《き》間《かん》

本章問の答　期間《きかん》とは一週間とか一个月《かげつ》とかと云ふが如し其期間の計《かぞ》へ方《かた》は如何《いか》にするか則ち本章に定む期間と期限との異《こと》なる点《てん》は期限は何日まで又何个月迄と云ひ期間は一个月の間と云ふにより自然《しぜん》二者の間に異《こと》なる点あるを知るべし

第百三十八條　期間ノ計算法《けいさんはふ》ハ法令《はふれい》、裁判上《さいばんじやう》ノ命令《めいれい》又ハ法律行為ニ別段《べつだん》ノ定《さだめ》アル場合ヲ除《のぞ》ク外《ほか》本章ノ規定ニ従フ

本條問の答　期間の計算《けいさん》する方法は法律及び省令県令《しやうれいけんれい》又は裁判上《さいばんじやう》の命令《かいれい》又は吾儕《われら》の為したる法律行為に別に定めたる場合の外は皆此章の定め方に従ふものなり

第百三十九條　期間ヲ定ムルニ時ヲ以テシタルトキハ即時《そくじ》ヨリ之ヲ起算《きさん》ス

本條問の答　期間を定むるに時を以てしたるとき則ち五時間の内になすべしとか或は十時間の内に義務《ぎむ》を為すとのことは即時《そくじ》より起算《きさん》す則ち初の時を入れて算《かぞ》ふるなり

第百四十條　期間ヲ定ムルニ日、週、月又ハ年ヲ以テシタルトキハ期間ノ初日《しよじつ》ハ之ヲ算入《さんにふ》セス但其期間カ午前零時《ぜんれいじ》ヨリ始《はじ》マルトキハ此限ニ在ラス

本條問の答　期間を定むるに日《ひ》週月《しうつき》又は年《とし》を以てあしたるときは期間の初めの日は算用《さんよう》

に入れず併《しか》し其期間が午前零時《れいじ》より始まるときは初日を算用《さんよう》に入るゝものとす是れは全《まつた》き一日を與《あた》へんとの考《かんが》へより來たるものにして本條但書の場合《ばあひ》は全一日あるが故なり

第百四十一條　前條ノ場合ニ於テハ期間ノ末日《まつじつ》ノ終了《しうれう》ヲ以テ期間ノ滿了《まんれう》トス

本條問の答　前條の場合には期間の末《すゑ》の日が終《をは》るときは其終にて期間が滿《み》ちたるなり

第百四十二條　期間ノ末日《まつじつ》カ大祭日《たいさいじつ》、日曜日《にちえう》其他ノ休日《きうじつ》ニ當タルトキハ其日ニ取引《とりひき》ヲ爲サヽル慣習《くわんしふ》アル場合ニ限リ期間ハ其翌日《よくじつ》ヲ以テ滿了ス

本條問の答　期間の末の日が大祭日日曜日其他の休日に當りたるときは此等に取引を爲さない慣習《くわんしふ》ある場合に限りて期間は其翌日《よくじつ》にて滿《み》ちたるものとす

第百四十三條　期間ヲ定ムルニ週《しう》、月又ハ年ヲ以テシタルトキハ暦《れき》ニ從ヒテ之ヲ算ス

週、月又ハ年ノ始《はじめ》ヨリ期間ヲ起算《きさん》セサルトキハ其期間ハ最後《さいご》ノ週、月又ハ年ニ於テ其起算日ニ應當《おうたう》スル日ノ前日ヲ以テ滿了《まんれう》ス但月又ハ年ヲ以テ期間ヲ定メタル場合ニ於テ最後ノ月ニ應當日ナキトキハ其月ノ末日ヲ以テ滿期日トス

本條問の答　期間を定むるに一週間《いつしうかん》一个月とか又は一个年と云ふときは其年の暦《こよみ》に従《したが》ひて計算《けいさん》するなり又一週間一个月とか又一个年とかの始《はじめ》より期間を起算《きさん》せざるときは其期間は最《もつと》も後なる週月又は年に於て其算用《さんよう》すべき初めの日に當《あた》るべき日の前の日を以て滿《み》ちたるものとす但し月又は年にて期間を定めたる場合に最《もつと》も後《のち》なる月に當《あた》るべき日《ひ》なきときは其月の末《すゑ》の日を以て期間の滿《み》ちたる日となすなり

第六章　時《じ》效《かう》

本章問の答　或《あ》る期間を過《す》ぐるときは金を貸《か》したるものは返却《へんきやく》を催促《さいそく》することが出來ぬことゝなり又或る月日を過《す》ぐるときは初め自分《じぶん》の物にあらざる物も自分の所有物《しよいうぶつ》となることあり是れは法律より斯《か》く定めたるものにして此の事柄《ことがら》を此《こゝ》に定む則ち時効の事なり

第一節　總《そう》則《そく》

本節問の答　時效《じかう》に付ての總《すべ》ての規則を定めたり

第百四十四條　時效《じかう》ノ效力ハ其起算日《きさんび》ニ遡《さかのぼ》ル

本條問の答　時效の效力則ち或る年月が過ぎたるより生ずる所の效は其起算日たる時效の期間を計《かぞ》へたる初めの日《ひ》に逆上《さかのぼ》るべきなり

第百四十五條　時效ハ當事者カ之ヲ援用《ゑんよう》スルニ非《あら》サレハ裁判所之ニ依リテ裁判ヲ爲スコトヲ得ス

本條問の答　時効は當事者《たうじしや》たるものが時効《じかう》を用ゐざるときは裁判所《さいばんしよ》は時効を用ゐることを得ず假令《たとへ》ば茲《こゝ》に次郎が太郎より貸金のことに付訴《うつたへ》を受けたり次郎は此金は十年前借《か》り受《う》けたるものにして既《すで》に返濟《へんさい》を爲《な》したりと云ふときは裁判所は好《よ》しや返濟《へんさい》を爲したる証《しよう》據《こ》なきときと雖ども次郎が時効を援用《ゑんよう》したる故に其れによりて裁判を爲すべきなり若し次郎は此金は既《すで》に時効の期間過《す》ぎたるも自分は未だ返濟《へんさい》せざる故に返却《へんきやく》を爲すと云ひたるときは裁判所は次郎の言《ことば》に從《したが》ひ裁判をせねばならぬ

第百四十六條　時效ノ利益《りえき》ハ豫《あらかじ》メ之ヲ拋棄《はうき》スルコトヲ得ス

本條問の答　時効によりて得る利益は約束《やくそく》を爲す時に此約束の事柄《ことがら》に付ては時効《じかう》を棄《す》て置くとて前以て棄《す》つるを得《え》ず是れは債權者《さいけんしや》が債務者に時効《じかう》を棄《す》つるを強《し》ゆるに至り折角《せつかく》法律が定めたる所を無《む》にするに至るべし

第百四十七條　時效ハ左ノ事由《じいう》ニ因リテ中斷《ちうだん》ス

一　請求
二　差押《さしおさへ》、假差押《かりさしおさへ》又ハ假處分《かりしよぶん》
三　承認《しやうにん》

本條問の答　時効《じかう》は既に幾分《いくぶん》の時間過《す》ぎたるも本條に定むる第一債權者より債務者に債務則ち貸金の催促《さいそく》を爲したるとき第二差押假差押《かりさしおさへ》又は假處分第三承認《しやうにん》則ち債務者が其債

務のあることを承知《しやうち》することによりて中斷《ちうだん》せられ更に中斷せられたる後の日より又法律に定めたる日《ひ》を過ぎざれば時効は來らざるべし中斷《ちうだん》とは時効が切《き》れると云ふことなり

第百四十八條　前條ノ時效中斷《じかうちうだん》ハ當事者及ヒ其承繼人《しやうけいにん》ノ間《あいだ》ニ於テノミ其效力ヲ有ス

本條問の答　前條に定めたる時效《じかう》の中斷《ちうだん》は時効にかゝる事柄に關係《くわんけい》する者及び其承繼人の間にのみ中斷を爲しさることゝなり其他の者には中斷の効あらざるなり

第百四十九條　裁判上ノ請求《せいきう》ハ訴ノ却下《きやくか》又ハ取下《とりさげ》ノ場合ニ於テハ時效中斷ノ效力ヲ生セス

本條問の答　裁判所に或る訴《うつたへ》を求《もと》めたるときは一時は時効の中斷《ちうだん》は前條により出來《でき》るなれども訴を却下《きやくか》せらるゝか又は取下《とりさげ》を爲したるときは時効の中斷は無くなるべし

第百五十條　支拂命令《しはらひめいれい》ハ權利拘束《かうそく》カ其效力ヲ失《うしな》フトキハ時效中斷ノ效力ヲ生セス

本條問の答　金五百圓七百圓と云ふべき定まりたるものに付て支拂命令《しはらひめいれい》を出したるときは債務者は其財產と賣却《ばいきやく》することが出來ざる所の權利拘束《かうそく》が出來る其束利拘束の効が無くなるときは時効は中斷せられぬことゝなるなり

第百五十一條　和解《わかい》ノ爲メニスル呼出《よびだし》ハ相手方カ出頭《しゆつとう》セス又ハ和解《わかい》

ノ調《とゝな》ハサルトキハ一个月内ニ訴《うつたへ》ヲ提起《ていき》スルニ非サレハ時效中斷ノ效力ヲ生セス任意出頭《にんいしゆつとう》ノ場合ニ於テ和解ノ調《とゝな》ハサルトキ亦同シ

本條問の答　太郎が次郎に和解《わかい》則ち仲直《なかなを》りを爲す爲めに裁判に呼出《よびだし》を求めたるに次郎は出頭《しゆつとう》せず又出頭したるも和解が出來《でき》ざるときは更に一个月の內に訴を起《おこ》さゝるときは時效は中斷せられざるなり又任意《にんい》出頭とは太郎と次郎とが相談《さうだん》の上裁判所にて苦情《くじやう》を收《をさ》めて貰《もら》ふとて共に出頭《しゆつとう》したるに其和解は出來《でき》ざるときも亦時效中斷《じかうちうだん》の效《かう》なし

第百五十二條　破產手續參加《はさんてつゞきさんか》ハ債權者《さいけんじや》カ之ヲ取消シ又ハ其請求《せいきう》カ却下セラレタルトキハ時效中斷ノ效力ヲ生セス

本條問の答　債務者が身代限《しんだいかぎり》たる破產《はさん》の言渡を受《う》けたるにより割前《わりまへ》を受くる爲めに加《くは》はりたるときに債權者《さいけんしや》が加はることを取消し又其割前の求《もと》めを却下《きやくか》せられたるときは時效《じかう》中斷《ちうだん》の效生《かうしやう》ぜざるべし

第百五十三條　催告《さいこく》ハ六个月內ニ裁判上ノ請求、和解《わかい》ノ爲メニスル呼出《よびだし》若クハ任意出頭《にんいしゆつとう》、破產手續參加《はさんてつゞきさんか》、差押、假差押又ハ假處分ヲ爲スニ非サレハ時效中斷ノ效力ヲ生セス

本條問の答　催告《さいこく》則ち債權者より債務者に其貸金《かしきん》を催促《さいそく》すべきことは六个月內に裁判所に請求《せいきう》するか和解《わかい》をする爲めに呼出すか又任意《にんい》則ち相談《きだん》づくにて出頭するか破產に參加《さんか》

するか又は差押《さしおさへ》假差押假處分にて財産《ざいさん》に封印《ふういん》を付けるかのことを爲さゝれば時効の中斷《ちうだん》はあらざるなり故に催告の後《のち》六个月内ょ右の手續《てつゞき》を爲すときは催告《さいこく》の日より中斷が出來るなり

第百五十四條　差押、假差押及ヒ假處分ハ權利者ノ請求ニ因リ又ハ法律ノ規定《きてい》ニ從《したが》ハサルニ因リテ取消《とりけ》サレタルトキハ時效中斷ノ效力ヲ生セス

本條問の答　茲《こゝ》に定むる所の差押假差押及び假差押又は假處分は一時時効の中斷を爲すものなれども權利者が取消《とりけし》を求めたるか又は法律の定めたる所に從はざるにより取消されたるときは時効の中斷の効《かう》は生《しやう》ぜざるなり

第百五十五條　差押、假差押及ヒ假處分ハ時效ノ利益《りゑき》ヲ受クル者ニ對《たい》シテ之ヲ爲サヽルトキハ之ヲ其者ニ通知シタル後ニ非サレハ時效中斷ノ效力ヲ生セス

本條問の答　差押假差押及び假處分《かりしよぶん》は誰《たれ》に向ふても爲すときは時効の中斷を生《しやう》ずるものにあらず必ず時効の利益《りゑき》を受くるもの則ち金錢貸借《きんせんたいしやく》の場合には時効の利益は債務者が受くるものなれば債務者に向ふて爲さゞるときは中斷の効なく又此債務者に向ふて爲さゞるときは債務者に通知《つうち》したる後に非ざれば中斷の効《かう》は出來《でき》ざるなり

第百五十六條　時效中斷ノ效力《かりく》ヲ生スヘキ承認《しやうにん》ヲ為スニハ相手方ノ權利《けんり》ニ付キ處分《しよぶん》ノ能力《のうりよく》又ハ權限《けんげん》アルコトヲ要《よう》セス

本條問の答　時効中斷の効力を生《しやう》ずる所の承認《しやうにん》則ち其事を認《みと》むるには相手方の權利に付き其權利を處分則ち他人に讓渡《ゆづりわたし》を為すことを得る能力又は權利《けんり》なくても別に差支《しつかへ》なし

第百五十七條　中斷《ちうだん》シタル時效ハ其中斷ノ事由《じゆう》ノ終了《しうれう》シタル時ヨリ更《さら》ニ其進行《しんかう》ヲ始《はじ》ム

裁判上ノ請求《せいきう》ニ因リテ中斷シタル時效ハ裁判《さいばん》ノ確定《くわくてい》シタル時ヨリ更ニ其進行ヲ始ム

本條問の答　時効が中斷せられたるときは其中斷せられたる事由《じゆう》が終《をは》るときは更《さら》に又時効は進《すゝ》み始《はじ》むるなり則ち裁判所へ訴《うつた》へられたるときは中斷《ちうだん》せられ其訴の取下《とりさ》げを為すときは其取下げたるときより更に時効は始まるなり又裁判所へ訴を為し時効を中斷したるときは其裁判確定《くわくてい》則ち動《うご》すことが出來ぬこととなりたるときより更に時効は進《すゝ》むべし

第百五十八條　時效ノ期間滿了《まんれう》前六个月内ニ於テ未成年者《みせいねんしや》又ハ禁治産者カ法定代理人ヲ有セサリシトキハ其者カ能力者ト為リ又ハ法定代理人カ就職《しうしよく》シタル時ヨリ六个月内ハ之ニ對《たい》シテ時效完成《じかうくわんせい》セス

本條問の答　時効の期間則ち法律が定めたる期間が滿《みつ》る前六个月の内に於て未成年《みせいねん》の者

又は禁治産の者が法定代理人たる後見人《こうけんにん》等を有《いう》せざる時は未成年者禁治産者《きんちさんしや》が能力者《のうりよくしや》則成年者となり治産を許《ゆる》されたるか又は法定代理人が職《しよく》に就《つ》きたる時より六个月の內は時効は完《まつた》く成らざるものとす

第百五十九條　無能力者《むのうりよくしや》カ其財産ヲ管理《くわんり》スル父、母又ハ後見人《こうけんにん》ニ對シテ有スル權利ニ付テハ其者カ能力者ト爲リ又ハ後任ノ法定代理人カ就職《しうしよく》シタル時ヨリ六个月內ハ時效完成《くわんせい》セス

妻カ夫ニ對《たい》シテ有スル權利《けんり》ニ付テハ婚姻解消《こんいんかいせう》ノ時《とき》ヨリ六个月內亦同シ

本條問の答　無能力《むのうりよく》の者が其無能力者の財産を管理《くわんり》則ち支配《しはい》する父母又は後見人に對《たい》して有《いう》する權利則ち父母又は後見人が其管理の過失《くわしつ》より無能力者に損害《そんがい》を與《あた》へたるにより無能力者は償《つくな》ひを求《もと》むる權利《けんり》を有す其權利は無能力者が能力者となり又は後の法定《はふてい》代理人が就職《しうしよく》したる時より六个月內は時效は完《まつた》く成らざるなり妻《さい》が其夫《おつと》に對して有する權利則ち夫が妻の財産を管理《くわんり》する間に損《そん》を妻に加へたるより妻が夫に償《つくな》を求むる權利の如《ごと》きは婚姻《こんいん》が消《と》けて他人となりたる時より六个月の內は時效は完成《くわんせい》せざるべし

第百六十條　相續財産《さうぞくざいさん》ニ關シテハ相續人ノ確定《くわくてい》シ、管理人《くわんりにん》ノ選任《せんにん》セラレ又ハ破産《はさん》ノ宣告《せんこく》アリタル時ヨリ六个月內ハ時效完成《くわんせい》セス

本條問の答　相續《さうぞく》を爲すべき財産《ざいさん》に付ては相續人が確《たし》かに定り又相續人が未《いま》だ定まらざるより其財産の管理人《くわんりにん》が選《えら》び任ぜられ又は破産《はさん》の言渡ありたる時は其時より六个月の内は又時効は完成《くわんせい》せざるなり

第百六十一條　時效ノ期間滿了《まんれう》ノ時ニ當タリ天災其他《てんさいそのた》避《き》クヘカラサル事變《じへん》ノ爲メ時效ヲ中斷《ちうだん》スルコト能ハサルトキハ其妨碍《そのばうがい》ノ止《や》ミタル時ヨリ二週間内ハ時效完成セス

本條問の答　時効の期間《きかん》が滿《み》つるときに當りて天災《てんさい》其他避《さ》くべからざる事變《じへん》則ち洪水《こうずゐ》又は地震等《ぢしんとう》の爲め時効を中斷せんとするも道路《だうろ》は通《つう》ぜざるが爲め爲し能《あた》はざるときは其妨《ばう》碍《がい》則ち道路の通行《つうかう》が出來ざるものが止《や》みたる時より二週間内は時効は完成《くわんせい》せず此の妨碍止みたるときに直《す》ぐ進《すゝ》み始むとするときは權利《けんり》を失ふもの多くして酷《こく》になるを以てなり

第二節　取得時效《しゆとくじかう》

本節問の答　取得時効《しゆとくじかう》は元々自分《もと〱じぶん》の所有《しよいう》の物《もの》にあらざるも法律に定むる期間自分の物の如くに所持《しよぢ》するときは自分の物となることを云ふ其事を茲《こゝ》に定む

第百六十二條　二十年間所有ノ意思《いし》ヲ以テ平穩且公然《へいおんかつこうぜん》ニ他人ノ物ヲ占有《せんいう》シタル者ハ其所有權《しよいうけん》ヲ取得《しゆとく》ス

十年間所有ノ意思ヲ以テ平穩且公然ニ他人ノ不動産《ふどうさん》ヲ占有《せんいう》シタル

者カ其占有ノ始善意《はじめぜんい》ニシテ且過失《かつくわしつ》ナカリシトキハ其不動産ノ所有權ヲ取得ス

本條問の答　二十年の間自分の所有《しよいう》と爲すの意思《いし》にて平穩《へいをん》則ち何人にも何等の苦情《くじやう》を受けず其の上公然《こうぜん》則ち何人にも自分が所持し居ることが知れる樣《やう》にして他人の動産《どうさん》又は不動産を占有《せんいう》則ち所持したる者は其所有權《しよいうけん》を得《う》ることゝなる又十年間自分の所有となすの考《かんが》へにて平穩且《かつ》公然に他人の不動産を占有《せんう》したるものが其不動産を占有するの始め善意《ぜんい》にして且過失《くわしつ》則ち自分の物と思ひ且《かつ》少しも落度《おちど》なきときは其不動産の所有權を得ることゝなるべし十年と二十年との異《こと》なるは前の方は他人《たにん》の物と知《し》りつゝ占有《せんいう》したるものの故長く後の方は自分のものと思ひて占有したるもの故短く定めたるなり

第百六十三條　所有權以外《しよいうけんいぐわい》ノ財産權ヲ自己《しこ》ノ爲メニスル意思ヲ以テ平穩且公然ニ行使《かうし》スル者ハ前條ノ區別《くべつ》ニ從ヒ二十年又ハ十年ノ後其權利ヲ取得ス

本條問の答　所有權の外の財産上《ざいさんじやう》の權利《けんり》則ち使用《しよう》の權利等《とう》を自分の利益の爲めにする者にて平穩且公然《へいをんかつこうぜん》に其權利を行《おこな》ひつゝある者は前條の區別《くべつ》により則ち善意と惡意《あくい》とにより二十年にて取得《しゆとく》することもあり又十年にて取得することもあるべし

第百六十四條　第百六十二條ノ時效ハ占有者カ任意ニ其占有ヲ中止

シ又ハ他人ノ爲メニ之ヲ奪《うば》ハレタルトキハ中斷ス

本條問の答　第百六十二條の時効は他人の物を占有するものが任意《にんい》則ち自分の領域に占有を中程《なかほど》にて止《や》め又は他人より其占有する物又は權利を裁判上《さいばんじやう》にて或は腕力《わんりよく》にて奪《とは》れたるときは中斷せらるゝことゝなるものとす

第百六十五條　前條ノ規定ハ第百六十三條ノ塲合ニ之ヲ準用ス

本條問の答　前條の規定《きてい》則ち占有《せんいう》する者が勝手《かつて》に其占有を止《や》めるか又他人より奪《うば》はるゝときは中斷するとの定《さだ》めは第百六十三條の所有權外《しよいうけんぐわい》の財産上の權利に用《もち》ゆるものとす

第三節　消滅時效《せうめつじかう》

本節問の答　消滅時効《せうめつじかう》とは或《あ》る年月が過《す》ぎたるより權利が消《き》えて無きものを云ふ假令《たとへ》ば金五百圓を太郎に貸《か》したる塲合に次郎は一度も催促《さいそく》を爲さずして其返却《へんきやく》を爲すべき日より十年とか二十年を過ぐるときは次郎は五百圓の權利を失ふものを云ふ

第百六十六條　消滅時效《せうめつじかう》ハ權利《けんり》ヲ行使《かうし》スルコトヲ得ル時ヨリ進行《しんかう》ス

前項《ぜんこう》ノ規定ハ始期附《しきづき》又ハ停止條件附權利ノ目的物ヲ占有《せんいう》スル第三者ノ爲メニ其占有ノ時ヨリ取得時效ノ進行スルコトヲ妨ケス但權利者ハ其時效ヲ中斷《ちうだん》スル爲メ何時ニテモ占有者ノ承認《しやうにん》ヲ求《もと》ムルコトヲ得

本條問の答　消滅時効は何日より始《はじ》まるかと云ふに權利を行《おこな》ふことを得る時則ち貸金の場合に其返却期限來《へんきやくきげんきた》れば權利を行《おこな》ふことを得《う》る故に其時より始まるものとす右の定め方は期限の始まりが附き居る物又は停止《ていし》條件《でうけん》が附《つ》き居る權利の物を占有する他人の爲めには其占有の時より取得《しゆとく》時効が始まることは妨《さまた》げざるなり但《たゞ》し權利者は其時効の中斷を爲す爲め何時《なんどき》にても占有者の認《みと》むべきことを求むるを得るなり

第百六十七條　債權《さいけん》ハ十年間之ヲ行《おこな》ハサルニ因リテ消滅《せうめつ》ス

債權《さいけん》又ハ所有權ニ非《あら》サル財產權《ざいさんけん》ハ二十年間之ヲ行ハサルニ因リテ消滅ス

本條問の答　債權《さいけん》則ち他人に金を貸し居る權利又損害の償《つぐなひ》を求むる權利は十年の間行《あひだおこな》はざるとき則ち催促《さいそく》もせざる等のことあるときは消滅《せうめつ》するものとす次《つ》ぎに債權にもあらず又は所有權にもあらざる財產權《ざいさんけん》則ち占有權使用權《しようけん》の如きは二十年の間行はざるときは消滅するものとす是れは自分《じぶん》の所有とし又行ふべきものなれば斯《か》く長く打捨《うちす》て置く可き筈《はず》なし多分《たぶん》自分の所有にあらざるならんとの推測《すゐそく》より來《き》たるものなり

第百六十八條　定期金《ていききん》ノ債權ハ第一回ノ辨濟期《べんさいき》ヨリ二十年間之ヲ行ハサルニ因リテ消滅《せうめつ》ス最後《さいど》ノ辨濟期ヨリ十年間之ヲ行ハサルトキモ亦同シ

定期金《ていきをん》ノ債權者ハ時效中斷《じかうちうだん》ノ證《しやう》ヲ得ル爲メ何時ニテモ其債務者ノ承認書ヲ求ムルコトヲ得

本條問の答　定期金《ていきゝん》の債權則ち每年若《もし》くば每月何圓宛支拂《しはらひ》を受くべき債權は第一回の辨《べん》濟《さい》則ち返濟《へんさい》を爲すべき期日より二十年の間一度も催促をせずして過《す》ぎ去《さ》るときは消えて無くなる又辨濟期《べんさいき》五回に分《わか》れるときは最後《さいご》の五回目の時より十年の間債權を行《おこな》はざるときは消えてなくなる又定期金の債權者は時效中斷《じかうちうだん》の證據《しやうこ》を得る爲め何時にても其定期金を借《か》る者より承認書《しやうにんしよ》則ち時效中斷のありたることを認《みと》むる書《しよ》を求むることを得るなり

● **第百六十九條**　年《ねん》又ハ之ヨリ短《みじか》キ時期《じき》ヲ以テ定メタル金錢其他ノ物ノ給付《きふふ》ヲ目的《もくてき》トスル債權《さいけん》ハ五年間之ヲ行ハサルニ因リテ消滅《せうめつ》ス

本條問の答　一年か又は十月の如き時を定めて金錢又其外の物の引渡《ひきわた》すべきことを目的《もくて》とする債權則ち借家賃借地賃《しやくやちんしやくちちん》の如きものは五年間も催促《さいそく》せずして債權を行《おこな》はざるときは消えて無くなるべし

● **第百七十條**　左ニ揭《かゝ》ケタル債權《さいけん》ハ五年間之ヲ行ハサルニ因リテ消滅ス

一　醫師《いし》、產婆《さんば》及ヒ藥劑師《やくざいし》ノ治術《ちじゆつ》、勤勞《きんらう》及ヒ調劑《てうざい》ニ關スル債權

二　技師《ぎし》、棟梁《とうりやう》及ヒ請負人《うけおひにん》ノ工事《こうじ》ニ關スル債權但此時效ハ其負

擔《たん》シタル工事終了《しうれう》ノ時ヨリ之ヲ起算《きさん》ス

本條問の答　本條に掲《かゝ》げたる債權は三年間行《おこな》はざるときは時效《じかう》によりて消滅《せうめつ》す其債權は第一醫師《いし》産婆《さんば》及び藥劑師《やくざいし》が爲《な》したる治術代《ちじゆつだい》及び藥《くすり》を調合《てうがふ》したるより出來たる債權第二技師《し》石工《いしく》大工《だいく》の棟梁《とうりやう》及び事件を請負《うけお》ふべき人が爲すべき工事に關する債權にして其時效は何《いづ》れの日より起算するかと云ふに其負擔《ふたん》したる工事《こうじ》が終りたる時より數ふるものとす

第百七十一條　辯護士《べんごし》ハ事件終了ノ時ヨリ公證人《こうしようにん》及ヒ執達吏《しつたつり》ハ其職務執行《しつかう》ノ時ヨリ三年ヲ經過シタルトキハ其職務ニ關シテ受取リタル書類《しよるゐ》ニ付キ其責《せめ》ヲ免《まぬか》ル

本條問の答　辯護士《べんごし》は其受負《うけお》ひたる事件《じけん》が終《をは》りたる時より又公証人及び執達吏《しつたつり》は其委託《ゐたく》せられたる職務《しよくむ》を行ひたる時より三个年を過《す》ぎたるときは其職務に付き受取りたる書類《しよるゐ》に付ては其責を免がるゝものなり

第百七十二條　辯護士、公證人及ヒ執達吏ノ職務ニ關スル債權ハ其原因《げんいん》タル事件《じけん》終了《しうれう》ノ時ヨリ二年間之ヲ行ハサルニ因リテ消滅ス但其事件中ノ各事項終了ノ時ヨリ五年ヲ經過シタルトキハ右ノ期間內ト雖モ其事項ニ關《くわん》スル債權ハ消滅《せうめつ》ス

本條問の答　辯護士公証人及び執達吏《しつたつり》の委託《ゐたく》せられたる職務《しよくむ》に付出來たる債權《さいけん》は其債權

の原因《げんいん》たりし事件《じけん》終りざる時より二年の間請求せざるときは消滅《せうめつ》す併し其事件中の各事《かくこと》柄《がら》終りたる時より五年を過《す》ぎたるときは右の二个年内と雖《いへど》も其事柄ふ關《くわん》する債權は消滅するものとす故に此場合に各時效《じかう》の期限《きげん》は別となるべし

第百七十三條　左ニ揭ケタル債權《さいけん》ハ二年間之ヲ行ハサルニ因《よ》リテ消滅ス

一　生產者《せいさんしや》、卸賣商人《おろしうりしやうにん》及ヒ小賣商人カ賣却《ばいきやく》シタル產物《さんぶつ》及ヒ商品ノ代價

二　居職人《ゐじよくにん》及ヒ製造人《せいぞうにん》ノ仕事《しごと》ニ關スル債權《さいけん》

三　生徒《せいと》及ヒ習業者《しふげふしや》ノ教育《けういく》、衣食《いしよく》及ヒ止宿《ししゆく》ノ代料ニ關スル校主《かうしゆ》、塾主《じゆくしゆ》、教師《けうし》及ヒ師匠《ししやう》ノ債權

本條問の答　本條に揭げたる債權は二年間行はざるときは消滅す其債權は第一生產者則ち農人《のうにん》及は卸賣《おろしうり》商人及び小賣商人が賣却《ばいきやく》したる產物《さんぶつ》假令《たとへ》ば茄子《なすび》大根等《だいこんとう》及び商品の代價第二居職人則ち雇《やと》はれて他人の家に居り仕事《しごと》をなすもの及び製造人《せいぞうにん》の仕事に關して出來たる債權所謂《いはゆる》賃金《ちんきん》第三生徒及び習業者《しふげふしや》則ち大工の弟子《でし》等の教育衣服食物《いふくしよくもつ》及び止宿代《しゝゆくだい》に關し出來たる學校主塾主及び教師及び師匠《しゝやう》の債權にして此等《これら》を長き時效《じかう》によらしめざるは斯《かゝ》る些《さ》少《せう》の債權を長く捨《す》て置《お》くと想像《さうぞう》すべからざるによるなり

第百七十四條　左ニ揭ケタル債權ハ一年間之ヲ行ハサルニ因リテ消滅ス

一　月又ハ之ヨリ短《みじか》キ時期《じき》ヲ以テ定メタル雇人《こじん》ノ給料《きふれう》

二　勞力者《らうりよくしや》及ヒ藝人《げいにん》ノ賃金《ちんきん》竝ニ其供給《きやうきふ》シタル物《もの》ノ代價《だいか》

三　運送賃《うんさうちん》

四　旅店《りよてん》、料理店《れうりてん》、貸席《かしせき》及ヒ娛遊場《ごゆうば》ノ宿泊料《しゆくはくれう》、飲食《いんしよく》料、席料、木戸錢《きどせん》、消費物《せうひぶつ》代價竝ニ立替金《たてかへきん》

五　動產《どうさん》ノ損料《そんれう》

本條問の答　本條の債權は一年にて時效にかゝる則ち其債權は第一月又は一个月より短き時期にて定めたる雇人《やとひにん》の給料第二勞力者《らうりよくしや》則仲仕《なかし》及び藝人《げいにん》の賃金又は其供給《きやうきふ》したる物の代價第三物を運送したる賃金第四宿屋料理屋《れうりや》貸席《かしせき》及び娛遊場《あそびば》の宿泊料又飲食料席料木戸錢消費物《せうひぶつ》則ち火鉢《ひばち》を借《か》りたる代價並に立替《たてかへ》を受けたる金第五動產の損料《そんれう》則ち夜具蚊帳《やぐかや》代の如き債權にして此等は一時のものに過ぎざるを以て一年の時效と定めたるなり

第二編　物《ぶつ》權《けん》

本編問の答　物權《ぶつけん》とは物《もの》に對《たい》する權利にして其物が何《いづ》れの所に移《うつ》るも引き戻《もど》すことが出來る權利なり其種類《しゆるゐ》は各條《かくでう》に定む

第一章　總《そう》則《そく》

第百七十五條　物權《ぶつけん》ハ本法其他ノ法律ニ定ムルモノノ外之ヲ創設《そうせつ》スルコトヲ得ス

本條問の答　物權は民法其外の法律《はふりつ》に定むる外には勝手《あつて》に初め設《まう》くることを得ざるなり

第百七十六條　物權ノ設定《せつてい》及ヒ移轉《いてん》ハ當事者ノ意思《いし》表示《へうじ》ノミニ因リテ其效力ヲ生ス

本條問の答　物權を設《まう》け定むること及び他人に移《うつ》ることは其物權に關係《くわんけい》する者のゝ意思《いし》さへ表《あら》はるゝときは其れによりて效力《かうりよく》が生《しやう》ずるものとす故に今一の土地を賣り渡す約束を取結《とりむす》ぶときは土地《とち》の所有の權利は買主に移り買主の物となる又一の土地に地上權《ちじやうけん》を設《まう》くる約束を取結ぶときは地上權は直ちに設けらるゝことゝなるべし

第百七十七條　不動産《ふどうさん》ニ關スル物權ノ得喪《とくそう》及ヒ變更《へんかう》ハ登記法ノ定ムル所ニ從ヒ其登記ヲ爲スニ非サレハ之ヲ以テ第三者ニ對抗《たいかう》スルコトヲ得ス

本條問の答　不動産《ふどうさん》たる土地又は家に關《くわん》する物權則ち所有權質權《しちけん》の如き權利を得又は失ひ又變更《へんかう》則ち所有權を有せし者が使用權《しようけん》のみを有することゝなることは登記法《とうきはふ》により登記を爲し以て其物權の得喪《とくさう》及び變更を公示《こうじ》するにあらざれば其事に關係せざる他人に手向ふことを得ざるべし

第百七十八條　動産《どうさん》ニ關スル物權ノ讓渡《じやうど》ハ其動産ノ引渡《ひきわたし》アルニ非サレハ之ヲ以テ第三者ニ對抗スルコトヲ得ス

本條問の答　動産の物權則ち其所有權を讓渡をなすときは其動産を讓受くる人に引渡さざれば其事に關係せざる他人《たにん》には手向《てむか》ふことを得ざるべし動産には登記法なきより所《し》持《ち》する者を所有者と看做《みな》すを以てなり

第百七十九條　同一物《どういつぶつ》ニ付キ所有權《しよいうけん》及ヒ他ノ物權《ぶつけん》カ同一人ニ歸《き》シタルトキハ其物權ハ消滅《せうめつ》ス但其物又ハ其物權カ第三者ノ權利ノ目的タルトキハ此限ニ在ラス

所有權以外ノ物權《ぶつけん》及ヒ之ヲ目的《もくてき》トスル他ノ權利カ同一人ニ歸《き》シタルトキハ其權利ハ消滅《せうめつ》ス此場合ニ於テハ前項但書ノ規定ヲ準用《じゆんよう》ス

前二項ノ規定ハ占有權《せんいうけん》ニハ之ヲ適用《てきよう》セス

本條問の答　同じき物に付所有權及び他の物權たる使用權又は地役權《ちえきけん》が同じき人の物と

なるときは其物權は消《き》ゑて無くなる併《しか》し其物權が第三者の權利の目的《もくてき》則ち抵當《ていたう》に入れたるか又は質《しち》に入れたるときは消ゑて無くならざるべし又所有權の外の物權則ち抵當權及び此等《これら》の抵當權を目的《もくてき》とする外の權利が同じき人の物となるときは其權利は消ゑ無くなる併し此場合には前項但書《たゞしがき》の規定を準用《じゆんよう》するにより第三者の權利の目的たるときは消ゑて無くならざるべし而して右の定《さだ》めは占有權には適用《てきよう》せざるなり

第二章　占有權《せんいうけん》

本章問の答　他人の物を自分《じぶん》の物の如くに所持《しよぢ》するを占有權《せんいうけん》と云ふ此事に付て本章は定を爲すものなり

第一節　占有權《せんいうけん》ノ取得《しゆとく》

本節問の答　占有權は如何《いか》にして得るやを此節に定む

第百八十條　占有權ハ自己《じこ》ノ爲メニスル意思《いし》ヲ以テ物ヲ所持《しよぢ》スルニ因リテ之ヲ取得ス

本條問の答　占有權は他人の所有する物を自分の爲めにする考《かんがへ》にて所持《しよぢ》するときは占有權を得ることゝなるべし

第百八十一條　占有權ハ代理人ニ依リテ之ヲ取得スルコトヲ得

本條問の答　占有權を得るには本人自《ほんにんみづか》ら他人の物を所持するに及ばず代理人《だいりにん》が所持する

も占有權《せんいうけん》は得らるゝなり其れは代理人は本人に代《かは》りて本人の事を爲《な》すものなればなり

第百八十二條　占有權ノ讓渡《じやうと》ハ占有物ノ引渡《ひきわたし》ニ依リテ之ヲ爲ス
讓受人《ゆづりうけにん》又ハ其代理人カ現《げん》ニ占有物《せんいうぶつ》ヲ所持《しよぢ》スル場合ニ於テハ占有權ノ讓渡ハ當事者ノ意思表示ノミニ依リテ之ヲ爲スコトヲ得

◎本條問の答　占有權の讓渡は占有する物を引渡すときは其引渡によりて一方《いつぱう》のものゝ所有となる而して讓受人又は其讓受人の代理人が占有の物を現在所持《げんざいしよぢ》する場合には占有權の讓渡は當事者《たうじしや》が讓渡を爲すとの意思《いし》を表示《へうじ》するときは其れにて占有權は讓渡されたることゝなるなり

第百八十三條　代理人カ自己《じこ》ノ占有物ヲ爾後《じご》本人ノ爲メニ占有スヘキ意思ヲ表示シタルトキハ本人ハ之ニ因リテ占有權ヲ取得ス

本條問の答　或人の代理人が自分《じぶん》の占有《せんいう》する物を此れから本人の爲めに占有するとの意《い》思《し》を示《しめ》したるときは本人は此《こ》れにより占有權を得ることゝなるべし

第百八十四條　代理人ニ依リテ占有ヲ爲ス場合ニ於テ本人カ其代理人ニ對《たい》シ爾後《じご》第三者ノ爲メニ其物ヲ占有スヘキ旨《むね》ヲ命《めい》シ第三者之ヲ承諾《しやうだく》シタルトキハ其第三者ハ占有權ヲ取得《しゆとく》ス

本條問の答　或人《あるひと》が自分《じぶん》の代理人を以て占有を爲す場合《ばあひ》に本人が其代理人に向《むか》ふて此《こ》れ

からは第三者たる他人の爲めに占有《せんいう》すべきことを命《めい》じ且第三者が其れを承知《しやうち》したるときには本人は占有の權を失ひ第三者は占有の權を得ることゝなるべし

第百八十五條　權原《けんげん》ノ性質上《せいしつじやう》占有者ニ所有ノ意思《いし》ナキモノトスル場合ニ於テハ其占有者カ自己ニ占有ヲ爲サシメタル者ニ對シ所有ノ意思《いし》アルコトヲ表示《へうじ》シ又ハ新權原《しんけんげん》ニ因リ更《さら》ニ所有ノ意思ヲ以テ占有ヲ始《はじ》ムルニ非サレハ占有ハ其性質《せいしつ》ヲ變《へん》セス

本條問の答　權原《けんげん》則ち占有權を得たる權利の原《もと》たる賃借《ちんがり》か又貸借《かしかり》かの性質上《せいしつじやう》占有者に所有する者なき場合則ち他人の物を借り居る場合には借主たる占有者は其借り居る物を所有する心なきものなるにより其場合《ばあひ》に於て占有者《せんいう》が自分に占有せしめたる者に向《むか》て占有物を所有するの意思《いし》を示《しめ》すか又は新權原《しんけんげん》則ち賣買等により更《さら》に所有する意思にて占有を始《はじ》むるにあらざれば先《さ》きの占有は其儘《まゝ》にて性質は變せざるなり

第百八十六條　占有者ハ所有ノ意思ヲ以テ善意《ぜんい》、平穩《へいをん》且公然《かつこうぜん》ニ占有ヲ爲スモノト推定《すゐてい》ス

前後《ぜんご》兩時《りやうじ》ニ於テ占有ヲ爲シタル證據《しやうこ》アルトキハ占有ハ其間《そのかん》繼續《けいぞく》シタルモノト推定ス

本條問の答　占有者は其占有《せんいう》する物を所有する意思にて且善意《ぜんい》則ち自分の物と思ひ平穩《へいをん》

則ち誰《たれ》よりも苦情《くじやう》を受けずして且公然《かつこうぜん》則ち公《おほや》けに占有を爲すものと推測《すゐそく》して定む故に此の推測に異《こと》なる所あるとの証據《しようこ》あれば此の定めを覆《くつがへ》すことを得《う》又一の物を占有したるとのことに附き其前後兩時假令《りやうじたとへ》ば二十年五月一日に占有したりしことゝ三十年四月三十日まで占有したるとの証據あるときは占有は右五月一日より四月三十日迄は其間繼續《けいぞく》したるものと推測して定むるものなり

第百八十七條　占有者ノ承繼人《しやうけいにん》ハ其選擇《せんたく》ニ從ヒ自己ノ占有ノミヲ主《しゆ》張《ちやう》シ又ハ自己ノ占有ニ前主《ぜんしゆ》ノ占有ヲ併《あは》セテ之ヲ主張スルコトヲ得

前主ノ占有ヲ併《あは》セテ主張《しゆちやう》スル場合ニ於テハ其瑕疵《かし》モ亦之ヲ承繼《しやうけい》ス

本條問の答　他人の物を占有する者の承繼人則ち相續人及び占有權を讓受けたる者は自の選《なら》びに任《まか》せ自分の占有のみを主張《しゆちやう》し又は自分の占有に前《さ》きの占有者の占有を併せて主張することゝを得而して前主の占有を自分の占有に併せて主張する場合には前きの占有に瑕疵《きず》則ち前《さ》きの占有が人より苦情《くじやう》を受け平穩《へいおん》を欠《か》く時は之れも承《う》け繼《つ》ぐことゝなるべし何《いつ》れの占有を主張すれば利益《りえき》あるやは場合《ばあひ》によるべきなり

第二節　占有權ノ效力

本節問の答　他人の物を占有するときは如何なることが出來るか本節は此事を定む

第百八十八條　占有者カ占有物ノ上ニ行使《かうし》スル權利《けんり》ハ之ヲ適法《てきはふ》ニ有

スルモノト推定ス

本條問の答　占有者が其占有する物の上《うへ》に行《おこな》ひつゝある權利は適法《てきはふ》則ち法律に背《そむ》かずして有するものと推定《すゐてい》するものとす

第百八十九條　善意《ぜんい》ノ占有者《せんいうしや》ハ占有物ヨリ生スル果實《くわじつ》ヲ取得《しゆとく》ス

善意ノ占有者カ本權《ほんけん》ノ訴《うつたへ》ニ於テ敗訴《はいそ》シタルトキハ其起訴《そのきそ》ノ時ヨリ惡意《あくい》ノ占有者ト看做《みな》ス

本條問の答　善意《ぜんい》の占有者則ち自分の物と思《おも》ひ他人の物を占有する者は占有物より出來《でき》る果實《くわじつ》則ち米麥《こめむぎ》又家賃《やちん》の如きものを得ることゝなる又善意の占有者が本權《ほんけん》の訴《うつたへ》則ち占有物の所有權に付占有者と他の者と裁判所《さいばんしよ》にて爭《あらそ》ひたる處占有者が敗訴《はいそ》したるときは其本權の訴の起《おこ》りたる時より惡意《あくい》の占有者となる是れ訴により他人の物を占有するものなるを知らるゝを以てなり

第百九十條　惡意《あくい》ノ占有者ハ果實《くわじつ》ヲ返還《へんくわん》シ且其既《そのすで》ニ消費《せうひ》シ、過失《くわしつ》ニ因リテ毀損《きそん》シ又ハ收取《しうしゆ》ヲ怠《をこた》リタル果實《くわじつ》ノ代價ヲ償還《しやうくわん》スル義務ヲ負フ

前項ノ規定ハ強暴《きやうぼう》又ハ隱祕《いんぴ》ニ因ル占有者ニ之ヲ準用《じゆんよう》ス

本條問の答　惡意《あくい》の占有者則ち他人の物たることを知りつゝ占有を爲す者は其占有物《せんいうぶつ》よ

り上《あ》がる果實《くわじつ》則ち米麥《こめむぎ》其外家賃《やちん》の如き物を返し其上最早《もはや》費《つひ》ひ盡《つく》し又自分の過《あやま》ちにて果實を傷《そこな》ひ又收取《しふしゆ》則ち取り上《あ》ぐることを怠《おこた》りて利益《りえき》となることが出來ざる果實の價《あたひ》を償《つくな》ひ還《かへ》す義務あるなり此《こ》の定め方は强迫《きやうはく》又は暴行《ばうかう》若くば隱秘《いんぴ》則ち人知らずの占有を爲す者に準じ用ゐるべし

第百九十一條　占有物《せんいうぶつ》カ占有者ノ責《せめ》ニ歸《き》スヘキ事由《じゆう》ニ因リテ滅失《めつしつ》又ハ毀損《きそん》シタルトキハ惡意《あくい》ノ占有者ハ其回復者《くわいふくしや》ニ對シ其損害《そんがい》ノ全部ヲ賠償《ばいしやう》スル義務ヲ負ヒ善意ノ占有者ハ其滅失《めつしつ》又ハ毀損《きそん》ニ因リテ現《げん》ニ利益ヲ受クル限度《げんど》ニ於テ賠償ヲ爲ス義務ヲ負フ但所有ノ意思ナキ占有者ハ其善意ナルトキト雖モ全部ノ賠償ヲ爲スコトヲ要ス

本條問の答　占有物が占有者の過《あやま》ち等《とう》により無くあるか又は傷《きずつ》きたるときは惡意《あくい》の占有者は回復者《くわいふくしや》則ち返却《へんきやく》を求むる者に向て損害の全額《ぜんがく》を償《つくな》ふべき義務を負《お》ひ善意の占有者は占有物が無くなり又傷《きずつ》きたるにより現在《げんざい》自分が受けたる利益丈《りえきだ》けを償ふべき義務を負ふべきものなり這《こ》は善意占有者は他人の物を占有したる過《あやまち》あるも所有者は自分の物を取締《とりしま》らざる過ち大なればあり但し占有物を所有とする意思なき占有者は假令善意なるときと雖《いへ》ども全部《ぜんぶ》則ち損害《そんがい》のある丈《た》けは償はねばならぬ

第百九十二條　平穩《へいをん》且《かつ》公然《こうぜん》ニ動產《どうさん》ノ占有ヲ始《はじ》メタル者カ善意ニシテ

且過失《かつくわしつ》ナルトキハ即時《そくじ》ニ其動産ノ上《うへ》ニ行使《かうし》スル權利ヲ取得ス

本條問の答　誰よりも何等《なんら》の苦情《くじやう》を受けず且つ誰にも知れる有樣《ありさま》にて他人の動産《どうさん》を占有を爲したる者が占有の始より善意《ぜんい》にして其上《うへ》少しも過《あやま》ち無きときは即時《そくじ》則ち占有を始むるや否《いな》や動産の上《うへ》に行ふべき權利を取得す則ち其動産に付ては自分の所有物《しよいうぶつ》の上に行ふと同じき權利を有することゝなるべきなり

第百九十三條　前條ノ場合ニ於テ占有物カ盜品《たうひん》又ハ遺失物《ゐしつぶつ》ナルトキハ被害者《ひがいしや》又ハ遺失主《ゐしつぬし》ハ盜難《たうなん》又ハ遺失ノ時ヨリ二年間占有者ニ對シテ其物ノ回復《くわいふく》ヲ請求《せいきう》スルコトヲ得

本條問の答　前條にて定むる場合にて占有物が盜《ぬす》みたる物又は遺失《ゐしつ》したる物なるときは盜まれたる者又遺失したる者は其盜まれたる時又遺失したる時より二年の間占有する者に向ひ其物の回復《くわいふく》則ち返《かへ》へすべきことを求《もと》むるを得るなり

第百九十四條　占有者カ盜品《たうひん》又ハ遺失物《ゐしつぶつ》ヲ競賣《きやうばい》若クハ公《おほやけ》ノ市場《いちば》ニ於テ又ハ其物ト同種《どうしゆ》ノ物ヲ販賣《はんばい》スル商人《しやうにん》ヨリ善意ニテ買受《かひう》ケタルトキハ被害者又ハ遺失主ハ占有者カ拂ヒタル代價ヲ辨償スルニ非サレハ其物ヲ回復スルコトヲ得ス

本條問の答　占有し居る者が盜品《たうひん》又は遺失品《ゐしつひん》を競《せ》り賣《うり》若くば公《おほやけ》の市場《いちば》に買受けたるとき

又は其盗品遺失品と同じ種類の物を販賣《はんばい》する商人《しやうにん》より善意則ち何も知らずして買受《かひう》けたるときは被害者《ひがいしや》たる盗《ぬす》まれたる者又は遺失したる者は占有者《せんいうしや》が買受けの時拂《はら》ひたる代價を償《つくな》はざれば其物を回復《くわいふく》することが出來ざるなり

第百九十五條　他人カ飼養《しやう》セシ家畜外《かちくぐわい》ノ動物《どうぶつ》ヲ占有スル者ハ其占有ノ始善意《はじめぜんい》ニシテ且逃失《かつたうしつ》ノ時ヨリ一个月內ニ飼養主《しやうぬし》ヨリ回復《くわいふく》ノ請求ヲ受ケサルトキハ其動物ノ上ニ行使スル權利ヲ取得ス

本條問の答　他人が飼《か》ひ養《やしな》ひたりし家畜外《かちくぐわい》の動物則ち鳩《はと》の樣《やう》な物を占有する者は其占有を爲したる始め善意にして且逃《に》げ失《う》せたる時より一个月の內に飼主《かひぬし》より回復《くわいふく》の求《もとめ》を受けざるときは其動物の上に行べき權利を得卽ち自分の物となるべし

第百九十六條　占有者カ占有物ヲ返還《へんくわん》スル場合ニ於テハ其物ノ保存《ほぞん》ノ爲メニ費《つひや》シタル金額《きんがく》其他ノ必要費《ひつえうひ》ヲ回復者ヨリ償還《しやうくわん》セシムルコトヲ得但占有者カ果實ヲ取得シタル場合ニ於テハ通常ノ必要費ハ其負擔《ふたん》ニ歸《き》ス

占有者カ占有物ノ改良《かいりやう》ノ爲メニ費《つひや》シタル金額其他ノ有益費《いうえきひ》ニ付テハ其價格《そのかかく》ノ增加《ぞうか》カ現存《げんそん》スル場合ニ限リ回復者《くわいふくしや》ノ選擇《せんたく》ニ從ヒ其費シタル金額又ハ增價額ヲ償還セシムルコトヲ得但惡意ノ占有者ニ對

シテハ裁判所ハ回復者ノ請求ニ因リ之ニ相當《さうたう》ノ期限《きげん》ヲ許與《きよよ》スルコトヲ得

本條問の答　占有者が占有したりし物を返還《へんくわん》する場合《ばあひ》は其占有物を占有中修繕《しゆうぜん》等の爲めに費《つひや》したる金額《きんがく》尚《なほ》其外必要費是非《ぜひ》入れねばならぬ費用の回復《くわいふく》を求むる者より償還《しやうくわん》せしむることを得《う》る但し占有者が果實《くわじつ》を取り得たる場合には通常《つうじやう》掛けねはならぬ必要費《ひつえうひ》は占有者の負擔《ふたん》則ち引受けとなるべし又占有者が占有したりし物を改良《かいりやう》する爲めに費したる金額其外の有益費則ち自分の好《この》みにより入れたる費用に付ては其丈《それだ》けの價《あたひ》が増《ま》したる高か又は現在殘《げんざいのこ》り居る場合に限り回復を求むる者の選《えら》びに從ひ其費《つひや》したる金額か又は價の増したる額を償はしむることを得併《しか》し悪意の占有者に向《むか》ふては裁判所は回復者《くわいふくしや》の求めにより相當《さうたう》の期限《きげん》を與へて返還《へんくわん》を柔《やはら》げたるなり

第百九十七條　占有者ハ後五條ノ規定ニ從ヒ占有ノ訴《うつたへ》ヲ提起《ていき》スルコトヲ得他人ノ爲メニ占有ヲ爲ス者亦同シ

本條問の答　占有者は後五條則ち第百九十八條乃至第二百二條の定め方に從ひ占有の訴を起《おこ》すことが出來《でき》る他人の爲めに占有する者則ち代理人の如きものも訴《うつたへ》を起《おこ》すを得《う》べし

第百九十八條　占有者カ其占有ヲ妨害《ばうがい》セラレタルトキハ占有保持《ほぢ》ノ訴ニ依リ其妨害《ばうがい》ノ停止《ていし》及ヒ損害《そんがい》ノ賠償ヲ請求《せいきう》スルコトヲ得

本條問の答　占有し居る者が其占有を妨害《ばうがい》せられたるとき則ち腕力《わんりよく》にて又差押假處分《さしおさへかりしよぶん》にて故障《こしやう》せられたるときハ占有を保持《ほち》する訴《うつたへ》により其妨害を止《や》め及び損害の償《つくなひ》を求むることを得るなり則ち占有權の第一訴權《そけん》なり

第百九十九條　占有者カ其占有ヲ妨害セラルル虞《おそれ》アルトキハ占有保《ほ》全《ぜん》ノ訴《うつたへ》ニ依リ其妨害ノ豫防《よぼう》又ハ損害賠償《ばいしやう》ノ擔保《たんぽ》ヲ請求スルコトヲ得

本條問の答　占有者が其占有を行《おこな》ひつゝある權の妨げを受《さまた》くるならんとの虞《おそれ》あるときは占有を保全《ほぜん》則ち安全《あんぜん》ならしむる訴により其妨害《ばうがい》を豫防《よぼう》する訴《うつたへ》か又妨害《ばうがい》を爲《な》すときは其損害賠償の擔保《たんぽ》則ち引受けを求むることを得るなり

第二百條　占有者カ其占有ヲ奪《うば》ハレタルトキハ占有回收《くわいしふ》ノ訴ニ依リ其物ノ返還《へんくわん》及ヒ損害ノ賠償ヲ請求スルコトヲ得

占有回收《くわいしふ》ノ訴ハ侵奪者《しんだつしや》ノ特定《とくてい》承繼人ニ對シテ之ヲ提起《ていき》スルコトヲ得ス但其承繼人《しようけいにん》カ侵奪ノ事實《じじつ》ヲ知リタルトキハ此限ニ在ラス

本條問の答　占有者が其占有する物を奪《うば》はれたるときは其占有を回收《くわいしふ》則ち取戻《とりもどし》の訴によ り其物の返還を求むるか又は損害賠償を求《もと》むることを得《う》而して此占有回收の訴《うつたへ》は侵奪者《しんだつしや》則ち奪《うば》ひ取りたる者の特定承繼人《とくていしやうけいにん》則ち占有の物を買ひたる者に向ふては起すことを得ず

併し其侵奪したる者の承繼人が侵奪したるものなることを知るときは起すことを得べし

第二百一條　占有保持ノ訴ハ妨害ノ存スル間又ハ其止ミタル後一年内ニ之ヲ提起《ていき》スルコトヲ要ス但工事《こうじ》ニ因リ占有物ニ損害ヲ生シタル場合ニ於テ其工事著手《ちやくしゆ》ノ時ヨリ一年ヲ經過《けいくわ》シ又ハ其工事ノ竣成《しゆんせい》シタルトキハ之ヲ提起スルコトヲ得ス

占有保全ノ訴ハ妨害《ばうがい》ノ危險《けん》ノ存スル間ハ之ヲ提起《ていき》スルコトヲ得但工事ニ因リ占有物ニ損害《そんがい》ヲ生スル虞《おそれ》アルトキハ前項但書ノ規定ヲ準《せん》用《いう》ス

占有回收《くわいしふ》ノ訴ハ侵奪《しんだつ》ノ時ヨリ一年内ニ之ヲ提起スルコトヲ要ス

本條問の答　占有を保持《ほぢ》する訴は占有を妨害《ばうがい》する事柄の有る間又は止《や》みたる後一年の内に起さねばならぬ併し何にか工事を爲したるにより占有物に損害を生じたる場合には其工事に着手《ちやくしゆ》したる時より一年を過《す》ぎ又其工事が成就《じやうじゆ》したるときは訴《うつたへ》を起すことを得ざるべし又占有を保全《ほぜん》する訴は占有の防害たる危險《きけん》の有る間は其訴を起すことを得併し工事により占有し居る物に損害が出來る虞《おそ》れあるときは前項但書《ぜんこうたゞしがき》を適用《てきよう》し工事に着手《ちやくしゆ》したる時より一年を過《す》ぎ又は工事の出來上《できあ》がりたるときは訴《うつたへ》を起すことを得ず又占有を奪《うば》れたる物を取戻《とりもど》す所の回收《くわいしふ》の訴は一年内に起さねばならぬものなり

第二百二條　占有ノ訴ハ本權《ほんけん》ノ訴ト互《たがひ》ニ相妨《あひさまた》クルコトナシ

占有ノ訴ハ本權ニ關《くわん》スル理由ニ基《もと》キテ之ヲ裁判スルコトヲ得ス

本條問の答　占有の訴則ち占有保全《せんいうほぜん》、占有保持《ほぢ》、占有回收《くわいしふ》の訴は本權の訴則ち其物件《ぶつけん》の所有權の有るか無しやに付きの訴と共に起すも相妨げざるべし又右の占有の訴は本權に關《くわん》する理由に基《もと》きて裁判することを得ず即ち本權たる所有權は無き故占有權も無きものとの裁判を下すことを得ざるべし何となれば本權と所有權とは別のものなるが故なり

第三節　占有權《せんいうけん》ノ消滅《せうめつ》

本節問の答　占有權の消えて無くなることに付ての定めなり

第二百三條　占有權ハ占有者カ占有ノ意思ヲ拋棄《はうき》シ又ハ占有物《せんいうぶつ》ノ所持ヲ失フニ因リテ消滅ス但占有者カ占有回收ノ訴ヲ提起シタルトキハ此限ニ在ラス

本條問の答　占有權《せんいうけん》は占有し居る者が自分の爲めに占有するとの意思《いし》を棄《す》てたる又占有したりし物の所持を失ふときは消滅《せうめつ》す併《しか》し占有したりし者が占有を回收する訴《うつたへ》を起したるときは未だ占有を棄《す》つる意思《いし》なく所持も自分より棄《す》てたるものにあらざれば占有の權は消滅するものにあらざるなり

第二百四條　代理人《だいりにん》ニ依リテ占有ヲ爲ス場合ニ於テハ占有權ハ左ノ

事由ニ因リテ消滅ス

一　本人カ代理人ヲシテ占有ヲ為サシムル意思ヲ抛棄《はうき》シタルコト

二　代理人カ本人ニ對《たい》シ爾後《じご》自己《じこ》又ハ第三者ノ為メニ占有物ヲ所持《しよぢ》スヘキ意思ヲ表示《へうじ》シタルコト

三　代理人カ占有物ノ所持ヲ失ヒタルコト

占有權ハ代理權ノ消滅ノミニ因リテ消滅セス

本條問の答　代理に因りて占有を為す場合には第一本人が代理人をして占有を為さしめたる意思《いし》を棄《す》てたるとき則ち代理人に占有をせぬと言《い》ひたる如きとき第二代理人が本人に向ふて此《これ》から自分の為めか又は第三者の為めに占有物を所持《しよぢ》すべき意思《いし》を示《しめ》したるとき第三代理人が占有の物の所持を失《うしな》ひたるときは消滅《せうめつ》するものとす又占有權は代理權か消滅即ち代理を斷《ことは》るか死《し》するか等のことあるも消《き》ゆるものにあらず何となれば代理人は只人の代理人のみにて本人の意思《いし》は續《つ》ぎ居《を》るを以てなり

第四節　準占有《じゆんせんいう》

本節問の答　占有にあらざるものなれども占有に準ずるものを定む

第二百五條　本章《ほんしやう》ノ規定ハ自己《じこ》ノ為メニスル意思ヲ以テ財產權《ざいさんけん》ヲ行

使ヲ爲ス場合ニ之ヲ準用ス

本條問の答　本章則ち占有權のことに付きての定め方は自分の爲めにする意思にて財産權たる地上權とか或は賃借權《ちんしやくけん》の如き權利を行《おこな》ふときにも準じ用ゆるなり

第三章　所有權

本章問の答　所有權とは動產《どうさん》なり不動產を所有することゝして則ち之を賣拂《うりはら》ひ又は人に借《か》して利益を得又自分も自由に使《つか》ふことが出來る若し吾々《われ／＼》に物を所有するの權利なくんば吾々は飢《う》ゑて死《し》するに至る何《なん》となれば今日働《こんにちはたら》きて得たるものも人が持ち去り苦情《くじやう》を云ふことを得ざればなり然るに所有權あるときは自分の外誰一人指《ゆび》を付《つ》くることが出來ざるものにして實に吾々《われ／＼》の生活《せいくわつ》に入用《いりよう》のものなり

第一節　所有權《しよいうけん》ノ限界《げんかい》

本節問の答　本節には所有權の限界《げんかい》則ち自分が物を所有するときは其所有の權利は何處《どこ》まで及ぶかを定むるものなり

第二百六條　所有者ハ法令《はふれい》ノ制限內《せいげんない》ニ於テ自由《じいう》ニ其所有物ノ使用《しよう》、收益《しうえき》及ヒ處分《しよぶん》ヲ爲ス權利ヲ有ス

本條問の答　所有者は法律其外行政《ぎやうせい》の規則の內にて自由氣儘《じいうきまゝ》に其所有する物を使用《しよう》し又人に貸して利益《りえき》を上げ又賣却《ばいきやく》又は贈與《ぞうよ》を爲すの權利を有す故に惡病流行《あくびやうりうかう》の際衞生上《ゑいせいじやう》より

或物《あるもの》の販賣を禁《きん》ぜらるゝことあり又戰爭《せんさう》の時に必要《ひつえう》の物を徵發《ちようはつ》せらるゝことあり此《こ》れ所有權の自由を妨《さまた》げられたるなり

第二百七條　土地《とち》ノ所有權ハ法令《はふれい》ノ制限內《せいげんない》ニ於テ其土地ノ上下ニ及フ

本條問の答　土地の所有權は自由《じいう》にして其地上にも建物《たてもの》を爲し又地下《ちか》に在る物を堀取《ほりと》ることを得るも法律其外の規則により市中《しちう》には惡烟《あくゑん》のある製造場《せいざうば》を建《た》つることを禁《きん》ぜらることあるべし

第二百八條　數人《すうにん》ニテ一棟《むね》ノ建物ヲ區分《くぶん》シ各其一部ヲ所有スルトキハ建物《たてもの》及ヒ其附屬物《ふぞくぶつ》ノ共用部分《きようようぶぶん》ハ其共有ニ屬《ぞく》スルモノト推定《すゐてい》ス

共用部分ノ修繕費《しうぜんひ》其他ノ負擔《ふたん》ハ各自ノ所有部分ノ價格《かかく》ニ應《おう》シテ之ヲ分ツ

本條問の答　五六人にて一棟《むね》の建物を區域《くゐき》を分ち各其一部を所有《しよいう》するときは建物及び其建物に付き居る物の共ゞ用ゐる部分《ぶゞん》は共有《きようゆう》のものと推定《すゐてい》す共ゞ用ゐる部分の修繕《しうぜん》の費用其他の諸税金《しよぜいきん》の如きは各々が所有する部分の價に割《わ》り當《あ》つるものとす

第二百九條　土地《とち》ノ所有者ハ疆界《きやうかい》又ハ其近傍《きんばう》ニ於テ牆壁《しやうへき》若クハ建物ヲ築造《ちくぞう》シ又ハ之ヲ修繕《しうぜん》スル爲メ必要ナル範圍內《はんゐない》ニ於テ隣地《りんち》ノ使用

ヲ請求スルコトヲ得但隣《りん》人《じん》ノ承諾《しやうだく》アルニ非サレハ其住家《ぢうか》ニ立入ルコトヲ得ス
前項《ぜんこう》ノ場合ニ於テ隣《りん》人《じん》カ損害《そんがい》ヲ受ケタルトキハ其償金ヲ請求スルコトヲ得

本條問の答　土地を所有し居《を》る者は其土地の界《さかひ》又は其近《ちか》くにて牆壁《へいかべ》又は倉《くら》或は納屋《なや》を造り又は此等《これら》の物を繕《つくら》ふ爲めに必ず入る丈《だ》けの隣《とな》りの地を使ふべきことを求むるを許し隣人の承知あらざれば其住家《ぢうか》に入るを得ず住家は城《しろ》の如く大切《たいせつ》のものなるが故なり右の場合にて隣《とな》りの人が損《そん》を受けたるときは其償《つくなの》を求むるを得るなり

第二百十條　或《ある》土地カ他ノ土地ニ圍繞《ゐぎやう》セラレテ公路《こうろ》ニ通セサルトキハ其土地ノ所有者ハ公路ニ至ル爲メ圍繞地ヲ通行スルコトヲ得
池沼《ちせう》、河渠《かきよ》若クハ海洋《かいやう》ニ由ルニ非サレハ他ニ通スルコト能ハス又ハ崕岸《がいがん》アリテ土地ト公路ト著《いちじる》シキ高低《かうてい》ヲ爲ストキ亦同シ

本條問の答　或一《あるいつ》の土地が他の所有者の土地に其周圍《しうゐ》を圍《かこ》まれて公けの道路《だうろ》に通《つう》せざるときは其圍まれたる土地の所有者は公けの道路に出る爲めに圍み居る地を通行することを得又池沼河堀割《いけぬまかははほりわり》若くば海に由《よ》るにあらざれば他の方へ通ずることが出來ず又は岸《きし》ありて土地と公《おほや》けの道路《だうろ》と著《いちじる》しき高低《かうてい》を爲し他へ通ずるに困難《こんなん》なるときは其一方に在る土地

に公けの道路に至るために通行《つうかう》の路《みち》を求むるを得《う》是れは所有權をして有益《いうえき》たらしむるためなり然らざるときは其圍《かこ》まれたる土地は癈地《はいち》となるべし

第二百十一條　前條ノ場合ニ於テ通行《つうかう》ノ場所《ばしよ》及ヒ方法ハ通行權ヲ有スル者ノ爲メニ必要ニシテ且《かつ》圍繞地《ゐぎやうち》ノ爲メニ損害最《もつと》モ少ナキモノヲ選フコトヲ要ス

通行權ヲ有スル者ハ必要アルトキハ通路《つうろ》ヲ開設《かいせつ》スルコトヲ得

本條問の答　右の如く通り道を求むるときには通行《つうかう》すべき場所及び方法《はうはふ》は通行する權を有する者の爲めには必要《ひつえう》にして其上圍《かこ》み居《を》る地の爲めには損害最《そんがいもつと》も少《すく》き所を通行路《つうかうろ》に求めねばならぬ又通行權を有する者は必要のときは通り路《みち》を開き設《まう》くることが出來るべし

第二百十二條　通行權《つうかうけん》ヲ有スル者ハ通行地ノ損害《そんがい》ニ對シテ償金ヲ拂フコトヲ要ス但通路開設ノ爲メニ生シタル損害ニ對スルモノヲ除ク外一年毎ニ其償金ヲ拂フコトヲ得

本條問の答　通行の路を求め其通行すべき權利を得たるものは通行地に損害あるときは其損害を償《つくな》はねばならぬ但し通るべき路《みち》を開き設《まう》けたる爲めに出來たる損害に向ふたるものを取除《とりのぞ》きたる外《ほか》は毎年其償金《しやうきん》を拂ふことが出來るべし

第二百十三條　分割《ぶんかつ》ニ因リ公路《こうろ》ニ通《つう》セサル土地ヲ生シタルトキハ其

土地ノ所有者ハ公路ニ至ル爲メ他ノ分割者ノ所有地ノミヲ通行スルコトヲ得此場合ニ於テハ償金ヲ拂フコトヲ要セス

前項ノ規定ハ土地《とち》ノ所有者カ其土地ノ一部ヲ讓渡《じやうと》シタル場合ニ之ヲ準用《じゆんよう》ス

本條問の答　一の土地を他人《たにん》と分ちたる爲めに公《おほや》けの路《みち》に通《つう》せざる土地が出來たるとき其土地の所有者は公路《こうろ》に至る爲めには他の分《わか》ちたる者の所有地を通行《つうかう》することが出來る此の場合は分割《ぶんかつ》したるより通行の路《みち》が無くなりたるものなれば償金《しやうきん》を拂《はら》ふに及ばざるなり又土地の所有者が其土地の一部を他人に讓渡して通行の路が無くなりたる場合にも其讓渡《ゆずりわた》したる者は通行の路を與《あた》へねばならぬ又償金を拂ふに及ばざるなり

第二百十四條　土地ノ所有者ハ隣地《りんち》ヨリ水ノ自然《しぜん》ニ流《なが》レ來ルヲ妨《さまた》クルコトヲ得ス

本條問の答　土地の所有者は其の隣《とな》りの地より流《なが》れ來《きた》る水を妨《さまた》げ流行させぬと云ふことは出來ぬ最も其水は自然に流れ來たるものならねばならぬと云ふ意なり

第二百十五條　水流《すゐりう》カ事變《じへん》ニ因リ低地《ていち》ニ於テ阻塞《そさく》シタルトキハ高地ノ所有者ハ自費《じひ》ヲ以テ其疏通《そつう》ニ必要《ひつえう》ナル工事ヲ爲スコトヲ得

本條問の答　水の流《ながれ》が事變《じへん》則ち地震《ぢしん》又は洪水《こうずゐ》等により低《ひく》き地に阻《へだ》てられ其流れが塞《ふさ》がり

たるときは高き地の所有者は自分《じぶん》の費用《ひよう》にて其疏通《そつう》則ち水の流《なが》れに必要なる工事《こうじ》を爲し流れを便にすることを得るなり

第二百十六條　甲地ニ於テ貯水《ちよすゐ》、排水《はいすゐ》又ハ引水《いんすゐ》ノ爲メニ設《まう》ケタル工《こう》作物《さくぶつ》ノ破潰《はくわい》又ハ阻塞《そさく》ニ因リテ乙地ニ損害《そんがい》ヲ及ホシ又ハ及ホス虞《おそれ》アルトキハ乙地ノ所有者ハ甲地《かうち》ノ所有者ヲシテ修繕《しうぜん》若クハ疏通《そつう》ヲ爲サシメ又必要《ひつえう》アルトキハ豫防《よばう》工事《こうじ》ヲ爲サシムルコトヲ得

本條問の答　甲の地にて水を貯《たくは》へる爲め又水を捨《す》つる爲め若くば水を引く爲め拵《こしら》へたる工作物《こうさくぶつ》則ち水樋《すゐひ》の如きものが破《やぶ》るゝか又は阻塞《そさく》則ちつまりたるかにより乙の地に損害を爲すか又爲すかも知れぬとの恐《おそれ》あるときは乙の地の所有者甲の所有者に其破れ又は阻塞の修繕《しうぜん》若くは疏通《そつう》則ち能《よ》く通ずる樣《やう》になさしめ又必要あるときは損害を豫《あらかじ》め防ぐべき工事を爲さしむるを得るなり

第二百十七條　前二條ノ場合ニ於テ費用《ひよう》ノ負擔《ふたん》ニ付キ別段《べつだん》ノ慣習《くわんしふ》アルトキハ其慣習ニ從フ

本條問の答　前二條の場合《ばあひ》にて其修繕《しうぜん》又は疏通《そつう》を爲す工事の費用に付慣習《くわんしふ》ありて右の定め方と異《こと》なるときは其慣習に從《したが》ふものとす

第二百十八條　土地《とち》ノ所有者ハ直チニ雨水《うすゐ》ヲ隣地《りんち》ニ注瀉《ちうしや》セシムヘキ

屋根《やね》其他ノ工作物ヲ設《まう》クルコトヲ得ス

本條問の答　土地の所有者は直《す》ぐに雨水《あまみづ》が隣《となり》の地へ注《そゝ》ぐべき屋根《やね》其外の工作物を爲すことを得ざるべし然らざれば隣りの地は大に損害《そんがい》を受くべきなり

第二百十九條　溝渠《こうきよ》其他ノ水流地《すゐりうち》ノ所有者ハ對岸《たいがん》ノ土地カ他人ノ所有ニ屬《ぞく》スルトキハ其水路《すゐろ》又ハ幅員《ふくゐん》ヲ變《へん》スルコトヲ得ス

兩岸《りやうがん》ノ土地カ水流地《すゐりうち》ノ所有者ニ屬《ぞく》スルトキハ其所有者ハ水路及ヒ幅員《ふくゐん》ヲ變《へん》スルコトヲ得但下口《かこう》ニ於テ自然《しぜん》ノ水路ニ復《ふく》スルコトヲ要《えう》ス

前二項ノ規定《きてい》ニ異《こと》ナリタル慣習アルトキハ其慣習ニ從フ

本條問の答　溝掘割《みぞほりわり》其外川の水流地《すゐりうち》の所有者は岸向《きしむか》ひの土地が他人の所有《しよいう》なるときは其水の流れ路《みち》又は水の廣狹《くわつけう》を變《へん》ずることが出來ず又溝渠《かうきよ》其外川の兩岸《りやうがん》の土地が水流の地の所有者のものなるときは其所有者は水の路《みち》又は水の幅《はゞ》を變へることが出來る是れは何《いづ》れも自分《じぶん》の土地なるを以てなり併《しか》し下の出口《でぐち》に於ては自然《しぜん》の水路即ち固《もと》との水路に復《ふく》せねばならぬ然らざるときは下の土地は水利《すゐり》を失《うしな》ふに至る此規定《きてい》と異なる慣習《くわんしふ》あるときは其慣習に從ふべきなり

第二百二十條　高地《かうち》ノ所有者ハ浸水地《しんすゐち》ヲ乾《かわ》カス爲メ又ハ家用《かよう》若クハ

一農工業用《のうこうげふよう》ノ餘水《よすゐ》ヲ排泄《はいせつ》スル爲メ公路、公流又ハ下水道《げすゐだう》ニ至ルマテ低地《ていち》ニ水ヲ通過《つうくわ》セシムルコトヲ得但低地ノ爲メニ損害最《そんがいもつと》モ少キ場所及ヒ方法《はうはふ》ヲ選《えら》フコトヲ要ス

本條問の答　高き土地の所有者は水に浸《ひた》されたる地を乾《かは》かす爲め又は家用《かよう》則ち飲《の》み水《みづ》又は用水若《ようすゐもし》くば農業《のうげふ》又工業の餘《あま》り水《みづ》を捨《す》つる爲めに公《おほや》けの路又は公けの川又下水道《げすゐだう》に至るまでの低地《ていち》に水を通《とほ》り過《すご》さしむることを得《しか》し低《ひく》き地の爲めに損害最《もつと》も少き場所と及び方法に從はねばならぬ

第二百二十一條　土地ノ所有者ハ其所有地ノ水ヲ通過セシムル爲メ高地《かうち》又ハ低地《ていち》ノ所有者カ設《まう》ケタル工作物《こうさくぶつ》ヲ使用《しよう》スルコトヲ得

前項ノ場合ニ於テ他人ノ工作物ヲ使用スル者ハ其利益ヲ受クル割合ニ應《おう》シテ工作物ノ設置《せつち》及ヒ保存《ほぞん》ノ費用《ひよう》ヲ分擔《ぶんたん》スルコトヲ要ス

本條問の答　土地を所有する者は其所有する地の水を通らしむる爲め高き地又は低き地の所有者が設《まう》けたる工作物《こうさくぶつ》則ち水樋《みづのつめ》を使ふことを得《う》併し他人の工作物を使ふものは其利《り》益《えき》を受くる割合《わりあひ》に應《おう》じて工作物の設《まう》け置くこと及び其工作物を保存《ほぞん》則ち修繕《しうぜん》等を爲すために入るべき費用《ひよう》は分《わか》ち引受けねばならぬ

第二百二十二條　水流地《すゐりうち》ノ所有者ハ堰《せき》ヲ設クル需要《じゆよう》アルトキハ其堰《せき》

ヲ對岸《たいがん》ニ附著《ふちやく》セシムルコトヲ得但之ニ因リテ生シタル損害ニ對シテ償金ヲ拂フコトヲ要ス

對岸《たいがん》ノ所有者ハ水流地ノ一部《ぶ》カ其所有ニ屬《ぞく》スルトキハ右ノ堰《せき》ヲ使用スルコトヲ得但前條ノ規定《きてい》ニ從《したが》ヒ費用ヲ分擔《ぶんたん》スルコトヲ要ス

本條問の答　水流《すゐりう》の地の所有者は水を止《と》むる樣のことあるときは堰《せき》を設け其堰を向ひ岸《むかひぎし》に附着《ふちやく》せしむることが出來る併し附着せしめたるより出來る損害に付ては償ひ金《つくなひきん》を拂はねばならぬ向ひ岸の所有者水流地の一部則ち片側《かたかは》が其所有たるときは右の附着せられたる堰《せき》を使用《しよう》することが出來る併し前條の定めにより利益《りえき》を受くる割合により費用を分ち引き受けねばならぬものなり

第二百二十三條　土地ノ所有者ハ隣地《りんち》ノ所有者ト共同《きやうどう》ノ費用ヲ以テ疆界《きやうかい》ヲ標示《へうじ》スヘキ物ヲ設クルコトヲ得

本條問の答　土地を所有する者は隣《とな》りの地の所有者《しよいうしや》と共同の費用にて境界《けいかい》を目印《めじるし》とする物を設《まう》くることが出來る是れ兩方共《りやうはうとも》の利益《りえき》となるを以てなり

第二百二十四條　界標《かいへう》ノ設置《せつち》及ヒ保存ノ費用ハ相隣者平分《さうりんしやへいぶん》シテ之ヲ負擔《ふたん》ス但測量《そくりやう》ノ費用ハ其土地ノ廣狹《くわうけふ》ニ應《おう》シテ之ヲ分擔ス

本條問の答　境界《けいかい》の目印《めじるし》を設け置くこと及び保存則ち修繕《しゆうぜん》等を爲すこの入費《にふひ》は隣地の者

は平等《へいとう》に分ちて支拂《しはら》ふべきものなり但し測量《そくりやう》の入費は其土地の廣《ひろ》きと狹《せま》きとにより分ち引受くべきものとす

第二百二十五條　二棟《むね》ノ建物《たてもの》カ其所有者ヲ異《こと》ニシ且其間ニ空地《くうち》アルトキハ各所有者ハ他ノ所有者ト共同ノ費用《ひよう》ヲ以テ其疆界《きやうかい》ニ圍障《ゐしやう》ヲ設クルコトヲ得

當事者ノ協議《けふぎ》調《とゝの》ハサルトキハ前項ノ圍障《ゐしやう》ハ板屏《いたべい》又ハ竹垣《たけがき》ニシテ高サ六尺タルコトヲ要ス

本條問の答　二棟《ふたむね》の建物《たてもの》が所有者い異《こと》なりて其建物の間に空地《くうち》あるときは所有者は他の所有者と共同《きやうどう》則ち各出合《だしあひ》の費用にて土地の界《さかひ》に圍障《ゐしやう》則ちかこひを設《まう》くることを得關係《くわんけい》者たる當事者の相談《さうだん》相調《とゝな》はざるときは右のかこひは板屏《いたべい》又は竹垣《たけがき》にして高さは六尺たるべきものとす此れ法律の定め方なり

第二百二十六條　圍障《ゐしやう》ノ設置及ヒ保存《ほぞん》ノ費用ハ相隣者《さうりんしや》平分シテ之ヲ負擔ス

本條問の答　かこひの設け置《お》くことと及び保存の費用《ひよう》は相隣者則ち隣地の所有者平等《へいとう》にて引受けざる可らず隣地者《りんちしや》は圍障によりて平等に利益《りえき》を受くるものなればなり

第二百二十七條　相隣者ノ一人ハ第二百二十五條第二項ニ定メタル

材料《ざいれう》ヨリ良好《りやうかう》ナルモノヲ用ヰ又ハ高サヲ増シテ圍障ヲ設クルコトヲ得但之ニ因リテ生スル費用ノ増額《ぞうがく》ヲ負擔《ふたん》スルコトヲ要ス

本條問の答　隣《とな》りの土地所有者の一人は第二百二十五條第二項に定めたる材料《ざいれう》則ち板屛《いたべい》又は竹垣《たけがき》より良《よ》きものを用ゐ又は六尺の高さより増して圍障《ゐしやう》を設《まう》くることを得併《しか》し其良《よ》き圍障より生《しやう》ずる費用の増《ま》したる額《がく》は自分《じぶん》が引受けねばならぬものとす

第二百二十八條　前三條ノ規定ニ異ナリタル慣習《くわんしふ》アルトキハ其慣習ニ從フ

本條問の答　法律前三條の通《とほ》りに定むるもの丶此れと異《こと》なる慣習あるときは其慣習に從《したが》ふべきものとす慣習も一《ひと》つの法律《はふりつ》なればなり

第二百二十九條　疆界線上《きやうかいせんじやう》ニ設ケタル界標《かいへう》、圍障《ゐしやう》、牆壁《しやうへき》及ヒ溝渠《かうきよ》ハ相隣者ノ共有ニ屬スルモノト推定ス

本條問の答　土地の境界《けいかい》の線上《せんじやう》に設けたる目標圍障牆壁《もくへうゐしやうしやうへき》則ちかきかべ及び溝渠《かうきよ》は相ひ隣《とな》り居る者の共有《きやういう》に屬《ぞく》するものと推測《すゐそく》す故に共有にあらざるものとするを得るなり

第二百三十條　一棟ノ建物ノ部分《ぶぶん》ヲ成ス疆界線上《きやうかいせんじやう》ノ牆壁《しやうへき》ニハ前條ノ規定ヲ適用セス

高サノ不同《ふどう》ナル二棟ノ建物ヲ隔《へだ》ツル牆壁ノ低《ひく》キ建物ヲ踰《こ》ユル部分

亦同シ但防火牆壁《ばうくわしやうへき》ハ此限ニ在ラス

本條問の答　一棟《ひとむね》の建物の部分《ぶぶん》を成す境界線《けうかいせん》の上なる牆壁には前條の定め則ち相隣者《あひとなるもの》に建物ある場合にも共有と推測《すゐそく》せざるなり何者《なんとなれば》此牆壁は建物の一部を成す故其建物の所有者の所有と推測《すゐそく》すべければなり高さの同じからざる二棟《ふたむね》の建物を隔《へだ》つる牆壁あるときは低《ひく》き建物を踰《こ》ゆる部分《ぶぶん》に付ても前條の如くに共有《きやうゆう》と推測せざるべし何《なん》となれば低き建物を踰《こ》ゆる部分は低き物の所有には入用なければ從て之を建てたるものと推測するを得ざるべし併し火災《くわさい》を防《ふせ》ぐ爲めに設《まう》けた牆壁は共有《きやうゆう》と推測《すゐそく》することあるべし

第二百三十一條　相隣者ノ一人ハ共有ノ牆壁ノ高サヲ增スコトヲ得

但其牆壁カ此工事ニ耐《た》ヘサルトキハ自費《じひ》ヲ以テ工作ヲ加ヘ又ハ其牆壁ヲ改築《かいちく》スルコトヲ要ス

前項ノ規定《きてい》ニ依リテ牆壁ノ高《たか》サヲ增《ま》シタル部分ハ其工事ヲ爲シタル者ノ專有《せんいう》ニ屬《ぞく》ス

本條問の答　相《あ》ひ隣《となり》し居る者は共有し居る牆壁《しやうへき》の高《たか》さを增し高くすることを得併し其牆壁が此工事に耐《た》へずして破損《はそん》するときは自分の費用《ひよう》にて工作《こうさく》を加へ又は其牆壁を改め築《き》くべきものあり而して此の定めによりて牆壁の高さを增したる部分は其工事を爲したる者の所有と爲すべきものとす

第二百三十二條　前條ノ場合ニ於テ隣人《りんじん》カ損害《そんがい》ヲ受ケタルトキハ其償金ヲ請求スルコトヲ得

本條問の答　前條の場合則ち共有の高さを增《ま》したる爲めに牆壁が破壞《はくわい》を爲し隣人《りんじん》に損害を加へたるときは隣人は其損害の償を求むるを得るなり

第二百三十三條　隣地《りんち》ノ竹木ノ枝《えだ》カ疆界線ヲ踰《こ》ユルトキハ其竹木ノ所有者ヲシテ其枝《えだ》ヲ剪除《けんぢよ》セシムルコトヲ得

隣地ノ竹木ノ根カ疆界線《きやうかいせん》ヲ踰《こ》ユルトキハ之ヲ截取《せつしゆ》スルコトヲ得

本條問の答　隣《とな》りの土地の竹又は木の枝が境界線《けいかいせん》を踰《こ》え自分の土地に入り來る時は其竹《ちく》木《ぼく》の所有者をして其枝《えだ》を剪《き》り除《のぞ》かしむることを得るなり又隣りの土地の竹木の根《ね》が境界線を踰《こ》え自分の土地《とち》に入り來たるときは自ら之を截《き》り取《と》ることを得此の區別《くべつ》あるは一ハ作物《さくもつ》を害《がい》するを以て此《かく》の如く定めたるを以てなり

第二百三十四條　建物《たてもの》ヲ築造《ちくざう》スルニハ疆界線ヨリ一尺五寸以上ノ距《きよ》離《り》ヲ存《そん》スルコトヲ要ス

前項ノ規定ニ違《たが》ヒテ建築《けんちく》ヲ爲サントスル者アルトキハ隣地《りんち》ノ所有者ハ其建築ヲ廢止《はいし》シ又ハ之ヲ變更《へんかう》セシムルコトヲ得但建築着手《けんちくちやくしゆ》ノ時ヨリ一年ヲ經過《けいくわ》シ又ハ其建築ノ竣成《しゆんせい》シタル後《のち》ハ損害賠償ノ請求

ノミヲ爲スコトヲ得

本條問の答　建物則ち家倉《いへくら》及納屋《なや》等《とう》を建《た》つるときは境界《けいかい》の線《せん》より一尺五寸以上の距離《きより》を存《そん》し置くべきものとす是れは隣《とな》りの土地を害する恐《おそれ》ある故なり此の定《さため》に違《たが》ひて建築《けんちく》を爲さんとする者則ち一尺五寸を置かざる所の建物を爲す者あるときは隣りの地の所有者は其建築ヲ廢《はい》し又は變更《へんかう》則ち一尺五寸内に退《しりぞ》かしむるを得《う》併し建築著手《ちやくしゆ》の時より一年を過《す》ぎたるか又は其建築が出來上《できあ》がりたる後は損害賠償《ばいしやう》の請求のみを爲すことを得るなり

第二百三十五條　疆界線ヨリ三尺未滿《みまん》ノ距離《きより》ニ於テ他人ノ宅地ヲ觀《くわん》望《ばう》スヘキ窓《まど》又ハ椽側《えんがは》ヲ設クル者ハ目隱《めかくし》ヲ附スルコトヲ要ス

前項ノ距離《きより》ハ窓《まど》又ハ椽側《えんがは》ノ最モ隣地《りんち》ニ近キ點《てん》ヨリ直角線《ちよくかくせん》ニテ疆界線ニ至ルマテヲ測算《そくさん》ス

本條問の答　境界《けいかい》の線《せん》より三尺に滿《み》たざる距離《きより》にて他人の宅地《たくち》を觀《み》るべき窓《まど》又は椽側《えんがは》を設けんとする者は目隱《めかくし》を附《つ》けざるべからず是れ近くより猥《みだ》りに自分の宅地《たくち》を見られ秘密《ひみつ》を害《がい》せらるゝのみならず或は物を捨《す》つることありて甚だ迷惑《めいわく》あればなり此の三尺の距離《きより》は窓《まど》又は椽側《えんがは》の最《もつと》も隣《とな》りの土地に近き點《てん》より直角線《ちよくかくせん》則ち眞直《まつすぐ》に境界線に至りて測算《そくさん》す

第二百三十六條　前二條ノ規定ニ異《こと》ナリタル慣習《くわんしふ》アルトキハ其慣習ニ從フ

本條問の答　前二條の定め方と異《こと》なる慣習《くわんしふ》あるときは其慣習に依り前二條にはよらざるべし是れ法律《はふりつ》が慣習を重《おも》じたる一證《いつしよう》なり

第二百三十七條　井戸《ゐど》、用水溜《ようすゐだめ》、下水溜《げすゐだめ》又ハ肥料溜《ひれうだめ》ヲ穿《うが》ツニハ疆界線ヨリ六尺以上池《いけ》、地窖《ちかう》又ハ厠坑《しかう》ヲ穿ツニハ三尺以上ノ距離《きより》ヲ存スルコトヲ要ス

水樋《すゐひ》ヲ埋《うづ》メ又ハ溝渠《かうきよ》ヲ穿ツニハ疆界線ヨリ其深《ふか》サノ半以上ノ距離ヲ存スルコトヲ要ス但三尺ヲ踰ユルコトヲ要セス

本條問の答　井戸《ゐど》用水溜《ようすゐだめ》下水溜又は肥料溜《ひれうだめ》を穿ち掘《ほ》るには境界の線より六尺以上内に退《しりぞ》き池地窖《いけあなぐら》又は厠坑《せつゐんつぼ》を穿るには三尺以上内に退かざるべからず又水樋《みづひ》を埋《う》め又は溝渠を穿《うが》つには境界線より其深《ふか》さの半《なかば》以上の距離《へだゝり》を置かざるべからず併《しか》し三尺を踰《こ》ゆるに及ばざるべし則ち深さが八尺ある時は四尺を置くに及ばず三尺にて十分なりとす

第二百三十八條　疆界線ノ近傍《きんばう》ニ於テ前條ノ工事ヲ爲ストキハ土砂《としや》ノ崩壞《ほうくわい》又ハ水若クハ汚液《をゑき》ノ滲漏《しんろう》ヲ防《ふせ》クニ必要ナル注意《ちうい》ヲ爲スコトヲ要ス

本條問の答　境界線の近傍《きんばう》にて前條の工事《こうじ》を爲すときは土砂《としや》が崩《くづ》れ又は水若くは汚《けが》れたる液《しる》の漏《も》ることを防《ふせ》ぐに足《た》るものと爲《な》し以て十分の注意《ちうい》せざる可からず

第二節　所有權《しよいうけん》ノ取得《しゆとく》

本節問の答　物の所有權を取得《しゆとく》すること即《すなは》ち他人の所有の物を自分《じぶん》のものとすることに付て其場合を本節に定む

第二百三十九條　無主《むしゆ》ノ動産《どうさん》ハ所有ノ意思ヲ以テ之ヲ占有スルニ因リテ其所有權ヲ取得ス
無主《むしゆ》ノ不動産ハ國庫《こくこ》ノ所有ニ屬《ぞく》ス

本條問の答　無主《むしゆ》則ち所有者の何人《なんぴと》なるか知らざる動産則ち山林《さんりん》の鳥獸《とりけもの》の如きは所有の意思《いし》にて占有《せんいう》するときは其所有權を取得《しゆとく》す又無主の不動産《ふどうさん》は國庫《こくこ》則ち國《くに》の所有とす是れ不動産は國《くに》の一部分なればなり

第二百四十條　遺失物《ゐしつぶつ》ハ特別法《とくべつはふ》ノ定ムル所ニ從ヒ公告《こうこく》ヲ爲シタル後一年内ニ其所有者ノ知レサルトキハ拾得者其所有權ヲ取得ス

本條問の答　遺失《ゐしつ》したる物は特別法《とくべつはふ》たる遺失物取扱規則の定むる所に從ひ公告《こうこく》を爲し一年内に知れざるときは拾得者《しふとくしや》は其所有權を得《う》ることゝなる故に拾得者の所有權を得るは拾《ひろ》ひ得たる公告《こうこく》の後一年の後なると知るべし

第二百四十一條　埋藏物《まいざうぶつ》ハ特別法《とくべつはふ》ノ定ムル所ニ從ヒ公告ヲ爲シタル後六个月内ニ其所有者ノ知レサルトキハ發見者《はつけんしや》其所有權ヲ取得ス

但他人ノ物ノ中ニ於テ發見シタル埋藏物ハ發見者及ヒ其物ノ所有者折半《せつはん》シテ其所有權ヲ取得《しゆとく》ス

本條問の答　埋藏物《まいぞうぶつ》則ち土地の中に埋《う》もれたる物は特別法《とくべつはふ》則ち埋藏物取扱規則の定むる所により公告《こうこく》を爲したる後六个月內に其埋藏物《うもれたもの》の所有者《もちぬし》の知れざるときは埋藏物の發見《はつけん》を爲したる者が其所有權を得《う》ることゝなる這《こ》は自分《じぶん》所有の土地《とち》或は池《いけ》等に於ける埋藏物の定めなれども併《しか》し他人《たにん》の物の中に於て發見《はつけん》したる埋藏物は其所有者の知れざるときは發見者《みだしたるもの》及び其物の所有者と二分して其所有權を得るものとす

第二百四十二條　不動産《ふどうさん》ノ所有者ハ其不動産ノ從《じゆう》トシテ之ニ附合《ふがふ》シタル物ノ所有權ヲ取得ス但權原《けんげん》ニ因リテ其物ヲ附屬《ふぞく》セシメタル他人ノ權利ヲ妨ケス

本條問の答　不動産を所有する者は其不動産の從《じゆう》たるものとして附合《つけあは》したる物則ち田の端《はた》に松の木が生《しやう》じたる時は其田の所有者の所有となる但し權原《けんげん》によりて則ち土地を賃借し其土地に家屋《かおく》を建《た》てたるときは其家屋は不動産の從《じゆう》たるものなれども所有することを得ず乃ち其物を附屬《ふぞく》せしめたる他人の權利を妨《さまた》げざるなり

第二百四十三條　各別《かくべつ》ノ所有者ニ屬《ぞく》スル數個《すか》ノ動産カ附合《ふがふ》ニ因リテ毀損《きそん》スルニ非サレハ之ヲ分離《ぶんり》スルコト能ハサルニ至リタルトキハ

其合成物《がふせいぶつ》ノ所有權ハ主タル動産ノ所有者ニ屬《ぞく》ス分離《ぶんり》ノ爲メ過分《くわぶん》ノ費用ヲ要スルトキ亦同シ

本條問の答　各々別々《おのおのべつべつ》の所有者が所有する二三の動産が附合《つけあひ》則ちひつゝきたるによりて毀損《きそん》則ち傷《きず》つくるにあらざれば分《わか》ち離《はな》すことが出來ざるに至るときは其合成物《がふせいぶつ》則ち合して一つとなりたる物の所有の權利は主たる動産の所有者の物となす假令ば他人の木を用ゐて額《がく》の框《わく》に爲したるときの如きは額《がく》の所有者の物となす併《しか》し分離する爲め過分《くわぶん》則ち其物よりも高き費用《ひよう》を要《えう》するときも亦同じく主《しゆ》たる所有者の物となす

第二百四十四條　附合《ふがふ》シタル動産ニ付キ主從《しゆじゆう》ノ區別《くべつ》ヲ爲スコト能ハサルトキハ各動産ノ所有者ハ其附合ノ當時《たうじ》ニ於ケル價格《かかく》ノ割合《わりあひ》ニ應《おう》シテ合成物《がふせいぶつ》ヲ共有《きやうゆう》ス

本條問の答　附合《ふがふ》して一《ひと》つとなりたる動産が何れが主《しゆ》なるか從《じゆう》なるかの區別《くべつ》が出來ざるときは各の動産の所有者は其附合したる時の價格の割合を以て其一つとなりたる物を共有す故に價《あたひ》の高き動産の所有者は其共有の割合多くなるなり

第二百四十五條　前二條ノ規定ハ各別《かくべつ》ノ所有者ニ屬スル物カ混和《こんわ》シテ識別《しきべつ》スルコト能ハサルニ至リタル場合ニ之ヲ準用ス

本條問の答　前二條の定め方は別々の所有者に屬《ぞく》する物則ち油酒《あぶらさけ》の如き物が相混《あひこん》じて識《し》

るゝことが出來ざる場合にも準《じゆん》じ用《もち》ゆるなり故に主從《しゆじゆう》の區別《くべつ》知れるときは主の所有者の物となし主從の區別相知れざるときは其價の割合により共有すべきものとす

第二百四十六條　他人《たにん》ノ動產《どうさん》ニ工作《こうさく》ヲ加《くは》ヘタル者アルトキハ其加工《かこう》物《ぶつ》ノ所有權ハ材料《ざいれう》ノ所有者ニ屬《ぞく》ス但工作ニ因リテ生シタル價格カ著《いちじる》シク材料ノ價格《かかく》ニ超《こ》ユルトキハ加工者其物ノ所有權ヲ取得《しゆとく》ス

加工者《かこうしや》カ材料ノ一部《ぶ》ヲ供《きやう》シタルトキハ其價格ニ工作ニ因リテ生シタル價格ヲ加ヘタルモノカ他人ノ材料ノ價格ニ超ユルトキニ限リ加工者其物ノ所有權ヲ取得ス

本條問の答　他人の動產則ち唐木《からき》の如き物に工作《こうさく》を加へたる者あるとき則ち彫刻《てうこく》を爲すときは其彫刻を爲したるものゝ所有權は材料たる唐木の所有者の物となす併し工作によりて出來たる價格《かかく》が甚《はなはだ》しく唐木の價より高きときは彫刻を爲したる者が其物の所有者となるべきものとす又加工者《かこうしや》が唐木《からき》の一部でも出したるときは其價に彫刻《てうこく》を爲したるにより出來たる價を加へたるものが他人の材料たる唐木の價より高きときは彫刻を爲したる者が其物を所有することゝなるべし

第二百四十七條　前五條ノ規定《きてい》ニ依リテ物ノ所有權《しよいうけん》カ消滅《せうめつ》シタルトキハ其物ノ上ニ存セル他ノ權利モ亦消滅ス

右ノ物《もの》ノ所有者カ合成物《がふせいぶつ》、混和物《こんわぶつ》又ハ加工物ノ單獨《たんどく》所有者ト爲リタルトキハ前項ノ權利ハ爾後合成物、混和物又ハ加工物ノ上ニ存《そん》シ其共有者《きやういうしや》ト爲リタルトキハ其持分《そのもちぶん》ノ上ニ存ス

本條問の答　前五條ヨ定むる所によりて物の所有權が消えたるときは其物の上に在りたる他の抵當權《ていたうけん》の如きも亦消《き》ゆることゝなる又右の物の所有者が合成物混和物《がふせいぶつこんわぶつ》又は加工物《かこうぶつ》の單獨《たんどく》所有者則ち一人の所有者と爲りたるときは第一項の權利則ち抵當權は其後合成物混和物又は加工物の上に殘り共有物《きやういうぶつ》となるときは其持分《もちぶん》則ち所有の割合によりて殘《のこ》ることゝなるものなり

第二百四十八條　前六條ノ規定ノ適用《てきよう》ニ因リテ損失《そんしつ》ヲ受《う》ケタル者ハ第七百三條及ヒ第七百四條ノ規定ニ從ヒ償金ヲ請求スルコトヲ得

本條問の答　前六條の定めたる所により損失《そんしつ》を受《う》けたる者は第七百三條及び第七百四條の定めにより償《つくなひ》の金を請求《せいきう》することを得而して同條は其條下《でうか》まて說《と》くべし

第三節　共《きやう》有《いう》

本節問の答　一の物《もの》又は二つ以上を五六人にて共《とも》に有《いう》するときは如何《いか》にするか其取扱《とりあつか》を此の節に定むるものなり

第二百四十九條　各共有者《かくきやういうしや》ハ共有物ノ全部《ぜんぶ》ニ付キ其持分《そのもちぶん》ニ應《おう》シタル

使用ヲ爲スコトヲ得

本條問の答　一つ又ハ二つの物を共有し居る者は其共有する物の全部則ち總べてに付き其持ち居る分に應《おう》じ使《つか》ひ用ゐることを得るなり

第二百五十條　各共有者ノ持分ハ相均《あひひと》シキモノト推定《すいてい》ス

本條問の答　共有者が其共有物に付ての持分《もちぶん》は相均《ひと》しきもの則ち同じきものと定む

第二百五十一條　各共有者《かくきやういうしや》ハ他ノ共有者ノ同意《どうい》アルニ非《あら》サレハ共有物ニ變更《へんかう》ヲ加フルコトヲ得ス

本條問の答　各々《おのおの》の共有者は他の共有者が承知《しやうち》するになければ共有する物の變更《へんかう》を爲すことを得ず假令《たとへ》ば馬を共有する場合に乘馬《じやうめ》を荷馬《にうま》に變《へん》ずることは他の共有者の承知なければ勝手《かつて》に爲すことを得ざるべし

第二百五十二條　共有物ノ管理《くわんり》ニ關《くわん》スル事項《じかう》ハ前條ノ場合ヲ除《のぞ》ク外各共有者ノ持分《もちぶん》ノ價格ニ從ヒ其《その》過半數《くわはんすう》ヲ以テ之ヲ決ス但保存行爲《ほぞんかうい》ハ各共有者之ヲ爲スコトヲ得

本條問の答　共有物の管理《くわんり》則ち人に借《か》すとか或は之を取扱《とりあつか》ふ事に關係《くわんけい》する事柄は前條の場合を除《のぞ》きたる外各々の共有者の持分の價に從《したが》ひ其半數に過《す》ぎたる意見《いけん》によりて定む故に百圓の共有物に付六拾圓二拾圓三拾圓の持分三人あるときは六拾圓の持分を有するも

の人意見《いけん》は黒《くろ》にして他二人は白《しろ》なるときは黒に従ひて定むるなり又依存する事柄は各々の共有者は自由になすことを得る是れ保存行爲《こうゐ》は共有物を良《よ》くする事柄なるが故なり

第二百五十三條　各共有者ハ其持分ニ應シ管理ノ費用ヲ拂ヒ其他共有物ノ負擔《ふたん》ニ任《にん》ス

共有者カ一年内ニ前項ノ義務《ぎむ》ヲ履行《りかう》セサルトキハ他ノ共有者ハ相當《さうたう》ノ償金《しやうきん》ヲ拂《はら》ヒテ其者ノ持分ヲ取得スルコトヲ得

本條問の答　共有者は持分《もちぶん》に割《わ》り宛《あ》て共有物を管理《くわんり》する費用《ひよう》を拂ひ其外共有物に掛《か》りくる税金《ぜいきん》等を引受けねばならぬ共有者が一年の内に前項の義務則ち管理の費用其他の税金を拂《はら》はざるときは他の共有者は其共有者の持分に當る償金《しやうきん》を支拂《しはら》ひて其持分を得ることとが出來るなり

第二百五十四條　共有者ノ一人カ共有物ニ付キ他ノ共有者ニ對シテ有スル債權《さいけん》ハ其特定承繼人《とくていしやうけいにん》ニ對《たい》シテモ之ヲ行フコトヲ得

本條問の答　共有者の一人が共有物に付きて他の共有者に向ふて抵當《ていたう》の如き債權《さいけん》を有するときは其特定承繼人《とくていしやうけいにん》則ち共有物の一部を買《か》ひ受けたるものに向《むか》ふても尙行《なほおこな》ふことを得故に特定承繼人は抵當の債權を支拂はざるときは其持分を失ふことあるべし

第二百五十五條　共有者ノ一人カ其持分《そのもちぶん》ヲ拋棄《はうき》シタルトキ又ハ相續《さうぞく》

人ナクシテ死亡シタルトキハ其持分ハ他ノ共有者ニ歸屬ス

本條問の答　共有し居る一人が共有物の持分を棄《す》てたるとき又は相續人《さうぞくにん》なくして死去《しきよ》したるときは其持分は他の共有者の物となるべし

第二百五十六條　各共有者ハ何時ニテモ共有物ノ分割《ぶんかつ》ヲ請求《せいきう》スルコトヲ得但五年ヲ超《こ》エサル期間《きかん》内分割ヲ爲サヽル契約《けいやく》ヲ爲スコトヲ妨《さまた》ケス

此契約《けいやく》ハ之ヲ更新《かうしん》スルコトヲ得但其期間ハ更新《かうしん》ノ時ヨリ五年ヲ超《こ》ユルコトヲ得ス

本條問の答　各共有者は何時《いつ》でも共有物の分割《ぶんかつ》を爲すべきことを求むることを得法律は共有は物の改良《かいりやう》を計《はか》るに付き行屆《ゆきとゞか》ぬこと多きを以て分割することを望《のぞ》めるにより何時にても分割の求めを許《ゆる》したるなり併《しか》し五年を超《こ》えない期間内《きかんない》丈けは分割《ぶんかつ》を爲さぬとの契約《けいやく》を取結《とりむす》ぶことを得又此契約の期限來《き》たるときは更《あらた》めて約束《やくそく》することを得但其期間は更めたる日より五年を超ゆることが出來ざるべし

第二百五十七條　前條ノ規定ハ第二百八條及ヒ第二百二十九條ニ揭ケタル共有物ニハ之ヲ適用セス

本條問の答　前條の定めは第二百八條の數人にて一棟《ひとむね》の建物《たてもの》を共有する場合第二百二十

九條の境界線上《けいかいせんじやう》の界標圍障《かいへうゐしやう》等の共有物には適用《てきよう》せざるべし是れは共有せねばならぬ所より共有したるものなれば前條を適用せざることゝなしたり

第二百五十八條　分割ハ共有者ノ協議調《けふぎとゝの》ハサルトキハ之ヲ裁判所ニ請求スルコトヲ得

前項ノ場合ニ於テ現物《げんぶつ》ヲ以テ分割《ぶんかつ》ヲ為スコト能《あた》ハサルトキ又ハ分割ニ因リテ著《いちじる》シク其價格《かかく》ヲ損《そん》スル虞《おそれ》アルトキハ裁判所ハ其競賣《きやうばい》ヲ命スルコトヲ得

本條問の答　共有物の分割《ぶんかつ》ハ共有する者の協議《けふぎ》區々《まちまち》にて定まらざるときは裁判所に願《ねが》ひ出でゝ分割を求む此場合にて現在《げんざい》の物の儘《まゝ》にて分割することが出來ず又は分割するにより大に其價《あたひ》を減《げん》ずるとの恐《おそれ》あるときは裁判所は競賣《せりうり》を命《めい》じ其代價を分つ仕方《しかた》をなすべし

第二百五十九條　共有者ノ一人カ他ノ共有者ニ對シテ共有ニ關スル債權《さいけん》ヲ有スルトキハ分割《ぶんかつ》ニ際《さい》シ債務者ニ歸《き》スヘキ共有物ノ部分《ぶぶん》ヲ以テ其《その》辨濟《べんさい》ヲ為サシムルコトヲ得

債權者ハ右ノ辨濟《べんさい》ヲ受クル為メ債務者《さいむしや》ニ歸スヘキ共有物ノ部分《ぶぶん》ヲ賣却《ばいきやく》スル必要《ひつえう》アルトキハ其賣却《ばいきやく》ヲ請求スルコトヲ得

本條問の答　共有し居る者の一人は他の共有し居る者に共有よ關係《くわんけい》する債權則ち抵當《ていたう》に

共有物を取り金を貸《か》したるときは共有物を分つときに其共有者たる債務者《さいむしや》の分《ぶん》を以て其債務の返済《へんさい》に宛《あ》つることを得又債權者たる共有者い右の辨済《べんさい》を受くる爲め債務者の分となるべきものを賣るに必要《ひつえう》のときは賣ることを求むるを得べし

第二百六十條　共有物ニ付キ權利ヲ有スル者及ヒ各共有者ノ債權者ハ自己《じこ》ノ費用《ひよう》ヲ以テ分割ニ參加《さんか》スルコトヲ得

前項ノ規定《きてい》ニ依リテ參加《さんか》ノ請求アリタルニ拘《かゝ》ハラス其參加ヲ待《ま》タスシテ分割《ぶんかつ》ヲ爲シタルトキハ其分割ハ之ヲ以テ參加ヲ請求《せいきう》シタル者ニ對抗《たいかう》スルコトヲ得ス

本條問の答　共有物に付き權利を有する者假令《たとへ》ば共有物が土地《とち》の如きものなる時に其土地を賃借《ちんがり》する者あるときは其賃借人及び各《かく》共有者に金を貸したる者は自分の費用《ひよう》にて共有物の分割に參加《さんか》則ち加入《かにふ》することが出來る然るに參加の求《もとめ》を爲したるにも拘《かゝは》らず其參加を待《ま》たずして分割を爲したるときは其分《わか》ち方《かた》は參加を求めたる者に手向《てむか》ふことを得ざるべし故に參加の求めを爲したる者が苦情《くじやう》を唱《とな》ふるときは更《さら》に分割をせねばならぬ

第二百六十一條　各共有者ハ他ノ共有者カ分割ニ因リテ得タル物ニ付キ賣主《うりぬし》ト同シク其持分ニ應《おう》シテ擔保《たんぽ》ノ責《せめ》ニ任ス

本條問の答　各共有者は他の共有者が共有物を分ちたるより得たる物に付て賣主が買主

に賣りたる物に付引受を爲すと同じく自分が有《いう》したる持分《もちぶん》に應じて擔保《たんぽ》の責《せめ》に任《にん》ず故に共有者が有したる持分が他人より奪《うば》はれたるときは其奪はれたるものに向ふて償《つくなひ》を爲《な》さねば爲らぬものなり

第二百六十二條　分割カ結了《けつれう》シタルトキハ各分割者ハ其受ケタル物ニ關《くわん》スル證書《しようしよ》ヲ保存《ほぞん》スルコトヲ要ス

共有者一同又ハ其中《そのうち》ノ數人《すうにん》ニ分割シタル物ニ關スル證書《しようしよ》ハ其物ノ最大部分《さいだいぶぶん》ヲ受ケタル者之ヲ保存《ほぞん》スルコトヲ要ス

前項ノ塲合ニ於テ最大部分ヲ受ケタル者ナキトキハ分割者ノ協議ヲ以テ證書ノ保存者《ほぞんしや》ヲ定ム若シ協議《けふぎ》調《とゝの》ハサルトキハ裁判所之ヲ指定《てい》ス

證書ノ保存者ハ他ノ分割者ノ請求ニ應シテ其證書ヲ使用セシムルコトヲ要ス

本條問の答　分割が結了《けつれう》則ち終《をは》りたるときは各々《おのおの》の分割者は其共有物の分ち受けたる物に關《くわん》する證書を殘《のこ》し置《お》くべきものとす共有者の一同又は其共有者の中の數人に分《わか》ちたる物に關する證書は其物の最《もつと》も大部分《だいぶぶん》の分け前を受けたる者が殘し置く可きものとす此の塲合に最も大《おほい》なる分の分け前を受けたる者なきときは分割したる者の協議《けふぎ》にて證書の保

存すべきものを定む協議にて定まらざるときは裁判所が之を定む而して証書を保存し居る者は他の分割したる者より使用《しよう》したきとの求《もと》めあるときは其証書は使用せしむべきものとす斯《か》くの如く証書を保存する所以《ゆゑん》は他日の証據《しようこ》と爲さんが爲めなり

第二百六十三條　共有《きやういう》ノ性質《せいしつ》ヲ有スル入會權《にふくわいけん》ニ付テハ各地方ノ慣習ニ從フ外《ほか》本節ノ規定《きてい》ヲ適用《てきよう》ス

本條問の答　共有の性質《せいしつ》ある入會權《にふくわいけん》則ち共有山に入り樹木《じゆもく》を伐《き》る如き權利は各々其地方《ちはう》の慣習《くわんしふ》に從ひ其外慣習の定めあらざる个條《かでう》は本節の定《さだめ》に從はざるべからず

第二百六十四條　本節ノ規定ハ數人ニテ所有權《しよいうけん》以外《いぐわい》ノ財產權《ざいさんけん》ヲ有スル場合ニ之ヲ準用《じゆんよう》ス但法令《はふれい》ニ別段《べつだん》ノ定アルトキハ此限ニ在ラズ

本條問の答　本條の定は數人にて所有權以外の財產權則ち數人にて一の物を借り受け使用するとき又家を借るときにも準じ用ゆ併し法律規則に別に何か定めあるときは本節の定を用ゐるに及ばざるべし

第四章　地《ち》上權《じやうけん》

本章問の答　地上權《ちじやうけん》は他人の地の上丈《だ》けに付き工作《こうさく》其外竹木を植うる爲めに使《つか》ふ權なり

第二百六十五條　地《ち》上權《じやうけん》者ハ他人ノ土地ニ於テ工作物《こうさくぶつ》又ハ竹木《ちくぼく》ヲ所有スル爲メ其土地ヲ使用スル權利ヲ有ス

本條問の答　地上權を有《いう》する者は他人の土地にて工作物《こうさくぶつ》則ち家又は納屋《なや》若《も》しくは竹木《ちくぼく》を所有する爲めに其土地を使ふの權利を有するなり

第二百六十六條　地上權者カ土地ノ所有者ニ定期《ていき》ノ地代《ちだい》ヲ拂《はら》フヘキトキハ第二百七十四條乃至第二百七十六條ノ規定ヲ準用ス

此他地代ニ付テハ賃貸借《ちんたいしやく》ニ關《くわん》スル規定ヲ準用《じゆんよう》ス

本條問の答　地上權を有する者は土地の所有する者に定期《ていき》の地代《ちだい》則ち月に何圓或は年に何圓と云ふ如き地代を拂ふ可きものなるときは第二百七十四條第二百七十五條第二百七十六條の定めに從《したが》はねばならぬ此他地代の事に付ては賃貸借《ちんたいしやく》に關《くわん》する定《さだめ》を用ゆるなり

第二百六十七條　第二百九條乃至第二百三十八條ノ規定ハ地上權者間又ハ地上權者ト土地ノ所有者トノ間ニ之ヲ準用ス但第二百二十九條ノ推定《すゐてい》ハ地上權設定《せつてい》後ニ爲《ナ》シタル工事ニ付テノミ之ヲ地上權者ニ準用ス

本條問の答　第二百九條乃至《ないし》第二百三十八條の定め則ち所有權の界限《かいげん》に付ての規定《きてい》ハ地上權者の間則ち地上權者が隣《とな》り地《ち》あるとき又地上權者が一《いつ》の地にあり土地の所有者が其の隣にあるときに準《じゆん》じ用ゐるなり併し第二百二十九條の推測《すゐそく》は地上權を設《まう》けたる後《のち》になしたる工事《こうじ》に付てのみ地上權者に準じ用ゐるなり

第二百六十八條 設定行爲《せつていかうゐ》ヲ以テ地上權ノ存續期間《そんぞくきかん》ヲ定メサリシ場合ニ於テ別段《べつだん》ノ慣習《くわんしふ》ナキトキハ地上權者ハ何時《なんどき》ニテモ其權利ヲ拋《はう》棄《き》スルコトヲ得但地代ヲ拂《はら》フヘキトキハ一年前ニ豫告《よこく》ヲ爲シ又ハ未《いま》タ期限《きげん》ノ至ラサル一年分ノ地代ヲ拂フコトヲ要ス

地上權者カ前項ノ規定ニ依リテ其權利ヲ拋棄《はうき》セサルトキハ裁判所ハ當事者《たうじしや》ノ請求《せいきう》ニ因リ二十年以上五十年以下ノ範圍《はんゐ》內ニ於テ工作物又ハ竹木ノ種類《しゆるゐ》及ヒ狀況《じやうきやう》其他地上權設定ノ當時ノ事情《じじやう》ヲ斟酌《しんしやく》シテ其存續期間ヲ定ム

本條問の答　設定行爲《せつていかうゐ》則ち地上權を設くる時の契約《けいやく》にて地上權の續《つゞ》くべき期間《きかん》を定めざりし場合又は別に地上權のことに付慣習《くわんしふ》なきときは地上權者は何時にても其地上權を棄《す》つることが出來る併し地《じ》代を拂《はら》ふ可きときは一年の前に豫め《あらかじめ》通知《つうち》を爲し又は未だ期限の至らざる一年分の地代を拂はねばならぬ又地上權が右の規定により其地上權を棄てざるときは裁判所は當事者の求めにより二十年以上五十年以下の內にて工作物又は竹木の類及び此等《これら》の有樣《ありさま》を見尙其外地上權を設くる時の事情《じじやう》を酌《く》み取りて其期間を定むるなり

第二百六十九條　地上權者ハ其權利《けんり》消滅《せうめつ》ノ時土地《とち》ヲ原狀《げんじやう》ニ復《ふく》シテ其工作物及ヒ竹木ヲ收去《しうきよ》スルコトヲ得但土地ノ所有者カ時價《じか》ヲ提供《ていきやう》

シテ之ヲ買取《かいと》ルヘキ旨《むね》ヲ通知《つうち》シタルトキハ地上權者ハ正當《せいたう》ノ理由ナクシテ之ヲ拒《こば》ムコトヲ得ス

前項ノ規定ニ異ナリタル慣習アルトキハ其慣習ニ從フ

本條問の答　地上權者は其權利が消滅《せうめつ》する時則ち期限が來《き》たりたるか又其外の原因《げんいん》によりて無くなるときは土地を原《もと》の有樣に直《なほ》して其工作物及び竹木を取り去《さ》ることが出來る併《しか》し土地の所有者が時價《じか》則ち權利が無くなる時の相當《さうたう》の價《あたひ》を差出て買ひ取るべき旨《むね》を通知するときは地上權者は正當の理由《りゆう》なくして拒《こば》むことを得ざるべし然れども此の定めに異《こと》なる慣習《くわんしふ》あるときは其慣習に從はざるべからず

第五章　永小作權《えいこさくけん》

本章問の答　永小作とは永《なが》き間《あひだ》他人の土地を借《か》りて其土地を耕《たがや》し又は牛馬《ぎうば》等《とう》を畜《か》ふものゝ權利を云ふ詳《くわ》しきことは各條《かくでう》に至りて明《あきら》かなり

第二百七十條　永小作人《えいこさくにん》ハ小作料《こさくれう》ヲ拂ヒテ他人ノ土地ニ耕作《かうさく》又ハ牧《ぼく》畜《ちく》ヲ爲ス權利《けんり》ヲ有ス

本條問の答　永小作人は小作料《こさくれう》を拂《はら》ひて他人の土地に耕作《かうさく》を爲し又は牧畜《ぼくちく》則ち牛馬羊《うしうまひつじ》等の養《やしな》ひを爲すの權《けん》を有《いう》するものなり

第二百七十一條　永小作人ハ土地ニ永久《えいきう》ノ損害《そんがい》ヲ生スヘキ變更《へんかう》ヲ加《くは》

フルコトヲ得ス

本條問の答　永《えい》小作人は土地に永《なが》き損害《そんがい》が出來る變更《へんかう》を加《くは》ふることが出來す則ち畑《はた》を池《いけ》に變ずる如きことは爲し能はざるべし

第二百七十二條　永小作人ハ其權利ヲ他人ニ讓渡《じやうと》シ又ハ其權利《けんり》ノ存續期間內ニ於テ耕作《かうさく》若クハ牧畜《ぼくちく》ノ爲メ土地ヲ賃貸《ちんたい》スルコトヲ得但設定《せつてい》行爲《かうゐ》ヲ以テ之ヲ禁《きん》シタルトキハ此限ニ在ラス

本條問の答　永小作人は其小作の權利を他人に讓渡《ゆずりわた》し又は其小作の期間內にて耕作《かうさく》若くば牧畜《ぼくちく》を爲すため自分《じぶん》の永小作する土地を賃貸《ちんがし》することが出來る併《しか》し永小作を設《まう》くる時の契約《けいやく》等にて賃貸を爲すとを永小作人に禁ずるときは他人に賃貸することを得ざるべし

第二百七十三條　永小作人ノ義務《ぎむ》ニ付テハ本章ノ規定《きてい》及ヒ設定行爲ヲ以テ定メタルモノノ外賃貸借《ちんたいしやく》ニ關《くわん》スル規定ヲ準用《じゆんよう》ス

本條問の答　永小作人の爲す可き義務に付ては本章の定と其設けたる時の契約に定めたる外賃借に關する定を用ゆ是れは賃借と永小作とは能く似たる權利あるが故なり

第二百七十四條　永小作人ハ不可抗力《ふかかうりよく》ニ因リ收益《しうえき》ニ付キ損失《そんしつ》ヲ受ケタルトキト雖モ小作料ノ免除《めんぢよ》又ハ減額《げんがく》ヲ請求《せいきう》スルコトヲ得ス

本條問の答　永小作人は不可抗力則ち風水旱《かぜみづひでり》の害《がい》により收益《しふえき》に付き損《そん》を受けたるときと

雖《いへ》ども小作料の免除《めんぢよ》又は減額《げんがく》を求むることが出來《でき》ざるべし是れは永き間の小作《こさく》なる故永き年月の間には其損害を補《おぎな》ふことが出來ると見たるものなり

第二百七十五條　永小作人カ不可抗力《ふかかうりよく》ニ因リ引續《ひきつゞ》キ三年以上全《まつた》ク收益《えき》ヲ得ス又ハ五年以上小作料ヨリ少《すくな》キ收益《しうえき》ヲ得タルトキハ其權利ヲ拋棄《はうき》スルコトヲ得

本條問の答　永小作人は風水旱魃《かぜみづひでり》等《とう》のために引續き三年以上も少しも收益を得ず又は五年以上小作料より少き收益《しうえき》を得たるときは永小作の權を棄《す》つることを得自己《じこ》の權利を棄つるは自分の自由《じゆう》なるとの道理《だうり》より來《き》たるものなり

第二百七十六條　永小作人カ引續《ひきつゞ》キ二年以上小作料《こさくれう》ノ支拂《しはらひ》ヲ怠《おこた》リ又ハ破産《はさん》ノ宣告《せんこく》ヲ受ケタルトキハ地主《ぢしゆ》ハ永小作權ノ消滅《せうめつ》ヲ請求スルコトヲ得

本條問の答　永小作人が引續《ひきつゞ》き二年以上も小作料の支拂を怠《おこた》りて支拂を爲さず又破産《はさん》の宣告《せんこく》を受けたるときは地主《ぢぬし》は永小作權の消《き》ゆべきことの求《もとめ》を爲すことを得る此れは永小作人は將來《しやうらい》に於て小作料を支拂《しはら》ふべき見込《みこみ》なければなり

第二百七十七條　前六條ノ規定ニ異ナリタル慣習アルトキハ其慣習ニ從フ

本條問の答　前六條に定めたる所と異《こと》なる慣習《くわんしふ》あるときは其慣習に從《したが》ふものとす

第二百七十八條　永小作權ノ存續《そんぞく》期間《きかん》ハ二十年以上五十年以下トス

若シ五十年ヨリ長キ期間ヲ以テ永小作權ヲ設定シタルトキハ其期間ハ之ヲ五十年ニ短縮《たんしゆく》ス

永小作權ノ設定ハ之ヲ更新《かうしん》スルコトヲ得其期間ハ更新ノ時ヨリ五十年ヲ起ユルコトヲ得ス

設定行爲ヲ以テ永小作權ノ存續期間ヲ定メサリシトキハ其期間ハ別段ノ慣習アル場合ヲ除《のぞ》ク外《ほか》之ヲ三十年トス

本條問の答　永小作權の存續《そんぞく》期間《きかん》は二十年以上五十年以下の間とす故に此《こ》の間にて期間を定むることを得若《も》し五十年より長き期間則ち六十年と云ふ永小作權《さくけん》を設《まう》けれバときは其期間は五十年に短《みじか》くするなり永小作の設は期間を過《す》ぐるときは更《さら》に又新《あたら》しき永小作を設《まう》くることを得《う》然れども期間は五十年を超《こ》ゆることが出來ざるべし永小作權を設くる時に其期間を定めざりし時は其期間は別に慣習ある場合の外は三十年とす故に別に慣習あるときは慣習に從ふものとするなり

第二百七十九條　第二百六十九條ノ規定ハ永小作權ニ之ヲ準用ス

本條問の答　第二百六十九條の地上權《ちじやうけん》が無くなる時は土地を原《もと》の通《とほ》りに爲すべき定めは

永小作にも用ゐるなり

第六章　地役權《ちゑきけん》

本章問の答　地役權《ちゑきけん》とは他人の土地を自分の土地の便利《べんり》の爲めになす可き權利《けんり》にして假令《たとへ》ば自分の土地の爲めに他人の土地を通行《つうかう》する權利《けんり》の如し

第二百八十條　地役權者《ちゑきけん》ハ設定行爲《せつていかうゐ》ヲ以テ定メタル目的ニ從ヒ他人ノ土地ヲ自己ノ土地ノ便益《べんゑき》ニ供《きやう》スル權利《けんり》ヲ有ス但第三章第一節中ノ公《おほやけ》ノ秩序《ちつじよ》ニ關スル規定ニ違反《ゐはん》セサルコトヲ要ス

本條問の答　地役權を有《いう》する者は地役權を設《まう》くる時の目的《もくてき》に從ひて他人の土地を自分の土地の便利《べんり》となり利益《りゑき》となる可き權利を有す故に自分の土地に水がなければ水を他人の土地より引取ることを契約《けいやく》することを得併《しか》し第三章第一節中の公《おほや》けの秩序《ちつじよ》に關する規定則ち第二百三十七條の肥料溜《ひれうだめ》を穿《うが》つには六尺以上の距離《きより》を存する規定の如きは衞生《ゑいせい》を損《そん》じたるより設けたる定なれば此に背《そむ》きたる地役權を設《まう》くることを得ざるべし

第二百八十一條　地役權ハ要役地《ようえきち》ノ所有權ノ從《じゆう》トシテ之ト共ニ移轉《いてん》シ又ハ要役地ノ上ニ存スル他ノ權利ノ目的タルモノトス但設定行爲ニ別段《べつだん》ノ定アルトキハ此限ニ在ラス

地役權ハ要役地ヨリ分離《ぶんり》シテ之ヲ讓渡《じやうと》シ又ハ他ノ權利ノ目的ト爲

スコトヲ得ス

本條問の答　地役權なるものは要役地《ようえきち》則ち他人の土地より便益《べんえき》を得る地の所有權に附《つ》きたる物として所有權が讓渡されたるときは地役權も共に讓渡され又は要役地の上にある他の權利則ち要役地が人に賃貸《ちんがし》を爲したるときは其賃借權《ちんしやくけん》の目的《もくてき》となり賃借人は水を汲《く》む權利の地役あるときは水を汲《く》み取ることを得るべし但し地役を設《まう》けたるときの契約《けいやく》に別に定を爲すときは格別《かくべつ》なりとす又地役權は所有權の從としてとある故に地役權を離《はな》して讓渡し又は他の權利の目的則ち抵當《ていたう》などに入るゝことを得ざるべし

第二百八十二條　土地ノ共有者《きやうゆうしや》ノ一人ハ其持分《もちぶん》ニ付キ其土地ノ爲メニ又ハ其土地ノ上ニ存スル地役權ヲ消滅セシムルコトヲ得ス

土地ノ分割《ぶんかつ》又ハ其一部ノ讓渡《じやうと》ノ場合ニ於テハ地役權ハ其各部《かくぶ》ノ爲メニ又ハ其各部ノ上ニ存ス但地《ち》役權カ其性質《せいしつ》ニ因リ土地ノ一部ノミニ關スルトキハ此限ニ在ラス

本條問の答　土地を共有する一人は共有物の持分に付き其共有地の爲めに又は共有地の上にある地役權を消滅《せうめつ》せしむることを得ざるべし又共有地を分割《ぶんかつ》するか又は一分を讓渡したる場合に於ては地役權は其各持分《もちぶん》の爲めに又其各部分の上《うへ》に存《ぞん》することになる件《しか》し地役權が其地役の性質《せいしつ》により土地の一部のみに關《くわん》するとき假令《たとへ》ば分割したる土地の一分

に家あり其家に窓《まど》あるときは其窓より望《のぞ》み見ことを得るも他の分割者は觀望《くわんばう》の窓《まど》を立つるは更に契約《けいやく》せざるべからず此《こ》れ但書《ただしがき》に此限に在らずとなしたり

第二百八十三條　地役權ハ繼續《けいぞく》且《かつ》表現《へうげん》ノモノニ限リ時效《じかう》ニ因リテ之ヲ取得スルコトヲ得

本條問の答　地役權は繼續且表現《けいぞくかつへうげん》則ち外《そと》に見《あらは》れたるものに限り時效《じかう》により取得《しゆとく》することを得假令《たとへ》ば一の土地より一の土地に敷石《しきいし》を施《ほどこ》し通行《つうかう》を爲すこと永くなるときは時效にかゝる是れ敷石までをなし通行するを永《なが》く捨《す》て置くべき理なし必ず承知《しやうち》したるならんとの推測《すゐそく》より時效にかゝることゝなしたり

第二百八十四條　共有者《きやうゆうしや》ノ一人カ時效《じかう》ニ因リテ地役權ヲ取得《しゆとく》シタルトキハ他ノ共有者モ亦之ヲ取得ス

共有者ニ對《たい》スル時效中斷《じかうちうだん》ハ地役權ヲ行使《かうし》スル各共有者ニ對シテ之ヲ爲スニ非サレハ其效力ヲ生セス

地役權ヲ行使スル共有者數人アル場合ニ於テ其一人ニ對シテ時效停止《ていし》ノ原因《げんいん》アルモ時效ハ各共有者ノ爲メニ進行《しんかう》ス

本條問の答　共有者の一人が時效により地役權を得たるときは他の共有者も亦地役權を得るものとす是れ土地の便益《べんえき》の爲めなれば其土地を共有するものは同じく地役權を得る

は當《あた》り前《まへ》なり共有者に對《たい》しての時效中斷《ちうだん》は地役權を行《おこな》ひつゝある各共有者に向ふて爲すにあらざれば時效の中斷は出來ざるべし又地役權を行ふべき共有者數人ある塲合にて其中の一人に向ふて時效停止《じかうていし》則ち未成年者の如きは時效は停止するにより此等《これら》の者あるも時效は各共有者の爲には進行《しんかう》するなり

第二百八十五條　用水地役權《ようすゐちえきけん》ノ承役地《しやうえきち》ニ於テ水カ要役地《えうえきち》及ヒ承役地ノ需要《じゆえう》ノ爲メニ不足《ふそく》ナルトキハ其各地ノ需要ニ應《おう》シ先ツ之ヲ家用《かよう》ニ供《きやう》シ其殘餘《ざんよ》ヲ他ノ用ニ供スルモノトス但設定行爲ニ別段《べつだん》ノ定アルトキハ此限ニ在ラス

同一ノ承役地《しやうえきち》ノ上ニ數個《すか》ノ用水地役權《ようすゐちえきけん》ヲ設定《せつてい》シタルトキハ後ノ地役權者ハ前ノ地役權者ノ水ノ使用ヲ妨クルコトヲ得ス

本條問の答　用水地役權《ようすゐちえきけん》の承役地《しやうえきち》則ち地役を承《う》くる地に於て水が要役地なり承役地なりの入用に足《た》らざるときは其要役地なり承役地なりの入用《にふよう》により先《ま》づ家用《かよう》に供《きやう》す家用は飮み水の如きものにして生活《せいくわつ》に欠《か》くべからざるものあるにより第一とし其殘《のこ》りを他の用則ち農業用《のうげふよう》なり工業用《こうげふ》なりに使《つか》ふべきものとす然《しか》し地役權を設けたる契約《けいやく》などに別に定めたるときは必ず家用を先きにするに及ばざるなり同じき地の上に數個の用水地役權を設けたるときは後《あと》より設けたる地役權者は前《さ》きの地役權者の水の使用《しよう》を妨《さまた》ぐることを得ざ

るべし是れ凡《すべ》て後《のち》の者は前《まへ》の者に先《さき》だつことを得ざる理《り》より來《き》たるものなり

第二百八十六條 設定行爲又ハ特別契約《とくべつけいやく》ニ因リ承役地ノ所有者カ其費用《ひよう》ヲ以テ地役權ノ行使ノ爲メニ工作物ヲ設ケ又ハ其修繕《しゆうぜん》ヲ爲ス義務《ぎむ》ヲ負擔《ふたん》シタルトキハ其義務ハ承役地ノ所有者ノ特定承繼人《とくていしやうけいにん》モ亦之ヲ負擔《ふたん》ス

本條問の答　地役權を設《まう》けたる時の契約《けいやく》又は特別《とくべつ》に爲したる契約に因《よ》り承役地《しやうえきち》の所有者が其費用にて地役權を行ふべき爲めに工作物假令《たとへ》ば用水地役の塲合に其水樋《みづひ》を拵《こしら》へるとか又破損《はそん》したる時には修繕《しゆうぜん》を爲す義務を引受けたるときは其義務は承役地の所有者の特定《とくてい》承繼人《しやうけいにん》則ち承役地の買受人《かひうけにん》は之を引受けねばならぬ

第二百八十七條 承役地ノ所有者ハ何時ニテモ地役權ニ必要ナル土地ノ部分《ぶぶん》ノ所有權ヲ地役權者ニ委棄《ゐき》シテ前條ノ負擔《ふたん》ヲ免《まぬか》ルルコトヲ得

本條問の答　承役地《しやうえきち》を所有する者は何時にても地役權を行ふに必要《ひつえう》なる土地の部分《ぶぶん》の所有權を要役權者《ようえきけんしや》に委棄《ゐき》則ち引渡して前條の費用負担《ふたん》の義務を免《まぬ》がるゝことを得《う》るなり

第二百八十八條 承役地《しやうえきち》ノ所有者ハ地役權ノ行使《かうし》ヲ妨《さまた》ケサル範圍内《はんゐない》ニ於テ其行使ノ爲メニ承役地ノ上ニ設ケタル工作物ヲ使用スルコ

トヲ得

前項ノ塲合ニ於テハ承役地《しやうえきち》ノ所有者ハ其利益《りえき》ヲ受クル割合ニ應《おう》シテ工作物ノ設置《せつち》及ヒ保存《ほぞん》ノ費用ヲ分擔《ぶんたん》スルコトヲ要ス

本條問の答　地役を受く地の所有者は地役權を行べきことを妨《さまた》げざる內《うち》にて地役權の行ひの爲めに承役地《しやうえきち》の上に設《まう》けたる工作物《こうさくぶつ》を使《つか》ふことが出來る此の塲合に於て承役地の所有者は自分が利益《りえき》を受くる割合に應《おう》じ工作物を設《まう》けたる費用及び保存《ほぞん》するに付ての費用《ひよう》を分ち引受けざるべからず

第二百八十九條　承役地ノ占有者カ取得時效《しゆとくじかう》ニ必要ナル條件《でうけん》ヲ具備《ぐび》セル占有ヲ爲シタルトキハ地役權ハ之ニ因リテ消滅ス

本條問の答　承役地を占有《せんいう》したる者が取得時效《しゆとくじかう》に適《かな》ひたる條件《でうけん》を具《そな》へ占有を爲したるときは地役權は消滅《せうめつ》するものなり

第二百九十條　前條ノ消滅時效《せうめつじかう》ハ地役權者カ其權利ヲ行使《かうし》スルニ因リテ中斷ス

本條問の答　右の消滅時效は地役權者則ち要役地の權利者が其權利を行ふときは中斷《ちうだん》するを以て時效により消滅せざるなり

第二百九十一條　第百六十七條第二項ニ規定セル消滅時效ノ期間ハ

不繼續《ふけいぞく》地役權《ちえきけん》ニ付テハ最後《さいご》ノ行使ノ時ヨリ之ヲ起算《きさん》シ繼續地役權ニ付テハ其行使《かうし》ヲ妨《さまた》クヘキ事實《じじつ》ノ生シタル時ヨリ之ヲ起算ス

本條問の答　第百六十七條第二項に定めたる消滅時效の期間則ち二十年は不繼續《ふけいぞく》地役權《ちえきけん》則ち通行《つうかう》の地役は最《もつと》も後に行《おこな》ひたる時より起算《きさん》し繼續地役權引水の地役權に付ては其行使を妨《さまた》ぐべき事柄《ことがら》の出來たる時より計算《けいさん》するなり

第二百九十二條　要役地《ようえきち》カ數人ノ共有ニ屬《ぞく》スル場合ニ於テハ其一人ノ爲メニ時效ノ中斷又ハ停止《ていし》アルトキハ其中斷又ハ停止ハ他ノ共有者ノ爲メニモ其效力ヲ生ス

本條問の答　要役地を五六人にて共有《きやういう》する場合に其共有中の一人の爲めにも時效《じかう》の中斷《ちうだん》又は停止《ていし》あるときは其中斷又は停止は他の共有地の爲めにも中斷となり又停止となるなり

第二百九十三條　地役權者カ其權利ノ一部ヲ行使《かうし》セサルトキハ其部分ノミ時效《じかう》ニ因リテ消滅《せうめつ》ス

本條問の答　地役權を有するものが其地役權の一部でも行はざるときは其行はざる部分のみ時效によりて消滅することゝなるべし

第二百九十四條　共有ノ性質《せいしつ》ヲ有セサル入會權《にふくわいけん》ニ付テハ各地方ノ慣習ニ從フ外本章ノ規定ヲ準用ス

本條問の答　共有の性質《せいしつ》を有《いう》せざる入會權《にふくわいけん》則ち共有の性質《せいしつ》は有《あ》らざるも共に入りて山木《さんぼく》を伐《き》り取る權《けん》に付ては各地方の慣習《くわんしふ》に從ひ尚《な》は本章の規定《きてい》を準《じゆん》じ用ゆるなり

第七章　留置權《りうちけん》

本章問の答　留置權《りうちけん》とは留め置く權利にして則ち賣買の場合に買主代價《かひぬしだいか》を拂はざるときに賣主が代價の支拂あるまで賣りたる物を留め置く權利を云ふ尚此外債主の權利を守る爲めに留置權を與ふる場合數多《あまた》あれば各條《かくでう》に至りて知らるゝなり

第二百九十五條　他人ノ物《もの》ノ占有者《せんいうしや》カ其物ニ關《くわん》シテ生シタル債權《さいけん》ヲ有スルトキハ其債權ノ辨濟《べんさい》ヲ受クルマテ其物ヲ留置《りうち》スルコトヲ得

但其債權カ辨濟期ニ在ラサルトキハ此限ニ在ラス

前項ノ規定ハ占有カ不法行爲《ふはふかうゐ》ニ因リテ始《はじ》マリタル場合ニハ之ヲ適《てき》用《よう》セス

本條問の答　他人の物を占有《せんいう》したる者が其占有したる物より出來たる債權《さいけん》を有するときは其債權の辨濟《べんさい》を受くる時まで其占有《せんいう》したる物を返還《へんくわん》せず自分《じぶん》の手許《てもと》に留置《りうち》することが出來る併《しか》し其債權が辨濟期《べんさいき》の來《きた》らざるときは留置《りうち》するに及ばざるなり此《これ》は正當《せいたう》の行爲《かうゐ》によりたる占有の場合に付《つい》ての定めなれども若し占有が不法行爲《ふはふかうゐ》により始《はじ》まりたるときは留置權は與《あた》へざるべし其《そ》れは不法行爲の時は他人の物なれば他人より取戻《とりもどし》を受くべき

ことを知るものなれば猥《みだ》りに費用を掛《か》くるかも知れざるを以てなり

第二百九十六條　留置權者《りうちけんしや》ハ債權ノ全部ノ辨濟《べんさい》ヲ受クルマテハ留置物ノ全部ニ付キ其權利ヲ行フコトヲ得

本條問の答　留置權を有《いう》する者は債權の全部《ぜんぶ》分《ぶん》の返濟《へんさい》あるまで留置物の全部に付き留置することを得故に留置權《りうちけん》を分《わか》つことを得ざる可きなり

第二百九十七條　留置權者ハ留置物ヨリ生スル果實《くわじつ》ヲ收取《しうしゆ》シ他ノ債權者ニ先《さきだ》チテ之ヲ其債權ノ辨濟ニ充當《じうたう》スルコトヲ得

前項ノ果實《くわじつ》ハ先《ま》ツ之ヲ債權ノ利息《りそく》ニ充當シ尚ホ餘剩《よじよう》アルトキハ之ヲ元本《げんぽん》ニ充當《じうたう》スルコトヲ要ス

本條問の答　留置權者は其留置《りうち》する物より出來る果實《くわじつ》を收《をさ》め取り他の債權者に先《さきだ》ちて其債權の支拂《しはらひ》に當《あ》つることを得るなり假令《たとへ》ば家屋《かおく》を賣却《ばいきやく》したるときに其代價を支拂はざる爲めに留置するときは其家屋を人に貸《か》し家賃《やちん》を代價に宛《あ》つることを得るなり而して此の果實は先づ債權の利息《りそく》に宛《あ》て尚は餘《あま》りあるときは元本《げんぽん》に宛つるものとす

第二百九十八條　留置權者ハ善良《ぜんりやう》ナル管理者《くわんりしや》ノ注意《ちうい》ヲ以テ留置物ヲ占有スルコトヲ要ス

留置權者ハ債務者ノ承諾《しやうだく》ナクシテ留置物ノ使用若クハ賃貸《ちんたい》ヲ爲シ

又ハ之ヲ擔保《たんぽ》ニ供スルコトヲ得ス但其物ノ保存ニ必要ナル使用ヲ爲スハ此限ニ在ラス

留置權者カ前二項ノ規定《きてい》ニ違反《ゐはん》シタルトキハ債務者ハ留權置ノ消滅ヲ請求スルコトヲ得

本條問の答　留置權を有する者は善良《ぜんりやう》なる管理者《くわんりしや》の注意《ちうい》にて留置し居る物を占有すべきものとす故に怠《おこた》り又過《あやま》ちて留置物を破壞《はくわい》するときは損害を償《つくな》はねばならぬものなり又留置權者は債務者の承知《しやうち》なくして留置物を使用《しよう》し若くば賃錢を得て人に貸し又は金圓を借る爲めに抵當《ていたう》に入るゝ樣のことは爲し能《あた》はざるなり併し其物の保存《ほぞん》するに必要《ひつえう》なるときは使用することを得るなり假令《たとへ》ば乘馬《じやうめ》の如きは使用せざれば不都合《ふつがふ》なるを以て此の場合には債務《さいむ》の承諾《しやうだく》を得るに及ばざるべし若し留置權者《りうちけんしや》が前二項の定めに背《そむ》き債務者の承諾《しやうだく》せざるに留置物を使用するときは債務者は留置權の消滅《せうめつ》を求むることを得るなり

第二百九十九條　留置權者カ留置物ニ付キ必要費《ひつえうひ》ヲ出シタルトキハ所有者ヲシテ其償還《しやうくわん》ヲ爲サシムルコトヲ得

留置權者カ留置物ニ付キ有益費《いうゑきひ》ヲ出シタルトキハ其價格ノ增加《ぞうか》カ現存《げんそん》スル場合ニ限リ所有者ノ選擇《せんたく》ニ從ヒ其費《つひや》シタル金額《きんがく》又ハ增價額ヲ償還《しやうくわん》セシムルコトヲ得但裁判所ハ所有者ノ請求ニ因リ之ニ相

當ノ期限《きげん》ヲ許與《きよ》スルコトヲ得

本條問の答　留置權者が留置物に付き必要費《ひつようひ》を出したるとき則ち馬《うま》を留置したるときは其飼料《かいれう》の費用は所有者より償《つくな》はしむべし又留置權者が留置したる物に付き有益費《いうゑきひ》則ち馬の毛《け》を切りたるときの費用を出したるときは其價が現《げん》に在る場合に限り所有者の選《えらみ》に任《まか》せ其費《つひや》したる金額《きんがく》か又は價《あたひ》の增したる額《た》かを償《つくな》はしむることを得併《しか》し裁判所は所有者の求めにより償を爲すべき善加減《よきかげん》の期限を與《あた》へることを得是れ猥《みだ》りに入費《にふひ》を掛け所有者を苦《くるし》ましむることあるを以て斯くの如く期限を與へたるなり

第三百條　留置權ノ行使《かうし》ハ債權《さいけん》ノ消滅時效ノ進行《しんかう》ヲ妨ケス

本條問の答　留置權を行ふ時にても債權の消滅時效《せうめつじかう》は矢張《やはり》進行するなり故に或《ある》債權に付て留置權を行ふことと消滅時效の期限《きげん》迄至るときは債權は消滅するに至る

第三百一條　債務者ハ相當《さうたう》ノ擔保《たんぽ》ヲ供《きやう》シテ留置權ノ消滅《せうめつ》ヲ請求スルコトヲ得

本條問の答　債務者は留置物に相當する擔保を差出して留置權の消滅を求むるを得べし

第三百二條　留置權ハ占有ノ喪失《さうしつ》ニ因リテ消滅《せうめつ》ス但第二百九十八條第二項ノ規定ニ依リ賃貸《ちんたい》又ハ質入《しちいれ》ヲ爲シタル場合ハ此限《このかぎり》ニ在ラス

本條問の答　留置權は是非共自分が留《と》め置《おか》ねばならぬ故に占有《せんいう》を失ふときは留置權は消

滅するなり併《しか》し第二百九十八條第二項の定めにより債務者《さいむしや》の承諾《しようだく》を得て賃貸又は質入等を爲す場合には自分ハ占有せざれども消滅せざるべし

第八章　先取特權《せんしゆとくけん》

本章問の答　先取特權《さきどりとくけん》とは實《じつ》に先に取る權利にして數人《すにん》の債權者ある場合に他の債權者を除《のぞ》き自分獨《ひと》り先きに辨濟を受くる權利なり法律が先取特權を設けたる理由《りゆう》は公益上《こうえきじやう》より來《き》たるものあり又共同《きやうどう》の利益より來るものあり其場合は各條に入りて説明《せつめい》すべし

第一節　總則

本節問の答　先取特權《さきどりとくけん》に付ての總《すべ》ての規則を定めたるなり

第三百三條　先取特權者《せんしゆけんしや》ハ本法其他ノ法律《はふりつ》ノ規定ニ從ヒ其債務者ノ財産《ざいさん》ニ付キ他《た》ノ債權者《さいけんしや》ニ先チテ自己《じこ》ノ辨濟《べんさい》ヲ受クル權利ヲ有ス

本條問の答　先取特權者は民法其外の法律の定めに從《したが》ひ其債務者の財産《ざいさん》に付他の債權者に先ちて自分の債權の返濟《へんさい》を受くる權を有するものあり故に先取特權は勝手《かつて》に其權利を拵《こしら》ふることを得ず必ず法律の定めたる所に從ひて出來《でき》たる債權《さいけん》ならざる可からず而して債務者《さいむしや》の財産債權の高より多かりし時は先取特權の效《かう》は見へざれども債務者の財産債權額に足《た》らざる場合に於て大に利益《りえき》あるを見る則ち他の債權者を除《のぞ》き先取特權者一人先《さ》き

に返濟を受くるものなるが故に自分の債權に充《あ》つる財産丈《ざいさんだ》けあれば他は問《と》ふ所にあらざるなり實に先取特權はさ大切《たいせつ》なる權利はあらざるなり

第三百四條 先取特權ハ其目的物ノ賣却《ばいきやく》賃貸《ちんたい》滅失《めつしつ》又ハ毀損《きそん》ニ因リテ債務者カ受クヘキ金錢其他ノ物ニ對シテモ之ヲ行フコトヲ得但先取特權者ハ其拂渡《そのはらひわたし》又ハ引渡前《ひきわたしまへ》ニ差押《さしおさへ》ヲ爲スコトヲ要ス

債務者カ先取特權ノ目的物《もくてきぶつ》ノ上ニ設定シタル物權ノ對價ニ付キ亦同シ

本條問の答　先取特權は其目的たる物の賣却《ばいきやく》賃貸又は滅失《めつしつ》し又は毀損《きそん》したるに因りて債務者が他人より受取るべき金錢其外代《かは》りに受取る物に向ふて行《おこな》ふことを得《う》此等《これら》の金錢は目的物の代《かは》りに受取るべき物なればなり併《しか》し先取特權者は目的物《もくてきぶつ》の代《かは》りの金錢等を債務者に拂渡又は引渡前に差押《さしおさへ》を爲さねば其の特權《とくけん》は行ふことを得ざるべし又債務者が先取特權の目的物の上に設けたる物權則ち賃借權《ちんしやくけん》の如き物の代りの價に付ても亦同樣《どうやう》先取特權を行ひて取ることを得るなり

第三百五條 第二百九十六條ノ規定ハ先取特權ニ之ヲ準用ス

本條問の答　第二百九十六條留置權は債權の金額《きんがく》の支拂《しはらひ》を受くるまで留置する物を留置することを得るとあり此定《さだめ》は先取得權にも用ゐて先取特權の全額を支拂はざれば尚は全

部に付て先取特權は行はるゝなり

第二節　先取特權《せんしゆとくけん》ノ種類《しゆるゐ》

本節問の答　先取特權の種類《しゆるゐ》を定む則ち一般の先取特權と動産の先取特權《せんしゆとくけん》と不動産の先取特權との三種なり各條に至り何れたるかを解《と》くべし

第一款　一般《いつぱん》ノ先取特權

本欵問の答　一般《いつぱん》の先取特權とは債務者《さいむしや》の財産中《ざいさんちう》動産と不動産とを問《と》はず凡《す》べての財産に向ふて行ふことを得る權利を云ふなり

第三百六條　左ニ揭《かゝ》ケタル原因《げんいん》ヨリ生シタル債權《さいけん》ヲ有スル者ハ債務《さいむ》者《しや》ノ總財産《そうざいさん》ノ上ニ先取特權ヲ有ス

一　共益《きやうえき》ノ費用《ひよう》

二　葬式《さうしき》ノ費用

三　雇人《ようじん》ノ給料《きふれう》

四　日用品《にちようひん》ノ供給

本條問の答　本條に定めたる原因《げんいん》より出來《でき》たる債權を有する者は債務者の總《すべ》ての財産に付て先取特權を有《いう》す則ち其場合ハ第一共益《きやうえき》の費用則ち債權者五六人ある場合に於て其内の一人又は二人が他の債權者の利益の爲めに金錢を出したるときに其者に先取特權を與

ふるなり其れは他の債權者は右の金にて大に利益を得たるを以てなり第二葬式の費用を出したる者に先取特權を與《あた》ふるなり其《そ》れは今茲《こゝ》に死《し》したる者あり其れを葬《はふむ》ることが出來ぬとするときは世《よ》の中《なか》の風儀《ふうぎ》に關《くわん》するに至る何となれば人死《し》すれば假令《たとひ》屍体《したい》ありと雖ども相當《さうたう》の式を用ゐ葬《はふむ》るは人の道《みち》なればなり今金を出して其れを助《たす》くるものを保護《ほご》し容易《ようい》に金を貸す者あらしむる目的より先取特權を與《あたふ》るものなり第三雇人の給料《きふれう》に付て先取特權を與ふるものなり自分《じぶん》丈けなれば田畑五反程《たんほど》より作《つく》ることが出來ざれども雇人《やとひにん》ありたる爲めに壹町程も作ることが出來自然多くの利益ありて各債權の利益となりたれば此を保護するは至當《したう》のことなり第四日用品《にちようひん》の供給《きやうきふ》則ち差入《さしい》れを爲したるものゝ與ふる先取特權あり日々に用うる醬油薪《しやうゆたきゞ》の如きものを信用貸《しんようがし》するものなきときは債務者は日用品を求《もと》める爲めに仕事《しごと》を爲すことが出來ず然るに日用品を信用貸するものあるにより債務者は仕事を爲し各債權者も利益《りえき》を得たるゝ相違《さうゐ》なければ此《こ》れに先取特權を與ふるとになしたり

第三百七條　共益費用《きやうえきひよう》ノ先取特權ハ各債權者ノ共同利益《きやうどうりえき》ノ爲メニ爲シタル債務者ノ財産ノ保存《ほぞん》、清算《せいさん》又ハ配當《はいたう》ニ關スル費用ニ付キ存《そん》在《ざい》ス

前項ノ費用《ひよう》中《ちう》總債權者《そうさいけんしや》ニ有益《いうえき》ナラサリシモノニ付テハ先取特權ハ其費用ノ爲メ利益ヲ受ケタル債權者ニ對シテノミ存在ス

本條問の答　債權者の各々の利益《りえき》となりたるより與ふる先取特權は各債權者の共同《きやうどう》利益の爲めに爲したる債務者の財産の保存《ほぞん》則ち他人より債務者の土地等に關《くわん》し訴《うつたへ》を爲すものあるときに裁判を爲す金を貸《か》して其土地を債務者の有となしたること又破産《はさん》のときに清《せい》算勘定《さんかんぢやう》を爲す費用又は各債權者に債務者の財産を配當《はいたう》則ち分《わ》くるに付ての費用を立替《たてか》へたるものに與ふるなり右の費用の中《うち》にて總《すべ》ての債權者に利益あらざりしものに付ては其費用により利益を受けたる債權者《さいけんしや》に向ふてのみ先取特權を行《おこな》ふものとす此れ本條に共同利益の爲めとある故なり

第三百八條　葬式費用《さうしきひよう》ノ先取特權ハ債務者《さいむしや》ノ身分《みぶん》ニ應《おう》シテ爲シタル葬式ノ費用ニ付キ存在ス

前項ノ先取特權ハ債務者カ其扶養《ふやう》スヘキ親族《しんぞく》又ハ家族《かぞく》ノ身分《みぶん》ニ應シテ爲シタル葬式ノ費用ニ付テモ亦存在ス

本條問の答　葬式《さうしき》費用に付て與《あた》ふる先取特權は債務者の身分相應《みぶんさうおう》に入れたる費用にのみ存在《そんざい》す故に債務者は貧《ひん》にして他人の家を借り田《た》を借りて生活《せいくわつ》する者に盛《さかん》なる葬式《さうしき》を爲し花鳥《くわてう》の飾《かざり》を爲すために金を貸《か》すも先取特權はあらざるべし又此の先取特權は債務者が扶《ふ》養《やう》則ち養《やしな》ひ居る親族《しんぞく》又は家族《かぞく》則ち戸主《こしゆ》以外《いぐわい》の者にして同じ家に住《ぢう》する者の身分相應《みぶんさうおう》の葬式費用に付て與ふるものなり

第三百九條　雇人給料ノ先取特權ハ債務者ノ雇人《ようにん》カ受クヘキ最後《さいご》ノ六个月間ノ給料《きふれう》ニ付キ存在《そんざい》ス但其金額ハ五十圓ヲ限トス

本條問の答　雇人《やといにん》の給料の先取特權は債務者《さいむしや》の雇人が受く可き最《もつと》も後《のち》なる六个月の間の給料に付き與ふるものにして其金額五拾圓を限る故に五拾圓以上には與へざるなり

第三百十條　日用品供給《きやうきふ》ノ先取特權ハ債務者《さいむしや》又ハ其扶養《ふやう》スヘキ同居ノ親族竝ニ家族及ヒ其僕婢《そのぼくひ》ノ生活《せいくわつ》ニ必要《ひつえう》ナル最後《さいご》ノ六个月間ノ飲《いん》食品《しよくひん》及ヒ薪炭油《しんたんゆ》ノ供給ニ付キ存在ス

本條問の答　日用品を差入れたる先取特權は債務者又は其養ふべき同居の親類又は同居の家族及び其下男《げなん》下女《げぢよ》の暮《くれ》に入用なる最《もつと》も後なる六个月の間の飲食品《いんしよくひん》則ち醬油《しやうゆ》及び味噌《みそ》其外薪炭油《しんたんゆ》に付き與ふるなり故に供給《きやうきふ》したること八个月なるも後の六个月に與へ前二个月には與へざるなり

第二款　動產《どうさん》ノ先取特權

本款問の答　動產の先取特權は債務者の定りたる動產に付て與へらるヽ債權なれば各條に入り解き明かすべし

第三百十一條　左ニ揭ケタル原因《げんいん》ヨリ生シタル債權ヲ有スル者ハ債《さい》務者《むしや》ノ特定動產《とくていどうさん》ノ上ニ先取特權ヲ有ス

一　不動產《ふどうさん》ノ賃貸借《ちんたいしやく》
二　旅店《りよてん》ノ宿泊《しゆくはく》
三　旅客《りよかく》又ハ荷物《にもつ》ノ運輸《うんゆ》
四　公吏《こうり》ノ職務上《しよくむじやう》ノ過失《くわしつ》
五　動產ノ保存《ほぞん》
六　動產ノ賣買《ばいばい》
七　種苗《しゆべう》又ハ肥料《ひれう》ノ供給
八　農工業《のうこうげふ》ノ勞役《ろうえき》

本條問の答　本條の第一號より第八號まで揭けたる原因より出來たる債權を有する者は債務者の定まりたる動產《どうさん》の上に先取特權を有するなり第一不動產則ち土地又は家屋《かをく》を賃貸借したるより出來る債權第二旅人か旅店《りよてん》に宿泊《しゆくはく》して宿泊料を拂はざるより出來たる債權第三旅人又は荷物を運送《うんそう》して運送料を拂はざるより出來《でき》たる債權第四公吏《こうり》則ち公證人《こうしようにん》又は執達吏《しつたつり》等が其職務《しよくむ》を行《おこな》ふを怠り又過失《くわしつ》にて損害《そんがい》を掛けたるとき第五動產の保存則ち氷《こほり》の如きものを打捨《うちす》つるときは目に見へて消《き》ゆるに付き其れを貯《たくは》へる入費より出來たる債權第六動產の賣買より出來たる債權第七總ての植物《しよくぶつ》の種苗《しゆべう》又は肥料《ひれう》の供給則ち差出したるに此等《これら》の代價を支拂《しはら》はざるより出來たる債權第八農業工業に使《つか》はれ其勞役賃《ろうえきちん》の債權

にして若し此等《これら》の債權者に先取の權利を與《あた》へざるときは安《やすん》じて業《げふ》を取るものなく甚《はなは》しき不便《ふべん》を來たすを以て法律は此保護《ほご》を與へたるなり

第三百十二條　不動産賃貸《ちんたい》ノ先取特權ハ其不動産ノ借賃《しやくちん》其他賃貸借關係《くわんけい》ヨリ生シタル賃借人ノ債務《さいむ》ニ付キ賃借人ノ動産ノ上ニ存在《そんざい》ス

本條問の答　不動産を賃貸《ちんがし》したるより出來《でき》る先取特權は其不動産の借賃を支拂はず其外賃貸借のことに關《くわん》して出來る賃借人の義務假令《たとひ》賃借人の過失《くわしつ》によりて其不動産たる借家を傷づけたるより出來たる債務に付き賃借人が其家に持《も》ち込《こ》み居る動産則ち世帶道具《しよたいだうぐ》に付て在るべきものとす

第三百十三條　土地ノ賃貸人ノ先取特權ハ賃借地又ハ其利用ノ爲メニスル建物《たてもの》ニ備附《そなへつ》ケタル動産《どうさん》、其土地ノ利用ニ供《きやう》シタル動産及ヒ賃借人ノ占有《せんいう》ニ在ル其土地ノ果實《くわじつ》ノ上ニ存在ス

建物ノ賃貸人ノ先取特權ハ賃借人カ其建物ニ備附ケタル動産ノ上ニ存在ス

本條問の答　土地を賃貸《ちんがし》したる者の先取特權は賃借を爲し居る土地又は其土地を耕《たが》やす爲めに建てたる納屋《なや》に備附《そなへつ》けたる動産則ち器械《きかい》等其土地を利用《りよう》則ち耕《たが》やす爲めに供《そな》へた鍬《くは》及び鎌《かま》等及び賃借人の占有する其土地より上がりたる米麥《こめむぎ》の上に有《あ》るなり又建物《たてもの》則ち

家倉《いへくら》を賃貸する人の先取特權は賃借人が其借り居る家倉に備附《そなへつ》けたる動産則ち夜具《やぐ》膳《ぜん》及鉢等に在るなり

第三百十四條　賃借權《ちんしやくけん》ノ讓渡《じやうと》又ハ轉貸《てんたい》ノ場合ニ於テハ賃貸人ノ先取特權ハ讓受人又ハ轉借人《てんしやくにん》ノ動産ニ及《およ》フ讓渡人又ハ轉貸人カ受《う》クヘキ金額ニ付キ亦同シ

本條問の答　賃借權を他人に讓渡し又ハ轉貸《てんたい》則ち復貸《またがし》を爲したる場合には賃貸人の先取特權は賃借を讓受けたる人又は轉借人《てんしやくにん》則ち復借人《またかりにん》の動産に及ぶ又讓渡を爲したる人又ハ復貸人が讓受人及び復借人《またがりにん》より受くべき金額《きんがく》あるときは其金額に付ても亦《また》先取特權が及ぶ是れ轉貸人《またがしにん》讓渡人は賃借人の權利を承繼《しやうけい》すればなり

第三百十五條　賃借人ノ財産ノ總清算《そうせいさん》ノ場合ニ於テハ賃貸人ノ先取特權ハ前期、當期及ヒ次期《じき》ノ借賃《しやくちん》其他ノ債務及ヒ前期《ぜんき》並ニ當期ニ於テ生シタル損害《そんがい》ノ賠償《ばいしやう》ニ付テノミ存在ス

本條問の答　賃借人の財産の總《すべ》ての清算《せいさん》の場合には賃貸人《ちんがしにん》の先取特權は前きの期限と當《たう》期《き》則ち目下《もくか》の期日《きたつ》及び次《つ》ぎの期限《きげん》の借賃其外の債務と及び前期と當期とにて生《しやう》じたる損害の償に付てのみ行ふことを得るなり

第三百十六條　賃貸人カ敷金《しきゝん》ヲ受取《うけと》リタル場合ニ於テハ其敷金ヲ以

テ辨濟《べんさい》ヲ受ケサル債權ノ部分《ぶぶん》ニ付テノミ先取特權ヲ有ス

本條問の答　賃貸人が賃借人より敷金《しきゝん》則ち家を借受《かりう》くるときに賃借人より賃貸人に差入《さしい》れ置く金にして此金を受取りたる場合には其金にて辨濟《べんさい》を受けざる債權則ち家賃《やちん》其外の費用の立替金《たてかへきん》に先取特權が有るべきなり

第三百十七條　旅店宿泊《りよてんしゆくはく》ノ先取特權ハ旅客《りよかく》、其從者《じゆうしや》及ヒ牛馬ノ宿泊料並ニ飲食料《いんしよくれう》ニ付キ其旅店ニ存《そん》スル手荷物《てにもつ》ノ上ニ存在ス

本條問の答　旅人《たびびと》が旅店《やどや》に宿《と》まりて宿料《しゆくれう》を支拂《しはら》はざるより出來る先取特權は旅客其旅客の從者《じゆうしや》及び牛馬《ぎうば》の宿泊料幷に其馬牛《うまうし》の飲食料《いんしよくれう》に付き其旅店に在る手荷物《てにもつ》の上《うへ》に在るなり然らざれば旅店は安心《あんしん》して此等《これら》を宿《と》まらしむるを得ざるべし

第三百十八條　運輸《うんゆ》ノ先取特權ハ旅客又ハ荷物《にもつ》ノ運送賃《うんそうちん》及ヒ附隨《ふずゐ》ノ費用《ひよう》ニ付キ運送人ノ手《て》ニ存《そん》スル荷物ノ上ニ存在ス

本條問の答　運輸《うんゆ》則ち舟《ふね》又は車馬《しやば》にて旅人等の荷物を運送《うんそう》するときの先取特權にして旅人又は荷物を運送したる賃金及び其れに附き隨《したが》ふたる費用則ち旅人が腹《はら》が痛《いた》みさるより藥《くすり》を與《あた》へたるときの費用に付き運送人の手許《てもと》にある荷物《にもつ》に向ふて行《おこな》ふべきものあり

第三百十九條　第百九十二條乃至第百九十五條ノ規定ハ前七條ノ先取特權ニ之ヲ準用ス

本條問の答　第百九十二條より第百九十五條迄の定は前七條則ち第三百十二條より第三百十八條迄の先取特權に準《じゆん》じ用ゐるなり而《しか》して同條は既《すで》に述《の》べされば再《ふたゝ》び説明《せつめい》をせず

第三百二十條　公吏保證金《こうりほしようきん》ノ先取特權ハ保證金ヲ供《きやう》シタル公吏ノ職《しよく》務上《むじやう》ノ過失《くわしつ》ニ因リテ生シタル債權《さいけん》ニ付キ其保證金ノ上ニ存在ス

本條問の答　公吏《こうり》となるには身元保証《みもとほしよう》の金を政府《せいふ》に納む其保証金に付ての先取特權は公吏が其取扱《とりあつか》ひ居る職務の過《あやま》ちより出來たる損害の債權に付て其保証金に向て行ふことゝする此れは其職務の過ちより來たる損害に付て被害者《ひがいしや》を保護《ほご》するためなり

第三百二十一條　動産保存ノ先取特權ハ動産ノ保存費ニ付キ其動産ノ上ニ存在ス

前項ノ先取特權ハ動産ニ關スル權利ヲ保存、追認《ついにん》又ハ實行《じつかう》セシムル爲メニ要《よう》シタル費用《ひよう》ニ付テモ亦存在ス

本條問の答　動産を保存《ほぞん》したるより出來たる先取特權は動産を保存するに入れたる金額《きんがく》に付き其動産の上《うへ》に在るものとす亦《また》此先取特權は動産に關《くわん》する權利假令は五拾圓の金を借り居る者が今や居所《きよしよ》を隱《かく》れ債權者を害《がい》せんとする場合に早速《さうそく》裁判所に訴《うつた》へて其金額を返濟《へんさい》せしめたるに付ての費用又動産上の權利の追認《ついにん》則ち未成年者《みせいねんしや》と取結《とりむす》びたる權利を後《ご》見人《けんにん》に認《みと》めしむることに付ての費用又實行《じつかう》則ち債務者より或人に貸金ある場合に其貸金

の催促《さいそく》を爲し取立てたるより要したる費用に付ても亦其動産に向て先取特權あるものとして則ち保存追認實行により動産が保存せられたるものなれば先取特權のあるものなり

第三百二十二條　動産賣買ノ先取特權ハ動産ノ代價《だいか》及ヒ其利息《りそく》ニ付キ其動産ノ上ニ存在ス

本條問の答　動産を賣買したるより出來る先取特權は其動産の代價と代價の利息とに付て其賣渡したる動産の上に在るものなり

第三百二十三條　種苗《しゆべう》肥料《ひれう》供給《きやうきふ》ノ先取特權ハ種苗又ハ肥料ノ代價及ヒ其利息ニ付キ其種苗又ハ肥料ヲ用ヰタル後一年内ニ之ヲ用ヰタル土地ヨリ生シタル果實《くわじつ》ノ上ニ存在ス

前項ノ先取特權ハ蠶種《さんしゆ》又ハ蠶《かいこ》ノ飼養《しやう》ニ供《きやう》シタル桑葉《さうはふ》ノ供給ニ付キ其蠶種又ハ桑葉《さうはふ》ヨリ生シタル物ノ上ニモ亦存在ス

本條問の答　種苗《しゆべう》を供給《きやうきふ》したる先取特權又は肥料の先取特權は種苗又は肥料《ひれう》の價《あたひ》及び其價の利息《りそく》に付き其種苗又は肥料を使《つか》ひて後一年の内に其使ひたる土地より出來たる果實《くわじつ》即ち米麥又は材木《ざいもく》の上に在《あ》るものなり又此の先取特權は蠶種《さんしゆ》又は蠶《かひこ》を養《やしな》ひ飼《か》ふ爲めに用ゐたる桑《くは》の葉《は》の供給に付き其蠶種《さんしゆ》又は桑葉《さうはふ》より出來たる物則ち絹糸《きぬいと》等に付き在るものなり是れ桑の葉ありて絹糸等が出來たるものなれば先取特權を與へ保護《ほご》するものなり

第三百二十四條　農《のう》工《こう》業勞役《げふらうえき》ハ農業ノ勞役者ニ付テハ最《さい》後《ご》ノ一年間工業ノ勞役者ニ付テハ最後ノ三ケ月間ノ賃金《ちんぎん》ニ付キ其勞役ニ因リテ生シタル果實《くわじつ》又ハ製作物《せいさくぶつ》ノ上ニ存在ス

本條問の答　農業《のうげふ》又は工業《こうげふ》に付勞役《らうえき》を入れたるに付ての先取特權は農業に付ては其勞役を爲したる後の一年間工業に付ては勞役を爲したる後の三个月間の賃金《ちんきん》に付て與《あた》ふるものにして如何《いか》なる動產に向ふて行ふべきものなるかと云ふに勞役を爲せしにより出來たる果實則ち大根牛蒡《だいこんごぼう》又は製作物《せいさくぶつ》即ち机椅子《つくゑいす》等《とう》の物の上に在るものなり

第三款　不動產ノ先取特權《せんしゆとくけん》

本款問の答　不動產の先取特權は債務者の定まりたる不動產の上に在るべきものにして凡て此の債權の爲めに不動產の利益となりたる場合に與ふるものなり

第三百二十五條　左ニ揭ケタル原因《げんいん》ヨリ生シタル債權ヲ有スル者ハ債務者ノ特定《とくてい》不動產《ふどうさん》ノ上ニ先取特權ヲ有ス

一　不動產ノ保存《ほぞん》
二　不動產ノ工事《こうじ》
三　不動產ノ賣買《ばいばい》

本條問の答　本條に揭《かゝ》げたる第一號より第三號までの原因《げんいん》より出來たる債權を有《いう》する者

は債務者の定まりたる不動産に向ふて先取特權を有することゝなる其原因は第一不動産を保存《ほぞん》するに付て出來たる債權に先取特權を與《あた》ふるもの第二不動産の工事《こうじ》に付て出來たる債權に先取特權を與ふるもの第三不動産を賣買したることに付其代價に先取特權を與ふるものにして此《こ》れ皆保存《ほぞん》若くば工事又は賣買に關《くわん》して出來たる債權に與ふるものなれば他の債權者を害せず又他の債權者も自分《じぶん》の債權の當《あ》てにせざりしなるべし

第三百二十六條　不動産《ふどうさん》保存《ほぞん》ノ先取特權ハ不動産ノ保存費《ほぞんひ》ニ付キ其不動産ノ上ニ存在ス

第三百二十一條第二項ノ規定ハ前項ノ場合ニ之ヲ準用ス

本條問の答　不動産保存の先取特權とは假令《たとへ》ば一の家屋《かおく》あり風水《ふうすゐ》の爲めに荒破《くわうは》し債務者之を修繕《しうぜん》する金なき場合に金を出して修繕したり然るに他に債權者あり其家屋を差押《さしおさ》へ公賣《こうばい》せんとするときに修繕費を先に取ることが出來ざるときは此《かく》の如き物に金を差出す者なきに至り經濟上《けいざいじやう》大に損失《そんしつ》となるを以て不動産の保存費《ほぞんひ》に付き其不動産に向ふて先取特權を與ふることゝなしたり又第三百二十一條第二項の定め則ち不動産權利の保存假令ば要役地の地役權《ちゑきけんじ》時效《かう》によりて消えんとするときに中斷《ちうだん》するに付ての費用又は追認《つゐにん》若くば實行《じつかう》せしむる爲めに入れたる費用に付ても先取特權を與ふるものとす

第三百二十七條　不動産工事《こうじ》ノ先取特權ハ工匠《こうしやう》、技師《ぎし》及ヒ請負人《うけおひにん》カ

債務者ノ不動産ニ關シテ為シタル工事ノ費用ニ付キ其不動産ノ上ニ存在ス
前項ノ先取特權ハ工事ニ因リテ生シタル不動産ノ増價《ぞうか》カ現存《げんそん》スル場合ニ限リ其増價額ニ付テノミ存在ス

本條問の答　不動産を工作《こうさく》したるより出來たる先取特權は工匠《こうしやう》則ち大工《だいく》左官《さくわん》技師《ぎし》及び工事の請負《うけおひ》したるものが債務者の不動産を工作し其工作に費やしたる費用に付き其工事を為したる不動産の上に在るなり又此の先取特權は工事を為したるにより不動産の價が増したり其増價《ぞうか》が現《げん》に存在《そんざい》する場合に於て其増價に付て存在することゝなるべし

第三百二十八條　不動産賣買ノ先取特權ハ不動産ノ代價及ヒ其利息ニ付キ其不動産ノ上ニ存在ス

本條問の答　不動産を賣買したるより生《しやう》ずる先取特權は其賣渡したる不動産《ふどうさん》の代價及び代價の利息《りそく》に付き其賣渡ささる不動産の上に存在《そんざい》することゝなしたるなり

第三節　先取特權《せんしゆとくけん》ノ順位《じゆんゐ》

本節問の答　先取特權の順位《じゆんゐ》とは既《すで》に述《の》べたる所の先取特權か二個若《も》くば三個《こ》が一時に集《つど》まるときは何《いづ》れを先《さ》きとするかのことにして其順位《じゆんゐ》を本節各條に定む

第三百二十九條　一般ノ先取特權カ互《たがひ》ニ競合《きやうがふ》スル場合ニ於テハ其優《いう》

先權《せんけん》ノ順位《じゆんゐ》ハ第三百六條ニ揭ケタル順序《じゆんじよ》ニ從《したが》フ
一般ノ先取特權ト特別《とくべつ》ノ先取特權ト競合《きやうがふ》スル場合ニ於テハ特別ノ先取特權ハ一般ノ先取特權ニ先《さきだ》ツ但共益費用《きやうえきひよう》ノ先取特權ハ其利益ヲ受ケタル總債權者《そうさいけんしや》ニ對シテ優先《いうせん》ノ效力《かうりよく》ヲ有ス

本條問の答　一般《いつぱん》の先取特權は既《すで》に述《の》べたる如く四個の原因《げんいん》によりて出來るものなれば其數個の先取特權が互に競合《きやうがふ》則ち競《せ》り合《あ》ひたる塲合には其優先權《いうせんけん》則ち先《さ》きとなるべき順位は第三百六條の定めに從ひ共益の費用の特權を先きにし次ぎに葬式の費用の特權とし以下雇人《やとひにん》の給料《きふれう》日用品の供給《きやうきふ》の特權とするなり又一般の先取特權と特別の先取特權と競《せり》合《あひ》する塲合も何《いづ》れを先きにするかと云ふに第二項に特別の先取特權則ち不動產又は動產の特權は一般の先取特權に先《さきだ》つとせり但《たゞ》し共益費用《きやうえきひよう》の先取特權は其利益を受けたる總《すべ》ての債權者に對《たい》しては優先《いうせん》の效力則ち最《もつと》も先きに辨濟《べんさい》を受くるものとす

第三百三十條　同一ノ動產ニ付キ特別《とくべつ》ノ先取特權カ互《たがひ》ニ競合《きやうがふ》スル塲合ニ於テハ其優先權ノ順位左ノ如シ
第一　不動產賃貸《ちんたい》、旅店宿泊《りよてんしゆくはく》及ヒ運輸《うんゆ》ノ先取特權
第二　動產保存ノ先取特權但數人《すにん》ノ保存者《ほぞんしや》アリタルトキハ後《のち》ノ保存者ハ前ノ保存者ニ先ツ

第三　動産賣買《どうさんばいぐ》、種苗肥料《しゆべうひれう》供給及ヒ農工業勞役《のうこうげふらうえき》ノ先取特權

第一順位ノ先取特權者カ債權取得ノ當時第二又ハ第三ノ順位ノ先取特權者アルコトヲ知リタルトキハ之ニ對シテ優先權《いうせんけん》ヲ行《おこな》フコトヲ得ス第一順位者ノ爲メニ物ヲ保存シタル者ニ對シ亦同シ果實《くわじつ》ニ關シテハ第一ノ順位《じゆんゐ》ハ農業ノ勞役者《らうえきしや》ニ第二ノ順位ハ種苗又ハ肥料ノ供給者ニ第三ノ順位ハ土地ノ賃貸人《ちんたいにん》ニ屬《ぞく》ス

本條問の答　同一の動産に付き特別の先取特權が競合する場合には其優先權の順序は第一は不動産賃貸旅店宿泊及び運輸《うんゆ》の先取特權にして第二は動産保存《どうさんほぞん》したる先取特權なり併《しか》し數人の者が動産を保存したるときは後の保存者がありて前の保存者も利益を受けたるものなれば後の保存者は前の保存者に先《さき》だつべし第三は動産賣買種苗肥料《たねなへひれう》供給及び農工業勞役《らうえき》の先取特權なり又第一順位の先取特權者則ち右第一の不動賃貸の特權者《とくけんしや》が債權者となりたる時右第二第三の順序《じゆんじよ》の先取特權者の有ることを知りたるときは既《すで》に自分は最《もつと》も先きに辨濟《べんさい》を受くることを得《は》ざるとの考《かんが》へを爲して債權を得るものなれば第二第三の順位《じゆんゐ》にあるものに向ふて優先權《いうせんけん》を行ふを得ず又第一順位者《じゆんゐしや》のために物を保存して好《よ》しや費用を入れたるにもせよ優先權を行ふを得ざるべし又土地又は家屋《かおく》より上《あ》がる果實《くわじつ》に付ては第一の順位は農業勞役者が仕事《しごと》をなしたるより果實が取れたるものなれば第一の順

位となし第二の順位は種苗肥料を供給したるもの則ち第三の賃貸人に屬するなり

第三百三十一條　同一ノ不動產ニ付キ特別《とくべつ》ノ先取特權カ互ニ競合《きやうがふ》スル場合ニ於テハ其優先權ノ順位ハ第三百二十五條ニ揭《かゝ》ケタル順《じゆん》序ニ從フ

同一ノ不動產ニ付キ逐次《ちくじ》ノ賣買《ばいばい》アリタルトキハ賣主《うりぬし》相互《さうご》間《かん》ノ優先權ノ順位ハ時ノ前後ニ依ル

本條問の答　同じ一の不動產に付き特別の不動產の先取特權が相互《あひたがひ》に競合《せりあひ》する場合には其優先權の順位は第三百二十五條に定めたる如く第一不動產の保存の先取特權を第一とす其れは不動產を保存する樣に爲したる故に今日の返濟《へんさい》を受くることが出來るものなるをば第一となしたり第二は不動產の工事の先取特權にして第三は不動產の賣買の先取特權なり工事を爲し幾分《いくぶん》の利益《りえき》を不動產に與へたれば賣買の時にも其れ丈《だけ》の價《あたひ》も增《ま》したるに相違《さうゐ》なきを以て第二となしたり又同一の不動產に付き逐次《ちくじ》の賣買則ち甲《かふ》より乙《おつ》に乙より丙《へい》にと賣買あるときは賣主相互《あひたがひ》の間の優先權《いうせんけん》の順位は時の前後《ぜんご》に依る則ち時の前なる者は後なる者に先つべきものとす

第三百三十二條　同一ノ目的物ニ付キ同一順位ノ先取特權者數人アルトキハ各其債權額ノ割合《わりあひ》ニ應《おう》シテ辨濟《べんさい》ヲ受ク

本條問の答　同じ目的物《もくてきぶつ》たる不動産に付き同じ順位《じゆんゐ》假令《たとへ》ば不動産賃貸《ちんがし》の先取特權者と旅店宿泊《てんしゆくはく》と及び運輸《うんゆ》の先取特權者との數人あるときは各其債權額の割合によりて辨濟を受くべきものとす是れ同順位《どうじゆんゐ》のものなれば何《いづ》れを先《さ》きとし何《いづ》れを後とするを得ざれば斯《か》く定めたるなり

第四節　先取特權《せんしゆとくけん》ノ效力《かうりよく》

本節問の答　先取特權あるときは其《それ》より出來る效力《かうりよく》を定む其效力は各條に入り解《と》くべし

第三百三十三條　先取特權ハ債務者カ其動産ヲ第三取得者《しゆとくしや》ニ引渡《ひきわた》シタル後ハ其動産ニ付キ之ヲ行フコトヲ得ス

本條問の答　先取特權は其先取特權を負《お》ひ居る動産を債務者が第三取得者《しゆとくしや》則ち債務者と賣買を約束《やくそく》したる者に引渡したるときは其動産に對《たい》しては行《おこな》ふことを得ざるべし

第三百三十四條　先取特權ト動産質權ト競合《きやうがふ》スル場合ニ於テハ動産《どうさん》質權者《しちけんしや》ハ第三百三十條ニ掲ケタル第一順位ノ先取特權者ト同一ノ權利ヲ有ス　○

本條問の答　先取特權と動産質權と競合《せりあひ》する場合則ち先取特權の負《お》ひ居《を》る動産を質《しち》に入れたる場合に於ては動産質權者《どうさんしちけんしや》は第三百三十條に掲《かゝ》げたる第一順位《じゆんゐ》則ち不動産賃貸及び旅店宿泊《りよてんしゆくはく》及び運輸《うんゆ》の先取特權者と同一の權利を有す是れは其動産は質によりて保存《ほぞん》せら

れたるを以て第一順位と同等《どうとう》になしたるなり

第三百三十五條 一般ノ先取特權者ハ先ツ不動産以外ノ財産ニ付キ辨濟《べんさい》ヲ受《う》ケ尚《な》ホ不足《ふそく》アルニ非サレハ不動産ニ付キ辨濟ヲ受クルコトヲ得ス

不動産ニ付テハ先《ま》ツ特別擔保《とくべつたんぽ》ノ目的《もくてき》タラサルモノニ付キ辨濟《べんさい》ヲ受クルコトヲ要ス

一般ノ先取特權者カ前二項ノ規定ニ從ヒテ配當《はいたう》ニ加入《かにふ》スルコトヲ怠《おこた》リタルトキハ其配當《はいたう》加入《かにふ》ニ因リテ受クヘカリシモノノ限度《げんど》ニ於テハ登記ヲ爲シタル第三者ニ對シテ其先取特權ヲ行フコトヲ得ス

前三項ノ規定《きてい》ハ不動産以外《いぐわい》ノ財産ノ代價ニ先《さきだ》チテ不動産ノ代價ヲ配當シ又ハ動産ノ代價ニ先チテ特別擔保《とくべつたんぽ》ノ目的《もくてき》タル不動産ノ代價ヲ配當《はいたう》スヘキ場合ニハ之ヲ適用《てきよう》セス

本條問の答、既《すで》に第三百六條の場合まで述《の》べたる一般《いつぱん》の先取特權者は先きに不動産外《ぐわい》の財産より辨濟《べんさい》を受けて尚《な》ほ足らぬときになければ不動産に付き辨濟を受くることが出來ぬ是れは不動産を大切《たいせつ》と見たるより先づ動産より辨濟を受くるものとなしたり又不動産に付て辨濟を受くるにも先づ特別《とくべつ》の擔保《たんぽ》則ち抵當《ていたう》とか特別の先取特權の目的物《もくてきぶつ》に非らざる物に付き辨濟を受くべきものとす一般の先取特權者が右の特別擔保の目的たらざる物に付き配當《はいたう》則ち分前《わけまへ》の加入《かにふ》を爲すことを怠《おこた》りたるときは其配當加入を爲すときは受くべき物たりしものゝ限度《げんど》に於て登記《とうき》を爲したる第三者に向ふては先取特權を行《おこな》ふことを得ざるべし是れ自分《じぶん》の怠りより來りたるものなれば致方《いたしかた》なし

右三項の定めは不動產以外の財產の代價より先きに不動產の代價を配當し又は他の不動產の代價に先ちて特別擔保の目的たる不動產の代價を分《わ》くる場合には適用《てきよう》せざるべし故に本項の場合には一般《ぱん》の先取特權者は配當《はいたう》の加入を怠りて受くべきものを受けざる部分《ぶゝん》に付き登記を爲したる第三者に向て先取特權を行ふことを得るなり

第三百三十六條　一般ノ先取特權ハ不動產ニ付キ登記ヲ爲サヽルモ之ヲ以テ特別擔保ヲ有セサル債權者ニ對抗《たいかう》スルコトヲ妨《さまた》ケス但登記ヲ爲シタル第三者ニ對シテハ此限ニ在ラス

本條問の答　一般の先取特權は不動產に對《たい》して行ふ場合に登記を爲し特權《とくけん》あることを示《しめ》さゞるも特別擔保を有《いう》せざる債權者則ち通例《つうれい》の債權者ゝは手向《てむか》ふことを得るなり併《しか》し登記を爲し居る第三者に向ふては對抗《たいかう》することを得ざるべし

第三百三十七條　不動產保存ノ先取特權ハ保《ほ》存《ぞん》行《かう》爲《ゐ》完了《くわんれう》ノ後《のち》直チニ登記ヲ爲スニ因リテ其效力《かうりよく》ヲ保存ス

本條問の答　不動産を保存《はぞん》したるにより出來たる先取特權は保存行爲《かうゐ》則ち家屋《かおく》が荒《あ》れんとするときは金を出して之を修繕《しうぜん》し其修繕が完《まつた》く終《をは》りたる後直《す》ぐに登記を爲すによりて先取特權の效力則ち他人に向ふて先取特權あることになるなり

第三百三十八條　不動産工事ノ先取特權ハ工事《こうじ》ヲ始《はじ》ムル前ニ其費用ノ豫算額《よさんがく》ヲ登記《とうき》スルニ因リテ其效力ヲ保存《はぞん》ス但工事ノ費用カ豫算額ヲ超《と》ユルトキハ先取特權ハ其超過額《てうくわがく》ニ付テハ存在セス

工事ニ因リテ生シタル不動産ノ增價額ハ配當加入《はいたうかにふ》ノ時裁判所ニ於テ選任《せんにん》シタル鑑定人《かんていにん》ヲシテ之ヲ評價《へうか》セシムルコトヲ要ス

本條問の答　不動産を工事《こうじ》したるより出來たる先取特權は其工事を始むる前に其費用《ひよう》は何程《なにほど》入るものなるか其豫算額《よさんがく》を登記するによりて先取特權の效力則ち他人に向ふて先取特權が有ることになるべし併《しか》し工事の爲めに費《つひや》したる金額《きんがく》が登記したる豫算額を超《こ》ゆるときは先取特權は其超《こ》えたる額に付ては行《おこな》ふことを得ざるべし又不動産は工事を爲したる爲め出來たる增價《ぞうか》の高は分配《ぶんぱい》に加るときは裁判所にて選《えら》びたる鑑定人《かんていにん》は價を入れしめ其價ならでは加ることが出來ざるべし

第三百三十九條　前二條ノ規定ニ從ヒテ登記シタル先取特權ハ抵當權ニ先チテ之ヲ行フコトヲ得

本條問の答　前二條の規定則ち不動產保存の事柄《ことがら》を登記するとき又不動產工事《こうじ》の費用の豫《よ》算額《きんがく》を登記するときは其先取特權は抵當權《ていたうけん》に先《さきだ》ちて行ふことが出來るべし

第三百四十條　不動產賣買ノ先取特權ハ賣買契約《ばいばいけいやく》ト同時ニ未《いま》タ代價又ハ其利息ノ辨濟《べんさい》アラサル旨《むね》ヲ登記スルニ因リテ其效力《かうりよく》ヲ保存ス

本條問の答　不動產を賣買したるより出來たる先取特權は賣買の契約《けいやく》と同時に未だ代價又は代價の利息《りそく》の辨濟《べんさい》なき旨を登記するときは先取特權は有ることゝなるべし

第三百四十一條　先取特權ノ效力ニ付テハ本節ニ定メタルモノノ外《ほか》抵當權《ていたうけん》ニ關スル規定ヲ準用ス

本條問の答　先取特權は如何《いか》なる效力《かうりよく》が第三者に向ふて生《しやう》ずるやは本節に定めたる外抵當權に關《くわん》して定めたるものを準用《じゆんよう》するなり

第九章　質《しち》　權《けん》

本章問の答　質權は他人の動產又は不動產を受取りて占有《せんいう》を爲し金を貸《か》し渡を權利にして今日行はるゝ質屋業《しちやげふ》とは異《こと》なれり彼《か》れは一の營業《えいげふ》なれども本章の質《しち》は相互《あひたがひ》に約束《やくそく》して行ふことを得又質權は抵當權と似《に》たる所あり債務者金を返濟《へんさい》せざるときは質物《しちもつ》に付き先きに返濟を受くる所は抵當權と同じことなり異なる所は抵當權者は其抵當物は不動產のみにして且抵當物は占有せざれども質權は動產も質に取ることを得且自分が占有を爲す

を第一の要件《えうけん》となせり

第一節　總則

本節問の答　質權に付ての總ての規則を定めたるなり

第三百四十二條　質權者《しちけんしや》ハ其債權ノ擔保《たんぽ》トシテ債務者《さいむしや》又ハ第三者ヨリ受取リタル物ヲ占有シ且其物ニ付キ他ノ債權者ニ先チテ自己ノ債權ノ辨濟《べんさい》ヲ受《う》クル權利《けんり》ヲ有ス

本條問の答　質取《しちとり》權利者は其債權の擔保《たんぽ》則ち引當《ひきあて》として債務者又は債務者の外の者より受取りたる動産不動産を占有し其上其動産に付き他の債權者を除《のぞ》き自分《じぶん》が先《さき》に辨濟《べんさい》を受くる權利を有するものなり

第三百四十三條　質權ハ讓渡《ゆづりわた》スコトヲ得《え》サル物ヲ以テ其目的《もくてき》ト爲スコトヲ得ス

本條問の答　質權《しちけん》は人に讓渡《ゆづりわた》すことが出來ざる物を以て其目的とすることを得ざるべし其れは質の債務者が借《か》り居る金を返濟《へんさい》することが出來ざるときは質物を賣拂《うりはら》ふべきを以て若し讓渡の出來ざるものあるときは質を取《と》りたる甲斐《かひ》なければなり

第三百四十四條　質權ノ設定《せつてい》ハ債權者ニ其目的物ノ引渡《ひきわたし》ヲ爲スニ因リテ其效力ヲ生ス

本條問の答　質權を設《まう》くるは質權者は其目的物《もくてきぶつ》則ち質物《しちもつ》を引渡さねばならぬ則ち目的物を引渡すによりて質權の效《かう》が生ずるなり故に若《も》し質物を債權者に引渡さゝるときは質權の設けは有らざるなり

第三百四十五條　質權者《しちけんしゃ》ハ質權設定者ヲシテ自己《じこ》ニ代《か》ハリテ質物《しちもつ》ノ占有ヲ爲サシムルコトヲ得ス

本條問の答　質の權利者は質權《しちけん》の設定者《せつていしゃ》則ち債務者をして自分《じぶん》に代りて質物の占有《せんゆう》を爲さしむることが出來ざるなり若《も》し占有を爲さしむるときは質權を設《まう》けたる精神《せいしん》に違《たが》ふてとなる可きを以てなり

第三百四十六條　質權ハ元本《ぐわんぽん》、利息《りそく》、違約金《ゐやくきん》、質權實行《じつかう》ノ費用、質物保存ノ費用及ヒ債務《さいむ》ノ不履行《ふりかう》又ハ質物ノ隱《かく》レタル瑕疵《かし》ニ因《よ》リテ生シタル損害ノ賠償《ばいしやう》ヲ擔保《たんぽ》ス但設定行爲ニ別段ノ定アルトキハ此限ニ在ラス

本條問の答　質權は如何《いか》なるものゝ擔保則ち引當《ひきあて》を爲すかと云ふに元本《げんぽん》たる元金利息《もときんりそく》契約《けいやく》の違約金《ゐやくきん》質權を行ふに付ての費用《ひよう》又質物を保存《ほぞん》するに付ての入費《にうひ》及び債務《さいむ》の返濟を爲さゝるより出來たる損害《そんがい》又は質物に取るときに見《み》ゑざる則ち隱《かく》れたる瑕疵《かし》に因りて出來たる損害の賠償《ばいしやう》を引受くるものなり故に此等《これら》の費用及《およ》び償《つぐなひ》は皆質物に掛くるものなり併《しか》

〻質權を設くる時の契約にて別に定めありて質權を行ふ時の費用は質權の引受けにあらずと約《やく》したるときは格別《かくべつ》なりとす

第三百四十七條 質權者ハ前條ニ掲ケタル債權《さいけん》ノ辨濟《べんさい》ヲ受クルマテハ質物ヲ留置《りうち》スルコトヲ得但此權利ハ之ヲ以テ自己ニ對シ優先權《いうせんけん》ヲ有スル債權者ニ對抗《たいかう》スルコトヲ得ス

本條問の答　質物を取りて金を貸《か》したる者は前條に掲《かゝ》げたる債權則ち元本《げんぽん》利息等れ辨濟を受くる迄は質物を自分の方に留《と》め置くことを得併《しか》し此の留置の權利は自分の優先權者《いうせんけんしや》則ち先取特權者の如き權利者に手向《てむか》ふことを得ざるべし

第三百四十八條 質權者ハ其權利ノ存續期間內《そんぞくきかんない》ニ於テ自己《じこ》ノ責任《せきにん》ヲ以テ質物ヲ轉質《てんしち》ト爲スコトヲ得《う》此場合ニ於テハ轉質ヲ爲サヽレハ生セサルヘキ不可抗力《ふかかうりよく》ニ因ル損失《そんしつ》ニ付テモ亦其責《せめ》ニ任ス

本條問の答　質權者は其質權の存し在る期間《きかん》の內にて自分の責任《せきにん》を以て質物を更《さら》に自分より他人に質入則ち轉質《てんしち》となすことを得故に轉質を爲《な》したる場合に於て轉質を爲さずば出來ぬ不可抗力《ふかかうりよく》則ち水災火災《すゐさいくわさい》等に罹《かゝ》りたる損失《そんしつ》あるときは其責《せめ》に任《にん》せねばならぬ故に自《じ》分《ぶん》の許《もと》に質物とーて置くときは火災《くわさい》にのゝらざるに轉質《てんしち》ーたる爲めに火災にかゝりたるときもこれが責《せめ》に任《にん》じ損失《そんしつ》を負《お》はねばならぬ

第三百四十九條　質權設定者ハ設定行爲《せつていかうゐ》又ハ債務《さいむ》ノ辨濟期前《べんさいきまへ》ノ契約ヲ以テ質權者ニ辨濟トシテ質物ノ所有權ヲ取得《しゆとく》セシメ其他法律ニ定《さだ》メタル方法ニ依ラスシテ質物ヲ處分《しよぶん》セシムルコトヲ約《やく》スルコトヲ得ス

本節問の答　質權を設《まう》けたる者則ち債務者は質權を設けたるときの契約《けいやく》又債務の辨濟期《べんさいき》前の契約にて質取權利者に辨濟として則ち債務の辨濟の代りに質物の所有權を得せしめ尚は此外法律に定めたる方法《はうはふ》に依《よ》らずして質物の處分《しよぶん》則ち片付《かたつけ》を爲すことを約束《やくそく》するを得ざるべし若し此契約を許《ゆる》すときは債權者は債務者の弱《よわ》きに附込《つけこ》み常に此《こ》の契約を爲し債權よりも高價《かうか》の質物を取込《とりこ》むに至《いた》ればなり

第三百五十條　第二百九十六條乃至第三百條及ヒ第三百四條ノ規定ハ質權ニ之ヲ準用《じゆんよう》ス

本條問の答　第二百九十六條乃至第三百條則ち留置權の規則及び第三百四條則ち先取特權の規則は質權に準じ用ゆるものとす

第三百五十一條　他人ノ債務ヲ擔保《たんぽ》スル爲メ質權《しちけん》ヲ設定《せつてい》シタル者カ其債務ヲ辨濟《べんさい》シ又ハ質權ノ實行《じつかう》ニ因リテ質物ノ所有權ヲ失ヒタルトキハ保證債務《ほしようさいむ》ニ關スル規定ニ從ヒ債務者ニ對シテ求償權《きうしやうけん》ヲ有ス

本條問の答　他人の債務則ち借金《しやくきん》等を擔保《たんぽ》する爲めに質權を設《まう》けたるもの則ち質物《しちもつ》を差入れたる者が他人の債務を辨濟し又は債務の支拂を爲さゞるより質物の所有權を失ひたるときは保證債務《ほしようさいむ》に關《くわん》する規定《きてい》に從ひ更に債務者に向ふて償《つぐなひ》を求《もと》むることを得るなり

第二節　動產質《どうさんじち》

本節問の答　動產を質に入れて金其他の物を借ることの定を本節に揭げたり

第三百五十二條　動產質權者ハ繼續《けいぞく》シテ質物ヲ占有《せんいう》スルニ非サレハ其質權ヲ以テ第三者ニ對抗スルコトヲ得ス

本條問の答　動產則ち夜具《やぐ》其他掛物《かけもの》等《とう》を質《しち》に取りたる債權者は引續きて其質物を占有するに非ざれば質權あるとて債務者の外の人に手向《てむか》ふことを得ざるべし故に質物を債務者の手許《てもと》に置きたる處債務者之を外の者に賣渡《うりわた》したるときは質權者は自分《じぶん》の質物《しちもつ》なりとて其買受《かひう》けたる者に取戾《とりもどし》を求《もと》むるを得ざるべし

第三百五十三條　動產質權者カ質物ノ占有ヲ奪《うば》ハレタルトキハ占有《せんいう》回收《くわいしう》ノ訴ニ依リテノミ其質物ヲ回復《くわいふく》スルコトヲ得

本條問の答　動產質《どうさんしち》の權利者が其占有する質物を他人に奪《うば》はれたるときは占有回收《くわいしう》則ち占有取戾《とりもどし》の訴《うつたへ》に依りてのみ其質物を自分《じぶん》の手許《てもと》に回復《くわいふく》することを得るなり

第三百五十四條　動產質權者カ其債權ノ辨濟ヲ受ケサルトキハ正當

ノ理由《りゆう》アル場合ニ限《かぎ》リ鑑定人《かんていにん》ノ評價《へうか》ニ從ヒ質物ヲ以テ直《たゞ》チニ辨濟ニ充ツルコトヲ裁判所ニ請求スルコトヲ得此場合ニ於テハ質權者ハ豫《あらかじ》メ債務者ニ其請求ヲ通知《つうち》スルコトヲ要ス

本條問の答　動產質權者が其債權の辨濟《べんさい》を受けざるとき則ち夜具《やぐ》を質《しち》に取りて金百圓を貸《か》したるに期限《きげんきた》來るも其金額《きんがく》を返濟せざるときは正《たゞ》しき理由《りゆう》あるときに於て鑑定人《かんていにん》の評價《か》則ち價《あたひ》を入れしめ其價により質物にて直《す》ぐに辨濟に充《あ》つることを裁判所に請求《せいきう》することが出來る此の場合に於ては質權者は前以て債務者に右裁判所に請求を爲すことを知らさゞるべからず是れは債務者は評價《へうか》に付き苦情《くじやう》を云ふかも知れず又他の金にて債務を返《へん》却《きやく》するかも知れざるを以てなり

第三百五十五條　數個ノ債權《さいけん》ヲ擔保《たんぽ》スル爲メ同一ノ動產ニ付キ質權ヲ設定《せつてい》シタルトキハ其質權ノ順位《じゆんゐ》ハ設定ノ前後ニ依ル

本條問の答　數個《すうこ》の債權を擔保《たんぽ》する爲めに同《おな》じ動產にて質權を設けたるとき假令《たとへ》ば一の掛物《かけもの》を質物と爲し金五拾圓を借り次ぎに又百圓を借り三度目に貳百圓を借るときは其質權の順位《じゆんゐ》は質物を入れ金を借《か》りたるときの前後《ぜんご》に依《よ》る故に右の例《れい》にて五拾圓の質權は第一に辨濟を受くることゝなるべし

第三節　不動產質《ふどうさんしち》

本節問の答　不動産質《ふどうさんしち》とは不動産を質に取り金其外の物を借《か》ることにして本節には其旨を定むるものなり

第三百五十六條　不動産質權《ふどうさんしちけん》者ハ質《しち》權ノ目的《もくてき》タル不動産ノ用方《ようはう》ニ從《したが》ヒ其使用《しよう》及ヒ收益《しうえき》ヲ為スコトヲ得

本條問の答　不動産を質に取りて金錢を貸《か》したる者は質權《しちけん》の目的《もくてき》たる不動産則ち土地の用方《ようはう》畑《はた》なれば畑の植物《しよくぶつ》を作《つく》り田《だ》なれば稻《いね》を作《つく》る如き方法《はうはふ》に從《したが》ひ其土地を使用《しよう》して收益《しうえき》則ち利益を上《あ》げねばならぬ是《こ》れは只《たゞ》金の代《かは》りに土地を質に取り使用《しよう》するものなれば今用方を變《へん》ずるときは債務者を害《がい》するに至《いた》ればなり

第三百五十七條　不動産質權者ハ管理《くわんり》ノ費用《ひよう》ヲ拂《はら》ヒ其他不動産ノ負《ふ》擔《たん》ニ任《にん》ス

本條問の答　不動産質權者は其質に取る土地又は家の管理《くわんり》する費用《ひよう》を拂ひ其外不動産に掛り來る税金《ぜいきん》其他の費用を拂はざる可からず是れは質取權利者が不動産より上《あ》がる利益《りえき》は皆取り入るゝを以て此等《これら》の費用《ひよう》を引受けしむることゝなしたり

第三百五十八條　不動産質權者ハ其債權ノ利息ヲ請求スルコトヲ得ス

本條問の答　不動産質權者《しちけんしや》は其債權の利息《りそく》を求むるを得ざるべし是れも前條と同じく其

質に取る土地又は家の利益は自分が取り入るゝによるなり

第三百五十九條 前三條ノ規定ハ設定行爲《せつていかうゐ》ニ別段ノ定アルトキハ之ヲ適用《てきよう》セス

本條問の答 前三條ヌ定めたる事柄は設定行爲《せつていかうゐ》則ち質入《しちい》れに爲すときの契約《けいやく》にて異《こと》なる定めを爲すときは其契約に從ひ前三條に依らざるなり

第三百六十條 不動產質ノ存續《そんぞく》期間ハ十年ヲ超《こ》ユルコトヲ得ス若シ之ヨリ長キ期間ヲ以テ不動產質ヲ設定シタルトキハ其期間ハ之ヲ十年ニ短縮《たんしゆく》ス

不動產質ノ設定ハ之ヲ更新《かうしん》スルコトヲ得但其期間ハ更新ノ時ヨリ十年ヲ超ユルコトヲ得ス

本條問の答 不動產質は十年を超《こ》ゆる程の長き期間にて質入を約束《やくそく》するを得ざるべし若し十年より長き期間にて不動產質を設けたるときは十年に縮《ちゞ》むるものとす又不動產質は期限來るときは又更《あらた》めて設くることを得併《しか》し更めたる時より十年を超《こ》ゆることを得ざるべし十年以上の期間は約束《やくそく》するを得ざるは不動產質は常《つね》に占有《せんいう》を債權者に任《まか》すものなれば十年以上も占有せしむる時は債權者は自分の物にあらざる故不動產の改良《かいりやう》を怠《おこた》り債務者の損害となるを以てなり

第三百六十一條 不動産質ニハ本節ノ規定《きてい》ノ外《ほか》次章ノ規定ヲ準用ス

本條問の答　不動産には本節の定めの外次章則ち抵當權《ていたうけん》の定めを準用《じゆんよう》するなり

第四節　權利質《けんりじち》

本節問の答　權利質とは債權者が債務者に向ふて有する金錢上の權利を質に取りて金を貸すことなり

第三百六十二條 質權ハ財産權《ざいさんけん》ヲ以テ其目的《もくてき》ト爲スコトヲ得

前項ノ質權ニハ本節規定ノ外前三節ノ規定ヲ準用ス

本條問の答　質權は動産又は不動産の如き物を目的《もくてき》とすることも出來又本條に定むるが如く財産權則ち金錢貸借の權利又公債《こうさい》の如き權利會社の株式《かぶしき》の如きものも質に取ることを得るなり而して此の質權には本節の定めの外尚前第三節の定を準用するなり

第三百六十三條 債權《さいけん》ヲ以テ質權ノ目的ト爲ス場合《ばあひ》ニ於テ其債權ノ證書《しようしよ》アルトキハ質權ノ設定《せつてい》ハ其證書ノ交付《かうふ》ヲ爲スニ因リテ其效力《かうりよく》ヲ生ス

本條問の答　金錢上《きんせんじやう》の權利則ち債權を以て質權の目的と爲す場合に其債權に証書あるときは質權を設《まう》け定むるには其証書を債務者たる質入主より質取主《しちとりぬし》に手渡《てわたし》を爲すによりて其效力《かうりよく》が出來る可きなり故に假令《たと》ひ質權設定の契約《けいやく》あるも證書を手渡にあらざれば質權

は設定せられざるべし

第三百六十四條　指名債權《しめいさいけん》ヲ以テ質權ノ目的ト爲シタルトキハ第四百六十七條ノ規定ニ從ヒ第三債務者ニ質權ノ設定ヲ通知シ又ハ第三債務者カ之ヲ承諾《しやうだく》スルニ非サレハ之ヲ以テ第三債務者其他ノ第三者ニ對抗《たいかう》スルコトヲ得ス

前項ノ規定ハ記名ノ株式《かぶしき》ニハ之ヲ適用《てきよう》セス

本條問の答　指名《しめい》債權則ち何某《なにがし》との氏名を證書に記したる權利を以て質權の目的《もくてき》と爲したるときは第四百六十七條の規定則ち指名債權讓渡の定めに從ひ第三債務者たる指名債權の債務者ヱ質權を設くべき旨を知らしたるか又は其債務者が承諾《しやうだく》を爲すに非らざれば第三債務者に質權を返濟《へんさい》出來ざるときに請求《せいきう》することを得ず又他の人より第三債務者に其債權を差押《さしおさへ》ゆる等のことあるときは質權者は一言《げん》の故障《こしやう》を申立つるを得ざるべし此の定めは記名《きめい》の株式には適用《てきよう》せざるべし何となれば株式《かぶしき》には別《べつ》の定めあるを以てあり

第三百六十五條　記名《きめい》ノ社債《しやさい》ヲ以テ質權ノ目的ト爲シタルトキハ社債ノ讓渡《じやうと》ニ關《くわん》スル規定ニ從ヒ會社ノ帳簿《ちやうぼ》ニ質權ノ設定《せつてい》ヲ記入《きにふ》スルニ非サレハ之ヲ以テ會社《くわいしや》其他ノ第三者ニ抗對《たいかう》スルコトヲ得ス

本條問の答　記名の社債《しやさい》則ち氏名を記《しる》したる會社の債權を質に取りたるときは社債の讓

渡に關する定めにより會社の帳簿に質權を設けたることを記すに非されば質權者は會社又は其外會社《くわいしや》の債權者又其社債を買受けたる第三者に手向ふことを得ざるべし是れ帳簿《ちやうぼ》に記《しる》すにより何某《なにがし》社債は何某の質權の目的《もくてき》たることを知るも記入《きにふ》なきは質權の設定を知るに由なければなり

第三百六十六條　指圖債權《さしづさいけん》ヲ以テ質權ノ目的ト爲シタルトキハ其證書ニ質權ノ設定ヲ裏書《うらがき》スルニ非サレハ之ヲ以テ第三者ニ對抗《たいかう》スルコトヲ得ス

本條問の答　指圖《さしづ》債權則ち証書に表面記載の金額《きんがく》は何某に拂渡さるべしと記したる債權にして此債權を質に取りたるときは其証書に質權を設けあることを裏《うら》に記《しる》すにあらざれは質權者は單《たん》に質に取り丈けのみにては第三者則ち債務者外《さいむしやぐわい》の者に手向《てむか》ふを得ざるべし是れ指圖債權証書は數人の手に渡るものなれば裏書《うらがき》を爲し質權を知らしむる必要あるを以てなり

第三百六十七條　質權者ハ質權ノ目的タル債權《さいけん》ヲ直接《ちよくせつ》ニ取立《とりた》ツルコトヲ得

債權ノ目的物カ金錢ナルトキハ質權者ハ自己《じこ》ノ債權額《さいけんがく》ニ對スル部分ニ限リ之ヲ取立ツルコトヲ得

右ノ債權ノ辨濟《べんさい》期カ質權者ノ債權ノ辨濟期前ニ到來《とうらい》シタルトキハ質權者ハ第三債務者ヲシテ其辨濟金額ヲ供託《きやうたく》セシムルコトヲ得此場合ニ於テハ質權ハ其供託金ノ上ニ存在ス

債權ノ目的物カ金錢ニ非サルトキハ質權者ハ辨濟トシテ受ケタル物ノ上ニ質權ヲ有ス

本條問の答　質權者は質權の目的則ち質ヱ取りたる債權と自分《じぶん》が直接《ちよくせつ》に債務者に向ふて取立つることを得而して債權の目的とする物が金錢なるときは質權者は自分が有する債權額に對《たい》する分丈け取立つることを得是れ自分の債權額の返濟《へんさい》あれば他は自分に入用なけば取立《とりた》つるに及ばざるべし又質に取りたる債權が質權者の債權の辨濟期《べんさいき》限前《げんぜん》に來るときは質權者は第三債務者則ち質に入れたる債權に對する債務者は其辨濟金を供託《きやうたく》則ち預《あづ》けしむることが出來る既《すで》に預けたるときは質權は供託金《きやうたくきん》の上《うへ》に在ることゝなるべし債權の目的が金錢の外の物なるときは質權者は辨濟の爲めに受けたる物の上に質を有することゝなるべきなり

第三百六十八條　質權者ハ前條ノ規定ニ依ル外《ほか》民事《みんじ》訴訟法《そせうはふ》ニ定ムル執行方法《しつかうはうはふ》ニ依リテ質權ノ實行《じつかう》ヲ爲スコトヲ得

本條問の答　質權者は前條に定むる外民事《みんじ》訴訟法《そしようはふ》に定めたる執行方法《しつかうはうはふ》則ち強制執行《きやうせいしつかう》の定

ふに依りて質權を行《おこな》ふことが出來るべし

第十章　抵當權《ていたうけん》

本章問の答　抵當權《ていたうけん》とは土地家屋の如き不動產《ふどうさん》を抵當に取りて金錢を貸渡《かしわた》したる時に出來る權利にして今日金を借るに信用《しんよう》なきものは此方法により金を借るもの仲々《なかなかおほ》多し而して抵當權は確《たし》かなる權利にして損失《そんしつ》を受くる樣《やう》のことは其抵當物《ていたうぶつ》たる土地又は家屋が洪《こう》水《ずゐ》又は火災等《くわさいとう》の天災《てんさい》により無くなる外は毫《がう》もなきものなり

第一節　總《そう》則《そく》

本節問の答　抵當權の總《すべ》てに用ゐらるゝ規則《きそく》を定む

第三百六十九條　抵當權《ていたうけん》者ハ債務者又ハ第三者カ占有《せんいう》ヲ移《ちつ》サスシテ債務ノ擔保ニ供シタル不動產ニ付キ他ノ債權者ニ先チテ自己ノ債權ノ辨濟《べんさい》ヲ受《う》クル權利《けんり》ヲ有ス

地上權《ちじやうけん》及ヒ永小作權《えいこさくけん》モ亦之ヲ抵當權《ていたうけん》ノ目的ト爲スコトヲ得此場合ニ於テハ本章ノ規定ヲ準用ス

本條問の答　抵當物を取りて金を貸《か》したる權利者は其債務《さいむ》又は債務者外の人が其抵當物の占有《せんいう》を抵當權利者に渡さずして債務を返濟《へんさい》せざるときの引當《ひきあて》となしたる不動產に付き其不動產を賣拂《うりはら》ひたるときは他の債權者に先ちて自分の債權の辨濟を受くる權利を有す

地上權永小《えいこ》作權《さくけん》も亦抵當權の目的則ち抵當に取ることが出來《でき》るものとして抵當に取りたるときは本章に定むる所に從《したが》ふべきものとす

第三百七十條 抵當權ハ抵當地ノ上ニ存《そん》スル建物《たてもの》ヲ除《のぞ》ク外《ほか》其目的タル不動産ニ附加《ふか》シテ之ト一體《たい》ヲ成《な》シタル物ニ及フ但設定行爲《せつていかうゐ》ニ別段《だん》ノ定アルトキ及ヒ第四百二十四條ノ規定ニ依リ債權者カ債務者ノ行爲ヲ取消スコトヲ得ル塲合ハ此限ニ在ラス

本條問の答 抵當權は抵當に取りたる地の上《うへ》に建《た》てたる建物《たちもの》を除《のぞ》き其抵當の目的とする不動産に加《くは》はりて一《いつ》となりたる物に迄及ぶべきものとす假令《たとへ》ば一の家屋《かおく》を抵當に取りたる後更に債務者が其家屋を增築したるときは其增築の分も尚は抵當權に從ふことゝなる併し抵當を設くるときの契約《けいやく》に右の如き增築《ぞうちく》に抵當權は及ばずとの定あるとき及び第四百二十四條の定則ち債務者が債權者を害《がい》するの考《かんがへ》にて多くの費用《ひよう》を入れ增築を爲すときは債權者は其行爲を取消すとを得るとの定めにして此る塲合には抵當權は及ばざるべし

第三百七十一條 前條ノ規定ハ果實《くわじつ》ニハ之ヲ適用《てきよう》セス但抵當不動産ノ差押《さしおさへ》アリタル後《のち》又ハ第三取得者カ第三百八十一條ノ通知ヲ受ケタル後ハ此限ニ在ラス

第三取得者カ第三百八十一條ノ通知ヲ受ケタルトキハ其後一年內

ニ抵當不動産ノ差押《さしおさへ》アリタル場合ニ限《かぎ》リ前項但書ノ規定ヲ適用ス

本條問の答　前條の定め則ち抵當物《ていたうぶつ》に附加《ふか》して一體《いつたい》となりたる物に抵當權は及《およ》ぶとのことは抵當物より上《あ》がる米麥《こめむぎ》又は家賃には適用《てきよう》せず併し抵當に取りたる不動産が差押ありたる後又は第三百八十一條の通知《つうち》則ち抵當不動産を買受《かひう》けたる第三取得者に債務者は債務を支拂《しはら》はざるにより抵當權を實行《じつかう》するとの通知《つうち》を爲すときは果實《くわじつ》にも抵當物は及ぶことゝなる第三取得者《しゆとくしや》が第三百八十一條の通知を受けたるときは其通知の後一年内《ない》に抵當不動産の差押《さしおさへ》ありたる場合に限《かぎ》り前項但書を用ゆるべきものとす

第三百七十二條　第二百九十六條、第三百四條及ヒ第三百五十一條ノ規定ハ抵當權《ていたうけん》ニ之ヲ準用《じゆんよう》ス

本條問の答　抵當權には第二百九十六條第三百四條及び第三百五十一條を準用するを以て抵當權は債權の全部《ぜんぶ》の辨濟《べんさい》を受くる迄は抵當物の全部に權利《けんり》を行ふことを得又抵當權者は其抵當物を賣却《ばいきやく》し賃貸《ちんたい》し又は滅失《めつしつ》し又ハ毀損《きそん》したるに因《よ》りて債務者が他より受くべき金錢其外の物に向ふても行《おこな》ふことを得併し其拂渡又は引渡《ひきわたし》の前に差押をせねばならぬ又債務者が抵當物の上に設《まう》けたる物權《ぶつけん》の對價《たいか》に付ても亦同じく抵當權を行ふことを得又他人の債務を引受けする爲めに抵當物を差出《さしだ》したるものが債務を辨濟《べんさい》し又は債務者が債務を支拂ざるより抵當物を奪《うば》はれたるときハ保證《ほしよう》の規則《きそく》により債務者に向ふて償《つくなひ》を求《もと》む

ることを得るなり

第二節　抵當權ノ效力《かうりよく》

本節問の答　抵當權の效力《かうりよく》とは抵當權あるときは他の抵當權者と集合《しふがふ》するときは如何《いか》なることゝなるか又抵當物を買ひ受けたる者は如何等《いかゝとう》のことを云ふものにして詳《くは》しきことは各條に入りて知らるべし

第三百七十三條　數個ノ債權ヲ擔保スル爲メ同一ノ不動産ニ付キ抵當權ヲ設定《せつてい》シタルトキハ其抵當權ノ順位《じゆんゐ》ハ登記ノ前後《ぜんご》ニ依ル

本條問の答　甲乙丙の如き數個の債權を擔保《たんぽ》する爲め同じ不動産に付き抵當を設《まう》けたるときは其抵當權の順序《じゆんじよ》は登記《とうき》を爲したる前後による故に登記を爲したる日附《ひづけ》の先《さき》なるものは假令《たと》ひ抵當を設《まう》くるとの契約《けいやく》の日は前なるも登記の日附後なるときは登記日附の先きなるものに先《さきだ》つことを得ざるべし

第三百七十四條　抵當權者カ利《り》息《そく》其他ノ定期金《ていきゝん》ヲ請求《せいきう》スル權利ヲ有スルトキハ其滿期ト爲リタル最後《さいご》ノ二年分ニ付テノミ其抵當權ヲ行フコトヲ得但其以前ノ定期金ニ付テモ滿期後特別ノ登記ヲ爲シタルトキハ其登記ノ時ヨリ之ヲ行フコトヲ妨ケス

本條問の答　抵當權者が利息《りそく》其外の定期金《ていきゝん》即ち月《つき》及日《ひ》が定まりたるときの金を請求する

權利を有するときは此の利息《りそく》又は定期金の滿期《まんき》となりたる最《もつと》も後《のち》の二年分に付てのみ其抵當の權利を行《おこな》ふことを得《う》併し二年前の定期金に付ても滿期後特別《とくべつ》に登記を爲したるときは其登記を爲したる時より抵當權を行ふも妨《さまた》げあらざるなり

第三百七十五條　抵當權者ハ其抵當權ヲ以テ他《た》ノ債權《さいけん》ノ擔保《たんぽ》ト爲シ又同一ノ債務者ニ對スル他ノ債權者ノ利益ノ爲メ其抵當權若クハ其順位《じゆんゐ》ヲ讓渡《じやうと》シ又ハ之ヲ拋棄《はうき》スルコトヲ得

前項ノ場合ニ於テ抵當權者カ數人ノ爲メニ其抵當權ノ處分ヲ爲シタルトキハ其處分ノ利益《りえき》ヲ受《う》クル者ノ權利ノ順位ハ抵當權《ていたうけん》ノ登記《とうき》ニ附記《ふき》ヲ爲シタル前後《ぜんご》ニ依ル

本條問の答　抵當權者は自分が有《いう》する抵當權を以て外の債權の引當《ひきあて》と爲し又抵當物を差入れたる債務者の自分外《じぶんぐわい》の債權者の利益《りえき》と爲るため自分の抵當權を讓渡し又其抵當權の順位《じゆんゐ》則ち自分は第一位《ゐ》なりしものを二位の債權者に讓渡し又は抵當權を棄《す》つることを得るなり此の場合《ばあひ》に於て抵當權者が他の債權者數人の爲めに抵當權を讓渡し又は拋棄《はうき》を爲したるときは其利益を受くる所の權利者の順位《じゆんゐ》は抵當權の登記に右の處分《しよぶん》則ち讓渡又は拋棄《はうき》を附記《ふき》するものなれば其附記の日附《ひづけ》の前後《ぜんご》により日附の先きなる者が先きとなるものとす

第三百七十六條　前條ノ場合ニ於テハ第四百六十七條ノ規定ニ從ヒ主《しゆ》タル債務者ニ抵當權ノ處分ヲ通知《つう》シ又ハ其債務者カ之ヲ承諾《しやうだく》スルニ非《あら》サレハ之ヲ以テ其債務者、保證人、抵當權設定者及ヒ其承《しよう》繼人《けいにん》ニ對抗《たいかう》スルコトヲ得ス

主タル債務者《さいむしや》カ前項ノ通知ヲ受ケ又ハ承諾《しやうだく》ヲ爲シタルトキハ抵當《ていたう》權ノ處分ノ利益ヲ受クル者ノ承諾ナクシテ爲シタル辨濟ハ之ヲ以テ其受益者《じゆえきしや》ニ對抗スルコトヲ得ス

本條問の答　前條の場合則ち抵當權若くば順位《じゆんゐ》を讓渡し又は拋棄《はうき》したるときは第四百六十七條の定めに從《したが》ひ主《しゆ》たる債務者に抵當權の讓渡又は拋棄したることを通知《つうち》し又は其債務者が其處分を承知するに非らざれば抵當權者は其債務者保証人抵當設定者及び此等の承繼人《しやうけいにん》に手向《てむか》ふことを得ざるべし又主《しゆ》たる債務者が右の通知《つうち》を受け又は承諾《しやうだく》したるときは抵當權の讓渡又は拋棄《はうき》の利益を受くる者の承知《しやうち》なくして無したる辨濟《べんさい》は其辨濟を爲したるとて其利益を受くる者に手向ふことを得ざるべし

第三百七十七條　抵當不動産ニ付キ所有權又ハ地上權ヲ買受ケタル第三者カ抵當權者ノ請求《せいきう》ニ應《おう》シテ之ニ其代價《だいか》ヲ辨濟シタルトキハ抵當權ハ其第三者ノ爲メニ消滅《せうめつ》ス

本條問の答　抵當に取りたる不動産の所有權《しよいうけん》又は地上權を買ひ受けたる第三者則ち他人が抵當權利者より求められたるより抵當債權者に其買ひ受けたる代價を辨濟したるときは抵當權は其第三者の爲めに消滅《せうめつ》するものとす

第三百七十八條　抵當不動産ニ付キ所有權、地上權又ハ永小作權ヲ取得《しゆとく》シタル第三者ハ第三百八十二條乃至第三百八十四條ノ規定ニ從ヒ抵當權者ニ提供《ていきやう》シテ其承諾ヲ得タル金額ヲ拂渡《はらひわた》シ又ハ之ヲ供《きやう》託《たく》シテ抵當權ヲ滌除《てきぢよ》スルコトヲ得

本條問の答　抵當不動産の所有權地上權又ハ永小作權《えいこさくけん》を買受けたる第三者が第三百八十二條乃至《ないし》第三百八十四條の定めに從《したが》ひ抵當の權利者に提供《ていきやう》則ち差出《さしいだ》して承諾《しやうだく》を得たる金を拂ひ渡し又は供託所《きやうたくしよ》に預《あづ》けて抵當權を滌除《てきぢよ》則ち抵當權の負擔《ふたん》を免《まぬ》がるゝことを得《う》然らざるときは此等《これら》の權利を買受けたるにも拘ふず抵當權利者に取上げられて賣拂らわるゝことなり大に損害を受くるに至るべきあり

第三百七十九條　主《しゆ》タル債務者、保證人及ヒ其承繼人《しやうけいにん》ハ抵當權ノ滌《てき》除《ぢよ》ヲ爲スコトヲ得ス

本條問の答　主たる債務則ち抵當權者より借金を爲《な》し居《を》る者保証人及び此等《これら》の承繼人は抵當權の滌除則ち抵當權を除《のぞ》き去《さ》ることを得ざるべし何となれば滌除とは不動産に負《お》ひ

居る抵當權を假令《たとひ》辨濟の期限來《きた》らざるも其債務を無理《むり》に引き受けしめ又抵當債權は第三百七十一條に定むる如く全部の辨濟を受くる迄抵當物の全部に付き其權利を行ふことを得るものなるにも拘《かゝは》らず無理《むり》に一部を受けて抵當權を去《さ》らしむるものなり然るに主たる債務者が右の滌除《てきぢよ》を爲すときは初めの契約に背《そむ》くに至り抵當債權者の迷惑《めいわく》大となる又保證人も主たる債務者の引受《ひきう》けを爲すものなれば無論《むろん》滌除を爲すことを得ず又承繼人は右等《みぎら》の者の權利義務を承《う》け繼《つ》ぐものなれば滌除を爲し能《あた》はざるは言を俟《ま》たず

第三百八十條 停止條件附《ていしでうけんつき》第三取得者ハ條件ノ成否未定《せいひみてい》ノ間ハ抵當權ノ滌除《てきぢよ》ヲ爲スコトヲ得ス

本條問の答　抵當付《つ》きの不動産を停止《ていし》條件附《でうけんつ》きにて買受けたる第三者は條件の成就《じやうじゆ》したるか否《いな》やが未《いま》だ定まらざる間は抵當權の滌除を爲すことを得ざるなり是れは條件が成就して權利が定まるものなるが故に定まらざる間に滌除するも或は取消となるやも知れざれば斯《か》く定めたるなり

第三百八十一條 抵當權者カ其抵當權ヲ實行《じつかう》セント欲《ほつ》スルトキハ豫《あらかじ》メ第三百七十八條ニ掲ケタル第三取得者《しゆとくしや》ニ其旨《むね》ヲ通知《つうち》スルコトヲ要ス

本條問の答　抵當權利者が其債務者が其債務の返濟《へんさい》を爲さゞるより其抵當權を行《おこな》はんと欲《ほつ》

得たるときは第三百七十八條に掲《けい》げたる第三取得者則ち所有權地上權《ちじやうけん》又は永小《えいこ》作權《さくけん》を買《か》ひ受けたる者あるときは其抵當權を實行する事を通知することが必要なり

第三百八十二條　第三取得者ハ前條ノ通知ヲ受クルマテハ何時ニテモ抵當權ノ滌除《てきぢよ》ヲ爲スコトヲ得

第三取得者カ前條ノ通知《つうち》ヲ受《う》ケタルトキハ一个月内ニ次條ノ送達《そうたつ》ヲ爲スニ非サレハ抵當權ノ滌除ヲ爲スコトヲ得ス

前條ノ通知アリタル後ニ第三百七十八條ニ掲ケタル權利ヲ取得シタル第三者ハ前項ノ第三取得者カ滌除《てきぢよ》ヲ爲スコトヲ得ル期《き》間内《かんない》ニ限リ之ヲ爲スコトヲ得

本條問の答　第三取得者《しゆとくしや》は前條の抵當權實行《じつかう》の知らせを受くるまでは何時にても抵當權の滌除を爲すことを得るなり又第三取得者は前條の通知を受けたるときは其通知を受けたる日より一个月の内に次ぎの條の送達《そうたつ》を爲さゞれば抵當權の滌除《てきぢよ》を爲すことを得ざるべし又前條の通知ありたる後に第三百七十八條に掲《けい》げたる所有權地上權又は永小《えいこ》作權《さくけん》を讓受《ゆづりう》けたる第三者は前項の第三取得者が滌除を爲すことを得る期《き》間内《かんない》則ち一个月内に限りて滌除を爲すことを得るなり

第三百八十三條　第三取得者《しゆとくしや》カ抵當權ヲ滌除《てきぢよ》セント欲《ほつ》スルトキハ登《とう》

記《き》ヲ爲シタル各債權者ニ左ノ書面《しよめん》ヲ送達《そうたつ》スルコトヲ要ス

一　取得《しゆとく》ノ原因《げんいん》、年月日《にち》、讓渡人《じやうとにん》及ヒ取得者ノ氏名《しめい》、住所《ぢうしよ》、抵當不動產ノ性質《せいしつ》、所在《しよざい》、代價其他取得者ノ負擔《ふたん》ヲ記載《きさい》シタル書面

二　抵當不動產ニ關スル登記簿《とうきぼ》ノ謄本《とうほん》但既《すで》ニ消滅《せうめつ》シタル權利ニ關スル登記ハ之ヲ揭クルコトヲ要セス

三　債權者カ一个月內ニ次條《じでう》ノ規定ニ從ヒ增價競賣《ぞうかきやうばい》ヲ請求セサルトキハ第三取得者ハ第一號ニ揭ケタル代價又ハ特ニ指定《してい》シタル金額ヲ債權ノ順位《じゆんゐ》ニ從ヒテ辨濟又ハ供託《きやうたく》スヘキ旨ヲ記載《きさい》シタル書面

本條問の答　抵當付の不動產を債務者《さいむしや》より讓受けたる第三者が抵當權を滌除《てきぢよ》せんと欲《ほつ》するときは抵當を登記を爲したる各債權に第一號より第三號までの書面を送らざるべからず其書面の第一は抵當付《ていたうつき》不動產を取得《しゆとく》したる其原因《げんいん》取得したる年月日讓渡人の何人なること其住所及び讓受人の氏名住所又抵當不動產の性質《せいしつ》則ち土地《とち》なるか山林《さんりん》なるか其所在《しよざい》并に代價其外取得者たる讓受人の引受け居る高を記したる書面として第二は抵當不動產に關する登記簿の謄本《とうほん》則ち寫《うつし》謂所し既《すで》に消滅《せうめつ》したる權利則ち一度《いちど》登記したる權利なるも

既に返濟を爲し取消となりたる權利の登記は掲ぐるに及ばず第三は債權者が一个月の內に次ぎの條の定に從ひ價《あたひ》を增《ま》して競賣《せりうり》することを求めざるときは第三取得者は第一號に掲げたる代價又は特に指《さ》し定《さだ》めたる金額《きんがく》を債權の順位に從ひ辨濟すべき旨又供託《きやうたく》すべき旨《むね》を記したる書面《しよめん》是れなり此の書面を送《おく》らざるときは滌除《てきぢよ》を行《おこな》ふことを得ざるべし

第三百八十四條　債權者カ前條ノ送達《そうたつ》ヲ受ケタル後一个月內ニ增價《ぞうか》競賣《きやうばい》ヲ請求セサルトキハ第三取得者ノ提供《ていきやう》ヲ承諾《しやうだく》シタルモノト看做ス

增價競賣ハ若シ競賣ニ於テ第三取得者カ提供シタル金額ヨリ十分ノ一以上高價《かうか》ニ抵當不動產ヲ賣却《ばいきやく》スルコト能《あた》ハサルトキハ十分ノ一ノ增價ヲ以テ自ヲ其不動產ヲ買受《かひう》クヘキ旨ヲ附言《ふげん》シ第三取得者ニ對シテ之ヲ請求スルコトヲ要ス

前項《ぜんかう》ノ場合ニ於テハ債權者《さいけんしや》ハ代價及ヒ費用《ひよう》ニ付キ擔保《たんぽ》ヲ供スルコトヲ要ス

本條問の答　各債權者が前條書面の送達《さうたつ》を受けたる後一个《か》月の內に第三取得者《しゆとくしや》の讓受けたる價より高價《かうか》の競賣《せりうり》を求めざるときは第三取得者の申出を承諾《しやうだく》したるものと看做《みな》す是れ價《あたひ》が增《ま》すときは債權者の利益《りえき》なるに何等《なんら》の求《もと》めをせざるは第三者取得者の申出を承諾

したるものとするは至當《したう》の事なり增價競賣を爲し者ー其競賣《きやうばい》にて第三取得者より申出でたる金額より十分の一以上高價に抵當不動產を賣ることが出來ざるときは十分の一價を增《ま》して自ら其不動產《ふどうさん》を買受くべき旨を附言《ふげん》して第三取得者に向ひて其十分の一の增價《ぞうか》を求《もと》むることを得ざるべし此塲合に於ては債權者《さいけんしや》は抵當不動產の代價及び費用《ひよう》に付き擔保《たんぽ》を差出さゞるべからず

第三百八十五條　債權者カ增價競賣ヲ請求スルトキハ前條ノ期間內ニ債務者及ヒ抵當《ていたう》不動產《ふどうさん》ノ讓渡人ニ之ヲ通知《つうち》スルコトヲ要ス

本條問の答　債權者が增價競賣《ぞうかせいばい》を爲すべきことを求むるときは前條の期間內《きかんない》則ち一个月の內に債務者及び抵當不動產の讓渡人に增價競賣を爲すべき旨を通知せざるべからず

第三百八十六條　增價競賣ヲ請求シタル債權者《さいけんしや》ハ登記《とうき》ヲ爲シタル他ノ債權者ノ承諾ヲ得ルニ非サレハ其請求ヲ取消スコトヲ得ス

本條問の答　增價競賣《ぞうかせいばい》を爲すべきことを請求したる債權者は既《すで》に抵當を登記したる他の債權者の承知を得るに非らざれば猥《みだ》りに其求めを取消《とりけ》すことを得ざるべし

第三百八十七條　抵當權者カ第三百八十二條ニ定メタル期間內ニ第三取得者ヨリ債務ノ辨濟《べんさい》又ハ滌除《てきぢよ》ノ通知ヲ受ケサルトキハ抵當不動產ノ競賣《きやうばい》ヲ請求《せいきう》スルコトヲ得

本條問の答　抵當債權者が第三百八十二條に定めたる期間內則ち一个月の內ㇸ抵當不動產を買受けたる者より債務を辨濟《べんさい》するとか又は抵當權を滌除《てきぢよ》するとかの通知《つうち》を受けざるときは抵當不動產の競賣《せりうり》を請求することを得るなり則ち第三取得者たる抵當不動產の買受人は第三百八十一條により抵當債權者より抵當權を實行《じつかう》すべき通知《つうち》を受けながら何等《なんら》の返答《へんたふ》を爲さゞるときは第三百八十二條により滌除の權利を失《うしな》ひたればなり

第三百八十八條　土地《とち》及ヒ其上《そのうへ》ニ存スル建物《たてもの》カ同一ノ所有者ニ屬スル場合ニ於テ其土地又ハ建物ノミヲ抵當《ていたう》ト爲シタルトキハ抵當權設定者ハ競賣《きやうばい》ノ場合ニ付キ地上權ヲ設定シタルモノト看做《みな》ス但地代ハ當事者ノ請求ニ因リ裁判所之ヲ定ム

本條問の答　土地及び其土地の上に在《あ》る建物《たちもの》が同じ所有者《しよいうしや》の物なる場合に於て其土地又は建物のみを抵當と爲したるときは抵當權を設《まう》けたる者は其土地《とち》又は建物を競賣《せりうり》したる場合には地上權《ちじやうけん》を設《まう》けたるものと看做《みな》すべし其地代は買受けたる者又は土地所有者の求めにより裁判所が之を定むるものなり

第三百八十九條　抵當權設定《ていたうけんせつてい》ノ後其設定者カ抵當地《ていたうち》ニ建物ヲ築造《ちくざう》シタルトキハ抵當權者ハ土地ト共ニ之ヲ競賣《きやうばい》スルコトヲ得但其優先《いうせん》權ハ土地ノ代價ニ付テノミ之ヲ行フコトヲ得

本條問の答　抵當權を設けたる後《のち》其抵當權を設けたる者が其抵當に入れたる土地に建物を築造《ちくぞう》したる時は抵當の權利者は建物を築《きづ》きたる土地と共に競賣《せりうり》することを得但し抵當權たる他の債權者より先きに辨濟《べんさい》を受くる權利は土地の代價に付てのみ行《おこな》ふことを得るなり是れ建物は抵當を設くる時に在らざりしを以てなり

第三百九十條　第三取得者ハ競賣人ト爲ルコトヲ得

本條問の答　第三取得者則ち既《すで》に抵當の不動産を讓受けし者と雖ども競賣人《せりうりにん》となることを得是れ第三取得者が競買人となるに於て少しも差支なきを以てなり

第三百九十一條　第三取得者カ抵當不動産ニ付キ必要費《ひつようひ》又ハ有益費《いうはきひ》ヲ出タシタルトキハ第百九十六條ノ區別ニ從ヒ不動産ノ代價ヲ以テ最《もつと》モ先《さき》ニ其償還《しやうくわん》ヲ受クルコトヲ得

本條問の答　第三取得者が買受け居りし抵當不動産に付き保存《ほぞん》に必要《ひつよう》なる費用《ひよう》又は改良《かいりやう》等をなしたる有益費《いうはきひ》を出したる場合に於て抵當不動産が競賣せられたるときは第百九十六條の區別《くべつ》に從ひ右の不動産の競賣《せりうり》代價にて最《もつと》も先《さ》きに償《つくな》ひを受くることを得るなり

第三百九十二條　債權者カ同一ノ債權ノ擔保トシテ數個ノ不動産ノ上ニ抵當權ヲ有スル場合ニ於テ同時ニ其代價ヲ配當《はいたう》スヘキトキハ其各不動産ノ價額《かがく》ニ準《じゆん》シテ其債權ノ負擔《ふたん》ヲ分《わか》ツ

或不動産ノ代價ノミヲ配當スヘキトキハ抵當權者ハ其代價ニ付キ債權ノ全部《ぜんぶ》ノ辨濟《べんさい》ヲ受クルコトヲ得此場合ニ於テハ次ノ順位《じゆんゐ》ニ在ル抵當權者ハ前項ノ規定ニ從ヒ右ノ抵當權者カ他ノ不動産ニ付キ辨濟ヲ受《う》クヘキ金額《きんがく》ニ滿《み》ツルマテ之ニ代位シテ抵當權ヲ行フコトヲ得

本條問の答　債權者が同じ債權の擔保《たんぽ》則抵當《ていたう》として數個《すうこ》の不動産の上に抵當權を有する場合にて債務者が其債務を返濟《へんさい》せざるにより數個の不動産を同じ時に賣り拂ひ其代價を分《わ》くるときは各不動産の價に準《じゆん》じ則ち割《わ》り當《あ》てゝ債權を引受けしむ又或る不動産の代價のみを分くるときは抵當權者は其代價に付て債權の全部の辨濟を受くることが出來るべし而して此の場合に於ては次ぎの順位《じゆんゐ》にある抵當の權利者は前項《ぜんこう》の定めに從《したが》ひ則ち數個の不動産の代價に割《わ》り當《あ》て配當《はいたう》する定めに從ひ右の抵當權者が他の不動産に付き辨濟《べんさい》を受くべき金額《きんがく》に滿《み》つる迄代位《だいゐ》して抵當權を行《おこな》ふことを得るなり

第三百九十三條　前條ノ規定ニ從ヒ代位ニ因リテ抵當權ヲ行フ者ハ其抵當權ノ登記《とうき》ニ其代位ヲ附記《ふき》スルコトヲ得

本條問の答　前條の定むる所によりて代位《だいゐ》第一の抵當債權者の權利を承繼《うけつ》ぎて抵當權を行《おこな》ふ者は其抵當權の登記に附《つ》け記《おき》を爲《な》すことが出來るべし是れ世人《せじん》をして代位《だいゐ》を爲すこと

とを知らしむる爲めなり

第三百九十四條　抵當權者ハ抵當不動產ノ代價《だいか》ヲ以テ辨濟《べんさい》ヲ受ケサル債權ノ部分ニ付テノミ他ノ財產ヲ以テ辨濟ヲ受クルコトヲ得

前項ノ規定《きてい》ハ抵當不動產ノ代價《だいか》ニ先《さき》チテ他《た》ノ財產ノ代價ヲ配當《はいたう》スヘキ場合ニハ之ヲ適用セス但他ノ各債權者ハ抵當權者ヲシテ前項ノ規定ニ從ヒ辨濟《べんさい》ヲ受ケシムル爲メ之ニ配當《はいたう》スヘキ金額ノ供託《きやうたく》ヲ請求スルコトヲ得

本條問の答　抵當の權利者は抵當に取《と》り居る不動產の代價不足《ふそく》するとかにて辨濟を受けざる債權の部分《ぶぶん》丈《だ》けは債務者の他の財產《ざいさん》より辨濟を受くることを得此の時は通例《つうれい》の債權と爲りて抵當權たりし效はあらざるなり右の定めは抵當不動產の代價に先ちて他の財產の代價の配當《はいたう》する場合には用ゐざるべし併《しか》し外の各債權者は抵當權者をして前項の定めに從ひ辨濟《べんさい》を受けしむる爲め配當《はいたう》する金額を供託《きやうたく》せしむべきことを求《もと》むるを得此れ配當多くして割戾《わりもど》すべき場合に抵當債權者が身代限《しんだいかぎり》等を爲すときは割戾の金額を得ることが出來ざるを恐れてなり

第三百九十五條　第六百二條ニ定メタル期間《きかん》ヲ超《こ》エサル賃貸借《ちんたいしやく》ハ抵當權ノ登記後《とうきご》ニ登記シタルモノト雖モ之ヲ以テ抵當權者ニ對抗《たいかう》ス

ルコトヲ得但其賃貸借カ抵當權者ニ損害ヲ及ホストキハ裁判所ハ抵當權者ノ請求《せいきう》ニ因リ其解除《かいぢよ》ヲ命《めい》スルコトヲ得

本條問の答　第六百二條に定めたる期間《きかん》則ち十年五年三年及び六ケ月を超《こ》ゑざる賃貸借《ちんたいしやく》は抵當權の登記の後《のち》に登記したるものと雖《いへ》ども抵當權者に手向《てむか》ふことを得故に賃貸借は有效《いうかう》なり併《しか》し抵當權を登記したる後に登記したる賃貸借が抵當權者に損害《そんがい》を來たすものなるときは裁判所は抵當權利者の請求《せいきう》により其賃貸借の解除《かいぢよ》則ち解《と》くべきを命《めい》ずることを得るなり

第三節　抵當權ノ消滅

本節問の答　抵當の權利《けんり》が無《な》くなることを本節に定む

第三百九十六條　抵當權ハ債務者《さいむしや》及ヒ抵當權設定者《ていたうけんせつていしや》ニ對シテハ其擔保《たんぽ》スル債權《さいけん》ト同時《どうじ》ニ非サレハ時效《じかう》ニ因リテ消滅《せうめつ》セス

本條問の答　抵當權は債務者及び抵當權設定者《せつていしや》則ち他人より債務者の債務の引當《ひきあて》として不動產を差出したる者に向《む》ひては其擔保《たんぽ》する債權と同じ時に非ざれば時效《じかう》によりて消滅《せうめつ》せざるべし故に債權が二十年の時效にて消滅せば抵當權も共に無くなるべし

第三百九十七條　債務者《さいむしや》又ハ抵當權設定者ニ非サル者カ抵當不動產ニ付キ取得時效《しゆとくじかう》ニ必要《ひつえう》ナル條件《でうけん》ヲ具備《ぐび》セル占有ヲ爲シタルトキハ

抵當權ハ之ニ因リテ消滅《せうめつ》ス

本條問の答　債務者にも非らず又は抵當權設定者《せつていしや》に非《あら》ざる者が抵當に取りたる不動產につき取得時效に要する條件《でうけん》則ち个條《かでう》を具《そな》へたる占有《せんいう》を爲したるときは抵當權は取得時效《しゆとくじかう》に依《よ》りて消滅《せうめつ》して無《な》くなるべし

第三百九十八條　地上權《ちじやうけん》又ハ永小作權《えいこさくけん》ヲ抵當ト爲シタル者カ其權利ヲ抛棄《はうき》シタルモ之ヲ以テ抵當權者ニ對抗スルコトヲ得ス

本條問の答　地上權又は永小作權を抵當《ていたう》に差入《さしい》れたる者が地上權又は永小作權を棄《す》つるも抵當權利者に手向《てむか》ふことを得ず故に地上權又は永小作權を或者《あるもの》に與《あた》へたるよ其者が地上權又は永小作權を棄《す》つるときは其者は抵當權を免《まぬ》がるゝも土地の所有權者《しよいうけんしや》は其棄《す》てたるとて抵當權者に手向ふことを得るべし

本節よは抵當消滅《せうめつ》の个條《かでう》として只三个條を示《しめ》すに過《す》ぎざれども此外抵當に入れたる物が消滅するときは抵當權も消滅し又債權者が抵當權を棄つるときも亦消滅し又時效及び抵當にて借《か》りたる義務を返濟し又ハ滌除《てきぢよ》等にて消滅するものなることを知らざるべからず

第三編　債《さい》權《けん》

本編問の答　債權は第二編の物權《ぶつけん》とは大に異《こと》なりて物權は物を目的《もくてき》とする權利なれども債權は人を目的とする權利にして金を貸《か》したるより出來る權又或人と約束《やくそく》して家を建《た》てしむる權又芝居場《しばゐごや》にて芝居《しばゐ》を爲《な》さしむる權又爲さしめざる權の如き皆此れ債權なり而して物權は法律に示《しめ》したる外は相互《あひたがひ》に設《まう》くるを得ざれども債權は公《おほやけ》の秩序善良《ちつじよぜんりやう》の風俗《ふうぞく》を害《がい》せざるものにてあれば約束して設くることを得るなり

第一章　總則

本章問の答　債權に通《つう》じて用ゐらるゝ規則を本章に定むるものなれば事債權《ことさいけん》に關《くわん》するものは皆本章の支配《しはい》を受《う》けねばならぬものなり

第一節　債權ノ目的《もくてき》

本節問の答　人と約束《やくそく》して債權が出來るときは其債權は何を目的《もくてき》となしたるか何《なに》を得るために出來たるが總て本節に示すものなり

第三百九十九條　債權《さいけん》ハ金錢ニ見積《みつも》ルコトヲ得サルモノト雖モ之ヲ以テ其目的ト爲スコトヲ得

本條問の答　債權なるものは金錢に見積《みつも》り何圓の價《あたひ》あるものなるか知れざるものと雖《いへ》ども債權の目的とすることを得るなり

第四百條　債權ノ目的カ特定物《とくていぶつ》ノ引渡《ひきわたし》ナルトキハ債務者ハ其引渡ヲ爲スマテ善良《ぜんりやう》ナル管理者《くわんりしや》ノ注意《ちうい》ヲ以テ其物ヲ保存《ほぞん》スルコトヲ要ス

本條問の答　債權の目的とする所が特定物《とくていぶつ》則ち何番地の家或は此馬《うま》此牛《うし》と指《さ》し定めたる物の引渡を爲すものなるときは債務者は其物を引渡すまで善良《ぜんりやう》なる管理者《くわんりしや》則ち良《よ》き支配《しはい》人《にん》たる注意《ちうい》にて其物を保存《ほぞん》し置《お》かざるべからず故に既《すで》に賣却《ばいきやく》したるとて麁末《そまつ》の取扱《とりあつかひ》を爲し其物を破《やぶ》る樣《やう》の事あるときは責《せめ》に任《にん》じ損害《そんがい》を償《つぐな》はねばならぬ

第四百一條　債權ノ目的物ヲ指示《しじ》スルニ種類《しゆるゐ》ノミヲ以テシタル場合ニ於テ法律行爲《はふりつかうゐ》ノ性質《せいしつ》又ハ當事者ノ意思《いし》ニ依リテ其品質《ひんしつ》ヲ定ムルコト能ハサルトキハ債務者ハ中等ノ品質ヲ有スル物ヲ給付スルコトヲ要ス

前項ノ場合ニ於テ債務者カ物ノ給付《きふふ》ヲ爲スニ必要《ひつえう》ナル行爲《かうゐ》ヲ完了《くわんれう》シ又ハ債權者ノ同意《どうい》ヲ得テ其給付スヘキ物ヲ指定《してい》シタルトキハ爾後其物ヲ以テ債權ノ目的物トス

本條問の答　債權の目的物《もくてきぶつ》を指《さ》し示《しめ》すに種類《しゆるゐ》則ち米《こめ》拾石とか机《つくゑ》五十脚《きやく》とかを以てしたる場合にて法律行爲《はふりつかうゐ》の性質《せいしつ》則ち契約又は契約したる者の意思《いし》を見《み》て目的物の品柄《しながら》を定むることが出來ざるときは債務者は中等の品柄の物を渡せば十分なり此の場合に於て債務者

が物を渡すに必要《ひつえう》なる行爲《かうゐ》則ち債權者を立會《たちあ》はしめ賣渡すべき米を斗《はか》り終《をは》り又は債權者の同意を得て其渡すべき物を此れ此れと指し定めたるときは其れから後は其物が債權の目的となるものとす

第四百二條　債權《さいけん》ノ目的物カ金錢《きんせん》ナルトキハ債務者ハ其選擇《せんたく》ニ從ヒ各種ノ通貨《つうくわ》ヲ以テ辨濟《べんさい》ヲ爲スコトヲ得但特定《とくてい》ノ通貨ノ給付《きふふ》ヲ以テ債權ノ目的ト爲シタルトキハ此限ニ在ラス

債權ノ目的タル特種ノ通貨《つうくわ》カ辨濟期《べんさいき》ニ於テ强制通用《きやうせいつうよう》ノ效力《かうりよく》ヲ失《うしな》ヒタルトキハ債務者ハ他ノ通貨ヲ以テ辨濟ヲ爲スコトヲ要ス

前二項ノ規定ハ外國ノ通貨ノ給付ヲ以テ債權ノ目的ト爲シタル場合ニ之ヲ準用ス

本條問の答　債權の目的が金錢なるときは債務者は自分の撰《えら》びにて各種《かくしゆ》の通貨《つうくわ》にて辨濟を爲すことを得るなり但し特種《とくしゆ》の通貨《つうくわ》則ち銀貨とか或は金貨《きんくわ》とかを以て債權の目的とするときは其定めたる貨幣《くわへい》にて渡さゞる可からず斯《か》く定めたる特種《とくしゆ》の通貨が辨濟《べんさい》を爲すべき期限《きげん》に强制通用《きやうせいつうよう》の效力《かうりよく》を失ひたるとき則ち通用せぬ樣になるときは債務者は其債務を免がるゝものにあらずして他の通用貨幣にて辨濟せねばならぬ

右の定めは外國の通用貨幣の給付を以て債權の目的とするときにも適用するなり

第四百三條　外國ノ通貨ヲ以テ債權額《さいけんがく》ヲ指定《してい》シタルトキハ債務者ハ履行地《りかうち》ニ於ケル爲替相場《かはせさうば》ニ依リ日本ノ通貨ヲ以テ辨濟ヲ爲スコトヲ得

本條問の答　外國の通用貨幣にて債權の額《がく》何万圓と指《さ》し定《さだ》めたるときは債務者は債務を行《おこな》ふべき地に於《お》ける爲替相場《かはせさうば》にて其外國の通貨の價を定め而して日本の通貨《つうくわ》にて辨濟を爲すことが出來るべし

第四百四條　利息《りそく》ヲ生スヘキ債權ニ付キ別段《べつだん》ノ意思表示《いしへうじ》ナキトキハ其利率《りりつ》ハ年五分トス

本條問の答　債權に付き利息《りそく》の定《さだめ》を爲《な》さゞるときは其利率《りりつ》は年《ねん》五分とす故に特《とく》に利息に付き約束するときは其れに從ひ又債權が利息を生ぜざるものあるときは利息は生ぜざるべし

第四百五條　利息カ一年分以上延滯《えんたい》シタル場合ニ於テ債權者ヨリ催《さい》告《こく》ヲ爲スモ債務者カ其利息ヲ拂ハサルトキハ債權者ハ之ヲ元本《ぐわんぽん》ニ組入《くみい》ルヽコトヲ得

本條問の答　利息が一年分以上《いじやう》も延滯《えんたい》したる場合に債權者より利息《りそく》の催促《さいそく》を爲すも債務者が其利息を拂はざるときは債權者は元本《げんぽん》則ち元金《もときん》に組《く》み入るゝことが出來るべし

第四百六條　債權ノ目的カ數個ノ給付《きうふ》中《ちう》選擇《せんかく》ニ依リテ定マルヘキトキハ其選擇權《せんたくけん》ハ債務者ニ屬《ぞく》ス

本條問の答　債權の目的《もくてき》とする所が數個《すうこ》の物《もの》ありて其中を選《えら》ぶによりて目的物が定まるときは其選《えら》ぶべき權利は債務者に屬《ぞく》するなり

第四百七條　前條ノ選擇權ハ相手方《あひてかた》ニ對スル意思《いし》表示《へうじ》ニ依リテ之ヲ行フ

前項ノ意思表示ハ相手方ノ承諾《しやうだく》アルニ非サレハ之ヲ取消《とりけ》スコトヲ得ス

本條問の答　前の選擇《せんたく》する權利は相手方《あひてかた》に向《むか》ひ爲したる意思《いし》則ち意見《いけん》を示《しめ》すによりて行ふものとす則ち數個の物の內此物を債務の目的に爲すと言ふ時は債務の目的が定まるものあり既《すで》に意思《いし》を表示《へうじ》するときは相手の者が承知《しやうち》するに非《あら》ざれば既《すで》に定めたる目的物を取消すことを得ざるべし

第四百八條　債權カ辨濟期《べんさいき》ニ在ル場合ニ於テ相手方ヨリ相當ノ期間《きかん》ヲ定メテ催告《さいこく》ヲ爲スモ選擇權ヲ有スル當事者カ其期間內ニ選擇《せんたく》ヲ爲ササルトキハ其選擇權ハ相手方ニ屬ス

本條問の答　債權が辨濟を受くべき期限《きげん》來り相手の者より相當《さうたう》の期間をきめ債權の目的

物を選擇《せんたく》すべしとの催促《さいそく》するも選擇の權を有《いう》する當事者が右の期間内に選擇を爲さゞるときは其選擇を爲す權利は相手方に關することゝなるべし

第四百九條　第三者カ選擇《せんたく》ヲ爲スヘキ場合ニ於テハ其選擇ハ債權者又ハ債務者ニ對スル意思表示ニ依リテ之ヲ爲ス

第三者カ選擇ヲ爲スコト能ハス又ハ之ヲ欲セサルトキハ選擇權ハ債務者ニ屬ス

本條問の答　債權の目的物を第三者たる債權《さいけん》に關係《くわんけい》せざる者が選擇《せんたく》を爲す場合に於ては其選擇は債權者か債務者かに此《こ》の物を選擇するとの意思《いし》を示《しめ》すときは既《すで》に選擇したることゝなるべし又第三者が選擇《せんたく》を爲すことが出來ず又は選擇を欲《ほつ》せないときは選擇を爲す權は債務者に屬することゝなるべし

第四百十條　債權《さいけん》ノ目的タルヘキ給付中始《はじめ》ヨリ不能《ふのう》ナルモノ又ハ後《のち》ニ至リテ不能《ふのう》ト爲リタルモノアルトキハ債權ハ其殘存《ざんそん》スルモノニ付キ存在《そんざい》ス

選擇權ヲ有セサル當事者ノ過失《くわしつ》ニ因リテ給付カ不能ト爲リタルトキハ前項ノ規定ヲ適用セス

本條問の答　債權の目的物が不能《ふのう》則ち鴉片《あへん》の如き物なるとき又は後に至りて不能となり

たるもの則ち悪病流行《あくびやうりうかう》して販賣《はんばい》を禁《きん》せられたる物があるときは債權は其殘りあるものに付《つ》き存在《そんざい》し其殘り居る物を目的とするなり又選擇する權利を有せざる當事者の過《あやま》ちによりて引渡することが出來ざる樣となるときは右の定めを用ゐざるべし

第四百十一條　選擇ハ債權發生《はつせい》ノ時ニ遡《さかのぼ》リテ其效力《かうりよく》ヲ生ス但第三者ノ權利ヲ害スルコトヲ得ス

本條問の答　債權の目的物《もくてきぶつ》が選擇するにより定まる場合に於て選擇《せんたく》を爲すときは債權の出來たる時に遡《さかのぼ》りて效《かう》が出來るべし故に債權が土地と金とを目的《もくてき》と爲し此の内何《いつ》れなりとも選擇して辨濟《べんさい》すれば債務が免《まぬ》がるゝ場合に於ては債權は不動産《ふどうさん》なるや否《いな》や知れざるも選擇するときは明《あきら》かに不動産の債權となり動産の債權となる併《しか》し善意《ぜんい》にして何事も知らざる第三者の權利則ち目的物を買ひたるものあるときは其買物を選び買主たる第三者の權利を害するを得ざるべし

第二節　債權ノ效力

本節問の答　債權の效力《かうりよく》とは債權あるときは如何《いか》なる力《ちから》あるものか債務者を如何《いか》にすることが出來るかとのことにして本節の各條に定む

第四百十二條　債務《さいむ》ノ履行《りかう》ニ付キ確定期間《かくていきかん》アルトキハ債務者ハ其期限ノ到來《とうらい》シタル時ヨリ遲滯《ちたい》ノ責《せめ》ニ任《にん》ス

債務ノ履行《りかう》ニ付キ不確定期限《ふかくていきげん》アルトキハ債務者ハ其期限ノ到來《たうらい》シタルコトヲ知リタル時ヨリ遲滯《ちたい》ノ責ニ任ス
債務ノ履行ニ付キ期限ヲ定メサリシトキハ債務者ハ履行ノ請求ヲ受ケタル時ヨリ遲滯ノ責ニ任ス

本條問の答　債務則ち金を借《か》るときは其《そ》れを返却《へんきやく》するに付き確《たし》かに定まりたる期限あるときは債務者は其期限來たるときは其時より遲滯《ちたい》の責《せめ》に任《にん》ず則ち債務を怠《おこた》りたる者となる又債務を行ふことに付き確《たし》かに定まらざる期限あるときは債務者《さいむしや》は其期限の來りたることを知りたる時より遲滯の責に任ずることゝある又債務を行ふべき期限を定めざりしときは債務者は債務を行ふべき求めを受けたる時より遲滯の責に任ず故に右の三個の場合に於て無利息《むりそく》の金を借《か》りたるものなるときは遲滯の責《せめ》に任《にん》じてから年五分の利息を付くることゝなるべし

第四百十三條　債權者カ債務ノ履行《りかう》ヲ受クルコトヲ拒《こば》ミ又ハ之ヲ受クルコト能ハサルトキハ其債權者ハ履行ノ提供《ていきやう》アリタル時ヨリ遲滯ノ責ニ任ス

本條問の答　債權者は債務者が其債務を行《おこな》ふと申込《まをしこ》みたるに其申込を拒《こば》み又は受《う》くることと能《あた》はざるとき則ち債務者が無能力者《むのうりよくしや》となり代理人の未だ定《さだ》まらざるときは其債權者は

履《り》行《かう》即ち債務を行ふとの申出ありたる時より遲滯《ちたい》の責に任ず故に此場合に於て債務者の手許《てもと》よて物件《ぶつけん》天災《てんさい》にて滅失《めつしつ》したるときは債權者の損《そん》となるべし

第四百十四條　債務者カ任意《にんい》ニ債務ノ履行《りかう》ヲ爲サヽルトキハ債權者ハ其強制履行《きやうせいりかう》ヲ裁判所ニ請求スルコトヲ得但債務ノ性質《せいしつ》カ之ヲ許サヽルトキハ此限ニ在ラス

債務ノ性質カ强制履行ヲ許《ゆる》サヽル場合ニ於テ其債務カ作爲《さくい》ヲ目的《もくてき》トスルトキハ債權者ハ債務者ノ費用ヲ以テ第三者ニ之ヲ爲サシムルコトヲ裁判所ニ請求スルコトヲ得但法律行爲ヲ目的トスル債務ニ付テハ裁判《さいばん》ヲ以テ債務者ノ意思《いし》表示《へうじ》ニ代フルコトヲ得

不作爲《ふさくい》ヲ目的トスル債務ニ付テハ債務者ノ費用ヲ以テ其爲シタルモノヲ除却《ぢよきやく》シ且將來《しやうらい》ノ爲メ適當《てきたう》ノ處分《しよぶん》ヲ爲スコトヲ請求《せいきう》スルコトヲ得

前三項ノ規定ハ損害賠償《そんがいばいしやう》ノ請求ヲ妨《さまた》ケス

本條問の答　債務者は期限來たるも任意《にんい》則ち氣に任《まか》して債務を行はざるときは債權者は强制履行《きやうせいりかう》を裁判所に求むることを得然《しか》るときは債務者の財産の差押《さしおさへ》を爲すか其外民事訴《みんじそ》訟法《しようはふ》の定めによりて裁判所は良《よ》き處分《しよぶん》を爲すべし併《しか》し債務の性質が强制履行を許《ゆる》さゞる

ときは致方《いたしかた》なし又債務の性質《せいしつ》が强制履行を許さゞる場合《ばあひ》にて其債務が作爲《さくい》則ち家《いへ》を建《た》つる如きことを目的《もくてき》とするときは債權者は債務者の費用《ひよう》にて債務者の外《ほか》の者に右の家を建つることを裁判所に求むることを得るなり併《しか》し法律行爲《はふりつかうゐ》則ち證書に印《いん》を押《お》すとか或は登記所に出頭《しゆつとう》して登記を求むるが如き事柄《ことがら》あるときは裁判にて債務者の意見《いけん》に代《か》ふることを得るなり又不作爲《ふさくい》則ち自分《じぶん》の家の隣《となり》に木《き》を植《う》ゑざることを目的とする債務なるときは債務者の費用《ひよう》にて右の債務に背《そむ》きて植《う》ゑたる木を除《のぞ》き其上此《そのうへこれ》から後《のち》の爲《た》め適當《てきたう》の處分《しよぶん》を爲すことを得偖て債務を行はざる場合には右の如く定むと雖ども尚ほ損害あるときは之を償はしむることを得るなり

第四百十五條　債務者カ其債務ノ本旨《ほんし》ニ從ヒタル履行《りかう》ヲ爲ササルトキハ債權者ハ其損害《そんがい》ノ賠償《ばいしやう》ヲ請求スルコトヲ得債務者ノ責《せめ》ニ歸《き》スヘキ事由《じゆう》ニ因《よ》リテ履行ヲ爲スコト能ハサルニ至リタルトキ亦同シ

本條問の答　債務者が其債務の本旨《ほんし》に從《したが》ひたる履行《りかう》則ち約束通《やくそくどほ》りの債務を行《おこな》ふことを約束しながら其れを行はざるときは債權者は債務者が債務を行はざるにより損害《そんがい》が出來《でき》たるを以て之を償《つくな》ふべしと求《もと》むることを得るなり又債務者の手許《てもと》にありて債權の目的《もくてき》たる物則ち鉢花瓶《はちはないけ》等が債務者の過《あやまち》によりて破壞《はくわい》し債務を行ふことが出來ざるに至るときは又損害《そんがい》の償《つくなひ》を求《もと》むることを得るなり

第四百十六條　損害賠償ノ請求ハ債務《さいむ》ノ不履行《ふりかう》ニ因リテ通常生《つうじやうしやう》スヘキ損害ノ賠償《ばいしやう》ヲ為サシムルヲ以テ目的トス
特別《とくべつ》ノ事情《じじやう》ニ因リ生シタル損害ト雖モ當事者《たうじしや》カ其事情ヲ豫見《よけん》シ又ハ豫見スルコトヲ得ヘカリシトキハ債權者ハ其賠償ヲ請求スルコトヲ得

本條問の答　損害賠償《そんがいばいしやう》の請求《せいきう》は債務者が其債務を行はざるによりて通常生《つうじやうしやう》ずべき損害の賠償を爲さしむるを目的とす故に債務者が其債務を行はざるも通常損害が生ぜざるときは賠償を求《もと》むることを得ざる可し又特別《とくべつ》の事情《じじやう》によりて出來たる損害と雖《いへ》ども當事者が其事情を前以《ぜんもつ》て知り又は前以て知ることが出來得べきものに限り賠償を求むることを得るなり假令《たとへ》ば茲《こゝ》に芝居を興行《こうぎやう》せんがためにある俳優《やくしや》に藝《げい》を爲すことを約したりとせんに俳優來りて藝《げい》を爲さゞるより興行人《こうぎやうにん》に忽《たちま》ち損害《そんがい》が出來たり此損害は芝居小屋《しばゐごや》の借賃《かりちん》と木戸《きど》番道具《ばんだうぐ》方《かた》に雇人《やとひにん》を入れたる賃金《ちんぎん》は通常《つうじやう》の損害にして其外開業《かいげふ》するときは五百人の觀《けん》客《きやく》あり其木戸錢《きどせん》場代《ばだい》は何圓を得たるならん是れは豫見《よけん》し又は豫見し得べき損害あれば其賠償は求むることを得るも此等《これら》の損害ありたるより病氣《びやうき》を起《おこ》し藥代《くすりだい》が入りたりとて藥代の請求は出來ざるべし何となれば豫見し得べきものにあらざればなり

第四百十七條　損害賠償ハ別段《べつだん》ノ意思《いし》表示《へうじ》ナキトキハ金錢ヲ以テ其《その》

額ヲ定ム

本條問の答　損害賠償ハ別段《べつだん》の思意《いし》表示《へうじ》なきとき則ち損害あるときは何を以て償《つくな》ふべきかを定めざるときは金錢にて定むるものとす

第四百十八條　債務ノ不履行《ふりかう》ニ關《くわん》シ債權者ニ過失《くわしつ》アリタルトキハ裁判所ハ損害賠償ノ責任《せきにん》及ヒ其金額ヲ定ムルニ付キ之ヲ斟酌《しんしやく》ス

本條問の答　債務者が其債務の不履行《ふりかう》に關《くわん》し債權者にも過《あやま》ちありて債務が行《おこな》ふこと出來ぬこととなるときは裁判所は損害を償《つくな》ふべき責任《せきにん》及び其償ひ金《きん》の額《たか》を定むるに付き斟酌《しんしやく》す則ち債權者の過《あやま》ちも損害の原因《げんいん》の一部に入れて計算《けいさん》するなり

第四百十九條　金錢ヲ目的トスル債務ノ不履行ニ付テハ其損害賠償ノ額《がく》ハ法定利率《はふていりりつ》ニ依リテ之ヲ定ム但約定利率《やくていりりつ》カ法定利率ニ超《こ》ユルトキハ約定利率ニ依ル

前項ノ損害賠償《そんがいばいしやう》ニ付テハ債權者ハ損害《そんがい》ノ證明《しようめい》ヲ爲スコトヲ要《えう》セス

又債務者ハ不可抗力《ふかかうりよく》ヲ以テ抗辯《かうべん》ト爲スコトヲ得ス

本條問の答　金錢を目的とする債務則ち借金を返却《へんきやく》せざることに付《つい》ては其損害賠償の額は法定利率《はふていりつ》則ち法律に定めたる年五分とす併し約定《やくてい》利率則ち約束上の利息が法定利率たる年五分に超《こ》えたるときは約定利率によるなり金錢上の債務の損害賠償を年五分とする

やと云ふに其損害《そんがい》を積《つ》もる點《てん》に付き甚《はなは》だ困難《こんなん》なるを以てなり故に第二項に此損害賠償に付ては債權者は損害ありたることを證據立《しようこだて》するに及ばず又債務者は不可抗力《ふかかうりよく》則ち洪水《こうずゐ》又は地震等《ぢしんとう》によりて債務を行ふこと出來ざりしとの言《い》ひ分《わ》けをなすも甲斐《かひ》なし常に金錢上の債務を行はざるときは年五分と知るべきなり

第四百二十條　當事者ハ債務ノ不履行ニ付キ損害賠償ノ額ヲ豫定《よてい》スルコトヲ得此場合ニ於テハ裁判所ハ其額ヲ增減《ぞうげん》スルコトヲ得ス

賠償額ノ豫定《よてい》ハ履行《りかう》又ハ解除《かいぢよ》ノ請求ヲ妨《さまた》ケス

違約金《ゐやくきん》ハ之ヲ賠償額ノ豫定ト推定《すゐてい》ス

本條問の答　當事者は債務を行はざるときは何程の損害を差出すとて其賠償額《ばいしやうがく》を豫《あらかじ》め定むることを得此くの如く賠償の額を前以て定めたるときは裁判所も其額を增し又減少することを得ざるべし併《しか》し此の賠償を前以て定め置くも債務を履行《りかう》するの邪魔《じやま》ともならず又債務の解除《かいぢよ》則ち解《と》くことを請求する邪魔《じやま》ともならざるなり又違約金《ゐやくきん》則ち契約《けいやく》を違《たが》ひたるときの罰金《ばつきん》の如きものは賠償額の前定《まへさだ》めと推定《すゐ》するなり

第四百二十一條　前條ノ規定ハ當事者カ金錢ニ非サルモノヲ以テ損害ノ賠償ニ充ツヘキ旨ヲ豫定シタル場合ニ之ヲ準用ス

本條問の答　前條の定めは當事者《たうじしや》が金錢に非ざるもの米麥豆《こめむぎまめ》の如きものを以て損害《そんがい》の償《しやう》

に充《あ》つる旨を豫《あらかじ》め定めたる場合ままも準用《じゆんよう》す故に裁判所は其豫《よ》定額《ていがく》を増減《ぞうげん》することを得す又賠償額《ばいしやうがく》を豫定するも債務の履行《りかう》又は解除の妨《さまた》けとならざるべし

第四百二十二條　債權者カ損害賠償トシテ其債權ノ目的タル物又ハ權利ノ價額《かがく》ノ全部《ぜんぶ》ヲ受ケタルトキハ債務者ハ其物又ハ權利《けんり》ニ付キ當然《たうぜん》債權者ニ代位《だいゐ》ス

本條問の答　債權者は債務者が其債務を行《おこな》はざるとき損害の償《つくなひ》として其債權の目的《もくてき》たる物又は權利の全額《ぜんがく》を受けたるときは債務者は債權者に支拂《しはら》ひたる物又は權利に付き當然《たうぜん》直《す》ぐに債權者の地位《ちゐ》に代《かは》り債權者が有せし權利を以て他の者に請求することを得るなり假令《たとへ》ば數人にて金五百圓を借りたり期限に至り其内の一人五百圓を辨濟するときは債權者の有せし權利は其辨濟せし債務者に代位せられ其債務者は他の債務者に向ひ債權者の權利の儘《まゝ》にて請求《せいきう》することを得るなり

第四百二十三條　債權者ハ自己《じこ》ノ債權ヲ保全《ほぜん》スル爲メ其債務者ニ屬スル權利ヲ行フコトヲ得但債務者ノ一身ニ專屬《せんぞく》スル權利ハ此限ニ在ラス

債權者ハ其債權ノ期限《きげん》カ到來《とうらい》セサル間《あひだ》ハ裁判上《さいばんじやう》ノ代位《だいゐ》ニ依ルニ非サレハ前項ノ權利ヲ行フコトヲ得ス但保存行爲ハ此限ニ在ラス

本條問の答　債權者は自分《じぶん》が債務者に向《むか》ひて有《いう》する債權を保全《ほぜん》則ち保存《ほぞん》し且つ全《まつた》くする爲め債務者が他人に向ひて有する權利則ち貸金又は損害を求むる權利を行ふことを得是れ債務者は此等《これら》の權利を取立つるも畢竟《ひつきやう》債權者のものとなるものなれば行《おこな》ふべき權利も行はざることあれば債權者は債務者に代《かは》りて行《おこな》ふことを得るものとす但し債務者の一身《いつしん》に專屬《せんぞく》する權利則ち養子《やうし》を爲す權利の如きは債權者は行ふことを得ざるべし又債權者は自分の債權の期限が來らざる間は裁判所に許《ゆるし》を得たる上の代位《だいゐ》に依《よ》るに非ざれば右債務者の權利を行ふことを得ざるべし併し債務者の債務者が債務者の權利を危《あやふ》くせんとするを以て裁判所に訴《うつた》へ以て其權利を保存《ほぞん》するが如きことは爲《な》し能《あた》ふべきなり

第四百二十四條　債權者ハ債務者カ其債權者ヲ害スルコトヲ知リテ爲シタル法律行爲ノ取消《とりけし》ヲ裁判所ニ請求《せいきう》スルコトヲ得但其行爲ニ因リテ利益《りえき》ヲ受《う》ケタル者又ハ轉得者カ其行爲又ハ轉得《てんとく》ノ當時《たうじ》債權者ヲ害スヘキ事實ヲ知ラサリシトキハ此限ニ在ラス

前項ノ規定ハ財產權《ざいさんけん》ヲ目的トセサル法律行爲《はふりつかうい》ニハ之ヲ適用《てきよう》セス

本條問の答　債權者は其債務者が其債權者を害することを知りつゝ爲したる法律行爲則ち壹万圓の價《あたひ》あるものを五千圓にて賣渡し又五百圓の價《あたひ》するものを壹万圓にて買受《かひう》くる契約《けいやく》の如きは其取消《とりけし》を裁判所に請求《せいきう》することを得併《しか》し右の行爲《かうい》に因《よ》りて利益《りえき》を受けたる

者が其行爲の時に債權者を害《がい》することを知らず又債務者より買受《かいう》けたる者が更に賣渡《うりわた》し一旦受けたる者則ち轉得者《てんとくしや》が其轉得の當時《たうじ》債權者を害《がい》すべきことを知らざるときは取得《しゆとく》を求むるを得ず是れ債權者は此《かく》の如き債務者を信用《しんよう》したる過《あやま》ちあれば致方《いたしかた》なし又前項の定則ち右の定めは財産權を目的とせざる法律行爲則ち身分上《みぶんじやう》の約束婚姻上《こんいんじやう》の夫婦《ふうふ》財産制《ざいさんせい》の如きことには適用《てきよう》せざるべし

第四百二十五條　前條ノ規定ニ依リテ爲シタル取消ハ總債權者ノ利益ノ爲メニ其效力ヲ生ス

本條問の答　前條の定《さだめ》によりて爲したる債務者の行爲《かうい》の取消は總ての債權者の利益《りえき》の爲めに效力《かうりよく》が生《しやう》ず故に一人の債權者が取消を求めたる利益は總債權者《そうさいけんしや》の分配《ぶんぱい》に入るなり

第四百二十六條　第四百二十四條ノ取消權《とりけしけん》ハ債權者カ取消ノ原因《げんいん》ヲ覺知《かくち》シタル時ヨリ二年間之ヲ行ハサルトキハ時效ニ因リテ消滅ス行爲ノ時ヨリ二十年ヲ經過シタルトキ亦同シ

本條問の答　第四百二十四條の取消の權は債權者が債務者の行爲《かうい》の取消の原因《げんいん》を知りたる時より二个年の間取消を求めざるときは時效《じかう》によりて消滅《せうめつ》し最早《もはや》取消を求むるを得ざるべし又取消の原因を知らずして二十年を過ぎたるときは又時效により消滅するなり

第三節　多數當事者《たすうたうじしや》ノ債權《さいけん》

本節問の答　多くの者が有《いう》する債權のことを記《しる》す則ち五人して金を貸したる時の權利又共有物《きやうゆうぶつ》を害《がい》せられたる時賠償《ばいしやう》を求むる權利の如し

第一款　總則

第四百二十七條　數人ノ債權者《さいけんしや》又ハ債務者アル場合ニ於テ別段《べつだん》ノ意《い》思表示《へうじ》ナキトキハ各債權者又ハ各債務者ハ平等《べうどう》ノ割合《わりあひ》ヲ以テ權利ヲ有シ又ハ義務ヲ負フ

本條問の答　五六人の債權者ある場合又は五六人の債務者ある場合にて別に何等《なんら》の意思《いし》を示さゞるときは右五六人の債權者又は債務者は平等の割合則ち同じ割を以て權利を有し又義務《ぎむ》を負《お》ふものとす

第二款　不可分債務《ふかぶんさいむ》

本款問の答　分《わか》つべからざる債務《さいむ》とは數人にて馬《うま》を借《か》りたる債務の如きものにして一人馬の一分を辨濟《べんさい》することを得ざるべく必ず馬の全部《ぜんぶ》を辨濟せざるべからざるなり

第四百二十八條　債權ノ目的カ其性質上《せいしつじやう》又ハ當事者《たうじしや》ノ意思《いし》表示《へうじ》ニ因リテ不可分ナル場合ニ於テ數人ノ債權者アルトキハ各債權者ハ總債權者ノ爲メニ履行ヲ請求シ又債務者ハ總《そう》債權者ノ爲メ各債權者ニ對シテ履行ヲ爲スコトヲ得

本條問の答　債權の目的が性質上《せいしつじやう》の不可分《ふかぶん》なる場合例令ば地役《ちえき》の如きとき又當事者の意《い》思《し》表示《へうじ》に因《よ》りて不可分《ふかぶん》なる場合例令《たとへ》ば或人《あるひと》に借用《しやくよう》したる金五百圓を返濟するより其金額を貸し呉《く》れとて借りたる場合の如し借て此の場合に於て數人の債權者あるときは各債權者は總ての債權者の爲めに債務を行ふべきことを求め又債務者は總ての債權者の爲めに各債權者に向《むか》ひても債務全部の履行《りかう》を爲すことを得故に債務者が或《ある》一人の債權者に辨濟を爲すときは其債權者は各債權者の代理人となりて受取りたるものなり

第四百二十九條　不可分債權者《ふかぶんさいけんしや》ノ一人ト其債務者トノ間ニ更改《かうかい》又ハ免除《めんぢよ》アリタル場合ニ於テモ他ノ債權者ハ債務ノ全部《ぜんぶ》ノ履行《りかう》ヲ請求スルコトヲ得但其一人ノ債權者カ其權利ヲ失ハサレハ之ニ分與スヘキ利益ヲ債務者ニ償還スルコトヲ要ス

此他不可分債權者ノ一人ノ行爲又ハ其一人ニ付キ生シタル事項ハ他ノ債權者ニ對シテ其效力ヲ生セス

本條問の答　分つべからざる債權者の一人と其債務者との間に更改《かうかい》則ち他の義務《ぎむ》と代《か》へたるとき又免除《めんぢよ》則ち債務の支拂を免《めん》じたる場合に於ても他の債權者は矢張《やはり》債務の全部の履行《りかう》を求むることを得るなり併《しか》し全部の請求《せいきう》あるときは更改又は免除を爲したる債權者の分だけ餘計《よけい》に拂《はら》ふことゝなるを以て其一人の債權者が其權利を失《うしな》はざれば分與《ぶんよ》すべき部

分を債務者に償《つくな》はねばならぬものなり此外不可分債權《ふかぶんさいけん》者の一人の爲したる事又は其一人に付出來たる事柄ハ他の權利者に向ひては何等《なんら》の效《かう》もあらざるべし

第四百三十條 數人カ不可分債務《ふかぶんさいむ》ヲ負擔《ふたん》スル場合ニ於テハ前條ノ規定及ヒ連帶債務《れんたいさいむ》ニ關《くわん》スル規定ヲ準用ス但第四百三十四條乃至第四百四十條ノ規定ハ此限ニ在ラス

本條問の答 數人の者が不可分《ふかぶん》債務を負《お》ひ居《を》る場合に於ては前條の定め及連帶《れんたい》債務たる第三欵《くわん》の定《さため》を準用《じゆんよう》す但し第四百三十四條より第四百四十條の定は準用せず是れは少々異《こと》なる所ある故なり

第四百三十一條 不可分債務カ可分債務ニ變シタルトキハ各債權者ハ自己《じこ》ノ部分《ぶぶん》ニ付テノミ履行ヲ請求スルコトヲ得又各債務者ハ其負擔部分《ふたんぶぶん》ニ付テノミ履行《りかう》ノ責ニ任ス

本條問の答 分《わく》べからざる債務が分べき債務《さいむ》に變《へん》じたるときは各々《おの〱》の債權者は自分の部分に付き債務を行ふべきことを求むるを得又各々の債務者は其負擔《ふたん》し居《を》る部分に付き行ふべき責《せめ》に任《にん》ずることゝなる是れは固《もと》債權なり債務なりは分《わか》つべきものなれども或《あ》る都合《つがふ》により分《わか》つべからざるものとなりたるものなれば其債務の本《もと》に還《かへ》れば自分の部分丈《だ》けを求め又自分の部分丈けを返《かへ》すは當然《たうぜん》の事と謂《い》ふ可し

本欵問の答　數人して金を借《か》り又債務を負《お》ひたる場合の定めにして此債務は一人債務の全部を求めらるゝときは一人にて他の債務者の部分を支拂ふこととなるべし

第三款　連帶債務《れんたいさいむ》

第四百三十二條　數人カ連帶債務《れんたいさいむ》ヲ負擔《ふたん》スルトキハ債權者ハ其債務者ノ一人ニ對《たい》シ又ハ同時《どうじ》若クハ順次《じゆんじ》ニ總債務者《そうさいむしや》ニ對シテ全部又ハ一部ノ履行ヲ請求スルコトヲ得

本條問の答　五六人して連帶《れんたい》債務を負《お》ひ居るときは債權者は其中《うち》の債務者の一人に向《むか》ひ又は同じ時若くは順次《じゆんじ》則ち段々《だんだん》に總債務者に向ひて債務の全部か又は一部の行を求むることを得るなり是れ連帶債務の重大《ぢうだい》なる效なり

第四百三十三條　連帶債務者ノ一人ニ付キ法律行爲《はふりつかうい》ノ無效《むかう》又ハ取消《とりけし》ノ原因《げんいん》ノ存スル爲メ他ノ債務者ノ債務ノ效力ヲ妨クルコトナシ

本條問の答　連帶債務者中の一人につき法律行爲《かうい》の無效《むかう》假令《たとへ》ば其一人が强迫《きやうはく》によりて連《れん》帶《たい》を承知したる場合又は法律行爲の取消《とりけし》の原因假令《げんいんたとへ》ば詐欺《さぎ》によりて連帶《れんたい》を承知したる場合なるも他の債務者の債務の效力《かうりよく》を妨《さまた》げらるゝことなし

第四百三十四條　連帶債務者ノ一人ニ對スル履行ノ請求ハ他ノ債務者ニ對シテモ其效力ヲ生ス

本條問の答　連帶債務者《れんたいさいむしや》の一人に向ひて債務の履行《りかう》の請求《せいきう》を爲すときは其請求を受けざる他の債務者に向ひても其效力《かうりよく》ありて矢張《やはり》履行の請求を爲したることになるべし

第四百三十五條　連帶債務者ノ一人ト債權者トノ間ニ更改《かうかい》アリタルトキハ債權ハ總債務者ノ利益ノ爲メニ消滅ス

本條問の答　連帶債務者の一人と債權者との間に更改《かうかい》則ち債權者が連帶《れんたい》債務者の一人に債務あり其債務を支拂《しはらひ》の爲めに連帶の債務と代《か》れたるときは債權者は總《すべ》ての債務者の利《り》益《えき》の爲めに消滅《せうめつ》するものとす是れ連帶《れんたい》債務は相互《あひたがひ》に代理《だいり》を爲すものなる故なり

第四百三十六條　連帶債務者ノ一人カ債權者ニ對シテ債權ヲ有スル場合ニ於テ其債務者カ相殺《さうさつ》ヲ援用《ゑんよう》シタルトキハ債權ハ總債務者ノ利益ノ爲メニ消滅ス

右ノ債權ヲ有スル債務者カ相殺《さうさい》ヲ援用《ゑんよう》セサル間ハ其債務者ノ負擔《ふたん》部分ニ付テノミ他ノ債務者ニ於テ相殺ヲ援用スルコトヲ得

本條問の答　連帶《れんたい》の債務を負《お》ひ居る者の一人が債權者に向ひて債權を有《いう》する場合は其債者が連帶《れんたい》債務と相殺《さうさい》則ち差引《さしひき》を爲すときは連帶の債權は總ての債務者の利益の爲めに消滅するなり又右の債權を有する債務者が相殺を爲さゞる間は其債務者の連帶債務の負擔《ふたん》部分《ぶぶん》に付《つい》てのみ他の債務者に於ては相殺《さうさい》を用ゐて其部分丈《だ》けを減《げん》ずることを得るなり

第四百三十七條　連帶債務者ノ一人ニ對シテ爲シタル債務ノ免除《めんぢよ》ハ其債務者ノ負擔部分《ふたんぶぶん》ニ付テノミ他ノ債務者ノ利益《りえき》ノ爲メニモ其效力ヲ生ス

本條問の答　連帶《れんたい》債務者一人に向ひて債務の免除《めんぢよ》則ち債務の辨濟《べんさい》を爲すことを免《めん》じたるときは其免除を受けたる債務者の部分丈けに付ては他の債務者の利益の爲めに效力ありて債務は減少することゝなるなり

第四百三十八條　連帶債務者《れんたいさいむしや》ノ一人ト債權者トノ間ニ混同《こんどう》アリタルトキハ其債務者ハ辨濟《べんさい》ヲ爲シタルモノト看做《かな》ス

本條問の答　連帶債務者の一人と債權者との間に混同《こんどう》則ち債權者が連帶債務者の一人の相續人となるときは其債務者は辨濟を爲したるものと看做すものとす

第四百三十九條　連帶債務者ノ一人ノ爲メニ時效《じかう》カ完成《くわんせい》シタルトキハ其債務者ノ負擔《ふたん》部分ニ付テハ他ノ債務者モ亦義務ヲ免ル

本條問の答　連帶債務者の一人の爲めに時效《じかう》が完成《くわんせい》則ち時效にて債務の消滅《せうめつ》ある其債務者の負《お》ひ居《を》りし債務の部分に付き他の債務者も亦義務を免《まぬ》がるゝものとす

第四百四十條　前六條ニ掲ケタル事項ヲ除ク外連帶債務ニ付キ生《しやう》シタル事項《じかう》ハ他ノ債務者ニ對シテ其效力《かうりよく》ヲ生セ

本條問の答　前の六條に掲《かゝ》げある事項を除《のぞ》きたる外の事項《じこう》にて連帯《れんたい》債務者の一人に付き生ずると雖《いへ》ども他の債務者に向ひては何等《なんら》の效力《かうりよく》も生《しやう》ぜざるべし假令《たとへ》ば連帯債務者の一人が承諾《しようだく》を欠きて連帯債務の無效《むかう》となる場合にも他の連帯債務者は何等のこともなし

第四百四十一條　連帯債務者ノ全員又ハ其中《そのうち》ノ數人カ破産《はさん》ノ宣告《せんこく》ヲ受ケタルトキハ債權者ハ其債權ノ全額《ぜんがく》ニ付キ各財團《ざいだん》ノ配當《はいたう》ニ加入《かにふ》スルコトヲ得

本條問の答　連帯債務者の全員《ぜんゐん》又は其中《うち》の數人が破産《はさん》の言渡《いひわたし》を受けたるときは債權者は其債權の全額《ぜんがく》にて各《おの／＼》の破産の財團の配當《はいたう》に加《くは》ふることが出來る併《しか》し各配當の割前《わりまへ》が債權の高を超《こ》ゆるときハ各々の財團《ざいだん》に返《かへ》すべきは勿論《もちろん》のことなりとす

第四百四十二條　連帯債務者ノ一人カ債務《さいむ》ヲ辨濟《べんさい》シ其他自己《じこ》ノ出捐《しゆつえん》ヲ以テ共同《きやうどう》ノ免責《めんせき》ヲ得タルトキハ他ノ債務者ニ對シ其各自ノ負擔部分ニ付キ求償權《きうしやうけん》ヲ有ス

前項ノ求償《きうしやう》ハ辨濟其他免責《めんせき》アリタル日以後《ひいご》ノ法定利息《はふていりそく》及ヒ避《さ》クルコトヲ得サリシ費用《ひよう》其他ノ損害ノ賠償《ばいしやう》ヲ包含《はうがん》ス

本條問の答　連帯債務者中の一人が債務を辨濟するか其他自分の出捐《しゆつえん》則ち相殺《さうさい》又は免除《めんぢよ》等《とう》にて各債務者共同《きやうどう》の免責《めんせき》則ち義務を免《まぬか》れたるときは他の債務者に向ひ各々の負擔部分《ふたんぶぶん》

に付き償《つくなひ》を求むることを得而して此《と》の償を求むることは辨濟其他免責《めんせき》ありたる日より後の法定《はふてい》利息《りそく》年五分と避《さ》くることが得ざりし費用《ひよう》其外損害《そんがい》あるときは其賠償を求むることも共に包《つゝ》むものと知るべし

第四百四十三條　連帶債務者ノ一人カ債權者ヨリ請求ヲ受ケタルコトヲ他ノ債務者ニ通知《つうち》セスシテ辨濟《べんさい》ヲ爲シ其他自己ノ出捐《しゆつえん》ヲ以テ共同ノ免責《めんせき》ヲ得タル場合ニ於テ他ノ債務者カ債權者ニ對抗《たいかう》スルコトヲ得ヘキ事由ヲ有セシトキハ其負擔部分ニ付キ之ヲ以テ其債務者ニ對抗スルコトヲ得但相殺《さうさい》ヲ以テ之ニ對抗シタルトキハ過失《くわしつ》アル債務者ハ債權者ニ對シ相殺ニ因リテ消滅《せうめつ》スヘカリシ債務ノ履行《りかう》ヲ請求スルコトヲ得

連帶債務者《れんたいさいむしや》ノ一人カ辨濟其他自己ノ出捐《しゆつえん》ヲ以テ共同《きやうどう》ノ免責《めんせき》ヲ得タルコトヲ他ノ債務者ニ通知スルコトヲ怠リタルニ因リ他ノ債務者カ善意《ぜんい》ニテ債權者ニ辨濟ヲ爲シ其他有償《いうしやう》ニ免責《めんせき》ヲ得タルトキハ其債務者ハ自己ノ辨濟其他免責ノ行爲ヲ有效ナリシモノト看做スコトヲ得

本條問の答　連帶債務者中の一人が債權者より辨濟の請求を受けたるときは其事を他の

債務者に通知《つうち》すべきにも拘《かゝは》らず通知せずして自分が獨《ひと》り辨濟を爲し其外自分《じぶん》の出捐《しゆつゑん》則ち相殺《さうさい》又は更改《かうかい》等よて共同《きやうどう》の免責《めんせき》を得たるときに他の債務者が債權者に對抗《たいかう》すべき事由《じいう》則ち債權者に免除《めんぢよ》を有するときは其負擔《ふたん》の部分《ぶぶん》に付き其共同の債務を免《まぬ》がれしめたる債務者に對抗して自分ハ債權者に免除を得たりしに債權より請求ありたることの知らせを受くるときは自分の部分丈けは減少《げんせう》せしむべきに其知らせなきを以て今汝《なんぢ》より請求を受くるは是れ汝の過《あやま》ちなれば自分は其請求に應《おう》ずることは能《あた》はずとて拒《こば》むことを得るなり但し相殺を以て之れに對抗《たいかう》したるときは過失《くわしつ》ある債務者は債權者に向ひ相殺《さうさい》により消滅《せうめつ》すべき債務の履行を請求することを得るなり

又連帶債務者中の一人が辨濟其他の出捐《しゆつゑん》にて共同の免責《めんせき》を得たることを他の債務者よ知らすことを怠《おこた》りたるより他の債務者が其共同の免責ありたることを知らずして債權者に辨濟を爲し其他有償にて免責を得たるとき則ち金錢又は其他の物にて債務を免がれたるときは其債務者は自分のなしたる辨濟其他の免責の行爲《かうい》は有效《いうかう》なりしものと看做《かな》すことが出來るべし故に通知《つうち》を怠《おこた》りたる債務者は其爲《な》したる辨濟《べんさい》其他の出捐は取戻《とりもど》さゞるべからず是を自分の過失なれば致方なし

第四百四十四條　連帶債務者中ニ償還《しやうくわん》ヲ爲ス資力《しりよく》ナキ者アルトキハ其償還スルコト能ハサル部分《ぶぶん》ハ求償者《きうしやうしや》及ヒ他ノ資力《しりよく》アル者ノ間ニ

其各自ノ負擔部分ニ應《おう》シテ之ヲ分割《ぶんかつ》ス但求償者ニ過失アルトキハ
他ノ債務者ニ對シテ分擔ヲ請求スルコトヲ得ス

本條問の答　連帶債務の中に債務を償《つくな》ひ還《かへ》すべき身代《しんだい》のなき者あるときは其償《つくな》ひ還《かへ》すことが出來ざる部分は求償者《きうしやうしや》則ち債權者に辨濟其外出捐《しゆつえん》を爲し共同《きやうどう》の免責《めんせき》を得せしめたる者と他の身代ある者との間に其各の負擔《ふたん》の部分に割當《わりあて》つるものとす併《しか》し求償者に過失《くわしつ》あるときは他の債務者に向ひて分ち負擔《ふたん》することを求《もと》むるを得ざるべし

第四百四十五條　連帶債務者ノ一人カ連帶《れんたい》ノ免除《めんぢよ》ヲ得タル場合ニ於テ他ノ債務者中ニ辨濟ノ資力《しりよく》ナキ者アルトキハ債權者ハ其無資力《むしりよく》者《しや》カ辨濟スルコト能ハサル部分《ぶぶん》ニ付キ連帶ノ免除《めんぢよ》ヲ得タル者カ負擔スヘキ部分ヲ負擔ス

本條問の答　連帶《れんたい》債務者中《ちう》の一人が連帶の免除を得たる場合に於て他の債務者中に債務を辨濟する身代《しんだい》なき者あるときは債權者は其身代《しんだい》の無《な》き者が辨濟することが出來ざる部分に付き連帶《れんたい》の免除を得たる者が引受《ひきう》くる部分を自分が引受くるものとす是れ債權者が免除を與《あた》へざるときは他の債務者の負擔部分《ふたんぶぶん》は重《おも》からざるに免除を一人に與《あた》へたる爲め他債務者の負擔部分《ふたんぶぶん》重《おも》くなりたる故に債權者が其重《おも》き部分丈《だ》けを引受くることゝなし公《こう》平《へい》の處置《しよち》を取りたるなり

第四款　保證債務《ほしやうさいむ》

本款問の答　保證債務《ほしよう》は他人の債務の引受けにして若《も》し他人が其債務を返《かへ》さゞるときは保証を爲すものが返すべきものとす

第四百四十六條　保證人ハ主《しゆ》タル債務者カ其債務《さいむ》ヲ履行《りかう》セサル場合ニ於テ其履行ヲ爲ス責ニ任ス

本條問の答　保証《ほしよう》を爲《な》し居《を》る者は主《しゆ》なる債務者則ち實際《じつさい》に金其他の物を借り又は返《かへ》すべき義務あるものが其債務たる物又は金を返《かへ》すこと出來《でき》ざる場合に其債務《さいむ》を返すべき責あるものとす故に保証人は債務に付ては常に第二の債務者なり

第四百四十七條　保證債務《ほしようさいむ》ハ主タル債務ニ關スル利息《りそく》、違約金《ゐやくきん》、損害賠償其他總《すべ》テ其債務ニ從《じゆう》タルモノヲ包含《はうがん》ス

保證人ハ其保證債務ニ付テノミ違約金又ハ損害賠償ノ額ヲ約定スルコトヲ得

本條問の答　保証債務は主たる債務則ち保証《ほしよう》し居《を》る債務の利息又約束《やくそく》に違《たが》ふたる金又損害賠償其外總て其主たる債務に從たるものの假令《たとへ》ば主《しゆ》たる債務者が其債務の履行《りかう》を爲さゞるより訴《うつたへ》が起《おこ》るときは其費用《ひよう》も亦負擔《ふたん》せざるべからず又保証人は其保証債務に付てのみ違約金《ゐやくきん》又は損害賠償《ばいしやう》の額《がく》を約定《やくぢやう》せることを得るなり

第四百四十八條　保證人ノ負擔カ債務ノ目的又ハ體樣《たいやう》ニ付キ主《しゆ》タル債務ヨリ重《おも》キトキハ之ヲ主《しゆ》タル債務ノ限度《げんど》ニ減縮《げんしゆく》ス

本節問の答　保証の義務に付て保証人の負擔《ふたん》が債務《さいむ》の目的より重《おも》きとき則ち債務の目的は金百圓なるに保証は金貮百圓を目的《もくてき》とするときは主《しゆ》たる債務の限度《げんど》則ち百圓と減少《げんせう》す又保証人の負擔《ふたん》が債務の體樣《たいやう》より重きとき假令《たとへ》ば保証人《ほしようにん》の債務は期限付きのものにして債務者は停止《ていし》條件付《でうけんつき》の債務を負擔《ふたん》するが如し此塲合には保証人の債務は停止《ていし》條件付《でうけんつき》とするなり是れ保証人は第二の債務者なれば主《しゆ》たる債務者より重《おも》からしむを得ざるべし

第四百四十九條　無《む》能力《のうりよく》ニ因リテ取消《とりけ》スコトヲ得ヘキ債務ヲ保證シタル者カ保證契約《けいやく》ノ當時《たうじ》其取消《とりけし》ノ原因《げんいん》ヲ知リタルトキハ主タル債務者ノ不履行《ふりかう》又ハ其債務ノ取消ノ塲合ニ付キ同一ノ目的ヲ有スル獨立《どくりつ》ノ債務ヲ負擔《ふたん》シタルモノト推定《すゐてい》ス

本條問の答　無能力《むのうりよく》則ち未成年《みせいねん》又禁治産《きんちさん》によりて取消すことが出來る債務を保証したる者が保証契約の時其取消の原因《げんゐん》則ち未成年等《みせいねんとう》のことを知るときは主《しゆ》たる債務者が其債務を行《おこな》はざるとき又は其債務が取消となるときは保証人は同じ債務を負《お》ひたる者と看做《みな》すものとす是れは保証人は未成年者《みせいねんしや》等の債務を引受けたるものなれば不履行《ふりかう》又は取《と》消の塲合に自分が負擔《ふたん》すると契約《けいやく》したるものなればなり

第四百五十條　債務者カ保證人ヲ立ツル義務ヲ負フ場合ニ於テハ其保證人ハ左ノ條件《でうけん》ヲ具備《ぐび》スル者タルコトヲ得ス

一　能力者タルコト

二　辨濟《べんさい》ノ資力《しりよく》ヲ有スルコト

三　債務《さいむ》ノ履行地《りかうち》ヲ管轄《くわんかつ》スル控訴院《こうそゐん》ノ管轄内《くわんかつない》ニ住所ヲ有シ又ハ假住所《かりぢうしよ》ヲ定メタルコト

保證人カ前項第二號又ハ第三號ノ條件《でうけん》ヲ缺《か》クニ至リタルトキハ債權者ハ前項ノ條件ヲ具備スル者ヲ以テ之ニ代フルコトヲ請求スルコトヲ得

前二項ノ規定ハ債權者カ保證人《ほしようにん》ヲ指名《しめい》シタル場合ニハ之ヲ適用《てきよう》セス

本條問の答　債務者が保証人を立つるとのことを債權者《さいけんしや》よ約《やく》したる場合には其保証人は第一能力者《のうりよくしや》則ち成年《せいねん》のものなること又自分の財産《ざいさん》を賣買等を爲すことが出來る者なることと第二主たる債務の辨濟を爲すべき身代《しんだい》あること然らざれば主《しゆ》たる債務の辨濟なき場合に自分代《かは》りて辨濟することと出來ざるなり第三債務を行ふべき地を管轄《くわんかつ》する控訴院《こうそゐん》の管轄の内に住所を有《いう》するか又假住所《かりぢうしよ》を定め居るものならねばならぬ是れ保證人を訴ふるに便

利の爲めなり此の三个の資格《しかく》なければ保證人とすることを得ず故に保證人が第二又は第三の條件を欠《か》くに至りたるときは保證人たることを得ざるものなれば債權者は右三个の條件を揃《そろ》ふる者に代《か》ふることを求むるを得《う》併し此保證人の資格《しかく》は債權者が何某《なにがし》を保證人と爲すべしと定めたる場合には用ゐざるべし

第四百五十一條　債務者カ前條ノ條件ヲ具備スル保證人ヲ立ツルコト能ハサルトキハ他ノ擔保《たんぽ》ヲ供《きやう》シテ之ニ代フルコトヲ得

本條問の答　債務者が保證人を立つる義務を負ひながら前條の條件を揃《ころ》へたる保證人を立つることが出來ざるときは他の擔保《たんぽ》則ち土地を抵當《ていたう》に入るゝか又質《しち》に入るゝかして保證人に代ることを得るなり

第四百五十二條　債權者カ保證人ニ債務ノ履行ヲ請求シタルトキハ保證人ハ先《ま》ツ主《しゆ》タル債務者ニ催告《さいこく》ヲ爲スヘキ旨《むね》ヲ請求スルコトヲ得但主タル債務者カ破產《はさん》ノ宣告《せんこく》ヲ受ケ又ハ其行方《ゆくへ》カ知レサルトキハ此限ニ在ラス

本條問の答　債權者が保證人に其保證する債務を行《おこな》ふべきことを求めたるときは保證人は先づ主《しゆ》たる債務者に催告《さいこく》あるべしと求むることを得是れは既《すで》に述《の》べる如く保證の債務は債務者が其債務を行はざるときに初めて行ふべき者なるを以てなり併し主たる債務者

が破産《はさん》の宣告《せんこく》を受くるか又は其行先《やくさき》が知れざるときは右の申立《まをしたて》を爲すことを得ざるべし則ち此の場合には主たる債務者に催告するも何等の辨濟を得る能はざればなり

第四百五十三條　債權者カ前條ノ規定《きてい》ニ從《したが》ヒ主《しゆ》タル債務者ニ催告《さいとく》ヲ爲シタル後ト雖モ保證人カ主タル債務者ニ辨濟ノ資力《しりよく》アリテ且執《しつ》行《かう》ノ容易《ようい》ナルコトヲ證明シタルトキハ債權者ハ先ツ主タル債務者ノ財産《ざいさん》ニ付キ執行《しつかう》ヲ爲スコトヲ要《えう》ス

本條問の答　債權者が前條の定《さため》に從《したが》ひて主《しゆ》たる債務者に債務の辨濟を催告《さいとく》したるも保證人が主たる債務者には辨濟を爲すべき身代《しんだい》あり其上辨濟を行ふに容易《ようい》なることを證據《しようこ》を以て申立てたるときは債權者は先づ主《しゆ》たる債務者の財産《ざいさん》に付辨濟の求めを爲さゞるべからず

第四百五十四條　保證人カ主《しゆ》タル債務者ト連帶《れんたい》シテ債務ヲ負擔《ふたん》シタルトキハ前二條ニ定メタル權利ヲ有セス

本條問の答　保證人が主たる債務者と連帶《れんたい》して債務を負《お》ひたるときは前條の權利を有せざるべし是れ連帶《れんたい》により二番目に行《おこな》ふべき債務の性質《せいしつ》を失《うしな》へばなり

第四百五十五條　第四百五十二條及ヒ第四百五十三條ノ規定ニ依リ保證人ノ請求アリタルニ拘《かゝ》ハラス債權者カ催告《さいとく》又ハ執行《しつかう》ヲ爲スコ

ト ヲ怠《おこた》リ其後《そのゝち》主タル債務者ヨリ全部ノ辨濟ヲ得サルトキハ保證人ハ債權者カ直チニ催告又ハ執行ヲ爲セハ辨濟ヲ得ヘカリシ限度《げんど》ニ於テ其義務ヲ免ル

本條問の答　第四百五十二條及び第四百五十三條の定めにより保證人より求めたるにも拘らず債權者が主《しゆ》たる債務者に催告《さいこく》又は主たる債務者の財産《ざいさん》より取立を爲すを怠《おこた》り其後主たる債務者より債務《さいむ》全部《ぜんぶ》の辨濟を得ざるときは保證人は自分の請求《せいきう》を爲したる時に直ぐに債權者が催告又は執行《しつかう》を爲せば辨濟を得たりし其高丈《たけ》は保證の義務を免《まぬ》がる是れ債權者の怠《おこたり》より來《き》たるものなれば債權者此《こ》れを引受けざる可《べ》からざるなり

第四百五十六條　數人ノ保證人《ほしようにん》アル場合ニ於テハ其保證人カ各別《かくべつ》ノ行爲ヲ以テ債務ヲ負擔シタルトキト雖モ第四百二十七條ノ規定ヲ適用ス

本條問の答　或《ある》債務を數人にて保證する場合に其保證人が別々《べつべつ》の契約等にて債務を負《お》ひたるときと雖ども矢張《やはり》第四百二十七條の定に從《したが》ひ平等の割合にて義務を負《お》ふことゝなるものとす

第四百五十七條　主《しゆ》タル債務者ニ對《たい》スル履行《りかう》ノ請求其他時效《じかう》ノ中斷ハ保證人ニ對シテモ其效力ヲ生ス

保證人ハ主タル債務者ノ債權《さいけん》ニ依リ相殺《さうさい》ヲ以テ債權者ニ對抗《たいかう》スル
コトヲ得

本條問の答　債權者が主《しゆ》たる債務者に債務を行《おこな》ふべきことを求め其外債務が時效《じかう》に罹《かゝ》り消滅《せうめつ》せんとする場合に債權者より訴《うつたへ》を爲し時效を中斷《ちうだん》するときは保證人に向ふても亦其效力《かうりよく》を生じ履行《りかう》の請求《せいきう》ありたることと時效の中斷ありたることゝなるべし又保證人は主たる債務者が債權者に對する債權により相殺《さうさい》ありたることを申立てゝ債權者より自分《じぶん》に向ひて辨濟《べんさい》を求むるときは其求めに對抗《たいかう》することを得《う》るべし

第四百五十八條　主タル債務者カ保證人ト連帶《れんたい》シテ債務《さいむ》ヲ負擔《ふたん》スル場合ニ於テハ第四百三十四條乃至第四百四十條ノ規定ヲ適用ス

本條問の答　主《しゆ》たる債務者が保證人と連帶《れんたい》して債務を負擔《ふたん》する場合には第四百三十四條より第四百四十條迄の定を適用《てきよう》す則ち連帶債務の定めを用ゐるとのことなり

第四百五十九條　保證人《ほしようにん》カ主タル債務者ノ委託《ゐたく》ヲ受ケテ保證ヲ爲シタル場合ニ於テ過失《くわしつ》ナクシテ債權者ニ辨濟《べんさい》スヘキ裁判《さいばん》言渡《いひわたし》ヲ受ケ又ハ主タル債務者ニ代ハリテ辨濟ヲ爲シ其他《そのた》自己《じこ》ノ出捐《しゆつけん》ヲ以テ債務ヲ消滅セシムヘキ行爲ヲ爲シタルトキハ其保證人ハ主タル債務者ニ對シテ求償權《きうしやうけん》ヲ有ス

第四百四十二條第二項ノ規定ハ前項ノ場合ニ之ヲ準用ス

本條問の答　保證人が主たる債務者より委託《ゐたく》則ち依賴《いらい》などを受けて保證を爲したる場合に過失《くわしつ》なくして則ち第四百五十二條第四百五十三條の規定に從ひて債權者に請求したるも主たる債務者は少しも辨濟《べんさい》を爲すことが出來ざるより止むなく債權者より辨濟を爲すべき裁判を受けたるか又は主たる債務者に代《かは》りて辨濟を爲《な》し尙は其他自分の他人に貸し居る債權を債權者に與《あた》へ債務を消滅《せうめつ》せしめたるときは其保證人は主たる債務者に向ひて償を求むる權利を有するものとす第二項に第四百四十二條第二項の定めは前項の場合に準用すとあるにより辨濟ありたる日以後《いご》の法定利息《はふていりそく》の年五分及び避《き》くることを得ざる費用《ひよう》をも右の求償權《きうしやうけん》の中《うち》に包《つゝ》むものなり

第四百六十條　保證人カ主タル債務者ノ委託《ゐたく》ヲ受ケテ保證《ほしよう》ヲ爲シタルトキハ其保證人ハ左ノ場合ニ於テ主《しゆ》タル債務者ニ對シテ豫《あらかじ》メ求償權ヲ行フコトヲ得

一　主タル債務者カ破産《はさん》ノ宣告《せんこく》ヲ受ケ且債權者カ其財團ノ配當《はいたう》ニ加入セサルトキ

二　債務カ辨濟期《べんさいき》ニ在ルトキ但保證契約《ほしようけいやく》ノ後債權者カ主タル債務者ニ許與《きよよ》シタル期限《きげん》ハ之ヲ以テ保證人ニ對抗《たいかう》スルコトヲ

得ス

三　債務ノ辨濟期カ不確定《ふかくてい》ニシテ且《かつ》其最長期《そのさいちやうき》ヲモ確定《かくてい》スルコト能ハサル場合ニ於テ保證契約《ほしようけいやく》ノ後十年ヲ經過《けいくわ》シタルトキ

本條問の答　保證人が主《しゆ》たる債務者の委託《ゐたく》則ち頼《たの》まれて保證を爲したるときは其保證人は左に定むる場合に主《しゆ》たる債務者に向ひ未だ債權者より何等の請求を受けざるも償《つくなひ》を求むることを得るなり其場合は第一主たる債務が破産《はさん》の宣告《せんこく》を受けたるに債權者が破産の財團《ざいだん》の配當《はいたう》則ち分配《ぶんぱい》に加《くは》はらざるとき加はらざるときは債權者毫《がう》も辨濟を受けざるを以て保證人は甚だ危險《きけん》なり故に前以て償を求むることを得るなり第二債務《さいむ》が辨濟期限《べんさいきげん》に在るとき此期限に在るも辨濟を爲さゞるときは是れも亦保證人に在りては打ち捨て置《お》くことを得ざるべし併し保證の契約《けいやく》ありたる後に債權者が主たる債務者丈けに許し與《あた》へたる期限は保證人に對抗《たいかう》することを得ざるなり第三債務の辨濟を爲すべき期限が確《たし》かに定まらずして尚且《なほかつ》其最《もつと》も長き期限も定むることが出來ざる場合に於て保證契約を爲したる後十年も過ぎたるとき此の時まも保證人は其期限を待《ま》つべきものとするときは甚《はなは》だ酷《こく》となるを以てなり

第四百六十一條　前二條ノ規定ニ依リ主タル債務者カ保證人ニ對シテ賠償《ばいしやう》ヲ爲ス場合ニ於テ債權者カ全部《ぜんぶ》ノ辨濟ヲ受ケサル間ハ主タ

ル債務者《さいむしや》ハ保證人ヲシテ擔保ヲ供セシメ又ハ之ニ對シテ自己ニ免責ヲ得セシムヘキ旨ヲ請求スルコトヲ得

右ノ塲合ニ於テ主《しゆ》タル債務者ハ供託《きやうたく》ヲ爲シ、擔保《たんぽ》ヲ供《きやう》シ又ハ保證人ニ免責《めんせき》ヲ得セシメテ其賠償ノ義務《ぎむ》ヲ免《まぬか》ルルコトヲ得

本條問の答　前二條の定めに依り主《しゆ》たる債務者が保証人に向ひて償《つぐなひ》を爲すべき塲合に於て債權者が債權全額《ぜんがく》の辨濟を受けざる間は主《しゆ》たる債務者は保証人をして擔保《たんぽ》則ち不動産の抵當《ていたう》又は動産質《どうさんじち》を爲さしめ又は保証人に向ひて自分に免責《めんせき》則ち債務を免《まぬか》れしむべき旨《むね》を請求することを得るなり右の塲合に於て主たる債務者は保証人より求められたるものを供託所《きやうたくしよ》に供託則ち預《あづ》け又擔保を供《きやう》し又は保証人に其保証の義務を免《まぬか》れしめて保証人より求むる償《つぐなひ》の義務を免《まぬか》がるゝことを得るなり

第四百六十二條　主《しゆ》タル債務者ノ委託《いたく》ヲ受ケスシテ保證ヲ爲シタル者カ債務ヲ辨濟シ其他《そのた》自己《じこ》ノ出捐《しゆつえん》ヲ以テ主タル債務者ニ其債務ヲ免《まぬか》レシメタルトキハ主タル債務者ハ其當時利益ヲ受ケタル限度《げんど》ニ於テ賠償《ばいしやう》ヲ爲スコトヲ要ス

主《しゆ》タル債務者ノ意思《いし》ニ反《はん》シテ保證ヲ爲シタル者ハ主タル債務者カ現ニ利益《りえき》ヲ受クル限度《げんど》ニ於テノミ求償權《きうしやうけん》ヲ有ス但主タル債務者カ

求償ノ日《ひ》以前《いぜん》ニ相殺《さうさい》ノ原因《げんいん》ヲ有セシコトヲ主張スルトキハ保證人ハ債權者ニ對シ其相殺ニ因リテ消滅スヘカリシ債務ノ履行ヲ請求スルコトヲ得

本條問の答　主たる債務者の委託《ゐたく》を受けずして保證を爲したる者則ち保證人自ら進《すゝ》んで保證を爲したる者が主債務《しゆさいむ》の債務を辨濟し其外自分の出捐《しゆつえん》則ち五百圓の債權を四百圓とか或《あ》る土地《とち》を賣渡して主たる債務者に其債務を免《まぬ》かれしめたるときは主《しゆ》たる債務者ハ其債務を免《まぬ》がれたる時利益《りえき》を受けたるもの丈け賠償《ばいしやう》を爲すべきものとす然《しか》らざるときは好《この》んで人の保證人となり利益を得《う》るに至るを以てなり又主たる債務者《さいむしや》の意《い》に反《はん》して保證を爲したる者則ち債務者が保證人となることを好《この》まざるに債權者と約束《やくそく》の上保證人となるときは主《しゆ》たる債務者が現《げん》に利益を受けたる丈け償《つぐなひ》を求むることを得るなり現《げん》に利益を受けたるとあり故に債務者が義務を免《まぬ》がれたるときは五百圓の利益ありしが求償《きうしやう》せらるゝときは四百圓より債務者が利益を受けざるときは四百圓丈けの償を受けねばならぬ併し主たる債務者が保證人より償《つぐなひ》を求むる日《ひ》以前《いぜん》に債權者と相殺《さうさい》を爲すべき原因《げんいん》を有せしとのことを主張《しゆちやう》するときは保證人は債務者より償を求むることを得ざる故に債權者に向ひ債務者の相殺《さうさい》により消滅《せうめつ》すべかりし債務の履行《りかう》を求むることを得るなり

第四百六十三條　第四百四十三條ノ規定ハ保證人ニ之ヲ準用ス

保證人カ主タル債務者《さいむしや》ノ委託《ゐたく》ヲ受ケテ保證《ほしよう》ヲ爲シタル場合ニ於テ善意《ぜんい》ニテ辨濟其他免責《めんせき》ノ爲メニスル出捐《しゆつえん》ヲ爲シタルトキハ第四百四十三條ノ規定ハ主タル債務者ニモ亦之ヲ準用ス

本條問の答　第四百四十三條の定は保証人にも準用《じゆんよう》す同條は既《すで》に述《の》べたれば再《ふたゝ》び述《の》べざるべし又保証人が主《しゆ》たる債務者の委託《ゐたく》を受けて保証を爲したる場合に善意《ぜんい》にて債務の辨《べん》濟《さい》を爲し其他免責《めんせき》の爲めに出捐《しゆつえん》を爲したるときは第四百四十三條の定めは主たる債務者にも準用《じゆんよう》するなり

第四百六十四條　連帶債務者又ハ不可分債務者《ふかぶんさいむしや》ノ一人ノ爲メニ保證ヲ爲シタル者ハ他ノ債務者ニ對シテ其負擔部分ノミニ付キ求償權ヲ有ス

本條問の答　連帶《れんたい》債務者又は不可分債務者の一人の爲めに保証を爲したる者が此等《これら》の連帶債務又は不可分《ふかぶん》債務を辨濟其他出捐《しゆつえん》を爲し債務を免《まぬ》かれしめたるときは他の債務者に向ひ各負擔《ふたん》の分《ぶん》のみに付き求償《きうしやう》することを得るなり

第四百六十五條　數人ノ保證人アル場合ニ於テ主タル債務カ不可分ナル爲メ又ハ各保證人カ全額《ぜんがく》ヲ辨濟《べんさい》スヘキ特約《とくやく》アル爲メ一人ノ保證人カ全額其他自己ノ負擔部分ヲ超ユル額ヲ辨濟シタルトキハ第

四百四十二條乃至第四百四十四條ノ規定ヲ準用ス
前項ノ場合ニ非スシテ互《たがひ》ニ連帯《れんたい》セサル保證人ノ一人カ全額《ぜんがく》其他自己《こ》ノ負擔部分ヲ超《こ》ユル額《がく》ヲ辨濟シタルトキハ第四百六十二條ノ規定ヲ準用ス

本條問の答　數人の保証人ありて債務を保証する場合に其主たる債務が不可分債務なる爲め又は各の保証人が債務全額《ぜんがく》を辨濟すべき特約《とくやく》を爲したるため一人の保証人が債務の全額其他自分の引受けの部分《ぶぶん》より多くの額《たか》を辨濟したるときハ第四百四十二條より第四百四十四條の規定を準用《じゆんよう》す則ち連帯《れんたい》債務の定めを適用《てきよう》するものとす
右の場合に非ずして互に連帯せざる數人の保証人の一人が債務全額其他自分の引受け部分より多くの額《たか》を辨濟したるときは第四百六十二條の定め準用するものとす

第四節　債權《さいけん》ノ讓渡《じやうと》

本節問の答　六兵衛が七兵衛に對して金百圓を貸したる權利を八兵衛に讓渡すときは七兵衛は八兵衛に向ひて債務を負《お》ひ六兵衛に向ひては免《まぬ》がるゝことゝなるべし此《これ》を債權の讓渡と云ふ其讓渡の手續《てつゞき》其外讓渡《ゆづりわた》すときは右三人の外の者に向ひて如何《いか》なるか其事を本節に定むるものなり

第四百六十六條　債權ハ之ヲ讓渡《ゆづりわた》スコトヲ得但其性質《せいしつ》カ之ヲ許《ゆる》サヽ

ルトキハ此限ニ在ラス

前項ノ規定ハ當事者《たうじしや》カ反對《はんたい》ノ意思ヲ表示シタル場合ニハ之ヲ適用《てきよう》セス但其意思表示ハ之ヲ以テ善意《ぜんい》ノ第三者ニ對抗《たいあう》スルコトヲ得ス

本條問の答　債權は讓渡則ち賣買贈與《ばいゞそうよ》等にて他人に移《うつ》すことが出來る併し債權の性質《せいしつ》が讓渡を許さゞるときは讓渡をなすことを得ざるべし讓渡を許《ゆる》さゞる債權とは華族世襲財《くわぞくせしうざい》產權《さんけん》の如し此《と》れは其家の爲めに與《あた》へたるものなれば讓渡すことを出來ざるものとせり此の定は當事者が讓渡せぬとの意思《いし》を示《しゆ》したるときは適用《てきよう》せず故に讓渡を爲すことを得ざるべし併《しか》し讓渡をせぬとの意思表示《いしへうじ》は其事を知らずして買ひ受けたるものには手向《てむか》ふことを得ざるべし

第四百六十七條　指名債權《しめいさいけん》ノ讓渡《じやうと》ハ讓渡人カ之ヲ債務者ニ通知シ又ハ債務者カ之ヲ承諾《しやうたく》スルニ非《あら》サレハ之ヲ以テ債務者其他ノ第三者ニ對抗スルコトヲ得ス

前項ノ通知《つうち》又ハ承諾《しやうたく》ハ確定日附《かくていひづけ》アル證書《しようしよ》ヲ以テスルニ非サレハ之ヲ以テ債務者以外ノ第三者ニ對抗スルコトヲ得ス

本條問の答　指名《しめい》債權則ち債權者及び債務者の氏名を記《しる》したる債權の讓渡は讓渡人が其讓渡を爲すことを通知《つうち》し又は債務者が其讓渡を承知するに非ざれば欺かひ他人に讓渡し

たるとて債務者が先き《き》の債權者に辨濟《べんさい》するも有效《いうかう》にして苦情《くじやう》を申立つることを得ず又其他の者が先きの債權者に向ひ債權差押《さしおさへ》を爲すときは既《すで》に讓渡したるとて其差押を拒《こば》むことを得ざるべし右の通知又は債務者の承諾《しやうだく》は確定日附《かくていひづけ》ある證書則ち公正《こうせい》証書其他民法施《し》行法《かうはふ》第五條の證書を以てするに非ざれば債務者外の第三者に對抗《たいかう》することを得ざるべし何となれば確定日附の證書ならでは容易《ようい》に其日附を變《へん》じ他人を害《がい》するに至ればなり

第四百六十八條　債務者カ異議《いぎ》ヲ留《とゞ》メスシテ前條ノ承諾《しやうだく》ヲ爲シタルトキハ讓渡人ニ對抗スルコトヲ得ヘカリシ事由アルモ之ヲ以テ讓受人ニ對抗スルコトヲ得ス但債務者カ其債務ヲ消滅セシムル爲メ讓渡人《じやうどにん》ニ拂渡《はらひわた》シタルモノアルトキハ之ヲ取返《とりかへ》シ又讓渡人ニ對シテ負擔《ふたん》シタル債務アルトキハ之ヲ成立《せいりつ》セサルモノト看做《みな》スコトヲ妨《さまた》ケス

讓渡人カ讓渡《じやうど》ノ通知ヲ爲シタルニ止《とゞ》マルトキハ債務者ハ其通知《つうち》ヲ受クルマテニ讓渡人ニ對《たい》シテ生《しやう》シタル事由《じゆう》ヲ以テ讓受人ニ對抗《たいかう》スルコトヲ得

本條問の答　債務者が異議《いぎ》則ち苦情《くじやう》を留《とゞ》めずして前條の承諾を爲したるときは讓渡人たる債權者に對抗《たいかう》することが出來る事由《じゆう》則ち先きの債權には取消《とりけ》すべき原由《げんゆ》ありしも最早《もはや》

讓受人に先《さき》きの取消すべき原由《げんゆ》を以て債權の請求《せいきう》を拒《こば》むことを得ざるべし併し債務者が其債務を消滅《せうめつ》せしむる爲め讓渡人に拂渡したるものあるときは其物を取戻し又は讓渡人に向ひて負擔《ふたん》したる債務あるときは其債務は成立《せいりつ》せざるものと看做《みな》すことも妨《さまた》げあらざるなり又讓渡人が只讓渡の通知《つうち》を爲したる丈《だ》けなるときは債務者は其通知を受くるまでに讓渡人に向ひて債權が出來相殺《さしひき》を爲すことを得るときは其相殺を以て讓受人に向ひ自分の債務は既《すで》に債權者と既に相殺を爲したる故に汝《なんぢ》の債權の求めには應《おう》ずることを得ずとの申立を爲すことを得るなり

第四百六十九條　指圖債權《さしづさいけん》ノ讓渡ハ其證書ニ讓渡ノ裏書《うらがき》ヲ爲シテ之ヲ讓受人ニ交付《かうふ》スルニ非サレハ之ヲ以テ債務者其他ノ第三者ニ對抗スルコトヲ得ス

本條問の答　指圖《さしづ》債權則ち何某《なにがし》に此證書の金額を拂ひ呉《く》れと記したる債權にして此の債權を讓渡すには其證書に讓渡の裏書《うらがき》を爲して讓受くる人に手渡《てわた》すに非ざれば此讓渡は債務者其他の第三者に對抗《たいかう》することを得ず故に證書に裏書もせず又交付《わたし》もせざるときは假《た》令《と》ひ當事者が讓渡を爲したると云ふも讓渡はあらざるべし

第四百七十條　指圖債權《さしづさいけん》ノ債務者ハ其證書ノ所持人《しよぢにん》及ヒ其署名《しよめい》、捺《なつ》印《いん》ノ眞僞《しんぎ》ヲ調査《てうさ》スル權利ヲ有スルモ其義務ヲ負フコトナシ但債務

者ニ惡意《あくい》又ハ重大《ちうだい》ナル過失《くわしつ》アルトキハ其辨濟ハ無效《むかう》トス

本條問の答　指圖《さしづ》債權の債務者は其證書の所持人《しよぢにん》は證書記載《きさい》の債權者なるや又其署名《しよめい》は眞實《しんじつ》のものなるか又は捺印《なついん》は眞正《しんせい》なるかを取調《とりしら》ぶる權利あるも義務なし故に債務者は其證書を以て請求したるものに支拂《しはら》ふときは假令《たと》ひ眞《しん》の債權者にあらざるも何等《なんら》の責《せめ》なし併《しか》し債務者に惡意《あくい》又は重大《ぢうだい》なる過失《くわしつ》あるときは辨濟は無效《むかう》とす則ち債務者は指圖《さしづ》債權者は知人《ちじん》あるに他人來りて債權の請求を爲し本人と違《ちが》ふことを知りつゝ辨濟を爲すときは其辨濟は無效にして更に眞の債權者に辨濟を爲さゞるべからず

第四百七十一條　前條ノ規定ハ證書ニ債權者ヲ指名シタルモ其證書ノ所持人《しよぢにん》ニ辨濟スヘキ旨《むね》ヲ附記《ふき》シタル場合ニ之ヲ準用ス

本條問の答　前條の定めに證書に債權者の氏名を指し示《しめ》したるも其證書を所持《しよぢ》する人に辨濟を爲すべきことを附記《ふき》したる場合にも準用《じゆんよう》するなり

第四百七十二條　指圖債權ノ債務者ハ其證書ニ記載シタル事項及ヒ其證書ノ性質《せいしつ》ヨリ當然生《たうぜんしやう》スル結果《けつくわ》ヲ除《のぞ》ク外《はか》原《げん》債權者《さいけんしや》ニ對抗《たいかう》スルコトヲ得ヘカリシ事由ヲ以テ善意ノ讓受人ニ對抗スルコトヲ得ス

本條問の答　指圖《さしづ》債權の債務者は其指圖《さしづ》債權證書に記《しる》したる事柄《ことがら》及び其證書の性質《せいしつ》より當然生《たうぜんしやう》ずべき結果《けつくわ》則ち債務を行《おこな》はざるより訴《うつたへ》を受くる等《とう》の事柄を除《のぞ》く外は原《げん》債權者に對

抗することを得《う》べかりし事由《じゆう》則ち債權者に債權を有《いう》するを以て相殺《さしひき》せりとのことを以て善意《ぜんい》に讓受けたる者に對抗《たいかう》することを得ざるべし

第四百七十三條　前條ノ規定ハ無記名債權《むきめいさいけん》ニ之ヲ準用《じゆんよう》ス

本條問の答　前條の定めは無記名《むきめい》債權則ち債權者の何人《なんぴと》なることを記《しる》さずして其《そ》れを所持する人に辨濟する証書にも準用するなり

第五節　債權《さいけん》ノ消滅《せうめつ》

本節問の答　以上述《の》べたる債權が消滅《せうめつ》して無くなることは如何《いかん》してなるか其原因《げんいん》を本節に定むるものなり

第一款　辨濟《べんさい》

第一欵問の答　債權を辨濟するの定めにして何を以て辨濟するか又誰に辨濟を爲すべきものか等を記すものなり

第四百七十四條　債務ノ辨濟ハ第三者之ヲ爲スコトヲ得但其債務ノ性質《せいしつ》カ之ヲ許《ゆる》サヽルトキ又ハ當事者カ反對《はんたい》ノ意思ヲ表示《へうじ》シタルトキハ此限ニ在ラス

利害《りがい》ノ關係《くわんけい》ヲ有《いう》セサル第三者ハ債務者ノ意思ニ反《はん》シテ辨濟ヲ爲スコトヲ得ス

本條問の答　債務の辨濟は本人が爲すべきは勿論《もちろん》なるも債務者外の者即《すなは》ち第三者より辨濟を爲すことを得るなり然れども債務の性質上《せいしつじやう》第三者の辨濟を許《ゆる》さゞるとき假令《たとへ》ば有名《いうめい》の畫工《ぐわこう》に畫《ゑ》を書《か》くべきことを約《やく》したるときは其畫工《ぐわこう》にあらざれば不可《ふか》なるが如し又は當事者たる債權者又は債務者が本人に限るとの意見《いけん》なるときは第三者の辨濟は爲し能《あた》はざればなり又債務に利害《りがい》の關係《くわんけい》を有《いう》せざる第三者は債務者の意思《いし》に背《そむ》きて辨濟を爲すことを得ざるべし是は他人の債務を辨濟し利益を得且債務者を害するに至る恐れある故なり

第四百七十五條　辨濟者《べんさいしや》カ他人ノ物ヲ引渡《ひきわた》シタルトキハ更《さら》ニ有效ナル辨濟ヲ爲スニ非《あら》サレハ其物ヲ取戻《とりもど》スコトヲ得ス

本條問の答　債務を辨濟したる者が他人の物を引渡したるときは更に自分の物を引渡して有效《いうかう》なる辨濟を爲すに非ざれば先きに引渡《ひきわた》したる他人の物を取戻《とりもど》すことを得ざるべし其れは他人の物を引渡したるは自分の過《あやま》ちなれど其過ちは自分が引受けねばならぬものにして謂《いは》れなく債權者に責《せめ》を負《お》はしむるを得ざるべし

第四百七十六條　讓渡ノ能力《のうりよく》ナキ所有者カ辨濟トシテ物ノ引渡《ひきわたし》ヲ爲シタル場合ニ於テ其辨濟ヲ取消《とりけ》シタルトキハ其所有者ハ更《さら》ニ有效《いうかう》ナル辨濟ヲ爲スニ非サレハ其物ヲ取戻スコトヲ得ス

本條問の答　讓渡を爲すことが出來ざる所有者則ち未成年者《みせいねんしや》の如き者が債務の辨濟とし

て物の引渡を爲すときは取消すべきものあれば其辨濟を取消したるときは其所有者は更に有效《いうかう》ある辨濟則ち後見人等《こうけんにんとう》より辨濟を爲すに非ざれば其物を取戻すことを得ざるものとするなり

第四百七十七條　前二條ノ場合ニ於テ債權者カ辨濟トシテ受ケタル物ヲ善意《ぜんい》ニテ消費《せうひ》シ又ハ讓渡《じやうと》シタルトキハ其辨濟ハ有效《いうかう》トス但債權者カ第三者ヨリ賠償ノ請求ヲ受ケタルトキハ辨濟者ニ對シテ求償ヲ爲スコトヲ妨ケス

本條問の答　前二條の場合則ち他人物を辨濟として引渡したる場合又は讓渡の能力《のうりよく》なき者が辨濟として物の引渡を爲したる場合に於て債權者が辨濟として受けたる物を善意《ぜんい》にて消費《せうひ》し又は讓渡したるときは其辨濟は有效《いうかう》とするなり併《しか》し債權者が他人の物を辨濟として受けたるとて第三者たる其他人より賠償《ばいしやう》の求めを爲すときは辨濟したる者に向ひて求償することは妨げとならざるべし

第四百七十八條　債權ノ準占有者《じゆんせんいうしや》ニ爲シタル辨濟《べんさい》ハ辨濟者ノ善意《ぜんい》ナリシトキニ限リ其效力ヲ有ス

本條問の答　債權の準占有《じゆんせんいう》則ち債權者なりと信《しん》じたる者則ち相續人の定まらざる場合に一時相續人となりて一家の財産を占有する者に爲したる辨濟は辨濟者が眞の債權者と思

ひて辨濟を爲したるときは有效《いうかう》となるなり

第四百七十九條 前條ノ場合ヲ除ク外辨濟受領《べんさいじゆりやう》ノ權限《けんげん》ヲ有セサル者ニ爲シタル辨濟ハ債權者カ之ニ因リテ利益ヲ受ケタル限度ニ於テノミ其效力ヲ有ス

本條問の答　前條の定むる場合の外にて辨濟を受取る權利を有《いう》せざる者假令《たとへ》ば債權者に辨濟せんと思ひ其家に至りたるに債權者が不在《ふざい》なりしを以て其留守人《るずにん》に渡して還《かへ》りたりとせんに留守人は辨濟を受取る權利なけれども債權者が其留守人より辨濟したるものを受取り利益を得たるときは其限度《げんど》に於てのみ辨濟を爲したることゝなるべし

第四百八十條 受取證書《うけとりしようしよ》ノ持參人《ちさんにん》ハ辨濟受領《じゆりやう》ノ權限《けんげん》アルモノト看做ス但辨濟者カ其權限ナキコトヲ知リタルトキ又ハ過失ニ因リテ之ヲ知ラサリシトキハ此限ニ在ラス

本條問の答　辨濟の受取證書を持參《ちさん》する人は辨濟を受領《じゆりやう》する權利あるものと看做《みな》す併《しか》し辨濟を爲すべき者が其受取るべき權利なきことを知りたるとき又自分の過《あやまち》に因《よ》りて受取りの權利なきことを知らずして辨濟したるときは後日《とにち》に至り再《ふたゝ》び辨濟の求めを受くるときは復た辨濟を爲さゞるを得ざるべし

第四百八十一條 支拂《しはらひ》ノ差止《さしとめ》ヲ受ケタル第三債務者カ自己ノ債權者

ニ辨濟ヲ爲シタルトキハ、差押債權者《さしおさへさいけんしや》ハ其受ケタル損害ノ限度ニ於テ更《さら》ニ辨濟《べんさい》ヲ爲スヘキ旨《むね》ヲ第三債務者ニ請求スルコトヲ得

前項ノ規定《きてい》ハ第三債務者ヨリ其債權者ニ對スル求償權《きうしやうけん》ノ行使ヲ妨《さまた》ケス

本條問の答　支拂《しはらひ》を爲すべからずとの差止を受けたる第三債務者則ち債務者の債務者が自分の債權者則ち債務者へ辨濟を爲したるときは差押《さしおさへ》債權者は支拂を差止《さしとめ》たるにも拘《かゝは》らず支拂を爲したるより受けたる損害《そんがい》の限度《げんど》に於て更に辨濟を爲すべきことを第三債務者に請求することを得るなり此の定めは第三債務者より其債權者たる債務に向ひて償を求むることを得るなり

第四百八十二條　債務者カ債權者ノ承諾《しやうだく》ヲ以テ其負擔《ふたん》シタル給付《きふふ》ニ代ヘテ他ノ給付ヲ爲シタルトキハ其給付ハ辨濟ト同一ノ效力ヲ有ス

本條問の答　債務者が其債權の承知《しやうち》を得《え》たる上《うへ》其負擔《ふたん》したる給付《きふふ》則ち五百圓の借金《しやくきん》の代りに他の給付米三十石を引渡すときは其事は辨濟と同じことゝなるなり

第四百八十三條　債權ノ目的カ特定物《とくていぶつ》ノ引渡《ひきわたし》ナルトキハ辨濟者ハ其引渡ヲ爲スヘキ時ノ現狀《げんじやう》ニテ其物ヲ引渡スコトヲ要ス

本條問の答　債權の目的が特定物《とくていぶつ》則ち此土地《とち》此家の引渡なるときは辨濟を爲すべき者は引渡を爲すべき時の現在《げんざい》の有樣にて其特定物を引渡すべきものとす

第四百八十四條　辨濟ヲ爲スヘキ場所《ばしよ》ニ付キ別段《べつだん》ノ意思表示ナキトキハ特定物《とくていぶつ》ノ引渡ハ債權發生《さいけんはつせい》ノ當時其物ノ存在《そんざい》セシ場所ニ於テ之ヲ爲シ其他ノ辨濟ハ債權者ノ現時ノ住所ニ於テ之ヲ爲《な》スコトヲ要ス

本條問の答　辨濟を爲すべき場所に付別段《べつだん》の意思表示《いしへうじ》則ち何處まて引渡を爲すべきことを約束《やくそく》せざるときは特定物の引渡ハ債權が發生《はつせい》したるとき其目的物《もくてきぶつ》の在りたる場所に於て爲し其外の辨濟ハ債權者の現《げん》に居る所《ところ》にて之を爲すべきものとす

第四百八十五條　辨濟ノ費用《ひよう》ニ付キ別段ノ意思表示ナキトキハ其費用ハ債務者《さいむしや》之ヲ負擔《ふたん》ス但債權者カ住所ノ移轉《いてん》其他ノ行爲《かうゐ》ニ因リテ辨濟ノ費用ヲ增加《ぞうか》シタルトキハ其增加額《ぞうかがく》ハ債權者之ヲ負擔《ふたん》ス

本條問の答　辨濟を爲すべき入費《にふひ》に付き別段《べつだん》の意思表示則ち約束等《やくそくとう》を爲さゞるときは其費用は債務者が負擔す併《しか》し債權者が住所を移轉《いてん》し又其他の行爲《かうゐ》により辨濟の費用が增《ま》したるときは其增したる額丈《たけだ》けは債權者が負擔せざるべからざるなり

第四百八十六條　辨濟者ハ辨濟受領者《べんさいじゆりやうしや》ニ對シテ受取證書《うけとりしようしよ》ノ交付《かうふ》ヲ請

求スルコトヲ得

本條問の答　辨濟者は辨濟を受取る者に向ひて受取の証書の交付《かうふ》を爲すべきことを求むるを得るなり是れは他日の證據《しようこ》の用となさんが爲めなり

第四百八十七條　債權ノ證書アル場合ニ於テ辨濟者カ全部ノ辨濟ヲ爲シタルトキハ其證書ノ返還《へんくわん》ヲ請求スルコトヲ得

本條問の答　債權の證書ある場合には辨濟を爲したる者が債權全部《ぜんぶ》の辨濟を爲したるときは其差入《さしい》れたる證書の返還《へんくわん》を求《もと》むることを得是れは證書は債權を有する爲めの證據なれば債權の辨濟ある上は債權者所有するも何等の用なければなり

第四百八十八條　債務者カ同一《どういつ》ノ債權者《さいけんしや》ニ對シテ同種ノ目的《もくてき》ヲ有スル數個ノ債務ヲ負擔《ふたん》スル場合ニ於テ辨濟トシテ提供《ていきやう》シタル給付《きふふ》カ總債務ヲ消滅セシムルニ足ラサルトキハ辨濟者ハ給付ノ時ニ於テ其辨濟ヲ充當《じうたう》スヘキ債務ヲ指定《してい》スルコトヲ得

辨濟者カ前項ノ指定《してい》ヲ爲ササルトキハ辨濟受領者《べんさいじゆりやうしや》ハ其受領ノ時ニ於テ其辨濟ノ充當ヲ爲スコトヲ得但辨濟者カ其充當ニ對シテ直チニ異議《いぎ》ヲ述《の》ヘタルトキハ此限ニ在ラス

前二項ノ場合ニ於テ辨濟ノ充當ハ相手方ニ對スル意思表示ニ依リ

テ之ヲ爲ス

本條問の答　債務者が同じ債權者に向ひて同じ種類《しゆるゐ》の目的《もくてき》を有する數個《すうこ》の債務則ち百圓と二百圓と五百圓との債務を負《お》ふ場合に於て債務者より辨濟の爲めに提供《ていきやう》したる給付則ち差出したる金額が總《すべ》ての債務を消滅《せうめつ》せしむるに不足《ふそく》するときは辨濟を爲すべき者は給付則ち手渡を爲すべき時に於て其辨濟は何《いづ》れの債務に充《あ》つるものなるか指定《してい》することが出來るべし若し辨濟者が右の指定を爲さゞるときは辨濟を受取る者は其受取るべき時に於て其辨濟の充當《じうたう》則ち何《いづ》れかの債務に充《あ》つることを爲す併《しか》し辨濟者が右受領者《じゆりやうしや》の充當に向ひて直《す》ぐに其充當は不都合なりと異議《いぎ》を述《の》べたるときは辨濟者の充當は仕直《しなほ》さねばならぬものなり右の二項の場合にて辨濟の充當《じうたう》は相手《あひて》の方《かた》に向ひたる意思《いし》を表示《へうじ》するによりて爲すものなり

第四百八十九條　當事者カ辨濟ノ充當《じうたう》ヲ爲サヽルトキハ左ノ規定《きてい》ニ從ヒ其辨濟ヲ充當ス

一　總債務中辨濟期ニ在ルモノト辨濟期ニ在ラサルモノトアルトキハ辨濟期ニ在ルモノヲ先ニス

二　總債務カ辨濟期ニ在ルトキ又ハ辨濟期《きき》ニ在ラサルトキハ債務者ノ爲メニ辨濟ノ利益《りゑき》多《おほ》キモノヲ先ニス

三　債務者ノ爲メニ辨濟《べんさい》ノ利益相同《あひおな》シキトキハ辨濟期ノ先ツ至リタルモノ又ハ先ツ至ルヘキモノヲ先ニス

四　前二號ニ掲ケタル事項《じこう》ニ付キ相同シキ債務ノ辨濟ハ各債《かくさい》務ノ額《がく》ニ應《おう》シテ之ヲ充當《じうたう》ス

本條問の答　當事者則ち辨濟を爲す者と辨濟を受取る者とか辨濟の充當を爲さゝるときは本條に定むる所に從ひ辨濟を充當す其方法《はうはふ》は第一總ての債務中に辨濟の期限《きげん》來りたるものと又辨濟期限の來らざるものあるときは辨濟の期限來りたるものを先《さき》に一辨濟を爲す第二總ての債務が辨濟の期限來り又は辨濟の期限來らざるもの斗りなるときは債務者の爲めに辨濟の利益《りえき》多きものを先にす第三何《いづ》れの債務《さいむ》を辨濟するも債務者の爲めには辨濟の利益相同じきときは辨濟の期限の先《さき》きに至りたるもの又は先きに至るべきものを先きにす第四前二號に掲げたる事柄に付き同じき債務の辨濟は各の債務の額《たか》に割當《わりあ》てゝ充當するものとす以上の充當を學問上《がくもんじやう》法律の充當とは云ふなり

第四百九十條　一個ノ債務ノ辨濟トシテ數個ノ給付ヲ爲スヘキ場合ニ於テ辨濟者カ其債務《さいむ》ノ全部《ぜんぶ》ヲ消滅《せうめつ》セシムルニ足ラサル給付ヲ爲シタルトキハ前二條ノ規定ヲ準用ス

本條問の答　一つの債務の辨濟の爲め數個の給付《きふふ》則ち米金及び土地の三個を手渡《てわた》すべき

場合に辨濟者が其債務の全部を消滅《せうめつ》せしむるに足らざる給付を爲したるときは前二條の定を準じ用ゆ

第四百九十一條　債務者カ一個又ハ數個ノ債務ニ付キ元本ノ外利息及ヒ費用《ひよう》ヲ拂《はら》フヘキ場合ニ於テ辨濟者カ其債務ノ全部ヲ消滅セシムルニ足ラサル給付《きふ》ヲ爲シタルトキハ之ヲ以テ順次《じゆんじ》ニ費用《ひよう》、利息及ヒ元本《ぐわんぽん》ニ充當《じうたう》スルコトヲ要ス

第四百八十九條ノ規定ハ前項ノ場合ニ之ヲ準用ス

本條問の答　債務者が一つの債務か又は數個の債務に付き元金《もときん》の外其利息《りそく》及び費用《ひよう》を拂ふべき場合に於て辨濟者が其債務の全部《ぜんぶ》を消滅《せうめつ》することが出來ない給付を爲したるときは第一費用《ひよう》に充當し第二利息に充當し第三元金《もときん》に充當《じうたう》すべきものとす是れ費用は債務を負《お》ふたるより出來たるものにして債務外の負擔《ふたん》なれば第一に支拂ふべきものなり

第四百九十二條　辨濟ノ提供《ていきやう》ハ其提供ノ時ヨリ不履行《ふりかう》ニ因リテ生《しやう》スヘキ一切ノ責任《せきにん》ヲ免《まぬか》レシム

本條問の答　辨濟の提供《ていきやう》則ち債權者が債務者の爲すべき辨濟を受取らず又債權者が未成《みせい》年者《ねんしや》よつて債務者の爲すべき辨濟を受取ることが出來ざる場合は債務者は債務を辨濟せんとするも受取の有る迄債務の辨濟を出來ざるものとするときは甚だ迷惑《めいわく》なるを以て辨

濟の差出を許し其提供《ていきやう》の日より債務を行《おこな》はざるときに生《しやう》ずる一切の責《せめ》を免《まぬ》がれしむ故に債務の期限《きげん》來るも辨濟を爲さゞるときは利息を拂《はら》ふべきものなれども提供するときは之を拂ふに及ばず又提供したる物件滅失《ぶつけんめつしつ》するも債務者には少《すこ》しも責《せめ》は有らざるなり

第四百九十三條　辨濟ノ提供《ていきやう》ハ債務ノ本旨《ほんし》ニ從ヒテ現實《げんじつ》ニ之ヲ爲スコトヲ要ス但債權者カ豫《あらかじ》メ其受領《じゆりやう》ヲ拒《こば》ミ又ハ債務ノ履行《りかう》ニ付キ債權者ノ行爲ヲ要スルトキハ辨濟ノ準備ヲ爲シタルコトヲ通知シテ其受領ヲ催告《さいこく》スルヲ以テ足ル

本條問の答　辨濟の提供《ていきやう》は債務の本旨《ほんし》に從《したが》ひて現實《げんじつ》に爲さねばならぬ故に金を借《か》れば金にて提供し土地を渡すべき債務なるときは土地を提供せねばならぬ而して現實則ち實際《じつさい》に右の物を差出さねばならぬものにして只提供の事を申込《まをしこ》むのみにて不可《ふか》なり但し債權者が債務者の辨濟を受取るを拒《こば》み又は債務を行《おこな》ふことに付き債權者の行爲《かうい》が入るとき則ち境界《けいかい》を定むる場合に債權者の立會《たちあひ》が入る如きときは辨濟の準備《じゆんび》を爲したることを通知《つうち》して辨濟を受取ることを催促《さいそく》すれば十分にして現實《げんじつ》に提供《ていきやう》するに及《およ》ばざるべし

第四百九十四條　債權者カ辨濟ノ受領《じゆりやう》ヲ拒《こば》ミ又ハ之ヲ受領スルコト能《あた》ハサルトキハ辨濟者ハ債權者《さいけんしや》ノ爲メニ辨濟ノ目的物ヲ供託《きやうたく》シテ其債務ヲ免《まぬか》ルルコトヲ得辨濟者ノ過失《くわしつ》ナクシテ債權者ヲ確知《くわくち》スル

コト能ハサルトキ亦同シ

本條問の答　債權者が債務者其他の物が債務の辨濟を爲したるに其れを受取らず又は受取ることが出來ざるとき則ち未成年《みせいねん》なるか又禁治産《きんちさん》あるときは辨濟者は債權者の爲めに辨濟の目的物《もくてきぶつ》を供託《きやうたく》則ち預《あづ》けを爲して其債務を免《まぬ》がるゝことが出來る又辨濟者の過《あやま》ちなくして債權者を確知《くわくち》することが出來ざるとき則ち何人《なんぴと》が債權者なるか知れざるときに知れる迄辨濟の期限來るも待《ま》つものとするときは迷惑《めいわく》あるを以て此場合にも供託《きやうたく》することを得ると定めたるなり

第四百九十五條　供託《きやうたく》ハ債務《さいむ》履行《りかう》地《ち》ノ供託所ニ之ヲ爲スコトヲ要ス

供託所《きやうたくしよ》ニ付キ法令《はふれい》ニ別段《べつだん》ノ定ナキ場合ニ於テハ裁判所ハ辨濟者ノ請求ニ因リ供託所ノ指定《してい》及ヒ供託物保管者《きやうたくぶつほくわんしや》ノ選任《せんにん》ヲ爲スコトヲ要ス

供託者《きやうたくしや》ハ遲滯《ちたい》ナク債權者ニ供託ノ通知ヲ爲スコトヲ要ス

本條問の答　前條に定むる供託《きやうたく》は債務を行ふべき地の供託所《きやうたくしよ》に爲すべきものとす供託を爲すべき所のことに付き法令《はふれい》に何等《なんら》の定めなき場合に於ては裁判所は辨濟者の求《もとめ》に因り供託を爲すべき所を指《さ》し定め及び供託物を保管《ほくわん》即ち預かるべき者の選任《せんにん》を爲さねばなら

ぬ而して供託したる者は速《すみやか》に卽ち遲滯《ちたい》なく債權者に供託を爲したることの通知を爲さねばならぬ此れ債權者は其通知により供託物を引取るが其外供託物を債務者に返へす等の處置《しよち》を爲さゞるべからず

第四百九十六條　債權者カ供託ヲ受諾《じゆだく》セス又ハ供託ヲ有效ト宣告《せんこく》シタル判決《はんけつ》カ確定《くわくてい》セサル間ハ辨濟者ハ供託物《きやうたくぶつ》ヲ取戻《とりもど》スコトヲ得此塲合ニ於テハ供託ヲ爲ササリシモノト看做ス

前項ノ規定ハ供託ニ因リテ質權《しちけん》又ハ抵當權《ていたうけん》カ消滅《せうめつ》シタル塲合ニハ之ヲ適用セス

本條問の答　債權者が辨濟者の爲したる供託《きやうたく》を受くることを承知《しやうち》せず又は辨濟の供託を有效《いうかう》なりと言渡したる判決《はんけつ》が確定《くわくてい》せざる間は辨濟者は供託物を取戻すことを得併《しか》し此塲合に於ては供託を爲さゞりしものと看做《みな》すべきなり故に供託中物件《きやうたくちうぶつけん》が傷《きず》つきたるときは辨濟者の損《そん》となるべきなり

右の定は供託を爲したるより質權《しちけん》又は抵當權《ていたうけん》が消滅《せうめつ》したるときには用ゐざるなり若し右の定を用ゐるとするときは一旦《いつたん》供託を爲し質權又は抵當權が消滅したるに供託物を取戻し供託を爲さゞる如くなるを以て質權又は抵當權の外の權利者は害《がい》を受くるに至るを以て玆《こゝ》に本項を設けたるなり

第四百九十七條　辨濟ノ目的物カ供託ニ適《てき》セス又ハ其物ニ付キ滅失《めつしつ》若クハ毀《き》損《そん》ノ虞アルトキハ辨濟者ハ裁判所ノ許可《きよか》ヲ得テ之ヲ競賣シ其代價ヲ供託スルコトヲ得其物ノ保存ニ付キ過分ノ費用ヲ要スルトキ亦同シ

本條問の答　辨濟の目的物《もくてきぶつ》が供託せんとするも其數大にして且《かつ》多くの場所を取り供託に適《き》せず又は其物に付き滅失《めつしつ》若くは毀《き》損《そん》の虞《おそれ》あるとき則ち氷《こほり》の如き物か又野菜《やさい》の類にて供託するときは其間に現形《げんけい》を存《そん》せざる如きものなるときは辨濟者は裁判所の許《ゆるし》を得て其物を競《せ》り賣りして其代價を供託《きやうたく》することを得《う》又供託物を供託所に保存《ほぞん》するに付過分《くわぶん》の費用が入るとき則ち馬牛《うまうし》の如きものにして飼草《かひぐさ》が入るときも亦同じく競《せ》り賣りして代價を供託することを得るなり

第四百九十八條　債務者カ債權者ノ給付《きふふ》ニ對シテ辨濟《べんさい》ヲ爲スヘキ場合ニ於テハ債權者ハ其給付ヲ爲スニ非サレハ供託物ヲ受取ルコトヲ得ス

本條問の答　債務者が債權者よりの給付《きふい》則ち引渡物《ひきわたしぶつ》を受けて辨濟を爲すべき場合に債務者が其債務の目的を供託したるときは債權者は猥《みだ》りに供託物を引取《ひきと》ることを得ず必ず其給付を爲すに非ざれば供託物を受取ることを得ざるべし

第四百九十九條 債務者ノ爲メニ辨濟ヲ爲シタル者ハ其辨濟ト同時ニ債權者ノ承諾《しやうだく》ヲ得テ之ニ代位《だいゐ》スルコトヲ得

第四百六十七條ノ規定ハ前項ノ場合ニ之ヲ準用ス

本條問の答　債務者が其債務を辨濟することが出來ざる場合に他人が辨濟を爲したるときは其辨濟と同じ時に債權者の承諾《しやうだく》を得て債權者の有《いう》したりし權利を得ることが出來る故に債權者の權利が抵當權《ていたうけん》なれば抵當の權利を代位《だいゐ》し先取特權《さきどりけん》を代位することゝなるべし法律が此代位の辨濟を定めたるは今茲《いまこゝ》に自分所有の財產悉皆《ざいさんしつかい》を抵當に入れて金を借りたりし者ありとせんに其利子《りし》は高くして到底元金《たうていもときん》の辨濟を爲すの見込《みこみ》立たずさりとて安き利子の債權と借り替《かへ》を爲さんとするも他に一の財產なきを以て借り替を果《はた》さず此の場合に債務者に代《かは》りて辨濟を爲すものに債權者の權利を其儘《まゝ》に移《うつ》す法を設《まう》くるときは債務者は容易《ようい》に債權者を見出すことを得るを以て大に便利《べんり》なり法律は此場合を察《さつ》して本條の如くに定めたるなり而して代位辨濟を爲して債權者の權利を得るには第四百六十七條を準用《じゆんよう》して辨濟を爲すべきことを債務者ゟ通知《つうち》するか又は債務者の承諾《しやうだく》を得るに非らざれば債務者又其他の者に對抗《たいかう》することを得ざるべし又其通知又は承諾は確定《くわくてい》の日附《ひづけ》の證書を要《えう》するは勿論《もちろん》なりとす

第五百條 辨濟《べんさい》ヲ爲スニ付キ正當《せいたう》ノ利益《りえき》ヲ有スル者ハ辨濟ニ因リテ

當然《たうぜん》債權者ニ代位《だいゐ》ス」

本條問の答　債務の辨濟を爲すに付き正當《せいたう》の利益を有《いう》する者則ち保証人の如き者は辨濟を爲すときは當り前に債權者を代位して債權者の權利を得て債務者に辨濟を求むることを得るなり當然とあるにより本條の場合は第四百六十七條に依るに及ばざるべし

第五百一條　前二條ノ規定ニ依《よ》リテ債權者ニ代位シタル者ハ自己ノ權利《けんり》ニ基《もと》キ求償《きうしやう》ヲ爲スコトヲ得ヘキ範圍內《はんゐない》ニ於テ債權ノ效力《かうりよく》及ヒ擔保《たんぽ》トシテ其債權者カ有セシ一切ノ權利ヲ行フコトヲ得但左ノ規定ニ從フコトヲ要ス

一　保證人《ほしようにん》ハ豫《あらかじ》メ先取特權《せんしゆとくけん》、不動產質權《しちけん》又ハ抵當權ノ登記《とうき》ニ其代位《だいゐ》ヲ附記《ふき》シタルニ非サレハ其先取特權、不動產質權又ハ抵當權ノ目的タル不動產ノ第三取得者ニ對シテ債權者ニ代位セス

二　第三取得者ハ保證人ニ對シテ債權者ニ代位セス

三　第三取得者ノ一人ハ各不動產ノ價格《かかく》ニ應《おう》スルニ非サレハ他ノ第三取得者ニ對シテ債權者ニ代位セス

四　前號ノ規定ハ自己ノ財產《ざいさん》ヲ以テ他人ノ債務《さいむ》ノ擔保《たんぽ》ニ供シタ

ル者ノ間ニ之ヲ準用ス

五　保證人ト自己ノ財產ヲ以テ他人ノ債務ノ擔保ニ供シタル者トノ間ニ於テハ其《その》頭《とう》數《すう》ニ應《おう》スルニ非サレハ債權者ニ代位セス但自己ノ財產ヲ以テ他人ノ債務ノ擔保ニ供シタル者數人アルトキハ保證人ノ負擔部分ヲ除キ其殘額《ざんがく》ニ付キ各財產ノ價格《かかく》ニ應《おう》スルニ非サレハ之ニ對シテ代位ヲ爲スコトヲ得ス右ノ場合ニ於テ其財產カ不動產ナルトキハ第一號ノ規定ヲ準用ス

本條問の答　前二條の定めに依り債務者の債務を辨濟して債權者に代位したるものは自分の權利に基《もとづ》き債務者に償《つぐなひ》を求むることを爲すべき內にて債權の效力《かうりよく》則ち其債權の强制《きやうせい》執行《しつかう》を許《ゆる》す證書又其債權に付き訴《うつたへ》を爲したるものなるときは其訴の效力と又債權の擔保《たんぽ》則ち連帶義務《れんたいぎむ》抵當《ていたう》動產質等の如きものと其外其債權者が有《いう》し居《ゐ》たる一切《いつさい》の權利を行ふことを得るなり併し左の定めに從はねばならぬ

第一保證人が債務者の債務を辨濟して代位《だいゐ》を得たるときは豫《あらかじ》め先取特權《せんしゆとくけん》不動產質又は抵當權の登記を爲したる所に其代位を爲すとの附記《ふき》を爲すに非ざれば其先取特權不動產質權又は抵當權の目的《もくてき》としたる不動產を買受けたる第三取得者《しゆとくしや》に向ひては債權者を代位せ

ざるなり第二第三取得者《しゆとくしや》則ち債權者に抵當若しくば不動産質《ふどうさんじち》となりたる不動産を買受けたるものが債務者の債務を辨濟して代位を得るも保證人に向ひて債權者を代位せざるべし若し代位《だいゐ》することゝせば保證人は又第三取得者に向《むか》ひて代位の權《けん》を行ひ限《かぎ》りなきに至るべし第三債權者に抵當《ていたう》の爲め差入《さしい》れたる不動産を三四人にて買受《かひう》けたる場合に其中《うち》の一人が其債務を辨濟して代位を得たるときは各の買得《かひえ》たる不動産の價《あたひ》に應《おう》ずるに非ざれば外の第三取得者に向ひて債權者の代位を爲さゞるなり第四右第三の定めは自分の財産を以て他人の債務の引當《ひきあて》に入れたる者の間よ準《じゆん》じ用ゆるなり第五保證人と自分《じぶん》の財産を以て他人の債務の引當に入れらる者との間に於ては其頭數《とうすう》に割《わ》り當《あ》つるにあらざれば債權者に代位せず併《しか》し自分の財産にて他人の債務の擔保《たんぽ》に入れたる者數人あるときは其間の代位は保證人の引受くる部分を除《のぞ》き其殘《のこ》りたる額《たか》に付き各《かく》財産の價の割合によるにあらざれば代位を爲すことを得ざるべし此場合に於て引當の財産が不動産なるときは右第一號の定を準用す故に代位を爲すものは先取特權不動産質又は抵當の登記に附記《ふき》するにあらざれば他の者に代位をせざるべし

第五百二條 債權《さいけん》ノ一部ニ付キ代位《だいゐ》辨濟《べんさい》アリタルトキハ代位者ハ其辨濟シタル價額ニ應シテ債權者ト共ニ其權利ヲ行フ

前項ノ場合ニ於テ債務ノ不履行《ふりかう》ニ因ル契約《けいやく》ノ解除《かいぢよ》ハ債權者ノミ之

ヲ請求スルコトヲ得但代位者ニ其辨濟シタル價額及ヒ其利息ヲ償還スルコトヲ要ス

本條問の答　債權の一部則ち五百圓の債權の內百圓に付き債務者の外の者より代位辨濟ありたるときは代位《だいゐ》を爲したる者は其辨濟したる價額《かがく》に割當《わりあ》て丶債權者と共に其權利を債務者に向ひて行ふべきものなり右の場合に於て債務を行はざるより契約《けいやく》を解《と》くべきことは債權者のみ債務者に向ひて求むることを得るなり併し代位者が債權者に辨濟したる價額及び利息《りそく》を債權者より代位者《だいゐしゃ》に償《つくな》はざるべからず

第五百三條　代位辨濟ニ因リテ全部《ぜんぶ》ノ辨濟《べんさい》ヲ受ケタル債權者ハ債權《さいけん》ニ關スル證書《しようしよ》及ヒ其占有ニ在ル擔保物《たんぽぶつ》ヲ代位者ニ交付《かうふ》スルコトヲ要ス

債權ノ一部ニ付キ代位辨濟アリタル場合ニ於テハ債權者ハ債權證書ニ其代位《そのだいゐ》ヲ記入《きにふ》シ且代位者ヲシテ其占有《せんいう》ニ在ル擔保物ノ保存ヲ監督《かんとく》セシムルコトヲ要ス

本條問の答　代位《だいゐ》辨濟に因《よ》りて債權額全部《ぜんぶ》の辨濟を受取りたる債權者は債權に關《くわん》せる證書則ち貸金證書其外不動產質の證書の如きものと其債權者が占有《せんいう》し居る擔保《たんぽ》物則ち動產質に取りたる質物を代位《だいゐ》を爲す者に交付《かうふ》則ち手渡《てわたし》することを要《えう》す是れ債權全部の占有者

れば債權者には右の証書占有の擔保物《たんぽぶつ》は入用なくして代位者《だいゐしや》に入用なればなり又債權の一部則ち五百圓の債權に付三百圓の代位辨濟ありたる塲合には債權者債權の證書に代位のことを記入《きにふ》し其《そ》の上《うへ》代位者をして其占有に在る擔保物を保存《ほぞん》することに付き監督《かんとく》せしむ是れは債權一部の辨濟ある上は擔保物は自分一人の擔保物にあらざるが故なり

第五百四條　第五百條ノ規定ニ依リテ代位ヲ爲スヘキ者アル塲合ニ於テ債權者カ故意《こい》又ハ懈怠《かいたい》ニ因リテ其擔保ヲ喪失《さうしつ》又ハ減少《げんせう》シタルトキハ代位ヲ爲スヘキ者ハ其喪失又ハ減少ニ因リ償還ヲ受クルコト能ハサルニ至リタル限度ニ於テ其責ヲ免ル

本條問の答　第五百條の定により代位を爲すべき者があるべき塲合に債權者が故意《こい》則ち代位辨濟者を害《がい》する考にて又は懈怠《かいたい》則ち債權者自身《じしん》は既《すで》に辨濟を受けたれば擔保物《たんぽぶつ》に十分の注意《ちうい》をせずして喪失《さうしつ》するか又は其數を減少《げんせう》したるときは代位を爲すべきものは謂《いは》れなく其權利を害《がい》せらるゝものなれば其喪失《さうしつ》又は減少《げんせう》ありたるが爲めに債務者より償《つくなひ》を求むることを得ざる分に付きては其責《せめ》を免《まぬか》れ更《さら》に債權者に取戻《とりもどし》を求むるを得るなり斯くのことは債權者と債務者と相談《さうだん》の上《うへ》代位者を害する者へにて擔保物を債務に還《かへ》し又何の者へもなくして還《かへ》す塲合に往々《わうく》起《おこ》ることなり

第二款　相殺《さうさい》

本款問の答 相殺《さうさい》とは差引《さしひき》と云ふことにして甲《かふ》が乙《おつ》に金八百圓を貸し又乙が甲に七百圓の貸金《かしきん》ある場合に七百圓の点《てん》まで差引するものにして若《も》し甲が乙に七百圓を返却《へんきやく》し乙が甲に八百圓を返却するときは持參《ちさん》する道路《だうろ》の危險《きけん》あり又互《たがひ》に往《ゆ》き來して無駄《むだ》の手數が入るを以て此等《これら》の危險と手數とを略《りやく》する爲めに誠に便益《べんえき》なるものなり

第五百五條 二人互《たがひ》ニ同種《どうしゆ》ノ目的ヲ有スル債務ヲ負擔《ふたん》スル場合ニ於テ雙方《さうはう》ノ債務《さいむ》カ辨濟期ニ在ルトキハ各債務者ハ其對當額《そのたいたうがく》ニ付キ相《さう》殺《さい》ニ因リテ其債務ヲ免《まぬか》ルルコトヲ得但債務ノ性質《せいしつ》カ之ヲ許《ゆる》サザルトキハ此限ニ在ラス

前項ノ規定ハ當事者カ反對《はんたい》ノ意思ヲ表示《へうじ》シタル場合ニ之ヲ適用《てきよう》セス但其意思表示ハ之ヲ以テ善意ノ第三者ニ對抗スルコトヲ得ス

本條問の答 債權者たり債務者たる二人が相互《あひたがひ》に同じ種類《しゆるゐ》の目的《もくてき》を有《いう》する債務を負《お》ふ場合にて且双方《かつさうはう》の債務が辨濟《べんさい》の期限《きげん》來れるときは各の債務者は其對當額《たいたうがく》則ち相互の同じ額《たか》迄相殺《さしひき》によりて債務を免《まぬか》るゝことを得《う》但債務の性質《せいしつ》が許《ゆる》さゞるときは相殺を爲すことを得ざるべし則ち一方の債務が米麥《こめむぎ》の如き物を目的とし他の方は金錢を目的とするときは一度量《はか》りて且其代價を定むるの手數《てすう》あるを以て相殺は行《おこな》はれざるべし又一の債務が差押《さしおさ》ふべからざるものなるときも行はれざるべし右相殺の定めは當事者たる債權者債務者が

反對《はんたい》の意思《いし》則ち相殺をせぬとの考《かんがへ》なるときは相殺は行《おこな》はれざるべし併し其相殺をせぬとの意思《いし》表示《へうじ》は善意《ぜんい》の第三者則ち何事を知らずして一方の者と取引をしたる者ゝ手向《てむか》ふことを得ざるべし故に第三者たる他人は相殺によりて差引勘定《さしひきかんぢやう》が済《す》みたるものと思ひ信用《しんよう》して取引したるに相殺をせぬとの意思《いし》を表《へう》し一方へ其債務を辨済し其者が無財産《むざいさん》となりて自分の債務を辨済《べんさい》すること能《あた》はざるゝ至るときは第三者は害《がい》を受くるを以て相殺は矢張行《やはりおこな》はれたることゝなすなり

第五百六條 相殺《さうさい》ハ當事者ノ一方ヨリ其相手方ニ對《たい》スル意思表示ニ依リテ之ヲ爲ス但其意思表示ニハ條件又ハ期限ヲ附スルコトヲ得ス

前項ノ意思表示ハ雙方《さうはう》ノ債務カ互《たがひ》ニ相殺《さうさい》ヲ爲スニ適《てき》シタル始ニ遡《さかのぼ》リテ其效力ヲ生ス

本條問の答 相殺《さうさい》は債權者及び債務者其他當事者の一方より相手方《あひてかた》に向ひ相殺を爲すとの意思《いし》を表《へう》して爲すものなり併《しか》し其意思には條件《でうけん》を附《ふ》することは出來《でき》ざるべし故に來る何月何日に雨降《あめふ》るときは相殺をせんとの申込《まをしこみ》は相殺の意思表示とならず又期限《きげん》を付することを得ず故に何月何日に至れば相殺《さしひき》せんとの申込みを爲《な》すも相殺は出來ざるべし相殺を爲すべき意思を表示したる時は雙方《さうはう》の債務が互《たがひ》に相殺《さしひき》を爲すことが出來たる時に遡《さかのぼ》り

で其效力《かうりよく》則ち相殺が出來るものとす故に一月一日に双方《さうはう》の債權の相殺が出來ることとなりしも七月一日に至り相殺を爲すべき意思を表示するときは一月一日より相殺が出來双方の債務は消滅《せうめつ》することゝなるべし

第五百七條 相殺ハ雙方ノ債務《さいむ》ノ履行地《りかうち》カ異ナルトキト雖モ之ヲ爲スコトヲ得但相殺ヲ爲ス當事者ハ其相手方ニ對シ之ニ因リテ生シタル損害《そんがい》ヲ賠償《ばいしやう》スルコトヲ要ス

本條問の答 相殺は双方の債務者の債務を行《おこな》ふべき地が一は大阪にして一は西京なるときと雖ども尚は爲すことが出來るべし併し相殺を爲すべき當事者は其相手方に向ひ場所の異《こと》なるが爲めに生じたる損害《そんがい》即ち金子《きんす》を送る費用《ひよう》の如きを償《つぐな》ふべきものとす

第五百八條 時效《じかう》ニ因リテ消滅《せうめつ》シタル債權カ其消滅以前《いぜん》ニ相殺ニ適《てき》シタル場合ニ於テハ其債權者ハ相殺ヲ爲スコトヲ得

本條問の答 一の債權が時效《じかう》に因りて消滅《せうめつ》したるが其消滅以前既《いぜんすで》に相殺を爲すとの意思を表すときは相殺が出來たる場合には其時效に因りて消滅したる債權者は相殺を爲すことを得るべし

第五百九條 債權カ不法行爲《ふはふかうい》ニ因リテ生《しやう》シタルトキハ其債務者ハ相殺ヲ以テ債權者ニ對抗《たいかう》スルコトヲ得ス

本條問の答　債務が不法行爲《ふはふかうゐ》に因《よ》りて出來たるとき假令《たとへ》ば賭博犯《とばくはん》の如き行爲より出來たるものあるときは其債務者は正當《せいたう》の債權を有《いう》する者に向ひて相殺を以て手向《てむか》ひて正當の債務を免がるゝことを得ざるべし

第五百十條　債權カ差押《さしおさへ》ヲ禁《きん》シタルモノナルトキハ其債務者ハ相殺ヲ以テ債權者ニ對抗スルコトヲ得ス

本條問の答　一の債權が差押《さしおさへ》を禁《きん》じたるものなるとき假令《たとへ》ば法律上の養料《やしなひれう》其他民事訴訟《みんじそしよう》法第六百十八條に掲《かゝ》ぐるものゝ如きを目的《もくてき》としたるときは其債務者は相殺を以て債權者に對抗《たいかう》することを得ざるべし若《も》し相殺することを得るとするときは養料の性質《せいしつ》にも背《そむ》き又法律に背《そむ》くに至ればなり

第五百十一條　支拂《しはらひ》ノ差止《さしとめ》ヲ受ケタル第三債務者ハ其後ニ取得《しゆとく》シタル債權ニ依リ相殺ヲ以テ差押債權者ニ對抗スルコトヲ得ス

本條問の答　支拂の差止《さしとめ》を受けたる第三債務者假令《たとへ》ば甲が乙より金七百圓を借《か》り居る場合に丙より甲に向ひ支拂の差止を爲すときは甲は第三債務者なり此の甲が支拂差止の後乙に債權に向ひて債權を有するとのことを以て既に相殺により自分の債務は消滅《せうめつ》したるとて差押債權者たる丙に手向ふことを得ざるべし

第五百十二條　第四百八十八條乃至第四百九十一條ノ規定ハ相殺ニ

之ヲ準用ス

本條問の答　第四百八十八條より第四百九十一條迄の定め則ち辨濟の規定は相殺にも準用すれば同條に付て看るべし

第三款　更《かう》改《かい》

本欵問の答　更改《かうかい》とは債權者又は債務者若くは債務の目的物《もくてきぶつ》を改《あらた》め更《か》むることなり假令《たとへ》ば甲が乙に向ひて金千圓を借りたる場合に乙より自分ヘ千圓を返濟する代りに丙に同金額を返濟《へんさい》あるべしとの約束《やくそく》を爲すときは一の更改《かうかい》が出來るものとす其他債務の目的物金錢なりしを土地家屋《とちかをく》等と代むる約束あるときも更改が出來るものにして則ち一の債權が消滅するが故に債權消滅の一に入れたるなり

第五百十三條　當事者カ債務ノ要素《えうそ》ヲ變更《へんかう》スル契約《けいやく》ヲ爲シタルトキハ其債務ハ更改ニ因リテ消滅ス

條件附債務《でうけんつきさいむ》ヲ無條件債務トシ、無條件債務ニ條件ヲ附シ又ハ條件ヲ變更《へんかう》スルハ債務ノ要素《えうそ》ヲ變更スルモノト看做ス債務ノ履行《りかう》ニ代ヘテ爲替手形《かはせてがた》ヲ發行《はつかう》スル亦同シ

本條問の答　當事者《たうじしや》が債務の要素《えうそ》則ち債權者債務者及び債務の目的を變《へん》じ更《か》むる契約《けいやく》を爲したるときは其債務は更改《かうかい》によりて消滅《せうめつ》するものとす而して條件附きの債務を條件無

き債務に代《か》へ條件無き債務に條件を加《くは》へ又は條件を他の條件に代《か》ゆるときは此《こ》れ皆債務の要素《ようそ》を代《か》ゆるものとす又債務を行《おこな》ふべきものなるに其の代りに爲替手形《かはせてがた》を發行《はつかう》するときも亦債務の要素を代《か》ゆるものにして更改《かうかい》あるものとするなり

第五百十四條　債務者ノ交替《かうたい》ニ因ル更改《かうかい》ハ債權者ト新債務者トノ契約《けいやく》ヲ以テ之ヲ爲スコトヲ得但舊債務者《きうさいむしや》ノ意思ニ反《はん》シテ之ヲ爲スコトヲ得ス

本條問の答　債務者が交替《かうたい》するに因《よ》りて出來る更改《かうかい》は債權者と新債務者との契約《けいやく》を以て爲すことが出來る併《しか》し舊債務者が債務者が代はるは不承知なりと云ふときは相殺は出來ざるべし

第五百十五條　債權者ノ交替《かうたい》ニ因ル更改ハ確定日附《かくていひづけ》アル證書《しやうしよ》ヲ以テスルニ非サレハ之ヲ以テ第三者ニ對抗スルコトヲ得ス

本條問の答、債權の交替を爲すに因《よ》りて出來る更改は確定日附《かくていひづけ》ある證書《しやうしよ》則ち民法施《し》行法《かうはふ》第五條に定むる如き證書あるにあらざれば第三者に對抗《たいかう》することを得ず其れは債權者の債權者が其債務者に貸《か》し居る金錢を辨濟せざるより其債務者が他人に有する債權を差押《さしおさ》へたるに未だ債權者の交替《かうたい》あらざるに其交替の日附《ひづけ》を差押前の日附となし債權者を害《がい》するに至る然るに確定《かくてい》日附の證書を要《えう》すとするときは日附を繰《く》り上《あ》ぐる樣《やう》のことはなし能《あた》

はざるを以て右の損害《そんがい》を招《まね》く恐《おそれ》あらざるなり

第五百十六條　第四百六十八條第一項ノ規定《きてい》ハ債權者ノ交替ニ因ル更改ニ之ヲ準用ス

本條問の答　既に述《の》べたる第四百六十八條第一項の定《さだめ》は債權者の交替《かうたい》に因《よ》る更改に準用《じゆんよう》するを以て債務者が異議《いぎ》を留《とゞ》めずして債權者の交替を承諾《しやうだく》する上は最早《もはや》先きの債權者に對抗《たいかう》することを得る事由《じゆう》あるも新債權者に對抗することを得ず併《しか》し債務者が其債務を消滅せしむる爲めに舊《きう》債權者に拂渡《はらひわた》したる金錢あるときは之を取返《とりかへ》し又舊債權者に向ひて負《お》ふたる債務あるときは成立《せいりつ》せざるものとす又舊債權者が新債權者と交替《かうたい》することを通《つう》知《ち》するのみなるときは債務者は其通知ある迄に債權者に向ひ貸金あるときは新債權者に對抗《たいかう》することを得るなり

第五百十七條　更改《かうかい》ニ因リテ生《しやう》シタル債務カ不法《ふはふ》ノ原因《げんいん》ノ爲メ又ハ當事者ノ知《し》ラサル事由ニ因リテ成立《せいりつ》セス又ハ取消サレタルトキハ舊債務ハ消滅セス

本條問の答　更改《かうかい》によりて出來たる債務が法律に認《みと》めざる原因《げんいん》により又は當事者の知らざる事柄《ことがら》によりて成立《せいりつ》せず又取消されたるときは既《すで》に更改の出來たる後のことも故舊債務《もときうさいむ》も消滅《せうめつ》せざるべし

第五百十八條　更改《かうかい》ノ當事者ハ舊債務ノ目的ノ限度《げんど》ニ於テ其債務ノ擔保《たんぽ》ニ供シタル質權《しちけん》又ハ抵當權《ていたうけん》ヲ新債務ニ移《うつ》スコトヲ得但第三者カ之ヲ供シタル場合ニ於テハ其承諾ヲ得ルコトヲ要ス

本條問の答　更改の當事者が舊《きう》債務の目的《もくてき》の限《かぎ》りにて其債務の引當《ひきあて》に入れたる動産質《どうさんじち》又は不動産質又は抵當權《ていたうけん》を新債務に引移《ひきうつ》すことを得則ち新債務の引當にすることを得但し此等《これら》の引當物は第三者たる債務に關《くわん》せざる者が入れたる場合には第三者の承諾《しやうだく》なければ新債務の引當とすることを得ざるべし

第四款　免《めん》除《ぢよ》

本款問の答　免除《めんぢよ》とは債權者が其債務者に其債務を免《まぬか》れしむるものを云ふ而して其目的は債務者を惠《めぐ》むためにすることもあるべく或は債務者より少しの物を受けて債務を免除することもあるべし兎《と》に角《かく》債務は消滅するものなれば債權消滅の一に加へたるなり

第五百十九條　債權者《さいけんしや》カ債務者ニ對シテ債務《さいむ》ヲ免除《めんぢよ》スル意思ヲ表示《へうじ》シタルトキハ其債權ハ消滅ス

本條問の答　債權者が債務者に向《むか》ひて債務を免除すべき意思《いし》を表《へう》したるとき則ち債權者より債務者に向ひ君の自分《じぶん》に負《お》ひ居《を》らるゝ債務は支拂《しはら》ふに及ばずと言《い》ひたるときは其債權は消滅するものとす

第五款　混《こん》同《どう》

本款問の答　混同《こんどう》とは混合《こんがふ》と同じ意《い》にして債權と債務も亦一《ひと》つになることを本款《ほんくわん》に定む

第五百二十條　債權及ヒ債務カ同一人ニ歸シタルトキハ其債權ハ消滅ス

但其債權カ第三者ノ權利ノ目的タルトキハ此限ニ在ラス

本條問の答　債權及び債務が同一の人に歸《き》したるとき假令《たとへ》ば債權者が債務者の相續《さうぞく》を爲すか又債務者が債權者の相續《さうぞく》を爲す塲合の如し則《すなは》ち此《こ》の塲合には其債權は消滅《せうめつ》するものとす併し此の債權が第三者の權利の目的たるとき則ち此の債權を債權者又は債務者外の者が動產質《どうさんしち》等に取りたるものなるときは混同《こんどう》あるも消滅《せうめつ》せざるべし

第二章　契《けい》約《やく》

本章問の答　契約《けいやく》とは俗《ぞく》に云ふ約束に似《に》たれども其意義《いぎ》狹《せま》し則ち前に述《の》べたる債權を得る爲めに或る事柄《ことがら》を約束するときは契約と謂《い》ふ而して吾々《われ〳〵》が日々爲す所の事柄は澤山《たくさん》あれども多くは契約のことに係《かゝ》らざるはなし其契約の種類《しゆるゐ》は本章の各節《かくせつ》に定むれば其處に於て説明《せつめい》を爲すべし

第一節　總則

本節問の答　契約に關《くわん》する一切《いつさい》の規則を本節に定むるものにして本章中の各節の契約は

皆此の規則に從はざるべからず

第一款　契約《けいやく》ノ成立《せいりつ》

本款問の答　契約は如何《いか》すれば成立《なりた》つものなるかを本款に定む

第五百二十一條　承諾《しやうだく》ノ期間《きかん》ヲ定メテ爲シタル契約《けいやく》ノ申込《まをしこみ》ハ之ヲ取消スコトヲ得ス

申込者カ前項ノ期間內ニ承諾ノ通知ヲ受ケサルトキハ申込ハ其效力ヲ失フ

本條問の答　或《あ》る事を承諾《しやうだく》する期間《きかん》を定めて契約を申込むときは其申込は其期間內は取消すことを得ざるべし右の契約申込者が其期間の內に申込を受けたる者より承諾したるとの通知《つうち》を受けざるときは其申込は效力《かうりよく》を失ひ申込の甲斐《かひ》あらざるなり

第五百二十二條　承諾《しやうだく》ノ通知カ前條ノ期間後《きかんご》ニ到達《たうたつ》シタルモ通常《つうじやう》ノ場合ニ於テハ其期間內ニ到達スヘカリシ時ニ發送《はつそう》シタルモノナルコトヲ知リ得ヘキトキハ申込者ハ遲滯《ちたい》ナク相手方ニ對シテ其延著《えんちやく》ノ通知ヲ發スルコトヲ要ス但其到達前ニ遲延ノ通知ヲ發シタルトキハ此限ニ在ラス

申込者カ前項ノ通知《つうち》ヲ怠《おこた》リタルトキハ承諾ノ通知ハ延著《えんちやく》セサリシ

モノト看做ス

本條問の答　右申込の承諾《しやうだく》の通知が前條の期間後に届きたるも通例《つうれい》の場合に於ては其期間内に達《たつ》すべかりし時に承諾の通知を發したるものなることが知れる時は申込を爲したる者は遲滞《ちたい》なく相手《あひて》方《かた》卽ち承諾の通知を爲したる者に向ひて其延着《えんちやく》したることの知らせを發せざるべからず併《しか》し承知の通知が届《とゞ》くべき前に遲延《ちえん》したるとの通知《つうち》を發したるときは延着の通知を發するに及ばざるなり然らざれば相手方は契約の申込に應じて承諾の通知を爲し契約は成立ち居ると思ひ申込者の方には契約の成立たざることゝなるを以て遲滞なく云々と定めたるなり若し申込者が延着の通知を爲すを怠りたるときは承知の通知は延着せざりしものと看做《みな》すべきなり

第五百二十三條　遲延《ちえん》シタル承諾ハ申込者ニ於テ之ヲ新《あらた》ナル申込ト看做スコトヲ得

本條問の答　申込の期間より遲《おく》れて爲したる承諾《しやうだく》は申込者に於ては新なる申込と看做《みな》すことを得《う》故に申込人に於ては之を承諾すると否《いな》やとは申込者の自由《じゆう》なり

第五百二十四條　承諾ノ期間ヲ定《さだ》メスシテ隔地者《かくちしや》ニ爲シタル申込ハ申込者カ承諾ノ通知ヲ受クルニ相當《さうたう》ナル期間之ヲ取消《とりけ》スコトヲ得ス

本條問の答　契約の申込に向ひて承諾する期間を定めずして地を隔《へだ》つる者に爲したる申込は申込者《まをしこみしや》が其申込を受けたる者より承諾の通知《つうち》を受くるに相當《さうたう》する期間は申込を取消すことを得ざるべし故に神戸《かうべ》大阪《おほさか》間に居る者が期限《きげん》を定めずして申込を爲すときは通常《つうじやう》二日間かゝるときは二日の間は取消を爲すことを得ざるなり

第五百二十五條　第九十七條第二項ノ規定ハ申込者カ反對ノ意思ヲ表示シ又ハ其相手方カ死亡《しばう》若クハ能力喪失《のうりよくさうしつ》ノ事實《じじつ》ヲ知リタル場合ニハ之ヲ適用セス

本條問の答　第九十七條第二項申込者が通知を發したる後に死亡《しばう》し又能力《のうりよく》を失ふも其申込は有效《いうかう》なりとの規定《きてい》は申込者が反對《はんたい》の意思《いし》を表《あら》はし又は其申込を受けたる相手方が死亡若くは能力を失《うしな》ふたる事實《じじつ》を知りたる場合には適用《てきよう》せざるを以て本條の場合其申込は無效《むかう》とせざるべからざるなり

第五百二十六條　隔地者間《かくちしやかん》ノ契約《けいやく》ハ承諾ノ通知ヲ發シタル時ニ成立《せいりつ》ス

申込者ノ意思表示又ハ取引上《とりひきじやう》ノ慣習《くわんしふ》ニ依リ承諾ノ通知ヲ必要《ひつえう》トセサル場合ニ於テハ契約ハ承諾ノ意思表示ト認ムヘキ事實アリタル時ニ成立ス

本條問の答　地を隔《へだ》つる者の間に申込みたる契約《けいやく》は承知《しやうち》したりとの通知を發したる時に成立《せいりつ》す又申込者の意思《いし》表示《へうじ》なり又は取引上の慣習《くわんしふ》に依り承知の通知を必要《ひつよう》とせざる場合則ち毎月仕送《しおく》りを爲す間柄《あひだがら》には何等《なんら》の故障《こしやう》を送越《おくりこ》さざる間は承知したりとする慣習ある場合に於ては契約は承諾の意思《いし》表示《へうじ》と認《みと》むべき事實《じじつ》則ち仕送《しおく》りたる品物を他人に賣渡し居る如き場合に成立するものとするなり

第五百二十七條　申込ノ取消《とりけし》ノ通知カ承諾ノ通知《つうち》ヲ發《はつ》シタル後ニ到《たつ》達《た》シタルモ通常ノ場合ニ於テハ其前ニ到達スヘカリシ時ニ發送《はつそう》シタルモノナルコトヲ知リ得ヘキトキハ承諾者ハ遲滯《ちたい》ナク申込者ニ對《たい》シテ其延著《えんちやく》ノ通知ヲ發スルコトヲ要ス

承諾者《しやうだくしや》カ前項ノ通知ヲ怠《おこた》リタルトキハ契約《けいやく》ハ成立セサリシモノト看做ス

本條問の答　先《さ》きに申込を爲しながら或《あ》る都合上《つがふじやう》より取消の通知《つうち》を發したるに其通知が申込に對《たい》する承諾の通知を發したる後に屆《とゞ》きたるも通常《つうじやう》の場合に於ては承諾《しやうだく》の通知より先《き》きに屆くべき時に發したるものなることを知り得らるゝときは承諾者は遲滯《ちたい》なく申込人に向ひて取消の通知の延著《えんちやく》したることの通知を發せざるべからず承諾すべき者が申込人に右の通知を爲すべきことを怠《おこた》りたるときは契約は成立《せいりつ》せざるものと看做《みな》すべし

第五百二十八條　承諾者カ申込ニ條件ヲ附シ其他變更ヲ加ヘテ之ヲ承諾シタルトキハ其申込ノ拒絶《きよぜつ》ト共ニ新《あらた》ナル申込ヲ爲シタルモノト看做ス

本條問の答　契約の申込に向ひて承諾を爲すべき者が申込に條件《でうけん》を加《くは》へ其外變更《へんかう》を加へて承諾を爲したるときは其申込を拒《こば》みたるものと看做《みな》し又此れと共《とも》に新《あらた》なる申込を爲したるものと看做《みな》すべきものなり

第五百二十九條　或行爲《あるかうい》ヲ爲シタル者ニ一定ノ報酬《はうしう》ヲ與《あた》フヘキ旨《むね》ヲ廣告《くわうこく》シタル者ハ其行爲ヲ爲シタル者ニ對シテ其報酬ヲ與フル義務ヲ負フ

本條問の答　或行爲《あるかうい》を爲したるものに定《さだま》りたる報酬《はうしう》を與《あた》ふべき旨を廣告《くわうこく》したる者假令《たとへ》ば先頃村井兄弟商會《せんころむらゐけいていしやうくわい》が其煙草《たばこ》販賣店《はんばいてん》の看板に或意匠《いしやう》を込めたる書方《かきかた》を募《つの》り優等者《いうとうしや》には金何圓を與《あた》ふと廣告《くわうこく》したるが如し此廣告により優等を得《と》たる者には村井兄弟商會は其報酬《はうしう》たる金圓を與ふる義務《ぎむ》を負《お》ふものとす

第五百三十條　前條ノ塲合ニ於テ廣告者《くわうこくしや》ハ其指定《してい》シタル行爲ヲ完了《くわんれう》スル者ナキ間ハ前ノ廣告ト同一ノ方法ニ依リテ其廣告ヲ取消スコトヲ得但其廣告中ニ取消ヲ爲サヽル旨ヲ表示シタルトキハ此限ニ

在ヲス

前項ニ定メタル方法ニ依リテ取消ヲ爲スヿ能ハサル場合ニ於テハ他ノ方法ニ依リテ之ヲ爲スコトヲ得但其取消ハ之ヲ知リタル者ニ對シテノミ其效力ヲ有ス

廣告者カ其指定《してい》シタル行爲ヲ爲スヘキ期間ヲ定メタルトキハ其取消權ヲ抛棄《はうき》シタルモノト推定《すゐてい》ス

本條問の答　前條の場合則ち或行爲《あるかうい》を爲したる者に報酬《はうしう》を與《あた》ふるとの廣告を爲したる場合に廣告たーる者は其指《さ》し定《さだ》めたる行爲を爲す者なき間は前の廣告と同じ方法《はうはふ》により其廣告を取消すことを得併ー其廣告の中《うち》に取消《とりけし》をせぬとのことを表《あらは》し示《しめ》ーたるときは取消すことを得ざるべー右の方法に依りて取消を爲すことと能はざる場合に於ては他の方法假令ば別《べつ》に廣告でもして取消すことを得併《しめ》ー其取消《とりけし》は其取消すとのことを知りたる者ヱ向ひてのみ效《かう》あることゝなるなり又廣告ーたる者が其指し定めたる行爲《かうい》を爲《な》すべき期間《きかん》を定めたるときは其取消の權利《けんり》は抛棄《はうき》則ち打捨《うちす》てたるものと看做《みな》す若《も》し期間の定めあるも取消は自由《じゆう》とするときは期間中に或《ある》行爲を考《かんが》へ居《を》る者は取消により害《がい》を受くればなり

第五百三十一條　廣告ニ定メタル行爲ヲ爲シタル者數人アルトキハ最初《さいしよ》其行爲ヲ爲シタル者ノミ報酬《はうしう》ヲ受クル權利《けんり》ヲ有ス

數人カ同時ニ右ノ行爲ヲ爲シタル塲合ニ於テハ各平等《かくへいとう》ノ割合《わりあひ》ヲ以テ報酬ヲ受クル權利《けんり》ヲ有ス但報酬カ其性質上《せいしつじやう》分割ニ不便《ふべん》ナルトキハ又ハ廣告ニ於テ一人ノミ之ヲ受クヘキモノトシタルトキハ抽籤《ちうせん》ヲ以テ之ヲ受クヘキ者ヲ定ム

前二項ノ規定《きてい》ハ廣告中ニ之ニ異ナリタル意思《いし》ヲ表示シタルトキハ之ヲ適用セス

本條問の答　廣告の中《うち》に定めたる事柄《ことがら》を爲したる者數人ある塲合には最初《さいしよ》に其事柄を爲したる者のみ報酬《はうしう》を受くる權利を有《いう》し二番三番目の者は受くる權利あらざるべし若し又數人が同じ時に廣告に定めたる事柄を爲したる塲合に於ては各平等《おのおのへいとう》の割合を以て報酬を分配《ぶんぱい》して受くる權利を有す併《しか》し報酬が其性質上分割《せいしつじやうぶんかつ》するに不便《ふべん》なるときか又一人のみ受くべきものと廣告中に爲したるときは籤《くじ》を取りて其受くべき者を定む此《こ》の規定《きてい》は廣告の中に此れに異《こと》なる意思假令《いしたとへ》ば行爲《かうい》を爲すものは一人に限《かぎ》るとか或《あるひ》は行爲を爲すもの數人ある時は無效《むかう》とのことを表《へう》したるときは用《もち》ゐざるべし

第五百三十二條　廣告ニ定メタル行爲ヲ爲シタル者數人アル塲合ニ於テ其優等者《いうとうしや》ノミニ報酬《はうしう》ヲ與フヘキトキハ其廣告ハ應募《おうぼ》ノ期間ヲ定メタルトキニ限リ其效力ヲ有ス

前項ノ場合ニ於テ應募者《おうぼしや》中何人ノ行爲カ優等《いうとう》ナルカハ廣告中ニ定メタル者之ヲ判定《はんてい》ス若シ廣告中ニ判定者《はんていしや》ヲ定メサリシトキハ廣告者之ヲ判定ス

應募者ハ前項ノ判定ニ對シテ異議《いぎ》ヲ述フルコトヲ得ス

數人ノ行爲カ同等《どうとう》ト判定セラレタルトキハ前條第二項ノ規定ヲ準用ス

本條問の答　廣告に定めたる行爲《かうい》を爲したる者數人ある場合に於て其行爲の優等《いうとう》の者丈《だけ》けに報酬《ほうしう》を與《あた》ふべきものなるときは其廣告は募集《ぼしふ》するに付き期間《きかん》を定めたる場合に限り效力《かうりよく》を有《いう》す是れ期間を定めざる場合に於ては世人を瞞着《まんちやく》せんとするものなきにあらざればなり右の場合に於て募集に應《おう》じたる者の中《うち》にて何人の行爲が優等《いうとう》なるかは廣告中に優等を判定《はんてい》する者を定めたるときは其者が判定を爲す若し廣告の中に判定者《はんていしや》を定めざりしときは廣告したるものが判定を爲す故に募集に應《おう》じたるものは右の者の判定したることに付ては異議《いぎ》則ち判定の不都合《ふつがふ》を述《の》ぶることを得ざるべし又數人の行爲が同等《どうとう》のものと判定《はんてい》せられたるときは前條第二項の規定を準用《じゆんよう》して報酬を平等《へいとう》に分割《ぶんかつ》するものとす

第二款　契約《けいやく》ノ效力《かうりよく》

本款問の答　甲と乙と一の契約を取結《とりむす》ぶときは双方《さうはう》の者は如何《いか》なることを爲さゞるべか

らざるが其事を本款《ほんくわん》に定む或は一方の者は權利者となり他の者は義務者となりて物の所有權を引渡《ひきわた》すべき債務を負《お》ひ權利者は其引渡を求むる債權を有することゝならん此等《これら》の事は本款の各條に定むるものなれば各條の中にて知らるゝなり

第五百三十三條　雙務契約當事者《きうむけいやくたうじしや》ノ一方ハ相手方カ其債務ノ履行《りかう》ヲ提供《ていきやう》スルマテハ自己《じこ》ノ債務ノ履行ヲ拒《こば》ムコトヲ得但相手方ノ債務カ辨濟期《べんさいき》ニ在《あ》ラサルトキハ此限ニ在ラス

本條問の答　双務《きうむ》契約假令《けいやくたとへ》ば賣買契約《ばいばいけいやく》の如し則《すなは》ち一方は物の引渡の債務と代價の支拂《しはらひ》を求むる債權とを有し他の一方は代價支拂の債務と物の引渡を求むる債權を有する契約の當事者の一方は其債務を行ふとの申込あるまでは自分の債務を行《おこな》ふことを拒《こば》むを得《う》是れ双方の平等《へいとう》を欲《ほつ》してなり若し此場合に一方が債務を行はざるも他の一方は其債務を行はざるべからずとするときは物を引渡して代價の支拂を受けざることもあるべく又代價を支拂ひて物の引渡を受けざることもあるべければなり併し相手方の債務が辨濟の期限ありて其期限來らざるときは其期限まで待《ま》ちて自分の辨濟《べんさい》は爲さゞるべからざるなり

第五百三十四條　特定物《とくていぶつ》ニ關《くわん》スル物權ノ設定《せつてい》又ハ移轉《いてん》ヲ以テ雙務契約ノ目的ト爲シタル場合ニ於テ其物カ債務者ノ責ニ歸スヘカラサル事由《じゆう》ニ因リテ滅失《めつしつ》又ハ毀損《きそん》シタルトキハ其滅失又ハ毀損ハ債務

者ノ負擔《ふたん》ニ歸ス

不特定物《ふとくていぶつ》ニ關スル契約ニ付テハ第四百一條第二項ノ規定ニ依リテ其物カ確定《くわくてい》シタル時ヨリ前項ノ規定ヲ適用ス

本條問の答　特定物《とくていぶつ》則ち此土地此火鉢《ひばち》と謂《い》ふが如く定《さだ》まりたる物に關《くわん》する所有權地役權《しよいうけんちゑきけん》を設《まう》くるヿと又は他人に移轉《うつ》すことが雙務《さうむ》契約と目的となしたる場合に於て其物が洪水《こうずゐ》又は火災等によりて滅失し又は毀損して債務者に何等の責なき場合ヿは其滅失又は毀損は債權者の負擔《ふたん》に歸《き》し債權者の損《そん》となるべし又不特定物《ふとくていぶつ》則ち米何石《ごく》酒十樽《たる》と云ふ如き物に關する契約に付ては第四百一條第二項則ち債務者が引渡を爲すに付て米を斗《はか》り又は債權者の承諾《しやうだく》を得て引渡すべき物を指《さ》し定《さだ》めたるときは其物は確定《くわくてい》するを以て其確定したる時より滅失《めつしつ》又は毀損《きそん》は債權者の引受けとなるなり

第五百三十五條　前條ノ規定ハ停止條件《ていしでうけん》附《づき》雙務《さうむ》契約《けいやく》ノ目的物カ條件ノ成否未定《せいひみてい》ノ間ニ於テ滅失《めつしつ》シタル場合ニハ之ヲ適用《てきよう》セス

物カ債務者ノ責《せめ》ニ歸《き》スヘカラサル事由ニ因リテ毀損《きそん》シタルトキハ其毀損《きそん》ハ債權者ノ負擔ニ歸ス

物《もの》カ債務者ノ責《せめ》ニ歸スヘキ事由《じいう》ニ因リテ毀損シタルトキハ債權者ノ條件成就ノ場合ニ於テ其選擇《せんたく》ニ從ヒ契約ノ履行《りかう》又ハ其解除《かいぢよ》ヲ請

決スルコトヲ得但損害賠償《そんがいばいしやう》ノ請求ヲ妨《さまた》ケス

本條問の答　前條の特定物《とくていぶつ》の滅失《めつしつ》又は毀損《きそん》ょ付ての定は停止條件《ていしでうけん》付の双務《さうむ》契約を以て物權《けん》を設《まう》くることヽ又は移轉《いてん》を目的としたる場合に停止條件の成就《じやうじゆ》するか否《いな》やが未《いま》だ定まらざる間に滅失《めつしつ》したる場合には適用《てきよう》せず此の場合に於て物が債務者の責《せめ》に歸すべからざる事由則ち天災等《てんさいとう》にて毀損《きそん》したるときハ其損害《そんがい》は債權者の引受けとなる又物が債務者の責に歸すべき事由《じゆう》假令《たとへ》ば家屋《かおく》の所有權を移轉《いてん》する契約《けいやく》にし且停止條件の付きたる場合に債務者が火《ひ》を失して家屋を燒《や》きたるときは債權者は停止《ていし》の條件が成就したる場合には契約《けいやく》の通《ほ》りの家の引渡を求むるか將又《はたまた》契約を解除《かいぢよ》則ち解《と》くが此二つの內何《いづ》れか一を選《えら》ぶことを得《う》併し損害《そんがい》あるときは其賠償《ばいしやう》を求むることは勿論《もちろん》のことヽす

第五百三十六條　前二條ニ揭ケタル場合ヲ除《のぞ》ク外《ほか》當事者雙方ノ責《せめ》ニ歸スヘカラサル事由ニ因リテ債務ヲ履行スルコト能ハサルニ至リタルトキハ債務者ハ反對給付《はんたいきふ》ヲ受クル權利《けんり》ヲ有《いう》セス

債權者ノ責ニ歸スヘキ事由ニ因リテ履行ヲ爲スコト能ハサルニ至リタルトキハ債務者ハ反對給付ヲ受クル權利ヲ失ハス但自己ノ債務ヲ免レタルニ因リテ利益ヲ得タルトキハ之ヲ債權者ニ償還スルコトヲ要ス

本條問の答　前二條ヱ揭《かゝ》げたる場合を除《のぞ》きたる外にて債權者にも過《あやま》ちなく債務にも過《あやま》ちあらざる場合に於て物が滅失《めつしつ》するか或は紛失《ふんしつ》して債務を行《おこな》ふこと出來ざることゝなりたるときは債務者は反對給付《はんたいきふ》を受くる權利を有《いう》せざるものとす假令《たとへ》ば或る土地ヱ家を建《た》つる契約を爲し居《を》る場合ヱ其土地が洪水《こうずゐ》の爲めに流失《りうしつ》したるときは家を建《た》つる契約したる債務者は請負代金《うけおひだいきん》を受くる權利あらざるべし又債權者の責《せめ》に歸《き》すべき事由《じゆう》假令《たとへ》ば引渡の期限來るに債權者受取らざるより滅失《めつしつ》し債務《さいむ》を行《おこな》ふこと能《あた》はざるときは債務者は反對《はんたい》給付則ち代價《だいか》を受くる權利は失《うしな》はざるべし併《しか》し自分の債務を免《まぬ》がれたるにより利益《りえき》を得たるときは債權者に償《つくな》ひ還《あへ》さゞるべからず是《こ》れ至當《したう》の事なりとす

第五百三十七條　契約《けいやく》ニ依リ當事者ノ一方カ第三者ニ對シテ或《ある》給付《きふ》ヽヲ爲スヘキコトヲ約シタルトキハ其第三者ハ債務者ニ對シ直接《ちよくせつ》ニ其給付ヲ請求スル權利ヲ有ス

前項ノ場合ニ於テ第三者ノ權利ハ其第三者カ債務者ニ對シテ契約ノ利益《りえき》ヲ享受《きやうじゆ》スル意思ヲ表示シタル時ニ發生ス

本條問の答　契約を爲したる當事者の一方《いつはう》が他人に向ひて或《ある》給付則ち金五百圓を支拂《しはら》ふことを約束《やくそく》したる時は其第三者たる他人は直接《ちよくせつ》に給付を爲《な》すべき者に金五百圓を請求《せいきう》することを有《いう》するものとす此場合ヱ於《おい》ては第三者の權利は第三者が債務者に向《むか》ひて契約の

利益《りゑき》則ち金五百圓を受くるとの意思《いし》を表《へう》したる時に出來るものとするなり

第五百三十八條　前條ノ規定ニ依リテ第三者ノ權利カ發生シタル後ハ當事者ハ之ヲ變更《へんかう》シ又ハ之ヲ消滅《せうめつ》セシムルコトヲ得ス

本條問の答　此の定めによりて第三者の權利が出來《でき》たる後は當事者《たうじや》は之を變更《へんかう》し又は消《せう》滅《めつ》する約束を爲し能《あた》はざるべし

第五百三十九條　第五百三十七條ニ揭ケタル契約《けいやく》ニ基因《きいん》スル抗辯《かうべん》ハ債務者之ヲ以テ其契約ノ利益ヲ受クヘキ第三者ニ對抗スルコトヲ得

本條問の答　第五百三十七條に揭《かゝ》げたる契約則ち當事者の一方が第三者に或給付を爲すべき契約に基《もと》づきたる抗辯《かうべん》則ち契約は成《な》り立《た》ち居《を》らずとか或は取消《とりけし》となりたるとかの言譯《いひわけ》は契約の利益を受くべき第三者に申立つるを得るなり

第三款　契約《けいやく》ノ解除《かいぢよ》

本款問の答　一旦《いつたん》契約を取結《とりむす》びたるが或都合《あるつがふ》によりて解《と》くべきことを云ふなり

第五百四十條　契約又ハ法律《はふりつ》ノ規定ニ依リ當事者ノ一方カ解除《かいぢよ》權《けん》ヲ有スルトキハ其解除ハ相手方ニ對スル意思表示ニ依リテ之ヲ爲ス

前項ノ意思表示ハ之ヲ取消スコトヲ得ス

本條問の答　契約にて當事者の一方《いつぱう》が或事《あること》を爲さゞるときは契約を解除《かいぢよ》するとか又法律

の規定則ち第五百五十七條に依り當事者の一方が解除《かいぢよ》の權利を有《いう》するときは相手方《あひてがた》に向ひ解除するとの意思《いし》を表《へう》すときは解除は出來るものなり既《すで》に解除の意思《いし》を表すときは最《も》早《はや》取消すことを得ず若し取消すことを得るときは他人の權利を害《がい》するに至るを以てなり何となれば契約を解除すれば一旦契約《けいやく》したる物は元《もと》の通《とほ》りに復《かへ》し其債權者の引當《ひきあて》となるに取消により得たる引當を失ふに至ればなり

第五百四十一條　當事者ノ一方カ其債務ヲ履行セサルトキハ相手方ハ相當《さうたう》ノ期間《きかん》ヲ定メテ其履行ヲ催告《さいこく》シ若シ其期間內ニ履行ナキトキハ契約ノ解除《かいぢよ》ヲ爲スコトヲ得

本條問の答　當事者の一方が其債務を行《おこな》はざるときは相手方《あひてがた》則ち債務の履行《りかう》を受くる者は相當《さうたう》の期間則ち債務を行《おこな》ふに善加減《よきかげん》の期間を定め其間に債務を行《おこな》ふべきことを催促《さいそく》し若し其期間の內に債務を行はざるときは契約を解除することを得るなり

第五百四十二條　契約ノ性質《せいしつ》又ハ當事者《たうじしや》ノ意思表示ニ依リ一定ノ日時又ハ一定ノ期間內ニ履行ヲ爲スニ非サレハ契約ヲ爲シタル目的《もくてき》ヲ達《たつ》スルコト能ハサル場合ニ於テ當事者ノ一方カ履行ヲ爲サスシテ其時期ヲ經過《けいくわ》シタルトキハ相手方ハ前條ノ催告《さいこく》ヲ爲サスシテ直チニ其契約ノ解除ヲ爲スコトヲ得

本條問の答　契約の性質《せいしつ》則ち契約《けいやく》の事柄《ことがら》により又は當事者の意思《いし》を表《へう》したる所により一定したる日時《じつじ》則ち何月何日とか又は一定の期間《きかん》則ち七日間とか或は四週間《しうかん》とかの内に契約の履行《りかう》を爲すに非《あら》ざれば契約を爲したる目的を達《たつ》することが出來ざる場合に於て當事者の一方が契約《けいやく》の履行をせずして右の一定《いつてい》の時期《じき》を過《す》ぎたるときは相手方《あひてかた》は前條の催告《さいとく》をせずして直《す》ぐに契約を解除《かいぢよ》することを得《う》るなり本條の場合は三月三日の雛人形《ひなにんぎやう》を買受くる契約を爲し其期日を過《す》ぎたる場合に適用《てきよう》するものなり

第五百四十三條　履行ノ全部《ぜんぶ》又ハ一部カ債務者ノ責《せめ》ニ歸スヘキ事由ニ因リテ不能ト爲リタルトキハ債權者ハ契約ノ解除ヲ爲スコトヲ得

本條問の答　債務履行《りかう》の全部《ぜんぶ》又は一部《いちぶ》が債務者の責《せめ》となるべき事由《じゆう》に因りて履行し能はざることゝなりたるときは債權者は其債務の履行を待つに及ばず契約の解除を爲すことを得るなり

第五百四十四條　當事者ノ一方カ數人アル場合ニ於テハ契約ノ解除ハ其全部員《ぜんぶいん》ヨリ又ハ其全員ニ對《たい》シテノミ之ヲ爲スコトヲ得

前項ノ場合ニ於テ解除權《かいぢよけん》カ當事者中ノ一人ニ付キ消滅《せうめつ》シタルトキハ他ノ者ニ付テモ亦消滅ス

本條問の答　契約を爲したる當事者の一方が數人ある場合には契約の解除《かいぢよ》は數人の者より又數人に向ひてのみ爲すことは得るなり此の場合に於て解除の權利が當事者中の一人に付き消滅《せうめつ》したるときは他の者に向ひても消滅して最早《もはや》解除權を行《おこな》ふことを得ざるべし

第五百四十五條　當事者ノ一方カ其解除權ヲ行使《かうし》シタルトキハ各當《たう》事者《じや》ハ其相手方ヲ原狀《げんじやう》ニ復《ふく》セシムル義務《ぎむ》ヲ負フ但第三者ノ權利ヲ害スルコトヲ得ス

前項ノ場合ニ於テ返還《へんくわん》スヘキ金錢ニハ其受領《そのじゆりやう》ノ時ヨリ利息《りそく》ヲ附《ふ》スルコトヲ要ス

解除權ノ行使《かうし》ハ損害賠償《そんがいばいしやう》ノ請求ヲ妨《さまた》ケス

本條問の答　解除權を有する當事者の一方が其解除權《かいぢよけん》を行《おこな》ひたるときは凡ての當事者は其相手方《あひてかた》則ち解除權の行を受くる者を原狀《げんじやう》に復《ふく》する義務《ぎむ》あるものとす故に物件《ぶつけん》の引渡を爲すべき場合に物件を引渡さゞるより解除を行ふときは既に受取りたる代價を返還《へんくわん》せざるべからず然れども買受ける物件に付第三者が權利を有するときは之を害することを得ざるべし此の場合に於て返還《へんくわん》を爲すべき金錢には其受取りたる時より利息《りそく》を附けざる可からず又解除權を行ふべきと雖ども損害《そんがい》あれば賠償《ばいしやう》を求《もと》むるを得るなり

第五百四十六條　第五百三十三條ノ規定ハ前條ノ場合ニ之ヲ準用ス

本條問の答　第五百三十三條則ち雙務契約《さうむけいやく》の場合にて一方の者が債務を行ふ迄は一方の者は其債務の行ひを拒《こば》むことを得るとの規定は前條の場合にも適用《てきよう》するなり

第五百四十七條　解除權《かいぢよけん》ノ行使ニ付キ期間ノ定ナキトキハ相手方ハ解除權ヲ有スル者ニ對《たい》シ相當《さうたう》ノ期間《きかん》ヲ定メ其期間內ニ解除ヲ爲スヤ否《いな》ヤ確答《くわくたふ》スヘキ旨ヲ催告《さいこく》スルコトヲ得若シ其期間內ニ解除ノ通知ヲ受ケサルトキハ解除權ハ消滅ス

本條問の答　解除權《かいぢよけん》の行ふべき期間に付き何等《なんら》の定を爲さゞるときは相手《あひて》の者は解除の權利《けんり》を有する者に向ひ相當《さうたう》の期間を定めて其期間の內に契約《けいやく》の解除を行ふべきか否《いな》や返事を爲すべき旨を催告《さいこく》することが出來る若し其期間の內に解除するとの通知《つうち》を受けざるときは解除の權利は消滅《せうめつ》するなり

第五百四十八條　解除權ヲ有スル者カ自己《じこ》ノ行爲《かうい》又ハ過失《くわしつ》ニ因リテ著《いちじる》シク契約《けいやく》ノ目的物ヲ毀損《きそん》シ若《もし》クハ之ヲ返還《へんくわん》スルコトヲ能ハサルニ至リタルトキ又ハ加工《かこう》若クハ改造《かいぞう》ニ因リテ之ヲ他ノ種類《しゆるい》ノ物《もの》ニ變シタルトキハ解除權ハ消滅ス

契約《けいやく》ノ目的物カ解除權《かいぢよけん》ヲ有スル者ノ行爲《かうい》又ハ過失《くわしつ》ニ因ラスシテ滅《めつ》失《しつ》又ハ毀損《きそん》シタルトキハ解除權ハ消滅セス

本條問の答　解除權を有する者が自分の行爲《かうゐ》か又は過失《くわしつ》にて契約の目的物《もくてきぶつ》を傷《きず》くるか又は返還することが出來ざる樣になるか又は目的物に工作《こうさく》を加《くは》へ若くば改め造作《ざうさく》したるによりて外の種類《しゆるゐ》の物に變《へん》じたるときは解除の權利は消滅して行ふことを得ざるべし又契約の目的が解除の權利を有する者の行爲又は過失《くわしつ》に因《よ》らずして滅失《めつしつ》又は毀損《きそん》したるときは解除の權利は消滅せず故に解除權を受くる者の行爲又は過失により毀損又は滅失するときは解除の權利は消滅せざるなり

第二節　贈與《ぞうよ》

本節問の答　贈與《ぞうよ》とは甲が乙に或《ある》土地を少しの代價を受けずして與《あた》ふるが如きことを云ふ親族《しんぞく》の間に此《かく》の如き事を見る本節は其事に付ての定めなり

第五百四十九條　贈與《ざうよ》ハ當事者ノ一方カ自己《じこ》ノ財産《ざいさん》ヲ無償《むしやう》ニテ相手方ニ與《あた》フル意思ヲ表示《へうじ》シ相手方カ受諾《じゆだく》ヲ爲スニ因リテ其效力ヲ生ス

本條問の答　贈與は贈與を爲さんとする者が自分の財産《ざいさん》を無償《むしやう》則ち無代價《むだいか》にて相手方《あひてかた》に與ふる意思《いし》を表《へう》し相手方が其事を受くるによりて贈與の效《かう》則ち贈與を爲したることゝなるものとす故に贈與も契約の一と知るべし

第五百五十條　書面《しよめん》ニ依《よ》ラサル贈與ハ各當事者之ヲ取消《とりけ》スコトヲ得

但履行《りかう》ノ終《を》ハリタル部分《ぶぶん》ニ付テハ此限ニ在ラス

本條問の答　書面《しよめん》に依らずして只口頭《くちさき》にて贈與するとの事なれば當事者ハ取消すことを故に贈與は是非《ぜひ》共《とも》書面《しよめん》を作《つく》り為《な》さゞる可からず是れ輕々《かるがる》しく為さゞらんとの考《かんがへ》より書面を要し熟考《じゆくかう》せしめ若し口頭にて贈與を為すときは一時《いちじ》浮《うか》びたる者へより契約したるものとして取消を許《ゆる》せり併《しか》し其贈與を行ひ終《をは》りたるときは取消を許さゞるべし

第五百五十一條　贈與者ハ贈與《ぞうよ》ノ目的タル物又ハ權利ノ瑕疵又ハ欠《けつ》缺《けつ》ニ付キ其責《そのせめ》ニ任《にん》セス但贈與者カ其瑕疵又ハ欠缺ヲ知《し》リテ之ヲ受《じゆ》贈者《ぞうしや》ニ告《つ》ケサリシトキハ此限ニ在ラス

負擔附贈與《ふたんつきぞうよ》ニ付テハ贈與者ハ其負擔ノ限度ニ於テ賣主《うりぬし》ト同シク擔《たん》保《ほ》ノ責《せめ》ニ任ス

本條問の答　贈與を為すものは贈與の目的とする物又は權利の瑕疵《かし》又は欠缺《けつく》に付ては其責に任《にん》せず假令《たとへ》ば土地を贈與したるに其土地に地役《ちえき》の設《まう》けあるか又永小作權《えいこさくけん》の設けあり贈與の時に其事を知らずして贈與したるものは地役權又は永小作に付て責に任せざるべし併し贈與したるものが其目的物《もくてきぶつ》の瑕疵又は欠《か》け居《を》ることを知りて贈與を受くる者に告《つ》げざりし時は責に任せざるべからず又負擔附《ふたんつき》贈與假令《たとへ》ば甲が乙に向ひ自分所有《しよいう》の家《いへ》を君《きみ》に贈與するにより月々十圓の金を余《よ》に支拂《しはら》ひ呉《く》れと約するが如き贈與を云ふ[illegible]贈與を為

したるものは其負擔《ふたん》の限度《げんど》則ち十圓の高丈けは賣主と同じ擔保《たんぽ》の責に任ずるものとす故に若し贈與を受けたる者が他人より其受けたる家を取らるゝときは贈與を爲したる者は月々十圓の計算《けいさん》を爲し贈與したる時迄金高《きんだか》を支拂はざるべからず

第五百五十二條　定期《ていき》ノ給付《きふ》ヲ目的トスル贈與《ぞうよ》ハ贈與者又ハ受贈者ノ死亡《しばう》ニ因リテ其效力《かうりよく》ヲ失《うしな》フ

本條問の答　定期《ていき》の給付《きふ》則ち月に何圓年に何圓と定め渡すべきことを目的《もくてき》とする贈與は贈與する者又は贈與を受くる者が死亡するときは贈與も共に無くなるべし

第五百五十三條　負擔附贈與《ふたんつきぞうよ》ニ付テハ本節ノ規定ノ外雙務契約《さうむけいやく》ニ關スル規定ヲ適用ス

本條問の答　既《すで》に述《の》べたる負擔附《ふたんつ》きの贈與に付ては本節贈與の定めの外雙務契約《さうむけいやく》の規定《きてい》を適用《てきよう》す是れ負擔付贈與は雙務契約なるを以てなり

第五百五十四條　贈與者ノ死亡ニ因リテ效力《かうりよく》ヲ生スヘキ贈與ハ遺贈《ゐぞう》ニ關スル規定ニ從フ

本條問の答　贈與者の死亡《しばう》したるより效力《かうりよく》を生《しやう》ずべき贈與則ち自分が死するときは此土地を君《きみ》に與ふと契約して贈與したるときは其贈與は遺贈《ゐぞう》に關《くわん》する規定《きてい》に從《したが》ふものとす是れ遺贈則ち遺言《ゐげん》を爲して物《もの》を與《あた》ふものと相似《あひに》たるを以てなり

第三節　賣《ばい》買《ばい》

本節問の答　物を賣り又買受くることに付てのことを本節に定むるものなり

第一款　總則

第五百五十五條　賣買《ばいゞ》ハ當事者ノ一方カ或財産權ヲ相手方《あひてかた》ニ移轉《いてん》スルコトヲ約《やく》シ相手方カ之ニ其代金《だいきん》ヲ拂《はら》フコトヲ約スルニ因リテ其效力ヲ生ス

本條問の答　賣買は契約したる者の一方が或《ある》財産權則ち土地家屋《かおく》の所有權又は火鉢机《ひばちつくゑ》其人に金を貸し居る債權を相手方《あひてかた》に移轉《いてん》することを約束《やくそく》し相手方《あひてかた》は其代金を支拂ふことを約するによりて賣買が出來るものなり故に此契約出來るときは買受けたる者は買ひたる物の債權者となり賣り渡したる者は代價の債權者となり又買受人は代價の債務者となり賣渡人は賣物を引渡すべき債務を負《お》ひ各一方に於て債權債務を持つを以て賣買契約は雙務契約の重《おも》なるものと謂《い》ふなり

第五百五十六條　賣買ノ一方ノ豫約《よやく》ハ相手方カ賣買《ばいばい》ヲ完結《くわんけつ》スル意思《いし》ヲ表示シタル時ヨリ賣買ノ效力ヲ生ス

前項ノ意思表示ニ付キ期間ヲ定《さだ》メサリシトキハ豫約者《よやくしや》ハ相當ノ期間ヲ定メ其期間內ニ賣買ヲ完結《くわんけつ》スルヤ否《いな》ヤヲ確答《くわくたふ》スヘキ旨ヲ相手

方ニ催告スルコトヲ得若シ相手方カ其期間内ニ確答ヲ爲サヽルトキハ豫約ハ其效力ヲ失フ

本條問の答　賣買を取結《とりむす》ばんとして賣主より一方の者に賣渡さんと申込み買主より一方に買受けんと申込みたるとき則ち賣買の豫約《よやく》は相手方たる其申込を受けたる者が賣買契約を取結《とりむす》ばんとの意《い》を表《へう》したる時は其時より賣買の效力《かうりよく》が生《しやう》じて賣買が出來るものとす此の賣買を取結ぶとの意思表示に付き期間《きかん》を定めざるときは豫約《よやく》したる者は相當《さうたう》の期間を定め此の期間の内に賣買を取結ぶや否《いな》やを返答《へんたふ》すべき旨を相手《あひて》方《かた》に催告《さいこく》することが出來る然るに相手方が其相當期間内に確答《くわくたふ》を爲さゝるときハ豫約は其效力《かうりよく》を失ふことゝなるべし

第五百五十七條　買主《かひぬし》カ賣主《うりぬし》ニ手附《てつけ》ヲ交付《かうふ》シタルトキハ當事者ノ一方カ契約ノ履行ニ著手《ちやくしゆ》スルマテニハ買主ハ其手附ヲ拋棄《はうき》シ賣主ハ其倍額ヲ償還《しやうくわん》シテ契約ノ解除《かいぢよ》ヲ爲スコトヲ得

第五百四十五條第三項ノ規定ハ前項ノ塲合ニハ之ヲ適用セス

本條問の答　買主が賣主に手附《てつけ》を交付《かうふ》則ち入れたるときは賣主か買主かの一方が契約を行ふべきことゝ着手《ちやくしゆ》するまでは買主は其入れたる手附を打捨《うちす》て契約の解除《かいぢよ》を爲すことを得《う》賣主は其受取りたる手附を倍《ばい》にして償還《しやうくわん》せば契約の解除を求むることを得るなり故に

賣買に手附が入れたる場合には契約解除することを得るなり而して第五百四十五條第三項の解除權を行ふに付き損害賠償《そんがいばいしやう》の訴權《そけん》は行ふことを得るとの規定は右に適用《てきよう》せず是れは双方《さうはう》に初めより解除を承知《しやうち》して手附《てつけ》を入れ又手附を受取れればなり

第五百五十八條　賣買契約《ばいぐけいやく》ニ關スル費用《ひよう》ハ當事者雙方《さうはう》平分《へいぶん》シテ之ヲ負擔ス

本條問の答　賣買契約を取結《とりむす》ぶに付き入れたる費用《ひよう》は賣主買主等が平等《へいとう》に分《わか》ちて引受くるものとす

第五百五十九條　本節ノ規定ハ賣買以外ノ有償契約《いうしやうけいやく》ニ之ヲ準用ス但其契約ノ性質カ之ヲ許サザルトキハ此限ニ在ラス

本條問の答　本節則ち賣買の規定《きてい》ハ賣買のみに用ゐずして尚は賣買以外《ばいぐいぐわい》の有償契約則ち交換《かうくわん》契約等にも準《じゆん》じ用ゆ併《しか》し其契約の性質《せいしつ》が用ゐることが出來ざるときは強《しゐ》て用ゐるに及ばざるべし

第二款　賣買《ばいぐ》ノ效力《かうりよく》

本欵問の答　賣買契約あるときは如何《いか》なる實が結《むす》ぶか其事を本欵《ほんくわん》に定む

第五百六十條　他人ノ權利ヲ以テ賣買ノ目的ト爲シタルトキハ賣主ハ其權利ヲ取得《しゆとく》シテ之ヲ買主ニ移轉《いてん》スル義務《ぎむ》ヲ負フ

本條問の答　他人の權利則《すなは》ち他人が有する土地若くは牛馬の如き物を賣買するとの契約を取結《とりむす》ぶときは賣主は其權利を自分に取得《しゆとく》則ち自分の所有に移《うつ》して而して買主に移す義務を負ふ故に只單に他人の物を賣買の目的物とする時は賣買は成立さざるべし

第五百六十一條　前條ノ場合ニ於テ賣主カ其賣却《ばいきやく》シタル權利ヲ取得《しゆとく》シテ之ヲ買主ニ移轉スルコト能ハサルトキハ買主ハ契約ノ解除ヲ爲スコトヲ得但契約《けいやく》ノ當時其權利ノ賣主ニ屬《ぞく》セサルコトヲ知リタルトキハ損害賠償ノ請求ヲ爲スコトヲ得ス

本條問の答　前條の場合よて賣主が其賣却《ばいきやく》したる他人の權利を自分《じぶん》に取得《しゆとく》して買主に移《うつ》すことが出來ざるときは買主は契約を解除《かいぢよ》を爲すことが出來る是《こ》れ何日《いつ》まで待《ま》つも買主の物と爲ることを得ざればなり併し其權利の賣買契約を取結ぶ時其權利が賣主の物にあらざることを知りたるときは損害賠償《ばいしやう》の請求《せいきう》を爲すことを得ざるべし何《なん》となれば他人の權を賣買の目的とするときは買受くることと出來ざることあるべきは前以て知らざる可からざればなり

第五百六十二條　賣主カ契約《けいやく》ノ當時其賣却シタル權利ノ自己《じこ》ニ屬《ぞく》セサルコトヲ知ラサリシ場合ニ於テ其權利ヲ取得シテ之ヲ買主ニ移轉スルコト能ハサルトキハ賣主ハ損害ヲ賠償シテ契約ノ解除ヲ爲

スコトヲ得

前項ノ場合ニ於テ買主カ契約《けいやく》ノ當時《たうじ》其買受ケタル權利ノ賣主ニ屬《ぞく》セサルコトヲ知リタルトキハ賣主ハ買主ニ對シ單《たん》ニ其賣却シタル權利ヲ移轉スルコト能ハサル旨ヲ通知シテ契約ノ解除ヲ爲スコトヲ得

本條問の答　賣主が契約の時分《じぶん》に其賣却《ばいきやく》したる權利が自分の物にあらざることを知らざる場合則ち自分の物と思ひたる場合に於て他人の權利を自分の物として買主に移《うつ》すことが出來ざるときは賣主は損害を償《つくな》ひて契約の解除《かいぢよ》を爲すことが出來るべし

右の場合賣主が契約の時に其賣却《ばいきやく》したる權利が他人の物なることを知らざる場合に於て買主が賣買の契約を取結ぶときに其買受けたる權利が賣主の物にあらざることを知りたるときは賣主は買主に向ひ其賣却したる權利を移すことが出來ざる旨を通知して契約の解除を爲すことを得るなり是れ買主は豫《あらか》じめ此の如《ご》き事を知り居《を》るならんとの想像《さうぞう》より賣主に此の權利を與《あた》へざるなり

第五百六十三條　賣買ノ目的タル權利ノ一部カ他人ニ屬スルニ因リ賣主カ之ヲ買主ニ移轉スルコト能ハサルトキハ買主ハ其足ラサル部分ノ割合《わりあひ》ニ應《おう》シテ代金ノ減額《げんがく》ヲ請求スルコトヲ得

前項ノ場合ニ於テ殘存《ざんそん》スル部分《ぶぶん》ノミナレハ買主カ之ヲ買受ケサルヘカリシトキハ善意《ぜんい》ノ買主ハ契約ノ解除《かいぢよ》ヲ爲スコトヲ得

代金減額《げんがく》ノ請求《せいきう》又ハ契約ノ解除ハ善意《ぜんい》ノ買主カ損害賠償ノ請求ヲ爲スコトヲ妨ケス

本條問の答　賣買を爲したる目的《もくてき》の權利の一部假令《たとへ》ば壹段《たん》の土地を賣渡したるに九畝《こゝのせ》は自分の所有なれども一畝は他人の所有にして賣主が買主に移すことが出來ざるときは買主は其足《た》らざる部分《ぶゞん》の割合に應《おう》じ代金の減額《げんがく》を請求することを得る故に壹段《たん》を金二百圓の代價にて買受けたるときは二十圓丈けは減額を求むることを得るなり然るに買主は其殘存《ざんそん》する部分即ち九畝《こゝのせ》なれば買受けざるべかりし時は初《はじめ》より他人に屬《ぞく》することを知らざる善意《ぜんい》の買主は契約の解除《かいぢよ》を爲すことを得るなり又代金減額を求むるも又契約の解除を求むるも損害あるときは損害は求むることを得るなり

第五百六十四條　前條ニ定メタル權利ハ買主カ善意ナリシトキハ事實ヲ知リタル時ヨリ惡意《あくい》ナリシトキハ契約《けいやく》ノ時ヨリ一年内ニ之ヲ行使スルコトヲ要ス

本條問の答　前條に定めたる契約解除の權利は買主が善意なりしときは買受けたる土地が他人に屬《ぞく》するとの事實《じゞつ》を知りたる時より一年の内に行《おこな》ふべくして惡意のときは契約の

ありたる時より一年の内に行ふべきものとす此の區別《くべつ》は善意《ぜんい》と惡意《あくい》とにより夲なるものにして惡意は契約《けいやく》の時より知り居るものなれば契約の時より起算《きさん》するを至當《したう》とせ

第五百六十五條　數量《そうりやう》ヲ指示《しじ》シテ賣買シタル物カ不足《ふそく》ナル場合及ヒ物ノ一部カ契約《けいやく》ノ當時《たうじ》既《すで》ニ滅失《めつしつ》シタル場合ニ於テ買主カ其不足《ふそく》又ハ滅失ヲ知ラサリシトキハ前二條ノ規定ヲ準用ス

本條問の答　數量《すうりやう》を指《さ》し示《しめ》して賣買したる物假令《たとへ》ば米何十石《こく》茶何斤《きん》と定めて賣渡したるとき其物が指《さ》し示しゐる高に足《た》らざるとき又物の一部分《ぶん》が賣買契約を爲したる時ゟ既《すで》に滅失《めつしつ》したる場合に於て買主が其不足《ふそく》のこと又は滅失のことを知らざりしときは前二條の定《さだめ》に從ひ代價を減額《げんがく》し又契約を解除《かいぢよ》することを得又此の權利は善意惡意の區別《くべつ》に從ひ一年の内に起《おこ》さゞるべからず

第五百六十六條　賣買《ばいばい》ノ目的物カ地上權《ちじやうけん》、永小作權《ゑいこさくけん》、地役權《ちゑきけん》、留置《りうち》權《けん》又ハ質權《しちけん》ノ目的タル場合《ばあい》ニ於テ買主カ之ヲ知ラサリシトキハ之カ爲メニ契約《けいやく》ヲ爲シタル目的ヲ達《たつ》スルコト能《あた》ハサル場合ニ限リ買主ハ契約ノ解除ヲ爲スコトヲ得其他ノ場合ニ於テハ損害賠償ノ請求ノミヲ爲スコトヲ得

前項ノ規定ハ賣買ノ目的《もくてき》タル不動產《ふどうさん》ノ爲メニ存セリト稱《しやう》セシ地役

權カ存セサリシトキ及ヒ其不動産ニ付キ登記《とうき》シタル賃貸借《ちんたいしやく》アリタル場合ニ之ヲ準用ス

前二項ノ場合ニ於テ契約《けいやく》ノ解除《かいぢよ》又ハ損害賠償ノ請求ハ買主カ事實《じゞつ》ヲ知リタル時ヨリ一年内ニ之ヲ爲スコトヲ要ス

本條問の答　賣買の目的物が地上權、永小《えいこ》作《さく》權、地役權、留置《りうち》權又は質《しち》權の目的たる場合則ち賣買したる物が右の權利の引當《ひきあて》となりたる場合に於て買主が其引當たることを知らずして賣買の契約を取結《とりむす》びたるも右等の權利を負擔《ふたん》するを以て契約を爲したる目的を達することが出來ざる場合に限り買主は契約の解除を爲すことを得るなり其外の場合則ち契約の目的《もくてき》は達《たつ》することを得るも此等《これら》の權利の負擔ありて損害《そんがい》が出來たるときは賠償《ばいしやう》を請求することを得て契約は解除することを得ざるべし

右の定《さため》は不動産を買ひたるに其不動産には地役權があると稱《しやう》したりしに無き場合及び其買受けたる不動産に付き登記《とうき》したる賃借《ちんがり》ありて田地《でんち》を耕《たがへ》やすことが出來ぬ場合に準用《じゆんよう》し此等《これら》の爲めに契約の目的《もくてき》を達《たつ》すること能《あた》はず且《あつ》買主之を知らざるときは契約を解除《かいぢよ》し只之を知らざる丈けにて契約の目的を達《たつ》することを得《う》るときは損害賠償《ばいしやう》のみを求むるを得るなり

右二項の場合にて契約を解除し又は損害の賠償は買主が此の事柄《ことがら》を知りたる時より一年

の內に請求せざるべからず

第五百六十七條　賣買ノ目的タル不動產ノ上《うへ》ニ存《そん》シタル先取特權《さきどりとくけん》又ハ抵當權《ていたうけん》ノ行使《かうし》ニ因リ買主カ其所有權《しよいうけん》ヲ失ヒタルトキハ其買主ハ契約ノ解除ヲ爲スコトヲ得

買主カ出捐《しゆつえん》ヲ爲シテ其所有權ヲ保存《ほぞん》シタルトキハ賣主ニ對シテ其出捐《しゆつえん》ノ償還ヲ請求《せいきう》スルコトヲ得

右孰《いつ》レノ場合ニ於テモ買主カ損害《そんがい》ヲ受ケタルトキハ其賠償ヲ請求スルコトヲ得

本條問の答　賣買の目的たる不動產にありたる先取特權《さきどりとくけん》又は抵當權《ていたうけん》を買主の債權者が行ひたるにより買主が其買受けたる不動產の所有權《しよいうけん》を失ひたるときは其買主は契約を解除《かいぢよ》することを得《う》是れは契約の初《はじ》めの目的物なくなりたる故契約《けいやく》を解《と》くは至當《したう》のことなり又買主が出捐《しゆつえん》則ち賣主が賣買の目的たる不動產を抵當《ていたう》に入れ金を借《か》りたる其金高又先取特權を負《お》ふたる其金高等を返還《へんくわん》する爲めに自分より金錢を出して所有權を自分の手許《てもと》に保《ほ》存《ぞん》したるときは賣主に向ひて其出捐《しゆつえん》の金高を返還《へんくわん》せしむるを得るなり右の場合に買主損害を受けたるときは其賠償《ばいしやう》を求むるを得るなり

第五百六十八條　强制競賣《きやうせいきやうばい》ノ場合ニ於テハ競落人《きやうらくにん》ハ前七條ノ規定ニ

依リ債務者ニ對《たい》シテ契約ノ解除ヲ為シ又ハ代金ノ減額《げんがく》ヲ請求スルコトヲ得

前項ノ場合ニ於テ債務者カ無資力《ひしりよく》ナルトキハ競落人ハ代金ノ配當《はいたう》ヲ受ケタル債權者ニ對シテ其代金ノ全部又ハ一部ノ返還ヲ請求スルコトヲ得

前二項ノ場合ニ於テ債務者カ物《もの》又ハ權利《けんり》ノ欠缺《けつくん》ヲ知《し》リテ之ヲ申出《まをしい》テス又ハ債權者カ之ヲ知リテ競賣ヲ請求シタルトキハ競落人ハ其過失者《くわしつしや》ニ對シテ損害賠償《そんがいばいしやう》ノ請求ヲ為スコトヲ得

本條問の答　强制競賣《きやうせいきやうばい》の場合則ち或《ある》債務者が其債權者に其債務を辨濟《べんさい》せざるより民事《みんじ》訴《そ》訟法《しようはふ》の定むる所により差押《さしおさ》へられて賣却《ばいきやく》する場合にして此《こ》の競落人《せりおとしにん》則ち買受人は既《すで》に述《の》べたる規定《きてい》により債務者に向ひ契約の解除を求め又は代金の減額《げんがく》を求むることを得若し債務者が無資力《むしりよく》則ち貧困《ひこん》にして買主の求めに應《おう》ずることが出來ざるときは買主たる競落《せりおとし》人《にん》は代金の配當《はいたう》を受けたる債權者に向ひて其代金の全部《ぜんぶ》又は一部の償還《しやうくわん》を求むることを得るなり此債權者は受くべからざる分配《ぶんぱい》を受けたるものなれば償還を為さゞるべからず右の競賣《せりうり》の場合に於て債務者が物に欠缺《けつけつ》則ち傷《きづ》つきたる所あること又ハ權利の欠缺則ち取消すべき原因《げんいん》あることを知りて申出《まをしい》でず又は債權者も其事を知りて競賣《せりうり》を請求したる

ときは競落人《せりおとしにん》は其過失《くわしつ》ある者則ち債權者に又は債務者に向ひて損害賠償《ばいしやう》の請求を爲すことを得るなり

第五百六十九條 債權ノ賣主《うりぬし》カ債務者ノ資力《しりよく》ヲ擔保《たんぽ》シタルトキハ契約ノ當時《だうし》ニ於ケル資力ヲ擔保シタルモノト推定《すゐてい》ス
辨濟期ニ至ラサル債權ノ賣主カ債務者ノ將來《しやうらい》ノ資力《しりよく》ヲ擔保シタルトキハ辨濟ノ期日ニ於ケル資力ヲ擔保シタルモノト推定ス

本條問の答　債權を賣却《ばいきやく》したる者が其債務者の資力《しりよく》則ち身代は債權を支拂《しはら》ふに足《た》るとのことを擔保《たんぽ》則ち引受けしたるときは契約の時の資力《しりよく》を擔保したるものと推定《すゐてい》す又辨濟期《べんさいき》限《げん》が來らざる債權を賣渡したる者が債務者の將來《しやうらい》則ち未來《みらい》の資力を引受けしたるときは辨濟を爲すべき期日《きじつ》までの資力を引受けたるものと看做《みな》す故に辨濟期限に債權の請求を求めず一个月後に至りて請求したるに債務者の身代《みがはり》少しの財産《ざいさん》なきも債權者たる賣主は引受けの義務《ぎな》あらざるべし

第五百七十條 賣買ノ目的物ニ隱《かく》レタル瑕疵《かし》アリタルトキハ第五百六十六條ノ規定ヲ準用ス但強制競賣ノ場合ハ此限ニ在ラス

本條問の答　賣買すべき目的物に隱《かく》れ居る瑕疵《きづ》ありたるときは第五百六十六條を準用《じゆんよう》し契約を解除《かいぢよ》するか損害を賠償《ばいしやう》せしむるか此二つの內一を行ふべきものとす併し強制競《きやうせいきやう》

賣《ばい》の場合は第五百六十六條を用ゐざるべし何となれば十分に取調《とりしら》べて買受くべきに其《そ》れを調《しら》べざるは自分の過《あやま》ちにして且競賣《せりうり》を再《ふたゝ》び爲す如きは甚だ手數を要するを以てなり

第五百七十一條　第五百三十三條ノ規定ハ第五百六十三條乃至第五百六十六條及ヒ前條ノ場合ニ之ヲ準用ス

本條問の答　第五百三十三條の定めは第五百六十三條乃至第五百六十六條及び前條の場合に準《じゆん》じ用ゐ此等《これら》の諸條は既《すで》に述《の》べたれば相參照《あひさんせう》すべし

第五百七十二條　賣主ハ前十二條ニ定メタル擔保《たんぽ》ノ責任《せきにん》ヲ負《お》ハサル旨《むね》ヲ特約《とくやく》シタルトキト雖モ其知リテ告ケサリシ事實《じじつ》及ヒ自ラ第三者ノ爲メニ設定《せつてい》シ又ハ之ニ讓渡《じやうと》シタル權利《けんり》ニ付テハ其責ヲ免ルルコトヲ得ス

本條問の答　賣主は賣りたる物に對《たい》し前十二條に定めたる擔保《たんぽ》を負《お》ふものなり然るに此の擔保の責《せめ》を負《お》はざる旨を買主と特に約束することが出來る然れども其賣渡したる物に不都合《ふつがふ》のことをあるを知りて告《つ》げず及び賣渡したる物に抵當權《ていたうけん》の如き物權《ぶつけん》を設《まう》け又は地上權の如きものを賣渡したる場合には其責を免《まぬ》がるゝことを得ざるべし是《こ》れ何人《なんぴと》にても自分の行《おこな》ひにて損害を加《くは》ふべからざるは普通《ふつう》の道理《だうり》なればなり

第五百七十三條　賣買ノ目的物ノ引渡ニ付キ期限アルトキハ代金ノ

支拂ニ付テモ亦同一ノ期限ヲ附シタルモノト推定ス

本條問の答　賣買の目的物を引渡すべき期限《きげん》あるときは代金の支拂に付ても亦同じ期限を附けたるものと推定《すゐてい》す是れ賣主買主の地位《ちゐ》を平等《へいやう》ならんを欲《ほつ》してなり

第五百七十四條　賣買ノ目的物ノ引渡《ひきわたし》ト同時ニ代金ヲ拂《はら》フヘキトキハ其引渡ノ場所ニ於テ之ヲ拂フコトヲ要ス

本條問の答　賣買の目的物《もくてきぶつ》の引渡と同時に代金を拂ふべきときは引渡を為すべき場所に於て之を拂はねばならぬものなり若し其所を異《こと》にするときは大に不便《ふべん》を感《かん》じ一は甲地に於て引渡し一は乙地に於て代金を支拂ふべきことゝなるべければなり

第五百七十五條　未《いま》タ引渡サヽル賣買《ばいゞ》ノ目的物カ果實ヲ生シタルトキハ其果實《くわじつ》ハ賣主ニ屬《ぞく》ス

買主ハ引渡ノ日ヨリ代金ノ利息《りそく》ヲ拂《はら》フ義務《ぎむ》ヲ負《お》フ但代金ノ支拂ニ付キ期限アルトキハ其期限ノ到來《たうらい》スルマテハ利息ヲ拂フコトヲ要セス

本條問の答　賣買の目的物《もくてきぶつ》を買主に引渡さゞる内に果實《くわじつ》が出來るときは其果實は賣主の物とす是れ目的物を管理《くわんり》する費用《ひよう》と差引《さしひき》するを以てなり又買主に於ては目的物を引渡た為したる日《ひ》より代金の利息《りそく》を拂ふ義務あるものとす尤も代金を支拂はざる場合《ばあひ》あること

勿論《もちろん》ありとす併《しか》し代金の支拂に付期限があるときは其期限迄は猶豫《いうよ》したるものなれば利息を支拂ふに及ばざるべし

第五百七十六條　賣買ノ目的ニ付キ權利ヲ主張《しゆちやう》スル者アリテ買主カ其買受《かいう》ケタル權利ノ全部又ハ一部ヲ失フ虞《おそれ》アルトキハ買主ハ其危《き》險《けん》ノ限度《げんど》ニ應《おう》シ代金ノ全部又ハ一部ノ支拂《しはらひ》ヲ拒《こば》ムコトヲ得但賣主カ相當ノ擔保ヲ供シタルトキハ此限ニ在ラス

本條問の答　賣買契約により買受けたる目的物に付其物は自分の所有《しよいう》なりとか或は其中に自分の所有品ありとて權利を主張《しゆちやう》する者ありて買主が買受けたる物の權利の全部《ぜんぶ》又は一部を失ふべき虞《おそれ》あるときは買主は其危險《きけん》の限度《げんど》に應じて權利の全部を失ふ恐《おそれ》あるとき代金の全部の支拂を拒《こば》み一部を失ふ恐《おそれ》あるときは代金の一部の支拂を拒《こば》むことを得るなり併し賣主が危險《きけん》に付て相當の擔保《たんぽ》則ち保証人を立つるか又質物《しちもつ》でも入るゝときは代金の支拂を拒《こば》むに及ばざるべし

第五百七十七條　買受《かひう》ケタル不動產ニ付キ先取特權《せんしゆとくけん》、質權《しちけん》又ハ抵當《ていたう》權《けん》ノ登記《とうき》アルトキハ買主ハ滌除《てきぢよ》ノ手續《てつゞき》ヲ終《を》ハルマテ其代金ノ支拂ヲ拒《こば》ムコトヲ得但賣主ハ買主ニ對シテ遲滯《ちたい》ナク滌除《てきぢよ》ヲ爲スヘキ旨《むね》ヲ請求《せいきう》スルコトヲ得

本條問の答　買受けたる不動産に先取特權《さきどりとくけん》質權又は抵當權の登記あるときは買主は是等《とれら》の權利を滌除《てきぢよ》則ち除《のぞ》き去《さ》る手續《てつゞき》を終るまで其不動産の代金の支拂を拒《こば》むことが出來る此《と》れば滌除の手續を終らざるに支拂を爲すときは再び支拂を爲すの危險《きけん》あればなり併し賣主は買主に向ひて遲滯《ちたい》なく滌除を爲すべきことを請求することを得べし

第五百七十八條　前二條ノ場合ニ於テ賣主ハ買主ニ對シテ代金ノ供託ヲ請求スルコトヲ得

本條問の答　前二條の場合則ち賣買の目的物に權利を主張《しゆちやう》するものある場合又先取特權質權又は抵當權の登記ある場合に於ては賣主は買主に向ひて代金の供託《きやうたく》を請求することを得《う》是れ買主が無財産《むざいさん》となるを恐《おそ》れてなり

第三款　買戻《かひもどし》

本款問の答　一旦賣渡したる物を金が出來たるにより買戻《かひもどし》を爲すべきことと定む此の買戻は實に必要《ひつえう》なるものにして今茲《いまこゝ》に金の入用生じたるも自分所有の不動産を抵當《ていたう》に入るゝときは利息を支拂ふべき面倒《めんだう》あるのみならず金高は少《すくな》し然るに五年を期し此の不動産を賣渡し其買戻の約を取結《とりむす》ぶときは入用の金を得又祖先傳來の不動産は五年の後に自分の手に返《かへ》り來るを以て賣主に取《と》りては此の上《うへ》もなき便法《べんはふ》と謂《い》ふべし

第五百七十九條　不動産ノ賣主ハ賣買契約《ばいばいけいやく》ト同時《どうじ》ニ爲シタル買戻《かひもどし》ノ

特約《とくやく》ニ依リ買主カ拂《はら》ヒタル代金及ヒ契約ノ費用ヲ返還《へんくわん》シテ其賣買ノ滌除ヲ爲スコトヲ得但當事者カ別段《べつだん》ノ意思ヲ表示《へうじ》セサリシトキハ不動産ノ果實ト代金ノ利息トハ之ヲ相殺《さうさい》シタルモノト看做《みな》ス

本條問の答　不動産を賣渡す賣主は賣買の契約《けいやく》と共に或年限《あるねんげん》の後ニ其賣りたる不動産を買戻を爲すとの特別《とくべつ》の約束《やくそく》により買主が拂ひたる不動産の代金及び賣買契約を取結びたる入りたる費用《ひよう》を返して其賣買の解除《かいぢよ》を請求することを得併《しか》し賣主買主が別段《べつだん》に何等《なんら》の意思《いし》を表《あらは》さゞるときハ不動産の果實《くわじつ》と代金の利息《りそく》とは相殺《さうさい》則ち差引したるものと看做《みな》すべきなり故に買戻《かひもどし》を爲すには不動産の代金及び賣買費用《ひよう》を差出さゞれば買戻を爲すことを得ざるべし

第五百八十條　買戻ノ期間《きかん》ハ十年ヲ超《と》ユルコトヲ得ス若シ之ヨリ長キ期間ヲ定メタルトキハ之ヲ十年ニ短縮《たんしゆく》ス

買戻ニ付キ期間《きかん》ヲ定メタルトキハ後日《とじつ》之ヲ伸長《しんちやう》スルコトヲ得ス

買戻ニ付キ期間ヲ定メサリシトキハ五年內ニ之ヲ爲スコトヲ要ス

本條問の答　買戻を爲すべき期間は十年を超ゆることを得ず故に十年の內にて約束を爲さゞる可からず若し十年より長き期間を定めたるときは十年に縮《ちゞ》むるものとす一旦《いつたん》此の法律に從《したが》ひ期間を定めたるときは後日《ごにち》之を伸長《しんちやう》則ち延《のば》すことを得ざるべし其理由《りゆう》ハ他人

の權利を害《がい》すに至るを以てなり何となれば賣主は其賣渡したる買戻付《かひもどしつき》の不動産は其約束期間內は到底《たうてい》買戻すことを得ざるなりと思ひ他人其積《つもり》にて買主と賣買の契約を取結びたるに期限を延《のば》しれる爲め其目的に反《はん》し害《がい》を受くるに至ればなり又買戻に付き其期間を定めざるときは五年內《ない》に爲すべきものとす

第五百八十一條　賣買《ばいゞ》契約《けいやく》ト同時ニ買戻ノ特約《とくやく》ヲ登記《とうき》シタルトキハ買戻ハ第三者ニ對シテモ其效力《かうりよく》ヲ生《しやう》ス

登記ヲ爲シタル賃借人《ちんしやくにん》ノ權利ハ其殘期《ざんき》一年間ニ限リ之ヲ以テ賣主ニ對抗《たいかう》スルコトヲ得但賣主ヲ害《がい》スル目的ヲ以テ賃貸借ヲ爲シタルトキハ此限ニ在ラス

本條問の答　賣買契約と共に買戻の特別《とくべつ》の約束を登記《とうき》したるときは買戻《かひもどし》は第三者に向ひて其效力《かうりよく》あるなり故に買戻の不動産を買主より買受けたる場合には其期限來たるときは賣主に返《かへ》さゞるべからず又買戻の不動産を買主より賃貸《ちんがし》を爲し賃借人《ちんがりにん》は其權利を登記したるときは其殘期《ざんき》一年間に限《かぎ》り賣主に對抗《たいかう》することが出來る則ち買戻の期限來たる處賃借人の權利の期限は尚は三个年あるも一年間丈け賃借することが出來るべし然らざれば買戻付きの不動産は賃借するものなきに至らん但し賣主を害する目的を以て賃借を爲したるものあるときは此の限りにあらざるべし

第五百八十二條　買主ノ債權者カ第四百二十三條ノ規定ニ依リ賣主ニ代ハリテ買戻ヲ爲サント欲スルトキハ買主ハ裁判所ニ於テ選定シタル鑑定人《かんていにん》ノ評價《へうか》ニ從ヒ不動産ノ現時《げんじ》ノ價額《かがく》ヨリ賣主カ返還《へんくわん》スヘキ金額ヲ控除《かうぢよ》シタル殘額ニ達《たつ》スルマテ賣主ノ債務ヲ辨濟《べんさい》シ尚《なほ》餘剩《よじやう》アルトキハ之ヲ賣主ニ返還《へんくわん》シテ買戻權ヲ消滅《せうめつ》セシムルコトヲ得

本條問の答　賣主の債權者が第四百二十三條則ち債權者ハ自分《じぶん》の債權を保全《ほぜん》する爲めに債務者の權利を行《おこな》ふことを得るとの規定により賣主に代りて買戻を爲さんと欲《ほつ》するときは買主ハ裁判所にて選定《せんてい》したる鑑定人《かんていにん》に評價《ひやうか》を入れしめ其評價に從ひ不動産の現在《げんざい》の時の相場《さうば》より賣主が返還《へんくわん》すべき金額《きんがく》を除《のぞ》きたる殘《のこ》りの額《たか》に達《たつ》する迄の金額を以て賣主の債務を辨濟し尚ほ餘りあるときは賣主に返《かへ》して買戻權を消滅《せうめつ》せしむることを得るなり畢竟《ひつきやう》債權者が買戻《かひもどし》の權利を行《おこな》ふものは自分の債權額《がく》に買戻不動産の價の餘分《よぶん》を充《あ》てんが爲めなれば本條に定むる如くにせば買戻の權利を行ふの必要なければなり

第五百八十三條　賣主ハ期間内ニ代金及ヒ契約ノ費用《ひよう》ヲ提供《ていきやう》スルニ非サレハ買戻ヲ爲スコトヲ得ス

買主又ハ轉得者《てんとくしや》カ不動産ニ付キ費用《ひよう》ヲ出《いだ》シタルトキハ賣主ハ第

百九十六條ノ規定ニ從ヒ之ヲ償還《しやうくわん》スルコトヲ要ス但有益費《いうえきひ》ニ付テハ裁判所ハ賣主ノ請求ニ因リ之ニ相當ノ期限ヲ許與スルコトヲ得

本條問の答　賣主は買戻の期間内に不動産の代金及び賣買契約の費用《ひよう》を提供《ていきやう》則ち差出すにあらざれば買戻を爲すことを得ず買主又は買主より買受けたる者則ち轉得者《てんとくしや》が其不動産に付き費用《ひよう》を入れたるときは賣主は第百九十六條の定に從ひ保存費用《ほぞんひよう》と有益費《いうえきひ》とに區《く》別《べつ》を爲し償《つくな》ひねばならぬ併《しか》し有益《いうえき》の費用に付ては裁判所ハ賣主よりの求《もとめ》に因り相當《さうたう》の期限を與《あた》へて償《つくな》はしむ何となれば有益費は不動産に是非《ぜひ》共《とも》掛けざるべからざる費用にあらざるを以て此《こ》れを入れたるハ自分の勝手《かつて》なれば償《つくのひ》を求むるに付ても他の費用《ひよう》と同《どう》一にすることを得ざるべし此れ有益費ハ期限《きげん》を與《あた》ふることゝなしたるなり

第五百八十四條　不動産ノ共有者《きやうゆうしや》ノ一人カ買戻ノ特約《とくやく》ヲ以テ其持分ヲ賣却シタル後其不動産ノ分割又ハ競賣《きやうばい》アリタルトキハ賣主ハ買主カ受ケタル若クハ受クヘキ部分又ハ代金ニ付キ買戻ヲ爲スコトヲ得但賣主ニ通知セスシテ爲シタル分割及ヒ競賣ハ之ヲ以テ賣主ニ對抗《たいかう》スルコトヲ得ス

本條問の答　不動産を共有《きやうゆう》する者の一人が買戻の特別《とくべつ》の約束を以て其持分《もちぶん》を賣却《ばいきやく》したる後共有の不動産か分割《ぶんかつ》又は競賣《せりうり》ありたるときは賣主は買主が分割にて受けたる部分若く

は受くべき部分又は競賣《せりうり》によりて受くべき代金又は受けたる代金に付き買戻を爲すことを得併し賣主に分割又は競賣を爲すことを通知《つうち》せざるときは賣主ゟ向て分割《ぶんかつ》又は競賣を爲したるなりと言ふことを得ざるべし故に賣主が苦情《くじやう》を唱《とな》ふるときは更《さら》に分割又は競賣《せりう》を爲さゞるべからず

第五百八十五條　前條ノ場合ニ於テ買主カ不動産ノ競落人《きやうらくにん》ト爲リタルトキハ賣主ハ競賣ノ代金及ヒ第五百八十三條ニ掲ケタル費用ヲ拂ヒテ買戻ヲ爲スコトヲ得此場合ニ於テハ賣主ハ其不動産ノ全部ノ所有權ヲ取得《しゆとく》ス

他ノ共有者ヨリ分割《ぶんかつ》ヲ請求シタルニ因リ買主カ競落人ト爲リタルトキハ賣主ハ其《その》持分《もちぶん》ノミニ付キ買戻ヲ爲スコトヲ得ス

本條問の答　前條の場合則ち共有《きやうゆう》の不動者の持分《もちぶん》を買戻の約束にて賣渡を爲したる者一人ある場合に其買主が不動産の競落人《せりおとしにん》と爲りたるときは賣主は競賣《せりうり》の代金及び第五百八十三條に掲《かゝ》げたる契約の費用其他不動産に入れたる費用あるときは其費用を拂ひて買戻を爲すことを得此の場合に於ては賣主は其不動産の全部《ぜんぶ》の所有權を得ることゝなるべし又他の共有者より共有の不動産の分割《ぶんかつ》を求めたるに因り買主が競落人《せりおとしにん》と爲りたるときは賣主は其持分のみに付き買戻を爲すことを得ざるべし

第四節　交《かう》換《くわん》

本節問の答　交換《かうくわん》とは金錢の外の物と物と換《か》ゆることにして昔貨幣《むかしくわへい》のなき時は入用《いりよう》の物を不用《ふよう》の品《しな》と換《か》へて其活計《くわつけい》を爲したりしことは明《あきら》かなりして世《よ》開《ひら》くるに從《したが》ひ其不便《ふべん》を覺《おぼ》え貨幣《くわへい》が出來《でき》賣買の途開《みちひら》けたるより交換《とりかへ》は其數《かず》を減《げん》ずるに至れり然れども尚《な》ほ今日に於ても交換《とりかへ》行はるゝを以て本節を設《まう》けたるなり

第五百八十六條　交換《かうくわん》ハ當事者カ互《たがひ》ニ金錢《きんせん》ノ所有權ニ非サル財產權《ざいさんけん》ヲ移轉《いてん》スルコトヲ約《やく》スルニ因リテ其效力ヲ生ス

當事者ノ一方カ他ノ權利ト共ニ金錢ノ所有權ヲ移轉スルコトヲ約シタルトキハ其金錢ニ付テハ賣買ノ代金ニ關スル規定ヲ準用ス

本條問の答　交換《かうくわん》は當事者が相互《あひたがひ》に金錢に非《あ》らざる他の財產權を移轉《いてん》することを約束するによりて其效力《かうりよく》が出來るものなり故に一方が金錢を以てし他の一方が物を以てするときは賣買となるべし又當事者の一方が他の權利と共に金錢の所有權を移すことを約束したるときは其金錢に付ては賣買の代金に關《くわん》する規定を準《じゆん》じ用ゆるものとす其他交換に付ては賣買の規則を用ゐるものと知るべし

第五節　消費貸借《せうひたいしやく》

本節問の答　米麥又は酒油等を借《か》りて同じ種類《しゆるゐ》の物を返《か》へすこととの定を本節に掲《かゝ》ぐ

第五百八十七條　消費貸借《せうひたいしやく》ハ當事者ノ一方カ種類《しゆるゐ》、品等《ひんとう》及ヒ數量《すうりやう》ノ同シキ物ヲ以テ返還《へんくわん》ヲ爲スコトヲ約《やく》シテ相手方ヨリ金錢其他ノ物ヲ受取ルニ因リテ其效力ヲ生ス

本條問の答　消費貸借《せうひたいしやく》は當事者の一方が同じ種類《しゆるゐ》同じ品《しな》及び同じ數の物を以て返《かへ》すことを約《やく》して相手方《あひてかた》より金錢又は其他の物を受取るに因《よ》りて消費貸借は成立《せいりつ》す故に消費貸借は是非《ぜひ》共物《ともの》を手渡《てわたし》を爲《な》さゝるべからず

第五百八十八條　消費貸借ニ因ラスシテ金錢其他ノ物ヲ給付スル義務ヲ負フ者アル場合ニ於テ當事者カ其物ヲ以テ消費貸借ノ目的ト爲スコトヲ約《やく》シタルトキハ消費貸借ハ之ニ因リテ成立《せいりつ》シタルモノト看做ス

本條問の答　消費貸借の契約に因《よ》らずして金錢其他の物則ち米麥酒豆の如き物を給付《きふ》する義務を負《お》ふ者ある場合に於て當事者が其物を以て消費貸借の目的物《もくてきぶつ》と爲すことを契約するときは消費貸借は出來たるものと看做《みな》すべければ此《これ》より消費貸借の規定《きてい》に從《したが》はざるべからず

第五百八十九條　消費貸借ノ豫約《よやく》ハ爾後《じご》當事者ノ一方カ破産《はさん》ノ宣告《せんこく》ヲ受ケタルトキハ其效力ヲ失フ

本條問の答　消費貸借を爲すとの豫約《よやく》は其豫約ありたる後當事者《たうじしや》の一方が破産《はさん》の宣告《せんこく》を受けたるときは豫約《よやく》の效《かう》を失ふものとす是《じ》れ消費貸借は物を手渡せさゞれば成立《せいりつ》せざるを以て效力《かうりよく》を失ふことゝなしたり

第五百九十條　利息附《りそくつき》ノ消費貸借ニ於テ物《もの》ニ隱《かく》レタル瑕疵《かし》アリタルトキハ貸主ハ瑕疵ナキ物ヲ以テ之ニ代《か》フゴトヲ要ス但損害賠償ノ請求ヲ妨ケズ

無利息《むりそく》ノ消費貸借ニ於テハ借主《かりぬし》ハ瑕疵アル物ノ價額《かゝく》ヲ返還《へんくわん》スルコトヲ得但貸主カ其瑕疵ヲ知リテ之ヲ借主ニ告ケサリシトキハ前項ノ規定ヲ準用ス

本條問の答　利息附《りそくつき》の消費貸借則ち借賃《かりちん》を出し物を貸借《たいしやく》する場合に於て其借《か》りたる物に表《おもて》に見《み》えずして隱《かく》れたる瑕疵《きず》則ち傷《きず》つきたる所ありたるときは貸主は瑕疵のなき物を以て瑕疵ある物に代《か》へざるべからず併《しか》し損害あるときは賠償《ばいしやう》を求むことを得又無利息《むりそく》則ち借賃の無き消費貸借には借主は瑕疵ある物の價を返還《へんくわん》することを得是れ無利息《むりそく》にて借る物なれば全《まつた》き物と代《か》ふることを求《もと》むるを得ず併《しか》し貸主《かしぬし》が物に瑕疵《きず》あることを知りて借主に其瑕疵あることを告《つ》げざれば前項の規定《きてい》を準用《じゆんよう》して瑕疵なき物と代《か》へざるべからず

第五百九十一條　當事者カ返還《へんくわん》ノ時期《じき》ヲ定メサリシトキ貸主ハ相當

ノ期間ヲ定メテ返還ノ催告《さいこく》ヲ為スコトヲ得

借主ハ何時ニテモ返還ヲ為スコトヲ得

本條問の答　貸主と借主とか貸借の物と返還《へんくわん》すべき時を定めざるときは貸主は貸したる物を返《かへ》す又善加減《よきかげん》の期間《きかん》を定め返還《へんくわん》の催告《さいとく》を為すことを得借主は借りたる物の返還の時《じ》期《き》を定めたると否《いな》やを問《と》はず何時《なんどき》にても返還を為すことを得るなり

第五百九十二條　借主《かりぬし》カ第五百八十七條ノ規定ニ依リテ返還ヲ為スコト能ハサルニ至リタルトキハ其時ニ於ケル物ノ價額ヲ償還スルコトヲ要ス但第四百二條第二項ノ場合ハ此限ニ在ラス

本條問の答　借主が第五百八十七條の規定則ち借主は借りたる物と同じ物又同じ量《りやう》を返還すべき定《さため》なれども其物を返還《へんくわん》することが出來ざるときは其返還する時の物の價を償《つくな》ひ還《かへ》すべきなり併《しか》し第四百二條第二項の場合則ち特別《とくべつ》の通用貨幣《つうようくわへい》を以て債權《さいけん》の目的となしたる場合に此《こ》の貨幣が辨濟の期限に於て通用《つうよう》せざる樣《やう》になるときは債務は他の通用貨幣にて返還《へんくわん》すべきものとなしたる場合には其返還の時の價《あたひ》を返《かへ》すに及ばざるなり

第六節　使用貸借《しようたいしやく》

本節問の答　物を借《か》りて其物を返《か》へすことに付ての定めなり吾々《われ〳〵》が日に用ゆる諸道具《しよだうぐ》を借る場合又人より家の建具疊《たてぐたゝみ》を借る場合も皆本節の定めに從はざるべからず

第五百九十三條　使用《しよう》貸借《たいしやく》ハ當事者ノ一方カ無償《むしやう》ニテ使用《しよう》及ヒ收益《しうえき》ヲ爲シタル後《のち》返還《へんくわん》ヲ爲スコトヲ約シテ相手方ヨリ或物ヲ受取ルニ因リテ其效力《こうりよく》ヲ生ス

本條問の答　使用貸借は當事者《たうじしや》の一方が無償《むしやう》則ち借賃《かりちん》なしにて他の一方より或物《あるもの》則ち火鉢とか簞笥《たんす》とかを借り受けて之を使《つか》ひ又は利益《りえき》を上《あ》げたる後に返還を爲すことを約束し現に借る物を受取るときは使用貸借は出來るものとす

第五百九十四條　借主ハ契約《けいやく》又ハ其目的物《もくてきぶつ》ノ性質《せいしつ》ニ因《よ》リテ定マリタル用方《ようはう》ニ從ヒ其物ノ使用及ヒ收益《しうえき》ヲ爲スコトヲ要ス

借主ハ貸主ノ承諾《しやうだく》アルニ非サレハ第三者ヲシテ借用物《しやくようぶつ》ノ使用又ハ收益ヲ爲サシムルコトヲ得ス

借主カ前二項ノ規定ニ反スル使用又ハ收益ヲ爲シタルトキハ貸主《かしぬし》ハ契約ノ解除《かいぢよ》ヲ爲スコトヲ得

本條問の答　借主は貸借契約《たいしやくけいやく》にて定めたる用方又借りたる物の性質《せいしつ》則ち乘馬《じやうば》なれば乘用《じやうよう》に從ひ借りたる物を使用《しよう》及び收益《しうえき》せざるべからず借主は貸主の承諾《しやうだく》がなければ他人をして借りたる物の使用又は收益を爲さしむるを得ず是れ借り物を取扱《とりあつか》ふ点《てん》に於て十分注意《ちうい》を爲さゝるならんとの考より來るものなり若し借主が前二項の定に背《そむ》きたる使用又は收

益を爲すときは貸主は契約《けいやく》の解除《かいぢよ》を爲すことが出來るべし是れは使用貸借は無賃《むちん》にて貸すものなれば大に貸主の權利を大切《たいせつ》に爲したるものなり

第五百九十五條　借主ハ借用物ノ通常《つうじやう》ノ必要費《ひつえうひ》ヲ負擔ス

此他ノ費用ニ付テハ第五百八十三條第二項ノ規定ヲ準用ス

本條問の答　借主は其借用物に通常《つうじやうい》入るべき必要費《ひつえうひ》則ち使用收益を爲すに付き損《そん》じたる所を繕《つくら》ふべき費用假令《たとへ》ば馬を借りたるより其蹄鐵《ありがね》が損《そん》じたり其れを繕《つくら》ふべき費用の如きは引受けざるべからず此他の費用の引受に付ては第五百八十三條第二項の定を準用するなり

第五百九十六條　第五百五十一條ノ規定ハ使用貸借ニ之ヲ準用ス

本條問の答　使用貸借には第五百五十一條の規定を準用するなり是れは使用貸借なるものは本來《ほんらい》無賃のものなれば贈與《ぞうよ》と同じく使用の目的たる物の瑕疵《かし》に付ては其責に任せず然れども貸主其瑕疵《かし》を知りて借主に告げざりしときは責《せめ》に任《にん》じ損害が出來るときは之を償はざるべからず

第五百九十七條　借主ハ契約《けいやく》ニ定メタル時期《じき》ニ於テ借用物ノ返還《へんくわん》ヲ爲スコトヲ要ス

當事者カ返還ノ時期ヲ定メサリシトキハ借主ハ契約ニ定メタル目

的ニ從ヒ使用《しよう》及ヒ收益《しうえき》ヲ終ハリタル時ニ於テ返還ヲ爲スコトヲ要ス但其以前ト雖モ使用《しよう》及ヒ收益ヲ爲スニ足ルヘキ期間ヲ經過シタルトキハ貸主ハ直チニ返還ヲ請求スルコトヲ得

當事者カ返還ノ時期又ハ使用及ヒ收益ノ目的ヲ定メサリシトキハ貸主ハ何時《なんどき》ニテモ返還《へんくわん》ヲ請求スルコトヲ得

本條問の答　借主は貸借の契約にて定めたる返還《へんくわん》を爲すべき時に借用物の返還を爲さゞるべからず若し返還の時を定めざりし時は借主は契約《けいやく》に定めたる目的則ち何の爲めに物を借りたるが其收益及び使用を終《をは》りたる時に返還を爲すべきものとす假令《たとへ》ば家の修繕《しうぜん》を爲すために材木《ざいもく》の丸太《まるた》を五拾本借りたりとせんに家の修繕を終るときは返還をなさゞるべからず併し使用及び修繕を終らざる前と雖《いへ》ども使用及び收益を爲すに足る期間《きかん》を過《す》ぎたるときは貸主は返還と請求することを得るなり則ち借主は怠りて修繕を爲さゞるにより通常《つうじやう》三十日の間に出來上がるべきに五十日も六十日も要したるときは直ちに請求することを得るなり又當事者は借用物返還《へんくわん》の時期《じき》又は使用及び收益の目的を定めざりしときは貸主は何時にても返還を請求することが出來るものなり

第五百九十八條　借主《かりぬし》ハ借用物《しやくようぶつ》ヲ原狀《げんじやう》ニ復《ふく》シテ之ニ附屬セシメタル物ヲ收去《しうきよ》スルコトヲ得

本條問の答　借主は借用物を返還する時には借用物《しやくようぶつ》を原《もと》の有様に復して此れに附け置きたる物を收去《しふきよ》則ち取去《とりさ》ることを得《う》併《しか》し其借用物に附け置きたる物を取去《しゆきよ》するに付き傷《きづゝ》けざる樣にするは勿論《もちろん》のことなりとす

第五百九十九條　使用貸借ハ借主ノ死亡《しばう》ニ因リテ其效力ヲ失フ

本條問の答　使用貸借は借主が死亡するときは其效力《かうりよく》を失ひ借主の方には借用物を返還せざる可からず是れ使用貸借は信用《しんよう》により出來たるものにして貸主は借主が物を丁寧《ていねい》に使用すると思ひて貸したるものなり借主死亡《しばう》するときは相續人《さうぞくにん》も借主と同じ信用あるも見ることを得ざるを以て借主の死亡と共に使用貸借もなくなるとなしたり

第六百條　契約ノ本旨《ほんし》ニ反《はん》スル使用又ハ收益ニ因リテ生シタル損害ノ賠償及ヒ借主カ出タシタル費用ノ償還ハ貸主カ返還ヲ受ケタル時ヨリ一年内ニ之ヲ請求スルコトヲ要ス

本條問の答　契約に定めたる使用及び收益方《しふえきかた》に異《こと》なりたる使用及び收益によりて出來たる損害の賠償《ばいしやう》及び借主が借用物に出したる費用の償還は貸主が借用物の返還を受けたる時より一年の內に請求すべきものとす故に一年の後に償還《しやうくわん》を要求《えうきう》するも貸主は其求めに應《おう》ずるに及ばず又借主も貸主より右(の)求(め)あるも支拂《しはら》ふに及ばざるべし是れ証據《しようこ》を紛失《ふんじつ》するを以て短《みじか》き期《き》間《かん》に要求することゝなしたり

第七節　賃貸借《ちんたいしやく》

本節問の答　賃貸借《ちんたいしやく》と使用《しよう》貸借と相似《あひに》たれども其性質《せいしつ》に於ては大に異《こと》なれり則ち使用貸借は賃金《ちんきん》を拂はざれども賃貸借は賃金を拂ふものなり又使用貸借は一方《いつぱう》より物を渡《わた》さゞれば使用貸借は出來ざれども賃貸借は約束するときは其れにて出來るものとす

第一款　總則

第六百一條　賃貸借《ちんたいしやく》ハ當事者ノ一方カ相手方ニ或物《あるもの》ノ使用及ヒ收益ヲ爲サシムルコトヲ約シ相手方カ之ニ其賃金ヲ拂フコトヲ約スルニ因リテ其效力ヲ生ス

本條問の答　賃貸借は物を貸し借りする中の一方の者が相手方《あひてかた》に或物《あるもの》則ち土地《とち》家屋《かおく》其外牛馬《ぎうば》等の使用《しよう》及び收益《しうえき》を爲さしむることを約《やく》し相手方が其使用收益を爲したる賃金を拂ふべきことを約するによりて賃貸借が出來るものとす

第六百二條　處分《しよぶん》ノ能力《のうりよく》又ハ權限《けんげん》ヲ有セサル者カ賃貸借ヲ爲ス塲合ニ於テハ其賃貸借ハ左ノ期間ヲ超ユルコトヲ得ス

一　樹木《じゆもく》ノ栽植《さいしよく》又ハ伐採《ばつさい》ヲ目的トスル山林ノ賃貸借《ちんたいしやく》ハ十年

二　其他ノ土地ノ賃貸借ハ五年

三　建物《たてもの》ノ賃貸借ハ三年

四　動産《どうさん》ノ賃貸借ハ六个月

本條問の答　處分《しよぶん》の能力《のうりよく》を有《いう》せざる者又處分することが出來る權限《けんげん》を有せざる者假令《たとへ》ば後見人《こうけんにん》又は他人の財産《ざいさん》を管理《くわんり》する者が賃貸借を爲す場合に於ては其賃貸借は第一樹木《じゆもく》を植《う》うる爲め又伐《き》る爲めに山林《さんりん》を賃借《たいしやく》する場合は十年第二田畑等の賃貸借は五年第三建物《たちもの》則ち家屋《かおく》又は倉等《くらとう》貸借は三年第四動産《どうさん》則ち屛風火鉢《びやうぶひばち》等は六个月の期間を超《こ》えて約束することを得ざるべし是れは所有の爲めを思ひて定めたるなり

第六百三條　前條ノ期間ハ之ヲ更新《かうしん》スルコトヲ得但其期間滿了《まんれう》前《まへ》土地ニ付テハ一年内建物ニ付テハ三个月内動産ニ付テハ一个月内ニ其更新ヲ爲スコトヲ要ス

本條問の答　前條期間《きかん》則ち十年五年及び三年六个月は更《あらた》めて新《あたら》しくすることを得併《しか》し其一旦《いつたん》定めたる期間が滿《み》つる前土地に付ては一年内《ない》建物に付ては三个月内動産に付ては一个月内に更新《かうしん》を爲すべきものとす是れは賃借人は其賃借するものは期限後《きげんご》再《ふたゝ》び借ることが出來ると思ひ居るに突然斷《ことは》りを受くるときは更《さら》に他の土地家屋を借るに付き迷惑《めいわく》を受け又所有者に於ても期限後相變《あひかは》らず賃借人借り呉《く》るゝならんと思ひ居るに突然斷りをせらるゝときは迷惑《めいわく》なり各《おのおの》賃借物又は賃借人を搜《さが》すに時間《じかん》が入るものあれば前《ぜん》以て更新することゝなしたり

第六百四條　賃貸借ノ存續《そんぞく》期間《かん》ハ二十年ヲ超ユルコトヲ得ス若シ之ヨリ長キ期間ヲ以テ賃貸借ヲ爲シタルトキハ其期間ハ之ヲ二十年ニ短縮《たんしゆく》ス

前項ノ期間ハ之ヲ更新スルコトヲ得但更新ノ時ヨリ二十年ヲ超ユルコトヲ得ス

本條問の答　賃貸借の存續《そんぞく》期間則ち契約《けいやく》することが出來る期間は二十年を超《こ》ゆることが出來ず是れ期限長ければ永小作《えいこさく》となるを以てなり若し之より長き期間にて賃貸借を爲すときは其期間は二十年とするなり又此の期間は更新《かうしん》することが出來る併《しか》し更新したる時より二十年を超ゆることが出來ざるべし

第二款　賃貸借《ちんたいしやく》ノ效力《かうりよく》

本款問の答　賃貸の契約《けいやく》あるときは賃貸人及び賃借人の權利義務《けんりぎむ》は如何《いか》になるか其外賃借人が借りたる物を復貸《またがし》するときは如何等《いかんとう》は本款《ほんくわん》に定むるものなり

第六百五條　不動産ノ賃貸借ハ之ヲ登記《とうき》シタルトキハ爾後其不動産ニ付キ物權《ぶつけん》ヲ取得《しゆとく》シタル者ニ對シテモ其效力ヲ生ス

本條問の答　不動産を賃貸借したることを登記するときは其登記の後其不動産を買受くるこの贈與《ぞうよ》を受けたる者に向《むか》ひては有效《いうかう》にて賃貸借は其約束《やくそく》の期間は引續《ひきつゞ》ぐべきものとす

第六百六條　賃貸人ハ賃貸物《ちんたいぶつ》ノ使用《しよう》及ヒ收益《しうえき》ニ必要《ひつえう》ナル修繕《しうぜん》ヲ爲ス義務ヲ負フ

賃貸人カ賃貸物ノ保存《ほぞん》ニ必要ナル行爲《かうい》ヲ爲サント欲スルトキハ賃借人之ヲ拒ムコトヲ得ス

本條問の答　賃貸を爲す人は賃貸物の使用《しよう》及び收益《しうえき》を爲すに付て必要《ひつえう》なる修繕《しうぜん》を爲す義務を負《お》ふものとす故に家を賃貸するときは其屋根《やね》が荒《あ》れて雨《あめ》が漏《も》るときは之を繕《つくら》はざるべからず又賃貸人は其賃貸する物の保存《ほぞん》に必要《ひつえう》なる行爲《かうゐ》假令《たとへ》ば家《いへ》を貸《か》したる場合《ばあひ》に其柱《はしら》が朽《く》ちて捨《す》て置《お》くは取返《とりかへ》しの附《つ》かぬことが出來るならんと思はるゝときは之を繕《つくら》ふに付き賃借人は拒《こば》むことを得ざるべし

第六百七條　賃貸人カ賃借人ノ意思《いし》ニ反《はん》シテ保存行爲ヲ爲サント欲《ほつ》スル場合ニ於テ之カ爲メ賃借人カ賃借ヲ爲シタル目的ヲ達スルコト能ハサルトキハ賃借人ハ契約《けいやく》ノ解除ヲ爲スコトヲ得

本條問の答　賃貸人が賃借人は保存行爲《ほぞんかうゐ》則ち修繕を爲す必要《ひつえう》なしと言《い》ひたるに其言に關《くわん》せず保存行爲を爲さんとする場合に於て其保存行爲の爲めに賃借人が借りたる目的を達することが出來ざるときは賃借人は賃貸借契約《けいやく》の解除《かいじよ》を爲すことを得るなり假令ば大暑《たいしよ》の候氷店《こほりみせ》を開《ひら》かんが爲めに家を借りたるに修繕《しうぜん》を爲し恰ど大暑中《たいしよちう》に出來上《できあ》がる見込《みこみ》相立

たざるときは右の如く解除《かいぢよ》することを得るなり

第六百八條　賃借人カ賃借物ニ付キ賃貸人ノ負擔《ふたん》ニ屬《ぞく》スル必要費ヲ出タシタルトキハ賃貸人ニ對シテ直チニ其賠償ヲ請求スルコトヲ得

賃借人カ有益費《いうえきひ》ヲ出ダシタルトキハ賃貸人ハ賃貸借終了《しうれう》ノ時ニ於テ第百九十六條第二項ノ規定ニ從ヒ其償還ヲ為スコトヲ要ス但裁判所ハ賃貸人ノ請求ニ因リ之ニ相當ノ期限ヲ許與スルコトヲ得

本條問の答　賃借人が賃借物に付き使用《しよう》及び收益《しうえき》を為すに必要《ひつえう》の費用《ひよう》を出したるときは賃貸人に向ひて直《す》ぐに賠償額《ばいしやうがく》を求むることが出來る又賃借人が有益《いうえき》の費用則ち賃借物を改良《かいりやう》したるときの費用の如きは賃貸人は直《た》ちに支拂《しはら》ふに及《およ》ばずして賃貸借が終《をは》る時に第百九十六條の規定《きてい》に從《したが》ひ改良費《かいりやうひ》を入れたるが為めに其賃借物が價を增《ま》したる其增償が現《げん》に在る時に限り賃貸人の選《えら》びに任せ其費したる金額《きんがく》又は增償額を償還《しやうくわん》せざるべからず併し裁判所は賃貸人の求めにより償還を為すに善加減《よいかげん》の期限《きげん》を與《あた》ふるものとす何となれば賃貸物に是非共入用《ぜひともいりよう》と云ふものにあらざればなり

第六百九條　收益ヲ目的トスル土地ノ賃借人カ不可抗力《ふかかうりよく》ニ因リ借賃《しやくちん》ヨリ少《すくな》キ收益《しうえき》ヲ得タルトキハ其收益ノ額《がく》ニ至ルマテ借賃ノ減額《げんがく》ヲ

請求スルコトヲ得但宅地《たくち》ノ賃貸借ニ付テハ此限ニ在ラス

本條問の答　收益を目的とする土地則ち耕田耕畑《かうでんかうばた》を借り居《を》る賃借人は不可抗力《ふかかうりよく》たる天災《てんさい》等の爲めに賃貸人に支拂《しはら》ふ借賃より少なき收益《しうえき》を得たるときには其收益の高《たか》に至るまで借賃を減少《げんせう》し呉《く》れとの求《もと》めを賃貸人に爲すことを得則ち借賃は米壹石六斗なるに收益額《しうえきがく》壹石《こく》より得る能《あた》はざるときは六斗《と》の減額《げんがく》を求むることを得併《しか》し宅地《たくち》の賃貸借に付ては減額を求むることを得ざるべし

第六百十條　前條ノ場合ニ於テ賃借人カ不可抗力《ふかかうりよく》ニ因リ引續《ひきつゞ》キ二年以上借賃《しやくちん》ヨリ少キ收益《しうえき》ヲ得タルトキハ契約ノ解除ヲ爲スコトヲ得

本條問の答　前條の場合則ち不可抗力《ふかかうりよく》の爲めに收益を妨《さまた》げられたるときに於て賃借人が二年以上借賃より少《すくな》き收益を得たる場合には賃貸契約《けいやく》を解《と》くことを得是れ賃借する者は多くは貧民《ひんみん》なれば二年以來《いらい》借賃より少なき收益を得たる場合には勞力《らうりよく》と肥料《ひれう》と失《うしな》ふたるものなれば契約期間《きかん》を守《まも》らしむるは貧《ひん》に貧を加《くは》へしむるものなればなり

第六百十一條　賃借物《ちんしやくぶつ》ノ一部カ賃借人ノ過失《くわしつ》ニ因ラスシテ滅失《めつしつ》シタルトキハ賃借人ハ其滅失シタル部分ノ割合《わりあひ》ニ應《おう》シテ借賃ノ減額《げんがく》ヲ請求スルコトヲ得

前項ノ場合ニ於テ殘存《ざんそん》スル部分ノミニテハ賃借人カ賃借ヲ爲シタ

ル目的ヲ達《たつ》スルコト能《あた》ハサルトキハ賃借人ハ契約《けいやく》ノ解除《かいじよ》ヲ為スコトヲ得

本條問の答　賃借物の一部分《いちぶぶん》が賃借人の過《あやま》ちにあらずして滅失《めつしつ》じたる場合假令《たとへ》ば三軒續《さんけんつゞき》きの家を借り居るときは隣《とな》りより火《ひ》を失し一軒《けん》を焼《や》き殘り二軒となるときは賃借人は其滅失したる部分の割合則ち一軒を除《のぞ》き二軒の割《わり》にて借賃の減額を請求することが出來る若し右の如き一部滅失したる場合に於て殘存《ざんそん》し居る部分にては賃借人が賃借したる目的が出來ざる場合には賃借人は契約の解除《かいじよ》を求むることを得るなり

第六百十二條　賃借人《ちんしやくにん》ハ賃貸人ノ承諾《しやうだく》アルニ非サレハ其權利ヲ讓渡《じやうと》シ又ハ賃借物ヲ轉貸《てんたい》スルコトヲ得ス

賃借人カ前項ノ規定《きてい》ニ反シ第三者ヲシテ賃借物ノ使用《しよう》又ハ收益《しうえき》ヲ為サシメタルトキハ賃貸人ハ契約ノ解除ヲ為スコトヲ得

本條問の答　賃借人は賃貸人の承諾《しやうだく》がなければ賃借の權利を讓渡《ゆづりわた》し又は賃借の物を轉貸《てんたい》則ち復貸《またがし》することを得ざるべし其れは賃貸人は貸賃を取りて貸すものなれども又多少《たせう》賃借人を信用《しんよう》して貸すを以てなり故に第二項に賃借人が賃貸人の承諾《しやうだく》なきにも拘《かゝは》らず他人をして賃借物の使用《しよう》又は收益《しうえき》を為さしめたるときは賃貸人は契約《けいやく》の解除《かいじよ》を求《もと》むることを得るとなしたり

第六百十三條　賃借人カ適法《てきはふ》ニ賃借物ヲ轉貸《てんたい》シタルトキハ轉借人ハ賃貸人ニ對シテ直接《ちよくせつ》ニ義務《ぎむ》ヲ負フ此場合ニ於テハ借賃ノ前拂《まへばらひ》ヲ以テ賃貸人ニ對抗スルコトヲ得ス

前項ノ規定ハ賃貸人カ賃借人ニ對シテ其權利ヲ行使スルコトヲ妨ケス

本條問の答　賃借人が賃貸人の承諾《しやうだく》を得たる上にて賃借物を轉貸《てんたい》したるときは轉借人《てんしやくにん》は賃貸人に向ひて直《ぢ》き借《が》りと同じき義務を負《お》ふ此場合に於ては賃借人に拂《はら》ひたる賃料《ちんれう》を申立て〻既《すで》に借賃は前拂《まへばらひ》を爲したるとて更《さら》に支拂ふに及ばずと賃貸人に手向《てむか》ふことを得ず併し此の定めあるも賃貸人が賃借人に向ひて行ふべき權利《けんり》は妨《さまた》げを受けざるべし

第六百十四條　賃借ハ動産、建物及ヒ宅地《たくち》ニ付テハ毎月末ニ其他ノ土地ニ付テハ毎年末ニ之ヲ拂《はら》フコトヲ要ス但收穫季節《しうくわくきせつ》アルモノニ付テハ其季節《きせつ》後遲滯《ちたい》ナク之ヲ拂《はら》フコトヲ要ス

本條問の答　賃貸借の借賃ハ動産建物《たてもの》及び宅地《たくち》に付てハ毎月末《まいげつまつ》に支拂ひ其外土地に付てハ山林《さんりん》と田畑とを問《と》はず毎年末に支拂ふものとす是れ土地に付て一年の末に其收益と得るものなるを以てなり併し收穫季節《しうくわくきせつ》則ち取り入れの時あるものに付て其季節の後速《すみやか》に拂ふものとす

第六百十五條　賃借物カ修繕《しうぜん》ヲ要シ又ハ賃借物ニ付キ權利ヲ主張《しゆちやう》スル者アルトキハ賃借人ハ遲滯《ちたい》ナク之ヲ賃貸人ニ通知スルコトヲ要ス但賃貸人カ既ニ之ヲ知レルトキハ此限ニ在ラス

本條問の答　賃借物が修繕《しうぜん》する箇所《かしよ》あるか又は賃借物に付き占有權《せんいうけん》其外地上權等《ちじやうけんとう》を申出づるものあるときは賃借人は速《すみやか》に賃貸人に知らさざるべからず是れ自分の關《くわん》する所にあらざるも其儘《まゝ》にするときは賃借物に付き十分の收益《しうえき》を得ること能《あた》はざるやも知れざればなり併《しか》し賃貸人が既に知り居るときは通知するに及ばざるべし

第六百十六條　第五百九十四條第一項、第五百九十七條第一項及ヒ第五百九十八條ノ規定ハ賃貸借ニ之ヲ準用ス

本條問の答　賃貸借には第五百九十四條第一項第五百九十七條第一項及び第五百九十八條の規定を準用《じゆんよう》す故に賃借人は賃貸借契約《けいやく》に定めたる用方《ようはう》又は賃借物の性質《せいしつ》の用方に從ひて使用及び收益せざるべからず又賃借人は契約に定めたる時期に賃借物を返《かへ》さゞるべからず又賃借人は返還《へんくわん》の時は賃借物を借りたる時の有樣に復《ふく》し返《かへ》すべきものにして若し土地に小屋掛《こやがけ》等を附けたるときは取去《とりさ》らざるべからざるなり

第三款　賃貸借《ちんたいしやく》ノ終了《しゆうれう》

本款問の答　賃貸借の終ることに付き其定を爲せり而して賃貸借の終る場合は賃借物も

滅失《めつしつ》したる時又賃貸人の權利《けんり》を他人に取られたるとき等に於て終るものとす

第六百十七條 當事者カ賃貸借ノ期間《きかん》ヲ定メサリシトキハ各當事者ハ何時ニテモ解約《かいやく》ノ申入《まをしいれ》ヲ爲スコトヲ得此場合ニ於テハ賃貸借ハ解約申入ノ後《のち》左ノ期間ヲ經過《けいくわ》シタルニ因リテ終了《しうれう》ス

一　土地ニ付テハ一年

二　建物ニ付テハ三个月

三　貸席《かしせき》及ヒ動産ニ付テハ一日

收穫季節《しうくわくきせつ》アル土地ノ賃貸借ニ付テハ其季節後次《そのきせつごつぎ》ノ耕作《かうさく》ニ著手《ちやくしゆ》スル前ニ解約ノ申入ヲ爲スコトヲ要ス

本條問の答　賃貸人及び賃借人に於て賃貸借の期間《きかん》を定め置かざるときは各當事者《かくたうじしや》は何時にても契約を解《と》くべき申入を爲すことを得是れ期限の定あらざる賃貸借は何時約束を解《と》かるゝやも知れざるを以て自然《しぜん》土地を荒《あら》すに至らんとの考《かんがへ》より斯《か》く定めたるなり而して解約《かいやく》の申入を爲そときは其申入後《ご》土地に付ては一年建物に付ては三个月貸席《かしせき》及び動產《どうさん》に付ては一日を過《す》ぎて賃貸借は終《をは》るものとす若《も》し申入あるときは直《たゞ》ちに終るものとするときは賃借人の迷惑甚《めいわくはなは》だしきを以て右の猶豫《ゆうよ》を與《あた》へたるなり又收獲季節《しうくわくきせつ》のある土地《とち》に付ては其收獲季節の後《のち》次ぎの耕作《かうさく》に着手《ちやくしゆ》する前に解約《かいやく》の申入を爲さゞるべからず此の土地

に付ては耕作準備《じゆんび》の必要《ひつよう》あるを以てなり

第六百十八條　當事者カ賃貸借《ちんたいしやく》ノ期間《きかん》ヲ定メタルモ其一方又ハ各自カ其期間内ニ解約《かいやく》ヲ爲ス權利ヲ留保《りうほ》シタルトキハ前條ノ規定ヲ準用ス

本條問の答　當事者が賃貸借の期間《きかん》を定めたるも當事者の一方又は各々《おの〳〵》が其定めたる期間内に解約《かいやく》を爲す權《けん》を留保《りうほ》したるとき則ち期間を定むるも解約の必要《ひつよう》あるときは解約をせんとのことを定むるときは前條に解約を申入るゝことを得而して其申入を爲すときは同條に定むる期間を過ぐるときは賃貸借は終るものとす

第六百十九條　賃貸借ノ期間《きかん》滿了《まんれう》ノ後賃借人カ賃借物ノ使用又ハ收《しう》益《えき》ヲ繼續《けいぞく》スル場合ニ於テ賃貸人カ之ヲ知リテ異議《いぎ》ヲ述ヘサルトキハ前賃貸借ト同一ノ條件ヲ以テ更ニ賃貸借ヲ爲シタルモノト推定《すゐてい》ス但當事者ハ第六百十七條ノ規定ニ依リテ解約ノ申入ヲ爲スコトヲ得

前賃貸借ニ付キ當事者カ擔保ヲ供シタルトキハ其擔保ハ期間ノ滿了ニ因リテ消滅《せうめつ》ス但敷金《しききん》ハ此限ニ在ラス

本條問の答　賃貸借の期間が滿《み》ちたる後賃借人が賃借物を返還《へんくわん》せずして使用收益《しうえき》を引續

き爲す塲合に於て賃貸人其事を知りて異議《いぎ》を述《の》べざるときは前の賃貸借と同じ條々にて更に賃貸借を爲したるものと推定《すゐてい》す是れ默《もく》するときは承諾と同じとの道理《だうり》より來たるものなり併し各當事者は第六百十七條の定により解約《かいやく》の申入を爲すことを得又前賃貸借に付き當事者が擔保《たんぽ》を入れたるときは其擔保は賃貸借の期《き》間滿《まん》つるときは消滅《せうめつ》するものとす併し家《いへ》を借《か》るに付き敷金《しきゐん》を入るゝときは敷金は消滅《せうめつ》するものにあらざるなり

第六百二十條　賃貸借ヲ解除《かいじよ》シタル塲合ニ於テハ其解除ハ將來《しやうらい》ニ向《むかつ》テノミ其效力ヲ生ス但當事者ノ一方ニ過失アリタルトキハ之ニ對スル損害賠償ノ請求ヲ妨ケス

本條問の答　賃貸借を解除《かいじよ》したる塲合には其解除は將來《しやうらい》則ち其時より後に向《むか》てのみ效力《かうりよく》を生《しやう》じ既《すで》に賃貸借の土地家屋《かおく》より收益したるときは其收益は賃借人のものとし賃料《ちんれう》は賃貸人のものとするなり併《しか》し當事者の一方に過失《くわしつ》あるとき則ち代理人の權限《けんげん》なきにも拘《かゝ》らず賃貸をすると申込みたるより賃貸借を取結《とりむす》びたるに權限《けんげん》なき爲め解除《かいじよ》せられ損害《そんがい》あるときは賠償《ばいしやう》を求むるを得るなり

第六百二十一條　賃借人カ破産《はさん》ノ宣告《せんこく》ヲ受ケタルトキハ賃貸借ニ期間ノ定アルトキト雖モ賃貸人又ハ破産《はさん》管財人《くわんざいにん》ハ第六百十七條ノ規定ニ依リテ解約ノ申入ヲ爲スコトヲ得此塲合ニ於テハ各當事者ハ

相手方ニ對シ解約《かいやく》ニ因リテ生シタル損害ノ賠償《ばいしやう》ヲ請求スルコトヲ得ズ

本條問の答　賃借人が賃貸借の賃料《ちんれう》を拂《はら》はず又其外の債務《さいむ》の支拂はざるより破産《はさん》の宣告《せんこく》を受けたるときは假令《たとひ》賃貸借に期限《きげん》の定あるときと雖《いへ》ども賃貸人又は破産管財人《くわんざいにん》は第六百十七條の規定《きてい》により解約《かいやく》の申入を爲すことを得《う》何でなれば破産宣告《せんこく》あるとき財産を管理《くわんり》する能力《のうりよく》を失ひ且將來《かつしやうらい》に於ても借賃《かりちん》を拂ふ見込なければなり此場合に於ては各當事者は解約によりて出來たる損害は其償《つぐなひ》を求むることを得ざるべし

第六百二十二條　第六百條ノ規定ハ賃貸借ニ之ヲ準用ス

本條問の答　賃貸借には第六百條の規定を準用《じゆんよう》するを以て賃貸借の契約《けいやく》の定《さだめ》に反《はん》する使用《しよう》及び收益《しうえき》により損害が出來《でき》たるときは其賠償《ばいしやう》及び賃借主が賃借物に出したる保存《ほぞん》又は有益の費用《ひよう》は賃貸主が賃貸物の返還《へんくわん》を受けたる時より一年内に請求《せいきう》せざるべからず

第八節　雇傭《こよう》

本節問の答　雇傭《こよう》とは甲が乙に雇《やと》はれて乙の仕事《しごと》を成し乙は甲を傭《やと》ふて仕事を爲さしむることにして其ことを本節に定む

第六百二十三條　雇傭《こよう》ハ當事者ノ一方カ相手方ニ對《たい》シテ勞務《らうむ》ニ服《ふく》スルコトヲ約《やく》シ相手方カ之ニ其報酬《はうしう》ヲ與《あた》フルコトヲ約スルニ因リテ

其效力ヲ生ス

本條問の答　雇傭は當事者の一方が相手《あひて》方に向《あた》ひ勞務《らうむ》則ち工作《こうさく》の手傳《てつだひ》農業《のうげふ》の働《はたら》きを爲すことを約《やく》し相手方たる傭《やと》ひたる者が勞務の賃金《ちんぎん》則ち報酬《はうしう》を與《あた》ふることを約するときに出來るもののなり

第六百二十四條　勞務者《らうむしや》ハ其約シタル勞務ヲ終《を》ハリタル後ニ非サレハ報酬《ほうしう》ヲ請求スルコトヲ得ス

期間ヲ以テ定メタル報酬ハ其期間ノ經過《けいくわ》シタル後之ヲ請求スルコトヲ得

本條問の答　勞務を爲す者は其約束したる働《はたらき》を終はりたる後に非《あら》ざれば報酬《はうしう》を求むることを得ざるべし其《そ》れは勞務者《らうむしや》よりも勞務者を使用する者は多少世《たせうよ》の中《なか》て信用《しんよう》せらるゝものなれば勞務の後に報酬を與《あた》ふることゝなしたり又期間《きかん》を定めて與ふる報酬は其期間の過《す》ぎたる後にあらざれば請求《せいきう》することを得ざるべし

第六百二十五條　使用者ハ勞務者ノ承諾アルニ非サレハ其權利ヲ第三者ニ讓渡スコトヲ得ス

勞務者ハ使用者《しようしや》ノ承諾アルニ非サレハ第三者ヲシテ自己ニ代ハリテ勞務ニ服セシムルコトヲ得ス

勞務者カ前項ノ規定ニ反《はん》シ第三者ヲシテ勞務ニ服《ふく》セシメタルトキ
ハ使用者ハ契約ノ解除ヲ爲スコトヲ得

本條問の答　勞《らう》務《む》者《しや》を使《し》用《よう》する者は其勞務者の承《しやう》諾《だく》あるに非らざれば勞務者を使《つか》ふ權利を他人に讓渡《ゆづりわた》すことを得ざるべし勞務者も使用者《しようしや》其人を信《しん》じて勞務を爲すものにして使用者の異《こと》なるにより勞務も異あるものなれば勞務者の承諾を得ることゝなしたり又勞務者も使用者の承諾あるに非らざれば他人をして自分に代《かは》りて勞務に服《ふく》せしむるを得ざるべし勞務者の代《かは》るにより勞務の多少《たせう》あるが故に勞務者が此の規定に背《そむ》き第三者をして勞《らう》役《えき》を爲さしむるときは使用者は契約《けいやく》の解約《かいやく》を爲すことを得るなり

第六百二十六條　雇傭ノ期間《きかん》カ五年ヲ超過《てうくわ》シ又ハ當事者ノ一方若クハ第三者ノ終身間繼續《けいぞく》スヘキトキハ當事者ノ一方ハ五年ヲ經過《けいくわ》シタル後《のち》何時ニテモ契約ノ解除ヲ爲スコトヲ得但此期間ハ商工業《しやうこうげふ》見《み》習者《ならひしや》ノ雇傭ニ付テハ之ヲ十年トス
前項ノ規定ニ依リテ契約ノ解除ヲ爲サント欲スルトキハ三个月前ニ其豫告《よこく》ヲ爲スコトヲ要ス

本條問の答　雇傭契約の期間が五年を過ぎたるか又は使用者か勞務者かの一方若くは第三者則ち右の者の外の者の身を終《をは》る迄引續《ひきつゞ》くべきときは當事者の一方は五年を過《す》ぎたる

後何時にても契約の解除《かいじよ》を爲すことを得右五年の期間は商業見習者《しやうげふみならひしや》又工業《こうげふ》見習者則ち商工業者の小僧《でつち》の雇傭《やとひ》に付ては十年とせり終身間《しうしんかん》の雇傭は人間《にんげん》の自由《じゆう》を害《がい》するを以て五年若くは十年と定めたり而して此《こ》の定により契約の解除《かいじよ》を爲さんと欲《ほつ》するときは解除する前三个月に豫《あらかじ》め知《し》し置《お》くべきものとす是れは使用者《しようしや》に於て他《た》の勞務者を捜《さが》す爲めなり

第六百二十七條　當事者カ雇傭ノ期間《きかん》ヲ定メサリシトキハ各當事者ハ何時ニテモ解約ノ申入ヲ爲スコトヲ得此場合ニ於テハ雇傭ハ解約申入ノ後二週間ヲ經過シタルニ因リテ終了《しゆうれう》ス

期間ヲ以テ報酬ヲ定メタル場合ニ於テハ解約ノ申入ハ次期《じき》以後《いご》ニ對シテ之ヲ爲スコトヲ得但其申入ハ當期ノ前半ニ於テ之ヲ爲スコトヲ要ス

六个月以上ノ期間ヲ以テ報酬ヲ定メタル場合ニ於テハ前項ノ申入ハ三个月前ニ之ヲ爲スコトヲ要ス

本條問の答　當事者が雇傭《やとひ》の期間《きかん》を定めざりしときは各《かく》當事者は何《いづ》れの方よりも解約《かいやく》の申入を爲すことを得此の場合又は雇傭は契約《けいやく》を解《と》くとの申入を爲したる後《のち》二週間《しうかん》を過《す》ぎるときは終るものとす期間を以て賃金を定めたる場合には契約を解くとの申入は次ぎの期間以後に向ひて爲すことが出來る併《しか》し其解約申入は申入を爲す期間の前半《ぜんはん》に於て爲さ

ざるべからず又六个月以上の期間にて賃金を定めたる場合には右の解約申入は三个月前に爲さゞるべからず

第六百二十八條　當事者カ雇傭《こよう》ノ期間《きかん》ヲ定メタルトキト雖モ已《や》ムコトヲ得サル事由アルトキハ各當事者ハ直チニ契約ノ解除《かいぢよ》ヲ爲スコトヲ得但其事由カ當事者ノ一方ノ過失《くわしつ》ニ因リテ生シタルトキハ相手方ニ對シテ損害賠償ノ責《せめ》ニ任《にん》ス

本條問の答　使用者及び勞務者《らうむしや》が雇傭《やとひ》の期間を定めたるときと雖《いへ》ども已《や》むを得《え》ざる事由《じゆう》則ち父母の病氣《びやうき》により歸國《きこく》せねばならぬことか或は勞務者重病《ぢうびやう》にして到底《たうてい》勞務を爲すことが出來ざるときは直ちに契約を解《と》くことを得るなり併《しか》し其已《や》むを得《え》ざる事由《じゆう》か使用者《しようしや》か勞務者かの一方の過《あやまち》に因《よ》りて出來たるときは過ある方に向ひ損害《そんがい》の賠償《ばいしやう》を求むるを得るべし

第六百二十九條　雇傭ノ期間滿了ノ後勞務者《らうむしや》カ引續《ひきつゞ》キ其勞務ニ服《ふく》スル場合ニ於テ使用者カ之ヲ知リテ異議ヲ述ヘサルトキハ前雇傭ト同一ノ條件ヲ以テ更ニ雇傭ヲ爲シタルモノト推定《すゐてい》ス但各當事者ハ第六百二十七條ノ規定ニ依リテ解約《かいやく》ノ申入ヲ爲スコトヲ得

前雇傭ニ付キ當事者カ擔保ヲ供シタルトキハ其擔保ハ期間ノ滿了

ニ因リテ消滅《せうめつ》ス但身元《みもと》保證金《ほしようきん》ハ此限ニ在ラス

本條問の答　雇傭《こよう》契約に於て定めたる期間が滿《み》ちたる後勞役者《らうえきしや》が尚《な》は引續《ひきつゞ》き其勞務に服《ふく》し居る場合に使用者も勞務に服《ふく》することを知りて異議《ゐぎ》を述《の》べざるときは前雇傭の箇條《かでう》と同じことにて雇傭を爲したるものと推定《すゐてい》す併し使用者又は勞務者《らうむしや》は第六百二十七條の規定により契約を解《と》くべき申入を爲すことを得又前の雇傭に付き當事者が擔保《たんぽ》則ち保證《ほしよう》等を入れたるときは其擔保は期《き》間《かん》が滿《み》つると共に消滅《せうめつ》す故に後の雇傭には擔保は更に契約を爲さゝるべからず但し身元《みもと》保証金は勞務者の身に付きたるものなれば期間來たるも更に勞務に服《ふく》するときは共に繼續《けいぞく》するものと知るべし

第六百三十條　第六百二十條ノ規定ハ雇傭ニ之ヲ準用ス

本條問の答　第六百二十條の規定は雇傭《こよう》にも準用《じゆんよう》するを以て賃貸借を解《と》きたる場合には此《これ》から後に向《むか》つてのみ契約を解《と》きたることゝなる併《しか》し當事者の一方が過失《くわしつ》あるときは損害《そんがい》の賠償《ばいしやう》を求むることを得《う》るなり

第六百三十一條　使用者《しようしや》カ破産《はさん》ノ宣告《せんこく》ヲ受ケタルトキハ雇傭ニ期間ノ定アルトキト雖モ勞務者又ハ破産《はさん》管財人《くわんざいにん》ハ第六百二十七條ノ規定ニ依リテ解約ノ申入ヲ爲スコトヲ得此場合ニ於テハ各當事者ハ相手方ニ對シ解約《かいやく》ニ因リテ生シタル損害ノ賠償ヲ請求スルコトヲ

得ス

本條問の答　使用者が破産《はさん》の宣告《せんこく》を受けたるときは假令《たとひ》雇傭に期間《きかん》の定あるときと雖《いへど》も勞務者又は破産管財人《はさんくわんざいにん》は第六百二十七條の規定《きてい》により契約を解《と》くべき申入を爲すことを得是れ使用者が破産宣告を受けたるときは報酬《はうしう》を拂《はら》ふことを得ざるのみならず使用者凡ての事業《じげふ》は皆止《と》まるを以て自然《しぜん》勞務者不用《ふよう》となることあればなり而して此場合に於ける各當事者は相手方に向ひ解約《かいやく》によりて生《しやう》じたる損害《そんがい》あるも賠償《ばいしやう》を求《もと》むるを得ざるべし

第九節　請《うり》負《おの》

本節問の答　請負《うけおひ》とは或仕事《あるしごと》を引受けて之を成就《じやうじゆ》せることにして其引受を爲すものと引受けせしむるもの丶間に權利と義務とが出來る是れを本節に定む

第六百三十二條　請負《うけおひ》ハ當事者ノ一方カ或仕事《あるしごと》ヲ完成《くわんせい》スルコトヲ約《やく》シ相手方カ其仕事ノ結果《けつくわ》ニ對シテ之ニ報酬ヲ與《あた》フルコトヲ約スルニ因リテ其效力ヲ生ス

本條問の答　當事者の一方が或仕事《あるしごと》則ち橋《はし》を架《か》くるとか或は鐵道《てつだう》を布《し》くとかのことを完《まつた》く成就することを約《やく》し相手方《あひてかた》が其仕事《そのしごと》の出來上がるにより其請負したる者に報酬則ち請《うけ》負金《おひせん》を與《あた》ふることを約《やく》するに因《よ》りて請負の契約が出來るものとす

第六百三十三條　報酬《はうしう》ハ仕事《しごと》ノ目的物ノ引渡《ひきわたし》ト同時ニ之ヲ與フルコ

「トヲ要ス但物ノ引渡ヲ要セサルトキハ第六百二十四條第一項ノ規定ヲ準用ス

本條問の答　請負の報酬は何時でも渡すものにあらず仕事《しごと》の目的物を引渡と共に與《あた》ふるものとす併し物の引渡を爲さゞるものなるとき假令《たとへ》ば道路《だうろ》の修繕《しうぜん》を請負ひたる如きは第六百二十四條第一項の規定に從ひ勞務《らうむ》の終りたる後に非らざれば報酬《はうしう》を求むることを得ず又期間を定めたるものなるときは其期間の過ぎたる後に請求することを得るなり

第六百三十四條　仕事《しごと》ノ目的物ニ瑕疵《かし》アルトキハ注文者《ちうもんしや》ハ請負人ニ對シ相當《さうたう》ノ期限ヲ定メテ其瑕疵ノ修補《しうほ》ヲ請求スルコトヲ得但瑕疵カ重要ナラサル場合ニ於テ其修補カ過分《くわぶん》ノ費用ヲ要スルトキハ此限ニ在ラス

注文者《ちうもんしや》ハ瑕疵ノ修補ニ代ヘ又ハ其修補《しうほ》ト共ニ損害賠償ノ請求ヲ爲スコトヲ得此場合ニ於テハ第五百三十三條ノ規定ヲ準用ス

本條問の答　仕事《しごと》の目的物に瑕疵《かし》あるとき假令《たとへ》ば一の家を建《た》つることを請負はしめたる處契約《けいやく》通りと異《こと》なるか若くは柱《はしら》に朽《く》ちたる木《き》を使ひたるときは注文《ちうもん》したる者は請負人に向て相當《さうたう》の期間を定め其瑕疵《かし》の修補《しうほ》則ち繕《つくらひ》を爲さしむることを求むるを得併し瑕疵《かし》が左《さ》まで大《おほい》ならず又甚《はなはだ》しき害《がい》なき場合にて其修補が澤山《たくさん》の費用《ひよう》を入れざるべからざるときは

修補《しうほ》せしむるに及ばず此場合には注文者は瑕疵《かし》に代へ損害賠償《そんがいばいしやう》を求め又其修補と共に損害賠償を求むるを得又此場合に於ては第五百三十三條を準用《じゆんよう》し請負人《うけおひにん》が其請負ひの仕事《しごと》を修補するまでは其請負金たる報酬を拒むことを得るなり

第六百三十五條　仕事ノ目的物ニ瑕疵アリテ之カ爲メニ契約ヲ爲シタル目的ヲ達《たつ》スルコト能ハサルトキハ注文者《ちうもん》ハ契約ノ解除ヲ爲スコトヲ得但建物其他土地ノ工作物《こうさくぶつ》ニ付テハ此限ニ在ラス

本條問の答　請負《うけお》はしめたる仕事《しごと》の目的物《もくてきぶつ》に瑕疵《かし》ありて爲めに契約《けいやく》を爲したる目的が達《たつ》することと出來ざる場合注文者は契約の解除《かいじよ》を爲すことを得是れは契約の目的を達することが出來ざるに注文者其《そ》れを受けざるべからずとするときは注文者に取りて酷《こく》に過《す》ぐるを以て解除を爲すことを許せり併し解除は洋服《やうふく》の注文其外家の飾物《かざりもの》を注文したる場合に爲すことを得るも建物《たちもの》其他土地の工作物《こうさくぶつ》に付ては解除を許《ゆる》さゞるべし

第六百三十六條　前二條ノ規定ハ仕事ノ目的物ノ瑕疵カ注文者ヨリ供《きやう》シタル材料《ざいれう》ノ性質《せいしつ》又ハ注文者ノ與ヘタル指圖《さしづ》ニ因リテ生シタルトキハ之ヲ適用セス但請負人カ其材料又ハ指圖ノ不適當ナルコトヲ知リテ之ヲ告ケサリシトキハ此限ニ在ラス

本條問の答　前二條の解除《かいじよ》は仕事《しごと》の目的物の瑕疵《かし》が注文者より差出したる品物《しなもの》の性質《せいしつ》に

因りて出來たるか又は注文人の與《あた》へたる指圖《さしづ》によりて出來たるときは契約の解除《かいじよ》は爲さゝるなり併し請負人は其請負《うけお》ふべき仕事《しごと》に付ては先づ詳《くは》しきものなれば其注文者より請取りたる材料《ざいれう》又は注文者の指圖《さしづ》が不都合《ふつがふ》なることを知りて告げざりしときは此限に在らざるべし

第六百三十七條　前三條ニ定メタル瑕疵《かし》修補《しうほ》又ハ損害《そんがい》賠償《ばいしやう》ノ請求及ヒ契約ノ解除ハ仕事ノ目的物ノ引渡シタル時ヨリ一年内ニ之ヲ爲スコトヲ要ス

仕事《しごと》ノ目的物《もくてきぶつ》ノ引渡《ひきわたし》ヲ要《えう》セサル場合ニ於テハ前項ノ期間《きかん》ハ仕事終了ノ時ヨリ之ヲ起算ス

本條問の答　前三條に定めたる瑕疵《かし》の修補《しうほ》又は損害賠償《ばいしやう》の請求及び契約を解除《かいじよ》することゝは仕事《しごと》の目的物の引渡《ひきわたし》を爲したる時より一年内に爲すべきものとす又仕事の目的物の引渡をせざる場合には右一年の起算《きさん》は仕事が終《をは》りたる時より數《かぞ》ふるものと知るべし

第六百三十八條　土地ノ工作物ノ請負《うけおひ》人《にん》ハ其工作物又ハ地盤《ぢばん》ノ瑕疵《かし》ニ付テハ引渡ノ後五年間其擔保ノ責ニ任ス但此期間ハ石造《せきぞう》、土造《どぞう》、煉瓦造《れんぐわぞう》又ハ金屬造《きんぞくぞう》ノ工作物ニ付テハ之ヲ十年トス

工作物カ前項ノ瑕疵ニ因リテ滅失《めつしつ》又ハ毀損《きそん》シタルトキハ注文者ハ

其滅失又ハ毀損ノ時ヨリ一年内ニ第六百三十四條ノ權利ヲ行使スルコトヲ要ス

本條問の答　土地の工作物《こうさくぶつ》則ち池を掘《ほ》るか道路等の請負人《うけおひにん》は其工作物又は地盤《ぢばん》の瑕疵に付ては引渡して後五年の間は擔保《たんぽ》の責《せめ》に任《にん》ず此《こ》れは土地の工作《こうさく》に付ては容易《ようい》に瑕疵が發見《はつけん》せざるのみならず又瑕疵《かし》ありしや否《いな》やの證據《しようこ》に關《くわん》しては前條に定めたるものゝ如く早く失《うしな》ふものにあらざれば五年と定めたり但此期間は石造《せきぞう》土造《どざう》煉瓦造《れんぐわづくり》又は金屬造《きんぞくづくり》の工作物に付《つい》ては十年となしたり而して工作物が右の瑕疵《かし》ニ因《よ》りて滅失《めつしつ》又は毀損《きそん》したるときは注《ちう》文したる者は滅失又は毀損《きそん》したる時より一年内《ない》に第六百三十四條の權利則ち損害賠償《ばいしやう》を求むるか又之を修補《しうほ》すると共ニ損害賠償《ばいしやう》を求《もと》むることを得るなり

第六百三十九條　第六百三十七條及ヒ前條第一項ノ期間ハ普通《ふつう》ノ時效期間内ニ限リ契約ヲ以テ之ヲ伸長《しんちやう》スルコトヲ得

本條問の答　第六百三十七條の期間《きかん》たる一年及び第六百三十八條第一項の期間則ち五年と十年とは普通《ふつう》の時効《じかう》期間内に限り契約にて伸張《しんちやう》することを得るなり

第六百四十條　請負人ハ第六百三十四條及ヒ第六百三十五條ニ定メタル擔保《たんぽ》ノ責任ヲ負《お》ハサル旨ヲ特約シタルトキト雖モ其知リテ告ケサリシ事實ニ付テハ其責ヲ免ルルコトヲ得ス

本條問の答　請負人《うけおひにん》は第六百三拾四條に定めたる擔保《たんぽ》の責及び第六百三十五條に定めたる擔保の責即《せめ》ち瑕疵《かし》に付ての責を負《お》はぬことを特《とく》に約束《やくそく》したるときは假令《たとへ》ば其瑕疵によりて契約の目的を達《たつ》することを能《あた》はざるも賠償するに及ばず然れども請負人が瑕疵のあることを知りて告げざる事實《じじつ》に付ては其責を免《まぬ》がるゝことを得ざるべし

第六百四十一條　請負人カ仕事ヲ完成《くわんせい》セサル間ハ注文者《ちうもんしや》ハ何時ニテモ損害ヲ賠償シテ契約ノ解除ヲ為スコトヲ得

本條問の答　請負人が其請負たる仕事《しごと》を完《まつた》く成就《じやうじゆ》せしめざる間は注文したるものは何時にても損害を償《つくな》ふて契約の解除《かいぢよ》を為すことを得るなり

第六百四十二條　注文者カ破産《はさん》ノ宣告《せんこく》ヲ受ケタルトキハ請負人又ハ破産管財人ハ契約ノ解除ヲ為スコトヲ得此場合ニ於テハ請負人ハ其既《そのすで》ニ為シタル仕事ノ報酬《はうしう》及ヒ其報酬中ニ包含《はうがん》セサル費用ニ付キ財團《ざいだん》ノ配當《はいたう》ニ加入《かにふ》スルコトヲ得

前項ノ場合ニ於テハ各當事者ハ相手方ニ對シ解約《かいやく》ニ因リテ生シタル損害ノ賠償ヲ請求スルコトヲ得ス

本條問の答　注文《ちうもん》したる者が破産《はさん》の宣告《せんこく》を受けたるときは請負人又は破産管財人《くわんざいにん》は契約の解除を為すことを得是れは好《よ》しや仕事《しごと》を成就《じやうじゆ》するも其負請金《うけおいきん》は到底《たうてい》受取ることを得ざ

るを以てなり此場合に於ては請負ひたる人は其既《すで》に仕上《しあ》げたる仕事《しごと》の報酬《はうしう》及び其報酬の中に含《ふく》み居らざる費用《ひよう》則ち注文者《ちうもんしや》と共に材木《ざいもく》を買《か》ふ爲めに遠方《ゑんぱう》に行き旅費《りよひ》を要《えう》したる如き又材料《ざいれう》の不足《ふそく》したる爲め注文者より立替《たてか》へて買入れ呉《く》れとの依賴《いらい》を受けて買入れたる費用に付き破産財團《はさんざいだん》の配當《はいたう》に加はることが出來るなり

右の場合に於ては各《かく》當事者は相手《あひて》方《かた》に向ひ請負《うけおひ》契約を解《と》きたるより出來たる損害の賠償《ばいしやう》を求むることを得ざるべし

第十節　委《ゐ》任《にん》

本節問の答　委任《ゐにん》は或人《あるひと》に取引を爲し又は契約を爲すことを任《ま》かすことにして凡《およ》そ人は自《じ》分の事は自分が取扱《とりあつか》ふべきものなれども他の用事の爲め又は病氣等《びやうきとう》の爲めに自分の用《よう》事を人に委任することありて其より色々《いろいろ》の事柄《ことがら》が出來るべければ此れを法律《はふりつ》に定め置《お》かざるべからず其等《それら》の譯合《わけあひ》より本節に定むることゝなれり

第六百四十三條　委任ハ當事者ノ一方カ法律行爲ヲ爲スコトヲ相手方ニ委託《ゐたく》シ相手方カ之ヲ承諾《しやうだく》スルニ因リテ其效力ヲ生ス

本條問の答　委任《ゐにん》は當事者の一方が法律行爲《かうゐ》則ち賣買を取結《とりむす》ぶこと又は金を借ることを相手方に委託則ち任《ま》かし相手方が其事を承諾するに因《よ》りて出來るものなり

第六百四十四條　受任者《じゆにんしや》ハ委任ノ本旨《ほんし》ニ從ヒ善良《ぜんりやう》ナル管理者《くわんりしや》ノ注意

ヲ以テ委任事務ヲ處理《しより》スル義務ヲ負フ

本條問の答　委任を受けたる者は委任の定めたる所に從ひ善良《ぜんりやう》なる管理者《くわんりしや》則ち良《よ》き支配《しはい》人《にん》がなす如き注意《ちうい》にて委任の事務を處置《しよち》する義務を負《お》ふものとす

第六百四十五條　受任者ハ委任者ノ請求アルトキハ何時ニテモ委任事務處理《じむしより》ノ狀況《じやうきやう》ヲ報告《はうこく》シ又委任終了ノ後ハ遲滯ナク其顚末《てんまつ》ヲ報告スルコトヲ要ス

本條問の答　委任を受けたる者は委任者より請求あるときは何時《なんどき》にても委任事務《じむ》取扱の有樣を告《つ》げ又委任が終るときは速《すみや》かに委任事務の始末《しまつ》を告《つ》げざるべからず

第六百四十六條　受任者ハ委任事務ヲ處理《しより》スルニ當《あた》リテ受取リタル金錢其他ノ物ヲ委任者ニ引渡スコトヲ要ス其收取《しふしゆ》シタル果實亦同シ

受任者カ委任者ノ爲メニ自己ノ名ヲ以テ取得シタル權利ハ之ヲ委任者ニ移轉スルコトヲ要ス

本條問の答　委任を受けたる者は其委任《ゐにん》せられたる事務を取扱《とりあつか》ふに當りて受取りたる金錢其外金錢外の物を委任者《ゐにんしや》に引渡すべきものとす又取上《とりあ》げたる果實《くわじつ》則ち家賃《やちん》又は米麥《こめむぎ》い如き物も委任者に引渡すべきものとす是れ皆委任者の物なれば自分が所有する必要《ひつえう》なけ

ればなり又受任者《じゆにんしや》は委任者の爲めに自分の名にて得たる權利は委任者に移《うつ》さねばならぬ故に其名義《めいぎ》も書換《かきか》へざるべからざるなり

第六百四十七條　受任者カ委任者ニ引渡スヘキ金額又ハ其利益ノ爲メニ用ユヘキ金額ヲ自己ノ爲メニ消費シタルトキハ其消費シタル日以後ノ利息ヲ拂フコトヲ要ス尙ホ損害アリタルトキハ其賠償ノ責ニ任ス

本條問の答　受任者が委任者に引渡す爲めに他人より受取りたる金額《きんがく》又は利益《りえき》の爲め則ち委任者より土地又は家屋《かおく》を買受くる爲めに受取りたる金額を自分の爲めに消費《せうひ》したるとき則ち受任者が自分の債權者に返還《へんくわん》したるか又日用《にちよう》の米薪《こめたきゞ》等を買ひたるときは其消費したる日以後《いご》の利息《りそく》を拂はざるべからず尙《な》は委任者に損害《そんがい》を與《あた》へたるときは之を賠償《ばいしやう》すべきものとす

第六百四十八條　受任者ハ特約《とくやく》アルニ非サレハ委任者《ゐにんしや》ニ對シテ報酬《はうしう》ヲ請求スルコトヲ得ス

受任者カ報酬ヲ受クヘキ場合ニ於テハ委任履行《ゐにんりかう》ノ後ニ非サレハ之ヲ請求スルコトヲ得ス但期間ヲ以テ報酬ヲ定メタルトキハ第六百二十四條第二項ノ規定ヲ準用ス

委任カ受任者ノ責《せめ》ニ歸《き》スヘカラサル事由ニ因リ其履行ノ半途《はんと》ニ於テ終了シタルトキハ受任者ハ其既ニ爲シタル履行ノ割合ニ應シテ報酬ヲ請求スルコトヲ得

本條問の答　受任者は特別《とくべつ》に約《やく》したるに非らざれば委任者に向ふて委任の報酬《はうしう》を求むるを得ざるべし若し特約《とくやく》して報酬を受くべき場合に於ては委任の事務《じむ》を行《おこな》ふたる後に非らざれば求《もと》むることを得ざるべし併《しか》し七日とか或は一个月とかの期間を以て報酬を定めたるときは第六百二十四條第二項により期間を過ぎたる後にあらざれば求むることを得ず又委任の事務が受任者の責《せめ》に非らざる事由《じゆう》により委任事務を行ひつゝある半途《はんと》にて終るときは受任者は既《すで》に委任の事務を行ひし割合に應《おう》じ報酬《はうしう》を求むることを得らるゝなり

第六百四十九條　委任事務ヲ處理《しより》スルニ付キ費用ヲ要スルトキハ委《ゐ》任者《にんしや》ハ受任者ノ請求ニ因リ其前拂《まへばらひ》ヲ爲スコトヲ要ス

本條問の答　委任事務を取扱ふに付き金錢等を要《よう》するときは委任者は受任者の求めにより前拂を爲さゞるべからず若し委任者が前拂を爲さゞるときは受任者は委任事務を取扱ふこと能《あた》はざるべければなり

第六百五十條　受任者《じゆにんしや》カ委任事務ヲ處理《しより》スルニ必要《ひつえう》ト認《みと》ムヘキ費用ヲ出タシタルトキハ委任者ニ對シテ其費用及ヒ支出ノ日以後ニ於

ケル其利息ノ償還《しやうくわん》ヲ請求スルコトヲ得
受任者カ委任《ゐにん》事務《じむ》ヲ處理《しより》スルニ必要《ひつよう》ト認ムヘキ債務ヲ負擔《たん》シタルトキハ委任者ヲシテ自己ニ代ハリテ其辨濟《べんさい》ヲ爲サシメ又其債務カ辨濟期ニ在ラサルトキハ相當ノ擔保《たんぽ》ヲ供セシムルコトヲ得
受任者カ委任《ゐにん》事務《じむ》ヲ處理《しより》スル爲メ自己ニ過失《くわしつ》ナクシテ損害ヲ受ケタルトキハ委任者ニ對シテ其賠償《ばいしやう》ヲ請求スルコトヲ得

本條問の答　受任者が委任事務を取扱ふに付き必要と認《みと》むべき費用假令《たとへ》ば委任者より土地を買受くべき委任を受けたる所手付金《てつけきん》を入れざれば買受くる約束を取結《とりむす》ぶことが出來ざるより手付金《てつけきん》を出したる如き場合には受任者は委任者に向ひて其費用及び支出《しゆつ》したる日より以後の利息《りそく》とを求むることを得るなり又受任者が委任事務を取扱ふに付き必要と思ふ債務を負ふたるときは委任者に其債務を辨濟《べんさい》せしめ又其債務が未だ辨濟の期限《きげん》來らざるときは其債務相當《さうたう》の引受を自分に入れしむることを得又受任者が委任事務を取扱ふ爲め自分に過《あやまち》なくして損害を受けたるとき則ち委任《ゐにん》事務を取扱ふに大に隙取《ひまど》り夜中歸宅《やちうきたく》する途中《とちう》にて盜難《たうなん》にかゝりたるときは委任者をして其損害のありたる額《たか》を賠償《ばいしやう》せしむるを得るなり

第六百五十一條　委任ハ各當事者ニ於テ何時《なんどき》ニテモ之ヲ解除《かいぢよ》スルコ

トヲ得

當事者ノ一方カ相手方ノ爲メニ不利ナル時期ニ於テ委任ヲ解除シタルトキハ其損害《そん》ヲ賠償スルコトヲ要ス但已ムコトヲ得サル事由アリタルトキハ此限ニ在ラス

本條問の答　委任は委任者に於ても受任者に於ても何時でも解除《かいじよ》することを得當事者《たうじしや》の一方が相手方《あひてかた》の爲めに不利《ふり》なる時期假令ば委任者不在《ふざい》にて遠方《えんぱう》に在《あ》る塲合にして受任者が解除《かいじよ》するときは其事務《じむ》を引續《ひきつゞ》きて取扱ふべき者なきときに解除したるにより損害生じたるときは賠償《ばいしやう》を爲さゞるべからず併《しか》し已《や》むことを得ざる事由《じゆう》假令《たとへ》ば自分の家が火災《くわさい》にかゝり取片付《とりかたづけ》を爲すべき火急《くわきふ》の用務《ようむ》あるのみならず尚《な》は引續き家事《かじ》を取るべからざるより委任を解除《かいじよ》したるときは賠償《ばいしやう》するに及ばざるべし

第六百五十二條　第六百二十條ノ規定ハ委任《ゐにん》ニ之ヲ準用《じゆんよう》ス

本條問の答　第六百二十條の規定は委任に準用《じゆんよう》す故に委任を解除したる塲合《ばあひ》には其解除は將來《しやうらい》に向てのみ效力《かうりよく》を生ずるものなり

第六百五十三條　委任ハ委任者又ハ受任者ノ死亡又ハ破産ニ因リテ終了《しうれう》ス受任者カ禁治産《きんぢさん》ノ宣告《せんこく》ヲ受ケタルトキ亦同シ

本條問の答　委任は委任者が死亡《しばう》するか又は破産《はさん》するによりて終る又受任者が死亡又は

破産するによりて終る又受任者が禁治産《きんちさん》の宣告《せんこく》を受けたるときも亦終るものとす死亡によりて委任の終る所以は委任は其人を信用《しんよう》して出來たるを以てなり又破産禁治産によりて終る所以は財産《ざいさん》を支配《しはい》する能力《のうりよく》を失ふを以てなり

第六百五十四條 委任終了ノ場合ニ於テ急迫《きうはく》ノ事情《じじやう》アルトキハ受任者、其相續《さうぞく》人又ハ法定代理人《ほふていだいりにん》ハ委任者其相續人又ハ法定代理人カ委任事務ヲ處理《しより》スルコトヲ得ルニ至ルマテ必要ナル處分《しよぶん》ヲ爲スコトヲ要ス

本條問の答　委任が終るべき場合に於て一時も目《め》を離《はな》すことが出來ざる過急《くわきふ》の事情《じじやう》あるときは受任者其受任者の相續人又は後見人《こうけんにん》は委任者委任者の相續人又は後見人が委任の事務を取扱ふべきことを得るに至るまでは必要なる取扱丈けは爲し以て委任事務の損害《そんがい》を防《ふせ》がざるべからず

第六百五十五條 委任終了ノ事由ハ其委任者ニ出テタルト受任者《じゆにんしや》ニ出テタルトヲ問ハス之ヲ相手方ニ通知シ又ハ相手方カ之ヲ知リタルトキニ非《あら》サレハ之ヲ以テ其相手方ニ對抗《たいかう》スルコトヲ得ス

本條問の答　委任の終る事由《じゆう》は色々《いろ〳〵》あるも其委任者に出でたると又受任者に出でたるとを問《と》はず相手方に通知《つうち》し又は相手方が其終りたることを知りたるに非らざれば相手方の

取扱ひたる事柄《ことがら》は委任の終りたる後なれば無効《むかう》と申立つるを得ざるべし

第六百五十六條　本節ノ規定ハ法律行爲《はふりつかうゐ》ニ非サル事務ノ委託ニ之ヲ準用ス

本條問の答　本節委任の定は法律行爲に非らざる事務則ち一寸《ちよつと》或る事を頼《たの》む場合假令《たとへ》ば書類《しよるゐ》を裁判所に呈《てい》するを託《たく》する如きことにも準用《じゆんよう》するなり

第十一節　寄《き》託《たく》

本節問の答　寄託《きたく》とは物を預《あづ》けることにして假令《たとへ》ば甲が旅行《りよかう》するに付其不在中《ふざいちう》或物品《あるぶつぴん》を自分の家に置《お》くは危《あやふ》きを以て乙に頼《たの》みて歸宅《きたく》するまで預りて貰《もら》ふことを云ふなり

第六百五十七條　寄託《きたく》ハ當事者ノ一方カ相手方《あひてかた》ノ爲メニ保管《ほくわん》ヲ爲スコトヲ約《やく》シテ或物《あるもの》ヲ受取ルニ因《よ》リテ其效力《かうりよく》ヲ生ス

本條問の答　寄託《きたく》は當事者則ち契約者《けいやくしや》の一人が其相手方の爲めに保管《ほくわん》則ち預《あづ》かることを約《やく》して或物屏風《ひやうぶ》或は掛物《かけもの》を受取るときは寄託は出來るものとす

第六百五十八條　受寄者《じゆきしや》ハ寄託者ノ承諾《しようだく》アルニ非サレハ受寄物ヲ使《し》用《よう》シ又ハ第三者ヲシテ之ヲ保管《ほくわん》セシムルコトヲ得ス

受寄者カ第三者ヲシテ受寄物《じゆきぶつ》ヲ保管セシムルコトヲ得ル場合ニ於テハ第百五條及ヒ第百七條第二項ノ規定ヲ準用ス

本條問の答　受寄者則ち寄託を受くるものは寄託するもの〻承諾するに非らざれば受寄物を使用《しよう》し又は他の者をして保管《ほくわん》せしむるを得ず其《そ》れは受寄者を信じて寄託じたるものなれば受寄者が代わるときは其寄託物《きたくぶつ》を傷《きず》くる恐《おそ》れあり又使用するときは自然《しぜん》寄託物を傷《きず》くるを以てなり然《しか》れども寄託者の承諾《しやうだく》を得て第三者をして受寄物を保管《ほくわん》せしむることを得る塲合には第百五條及び第百七條第二項を準用《じゆんよう》す故に受寄者は第三者の選任《せんにん》及び監《かん》督《とく》に付き本人に向ひて責《せめ》に任《にん》ず又受寄者が寄託者の某を以て保管《ほくわん》せしむべしと指名《しめい》したるにより第三者をして保管せしめたるときは其者の不都合《ふつがふ》あることを知《し》りて本人たる寄託者に知らさず又保管を止《や》めしむることを怠《おこた》りたるときに其責《せめ》に任《にん》ずべきものとす又第三者は本人及び他人に向ひては受寄者と同じ權利義務が有るものなり

第六百五十九條　無報酬《むはうしう》ニテ寄託《きたく》ヲ受ケタル者ハ受寄物ノ保管ニ付キ自己ノ財産ニ於ケルト同一ノ注意ヲ爲ス責ニ任ス

本條問の答　無報酬《むはうしう》則ち保管するに賃金《ちんきん》を受けずして寄託を受けたる者は受寄物の預《あづ》かるに付ての注意《ちうい》は自分の財産《ざいさん》に付注意《ちうい》すると同じことなりとす

第六百六十條　寄託物ニ付キ權利《けんり》ヲ主張《しゆちやう》スル第三者カ受寄者ニ對シテ訴《うつたへ》ヲ提起《ていき》シ又ハ差押《さしおさへ》ヲ爲シタルトキハ受寄者ハ遲滞《ちたい》ナク其事實ヲ寄託者ニ通知スルコトヲ要ス

本條問の答　寄託物に付き其物は自分の物なりとか或は占有權《せんいうけん》を有《いう》するとかを申立てゝ受寄者に向ひて訴《うつたへ》を起《おこ》し又は受寄物の差押《さしおさへ》を爲したるときは受寄者は速《すみや》かに其事柄《ことがら》を寄託者に通知《つうち》を爲すべきなり何《なん》となれば自分は寄託物の所有者《しよいうしや》にあらざれば之と爭《あらそひ》を爲すことを得ず又爲すの權利《けんり》あらざるなり

第六百六十一條　寄託者《きたくしや》ハ寄託物ノ性質《せいしつ》又ハ瑕疵《かし》ヨリ生シタル損害ヲ受寄者ニ賠償《ばいしやう》スルコトヲ要ス但寄託者カ過失《くわしつ》ナクシテ其性質若クハ瑕疵ヲ知ラサリシトキ又ハ受寄者カ之ヲ知リタルトキハ此限ニ在ラス

本條問の答　寄託者は其寄託したる物の性質《せいしつ》又は瑕疵《かし》より出來たる損害《そんがい》假令ば火藥《くわやく》の寄託を爲したるに其火藥《くわやく》より火《ひ》が出でゝ其家が燒《や》けたるときは其損害《そんがい》を受寄者に償《つぐな》はざるべからず併《しか》し寄託者が過失《くわしつ》なくして其性質《せいしつ》若くは瑕疵《かし》を知らざりしとき又は受寄者が之を知りたるときは賠償《ばいしやう》するに及ばざるべし

第六百六十二條　當事者《とうじしや》カ寄託物返還《へんくわん》ノ時期《じき》ヲ定メタルトキト雖モ寄託者《きたくしや》ハ何時ニテモ其返還ヲ請求スルコトヲ得

本條問の答　當事者が寄託物を返還《へんくわん》する時期《じき》を定めたるときと雖《いへ》ども寄託者は何時《なんどき》にても返還《へんくわん》を請求することを得るなり此の時期は寄託者の爲めに設《まう》けたるものなれば此を捨《す》

つるは寄託者の自由《じゆう》なるが故なり

第六百六十三條 當事者カ寄託物返還ノ時期ヲ定メサリシトキハ受《じゆ》寄《き》者《しや》ハ何時ニテモ其返還ヲ爲スコトヲ得
返還《へんくわん》時期《じき》ノ定アルトキハ受寄者ハ已ムコトヲ得サル事由アルニ非サレハ其期限前ニ返還ヲ爲スコトヲ得ス

本條問の答 當事者が寄託物返還《へんくわん》の時期《じき》を定めざりし時は受寄者は何時にても返還を爲すことを得則ち寄託者の爲めなる時期を定めざるは何時でも返還することを許すものと見て差支《さしつかへ》なき故なり又返還時期の定あるときは受寄者は是非《ぜひ》共《とも》受寄物を返《かへ》さねばならぬ事由《じゆう》あるに非らざれば其期限前に返《かへ》すことを得ざるべし故に永《なが》く預《あづか》りたる故預ることは厭《いや》になりたるとて返すことを得ざるべし

第六百六十四條 寄託物ノ返還ハ其保管《ほくわん》ヲ爲スヘキ場所ニ於テ之ヲ爲スコトヲ要ス但受寄者カ正當《せいたう》ノ事由《じゆう》ニ因リテ其物ヲ轉置《てんち》シタルトキハ其現在ノ場所ニ於テ之ヲ返還スルコトヲ得

本條問の答 寄託物の返還《へんくわん》を爲すには其保管《ほくわん》を爲すべき場所《ばしよ》則ち受寄者の家に預《あづか》るときは其家にて返還するものと知るべし併し受寄者が正當《せいたう》の理由《りゆう》則ち保管を爲して後場所の狹《せま》き所から他村《たそん》の納屋《なや》に場所換《ばしよがへ》をして置《お》くときは現在《げんざい》の場所にて返還することを得る

ものとするなり

第六百六十五條　第六百四十六條乃至第六百四十九條及ヒ第六百五十條第一項、第二項ノ規定ハ寄託《きたく》ニ之ヲ準用ス

本條問の答　第六百四十六條乃至《ないし》第六百四十九條の規定則ち受寄者が受託物に付て他より受取りたる金銭及び自分の名《な》にて受取りたる權利は委任者に移《うつ》すこと又受寄者《じゆきしや》が受寄物より上りたる金銭又受寄物の爲めに使《つか》ふ金銭を自分の用に消費《せうひ》したるとき又受寄者が受くる報酬《はうしう》のこと又受寄物を保管《ほくわん》するに付き入るべき費用《ひよう》のこと又第六百五十條第一項第二項受寄者が受寄物の爲めに自分の費を入れたること又債務を負ひたるときは皆此の諸條《しよでう》に準用《じゆんよう》するものと知るべし

第六百六十六條　受寄者カ契約《けいやく》ニ依リ受寄物ヲ消費《せうひ》スルコトヲ得ル場合ニ於テハ消費貸借ニ關スル規定ヲ準用ス但契約ニ返還《へんくわん》ノ時期《じき》ヲ定メサリシトキハ寄託者ハ何時ニテモ返還ヲ請求スルコトヲ得

本條問の答　受寄者《じゆきしや》が寄託《きたく》するときの契約《けいやく》により寄託を受けたる物を消費《せうひ》して返還《へんくわん》の時には同じ物を以てするものなるときは消費貸借の規定《きてい》を準用《じゆんよう》す併し其契約《けいやく》に返還の時期を定め置かざるときは寄託者は何時にても返還を求むることを得るなり

第十二節　組合《くみあひ》

本節問の答　五六人組合《くみあひ》ふて各資本を持寄《もちより》り共々《ともども》に或る仕事《しごと》を爲すことを約《やく》し而して其目的《もくてき》は會社《くわいしや》を立つる積《つもり》に非らざる場合には之を組合と云ふ一寸外見上《ちよとぐわいけんじやう》會社の様《やう》に見ゆるも會社に非らず故に組合の資本金《しほんきん》其外の物品《ぶつぴん》は皆組合員の物にして一の組合員破產《はさん》するときは組合の持分《もちぶん》たる資本金の一部は共に差押等を受くることゝなるされば組合は會社の如く固《かた》きものにあらず世間《せけん》に共同組《きやうどうぐみ》或は曳船組《ひきふねぐみ》と云へるは組合のことなるべし

第六百六十七條

組合契約《くみあひけいやく》ハ各當事者カ出資《しゆつし》ヲ爲シテ共同ノ事業ヲ營《いとな》ムコトヲ約スルニ因リテ其效力《かうりよく》ヲ生ス

出資《しゆつし》ハ勞務《らうむ》ヲ以テ其目的ト爲スコトヲ得

本條問の答　組合契約は其契約に關係《くわんけい》する者が各《かく》資本金其外の家或は机火鉢《つくゑひばち》等を持ち寄《よ》り共々《ともども》の事業《じげふ》則ち取引《とりひき》及び請負《うけおひ》を營《いとな》むことを約束《やくそく》するによりて成立《なりた》つものとす又資本《しほん》は組合員の勞務《らうむ》則ち手仕事《てしごと》を以てすることを得假令ば四人が組合を爲す場合に其内三人は金錢を差出《さした》し一人は靴師《くつし》なるを以て其手仕事《てしごと》を以て金錢に換《か》へ靴製造《くつせいぞう》の組合ヱ出勤《しゆつきん》し靴を製造するが如し

第六百六十八條

各組合員ノ出資其他ノ組合《くみあひ》財產《ざいさん》ハ總《そう》組合員《くみあひゐん》ノ共有ニ屬ス

本條問の答　各組合員の出したる資本《しほん》は其他組合《くみあひ》を立てゝ以來儲《まう》けたる組合の財產《ざいさん》は總《すべ》

その組合員の共有《きやうゆう》とす是れが會社の場合と異《こと》なる点《てん》なり

第六百六十九條　金錢ヲ以テ出資《しゆつし》ノ目的ト爲シタル場合ニ於テ組合員カ其出資ヲ爲スコトヲ怠リタルトキハ其利息ヲ拂フ外尚ホ損害ノ賠償ヲ爲スコトヲ要ス

本條問の答　金錢を資本《しほん》の爲めに差出すべきことを目的《もくてき》となしたる場合に組合員が其れを差出すことを怠《おこた》りたるときは其利息《りそく》を拂《はら》ふ外尚《な》ほ損害《そんがい》の賠償《ばいしやう》を爲さゞるべからず是れ此金錢は資本《しほん》として營業《えいげふ》の爲めに使用《しよう》するものなれば之を差出さゞる場合には組合は其營業を爲すことを得ず自然《しぜん》得べき利益《りえき》も得ることを能《あた》はざる故なり

第六百七十條　組合ノ業務執行《げふむしつかう》ハ組合員ノ過半數《くわはんすう》ヲ以テ之ヲ決《けつ》ス

組合契約《けいやく》ヲ以テ業務ノ執行ヲ委任《ゐにん》シタル者數人アルトキハ其過半數ヲ以テ之ヲ決ス

組合ノ常務《じやうむ》ハ前二項ノ規定ニ拘《かゝ》ハラス各組合員又ハ各業務執行者之ヲ專行《せんかう》スルコトヲ得但其結了前ニ他ノ組合員又ハ業務執行者カ異議《いぎ》ヲ述ヘタルトキハ此限ニ在ラス

本條問の答　組合の業務を執行《しつかう》則ち行《おこな》ふには組合員《くみあひゐん》の過半數《くわはんすう》の意見《いけん》によりて決《けつ》するものとす又組合契約《けいやく》にて組合の業務《げふむ》を行ふことを委任《ゐにん》したる者數人あるときは亦其過半數

によりて定む又組合の業務《げふむ》は右の定めあるにも拘《かゝは》らず各組合員又は各業務執行者《かくげふむしつかうしや》が之を專《もつぱ》ら行ふことを得併《しか》し其業務を行ふ前に他の組合員又は業務の執行者が異議《いぎ》を述《の》べたるときは行ふことを得ざるべし

第六百七十一條　組合ノ業務ヲ執行《しつかう》スル組合員ニハ第六百四十四條乃至第六百五十條ノ規定ヲ準用ス

本條問の答　組合の業務を執行《しつかう》する組合員には第六百四十四條乃至《ないし》第六百五十條の規定《きてい》を準用《じゆんよう》す則ち組合の業務を委任《ゐにん》したるものなれば委任の規則《きそく》によることゝなせり

第六百七十二條　組合契約ヲ以テ一人又ハ數人ノ組合員ニ業務ノ執行ヲ委任《ゐにん》シタルトキハ其組合ハ正當《せいたう》ノ事由《じゆう》アルニ非サレハ辭任《じにん》ヲ爲スコトヲ得ス又解任セラルルコトナシ

正當ノ事由ニ因リテ解任《かいにん》ヲ爲スニハ他《た》ノ組合員ノ一致《いつち》アルコトヲ要ス

本條問の答　組合契約《けいやく》にて一人又は數人の組合員に組合の業務《げふむ》を行《おこな》ふことを委任したるときは業務執行《げふむしつかう》の委任を受《う》けたるものは正當《せいたう》の事由《じいう》あるに非らざれば其委任を斷《ことは》ることを得ず又其委任を解《と》くことを得ざるべし故に常に病氣勝《びやうきがち》にて且自分《じぶん》の用事《ようじ》澤山《たくさん》ありて組合の業を取ることを得ざるときは委任を斷《ことは》ることを得又委任したる組合員に不都合《ふつがふ》の事

ある場合は又其任を解くことを得るなり然《しか》し其解任《かいにん》を爲すに正當《せいたう》の事由《じゆう》あるときにも矢張《やはり》他の組合員の一致《ち》を要《えう》するものとす是れ組合は互《たがひ》に信用《しんよう》して出來たるものにして組合より委任したるものを解くに至りては事重大《ちうだい》なるを以てなり

第六百七十三條 各組合員ハ組合ノ業務《げふむ》ヲ執行スル權利ヲ有セサルトキト雖モ其業務及ヒ組合財産ノ狀況《じやうきやう》ヲ檢査《けんさ》スルコトヲ得

本條問の答　各組合員は組合の業務《げふむ》を行ふべき權利を有《いう》せざるとき則ち一二の組合員に業務を委任《ゐにん》したるときと雖《いへ》ども其業務の成行《なりゆき》又は組合の財産《ざいさん》の有樣は如何《いか》になりつゝあるか等《とう》を檢査《けんさ》することを得若し組合員に此の權利なければ業務執行《しつかう》の委任を受けたる者は我儘《わがまゝ》の仕打《しうち》を爲し其果《はて》は組合を害《がい》するに至《いた》らんも知れざるを以てなり

第六百七十四條 當事者カ損益《そんゑき》分配《ぶんぱい》ノ割《わり》合ヲ定《さだ》メサリシトキハ其割合《あひ》ハ各組合員ノ出資ノ價額《かがく》ニ應《おう》シテ之ヲ定ム
利益又ハ損失ニ付テノミ分配ノ割合ヲ定メタルトキハ其割合ハ利益及ヒ損失ニ共通《きやうつう》ナルモノト推定《すゐてい》ス

本條問の答　組合の關係者《くわんけいしや》が組合員の間に損失《そんしつ》と利益を分配《ぶんはい》する割合《わりあひ》を定めざりしときは其割合は各組合の組合に差出し居る資本高《しほんだか》に割り當《あ》つるものとす又利益《りゑき》に付てのみ分配の割合を定めたるが又損失のみに付て分配の割合を定めたるときは其割合は利益と損

失に通《つう》じて定めたるものと推測《すゐそく》するなり是れ組合を設けたる目的《もくてき》は利益《りゑき》を得る爲めなれども損失《そんしつ》は毫《がう》もせずとば保証《ほしよう》しがたし故に利益と損失とは常《つね》に相伴《あひともな》ふものあることは言《い》ふまでもなければ茲《こゝ》に右の定を爲したるは至當《したう》のことなり

第六百七十五條　組合ノ債權者ハ其債權發生《さいけんはつせい》ノ當時《たうじ》組合員ノ損失分《そんしつぶん》擔《たん》ノ割合ヲ知ラサリシトキハ各組合員ニ對シ均一部分《きんいつぶぶん》ニ付キ其權利ヲ行フコトヲ得

本條問の答　組合を成したるより出來たる債權者《さいけんしや》は其債權が發生《はつせい》したる當時《たうじ》組合員の損失分割《ぶんかつ》のことを知らざりし時は各《かく》組合員に向《むか》て相同《あひおな》じ部分に付き權利を行ふことを得故に若し損失《そんしつ》を分擔《ぶんたん》する割合を知るときは其割合によらざるべからず

第六百七十六條　組合員カ組合財產ニ付キ其持分《もちぶん》ヲ處分《しよぶん》シタルトキハ其處分ハ之ヲ以テ組合及ヒ組合ト取引《とりひき》ヲ爲シタル第三者ニ對抗《たいかう》スルコトヲ得ス

組合員ハ清算前《せいさんぜん》ニ組合財產《ざいさん》ノ分割ヲ求ムルコトヲ得ス

本條問の答　組合員が組合の財產《ざいさん》に付き自分《じぶん》の有する持分《もちぶん》を他の者に賣渡《うりわた》したるときは其處分《しよぶん》たる賣渡《うりわたし》を以て組合に向ひて自分の持分《もちぶん》は既《すで》に賣渡を爲したれば組合に向《むか》ては義務なしと云ふことを得ざるのみならず組合と取引したる第三者にも組合に關係なしと言

ふことを得ざるべし組合は人の信用《しんよう》によりて出來たるものなれば今其持分《もちぶん》を處分《しよぶん》して他人組合《くみあひ》に加るときは初《はじ》めの目的《もくてき》に背《そむ》くに至ればなり又第二項に組合員は組合を解く場合にも清算勘定《せいさんかんぢやう》を爲す前には組合財産の分割を求むるを得ざるべし清算勘定ありて組合の財産高が判然《はんぜん》するものあれば清算前の分割は無理《むり》と謂《い》はざるべからざるより斯《か》くは定めたるものなり

第六百七十七條　組合ノ債務者ハ其債務《さいむ》ト組合員ニ對スル債權トヲ相殺《さうさい》スルコトヲ得ス

本條問の答　組合より金を借り居る者は其債務と組合員に向《むか》ひて有する債權とを差引することを得ざるべし若《も》し差引を許すときは組合は成立《せいりつ》すること六个敷《むつかしく》なるにより差引は許さゞることゝなしたり

第六百七十八條　組合契約ヲ以テ組合ノ存續期間《そんぞくきかん》ヲ定メサリシトキ又ハ或組合員ノ終身間《しうしんかん》組合《くみあひ》ノ存續スヘキコトヲ定メタルトキハ各組合員ハ何時ニテモ脱退《だつたい》ヲ爲スコトヲ得但巳ムコトヲ得サル事由アル場合ヲ除《のぞ》ク外《はい》組合ノ爲メ不利《ふり》ナル時期ニ於テ之ヲ爲スコトヲ得ス

組合ノ存續期間《そんぞくきかん》ヲ定メタルトキト雖モ各組合員ハ巳ムコトヲ得サ

「ル事由《じゆう》アルトキハ脱退《だつたい》ヲ為スコトヲ得

本條問の答　組合の契約《けいやく》にて組合の續《つゞ》くべき期間《きかん》を定めざりしとき又は組合員の或者の身《み》を終《をは》るまで組合を續けんとのことを定めたるときは各組合員は何時《なんどき》でも組合を脱《だつ》することが出來る是れは期限なしに人間《にんげん》を組合に縛《しば》り付《つ》くることは不都合《ふつがふ》と見たるものなり況《ま》して終身間《しゆうしんかん》に於けるをや併し巳《やむ》を得ざる事由《じゆう》の外は致方《いたしかた》なけれども成《な》るべく組合の不利益《りえき》にあらざる時に於《おい》て脱《だつ》すべきものとするなり

又組合の存續《そんぞく》する期間《きかん》を定《さだ》めたるときと雖《いへ》ども各組合員は巳《や》むを得ざる事由《じゆう》あるときは脱《だつ》することを得《う》然《しか》らざれば人間《にんげん》の自由《じゆう》は無きこととなればなり

第六百七十九條　前條ニ揭ケタル塲合ノ外組合員ハ左ノ事由ニ因リテ脱退ス

一　死亡《しばう》
二　破産《はさん》
三　禁治産《きんぢさん》
四　除名《じよめい》

本條問の答　前條に揭《かゝ》げたる外組合員は第一死亡《しばう》則ち組合員が死亡するときは組合を脱するものとす前にも述《の》べたる如く組合は信用《しんよう》より出來たるものなれば相續人《さうぞくにん》は死者《しや》と同

一の信用《しんよう》あると見《み》るべからざればあり第二破産《はさん》則ち破産の宣告《せんこく》あるときは財産管理《くわんり》の權利《り》を失《うしな》ふを以て自然《しぜん》組合《くみあひ》を脱《だつ》することゝなる第三禁治産《きんぢさん》是れも亦財産管理の能力《のうりよく》を失ふものなれば自然組合を脱《だつ》せざるべからず第四除名《じよめい》則ち不都合《ふつがふ》のことありたるより組合を除《のぞ》かれたるものなれば言《い》はずして明《あきら》かなり此の四個の塲合に於て組合を脱することゝなるものなり

第六百八十條　組合員ノ除名《じよめい》ハ正當《せいたう》ノ事由アル塲合ニ限《かぎ》リ他ノ組合員ノ一致《いつち》ヲ以テ之ヲ爲スコトヲ得但除名シタル組合員ニ其旨《むね》ヲ通知スルニ非サレハ之ヲ以テ其組合員ニ對抗スルコトヲ得ス

本條問の答　組合員を除名《じよめい》することは正當《せいたう》の事由《じゆう》ある塲合則ち組合の金を私《わたくし》したる如きときに限《かぎ》り他の組合員一致にて除名と極《き》めざるべからず併《しか》し除名したる組合員には其除名のことを通知《つうち》せざるべからず若《も》し通知を爲さゞるときは其除名したる組合員のなしたることは無效《むかう》なりとて其組合員に手向《てむか》ふことを得ざるべし

第六百八十一條　脱退《だつたい》シタル組合員ト他ノ組合員トノ間ノ計算《けいさん》ハ脱退ノ當時《たうじ》ニ於ケル組合財産ノ狀況《じやうきやう》ニ從ヒ之ヲ爲スコトヲ要ス

脱退シタル組合員ノ持分《もちぶん》ハ其出資《しゆつし》ノ種類《しゆるゐ》如何《いかん》ヲ問ハス金錢ヲ以テ之ヲ拂戻《はらひもど》スコトヲ得

脱退ノ當時ニ於テ未《いま》タ結了《けつれう》セサル事項《じかう》ニ付テハ其結了《けつれう》後《ご》ニ計算《けいさん》ヲ爲スコトヲ得

本條問の答　脱退《だつたい》したる組合員と他の組合員との間の計算《けいさん》は脱退を爲すべき時の組合財産の高によりて爲すべきものとす故に組合が營業《えいげふ》の損失《そんしつ》より其資本高《しほんだか》組合を立てたる初めより減少《げんせう》し分割《ぶんかつ》を爲す高少くても致方なし又組合を脱退したる組合員の持分《もちぶん》は組合に差入《さしい》れたる資本《しほん》が金錢たると其他の物品《ぶつぴん》たるとを問《と》はず金錢を以て拂戻《はらひもど》すことが出來るべし又脱退する時に於て取引中《とりひきちう》にて未だ全く濟《す》まざる事柄《ことがら》は其事が濟《す》みたる後に計算《けいさん》をなすことが出來る是れ未だ終《をは》らざる内は其價《あたひ》を見積《みつも》るに困難《こんなん》なるが故なり

第六百八十二條　組合ハ其目的タル事業ノ成功又ハ其《その》成功《せいこう》ノ不能《ふのう》ニ因リテ解散ス

本條問の答　組合は組合が目的《もくてき》とする事業《じげふ》の出來上《できあ》がるか又は其事業が到底《たうてい》出來上がる見込相立《みこみあひた》たざるときは解散《かいさん》するものとす

第六百八十三條　已ムコトヲ得サル事由アルトキハ各組合員ハ會社ノ解散ヲ請求スルコトヲ得

本條問の答　已《や》むことを得ざる事由《じゆう》あるとき假令ば組合の營業日々《えいげふひゞ》損失斗《そんしつばかり》にして迚《とて》も維持《ぢ》の見込相立《みこみあひた》たざるときは各組合員《かくくみあひゐん》は組合の解散《かいさん》を求《もと》むることを得るなり

第六百八十四條 第六百二十條ノ規定ハ組合契約ニ之ヲ準用ス

本條問の答 第六百二十條の規定《きてい》は組合契約《けいやく》に準用《じゆんよう》するを以て組合契約を解《と》くときは將《しやう》來《らい》に向てのみ効《かう》を生《しやう》ずるなり

第六百八十五條 組合カ解散《かいさん》シタルトキハ清算《せいさん》ハ總組合員共同ニテ又ハ其選任《せんにん》シタル者ニ於テ之ヲ爲ス

清算人ノ選任ハ總組合員ノ過半數《くわはんすう》ヲ以テ之ヲ決ス

本條問の答 組合を解散《かいさん》したるときは清算勘定《せいさんかんぢやう》は總《すべ》ての組合員共同《きやうどう》にて爲すか又は組合員が選任《せんにん》したる者が爲すべきものとす其選任は總《そう》組合員の過半數《くわはんすう》の意見《いけん》によりて定むるものとす

第六百八十六條 清算人數人アルトキハ第六百七十條ノ規定ヲ準用ス

本條問の答 清算人《せいさんにん》數人あるときは第六百七十條の規定を準用《じゆんよう》するを以て清算人の過半《くわはん》數《すう》の意見《いけん》によりて清算を行《おこな》ふものとするなり

第六百八十七條 組合契約ヲ以テ組合員中ヨリ清算人ヲ選任シタルトキハ第六百七十二條ノ規定ヲ準用ス

本條問の答 組合契約《けいやく》にて組合員中《くみあひゐんちう》より清算人を選《えら》びたるときは清算人は正當《せいたう》の事由《じゆう》あ

るにあらざれば辭《じ》することを得ず又其任《にん》を解《と》かるゝことあし又正當《せいたう》の事由《じゆう》によりて其任《にん》を解《と》くには他の組合員の同意《どうい》の上に於て爲さゞるべからず則ち第六百七十二の規定《きてい》を準用《じゆんよう》するものなり

第六百八十八條　清算人ノ職務《しよくむ》及ヒ權限《けんげん》ニ付テハ第七十八條ノ規定ヲ準用ス

㊁殘餘財産《ざんよざいさん》ハ各組合員ノ出資ノ價額《かがく》ニ應《おう》シテ之ヲ分割ス

本條問の答　淸算人《せいさんにん》の職務《しよくむ》及び權限《けんげん》に付《つい》ては第七十八條の規定を準用《じゆんよう》す則ち第一組合の現在《げんざい》の業務《げふむ》を取片付《とりかたづ》くること第二組合より他《た》に貸《か》し居る金《を》あれば其れを取立つること及び組合が他より借《か》り居る金《きん》あれば其れを辨濟《べんさい》すること第三組合の淸算《せいさん》を終り殘《のこ》りの財産あるときは其れを組合員に引渡すこと尚《なほ》此外右の職務《しよくむ》を行ふに付き必要《ひつえう》ある一切《いつさい》の行爲《かうゐ》を爲すことを得るあり

第十三節　終身定期金《しうしんていききん》

本節問の答　終身定期金《しうしんていきゝん》は叔父叔母《をぢをば》等の者が歳老《としお》ひて自分が獨《ひと》りにて暮《くらし》を爲し兼《か》ぬるときに甥《おひ》又姪《めい》等の者より養料《やしなひれう》として贈《おく》る場合の金を云ふものなり詳《くわ》しきは各條《かくでう》に入り知らるれば玆には述べざるべし

第六百八十九條　終身定期金契約《しうしんていききんけいやく》ハ當事者一方カ自己、相手方又ハ

第三者ノ死亡《しばう》ニ至ルマテ定期ニ金錢其他ノ物ヲ相手方又ハ第三者ニ給スルコトヲ約スルニ因リテ其效力ヲ生ス

本條問の答　終身《しうしん》定期金契約《けいやく》は契約者の一方が自分又は相手方又は他人の死するまで定期月々《つきづき》又は年々《としどし》に金錢か又は米か麥《むぎ》かを相手方《あひてかた》又は第三者に仕送《しおくり》することを契約《けいやく》するによりて終身定期金契約が出來るものあり故に仕送《しおく》る者は約束《やくそく》の期限《きげん》に金錢其他の物を仕送る義務ありて一方の者は之を受くる權利あるものなり

第六百九十條　終身《しうしん》定期金《ていきゝん》ハ日割ヲ以テ之ヲ計算《けいさん》ス

本條問の答　終身定期金は日割《ひわり》を以て計算《けいさん》す故ゑ期限《きげん》の來る中程《なかほど》に定期金を受くる者か其外約束の目的とする者が死亡するときは日割を以て與ふるものとす

第六百九十一條　定期金債務者カ定期金ノ元本ヲ受ケタル場合ニ於テ其定期金ノ給付ヲ怠リ又ハ其他ノ義務《ぎむ》ヲ履行《りかう》セサルトキハ相手方ハ元本ノ返還ヲ請求スルコトヲ得但既ニ受取リタル定期金ノ中ヨリ其元本《ぐわんぽん》ノ利息ヲ控除《こうじよ》シタル殘額《ざんがく》ヲ債務者ニ返還スルコトヲ要ス

前項ノ規定ハ損害《そんがい》賠償《ばいしやう》ノ請求ヲ妨《さまた》ケス

本條問の答　定期金を支拂ふべき者が定期金を受くる權利者より元金《もときん》を受けたる場合に

於て其定期金の給付《きふ》則ち支拂を怠《おこた》り又は其他の義務を行《おこな》はざるときは相手方は元金の返《へん》還《くわん》を求《もと》むることを得是れ此の金を渡すから其利子《りし》にて月々養料《やしなひれう》として金何圓を送《おく》らるべしとて渡したるゝ其定期金を送る義務を盡《つく》さゞるときは初《はじ》めの目的を達《たつ》せざるを以てなり併し元金を返還するには受取りたる定期金の中より其元金の利息を除《のぞ》きたる殘額《ざんがく》を債《さい》務《む》者《しや》に返還《へんくわん》せざるべからず而して其義務を行《おこな》はざるより損害生《そんがいしやう》ずるときは賠償《ばいしやう》の責《せめ》はおるものなり

第六百九十二條 第五百三十三條ノ規定ハ前條ノ場合ニ之ヲ準用ス

本條問の答 第五百三十三條の規定《きてい》則ち雙務《さうむ》契約者《けいやくしや》の一方が其債務を行《おこな》ふまでは自分の債務を行ふを拒《こば》むことを得併し相手方の債務が辨濟《べんさい》の期限《きげん》に在らざるときは拒むことを出來ざるとのことにして此れを前條の場合に用ゆるなり

第六百九十三條 死亡《しばう》カ定期金債務者ノ責《せめ》ニ歸《き》スヘキ事由ニ因リテ生シタルトキハ裁判所ハ債權者又ハ其相續人ノ請求ニ因リ相當《さうたう》ノ期間《きかん》債權《さいけん》ノ存續《そんぞく》スルコトヲ宣告《せんこく》スルコトヲ得

前項ノ規定ハ第六百九十一條ニ定メタル權利ノ行使ヲ妨ケス

本條問の答 定期《ていき》金《ん》を受くる者が定期金債務者の責《せめ》に歸《き》すべき事由《じゆう》によりて死亡《しばう》したるとき則ち定期金を仕送《しお》くるは面倒《めんだう》なりさりとて猥《みだ》りに之を止《や》むる譯《わけ》に行《ゆ》かざる所より據

利者を殺《ころ》したるときは裁判所は定期金を受くる者の債權者又は定期金《ていきん》を受くる者の相續《さうぞく》人《にん》の請求により善加減《よきかげん》の期間《きかん》定期金を受くる債權《さいけん》が續《つゞ》くべきことを宣告《せんこく》することを得るなり右の規定は第六百九十一條に定めたる權利則ち元本《けにん》を受けたる者が定期金を支拂《しはら》はず又其他の義務を行はざるときは元本の返還を求むの權利尚は行ふことを得るなり

第六百九十四條　本節ノ規定ハ終身定期金ノ遺贈《ゐそう》ニ之ヲ準用ス

本條問の答　本節の定は遺贈《ゐそう》にて修身《しうしん》定期金を設《まう》けたる場合に準用《じゆんよう》するなり蓋《けだ》し相似《あひに》たる所あるを以てなり

第十四節　和《わ》解《かい》

本節問の答　和解《わかい》とは仲直《なかなほ》りと云ふことにして事の爭《あらそひ》を訴訟《そしよう》にて定むるときは其利益《りえき》は如何《いか》程《ほど》なるか今茲《こゝ》に甲と乙との間に金錢貸借《たいしやく》の事に付爭《あらそ》ひ起《おこ》り其勝敗《しやうはい》を裁判所へ持出して定むるときは敗《ま》けたるものは一生の間怨《うらみ》を勝《か》ちたる者に抱《いだ》くと雖《いへど》も之を和解《わかい》にて定むるときは甲乙双方《さうはう》の間打融《うちと》け右《みぎ》等の如きことあることなし是れ法律に本節を設けたる次第なり

第六百九十五條　和解《わかい》ハ當事者カ互《たがひ》ニ讓歩《じやうほ》ヲ爲シテ其間ニ存《そん》スル爭《あらそひ》ヲ止ムルコトヲ約スルニ因リテ其效力ヲ生ス

本條問の答　和解は爭《あらそひ》を爲しつゝあるものが互《たがひ》に讓合《ゆづりあ》ひて其爭を止《や》むることを約束《やくそく》する

ときは出來るものなり

第六百九十六條　當事者ノ一方カ和解ニ依リテ爭ノ目的タル權利ヲ有スルモノト認メラレ又ハ相手方カ之ヲ有セサルモノト認メラレタル場合ニ於テ其者カ從來《じゆうらい》此權利ヲ有セサリシ確證《かくしやう》又ハ相手方カ之ヲ有セシ確證出テタルトキハ其權利ハ和解《わかい》ニ因リテ其者ニ移轉《いてん》シ又ハ消滅《せうめつ》シタルモノトス

本條問の答　當事者《たうじしや》の一人が和解《わかい》を爲して其爭《あらそひ》の目的たりし權利を有《いう》するものと認《みと》められ又は相手方が其爭の目的たりしものを有せざるものと認《みと》められたる場合に於て其後和解によりて爭にかゝりたる權利を有するものと認ふれたる者が其權利を有せざりし確證《かくしやう》出で來り權利を有せざりし者と認められたる者が權利を有せしとの確証出で來りたるときは其爭ひの目的たりし權利は和解によりて其者に移《うつ》り相手方に向て消滅《せうめつ》したることゝなるなり是れ和解は確定判決《はんけつ》と同じきものなるを以てなり然《しか》れども一方の詐欺《さぎ》又暴行強迫《はく》によるときは取消《とりけし》し得べきは當然《たうぜん》の事なり

第三章　事務《たむ》管理《くわんり》

本章問の答　事務管理《くわんり》とは何人よりも頼《たの》まざるに他人の事務を支配《しはい》することにして言《い》はゞ無用の世話《せわ》の樣《やう》なれども隣人《りんじん》又は友人《いうじん》が他行《たぎやう》して不在中大風《たいふう》の爲め其家は荒《あ》れ將《まさ》に倒《たふ》

れんとする塲合に打ち捨て置《お》くに忍《しの》びず好《よしみ》を以て其荒《あ》れたる所を繕《つくろ》ひたる後《のち》に隣人又友人が歸宅《きたく》して自分が頼《たの》まざるに繕ひたるは汝《なんぢ》の勝手《かつて》なりとて何等の償《つぐなひ》を爲さゞるは道理《だうり》上《じやう》あるまじきことなれば法律《はふりつ》は玆《こゝ》に其定《さだめ》を爲したるなり

第六百九十七條　義務ナクシテ他人ノ爲メニ事務ノ管理ヲ始メタル者ハ其事務ノ性質《せいしつ》ニ從ヒ最《もつと》モ本人ノ利益《りえき》ニ適《てき》スヘキ方法ニ依リテ其管理ヲ爲スコトヲ要ス

管理者カ本人ノ意思ヲ知リタルトキ又ハ之ヲ推知スルコトヲ得ヘキトキハ其意思ニ從ヒテ管理ヲ爲スコトヲ要ス

本條問の答　義務なくして則ち爲すべき譯なくして他人の爲めに事務の管理則ち土地の修繕又は家屋《かおく》の普請《ふしん》等を始《はじ》めたる者は其事務《じむ》の性質《せいしつ》に從《したが》ひ且最《もつと》も本人の利益となる方法によりて管理《くわんり》を爲さゞるべからず又管理者が本人の意思《いし》の如何《いかん》を知り又は本人の意思を推《お》し知ることが出來るときは其意思に從《したが》ひて管理を爲さゞるべからず事務管理《くわんり》は多くは本人の知らざる内か好《よ》しや本人が知る塲合にても何等《なんら》の通知《つうち》を受けざる塲合と爲すものなれば成《な》るべく本人の利益《りえき》を計《はか》らざるべからず

第六百九十八條　管理者《くわんりしや》カ本人ノ身體《しんたい》、名譽《めいよ》又ハ財産ニ對スル急迫《きうはく》ノ危害《きがい》ヲ免レシムル爲メニ其事務ノ管理ヲ爲シタルトキハ惡意《あくい》又

ハ重大ナル過失アルニ非サレハ之ニ因リテ生シタル損害ヲ賠償スル責ニ任セス

本條問の答　管理者《くわんりしや》が本人の身体名譽《しんたいめいよ》又は財産《ざいさん》に向て火急《くわきふ》の塲合に於ける危害《きがい》を免れしむる爲めに本人の事務を管理するときは少々の損害《そんがい》あるも賠償《ばいしやう》するに及ばず然れども惡《あく》意《い》又は大なる過《あやまち》ありて損害が出來たるときは之を賠償せざるべからず此等《これら》は火急の塲合《ばあひ》なるを以て火急《くわきふ》の管理は少々《せう〳〵》の過あるは人間《にんげん》に於ては有勝《ありがち》のことゝなしたり

第六百九十九條　管理者ハ其管理《くわんり》ヲ始メタルコトヲ遲滯《ちたい》ナク本人ニ通知スルコトヲ要ス但本人カ既ニ之ヲ知レルトキハ此限ニ在ラス

本條問の答　管理者は其管理を始めたるときは猶豫《いうよ》せず本人に通知《つうち》することを要《よう》す本人は其通知によりて更に管理者《くわんりしや》に管理を委任《ゐにん》するか又其外の處分《しよぶん》を爲すべければなり併《しか》し本人が既《すで》に管理者が管理を始めたることを知るときは通知《つうち》するに及ばざるべし

第七百條　管理者ハ本人、其相續人又ハ法定代理人《はふていだいりにん》カ管理《くわんり》ヲ爲スコトヲ得ルニ至ルマテ其管理ヲ繼續スルコトヲ要ス但其管理ノ繼續カ本人ノ意思《いし》ニ反《はん》シ又ハ本人ノ爲メニ不利《ふり》ナルコト明カナルトキハ此限ニ在ラス

本條問の答　管理人は他人の管理を始めたるときは本人又は本人死するときは其相續人

又は後見人が管理《くわんり》を爲すことを得るまでは假令《たとへ》ひ少々の用務《ようむ》あるも其管理を繼續《けいぞく》せざるべからず併し其管理の繼續が本人の意思《いし》に背《そむ》き又は本人の爲めに不利益《ふりえき》なることが知れたるときは繼續《けいぞく》するに及ばず是れ引續かしめんよりは止《や》むる方が害少《がいすくな》きと見たるより斯く定めたるなり

第七百一條　第六百四十五條乃至第六百四十七條ノ規定ハ事務管理ニ之ヲ準用ス

本條問の答　事務管理《くわんり》にも委任の場合の第六百四十五條乃至第六百四十七條の規定を準用するものにして同條は既《すで》に述《の》べたれば畧す

第七百二條　管理者カ本人ノ爲メニ有益《いうえき》ナル費用《ひよう》ヲ出タシタルトキハ本人ニ對シテ其償還《しやうくわん》ヲ請求《せいきう》スルコトヲ得

管理者カ本人ノ爲メニ有益ナル債務《さいむ》ヲ負擔《ふたん》シタルトキハ第六百五十條第二項ノ規定ヲ準用ス

管理者カ本人ノ意思《いし》ニ反《はん》シテ管理ヲ爲シタルトキハ本人カ現《げん》ニ利益ヲ受クル限度ニ於テノミ前二項ノ規定ヲ適用ス

本條問の答　管理者《くわんりしや》が本人の事務管理に付き利益となるべき費用《ひよう》を出だしたるときは本人に向ふて其償《つぐな》ひを求《もと》むるを得又管理者は本人の爲めに有益《いうえき》となるべき債務を負ひたると

きは第六百五十條第二項に從《したが》ひ本人をして自分に代《かは》りて辨濟《べんさい》を爲さしめ又其債務《さいむ》が辨濟の期限《きげん》來らざるときは相當《さうたう》の引當《ひきあて》を差出《さしだ》さしむるを得るなり又管理者《くわんりしや》が本人の意思に背《そむ》きて管理を爲したるときは本人が現《げん》に利益《りえき》を受《う》くる割合《わりあひ》により償《つくな》はしむることを得る故に管理《くわんり》を爲したるときは相當《さうたう》の利益《りえき》ありしも本人が管理《くわんり》したる物を受取る段《だん》に至りて少《すこ》しも利益なきときは償《つくなひ》を求むるを得ざるべく又本人も償を爲すに及ばざるべし

第四章　不當利得《ふたうりとく》

本章問の答　受くべきものにあらざる物を受取り又受くべからざる人より受取りたるときは返さゞるべからざるか此の事に付ての定を本章に爲すものなり

第七百三條　法律上《はふりつじやう》ノ原因《げんいん》ナクシテ他人ノ財産又ハ勞務《らうむ》ニ因リ利益《りえき》ヲ受ケ之カ爲メニ他人ニ損失《そんしつ》ヲ及ホシタル者ハ其利益ノ存《そん》スル限《げん》度《ど》ニ於テ之ヲ返還《へんくわん》スル義務ヲ負フ

本條問の答　法律上《はふりつじやう》の原因《げんいん》則ち契約《けいやく》にもよらず又は事務管理《じむくわんり》にもあらずして他人の動産《どうさん》又は不動産《ふどうさん》若くば他人の手仕事《てしごと》により利益を受け其れを受けたるが爲めに他人に損害《そんがい》を與《あた》へたる者は其利益《りえき》の有る丈け返還せざるべからず是れ自分は受くべからざるものを受取り則ち金を貸したることなきに金の返還を受くるは人間《にんげん》の道《みち》に反《はん》す實《じつ》に不當《ふたう》の利得《りとく》なれば返還を爲すべきは至當《したう》の事と謂《い》ふべし

第七百四條　悪意《あくい》ノ受益者《じゆえきしや》ハ其受ケタル利益ニ利息《りそく》ヲ附シテ之ヲ返還スルコトヲ要ス尚ホ損害アリタルトキハ其賠償ノ責ニ任ス

本條問の答　悪意《あくい》の受益者《じゆえきしや》則ち自分が受くべき物に非らざることを知りつゝ他人の財産により利益を受けたるものは其受けたる利益に利息《りそく》を附けて返還《へんくわん》せざるべからず尚《な》は損《そん》害《がい》を与《あた》へたるときは賠償《ばいしやう》を為さゞるべからず

第七百五條　債務ノ辨濟トシテ給付ヲ為シタル者カ其當時債務ノ存在セルコトヲ知リタルトキハ其給付シタルモノノ返還ヲ請求スルコトヲ得ス

本條問の答　債務を辨濟《べんさい》する為めとて支拂《しはら》ひを為したる者が其支拂を為すとき債務が既《すで》に消滅《せうめつ》して支拂《しはら》ふに及ばざることを知るときは其支拂ひたるものゝ返還を求むることを得ざるべし是れ知りつゝ自分の利益《りえき》を捨《す》てたるものなれば返還を求むるを許《ゆる》さゞる事と定めたるなり

第七百六條　債務者カ辨濟《べんさい》期ニ在ラサル債務ノ辨濟トシテ給付ヲ為シタルトキハ其給付シタルモノノ返還ヲ請求スルコトヲ得ス但債務者カ錯誤《さくご》ニ因《よ》リテ其給付ヲ為シタルトキハ債權者ハ之ニ因リテ得タル利益ヲ返還スルコトヲ要ス

本條問の答　債務者が辨濟期限《べんさいきげん》の來らざる債務の辨濟を爲したるときは其辨濟したるものゝ返還を求むることを得ざるべし但し債務者が錯誤《さくご》則ち辨濟の期限《きげん》來たるものと思《おも》ひて辨濟したるときは債權者は此辨濟《べんさい》によりて得たる利益を返還《へんくわん》せざるを得ず此れ人の誤《あやまり》を幸《さいはひ》とし利益《りえき》を得るは人の道に非らざるより斯《か》く定めたるなり

第七百七條　債務者ニ非サル者カ錯誤《さくご》ニ因リテ債務ノ辨濟ヲ爲シタル場合ニ於テ債權者《さいけんしや》カ善意《ぜんい》ニテ證書《しようしよ》ヲ毀滅《きめつ》シ、擔保《たんぽ》ヲ拋棄《はうき》シ又ハ時效ニ因リテ其債權ヲ失ヒタルトキハ辨濟者ハ返還ノ請求ヲ爲スコトヲ得ス

前項ノ規定ハ辨濟者ヨリ債務者ニ對スル求償權《きうしやうけん》ノ行使《かうし》ヲ妨ケス

本條問の答　債務者に非らざる者が錯誤《さくご》則ち人違《ひとちが》ひ等にて債務の辨濟を爲したる場合に債權者が實際《じつさい》受くるものと思ひて証書《しようしよ》を破《やぶ》り又抵當《ていたう》其他保証《ほしよう》を捨て又は時效《じかう》に因《よ》りて其債權を失ひたるときは辨濟者《べんさいしや》は返還《へんくわん》を求むることを得ざるべし債權者は辨濟者が辨濟を爲したるより債權を失《うしな》ふたるものなれば辨濟者は自分の過《あやまち》にて他人に損害《そんがい》を與《あた》ふるを得ず併し此辨濟によりて眞《しん》の債務者は利益を得るものなれば其れに向ひ賠償を求むるを得るなり是れ眞の債務者は人の財産《ざいさん》によりて利益《りえき》を得るは人の道《みち》に非らざるゝより之を賠償を爲す責あるものなり

第七百八條　不法《ふはふ》ノ原因《げんいん》ノ爲メ給付《きふ》ヲ爲シタル者ハ其給付シタルモノノ返還ヲ請求スルコトヲ得ス但不法ノ原因カ受益者ニ付テノミ存シタルトキハ此限ニ在ラス

本條問の答　不法《ふはふ》の原因《げんいん》則ち賭博《とばく》に負《ま》けたる其金を給付則ち手渡《てわた》したる者は其渡したるもの丶返還《へんくわん》を求むるを得ず併《しか》し不法の原因が利益《りえき》を受けたる者のみにあるときは返還を求むることを得假令《たとへ》ば人を暴行強迫《ばうかうきやうはく》して金を得たるもの丶如きは其不法の原因利益を受けたるものにあれば返還を求むることが出來るべし

第五章　不法行爲《ふはふかうゐ》

本章問の答　法律にて認《みと》めざる事により人に損害《そんがい》を與《あた》へたることに付ての定めなり

第七百九條　故意《こい》又ハ過失《くわしつ》ニ因リテ他人ノ權利《けんり》ヲ侵害《しんがい》シタル者ハ之ニ因リテ生《しやう》シタル損害ヲ賠償《ばいしやう》スル責ニ任ス

本條問の答　故意《こい》則ち知りつ丶又は過《あやまち》にて他人の權利則ち財産又は身体《しんたい》の權利を害《そこな》ひたる者は其より出來たる損害《そんがい》を賠償《ばいしやう》する責《せめ》あるものとす此れ自然《しぜん》の道理《だうり》より來るなり

第七百十條　他人ノ身體《しんたい》、自由《じいう》又ハ名譽《めいよ》ヲ害シタル場合ト財産權ヲ害シタル場合トヲ問ハス前條ノ規定ニ依リテ損害賠償ノ責ニ任スル者ハ財産以外ノ損害ニ對シテモ其賠償ヲ爲スコトヲ要ス

本條問の答　他人の身体や自由や名譽やを害ひたる場合と不動産や不動産やを害ひたる場合とを問《と》はず前條の定めによりて損害賠償を爲すべきものは財産以外の損害則ち或人《あるひと》と交際《かうさい》が切《き》れたる如きことゝ雖《いへ》ども賠償を爲さゞるべからず

第七百十一條　他人ノ生命《せいめい》ヲ害《がい》シタル者ハ被害者《ひがいしや》ノ父母《ふぼ》、配偶者《はいぐうしや》及ヒ子ニ對シテハ其財産權ヲ害セラレサリシ場合ニ於テモ損害ノ賠償ヲ爲スコトヲ要ス

本條問の答　他人の生命《せいめい》を害《がい》したる者則ち人を殺《ころ》したる者は害《がい》せられたる者の父母又害せられたる者夫《をつと》若くは妻《さい》及び子《こ》に向ひては財産權を害せられざりし場合と雖ども損害の賠償を爲さゞるべからず害せられたる者が生きて居るときは月何圓宛《づゝ》を儲《まう》けたるを以て假《か》りに其生《い》きる年月を積《つも》りて償《つくな》ひを爲さゞるべからず

第七百十二條　未成年者《みせいねんしや》カ他人ニ損害ヲ加ヘタル場合ニ於テ其行爲ノ責任《せきにん》ヲ辨識《べんしき》スルニ足ルヘキ知能《ちのう》ヲ具ヘサリシトキハ其行爲ニ付キ賠償ノ責ニ任セス

本條問の答　未成年者《みけいねんしや》が他人に損害《そんがい》を與《あた》へたるときは其爲したることを見分くる智恵《ちゑ》があるや否《いな》やを調《しら》べ智恵《ちゑ》あるときは賠償の責《せめ》に任《にん》じ智愚《そんない》なきときは賠償の責あらざるべし

第七百十三條　神心《しんく》喪失《さうしつ》ノ間ニ他人ニ損害ヲ加ヘタル者ハ賠償ノ責

ニ任セス但故意又ハ過失《くわしつ》ニ因リテ一時ノ心神喪失ヲ招《まね》キタルトキハ此限ニ在ラス

本條問の答　心神喪失《しんしんさうしつ》則ち氣狂《きちが》ひとなりたる間《あひだ》に他人に損害《そんがいの》を加へたる者は之を償ふ責なし併し故意《こい》又は過失によりて一時心神喪失を招《まね》きたるとき則ち大酒《おほざけ》を飲《の》み過《すご》し一時前後と覺《おぼ》えずして損害《そんがい》を加へたるとき賠償《ばいしやう》の責《せめ》は免《まぬが》れざるべし

第七百十四條　前二條ノ規定ニ依リ無《む》能力者《のうりよくしや》ニ責任《せきにん》ナキ場合ニ於テ之ヲ監督《かんとく》スヘキ法定ノ義務アル者ハ其無能力者カ第三者ニ加ヘタル損害ヲ賠償スル責ニ任ス但監督義務者《かんとくぎむしや》カ其義務ヲ怠《おこた》ラサリシトキハ此限ニ在ラス

監督義務者ニ代ハリテ無能力者ヲ監督スル者モ亦前項ノ責ニ任ス

本條問の答　前二條の定めにより能力《のうりよく》なき者が損害《そんがい》を加へたるときに責任《せきにん》なき場合に於て無能力《ひのうりよく》を監督《かんとく》則ち取締《とりしま》るべき法律に定めたる義務ある者假令ば未成年《みせいねん》者の後見人《こうけんにん》及び禁治産《きんちさん》の後見人の如きものは其無能力者が加へたる損害の賠償を爲す責あり併し此等の監督義務者が其義務は盡《つく》したるも防《ふせ》ぐことが出來ざりしときは賠償の義務なきものとす又監督《かんとく》義務者が差支《さしつかへ》ありて他人に代《かは》らしめ無能力者を監督せしめたる場合に損害《そんがい》が出來たるときは亦た右の通りに責あるものとす

第七百十五條　或《ある》事業《じげふ》ノ爲メニ他人ヲ使用《しよう》スル者ハ被用者《ひよう》カ其事業ノ執行《しつかう》ニ付キ第三者ニ加ヘタル損害ヲ賠償スル責ニ任ス但使用者カ被用者《ひようしや》ノ選任《せんにん》及ヒ其事業ノ監督《かんとく》ニ付キ相當ノ注意《ちうい》ヲ爲シタルトキ又ハ相當ノ注意ヲ爲スモ損害カ生スヘカリシトキハ此限ニ在ラス

使用者ニ代ハリテ事業ヲ監督スル者モ亦前項ノ責ニ任ス

前二項ノ規定ハ使用者又ハ監督者ヨリ被用者《ひようしや》ニ對スル求償權《きうしやうけん》ノ行使ヲ妨ケス

本條問の答　或《あるひ》事業《げふ》假令ば家《いへ》を普請《ふしん》する爲めか或《あるひ》は池《いけ》を堀《ほ》る爲めに他人を使用《しよう》する者は使《つか》はれる者が其事業を行ふに付き他の者の財産又は身体《しんたい》に損害《そんがい》を加へたるときは之を償はざるべからず併し使用者《しようしや》が被用者《ひようしや》は不都合《ふつがふ》の者にあらざるや否《いな》やを吟味《ぎんみ》して用ゐたること及び其事業の監督《かんとく》に付き相當《さうたう》の注意《ちうい》をしたること又相當の注意を爲したるも損害を防《ふせ》ぐことが出來ざるときは賠償するに及ばざるべし又使用者に代《かは》りて事業の取締《とりしまり》を爲す者も亦右の如く損害を賠償する責あり然れども使用者又は監督者は害を受けたるものに向て支拂《しはら》ふたるものを被用者に賠償を求《もと》むることを得るなり

第七百十六條　注文者ハ請負人《うけおひにん》カ其仕事《しごと》ニ付キ第三者ニ加ヘタル損

害ヲ賠償《ばいしやう》スル責ニ任セス但注文《ちうもん》又ハ指圖《さしづ》ニ付キ注文者ニ過失《くわしつ》アリタルトキハ此限ニ在ラス

本條問の答　或る事を注文《ちうもん》したる者は請負人《うけおひにん》が其仕事《しごと》より他人の財産《ざいさん》又は身体《しんたい》に損害《そんがい》を加《くは》へたるときは之を賠償《ばいしやう》するの責《せめ》なし其れは請負人《うけおひにん》は注文者より請負《うけお》ひたる事業《じげふ》を自分の全權《ぜんけん》を以てするもの故他人に加へたる損害は自分《じぶん》之を賠償する責《せめ》あるものなり併し注文又は指圖《さしづ》したることに付き注文者に過《あやまち》ありて他人に損害を與《あた》へたるときは注文者の過にして請負人《うけおひにん》の知らざる所なれば賠償する責なし

第七百十七條　土地ノ工作物ノ設置《せつち》又ハ保存《ほぞん》ニ瑕疵《かし》アルニ因リテ他人ニ損害ヲ生シタルトキハ其工作物ノ占有者ハ被害者ニ對シテ損害賠償ノ責ニ任ス但占有者カ損害ノ發生《はつせい》ヲ防止《ばうし》スルニ必要ナル注意ヲ爲シタルトキハ其損害ハ所有者之ヲ賠償スルコトヲ要ス

前項ノ規定ハ竹木ノ栽植《さいしよく》又ハ支持《しぢ》ニ瑕疵《かし》アル場合ニ之ヲ準用ス

前二項ノ場合ニ於テ他ニ損害ノ原因ニ付キ其責ニ任スヘキ者アルトキハ占有者《せんいうしや》又ハ所有者ハ之ニ對シテ求償權ヲ行使スルコトヲ得

本條問の答　土地の工作物《こうさくぶつ》則ち水道《すゐだう》を設《まう》くるか或は石垣《いしがき》の崩《くづ》れを繕《つくら》ひたることに瑕疵《きず》ありたる爲めに他人に損害を與《あた》へたるときは其工作物を占有《せんいう》するものは害《がい》を受けたるもの

に向ひて其損害を賠償せざるべからず併し占有者が損害の出來ることを防《ふせ》ぐに必要《ひつえう》なる注意《ちうい》則ち工作物は未《いま》だ十分でなき故近寄《ちかよ》るべからざることを注意したるにも拘《かゝは》らず近寄たる所工作物崩《くづ》れて他人を害《がい》したるときは賠償の責《せめ》なくして所有者《しよいうしや》之が賠償の責《せめ》あるものとす右の定は竹木《ちくぼく》を植《う》えたる場合又は家の繕《つくら》ひに支《さゝ》へを爲したる場合に損害を他人に與《あた》へたるときにも用ゐるなり右二個の場合に損害の原因《げんいん》は他の者の不都合《ふつがふ》より出來たるものなるときは占有者《せんいうしや》又は所有者《しよいうしや》は其者に向ひて償《つくなひ》を求むることを得るなり

第七百十八條　動物ノ占有者《せんいうしや》ハ其動物カ他人ニ加ヘタル損害ヲ賠償スル責ニ任ス但動物ノ種類《しゆるゐ》及ヒ性質《せいしつ》ニ從ヒ相當ノ注意ヲ以テ其保《ほ》管《くわん》ヲ爲シタルトキハ此限ニ在ラス

占有者ニ代ハリテ動物《どうぶつ》ヲ保管《ほくわん》スル者モ亦前項ノ責ニ任ス

本條問の答　動物《どうぶつ》の占有者則ち犬馬牛《いぬうまうし》を飼《か》ひ居るもの又預《あづか》り居る者は其犬《いぬ》や牛《うし》や馬《うま》が他人に損害《そんがい》を加へたるときは之を賠償する責あるものとす但し動產の種類《しゆるゐ》により又其性質《せいしつ》に從《したが》ひ則ち荒《あ》れ馬《うま》なれば其手當《てあて》を爲して相當《さうたう》の注意を以て保管したるときは賠償するの責なきものとす又占有者に代りて動產を保管するものも亦右の責あるものなり

第七百十九條　數人カ共同《きやうどう》ノ不法行爲《ふはふかうゐ》ニ因リテ他人ニ損害ヲ加ヘタルトキハ各自《かくじ》連帶《れんたい》ニテ其賠償ノ責ニ任ス共同行爲者中ノ孰レカ其

損害ヲ加ヘタルカヲ知ルコト能ハサルトキハ亦同シ
教唆者《けうさしや》及ヒ幇助者《ほうじよしや》ハ之ヲ共同行爲者《きやうどうかうゐしや》ト看做《みな》ス

本條問の答　數人《すうにん》が共《とも》に爲したる不法行爲《ふはふかうゐ》則ち犯罪等《はんざいとう》によりて他人に損害を加へたるときは各連帯《おのおのれんたい》にて責に任ずべきものとす又數人にて事を爲す内にて誰が損害を加へたるかを知ることが出來ざるときは又連帯《れんたい》にて責《せめ》に任《にん》ずるものとす又指圖《さしづ》したる者則ち教唆者《けうさしや》及び幇助者《ほうじよしや》則ち手助《てだす》けを爲したる者は共同行爲者《きやうどうかうゐしや》と看做《みな》すべし

第七百二十條　他人ノ不法行爲ニ對シ自己《じこ》又ハ第三者ノ權利ヲ防衛《ばうゑい》スル爲メ已ムコトヲ得スシテ加害行爲《かがいかうゐ》ヲ爲シタル者ハ損害賠償ノ責ニ任セス但被害者《ひがいしや》ヨリ不法行爲ヲ爲シタル者ニ對スル損害賠償ノ請求ヲ妨ケス
前項ノ規定ハ他人ノ物《もの》ヨリ生シタル急迫《きうはく》ノ危難《きなん》ヲ避クル爲メ其物ヲ毀損《きそん》シタル場合ニ之ヲ準用ス

本條問の答　他人が自分《じぶん》又は他人の身体《しんたい》又は財産に向て害を加へんとするを以て其れを防《ふせ》ぐ爲め已《や》むことを得ずして其害を加へんとするものに害《がい》を加《くは》へたるときは如何なる損害あるも賠償《ばいしやう》するに及ばず是れ自分《じぶん》の防衛權《ばうゑいけん》を行ふたればなり併し被害者より不法行爲《ふはふかうゐ》を爲したる者に向ひては損害あるときは償ひ求むるを得るなり此の定は他人の物より出

來たる火急《くわきう》の危險《きけん》を避《さ》くる爲め其物を毀《こぬ》したる場合則ち他人の垣《かき》が崩れ其下敷《したじき》となり其垣を崩すにあらざれば出づること出來ざるより其垣を崩したる場合に準用するなり

第七百二十一條　胎兒《たいじ》ハ損害賠償ノ請求權《せいきうけん》ニ付テハ既《すで》ニ生マレタルモノト看做ス

本條問の答　胎兒《たいじ》則ち腹《はら》の中《なか》に居る子は損害の賠償を求《もと》むるに付ては既《すで》に生《う》まれたるものと看做《みな》すべきなり是れ其權利《けんり》を保護《ほご》する爲めに斯《か》く定めたるなり

第七百二十二條　第四百十七條ノ規定ハ不法行爲ニ因ル損害ノ賠償ニ之ヲ準用ス

被害者ニ過失《くわしつ》アリタルトキハ裁判所ハ損害賠償ノ額ヲ定ムルニ付キ之ヲ斟酌《しんしやく》スルコトヲ得

本條問の答　第四百十七條は不法行爲《ふはふかうゐ》に因《よ》る損害の賠償にも準用《じゆんよう》す故に此賠償《ばいしやう》には金錢を以てなすものと知るべし併《しか》し別《べつ》に意思《いし》あるときは他の物及び方によるべきなり又損害の高を定むるに付き被害者《ひがいしや》にも過《あやまち》あるときは之を酙酌《しんしやく》して極《き》むるものと知るべし

第七百二十三條　他人ノ名譽《めいよ》ヲ毀損《きそん》シタル者ニ對シテハ裁判所ハ被害者ノ請求ニ因リ賠償損害ニ代ヘ又ハ損害賠償ト共ニ名譽ヲ回復《くわいふく》スルニ適當《てきたう》ナル處分《しよぶん》ヲ命スルコト得

本條問の答　他人の名譽《めいよ》を損《そこな》ひたる者に向《むか》ては裁判所は被害者《ひがいしや》の求《もとめ》により損害を賠償せしむる代《かは》りに新聞《しんぶん》に謝《あやま》り状《じやう》を廣告《くわうこく》せしむるか又は損害賠償と共に名譽を回復するに右の方法によることあるべし

第七百二十四條　不法行爲ニ因ル損害《そんがい》賠償《ばいしやう》ノ請求權《せいきうけん》ハ被害者又ハ其法定代理人カ損害及ヒ加害者《かがいしや》ヲ知リタル時ヨリ三年間之ヲ行ハサルトキハ時效ニ因リテ消滅《せうめつ》ス不法行爲ノ時ヨリ二十年ヲ經過《けいくわ》シタルトキ亦同シ

本條問の答　以上述《の》べたる不法行爲による損害賠償を求むる權利は被害者《ひがいしや》又は法定代理《はふていだいり》人《にん》が損害《そんがい》ありたることゝ害を加へたる者とを知りたる時は其時より三年間行はざるときは時效《じかう》によりて消滅《せうめつ》するものとす不法行爲《ふはふかうい》のありたる時より二十年を過《す》ぎたるときは最《も》早《はや》賠償を求《もと》むることは出來《でき》ざるべし

第四編　親族

本編問の答　親族及其關係《くわんけい》より生《しやう》ずる權利（例へば戸主權親權の如し）義務（養料《やしなひれう》の義務の如し）并に（無能力《むのうりよく》婚姻《こんゐん》することを得ざること等の如し）に就《つい》て規定したるものなり揃て親權とは如何なる者を云ふかと云ふに本法にては血族《けつぞく》とは血筋《ちすぢ》の續ける者配偶者《はいぐうしや》とは夫婦姻族《ゐんぞく》とて配偶者の親族の三者を合《あは》せて親族とは名付《なづ》けたり、故に舊民法《きうみんぽふ》の如く親族とは血統《けつとう》の相聯結《れんけつ》せる者の關係なりと云ふことを得ず是讀者《これどくしや》の宜《よろ》しく注意すべき所なり而して本編に規定したる權利義務等は總《すべ》て親族の關係より生《しやう》ずるものなるに依り先づ第一章總則の部に於て親族の如何《いか》なるものなるかを定めて其の根本《こんぽん》を明《あきら》かにし逐次其効果に及びたり詳細は各本條の說明に就て看るべし

第一章　總則

本章問の答　此の親族編一編のみに通る規定を設けたるものなり故に同じく總則なる語を用ひあるも本法第一編なる總則《そうそく》又は本編各章の始めに掲《かゝ》げたる總則とは同じからず第一編總則は民法全体《ぜんたい》に通《つう》ずる規則にして本章の總則は本編全体に通《つう》ずる規則なり又各章の始めに掲《かゝ》げたる總則は只だ其一章のみに通《つう》ずる規則なれば能く區別《くべつ》して誤《あやま》ることなかれ尚ほ本章總則は第七百二十五條より第七百三十一條に至る僅かに七ヶ條より成ると雖ども其の關係する所は本編《ほんぺん》全体に亘《わた》るが故に深《ふか》く注意《ちうい》して研究《けんきう》することを要す以下條と

逐ふて詳説せん

第七百二十五條　左ニ掲ケタル者ハ之ヲ親族トス

一　六親等内《しとうない》ノ血族《けつぞく》

二　配偶者《はいぐうしや》

三　三親等内《しんとうない》ノ姻族《いんぞく》

本條問の答　本條は如何《いか》なる者と親族と云ふやを定めたる規定なり普通《ふつう》世人が稱《しよう》する所の親族と本法に依り定められたる親族とは只だ其の關係に深淺《しんせん》の差別《さべつ》あるに過《す》ぎず本條に云ふ親族は左の三者に限る

（一　六親等内《しんとうない》の血族《けつぞく》　血族とは例令《たとへ》ば父母兄弟姉妹等の如く血筋《ちすぢ》の續ける親族《しんぞく》と云ふ而して何《いづ》れ迄を親族とするかと云ふに本法は之を六親等内《しんとうない》と定めたり故に例《たと》ひ血筋の續ける者にても六親等以外の者は民法上親族と云ふことを得ざるものと知るべし

二　配偶者　配偶者《はいぐうしや》とは夫婦の一方の事なり例令《たとへ》ば夫の配偶者は婦《つま》にして婦の配偶者は夫《をつと》なり故に夫婦も亦《また》親族の一種なりとす

三　三親等内の姻族《いんぞく》　とは夫婦の一方と其の配偶者《はいぐうしや》の親族との關係《くわんけい》を云ふ故に夫より見れば妻《さい》の父母兄弟姉妹は皆《みな》姻族《いんぞく》なり然れども親族となるべき姻族《いんぞく》は三親等内の

者に限るを以て四親等《しんとう》又は四親等以上の姻族《いんぞく》は民法上之を親族と云ふを得ざるなり尚ほ親等の計算法《けいさんほふ》は次條に於て説明せん

第七百二十六條　親等《しんとう》ハ親族間ノ世數《せすう》ヲ算《さん》シテ之ヲ定ム
傍系親ノ親等ヲ定ムルニハ其一人又ハ其配偶者《はいぐうしや》ヨリ同始祖ニ遡《さかのぼ》リ其始祖ヨリ他ノ一人ニ下ルマテノ世數ニ依ル

本條問の答　本條は親等の計算法《けいさんほふ》を定めたる規定なり世數《せすう》とは世の數と云ふ意にして俗に一代二代と云ふ代數《だいすう》のことなり例令《たとへ》ば父と子は一代なれば即ち一世にして祖父母と孫とは二代なれば即二世なり直系親《ちよくけいしん》とは同一祖先より一筋に直下《ちよくか》したる親系《しんけい》を云ふ例令は父母より直下《ちよくか》したるものなれば父母と子との關係《くわんけい》は直系親なり又傍系親《ばうけいしん》とは直系親と同じく祖先《そせん》は同一なれども一筋に直下《ちよくか》せざるものを云ふ例令《たとへ》は兄弟姉妹伯叔父母等の如し扨て以下親等の計算法を説明すべし

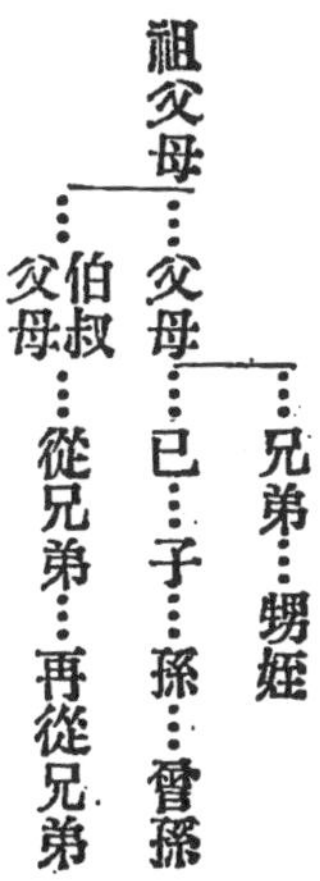

右圖解《づかい》に依り直系《ちよくけい》親等を知るには已と本とし一代毎《ごと》に一等を加へて其の代數を算《さん》すべし

故に父母は一等親にて祖父母《そふぼ》は二等親なり又子は一等親にして孫は二等親曾孫《ひまご》は三等親なり從て己《おの》れの祖父母と孫とは四等親にして曾孫《ひまご》とは五等親なり次に傍系親《ばうけいしん》を算ふるには先づ己《おの》れと傍系親との同始祖迄の親等を數《かぞ》へ夫より傍系親に下る親等は數を合すとなり例《たとへ》ば己れと從兄弟《いとこ》とは何れも同一始祖なる祖父母より出《い》でたるものなれば己れと祖父母との親等を數《かぞ》へ又祖父母より從兄弟《いとこ》に下る親等を數へ之を合したるものが己れと從兄弟との親等なり故に此の二者の親等は四親等なり

第七百二十七條　養子《やうし》ト養親及ヒ其血族トノ間ニ於テハ養子縁組《えんぐみ》ノ日ヨリ血族間ニ於ケルト同一ノ親族關係ヲ生ス

本條問の答　本條は養子《やうし》と養親《やうしん》及其血族との關係を規定《きてい》したるものなり養子は男子と女子を總稱《そうしやう》す從來養子は男子に限り女子の場合《ばあひ》は養女と云ひ來りたれども子と云ふ文字《もじ》は男女共に用《もち》ひ得べき文字なるを以て本法《ほんぽふ》にては單に養子と記せり又養親とは養家先きの兩親《りやうしん》のことなり其血族とは養親の血筋《ちすぢ》の者を云ふ扨《さて》養子は養家《やうか》の人となるのみならず末《すゑ》は何れ其家を相續する者なるが故に養子縁組の日《ひ》より養親とは實《じつ》の親と同一の關係《くわんけい》を生じ又其血族とも己《おの》れの血族《けつぞく》に於《お》けると同一の關係《くわんけい》を生ずるなり

第七百二十八條　繼父母《けいふぼ》ト繼子ト又ハ嫡母ト庶子《しよし》トノ間ニ於テハ親子間ニ於ケルト同一ノ親族關係ヲ生ス

本條問の答　本條は繼父母《けいふぼ》と繼子幷に嫡母《ちやくぼ》と庶子との關係《くわんけい》を定めたるなり繼父とは俗に云ふ「まゝてゝ」のことにて繼母《けいぼ》とは「まゝはゝ」のことなり又繼子《けいし》とは「まゝ子」を云ふなり而して嫡母《ちやくぼ》とは庶子《しよし》の父の妻のことにて庶子とは妻《さい》にあらざる女と通《つう》じて生ませたる子を云ふ例令《たとへ》ば權助がお鍋《なべ》と私通《しつう》して權太を生み之を認《みと》めて我が子としたる時權助の妻《つま》お松は嫡母《ちやくぼ》にして權太は庶子なるが如し扨《さ》て以上の者は少しも血《ち》のかゝれる者にはあらねど其の夫婦《ふうふ》の一方とは血族なれば一家の平和《へいわ》を保《たも》つが爲に實の親子と同一の親族關係の生ずることゝ定めたり

第七百二十九條　姻族關係及ヒ前條ノ親族關係ハ離婚ニ因リテ止ム
夫婦《ふうふ》ノ一方カ死亡《しぼう》シタル場合ニ於テ生存《せいぞん》配偶者カ其家ヲ去リタルトキ亦同シ

本條問の答　本條は姻族《いんぞく》關係及親族關係の止むときを規定したり離婚《りこん》とは夫婦別《わか》れのことを云ふ扨て姻族關係幷に前條の親族關係は畢竟《ひつきやう》婚姻によりて生《しやう》じたるものなれば離婚即ち夫婦別れをなせば元の他人となることとは云ふ迄もなし又夫婦の一方が死したるときに生《い》き殘《のこ》れる配偶者が其の緣附先《えんづきさき》きを去りたるときも亦元の他人となるものなれば矢張り姻族幷に前條に定めたる親族關係は消滅《せうめつ》することゝ定めたるなり

第七百三十條　養子ト養親及ヒ其血族トノ親族關係ハ離緣ニ因リテ

止ム
養親カ養家ヲ去《さ》リタルトキハ其者及ヒ其實方《さとかた》ノ血族ト養子トノ親族關係ハ之ニ因リテ止ム
養子ノ配偶者《はいぐうしや》、直系卑屬又ハ其配偶者カ養子ノ離緣《りえん》ニ因リテ之ト共ニ養家《やうか》ヲ去リタルトキハ其者ト養親及ヒ其血族《けつぞく》トノ親族關係ハ之ニ因リテ止ム

本條問の答　本條は養子に關《くわん》する親族關係《くわんけい》止む時を定めたる規定《きてい》なり直系卑屬とは直系親族中にて己れより下の者を云ふ例《たと》へば子《こ》、孫《まご》、曾孫《ひまご》等の如し序《ついで》に尊屬のことを說かんに直系尊屬とは直系卑屬の反對《はんたい》にて己れの親《おや》、祖父母《そふぼ》、高祖父母《かうそふぼ》等己れより上にある者と云ふなり扨て養子と養子先きの親《おや》及び其の血族と親類《しんるゐ》になりたるは畢竟《ひつきやう》養子に行きたるに依るものなれば不緣《ふえん》となりて實家へ歸《かへ》り來たれば元との他人となるは理《り》の當然《たうぜん》なり又養子と養親及其の實方との親類なるは養子と養親とに親子の關係あるより生せしものなれば若し養親が養家《やうか》を去りたる時《とき》は養子と養親及其の實方《じつかた》の血族との間柄は最早《もは》や親類とはならず（第二項）然れども養家の親族との間柄《あひだがら》は決《けつ》して變《か》はることなし又養子の配偶者養子の直系卑屬（例《たと》へば子孫等）又は其の直系卑屬《ちよくけいひぞく》の配偶者が離緣《りえん》せられたる養子に附て養家を去りたるときは其の者と養親幷に養親の血族との親類の關係は消滅するもの

なり(第三項)
茲《こゝ》に注意《ちうい》すべきは縁組と云へば通常嫁《つうじやうよめ》に行くことゝ養子に行くことの両方に使《つか》ふ語なれども本法にては縁組と云へば養子に行《ゆ》くことのみと云ひ嫁《よめ》に行くことは之を婚姻《こんゐん》と云へり故に離婚《りこん》とは夫婦別れのことのみを云ひ離縁とは養子の不縁《ふゑん》せらるゝことと知る可し又養子に行くと入婿《いりむこ》に行くとは同じからず養子は只だ養家先きの家族《かぞく》となる迄のことなり故に入婿となるには其の家の娘と婚姻《こんいん》となることを要《えう》するなり

第七百三十一條　第七百二十九條第二項及ヒ前條第二項ノ規定ハ本家相續、分家及ヒ廢絶家再興《はいぜつかさいかう》ノ場合ニハ之ヲ適用《てきよう》セス

本條問の答　本條は離婚《りこん》又は離縁《りえん》するも親類の關係《くわんけい》の止まざる場合と定めたる規定《きてい》なり第七百二十九條第二項の場合及前條第二項の場合は孰れも親族關係の止む場合なれども若し其の原因《げんいん》か本家と相續《さうぞく》する爲めか分家する爲めか又は絶家《ぜつか》と再興《さいかう》する爲めに其の家を去るものならば今迄通り親族の關係と保《たも》たしむ蓋《けだ》し其の家を去るは往々《わうく》止むを得ざるに出づること多きのみならず自己《じこ》の自由に去《さ》るものにあらざれば之を縁切《えんぎ》れとするは甚だ過酷《くわこく》なり故に本條は此の三個の場合に限《かぎ》り親族關係と絶《た》たざることを定めたり

第二章　戸主及ヒ家族

本條問の答　本章は戸主と戸主家族の資格并に其の關係を定めたり而して如何なる者と

戸主と云ひ家族と云ふやは第七百三十二條に於て説明をべし

第一節　總則

第七百三十二條　戸主《こしゆ》ノ親族ニシテ其家《そのいへ》ニ在ル者及ヒ其配偶者ハ之ヲ家族トス

戸主ノ變更《へんかう》アリタル場合ニ於テハ舊《きう》戸主及ヒ其家族ハ新戸主ノ家族トス

本條問の答　本條は家族《かぞく》の如何なる者なるかを示したる規定《きてい》なり戸主とは一家の長《ちやう》を云ふものにて主人と云ふと同意《どうい》なり扨て家族《かぞく》とは如何なる者を云ふかと云ふに其の直系親《ちよくけいしん》族《ぞく》たると傍系親族たると又尊親属《そんしんぞく》なると卑親屬なるとにかゝはらず戸主の親族《しんぞく》にて其の家に在る者及其の配偶者《はいぐうしや》は總て家族なりとす次に戸主の死亡《しばう》又は隱居等の爲めに相續人が戸主となりたるときは舊《きう》戸主の家族は新《しん》戸主の家族となる若《も》し隱居により相續人が戸主となりたるときは舊《きう》戸主も亦新戸主の家族の中に入《うち》ることゝなるなり茲《こゝ》に注意すへきは其の家《いへ》にある者と云ふは現在《げんざい》其の家にあるものゝみに限《かぎ》らず一時他處に在《あ》る者にて其の家に籍ある者も之を含めることゝ知るべし

第七百三十三條　子ハ父ノ家《いへ》ニ入ル

父ノ知レサル子ハ母ノ家ニ入ル

父母共ニ知レサル子ハ一家ヲ創立ス

本條問の答　本條は子は何《いづ》れの家に入るべきものなるやと定《さだ》めたる規定なり元來《ぐわんらい》子は父母両人の間に設《まう》けられたるものなれども母は父の家族《かぞく》なるに依り子も亦父の家族《かぞく》となるは當然のことなり然れども之れは嫡子《ちやくし》なるか又は私生子《しせいし》なるも父の認知《にんち》により庶子となりたるものに限る若し父の知れざる子即ち私生子ならば父の誰れなるや明かならざるを以て父の家に入らんとするも能《あた》はず故に此の場合には母の家《いへ》に入り母が戸主なるときは、母の家族となり母が家族なるときは其の母の屬《ぞく》する戸主の家族となる次に拾子《すてご》、迷《まい》ひ子の如き父母の誰《た》れなるかを知ることを得ざる者は入るべき家なきに依り新《あらた》に一家を立つることゝしたり蓋《けだ》し止《や》むを得《え》ざるに出でたるものなり因《ちなみ》に云ふ嫡子とは正當《せいたう》の婚姻に依りて夫婦《ふうふ》となりたる者の間に生《う》まれたる子のことにて庶子《しよし》とは内縁《ないえん》の妻に生ませたる子を已れの子なりと父が認《みと》めたるものを云ひ俗《ぞく》に云ふ「てゝなし子」とて父の誰れなるや明かならざる者及び實際《じつさい》知れ居るも父の認《みと》めざる子を私生子《しせいし》といふ

第七百三十四條　父カ子ノ出生前ニ離婚又ハ離縁ニ因リテ其家ヲ去リタルトキハ前條第一項ノ規定ハ懷胎《くわいたい》ノ始ニ遡《さかのぼ》リテ之ヲ適用ス

前項ノ規定ハ父母カ共ニ其家ヲ去リタル場合ニハ之ヲ適用セス但母カ子ノ出生前《しゆつしやうぜん》ニ復籍《ふくせき》ヲ爲シタルトキハ此限ニ在ラス

本條問の答　本條は父が離婚《りこん》又は離縁《りえん》に因りて其の家を去りたる後《のち》生《う》まれたる子は何《いづ》れの家に入るべきやを定む爰《こゝ》に「懐胎《くわいたい》の始めに遡《さかのぼ》り」とは懐胎《みもち》の時に入るべかりし家に入ると云ふ意味《いみ》なり又第二項の復籍《ふくせき》とは一旦其の家を去りたる者が再《ふたゝ》び其の家《いへ》に歸り來ることを云ふ扨て父が子の生《うま》るゝ前に夫婦別《わか》れ又は不縁となりて養家を去《さ》りたる後に生《う》まれたる子は何《いづ》れの家に入るべきやと云ふに本條に前條第一項の規定は懐胎《みもち》の始めに遡《さかのぼ》りて之を通用《つうよう》をとあるに依り其懐胎の當時《たうじ》に入るべかりし家に入ることとなる例《たと》へば入婿《いりむこ》が離婚せられて其の家を去《き》りたる後に生《う》まれたる入婿の子は懐胎當時《たうじ》の父の家なる婿入先《むこいりさ》きの家に入り其の家族となるべく又離婚に依《よ》りて懐胎の儘歸《まゝか》りし女の生《う》みたる子は懐胎當時の父の家たる嫁入先《よめいりさき》きの家族となるが如し然れども父母共に其の家《いへ》を去りたるときは此の規定は適用せられざるに依り父の現在の家に入ることゝなれり但母が出生前に復籍したるときは父のみ去りたる場合と同様になるを以て母の家に入ることゝなるなり

第七百三十五條　家族ノ庶子及ヒ私生子ハ戸主ノ同意アルニ非サレハ其家ニ入ルコトヲ得ス

庶子《しよし》カ父ノ家ニ入ルコトヲ得サルトキハ母ノ家ニ入ル

私生子カ母ノ家ニ入ルコトヲ得サルトキハ一家ヲ創立《さうりつ》ス

本條問の答　本條は家族の庶子《しよし》及私生子の家族《かぞく》となるべき場合の規定《きてい》なり扨て戸主其の

家族を養《やしな》ふ義務はあれどもされば迚て其の家族の庶子《しよし》や私生子迄も之を家族《かぞく》として養はざるを得ずとせるは戸主に取りて頗《すこぶ》る迷惑《めいわく》なる話なれば戸主に於て同意《どうい》せざる以上は其の家族となすことを得ずと定めたり然らば戸主の不同意《ふどうい》に依《よ》り其の家《いへ》に入ることを得ざる庶子は何《いづ》れの家族《かぞく》となるかと云ふに之れは無論《むろん》母の家族となるべきも母の家にも入ることを得ざる私生子は止むを得ず一家を創立することゝなるなり

第七百三十六條　女戸主カ入夫婚姻ヲ爲シタルトキハ入夫ハ其家ノ戸主ト爲ル但當事者《たうじしや》カ婚姻ノ當時反對《はんたい》ノ意思ヲ表示シタルトキハ此限ニ在ラズ

本條問の答　本條は入夫(入婿と云ふに同じ)が戸主となる場合の規定なり歐洲諸國にては我舊民法《きうみんぽふ》の如く女戸主が入夫を迎《むか》ふるも入夫は戸主《こしゆ》となることとなしとせる國《くに》あれどもかゝる規定《きてい》は我國の習慣《しふくわん》に反するを以て別段の約束なき限《かぎ》りは女戸主は入夫を迎《むか》ふると同時に下《くだ》て入夫の家族となり入夫が直《たゞち》に戸主となる然れども婚姻《こんいん》の時戸主を替《か》へず入夫は家族となるに過ぎざることと約したる場合には入夫婚姻となすも女戸主は矢張り戸主にして入夫は戸主とならざるなり

第七百三十七條　戸主ノ親族ニシテ他家ニ入ル者ハ戸主ノ同意ヲ得テ其《その》家族《かぞく》ト爲ルコトヲ得但其者カ他家《たけ》ノ家族タルトキハ其家ノ戸

主ノ同意ヲ得ルコトヲ要ス
前項ニ掲ケタル者カ未成年《みせいねん》者《しや》ナルトキハ親權ヲ行フ父《ちゝ》若《もし》クハ母又
ハ後見人ノ同意ヲ得ルコトヲ要ス

本條問の答　本條は戸主の親族が其の家族となるべき場合《ばあひ》の規定《きてい》なり即ち戸主の親族にして他の家《いへ》に在る者は戸主の承諾《しやうだく》を得るときは其の家族となることを得《う》れども其戸主の家族とならんと欲する者が他の家の家族なる場合《ばあひ》には其の家の戸主の承諾《しやうだく》を得るを要せ蓋《けだ》し戸主は家族を監督《かんとく》する者なればなり

第七百三十八條　婚姻又ハ養子緣組ニ因リテ他家ニ入リタル者カ其配偶《はいぐう》者《しや》又ハ養親ノ親族ニ非サル自己《じこ》ノ親族ヲ婚家又ハ養家ノ家族ト爲サント欲《ほつ》スルトキハ前條ノ規定《きてい》ニ依ル外其配偶者又ハ養親《やうしん》ノ同意ヲ得ルコトヲ要ス
婚家又ハ養家ヲ去《さ》リタル者カ其家《そのいへ》ニ在ル自己ノ直系卑屬《ちよくけいひぞく》ヲ自家ノ家族ト爲サント欲スルトキ亦同シ

本條問の答　本條は婚姻又は養子緣組《ゑんぐみ》によりて他家《たけ》に入りたる者又は去りたる者が己《おの》れの親族を引取る場合の規定なり婚家《こんか》とは婚姻《こんいん》に因りて入りたる家のことなり故に嫁入先《よめいりさき》入夫先は皆婚家《みなこんか》なり扨て婚姻又は養子緣組に因《よ》りて他家《たけ》に入りたる者が其の配偶者《はいぐうしや》又は

養親の親族にあらざる者即《すなは》ち己《おの》れの親族を婚家又は養家の家族《かぞく》とせんには前條の規定《きてい》に依り其の婚家又は養家《やうか》の戸主のみならず其の者が他の戸主の家《いへ》にあるときは其の家の戸主の同意《どうい》をも要《えう》するが上に尚《なほ》は己れの配偶者又は養親の同意《どうい》を得べきものとす（本條第一項）又前《ぜん》と反對《はんたい》に婚家又は養家を去《さ》りたる者が其の家に在る己《おの》れの直系卑屬なる子又は孫等《ら》を自分《じぶん》の家族となすには是亦《これまた》前項同樣に己れの戸主の同意を得たる外《ほか》尚は其の配偶者又は養親たりし者の同意を得ることを要するなり（本條第二項）

第七百三十九條　婚姻又ハ養子縁組《えんぐみ》ニ因リテ他家《たけ》ニ入リタル者ハ離婚《こん》又ハ離縁ノ場合ニ於テ實家《じつか》ニ復籍《ふくせき》ス

本條問の答　本條は實家に復籍《ふくせき》する場合の規定なり婚姻《こんいん》に因りて入夫となり又は嫁入《よめいり》したる者養子となりたる者が離婚《りこん》又は離縁となりたる場合には何《いづ》れの家族となるべきやと云ふに實家《じつか》即《すなは》ち里方の家に復籍して元《もと》の家族となるなり蓋《けだ》し之れ我が國の習慣《しふくわん》なるのみならずまた止むを得ざるに出づるなり

第七百四十條　前條ノ規定《きてい》ニ依リテ實家ニ復籍《ふくせき》スヘキ者カ實家ノ廢《はい》絶《ぜつ》ニ因リテ復籍ヲ爲スコト能《あた》ハサルトキハ一家ヲ創立ス但實家ヲ再興スルコトヲ妨ケス

本條問の答　本條は復籍《ふくせき》すべき家なき場合の規定《きてい》なり實家ある者は前條規定の如く復籍《ふせき》

ざることを得れども離婚《りこん》又は離縁となるまでに其の實家《じつか》が絶家したるときは復籍する家なきに依り止《や》むを得ず別に一家を創立《きうりつ》することゝせり但し別に一家を創立《きうりつ》する代《か》はりに絶家したる實家を再興するは自由なりとす

第七百四十一條　婚姻又ハ養子縁組ニ因リテ他家ニ入リタル者カ更ニ婚姻又ハ養子縁組ニ因《よ》リテ他家《たけ》ニ入ラント欲スルトキハ婚家又ハ養家及ヒ實家ノ戸主ノ同意ヲ得ルコトヲ要ス

前項ノ場合《ばあひ》ニ於テ同意ヲ爲サヽリシ戸主ハ婚姻又《また》ハ養子縁組ノ日ヨリ一年内ニ復籍《ふくせき》ヲ拒《こば》ムコトヲ得

本條問の答　婚姻又は養子《やうし》縁組によりて他家《たけ》に入りたる者が更《さら》に婚姻又は養子縁組に因りて他家に入らんと欲《ほつ》するときと云ふは例《たと》へば子なき爲めに養女を貰《もら》ひ受けたる後其の家《いへ》の相續人となるべき子が生《う》まれたるときは養女は最早《もは》や不用なれば更に其の家より他家へ養女に遣《つか》はすか又は成長《せいちやう》したる後嫁入《よめい》らすが如し此場合に舊民法《きうみんぽう》は一旦實家へ復籍したる上ならでは他家《たけ》へ入ることを禁《きん》じたれども新民法に於ては本條に依《よ》りかゝる場合には婚家又は養家《やうか》の戸主と實家《じつか》の戸主との承諾《しやうだく》を得ば足《た》ることゝなしたり此の如《かく》く戸主の承諾を要するものなるに本人が戸主の不承知《ふしやうち》を唱《とな》ふるにかゝはらず他家に入りたるときは其の不承知《ふしやうち》を唱へたる戸主は其の者の復籍を拒《こば》むの權利あり但復籍を拒む期限は婚

姻又は養子縁組をなしたる日より一年内とす

第七百四十二條　離籍《りせき》セラレタル家族ハ一家ヲ創立《さうりつ》ス他家ニ入リタル後復籍ヲ拒マレタル者カ離婚又ハ離緣ニ因リテ其家ヲ去リタルトキ亦同シ

本條問の答　人は必《かなら》ず戸籍を有《いう》すべきものなるに依り籍を別《わ》けられたる家族例へば兄弟姉妹は本家より離《はな》れて別に一家を立《た》つることゝなる又前條の場合に戸主の承諾《しやうだく》を得ずして他家に入りたる者にて復籍を拒《こば》まれたる者が離婚《りこん》又は離姻となり其の家を去《さ》るときは最早《もはや》や入るべき家なきに依り此場合《このばあひ》も亦別に一家を立つることゝなるなり

第七百四十三條　家族《かぞく》ハ戸主ノ同意アルトキハ他家《たけ》ヲ相續シ、分家ヲ爲シ又ハ廢絶《はいぜつ》シタル本家、分家、同家其他親族ノ家ヲ再興スルコトヲ得但未成年者ハ親權ヲ行フ父若クハ母又ハ後見人ノ同意ヲ得ルコトヲ要ス

本條問の答　家族は其戸主の承諾《しやうだく》を得たるときは他家《たけ》を相續し又は分家《ぶんけ》を爲し或は絶家したる本家《ほんけ》、分家《ぶんけ》、同家《どうけ》其他一切の親族の家を再興《さいこう》することを得べし然れども其家族が滿二十歳に至らざる者即ち未成年者《みせいねんしや》なるときは戸主の同意を得る外に尚《な》は親權《しんけん》を行ふ父母又は後見人の同意を得ることを要すなり

因《ちなみ》に云ふ親權とは親《おや》の子に對《たい》して有する權利なり而して親《おや》は何時にても此の權利を有するものにあらず例《たと》へば父母共に發狂者《はつきやうしや》なる時の如し又後見人の同意を得る場合《ばあひ》は親權を行ふ者のあらざる場合なり

第七百四十四條　法定《はふてい》ノ推定家督《とく》相續人ハ他家ニ入リ又ハ一家ヲ創立スルコトヲ得ス但本家《ほんけ》相續ノ必要《ひつえう》アルトキハ此限ニ在ラス

前項ノ規定ハ第七百五十條第二項ノ適用ヲ妨ケス

本條問の答　法定《はふてい》の推定《すいてい》家督相續人とは法律が家督相續を爲すべき者と推定《すゐてい》したる者を云ふ例《たと》へば戸主の長男の如し扱て戸主の長男《ちやうなん》の如き法定の推定家督相續人は其家を相續《さうぞく》すべきものなれば他家の入夫《にうふ》となり又は嫁《よめ》入りし又は別に一家《か》を立《た》つることを得ず然れども本家を相續するの止《や》むを得ざる場合は差問《さしつかへ》なし之れ本家を重《おも》んずるに因る斯くの如く本家相續の場合《ばあひ》を除《のぞ》きては其家と出づることを得ざるものなるに無法《むはふ》に爲したる場合には第七百五十條第二項に依り戸主は一年内に離籍そることを得べく又復籍を拒むことをも得べし

第七百四十五條　夫カ他家ニ入リ又ハ一家ヲ創立シタルトキハ妻ハ之ニ隨ヒテ其家ニ入ル

本條問の答　本條は夫《をつと》が他家に入り又は別《べつ》に一家と立てたる時は妻《さい》は夫《をつと》に從て其の入り

たる家又は別《べつ》に立てたる家に入ることと定めたり蓋《けだ》し其理由《りゆう》は元來夫婦は同心一体の者にて家を別にすべきものにあらざるを以てなり

第二節　戸主及ヒ家族ノ權利義務

本節問の答　戸主の權利義務《けんりぎむ》幷に其家族の權利義務を規定《きてい》したるものにして總《すべ》て六ケ條より成れり以下條と逐て講説せん

第七百四十六條　戸主《こしゆ》及ヒ家族ハ其家ノ氏ヲ稱《しやう》ス

本條問の答　本條は戸主及家族は其家《そのいへ》の氏《うじ》を稱《しやう》することゝ定めたり故に以前の如く山田《やまだ》耕助《かうすけ》の妻さとは其實家なる河村を名乘《なの》りて河村さとと稱《しやう》することを得ずして必ず山田さとと稱することと要するなり

第七百四十七條　戸主ハ其家族《そのかぞく》ニ對シテ扶養《ふやう》ノ義務ヲ負フ

本條問の答　本條は戸主の扶養《ふやう》義務と定めたり扶養とは助《たす》け養《やしな》ふことなり扨て戸主たる者は其の家族を扶養するの義務《ぎむ》あるに依り身分相當《さうたう》の衣食を與《あた》ふるは勿論《もちろん》尚は之に教育することと要するなり

ス

第七百四十八條　家族カ自己《じこ》ノ名ニ於テ得タル財產《ざいさん》ハ其特有財產《とくいうざいさん》ト

戸主又ハ家族ノ何レニ屬スルカ分明ナラサル財產ハ戸主ノ財產ト

推定ス

本條問の答　本條は家族の財産《ざいさん》に關する規定《きてい》なり自己の名に於て得たる財産《ざいさん》とは自分の名義《めいぎ》にて得たる物と云ふことにて例《たと》へば軍功《ぐんこう》に因りて得たる年金《ねんきん》の如し又特有財産《とくいう》とは特別《とくべつ》なる財産と云ふことにて戸主に關係《くわんけい》なき財産のことなり扨て古《いにしへ》にありては家族ゝ其力に依りて得たる財産にても已《おの》れ之を所有《しよいう》することを得ずして皆戸主の物《もの》となりたるものなれども今日にありては家族に義務を負はしむる代はりに亦權利をも與ふることゝなりたるを以て此の種《しゆ》の財産は家族の特有《とくいう》と定め戸主の横取《よこどり》することを許《ゆる》さず然れども戸主の物《もの》か家族の物《もの》が明かならざる財産に就《つい》ては法律は之を戸主の物と推定《すいてい》するに依り家族に於て之を已《おの》れの財産なりと主張《しゆちやう》するには戸主の物にあらずして已れの物なることを證據立《しやうこだ》つることを要す若し家族が之を證據立《しやうこだ》つること能《あた》はざるときは戸主の物となる之れ本條第二項の規定する所なり

第七百四十九條　家族ハ戸主ノ意《い》ニ反《はん》シテ其居所ヲ定ムルコトヲ得ス

家族カ前項ノ規定ニ違《い》反《はん》シテ戸主ノ指定《してい》シタル居所《きよしよ》ニ在ラサル間ハ戸主ハ之ニ對シテ扶養ノ義務ヲ免ル

前項ノ場合ニ於テ戸主ハ相當《さうたう》ノ期間ヲ定メ其指定《してい》シタル場所ニ居

所ヲ轉《てん》スヘキ旨ヲ催告《さいこく》スルコトヲ得若シ家族カ其催告ニ應セサル
トキハ戶主ハ之ヲ離籍《りせき》スルコトヲ得但其家族カ未成年者《みせいねんしや》ナルトキ
ハ此限ニ在ラス

本條問の答　本條は家族の居所《きよしよ》に就て規定したり第七百四十七條に依《よ》り戶主は家族を扶《ふ》養《やう》するの義務あれば家族たる者は戶主の意《い》に反《はん》して迄其居所を定むることを得ず然るに、家族が戶主の指定《してい》したる居所に住居せずして他の場所に住居する時は其指定《そのしてい》の居所に歸《かへ》る迄は扶養《ふやう》を受くるの權利なし語《ことば》を換へて云へば戶主は之を扶養するの義務を免《まぬが》るゝのみならず戶主が相當《さうたう》の期間《きかん》を定めて己れの指定《してい》したる場所に居所を轉《てん》ずべしと催告《さいこく》したるに家族が之に應《おう》せざりしときは戶主は其の者を離籍《りせき》することゝも得べし但未成年者は格別なり

第七百五十條　家族カ婚姻《こんいん》又ハ養子緣組ヲ爲スニハ戶主ノ同意《どうい》ヲ得ルコトヲ要ス

家族カ前項ノ規定《きてい》ニ違反シテ婚姻又ハ養子《やうし》緣組ヲ爲シタルトキハ戶主ハ其婚姻又ハ養子《やうし》緣組ノ日ヨリ一年內ニ離籍《りせき》ヲ爲シ又ハ復籍ヲ拒ムコトヲ得

家族カ養子ヲ爲シタル場合ニ於テ前項ノ規定ニ從ヒ離籍セラレタ

ルトキハ其養子ハ養親ニ隨ヒテ其家ニ入ル

本條問の答　本條は家族が婚姻《こんいん》又は養子《ようし》縁組《えんぐみ》を爲す塲合に於ける戸主の權利と家族の義務とを規定したるものなり本條第一項に依れば家族が婚姻又は養子縁組をなすには戸主の承諾を要《よう》を故に此の塲合に若し家族が戸主の承諾を經《へ》ずして自分勝手《じぶんかつて》に爲したるときは戸主は婚姻又は養子縁組の日《ひ》より一ヶ年内に其の家族《ぞく》の戸籍を別《わ》くることも得べく又復籍《ふくせき》を拒《こば》むことをも得るなり（第二項）次に家族《かぞく》が養子を爲したる塲合に第二項に依り離《り》籍《せき》せられたるときは其養子《そのやうし》の入るべき家は何れなるかと云ふに養子は養親《やうしん》に從ふべきものなるが故に別に家を創立《さうりつ》したる養親の家に入るなり例《たと》へば戸主山田一郎の弟三郎が一郎の承諾を得ずして養子を貰ひ受けたるとき一郎は三郎を離籍したり此の塲合に養子五郎の入るべき家は三郎の別に立てたる家なるが如し

第七百五十一條　戸主カ其權利《けんり》ヲ行《おこな》フコト能ハサルトキハ親族會之ヲ行フ但戸主ニ對《たい》シテ親權ヲ行フ者又ハ其後見人アルトキハ此限《このかぎり》ニ在ラス

本條問の答　本條は戸主なきとき之に代はりて戸主權を行ふべき人と規定したり親族會とは親族より成《なり》立てる會にして九百四十四條以下に規定せり扱《き》て戸主が未成年者《みせいねんしや》なるときは其の戸主權と行《おこな》ふことを得ざるにより戸主に對《たい》して親權を行ふ父又は母《はゝ》若《もし》くは後見

人あるときは勿論《もちろん》此等《これら》の人に於て戸主權を行ふべきも若し此等《これら》の者あらざるときは親族會が代はりて之を行ふものなり

第三節　戸主權ノ喪失

本節は戸主權の喪失《さうしつ》に關する規定にして總《すべ》て十三條より成れり以下條を逐《お》ふて詳說《しやうせつ》せん

第七百五十二條　戸主ハ左ニ掲《かゝ》ケタル條件ノ具備《ぐび》スルニ非サレハ隱《いん》居《きよ》ヲ爲スコトヲ得ス

一　滿六十年以上ナルコト

二　完全《くわんぜん》ノ能力ヲ有スル家督《かとく》相續人カ相續ノ單純《たんじゆん》承認ヲ爲スコト

本條問の答　本條は隱居《いんきよ》となすに要《えう》する條件を定めたり其の條件左の如し

一　滿《まん》六十年以上なること　かく年齢《ねんれい》に制限を設《まう》けて彼の二十歳や二十五歳の若者《わかもの》をして隱居《いんきよ》せしむるが如き弊害《へいがい》を防ぎたるなり

二　家督相續人の單純承認《たんじゆんしようにん》　單純承認とは限定承認に對《たい》する語にして被相續人の財產《ざいさん》の多少に拘《かゝ》はらず總《すべ》ての債務を引受くる承認のことにて限定《げんてい》承認とは相續の際《さい》に受取りたる財產の高《たか》に相當《さうたう》する債務を負擔《ふたん》するに過ぎざる承認を云ふ但家督相續人の能力完全なることを要するは勿論なり

右二個の條件を具備《ぐび》するときは何時《なんどき》にても隱居することを得るなり而して此の隱居の制度《ど》は外國に見ざる所にして獨り本邦に於てのみ行はるゝものと知るべし

第七百五十三條　戸主カ疾病、本家ノ相續又ハ再興《さいこう》其他已ムコトヲ得サル事由《じゆう》ニ因リテ爾後《じご》家政《かせい》ヲ執ルコト能ハサルニ至リタルトキハ前條ノ規定《きてい》ニ拘《かゝ》ハラス裁判所ノ許可《きよか》ヲ得テ隱居ヲ爲スコトヲ得

但法定ノ推定家督《かとく》相續人アラサルトキハ豫《あらかじ》メ家督相續人タルヘキ者ヲ定メ其承認ヲ得ルコトヲ要ス

本條問の答　本條は前條の例外《れいぐわい》を定《さだ》めたる規定なり前條に依れは滿《まん》六十年以上に達《たつ》し且家督相續人の單純承認を受《う》けたる場合《ばあひ》にあらでは隱居することを得ず然《しか》れども戸主が病氣又は本家の相續再興《さいかう》其外已むことを得ざる事由《じゆう》ありて爾後《じご》家政《かせい》を執ることを得ざるに至りたる場合《ばあひ》には前條の二要件を備《そな》へざるも裁判所の許可《きよか》を得て隱居《ゐんきよ》することを得べし然《しか》れども法定の推定《すいてい》家督相續人なきときは前以《ぜんもつ》て家督相續人たるべき者をめ定て其者の承認を得ることを要するなり

第七百五十四條　戸主カ婚姻《こんいん》ニ因リテ他家ニ入ラント欲《ほつ》スルトキハ前條ノ規定ニ從ヒ隱居ヲ爲スコトヲ得

戸主カ隱居《いんきよ》ヲ爲サスシテ婚姻ニ因リ他家《たけ》ニ入ラント欲《ほつ》スル場合ニ

於テ戸籍吏カ其届出ヲ受理《じゆり》シタルトキハ其戸主ハ婚姻ノ日ニ於テ
隠居ヲ為シタルモノト看做ス

本條問の答　本條は婚姻に因《よ》りて戸主が他家《たけ》に入らんと欲する場合の規定にして亦前條と同じく例外《れいぐわい》と定《さだ》めたるものに外ならず扨て戸主が婚姻に因《よ》りて他家《たけ》に入らんと欲せるときは前條の規定《きてい》に從ひ隠居をなし然《しか》る上にて更《さら》に他家へ入るべきものとす若《もし》戸主が隠居せずして直に他家に入らんと欲《ほつ》して其の旨《むね》戸籍吏に届出でたるに該戸籍吏に於て誤て其届出を受理《じゆり》したるときは其戸主は婚姻《こんいん》の日に隠居したる者と看做《みな》さるゝものとす

第七百五十九條　女戸主ハ年齢《ねんれい》ニ拘《かゝ》ハラス隠居《いんきよ》ヲ為スコトヲ得
有夫《いうふ》ノ女戸主カ隠居ヲ為スニハ其夫《そのふ》ノ同意ヲ得ルコトヲ要《えう》ス但夫ハ正當《せいたう》ノ理由アルニ非サレハ其同意《どうい》ヲ拒《こば》ムコトヲ得

本條問の答　本條は女戸主《をんなこしゆ》が隠居《いんきよ》する場合の規定なり男戸主が隠居をするには六十年以上なることを要すれども女戸主が隠居をするには必しも滿《まん》六十年以上なることを要せず何時にても隠居をなすことを得、かく男女により區別《くべつ》を設《まう》けたるは女子が戸主たるは畢竟例外にして普通《ふつう》其器にあらざるを以て強《しひ》て戸主たらしむべきにあらざるが故なり然れども隠居せんとする女戸主が夫《をつと》あるものなるときは其夫の承認《しようにん》を得ることを要す之れ夫權《ふけん》を重《おも》んじたるより出でたるなり故に夫も亦正當《またせいたう》の理由《りいう》なきに其同意を拒《こば》むことを得ざるな

り

第七百五十六條 無能力者《むのうりよくしや》カ隱居ヲ爲スニハ其法定代理人ノ同意《どうい》ヲ得ルコトヲ要セス

本條問の答　本條は無能力者《むのうりよくしや》が隱居をする場合の規定《きてい》なり無能力者が法律行爲《はふりつかうい》をなすには法定代理人の同意《どうい》を得ることを要《えう》するを同じく無能力者なる戶主が隱居《いんきよ》をなすにも亦其法定代理人の同意を得るを要するなり

第七百五十七條 隱居《いんきよ》ハ隱居者及ヒ其家督相續人ヨリ之ヲ戶籍吏《とせきり》ニ屆出ツルニ因リ其効力ヲ生ス

本條問の答　本條は隱居の効力《かうりよく》の生ずる時を定《さだ》めたり隱居の効力の生ずるは戶籍吏に屆出でたる時《とき》にあり而して其の屆出は隱居を爲《な》す者と其の家督《かとく》相續人との兩人よりすることを要す故に其中《そのうち》の一人のみの爲したる屆出は其の效なしと知るべし

第七百五十八條 隱居者《いんきよしや》ノ親族及ヒ檢事《けんじ》ハ隱居屆出ノ日ヨリ三ケ月内ニ第七百五十二條又ハ第七百五十三條ノ規定ニ違反シタル隱居ノ取消《とりけし》ヲ裁判所ニ請求《せいきう》スルコトヲ得

女戶主カ第七百五十五條第二項ノ規定《きてい》ニ違反シテ隱居《いんきよ》ヲ爲シタルトキハ夫ハ前項ノ期間《きかん》内ニ其取消ヲ裁判所《さいばんしよ》ニ請求スルコトヲ得

本條問の答　本條は隱居《いんきよ》の取消請求權《せいきうけん》を規定《きてい》したるものなり扨て隱居をなすには第七百五十二條又は第七百五十三條の規定に從ふことを要するに隱居者が之の規定に違ひて隱居をなしたるときは隱居者の親族《しんぞく》即ち第七百三十五條に掲《かゝ》げたる者及び撿事《けんじ》は隱居の取消を裁判所に請求《せいきう》することを得るなり而して此の請求權を親族《しんぞく》に與《あた》へたるは隱居は其の家の爲めに甚《はなは》だ重大なる事柄《ことがら》なるに依る又撿事の此權利を有《いう》するは元來撿事は社會《しやくわい》の秩序を保《たも》つ職掌《しよくしやう》にあるが故なり次に此の取消請求を爲し得る期間《きかん》は隱居の屆出を爲したる日より三ヶ月間なれば若《もし》此の期限を過《す》ぐせば隱居は確定《くわくてい》のものとなり亦如何ともすることを得ざるに至るべし又女戶主が第七百五十五條第二項の規定に背《そむ》き即ち夫の同意《どうい》を得ずして隱居したるときは夫は前項と同じく三ヶ月內に裁判所に向け其の取消を請求することを得べし蓋《けだし》夫婦の性質上當然《たうぜん》の規定なりとす

第七百五十九條　隱居者又ハ家督相續人《しごく》カ詐僞《きぎ》又ハ強迫《きやうはく》ニ因リテ隱居ノ屆出ヲ爲シタルトキハ隱居者又ハ家督相續人ハ其詐僞《さぎ》ヲ發見《はつけ》シ又ハ強迫《きやうはく》ヲ免レタル時ヨリ一年內ニ隱居《いんきよ》ノ取消ヲ裁判所ニ請求《せいきう》スルコトヲ得但追認《ついにん》ヲ爲シタルトキハ此限ニ在ラス

隱居者又ハ家督《かぞく》相續人カ詐僞《さぎ》ヲ發見《はつけん》セス又ハ強迫ヲ免レサル間ハ其親族又ハ撿事《けんじ》ヨリ隱居ノ取消《とりけし》ヲ請求スルコトヲ得但其請求ノ後

隱居者又ハ家督相續人カ追認《ついにん》ヲ爲シタルトキハ取消權《とりけしけん》ハ之ニ因リ消滅ス

前二項ノ取消權《とりけしけん》ハ隱居屆出ノ日ヨリ十年ヲ經過《けいくわ》シタルトキハ時效《じかう》ニ因リテ消滅ス

本條問の答　本條も亦隱居《いんきよ》の取消權を定めたる規定なり爰《こゝ》に云ふ詐欺《さぎ》とは俗《ぞく》に云ふ一かたり」のことにて强迫《きやうはく》とは「無理押付《むりおしつ》け」のことなり扨《さて》隱居は一家の財産上《ざいさんじやう》に大なる關係あるものなれば或《あるひ》は隱居者家督相續人を欺《あざむ》き又は强迫《きやうはく》して隱居せしめ又は相續せしむることなしとも限《かぎ》らず若かゝる事情《じじやう》にて隱居の屆出となしたるときは隱居者《いんきよしや》又は家督相續人より裁判所に向て隱居《いんきよ》の取消《とりけし》を請求することを得《う》而して其の期間《きかん》は其の詐欺を發見《はつけん》し又は强迫《きやうはく》を免《まぬが》れたるときより起算《きさん》して一ヶ年内とす但其の詐欺《さぎ》なりしことを知りたる後又は强迫《きやうはく》を免れたる後に本人が承認したるときは最早《もは》や取消を請求《せいきう》することを得ざるなり次に隱居者又は家督《かとく》相續人が詐欺を發見《はつけん》せず又は强迫を免れざる間は取消を請求し得べき筈なければ其の親族又は檢事より之れが取消を請求することを得せしむ然れども此れ等の者より取消《とりけし》を請求したる後に本人なる隱居者又は家督《かとく》相續人が自ら追認《ついにん》したるときは其の請求權は消滅《せうめつ》するを以て前に爲したる請求は全《まつた》く無効《むかう》となるなり以上述べたる取消權は隱居屆出《とゞけいで》の日より十年間に行使《かうし》せざるときは時效により消滅に歸《き》することと

定めたり蓋《けだし》隱居と十年の久《ひさ》しき間有耶無耶《うやむや》の中に置《お》くは公益を害《がい》するが故なり

第七百六十條　隱居ノ取《とり》消前《けしぜん》ニ家督相續人ノ債權者《さいけんしや》ト爲リタル者ハ其取消ニ因《よ》リテ戸主タル者ニ對《たい》シテ辨濟《べんさい》ノ請求ヲ爲スコトヲ得但家督相續人ニ對スル請求ヲ妨ケス

債權者カ債權取得ノ當時《たうじ》隱居取消ノ原因《げんいん》ノ存スルコトヲ知リタルトキハ家督《かとく》相續人ニ對シテノミ辨濟《べんさい》ノ請求ヲ爲スコトヲ得家督相續人カ家督相續前ヨリ負擔《ふたん》セル債務及ヒ其一身ニ專屬《せんぞく》スル債務ニ付亦同シ

本條問の答　本條は隱居取消前《まへ》に於ける債權者の有《いう》する權利を定めたり扨《さ》て隱居の届出を爲したる日より取消さるる迄の間《あひだ》に於て家督相續人に對《たい》して有する債權者の權利《けんり》は隱居の取消に因《よ》りて戸主《こしゆ》となりたる者に對して請求することを得例《たと》へば田中市助なる者其家督相續人なる市太郎の單純《たんじゆん》承認を得ずして恣《ほしいまゝ》に隱居をなしたるとき第七百五十八條第一項に依り撿事が隱居の取消《とりけし》を裁判所に請求したる上市助の隱居は取消されて戸主に復《ふく》したる場合に一時戸主《こしゆ》たりし市太郎に對し其《そ》の當時《たうじ》の金千圓を貸したる深井《ふかゐ》慾造《よくぞう》は其金額の返濟《へんさい》を市助に對して請求するを得るが如し但《たゞし》慾造は家督相續人たる市太郎に對《たい》して其の債權の辨濟《べんさい》と請求するも妨《さまた》げなし然れども若債權者たる慾造が其《そ》の債權《さいけん》を得たる

當時《たうじ》に市助の隱居には相續人市太郎の承認《しやうにん》と云ふ取消の原因《げんゐん》あることを知り居たる時は只だ市太郎に對《たい》して辨濟《べんさい》の請求をなし得るに止《とゞ》まり戶主市助に對《たい》しては之れが請求となすことを得ず蓋《けだし》慫造は既《すで》に取消の原因あることを知《し》りたるものなれば戶主としての市太郎に貸與したるにあらずして全く家督相續人としての市太郎に貸したるものと看做すべきものなればなり尙《なほ》は家督相續前より負擔《ふたん》せる家督相續人の債務《さいむ》及其の一身《しん》のみに屬する債務に付《つい》ても同じく相續人に對《たい》してのみ請求を得るものなること勿論《もちろん》なりとす

第七百六十一條　隱居又ハ入夫婚姻《にうふこんいん》ニ因ル戶主權ノ喪失《そうしつ》ハ前戶主又ハ家督相續人ヨリ前戶主ノ債權者《さいけんしや》及ヒ債務者ニ其通知ヲ爲スニ非サレハ之ヲ以テ其債權者及ヒ債務者ニ對抗《たいこう》スルコトヲ得ス

本條問の答　本條は戶主權喪失《さうしつ》の對抗力《たいかうりよく》を定めたり爰に云ふ對抗《たいこう》とは自己の云ひ分を主張そることなり扨《さ》て隱居又は入夫婚姻に因《よ》り戶主權を喪失《さうしつ》したるも前戶主又は家督《かとく》相續人より其旨《むね》前戶主の債權者及び債務者に通知《つうち》せざれば此れ等の者は戶主の交代《かうたい》ありたることを知らざるにより戶主權喪失を主張することを得ず

第七百六十二條　新ニ家《いへ》ヲ立《た》テタル者ハ其家ヲ廢《はい》シテ他家ニ入ルコトヲ得

家督相續ニ因《よ》リテ戶主ト爲リタル者ハ其《その》家《いへ》ヲ廢《はい》スルコトヲ得ス但

本家ノ相續《さうぞく》又ハ再興《さいかう》其他正當ノ事由ニ因リ裁判所ノ許可ヲ得タルトキハ此限ニ在ラス

本條問の答　本條は家を廢《はい》し得べき場合を規定《きてい》したるものなり即ち新《あらた》に家を立《た》てたる者は其の家を廢《はい》して他の家に入ることを得蓋《けだし》自己が創立《さうりつ》したる家なれば亦自己が廢家《はいか》するも自由なるべき筈《はず》なればなり故に家督相續に因《よつ》て戸主と爲りたる者は其の家を廢《はい》するこ とを得ざるなり然《しか》れども本家を相續《さうぞく》し又は再興《さいかう》する場合の如き其外正當《せいたう》の事由ありて裁判所の許可《きよか》を得たる時は自家を廢《はい》して他家《たけ》に入ることを得是れ第二項但書の規定《きてい》する所なり

第七百六十三條　戸主カ適法《てきはふ》ニ廢家《はいか》シテ他家ニ入リタルトキハ其家族モ亦其家ニ入ル

本條問の答　本條は廢家《はいか》したる者の家族《かぞく》は何れの家《いへ》に入るべきやを定めたる規定なり適《てき》法《はふ》に廢家するとは法律の許《ゆる》したる方法《はうはふ》に依りて廢家するの意《い》なり故に法律の許《ゆる》さざる場合に廢家するも其効《かう》なし扨て戸主が適法《てきはふ》に廢家したる後《のち》他家《たけ》に入りたるときは家族《かぞく》も亦戸主に從ひて其家に入ることゝなるなり

第七百六十四條　戸主《こしゆ》ヲ失ヒタル家ニ家督相續人ナキトキハ絶家《ぜつか》シタルモノトシ其家族ハ各一家ヲ創立《そうりつ》ス但子ハ父ニ隨ヒ又父ノ知レ

サルトキ、他家ニ在ルトキ若クハ死亡シタルトキハ母ニ隨ヒテ其家ニ入ル

前項ノ規定《きてい》ハ第七百四十五條ノ適用《てきよう》ヲ妨ケス

本條問の答　本條は戸主を失《うしな》ひたる家に家督相續人なき場合《ばあひ》には其家族は如何《いか》にすべきものなるやを規定したるものなり扨て戸主を失ひたる家を相續するものなきときは其家は絶家《ぜつか》となるを以て其家族は各一家を創立《きうりつ》すること〻なる蓋《けだ》し入るべき家なきに因るなり然れども父《ちゝ》ある子は父に從《したが》ひ父なきか又は父の知れざるとき若《も》くは他家に在るときは止《や》むを得ず母に從《したが》ひて其の家《いへ》に入るものとす但し次の第三項に於て以上の規定《きてい》は第七百四十五條の適用《てきよう》を妨《さまた》げずとあるを以て夫が他家《たけ》へ入りたるに因り戸主を失ひたる場合《ばあひ》には妻《さい》は一家を創立《さうりつ》すべきものにあらずして其の夫の入りたる家に入るべきものなり

第三章　婚姻

婚姻は男女両姓《りやうせい》の結合《けつがう》なることは今も昔も替《か》はらざれども其目的《もくてき》儀式《ぎしき》數等《すうとう》に至ては古來大なる變遷《へんせん》を經來《へきた》りたるものなり抑《そもそ》も古代にありては女子を以て一種の物件《ぶつけん》と看做し普通《つう》に之を人とは看做《みな》さざりしが故に男子《だんし》の女子を見ること恰《あたか》も犬猫《いぬねこ》の如く或は掠奪し或は賣買し或は贈與《ぞうよ》する等眞《しん》に一種の器物《うつわもの》に外《ほか》ならざりしなり現今行《おこな》はる〻結納《ゆひのう》の如き畢竟賣買婚の遺習《ゐしふ》に過ぎず又數《すう》に於ても今日文明諸國《しよこく》にありては概《おほむ》ね一夫一婦の制なれど

ホ古代《こだい》にありては大抵《たいてい》一夫數婦若くは數夫一婦なりし其儀式《ぎしき》に至ても亦《また》種々《しゆく》にして一樣ならず或は新婦の門《もん》に達《たつ》するを竣《ま》ち躍《おどつ》て之を扼《やく》して門に入れば奚に婚姻成立すとなすが如き或は天秤《てんびん》もて金石と其輕重《そのけいぢう》を比するを以て婚姻成立《せいりつ》すとなすが如き又我國現今《わがくにげんこん》に於けるが如く三々九度と以て儀式《ぎしき》となすなど一々枚擧《まいきよ》に遑《いとま》あらず婚姻の目的《もくてき》に至ても亦然り子孫の繁榮《はんえい》の爲にせる時代あり單《たん》に情慾を縱《ほしいまゝ》にせんとの目的《もくてき》に出でたるあり男女兩性の愛情《あいじやう》と充《み》たさんが爲めにする等時代《だい》に因りて種々の變遷《へんせん》あり且今日に於ても各國其の法制を異《こと》にせるを以て一概《がい》に云ふことを得ずと雖《いへど》も廣く現今《げんこん》の婚姻を網羅《まうら》せる定義《ていぎ》を擧《あ》ぐれば婚姻とは男女兩性の生存結合《せいぞんけつがふ》なりと云ふを以て最も適切《てきせつ》なるものと信ず次に婚姻は契約《けいやく》なりや否《いな》やに付ては古來大に議論《ぎろん》ある處なれども今日にありては未《いま》だ契約とは稱せるを得ず我民法《わがみんぽふ》に依るも婚姻は身分取得《みぶんしゆとく》の方法たり詳言《しやうげん》すれば婚姻は男子に對《たい》しては夫女子に對《たい》しては妻たる身分《みぶん》を與ふるに過ぎざるものなり又婚姻の豫約《よやく》は有効のものなるや否《いな》やに付ても議論あれども既に說明《せつめい》したるが如く婚姻は契約《けいやく》に非らずして一種の身分關係なるを以て契約《けいやく》の如くに豫約の効力《かうりよく》あるものに非《あら》らずと知るべし又婚姻には普《ふ》通《つう》婚姻と入夫婚姻の二種《しゆ》あり普通婚姻とは婦《つま》が夫の家に入ることにて入夫婚姻とは夫が婦《つま》の家に入るを云ふ次に本章は婚姻の成立《なりたち》効力夫婦財産別《ざいさんべつ》及離婚の四節に別ち更《さら》に成立を細別《さいべつ》して要件無効取消の二とし離婚《りこん》を小別して協議上《けふぎじやう》の離婚と裁判上の離婚《りこん》の二とせ

り詳細《しやうさい》は各本條に付て說明《せつめい》すべし

第一節　婚姻《こんいん》ノ成立《なりたち》

本節は之を二欵《くわん》に別《わか》ち第一欵に於て婚姻の要件《ようけん》と定め第二欵に於て其の無効《むかう》及《およ》ひ取消《とりけし》に付て規定したり

第一款　婚姻ノ要件

婚姻の要件《ようけん》とは婚姻の成立に缺《か》くべからざるものにして若《も》し一を缺《か》かば無効となるべきものと云ふ而して要件《ようけん》の如何なるものなるかは是れ本欵《ほんくわん》の規定する所なり

第七百六十五條　男ハ滿《まん》十七年女ハ滿《まん》十五年ニ至ラサレハ婚姻《こんいん》ヲ為スコトヲ得ス

本條問の答　本條は婚姻の年齡《ねんれい》の規定なり即ち男子は滿《まん》十七年女子は滿十五年に達《たつ》せされば婚姻を為すことを得ず故《ゆゑ》に十六年十一ケ月の男子《だんし》は例令《たとへ》ひ滿十五年の女子と婚姻をるゝ男子の年齡不足《ふそく》なるか故に其婚姻は無効《むかう》となる而して男女に依《よ》り年齡に區別《くべつ》を設けたるは女子は男子とは其發育《はついく》早く既《すで》に十五年に至れば婚姻となすに差支《さしつか》へなけれども男子は滿十七年に至らされば到底婚姻をなすに適せざればなり

第七百六十六條　配偶者《はいぐうしや》アル者ハ重ネテ婚姻《こんいん》ヲ為スコトヲ得ス

本條問の答　本條は重婚《ぢうこん》を禁《きん》じたる規定なり我國の婚姻は一夫《ぷ》一婦《ぷ》の結合《けつがふ》なれば妻ある

夫及び夫ある婦《つま》は更に他人と婚姻《こんいん》することを得ざるなり蓋《けだ》し配偶者あるも猶《なほ》は重《かさ》ねて婚姻を爲すことを得るとせば一夫數妻《すうさい》若くば數婦一夫の野蠻制度《やばんせいど》と化《くわ》すべきを以てなり

第七百六十七條　女ハ前婚ノ解消《かいせう》又ハ取消ノ日ヨリ六ケ月ヲ經過《けいくわ》シタル後ニ非サレハ再婚ヲ爲スコトヲ得ス

女カ前《ぜん》婚《こん》ノ解消又ハ取消ノ前ヨリ懷胎《くわいたい》シタル場合ニ於テハ其分娩《ぶんべん》ノ日ヨリ前項ノ規定ヲ適用セス

本條問の答　本條は再婚《さいこん》に就ての禁止《きんし》規定なり借て女は前の婚姻が解《と》かれたる日、語を換《か》へて言へば離婚《りこん》となりたる日又は婚姻が取消《とりけ》されたる日より六ケ月を經《へ》たる後ならでは再び婚姻を爲すことを得ず然れども此《こ》規定は畢竟《ひつきやう》血統の混亂《こんらん》を防《ふせ》ぐを主とするより出でたるものなるを以て女が前婚《ぜんこん》の解消又は取消の前に懷胎《くわいたい》して分娩《ぶんべん》したる時は其日より再婚《さいこん》するを得るものとす蓋《けだ》し當然の規定と謂《いふ》べし

第七百六十八條　姦通《かんつう》ニ因リテ離婚《りこん》又ハ刑ノ宣告ヲ受ケタル者ハ相姦者ト婚姻ヲ爲スコトヲ得ス

本條問の答　本條は相姦者《さうかんしや》の婚姻を禁《きん》ずる規定なり姦通者相方《さうはう》をして婚姻をなすことを得せしむるに於ては姦通者《かんつうしや》は私慾《しよく》を遂げんと欲《ほつ》するの極或は姦通《かんつう》を公然にして離婚を計るが如き公《おほや》けの秩序《ちつじよ》を害するに至るの恐《おそ》れあるに依り姦通の刑の宣告《せんこく》を受けたるものは

勿論《もちろん》之を受けざるも姦通の原因《げんいん》に因《よ》り離婚せられたるものは相姦者《さうかんしや》と婚姻をなすことを禁じたるなり

第七百六十九條　直系血族《ちよくけいけつぞく》又ハ三親等內ノ傍系《ばうけい》血族ノ間ニ於テハ婚姻ヲ爲スコトヲ得ス但養子ト養方ノ傍系血族トノ間ハ此限ニ在ラス

本條問の答　本條は近親間《きんしんかん》の婚姻を禁《きん》じたる規定なり皆て直系血族《ちよくけいけつぞく》又は三親等內の傍系《ばうけい》血族《けつぞく》の間に於ては婚姻することを許《ゆる》さず而して其理由《りいう》に至ては未《いま》だ學說は一致せされども余は近親婚姻《きんしんけつこん》を禁ずる主たる理由《りいう》は子孫の身心に害《がい》あるに依るとの學說《がくせつ》の最も其當を得たるものなることと信じて疑《うたが》はざるなり本條禁止の如きは道德上《だうとくじやう》より觀るも亦正當《せいたう》の者たり以上の理由《りいう》なるを以て養子と養方の傍系《ばうけい》血族との間は之を禁ぜざるものとす

第七百七十條　直系姻族ノ間ニ於テハ婚姻ヲ爲スコトヲ得ス第七百、二十九條ノ規定ニ依リ姻族關係カ止ミタル後亦同

本條問の答　本條は直系姻族間《ちよくけいいんぞくかん》の婚姻を禁《きん》じたる規定なり直系姻族とは直系血族《けつぞく》の婚姻に因りて起《おこ》りたる姻族の事なり例《たと》へば父の子の妻に於《お》けるが如し扨て直系姻族の間《あひだ》に於ては婚姻することを得ざるは勿論猶は姻族の關係止みたる後に於ても其婚姻を許さざるを以て死《し》したる子の妻《さい》と父と婚姻《こんいん》をなすことを得ざるは云ふ迄もなく離婚《りこん》に依りて姻族關

係消滅し最早《もはや》や何等の關係《くわんけい》もなきに至りたる後にても尙ほ婚姻《こんいん》をなすことを得ずとせり蓋德義に背《そむ》くこと甚《はなは》だしきものなればなり

第七百七十一條　養子、其配偶者、直系卑屬又ハ其配偶者ト養親又ハ其直系尊屬トノ間ニ於テハ第七百三十條ノ規定ニ依リ親族關係カ止ミタル後ト雖モ婚姻ヲ爲スコトヲ得ス

本條問の答　本條は養子《やうし》緣組《えんぐみ》より生ずる婚姻を禁《きん》ずる規定なり即ち養子其の配偶者《はいぐうしや》直系卑屬又は其配偶者と養親《やしなひおや》又は其直系尊屬との間《あひだ》に於ては第七百三十條の規定即ち離緣《りえん》に因りて親族關係《くわんけい》が止みたる後にても尙ほ婚姻することを得ず蓋《けだ》し一旦親子《おやこ》となり兄弟となりたるものなるが故なり

第七百七十二條　子カ婚姻ヲ爲スニハ其家ニ在ル父母ノ同意ヲ得ルコトヲ要ス但男カ滿三十年女カ滿二十五年ニ達シタル後ハ此限ニ在ラス

父母ノ一方カ知レサルトキ、死亡シタルトキ、家ヲ去リタルトキ又ハ其意思《いし》ヲ表示《へうじ》スルコト能ハサルトキハ他ノ一方ノ同意《どうい》ノミヲ以テ足ル

父母共ニ知レサルトキ、死亡シタルトキ、家ヲ去リタルトキ又ハ

又意思《いし》ヲ表示《へうし》スルコト能ハサルトキハ未成年者ハ其後見人及ヒ親族會ノ同意ヲ得ルコトヲ要ス

本條問の答　本條は婚姻《こんいん》に付て尊屬親の許諾《きよだく》を要することを規定したり

第一項　子《こ》が婚姻を爲すには其家にある父母兩人の同意《どうい》を得るを要す然れども男は滿三十年女は滿二十五年に達《たつ》したる後は最早《もはや》兩親の同意を得ると要せす自由に結婚《けつこん》することを得るなり蓋《けだ》し之の年齡《ねんれい》に至るも尙ほ兩親の承諾を要《よう》すとなすは餘《あま》り酷《こく》なるが故なり

第二項　父母の一方《はう》が知れざるとき死亡《しぼう》したる時家を去りたるとき又は其意思《そのいし》を表示することを能《あた》はざるときは父又は母のみの同意《どうい》を得ば足《た》る

第三項　父母共に知れざるとき死亡《しばう》したるとき家を去りたるとき又は其意思を表示すこと能《あた》はざるときは同意を得んとするも途《みち》なきに因り此場合には最早《もは》や何人の承諾をも要せざるなり然れども未成年者《みせいねんしや》は智能足らざるものなれば其後見人と親族會《しんぞくくわい》との兩方の同意を得ることを要すとしたるは蓋婚姻は畢生の大事なるによる

第七百七十三條　繼父母《けいふぼ》又ハ嫡母カ子ノ婚姻ニ同意《どうい》セサルトキハ子ハ親族會ノ同意ヲ得テ婚姻ヲ爲スコトヲ得

本條問の答　本條は繼父母《けいふぼ》又は嫡母《ちやくぼ》が承諾《しやうだく》せざる場合に於ける規定なり世間《せけん》には往々《わう〳〵》見るが如く繼父母又は嫡母なるものは子の利益《りえき》の爲にあらずして却《かへつ》て子を不利益ならし

めんが爲に同意《どうい》せざるが如きことあり或は親子の愛情《あいじやう》なきよりして子の利益《りえき》不利益に係《かゝ》はらず理由《りいう》なくして單《たん》に不同意を唱ふる場合《ばあひ》もあるべし斯の如くなれば子は不當《ふたう》に利益を害《がい》せらるゝの恐《おそれ》あるを以て繼父母の同意を要《よう》せず單《たん》に親族會の同意のみを得て婚姻《こんいん》することを得せしめたるなり

第七百七十四條　禁治産者《きんちさんしや》ハ婚姻ヲ爲スニハ其後見人ノ同意ヲ得ルコトヲ要セス

本條問の答　本條は禁治産者《きんちさんしや》の婚姻に關する規定なり禁治産者の法律行爲《はふりつかうゐ》を爲すには其の後見人《こうけん》の同意を要するを以て或《あるひ》は婚姻の場合も同く其の同意を要《よう》するが如く思《おも》はるゝに因り本條を設《まう》けて婚姻の場合には後見人《こうけんにん》の同意を得べきものにあらざることを明にしたるなり

第七百七十五條　婚姻《こんいん》ハ之ヲ戶籍吏ニ屆出《とゞけい》ツルニ因リテ其效力《かうりよく》ヲ生ス

前項ノ屆出ハ當事者雙方《さうはう》及ヒ成年ノ證人《しようにん》二人以上ヨリ口頭ニテ又ハ署名シタル書面ヲ以テ之ヲ爲スコトヲ要ス

本條問の答　本條は婚姻の效力《かうりよく》を生ずる時期《じき》並に其屆出の式と規定《きてい》す偖て婚姻は何時《いつ》より其效力を生ずるかと云ふに實際《じさい》婚姻したるも未だ戶籍吏《とせり》に屆出でざるときは其效力と

生ずることとなし故に婚姻の效力《かうりよく》を生ずるには之を戸籍吏に届出《とゞけい》でたる時にあり而して其届出の式は第二項に定《さだ》めたるが如く當事者《たうじしや》双方即ち夫婦及び成年《せいねん》に達《たつ》せる二人以上の証人より口頭《こうとう》にて又は署名《しよめい》したる書面を以て之を爲す可きものなり茲《こゝ》に注意すべきは本條は單《ひとへ》に署名とあるにより只だ其氏名を記《き》するを以て足《た》れり從前の如くに捺印《なついん》すると要せざるなりされば捺印《なついん》なしとの点を以て戸籍吏《こせきり》が届出を受理《じゆり》せずと云ふを得ず但し捺印するも害なきとは云ふまでもなし

第七百七十六條　戸籍吏ハ婚姻カ第七百四十條第一項、第七百四十四條第一項、第七百七十條第一項、第七百五十四條第一項、第七百六十五條乃至第七百七十三條及ヒ前條第二項ノ規定其他ノ法令ニ違反セサルコトヲ認メタル後ニ非サレハ其届出ヲ受理スルコトヲ得ス但婚姻カ第七百四十一條第一項又ハ第七百五十條第一項ノ規定ニ違反《ゐはん》スル場合ニ於テ戸籍吏《こせきり》カ注意《ちうい》ヲ爲シタルニ拘ハラス當事者カ其届出ヲ爲サント欲スルトキハ此限ニ在ラス

本條問の答　本條は戸籍吏《こせきり》が届出を受理《じゆり》すべきか否《いな》やの塲合を規定したり偖《さ》て婚姻には上來説明《せつめい》したるが如く要件なるものありて若《も》し一にても之を缺《か》かば婚姻は成立《せいりつ》せざるが故に第七百四十一條第一項第七百四十四條第一項第七百五十條第一項第七百五十四條第

一項第七百六十五條乃至第七百七十三條及ひ前條第二項の規定其他の法令に違反し居らざるや否《いな》やを調査《てうさ》し果して違反《ゐはん》せずと認めたる後にあらでは其屆出を受理《じゆり》することを得ず然れども婚姻が第七百四十一條第一項又は第七百五十條第一項の規定に違反せる場合に戸籍吏が之を注意《ちうい》したるに拘《かゝ》はらず當事者に於ては強《しい》て其屆出をなさんと欲《ほつ》するときは戸籍吏は之を受理《じゆ》することを得べし蓋《けだ》し此場合に於ては當事者《たうじしや》は之れが爲めに離籍《りせき》せられ又は復籍《ふくせき》を拒《こば》まるゝことを承知《しやうち》して爲すものなれば強《しい》て屆出を拒《こば》む必要なきが故なりとす

第七百七十七條　外國《ぐわいこく》ニ在ル日本人間ニ於テ婚姻ヲ爲サント欲《ほつ》スルトキハ其國ニ駐在《ちうざい》スル日本ノ公使又ハ領事《りやうじ》ニ其屆出ヲ爲スコトヲ得此場合ニ於テハ前二條ノ規定ヲ準用ス

本條問の答　本條は外國《ぐわいこく》にある日本人間の婚姻屆出の手續《てつゞき》を規定したり既《すで》に第七百七十五條に於て說明《せつめい》したるが如く婚姻は之を戸籍吏に屆出《とゞけい》づるにあらざれば其效力なし然れども外國に在《あ》るものに對しては之れ甚だ不便《ふべん》なるに因り便宜上《べんぎじやう》其國に駐在《ちうざい》せる日本公使又は領事に屆出《とゞけい》づるを得ることゝせり然《しか》して其手續は前二條の規定《きてい》を準用することゝなし別に定《さだ》むる處なきは蓋《けだ》し其の必用なきに因るなり

第二款　婚姻ノ無效及ヒ取消

本欵は婚姻が無效《むかう》となる塲合及び之が取消《とりけし》となし得る塲合を規定す

第七百七十八條 婚姻ハ左《さ》ノ塲合《ばあひ》ニ限リ無效《むかう》トス

一 人違《ひとちがひ》其他ノ事由ニ因リ當事者間《たうじしやかん》ニ婚姻ヲ爲ス意思ナキトキ

二 當事者カ婚姻ノ屆出ヲ爲サヽルトキ但其屆出カ第七百七十五條第二項ニ掲《かゝ》ケタル條件ヲ缺《か》クニ止マルトキハ婚姻ハ之カ爲メニ其效力ヲ妨ケラルヽコトナシ

本條問の答 本條は婚姻の無效《むかう》となる塲合を限定《げんてい》せり其第一は人違《ひとちがひ》に其他の事由《じいう》により當事者の間に婚姻《こんいん》するの意思《いし》なかりし塲合なり譬《たと》へば姉を妻《さい》にすることゝ信じ居たるに誤《あやま》りて妹と婚姻したる如きは即ち夫に婚姻の意思《いし》なき塲合なり第二は當事者《たうじしや》が婚姻の屆出をなさゞる塲合なり然《しか》れども第七百七十五條第二項に掲《かゝ》げたる條件を缺《か》きたるのみなるときは決して無效とはならざるなり

第七百七十九條 婚姻ハ後《ご》七條ノ規定《きてい》ニ依ルニ非サレハ之ヲ取消《とりけ》スコトヲ得ス

本條問の答 本條は婚姻を取消《とりけ》し得べき塲合を規定《きてい》せり婚姻は人世《じんせい》の大事なれば一旦成したる婚姻は容易《ようい》に取消すことを許さずと雖《いへど》も以下七條の規定《きてい》に依り得べき塲合に強《しひ》て婚姻を繼續《けいぞく》せしむるは却て害《がい》あるを以て之が取消權を與《あた》へたるなり

第七百八十條　第七百六十五條乃至第七百七十一條ノ規定ニ違反シタル婚姻《こんいん》ハ各當事者、其戸主、親族又ハ檢事ヨリ其取消《とりけし》ヲ裁判所ニ請求《せいきう》スルコトヲ得但檢事ハ當事者《たうじしや》ノ一方カ死亡《しばう》シタル後ハ之ヲ請求スルコトヲ得ス

第七百六十六條乃至第七百六十八條ノ規定ニ違反シタル婚姻ニ付テハ當事者《たうじしや》ノ配偶者又ハ前配偶者モ亦其《その》取消《とりけし》ヲ請求スルコトヲ得

本條問の答　本條は第一の婚姻取消の規定《きてい》なり偖て第七百六十五條より第七百七十一條の規定に違反《ゐはん》したる婚姻は各《かく》當事者其の夫《つま》又は婦の戸主親族若《もし》くは檢事より其取消《とりけし》を裁判所に請求《せいきう》することを得るなり蓋《けだ》し檢事は公益《こうえき》の爲めに他の物は總て自己に利害關係《りがいくわんけい》を有《いう》するに因る但檢事に於て取消《とりけし》を請求するには當事者は双方《さうはう》共に生存《せいぞん》せることを必要《ひつえう》とするを以て若し其一方が死亡《しばう》したる時は最早《もはや》之を請求することを得ざるものとす次に第七百六十六條乃至七百六十八條の規定に違反《いはん》したる婚姻假令《たとへ》ば夫ある婦が更に他の男子と結婚《けつこん》したるが如き塲合に於ては夫《をつと》又は婦の配偶者《つれあひ》よりも其取消を請求《せいきう》することを得るなり又塲合に因り前《ぜん》配偶者も取消請求權を分《わか》つ之れ皆《みな》其の婚姻によりて損害《そんがい》を受くるものなるに因る

第七百八十一條　第七百六十五條ノ規定《きてい》ニ違反シタル婚姻ハ不適齢《ふてきれい》者カ適齢ニ達シタルトキハ其取消ヲ請求スルコトヲ得ス

不適齢者ハ適齢《てきれい》ニ達シタル後尚《な》ホ三ケ月間其婚姻ノ取消《とりけし》ヲ請求スルコトヲ得但適齢ニ達《たつ》シタル後追認《ついにん》ヲ爲シタルトキハ此限ニ在ラス

本條問の答　本條は婚姻年齢《ねんれい》に違背《ゐはい》したる塲合に於ける取消權消滅《せうめつ》の規定なり第七百六十五條の規定に違反《ゐはん》したる婚姻は唯年齢が不足《ふそく》なるに過ぎざるを以て婚姻の後適齢《てきれい》に達したる時は最早《もは》や其取消《とりけし》を請求することを得ざるなり然れ共不適年齢者《ふてきねんれいしゃ》は適齢に達したる後に一ケ月間は其婚姻の取消《とりけし》を請求することを得べし乍併《しかしながら》其者が適齢に達《たつ》したる後に其婚姻を追認《ついこん》したるときは其追認《ついこん》と同時に取消權は消滅するものとす

第七百八十二條　第七百六十七條ノ規定ニ違反シタル婚姻ハ前婚ノ解消又ハ取消《とりけし》ノ日ヨリ六ケ月ヲ經過《けいくわ》シ又ハ女カ再婚後懷胎《くわいたい》シタルトキハ其取消ヲ請求スルコトヲ得ス

本條問の答　本條は再婚《さいこん》の塲合に於ける取消權の制限《せいげん》を定《さだ》めたるものなり扨て第七百七十六條の規定に背《そむ》きて爲したる婚姻は前婚《ぜんこん》が解消せられたる日若くば取消《とりけ》されたる日より起算《きさん》して六ケ月を過《す》ぎたる塲合又は女が再婚後に身持《みもち》となりたるときは其取消を請求

することを得ざるものとせり

第七百八十三條　第七百七十二條ノ規定ニ違反シタル婚姻ハ同意ヲ爲ス權利《けんり》ヲ有セシ者ヨリ其取消ヲ裁判所ニ請求《せいきう》スルコトヲ得同意カ詐欺《さぎ》又ハ强迫《きやうはく》ニ因リタルトキ亦同シ

本條問の答　本條は同意《どうい》の欠《か》けたる場合の取消權《とりけしけん》に付きての規定なり扨て子が婚姻を爲すには父母後見人及び親族會の同意《どうい》を要するものなるに之に背《そむ》きて婚姻を取消されんことを裁判所に請求《せいきう》し得るものとす又此れ等の者が同意を與《あた》へたるも詐欺《さぎ》又は强迫《きやうはく》に因りて止むを得ず同意したる場合は眞の同意にあらざるを以て此場合に於ても亦取消を請求することを得

第七百八十四條　前條ノ取消權《とりけしけん》ハ左ノ場合ニ於テ消滅ス

一　同意《どうい》ヲ爲ス權利《けんり》ヲ有セシ者カ婚姻アリタルコトヲ知リタル後《のち》又ハ詐欺ヲ發見《はつけん》シ若クハ强迫《きやうはく》ヲ免レタル後六ケ月ヲ經過シタルトキ

二　同意ヲ爲ス權利《けんり》ヲ有セシ者カ追認《ついにん》ヲ爲シタルトキ

三　婚姻屆出ノ日ヨリ二年ヲ經過《けいくわ》シタルトキ

本條問の答　本條は前條の取消權《とりけしけん》消滅の場合を規定《きてい》せり即ち左の如し

一　同意《どうい》をなす權利を有せし者が婚姻ありたることを知《し》りたる後又は詐欺《さぎ》を見出し若しくは强迫《きやうはく》を免れたる後六ヶ月を經過《けいくわ》したるときは其の婚姻を承認《しようにん》したるものと推測《すいそく》するが故なり

二　同意をなす權利を有せし者が追認《ついにん》したる以上は其の取消權の消滅《せうめつ》すべきは當然《たうぜん》のことなり

三　婚姻届出の日《ひ》より二年を經過《けいくわ》したるときは取消權消滅す蓋《けだし》之の場合《ばあひ》に於ては最早《もはや》婚姻を取消すこと却て不利益なればなり

第七百八十五條　詐欺又ハ强迫《きやうはく》ニ因リテ婚姻ヲ爲シタル者ハ其婚姻ノ取消ヲ裁判所ニ請求スルコトヲ得

前項ノ取消權ハ當事者カ詐欺《さぎ》ヲ發見《はつけん》シ若クハ强迫《きやうはく》ヲ免レタル後三ヶ月ヲ經過シ又ハ追認ヲ爲シタルトキハ消滅ス

本條問の答　本條は詐欺强迫《さぎきやうはく》の婚姻取消に關する規定なり扨て詐欺《さぎ》又は强迫《きやうはく》に因りて婚姻したる者は其婚姻の取消《とりけし》を裁判所に向て請求《せいきう》することを得るものなり蓋《けだ》し之の場合には完全なる意思なかりしが故なり

第二項前項に定《さだ》めたる取消權は婚姻當事者《たうじしや》即ち夫又は婦が詐詐《さぎ》を見出だし又は强迫を免《のが》れたる後三ヶ月を過《す》ぐるか又は追認《ついにん》したるときは消滅するものとす蓋《けだ》し三ヶ月も經過《けいくわ》し

たるときは最早《もは》や取消の意思《いし》なきものと認《みと》むべく又追認したるは全く承諾せしに外ならざるを以て孰れも消滅することゝ定めたるなり

第七百八十六條　婿養子《むこやうし》縁組《えんぐみ》ノ場合ニ於テハ各當事者ハ縁組ノ無效又ハ取消ヲ理由トシテ婚姻ノ取消ヲ裁判所ニ請求スルコトヲ得但縁組ノ無效又ハ取消《とりけし》ノ請求ニ附帯《ふたい》シテ婚姻ノ取消ヲ請求《せいきう》スルコトヲ妨ケス

前項ノ取消權ハ當事者カ縁組ノ無效ナルコト又ハ其取消アリタルコトヲ知《し》リタル後三ケ月ヲ經過《けいくわ》シ又ハ其取消權ヲ拋棄《はうき》シタルトキハ消滅ス

本條問の答　本條は婿《むこ》養子縁組の取消に付ての規定《きてい》なり抑も婿養子なるものは其の婿入《むこいり》先きの両親と親子《おやこ》の關係を生ずると同時に其家女《かじよ》に對しては夫婦の關係を生《しやう》ずるものなれば婿養子は離縁《りえん》となるも之によりて當然《たうぜん》離婚となるものにはあらざれども而も婿《むこ》養子なるものは畢竟《ひつきやう》家女を其の家に置き以て血統《けつとう》を止むるにあれば此の二つの者は分離《ぶんり》して見るべきものにあらず故に婿養子《むこやうし》縁組の場合に於ては各當事者《かくたうじしや》は縁組の無効又は取消を理由として婚姻の取消《とりけし》を請求するには必しも婿《むこ》養子離縁後に別に請求《せいきう》するには及ばず縁組の無効又は取消の訴に附帯して請求することをも得るなり

第一項に掲《かゝ》げたる取消權は當事者が緣組《えんぐみ》の無効《むかう》なること又は其の取消ありたることを知りたる後三ヶ月を過《す》ごしたるか又は其の取消權を拋棄《はうき》したるときは消滅するものとす故に第一項により婚姻取消の請求《せいきう》をなすには右述《の》べたる時より三ヶ月内に爲《な》さゞれば最早《もはや》取消を請求することを得ずと知るべし

第七百八十七條　婚姻ノ取消ハ其效力ヲ既往ニ及ホサス

婚姻ハ當時其取消ノ原《げん》因《いん》ノ存スルコトヲ知ラサリシ當事者《たうじしや》カ婚姻ニ因リテ財產《ざいさん》ヲ得タルトキハ現《げん》ニ利益ヲ受クル限度《げんど》ニ於テ其返還ヲ爲スコトヲ要ス

婚姻ノ當時其取消ノ原因ノ存スルコトヲ知リタル當事者ハ婚姻ニ因リテ得タル利《り》益《えき》ノ全部ヲ返還《へんくわん》スルコトヲ要ス尙ホ相手方カ善意《ぜんい》ナリシトキハ之ニ對シテ損《そん》害賠償《がいばいしやう》ノ責ニ任ス

本條問の答　本條は婚姻取消の効力《かうりよく》を定《さだ》めたるものなり抑て普通《ふつう》の法律行爲は其の取消されたる日より無效《むかう》となるにあらずして其の法律行爲のありたる當時《たうじ》より無效なること語《ご》を換《か》へて云へば取消の效力は既往《きわう》に遡《さかのぼ》るを以て原則《げんそく》とすれども之に反して婚姻取消の效力は其の取消ありたる時より始《はじ》まるものにして既往《きわう》に及ばざるを以て原則《げんそく》とす蓋し婚姻取消の效力《かうりよく》を既往に及ぼすことゝせば正當《せいたう》の婚姻に因りて夫婦となりたる者の子《こ》も他

の野合《やがふ》により生じたる子と同じく私生子《しせいし》となるが如き不都合《ふつがふ》あればなり
第二項　婚姻の當時《たうじ》其の取消の原因《げんいん》あることを知らざりし當事者が婚姻《こんいん》に因りて財産《さいさん》を得たるときは之を返還《へんくわん》すべきものとす然れども返還《へんくわん》すべきものは現在利益を受け居る限《かぎ》り返還すれば足《た》るを以て若し全く無益《むえき》に消費したるときの如きは何にも利益を受け居らざるにより返還するに及ばず
第三項は第二項の反對《はんたい》の場合即ち婚姻の當時《たうじ》に其の取消の原因あることを知りたる場合には惡意《あくい》ありと見るべきものなれば婚姻の爲めに得たる利益《りえき》の全部を返還《へんくわん》せざるべからず故に例《たと》ひ無益に費消《ひせう》したる場合にても己れの財産《ざいさん》を以て返還すべきは勿論《もちろん》尚は相手方が善意《ぜんい》なりしとき即ち惡意あらざりしときは之に因りて生《しやう》じたる損害を賠償《ばいしやう》することを要するものとす

第二節　婚姻ノ效力

本節は婚姻の效力に關《くわん》する規則を定《さだ》めたるものにして二款二十ヶ條より成れり

第七百八十八條　妻ハ婚姻ニ因リテ夫ノ家ニ入ル
入夫及ヒ壻養子ハ妻ノ家ニ入ル

本條問の答　本條は妻入夫及び壻養子《むこやうし》の入るべき家《いへ》を定めたる規定なり扨て婚姻《こんいん》に因《よ》りて妻《さい》となりたる者は夫の家に入りて其の家族《かぞく》となるべく又た入夫若しくは壻《むこ》養子と爲り

たる者は同じく其の妻《さい》の家《いへ》に入るべきものとす故に若し此《こ》れ等《ら》の者が其の入るべき家に入らざるときは訴《うつたへ》を起《おこ》して其の家に入らしむることを得《お》るものなり

第七百八十九條　妻ハ夫ト同居スル義務《ぎむ》ヲ負フ

夫ハ妻《つま》ヲシテ同居《どうきよ》ヲ為サシムルコトヲ要ス

本條問の答　本條は夫婦《ふうふ》同居《どうきよ》の規定なり即ち妻《さい》は必ず夫と同居するの義務《ぎむ》あり従て夫は其の妻として同居せしむるの権利《けんり》を有《いう》す然れども此の権利は普通《ふつう》の権利の如く自由に拋棄そるを得ず蓋《けだ》し第二項に於て夫にも亦た妻《さい》をして同居《どうきよ》せしむるの義務を負《お》はしめたればなり故《ゆゑ》に妻《さい》が夫と同居せざるとき又は夫が妻《さい》をして同居せしめざるときは夫又は妻は各訴と以て同居せしめ若しくは同居そることと得るものとす

第七百九十條　夫婦ハ互ニ扶養ヲ為ス義務ヲ負フ

本條問の答　本條は夫婦《ふうふ》扶養《ふやう》の義務を定《さだ》めたり扶養とは助《たす》け養ふことにて互に扶養すると云ふは夫は妻《さい》を扶養し妻は夫と扶養《ふやう》そるを云ふ扨て夫婦は一身同体《しんどうたい》のものなれば互に扶養そるの義務《ぎむ》あることは云ふ迄もなけれども人情紙《にんじやうかみ》よりも薄《うす》き今日或は扶養せさる者あるやも知るべからざるにより此の如き規定と設けたるなり

第七百九十一條　妻カ未成年者ナルトキハ成年ノ夫ハ其後見人ノ職務ヲ行フ

本條問の答　本條は未成年者《みせいねんしや》なる妻の後見人に關《くわん》する規定なり扨て本法は妻の特有財産《とくゆうざいさん》を認《みと》めたるにより妻も亦た財産を所有《しよゆう》することを得べし而て其の財産を管理《くわんり》するには成年者なるを要《えう》するにより未成年者なる妻は後見人《こうけんにん》なかるべからず然るに此の後見人を夫以外の人に定《きだ》むるは夫婦の性質《せいしつ》に反《はん》するを以て未成年者たる妻の後見人の職務は夫に於て行ふべきことゝ定めたるなり

第七百九十二條　夫婦間《ふうふかん》ニ於テ契約《けいやく》ヲ爲シタルトキハ其契約ハ婚姻中何時《なんどき》ニテモ夫婦ノ一方ヨリ之ヲ取消《とりけ》スコトヲ得但第三者ノ權利ヲ害スルコトヲ得ス

本條問の答　本條は夫妻間《ふうふかん》に結《むす》びたる契約取消に付ての規定なり扨て夫婦間《ふうふかん》に於て爲したる契約《けいやく》は何時にても夫妻の一方より之を取消《とりけ》すことを得べし然れども此の取消權を行ふには必ず婚姻中なることを要《えう》するが故に若し離婚《りこん》したるときは取消權を行《おこな》ふことを得ず又取消の效力《かうりよく》は夫婦間に止まるか故に第三者に對《たい》しては效力なし例《たと》へば甲なる夫が乙なる妻に對して借家《しやくや》一軒を賣り渡その契約《けいやく》を結びたるに妻はまた丙なる第三者に對して其の借家を賣《う》り渡すの契約《けいやく》を爲したり此の場合に於て若《も》し甲が乙に對する賣買契約を取消さば乙丙間の契約《けいやく》も亦取消さるゝこととなる語を換《か》へて云へば第三者なる丙は己《おの》れの權利を害せらるゝことゝなるを以て其《そ》の取消の效力《かうりよく》は甲乙間に止どまり第三者なる丙に

は及ばざるが如し

第三節　夫婦財産制

古代《こだい》にありては婦《つま》は夫の財産なりしを以て婦《つま》が財産を所有《しよいう》するが如きことは夢《ゆめ》にも見られざりし然るに人智《じんち》開くるに及びて婦《つま》と雖ども同じく人間《にんげん》なれば之を器具同様に見做《みな》すが如きは實に殘酷《ざんこく》の所置にして人道に背《そむ》くものなることを知るに至り遂《つひ》に今日の如く婦と雖ども財産を有《いう》することを認《みと》むるに至り又た茲に於て乎夫婦財産制度を設《まう》くるの必要を生じたるなり而して本節《ほんせつ》は之を二款に別ち第一款に總則《そうそく》を定め第二款に於て法定《はふてい》財産制を規定したり以下條を逐《お》ふて詳説《しやうせつ》せん

第一款　總則

本款は第三節のみに通《つう》ずる規則を定《さだ》めたるものにして總《すべ》て五ヶ條より成れり

第七百九十三條　夫婦《ふうふ》カ婚姻ノ届出前ニ其財産《ざいさん》ニ付キ別段ノ契約《けいやく》ヲ爲サヽリシトキハ其財産關係ハ次款ニ定ムル所ニ依ル

本條問の答　本條は夫婦《ふうふ》財産關係に付き依るべき規則《きそく》を示したるものなり即《すなは》ち夫婦が婚姻の届出前に其の財産に付き特別《とくべつ》に契約せざりし時は其の財産關係は何《いづ》れの法律に依るべきかと云ふに後ちの第二款の規定する處に依るべきものとす然れども別段の契約を爲したるときは第二款に依るべき限りにあらず

第七百九十四條　夫婦カ法定《はふてい》財產制ニ異《こと》ナリタル契約《けいやく》ヲ爲シタルトキハ婚姻ノ屆出《とゞけいで》マテニ其登記《そのとうき》ヲ爲スニ非サレハ之ヲ以テ夫婦ノ承繼人及ヒ第三者ニ對抗スルコトヲ得ス

本條問の答　本條は夫婦が法定《はふてい》財產制に依らずして爲したる契約《けいやく》の效力を定めたるものなり法定財產制とは法律《はふりつ》に定めたる財產制を云ふ扨て夫婦《ふうふ》が第二款に定めたる法定財產制に異《こと》なりたる契約を爲したるときは婚姻の屆出《とゞけいで》をなすまで登記をなすことを要す若し登記せざれば其の契約を以て夫婦の承續人《うけつぎにん》及び第三者に對抗《たいこう》するを得ず蓋し第三者承繼人は之を知らざるを常《つね》とすればなり但し夫婦間に完全《くわんぜん》なる效力を有することは云ふ迄もなきことなり

第七百九十五條　外國人《ぐわいこく》カ夫ノ本國ノ法定財產制ニ異ナリタル契約《けいやく》ヲ爲シタル場合ニ於テ婚姻ノ後《のち》日本ノ國籍《こくせき》ヲ取得シ又ハ日本ニ住所ヲ定メタルトキハ一年內ニ其契約ヲ登記スルニ非サレハ日本ニ於テハ之ヲ以テ夫婦《ふうふ》ノ承繼人及ヒ第三者ニ對抗《たいこう》スルコトヲ得ス

本條問の答　本條は外國人《ぐわいこくじん》の爲したる財產契約の本邦《ほんぽう》に於ける效力を定めたり扨て外國人が夫《をつと》の本國の法定財產制に異《こと》れる契約を爲したる場合に婚姻後日本の國籍《こくせき》を取得して日本人となりたるか又は日本人とはならざるも日本に住所を定めたるときは前に爲した

る財産契約は之を一年内に日本の裁判所《さいはんしよ》に於て登記せざれば日本に於ては其契約《こうけいやく》を以て夫婦承繼人《うけつぎにん》及び第三者に對抗《たいかう》することを得ざるものとす

第七百九十六條 夫婦ノ財産《ざいさん》關係ハ婚姻届出ノ後ハ之ヲ變更《へんかう》スルコトヲ得ス

夫婦ノ一方カ他ノ一方ノ財産《ざいさん》ヲ管理スル場合ニ於テ管理《くわんり》ノ失當ニ因リ其財産ヲ危《あやう》クシタルトキハ他ノ一方ハ自ラ其管理《くわり》ヲ爲サンコトヲ裁判所ニ請求スルコトヲ得

共有財産ニ付テハ前項ノ請求《せいきう》ト共ニ其分割《ぶんくわつ》ヲ請求スルコトヲ得

本條問の答 本條は夫婦財産契約《ざいさんけいやく》の變更及管理失當の場合《ばあひ》に於ける權利に付きての規定なり第一項は夫婦の財産《ざいさん》關係は婚姻の屆出をなしたる後即ち婚姻成立《せいりつ》して夫婦となりたる以上は其關係を變更《へんかう》することを得ずとなせり蓋《けだ》し之を變更《へんかう》することを許すときは往々《わう〳〵》抑制《よくせい》せられて止むなく變更《へんかう》するに至るが如き不都合《ふつがふ》を生じ遂に其の財産と横領《わうりやう》せらるゝに至らんことを恐《おそ》るゝか故なりとす次に夫婦の一方《はう》が他の一方の財産を管理《くわり》する場合に於て管理の方法《はうほふ》が不都合なる爲め其の財産を危《あやふ》くしたるときは他の一方即ち財産所有者《しよゆうしや》は自ら管理《くわんり》せんことを裁判所に向て請求《せいきう》することを得之れ其の財産を保護《ほご》する爲めに必要《ひつ》なるに因る次に又共有財産《きやういう》(共有財産とは夫婦両人共同して所有せるものを云ふ)の管

理失當なる爲め其財產を危くしたるときは自ら其の管理を爲さんことを請求すると共に其の共有財產の分割《ぶんくわつ》をも併《あは》せて請求することを得るものとす

第七百九十七條 前條ノ規定《きてい》又ハ契約ノ結果《けつくわ》ニ依リ管理者ヲ變更《へんかう》シ又ハ共有《きやうゆう》財產ノ分割《ぶんくわつ》ヲ爲シタルトキハ其登記ヲ爲スニ非サレハ之ヲ以テ夫婦ノ承繼人《しやうけいにん》及ヒ第三者ニ對抗《たいかう》スルコトヲ得ス

本條問の答　本條は管理者《くわんりしや》の變更及共有財產分割《ぶんくわつ》の効力を定めたるものなり扨て前條の規定又は契約《けいやく》の結果として管理者と變更《へんかう》するか或は又共有財產を分割《ぶんくわつ》したるとき之に次て夫婦の承繼人《しやうけいにん》及ひ第三者に對抗《たいかう》するには登記《とうき》することを要す若し登記せざれば其の効力は只だ夫婦兩人間のみに止まり前記の者には及ばざるものとす

第二款　法定財產制

本款は前にも述べたる如く法律に於て定めたる財產制なるが故に夫婦間に於て別段の契約を爲さゞる限りは本款の規定に依るべきものとす

第七百九十八條 夫ハ婚姻《こんいん》ヨリ生スル一切ノ費用《ひよう》ヲ負擔ス但妻カ戶主タルトキハ妻之ヲ負擔ス

前項ノ規定ハ第七百九十條及ヒ第八章ノ規定ノ適用ヲ妨ケス

本條問の答　婚姻費用《ひよう》は何人の負擔《ふたん》すべきものなるやを定めたるものなり即ち婚姻より

生じたる費用例へば婚禮の費用媒酌人《なかうど》の報酬等は一切夫に於て負擔すべきものとす但し妻が戸主たるとき即ち入夫と迎《むか》へたるときは夫が妻と迎《むか》へたると同一なれば妻に於て負擔《ふたん》すべきは勿論《もちろん》なりとす次に此の規定は第七百九十條及び第八章の規定《きてい》の適用を妨げざるにより若《も》し夫又は戸主たる妻が此れ等の費用を負擔《ふたん》し得ざるときは第七百九十條により夫婦は互《たがひ》に扶養《ふやう》するの義務あるを以て共同して其費用を辨《べん》ずべきものとす(第八章の規定の如何なるものなるやは同章の説明に付て看るべし

第七百九十九條　夫又ハ女戸主ハ用方《ようはう》ニ從ヒ其配偶者ノ財産《ざいさん》ノ使用及ヒ收益ヲ爲ス權利ヲ有ス

夫又ハ女戸主ハ其配偶《はいぐう》者《しや》ノ財産ノ果實《くわじつ》中ヨリ其債務ノ利息ヲ拂フコトヲ要ス

本條問の答　夫又は女戸主が其配偶者《そのつれあひ》の財産に對して有する用益權《ようえきけん》に付ての規定なり用益權とは財産の使用《しよう》及び其の財産より利益《りえき》を收むるの權利を云ふ扨《さ》て夫又は女戸主は用法に從ひて其配偶者の財産《ざいさん》の使用及收益《しふえき》をなすの權利を有す蓋《けだ》し戸主は家族と養《やしな》ふの義務あるのみならず夫婦は互《たがひ》に扶養《ふやう》をすべき義務あるものなれば亦其の財産《ざいさん》に付て利益と收むるの權利をも與《あた》ふるの要《えう》あればなり次に夫又は女戸主は其の配偶者《はいぐうしや》の財産より生じたる果實中《くわじつちう》より其の者の負ひたる債務の利息《りそく》を拂ふことを要するものとす

第八百條　第五百九十五條及ヒ第五百九十八條ノ規定ハ前條ノ場合ニ之ヲ準用ス

本條問の答　本條の場合に準用《ぢゆんよう》せらるべき規定を示《しゆ》めしたり即《すなは》ち第百九十五條（必要費負擔方法）及び第五百九十八條（借用物復舊方法《ふくきうはうはふ》）の規定は孰《いづ》れも前條の場合に準用せらるべきものとす

第八百一條　夫ハ妻ノ財産《ざいさん》ヲ管理《くわんり》ス

夫カ妻ノ財産ヲ管理スルコト能ハサルトキハ妻自ラ之ヲ管理ス

本條問の答　妻の財産《ざいさん》に付きての規定なり抑て妻は其智識經驗《ちしきけいけん》共に夫に劣《おと》れるを常とするのみならず女子は專《もつぱ》ら家政《かせい》を執るに適《てき》するを以て夫の財産は元より妻の財産も共に夫に於て管理《くわんり》するものとす而して爰《ここ》に云ふ夫とは戸主たるものに限《かぎ》らず入夫をも含《ふく》むものと知るべし然《しか》れども夫が妻の財産を管理《くわんり》すること能《あた》はざるとき妻は其財産へ自《みづか》ら管理するものとす蓋し止むを得ざるが故なり

第八百二條　夫カ妻ノ爲《た》メニ借財《しやくざい》ヲ爲シ、妻ノ財産ヲ讓渡《ゆづりわた》シ之ヲ擔保ニ供《きやう》シ又ハ第六百二條ノ期間《きかん》ヲ超エテ其賃貸ヲ爲スニハ妻ノ承諾《だく》ヲ得ルコトヲ要ス但管理《くわんり》ノ目的ヲ以テ果實《くわじつ》ヲ處分スルハ此限ニ在ラス

本條問の答　夫が妻の承諾《しやうだく》を要《えう》すべき事項を規定したるものなり即ち夫《をつと》が妻の爲に借財と爲し妻の財産を他人《たにん》へ讓渡し之を擔保《たんぽ》に供し又は第六百〇二條に定めたる期間《きかん》（山林の賃貸借は十年其の他の土地《とち》は五年建物《たてもの》は三年動産は六ヶ月）を超《こ》へて其の財産の賃貸を爲すには妻の承諾《しやうだく》を得ることを要す蓋右に掲《かゝ》げたる事項は妻に取りて頗《すこぶ》る重大なる事柄なればなり但し單《たん》に管理の目的《もくてき》にして果實を處分することは差支《さしつかへ》なし之れ前掲《ぜんけい》の事項の如く重大ならざるに因るなり

第八百三條　夫カ妻ノ財産《ざいさん》ヲ管理スル場合ニ於テ必要《ひつえう》アリト認ムルトキハ裁判所ハ妻ノ請求《せいきう》ニ因リ夫ヲシテ其財産ノ管理及ヒ返還《へんくわん》ニ付キ相當ノ擔保ヲ供セシムルコトヲ得

本條問の答　夫に擔保《たんぽ》を供《きやう》せしむる場合の規定なり扨て妻の財産は夫の管理《くわんり》すべきものなることは第八百一條に規定する所なるが場合により妻が夫に十分なる信用を置かざる時あり例《たと》へば夫が無益《むえき》に金錢を費消《ひせう》するが如き場合にありては妻《つま》は其の夫の爲め己が財産を費消せられん恐《おそ》れあるときは裁判所は妻の請求《せいきう》に因り夫として其の財産の管理及び返還に付相當《さうたう》なる擔保を供《きやう》せしむることを得るものとす

第八百四條　日常《にちじやう》ノ家事ニ付テハ妻ハ夫ノ代理人ト看做《みな》ス

夫ハ前項ノ代理權《だいりけん》ノ全部又ハ一部ヲ否認《ひにん》スルコトヲ得但之ヲ以テ

善意ノ第三者ニ對抗《たいこう》スルコトヲ得ス

本條問の答　日常の家事《かじ》に付て妻の代理權《だいりけん》を定めたり抑て日々の家事を掌《つかさど》る者は古今東西を問はず總《すべ》て妻の役たりしのみならず妻は能《よ》く之に適《てき》するものなり然るに妻は無能力《むのうりよく》者《しや》なれば例ひ一錢二錢の買物《かいもの》にても一々夫の許可を受《う》くるにあらずは有效《いうかう》になすを得ずかくては何人も妻と取引《とりひき》するを厭《いと》ふに至り双方互に大なる不便《ふべん》を蒙るを以て日常《にちじやう》の家事に付きては妻は夫の代理人《だいりにん》と看做《みな》すことゝなせり故に日常の家事《かじ》一切に付きては夫は妻の行爲《かうゐ》を取消すことを得ず然れども夫《をつと》は之の妻の代理權を全く認《みと》めず又は一部のみを認《みと》めざることをも得べし但し全部《ぜんぶ》又は一部を認《みと》めざればとて之を以て善意《ぜんい》の第三者に對抗するを得ざるものとす

第八百五條　夫カ妻ノ財產ヲ管理シ又ハ妻カ夫ノ代理ヲ爲ス場合ニ於テハ自己《じこ》ノ爲メニスルト同一ノ注意《ちうい》ヲ爲スコトヲ要ス

本條問の答　管理又は代理の注意《ちうい》の程度《ていど》を定めたる規定なり即ち夫《をつと》が妻の財產を管理し又は妻が夫の代理を爲す場合《ばあひ》には自己の爲めにすると同一の注意《ちうい》をなすことを要す故に若し之の注意を缺《か》きたるか爲めに損害《そんがい》を生じたるときは之を賠償《ばいしやう》せざるを得ず而して自己の爲にすると同一の注意《ちうい》を爲したるや否やは事實《じじつ》裁判官の認定《にんてい》に依るべきものなり

第八百六條　第六百五十四條及ヒ第六百五十五條ノ規定ハ夫カ妻ノ

財產ヲ管理《くわんり》シ又ハ妻カ夫ノ代理ヲ爲ス塲合ニ之ヲ準用《じゆんよう》ス

本條問の答　管理事務の必要處分《ひつえうしよぶん》と幷に終了《しうれう》の第三者に對する對抗力《たいかうりよく》を定めたるものなり即ち第六百五十四條及び第六百五十五條の規定は夫が妻の財產を管理し又は妻が夫の代理と爲す塲合に之を準用《じゆんよう》することゝ爲せり蓋し其性質上《せいしつじやう》別段の差異あらざればなり

第八百七條　妻又ハ入夫カ婚姻前ヨリ有セル財產及ヒ婚姻中自己ノ名ニ於テ得タル財產《ざいさん》ハ其特有《とくいう》財產トス

夫婦ノ何レニ屬《ぞく》スルカ分明ナラサル財產ハ夫又ハ女戸《をんなこ》主《しゆ》ノ財產ト推定ス

本條問の答　妻又は入夫の特有《とくいう》財產に付ての規定なり即《すなは》ち妻又は入夫が婚姻前より有《いう》せる財產及び婚姻中に自分《じぶん》の名義にて取得《しゆとく》したる財產に其の先の特有財產となるが故に其の配偶者は婚姻繼續《けいぞくちう》中は之を管理するの權を有《いう》それども之れを已《おの》れの所有と爲すことを得ざるなり次に第二項は夫婦《ふうふ》の何《いづ》れに屬そるか明《あきら》かならざる財產は夫又は女戸主《をんなこしゆ》の財產と推定《すゐてい》せらるゝことを定めたり故《ゆゑ》に之の塲合に自己の財產なりと主張《しゆちやう》する者は反對《はんたい》の證據を擧げて之と證明することを要そるものとす

第四節　離婚

本節問の答　離婚《りこん》に關する規定にして二款十二ヶ條より成る抑《そもそ》も離婚《りこん》とは婚姻を解除《かいじよ》し

て元の他人《たにん》となることを云ふなり而して離婚《りこん》を許すべきや否《いな》やに付ては古來議論のありし所なれども之を禁ずるに於ては或は仇敵《きうてき》の如くなれる男女とも尚は夫婦として置《お》かざるを得ざるに至り遂《つひ》に婚姻の目的に反し只《たゞ》當事者を苦《くる》しむるに過《す》ぎざるを以て全く離婚を禁《きん》ずるは不當なりと云ふ可し然れども又全く當事者の自由《じゆう》に任するも其の害多ければ吾が新民法は之を折衷《せつちう》して制限的離婚制を設《まう》けたるなり離婚に二種《しゆ》あり協議上の離婚裁判上の離婚是れなり以下各本條に付きて説明すべし

第一款　協議上ノ離婚

本款問の答　協議上《けふぎじやう》の離婚に付きて規定したり協議上の離婚《りこん》とは夫婦相談附《さうだんづ》くにて別かれることを云ふ而して協議上の離婚をなすには夫々條件あり

第八百八條　夫婦ハ其協議《そのけふぎ》ヲ以テ離婚ヲ爲スコトヲ得

本條問の答　協議上離婚の原則《げんそく》を定めたり即ち夫婦は相談附《さうだんづ》くにて離婚を爲すことを得べし蓋《けだ》し夫婦双方が得心附《とくしんづ》くにて離婚せんとするを法律《はふりつ》を以て強《し》て差し止むべき謂はれなければなり

第八百九條　滿《まん》二十五年ニ達《たつ》セサル者カ協議上ノ離婚《りこん》ヲ爲スニハ第七百七十二條及ヒ第七百七十三條ノ規定ニ依リ其婚姻ニ付キ同意ヲ爲ス權利ヲ有スル者ノ同意ヲ得ルコトヲ要ス

本條問の答　離婚を爲すに付ての條件《でうけん》を定めたるものなり滿《まん》二十五年に達《たつ》したる者は他の干渉《かんせう》を受けずして自由に協議の上《うへ》離婚せしむるにあらざれば或は再婚《さいこん》の時期を失するの恐《おそれ》あれども未だ二十五年に達《たつ》せざる者にはかゝる心配《しんぱい》なきを常とするが故に協議上の離婚を爲すには第七百七十二條及び第七百七十三條の規定に依りて先きに爲したる婚姻に付て同意《どうい》を與《あた》ふるの權利を有したりし親族《しんぞく》の同意を經たる上ならでは離婚をなすことを得ざるものとなしたり

第八百十條　第七百七十四條及ヒ第七百七十五條ノ規定ハ協議上ノ離婚ニ之ヲ準用ス

本條問の答　禁治産者の離婚《りこん》及び其効力のことを規定《きてい》せり即ち第七百七十四條及び第七百七十五條の規定は本款に定めたる協議上の離婚にも準用すべきものとす尚は右二條の規定の如何は同條の説明《せつめい》に就て看るべし

第八百十一條　戸籍吏ハ離婚カ第七百七十五條第二項及ヒ第八百九條ノ規定其他ノ法令《はうれい》ニ違反《ゐはん》セサルコトヲ認《みと》メタル後ニ非サレハ其屆出ヲ受理スルコトヲ得ス

戸籍吏カ前項ノ規定ニ違反《ゐはん》シテ屆出ヲ受理シタルトキト雖モ離婚ハ之カ爲メニ其效力ヲ妨ケラルヽコトナシ

本條問の答　戸籍吏の離婚《りこん》届出を受理《じゆり》することを得ざる場合幷に之に反《はん》して爲したる離婚の效力《かうりよく》を定めたり扨て戸籍吏は離婚《りこん》か第七百七十五條第二項及び第八百〇九條の規定其の他の法令《はふれい》に違背せざるや否やを調査《てうさ》し果《はた》して違反せずと認めたる後ならでは其の届出を受理《じゆり》することを得ざるなり然れども戸籍吏が本條第一項の規定に違反して届出を受理したるときと雖《いへ》ども離婚は之が爲めに其效力を妨《さまた》げらるゝことなし蓋《けだ》し此の場合には戸籍吏の過失《くわしつ》に因るものにて當事者には過失《くわしつ》なきを以て爲めに無效《むかう》となすを得ざればなり

第八百十二條　協議上《けふぎじやう》ノ離婚ヲ爲シタル者カ其協議《けふぎ》ヲ以テ子ノ監護ヲ爲スヘキ者ヲ定メサリシトキハ其監護ハ父ニ屬ス

父カ離姻《りこん》ニ因リテ婚家ヲ去リタル場合《ばあひ》ニ於テハ子ノ監護《かんご》ハ母ニ屬ス

前二項ノ規定ハ監護《かんご》ノ範圍外ニ於テ父母ノ權利義務《けんりぎむ》ニ變更ヲ生スルコトナシ

本條問の答　離婚の場合に於《お》ける子の監護《かんご》に付きての規定なり扨て協議上《けふぎじやう》の離婚を爲したる者が其の協議《けふぎ》を以て子の監護《かんご》を爲すべき者を定めざりしときは何人が監護《かんご》の任《にん》に當るべきかと云ふに此の場合には父に於て監護すべきものとせり尤も父が入夫にして離婚に

より婚《こんゐ》家を去りたる場合には母の監護のみに關《くわん》するを以て其の範囲外《はんゐぐわい》に於ける父母の權利義務は之れが爲めに少しも變更することなしと知るべし

第二欵　裁判上ノ離婚

本欵問の答　裁判上の離婚《りこん》とは離婚の協議調《こゝの》はざる場合に裁判所の裁判に依りて爲す所の離婚を云ふなり

第八百十三條　夫婦《ふうふ》ノ一方ハ左ノ場合ニ限リ離婚ノ訴《うつたへ》ヲ提起《ていき》スルコトヲ得

一　配偶者《はいぐうしや》カ重婚ヲ爲シタルトキ」

二　妻カ姦通《かんつう》ヲ爲シタルトキ

三　夫カ姦淫《かんいん》罪《ざい》ニ因リテ刑《けい》ニ處セラレタルトキ

四　配偶者カ僞造《ぎざう》、賄賂《わいろ》、猥褻《わいせつ》、竊盜《せつたう》、強盜《がうたう》、詐欺《さぎ》取財《しゆざい》、受寄財物費消《ひせう》、贓物《ざうぶつ》ニ關スル罪若クハ刑法第百七十五條第二百六十條ニ揭ケタル罪ニ因リテ輕罪以上ノ刑ニ處セラレ又ハ其他ノ罪ニ因リテ重禁錮三年以上ノ刑ニ處セラレタルトキ

五　配偶者ヨリ同居《どうきよ》ニ堪ヘサル虐待《ぎやくたい》又ハ重大ナル侮辱《ぶじよく》ヲ受ケタルトキ

六　配偶者ヨリ悪意《あくい》ヲ以テ遺棄《いき》セラレタルトキ
七　配偶者ノ直系尊属《ちよくけいそんぞく》ヨリ虐待又ハ重大ナル侮辱《ぶじよく》ヲ受ケタルトキ
八　配偶者カ自己《じこ》ノ直系尊属ニ對シテ虐待《ぎやくたい》ヲ爲シ又ハ之ニ重大ナル侮辱ヲ加ヘタルトキ
九　配偶者ノ生死《しやうし》カ三年以上分明《ぶんめい》ナラサルトキ
十　壻養子《むこやうし》縁組ノ場合ニ於テ離縁《りえん》アリタルトキ又ハ養子カ家女ト婚姻《こんいん》ヲ爲シタル場合ニ於テ離縁《りえん》若クハ縁組ノ取消《とりけし》アリタルトキ

本條問の答　離婚の訴《うつたへ》を起《おこ》し得べき場合を規定したるものなり左《さ》に各場合を揭《かゝ》げて說明せん

一　配偶者が重婚《ぢうこん》をなしたるときとは夫が更に妻を娶《めと》りたるとき又は妻が他の男子《だんし》と婚姻したるときを云ふ

二　妻が姦通《かんつう》をなしたるときとは妻が夫以外《おつといぐわい》の男子と情を通《つう》じたるを云ふ

三　夫が姦淫罪《かんいんざい》に因りて刑《けい》に處《しよ》せられたるときとは夫が十二歳未滿《みまん》の女子を私通《しつう》したるにより刑罰《けいばつ》を科《くわ》せられたる場合を云ふ

四　配偶者が偽造《ぎぞう》、賄賂《わいろ》、猥褻《わいせつ》、竊盗《せつたう》、强盗《がうだう》、詐偽取財《さぎしゆざい》、受寄物費消《じゆきぶつひせう》、贓物《ざうぶつ》に關する罪（刑法參照）若《も》しくは刑法第百七十五條第二百六十條に掲《かゝ》げられたる罪《つみ》を犯《おか》したるに因りて輕罪《けいざい》以上の刑に處《しよ》せられ又は他の罪に因りて重禁錮《ぢうきんこ》三年以上の刑《けい》に處せられたるときは皆な世間《せけん》に對して實《じつ》に面目なき所行なれば離婚の訴《うつたへ》を許したるなり

五　配偶者より同居に堪《た》へざる虐待《ぎやくたい》又は重大《ぢうだい》なる侮辱を受けたるときとは例《たと》へば度々毆打《おうだ》さるゝ如き又は甚たしき辱《はづかしめ》を受けたるとき等と云ふなり

六　配偶者より悪意《あくい》を以て遺棄《ゐき》せられたるときとは止《や》むを得ずして遺棄《ゐき》したるにあらで全く配偶者を悪《あし》からしめんとの意思《いし》にて捨《す》て去りたるを云ふ

七　配偶者の直系尊屬《ちよくけいそんぞく》より虐待又は重大なる侮辱《ぶじよく》を受けたるときとは例《たと》へば夫又は妻の父母祖父母等より虐待《ぎやくたい》せらるゝか又は甚たしき辱《はづかし》めを受けたるときと云ふ

八　配偶者が自己《じこ》の直系尊屬に對して虐待《ぎやくたい》をなし又は之に重大なる侮辱《ぶじよく》を加へたるときとは配偶者が己《おのれ》の父母祖父母等に對《たい》して虐待又は甚たしき辱《はづかし》めと與《あた》へたるときと云ふ

九　配偶者の生死が三年以上分明せざるとき

十　婿養子《むこやうし》縁組の場合に於て離縁ありたるとき又は養家家女《かじよ》を婚姻を爲したる場合に

於て離婚若しくは縁組の取消しありたるとき

第八百十四條 前條第一號乃至第四號ノ場合ニ於テ夫婦ノ一方カ他ノ一方ノ行爲《かうゐ》ニ同意シタルトキハ離婚ノ訴ヲ提起《ていき》スルコトヲ得ス
前條第一號乃至第七號ノ場合ニ於テ夫婦ノ一方カ他ノ一方又ハ其直系尊屬《ちよくけいそんぞく》ノ行爲ヲ宥恕《いうじよ》シタルトキ亦同シ

本條問の答　前條中離婚の訴《うつたへ》を提起《ていき》すると得ざる場合と定めたり扨て前條に掲《かゝ》げたる第一號より第四號までの場合に於て夫婦《ふうふ》の一方が他の一方の行爲《かうゐ》に同意《どうい》したるときは其の行爲を是認《ぜにん》したるものなれば之と離婚の原因《げんゐん》として訴《うつた》ふることを得ざるは論《ろん》と俟たず又た前條第一號より第七號までに掲げたる場合に於て夫婦の一方が他の一方又は其直系尊屬即ち父母祖父母等の虐待《ぎやくたい》若しくは重大なる侮辱《ぶじよく》と許したるときも亦之と原因《げんゐん》として訴ふることと得ず蓋《けだ》し一旦許《ゆる》したる以上は彼の追認《ついにん》は同じく先きになしたる行爲《かうゐ》を認《みと》むるものなればなり

第八百十五條 第八百十三條第四號ニ掲ケタル處刑ノ宣告ヲ受ケタル者ハ其配偶者ニ同一ノ事由《じいう》アルコトヲ理由トシテ離婚ノ訴《うつたへ》ヲ提《てい》起《き》スルコトヲ得ス

本條問の答　これも亦同じく離婚《りこん》の訴を起し得ざる場合を規定《きてい》したり即ち第八百十三條

第四號に掲《かゝ》げたる處刑《しよけい》の宣告を受けたる者は其の配偶者《つれあひ》に己れと同一の事由《じゆう》あることを理由として離婚の訴《うつたへ》を提起《ていき》することを得ざるものとす蓋《けだ》し己れも亦同一の瑕疵《きず》あるものなれば之が爲めに配偶者と云々するの要なければなり

第八百十六條　第八百十三條第一號乃至第八號ノ事由ニ因ル離婚ノ訴ハ之ヲ提起《ていき》スル權利ヲ有スル者カ離婚《りこん》ノ原因タル事實ヲ知リタル時ヨリ一年ヲ經過《けいくわ》シタル後ハ之ヲ提起《ていき》スルコトヲ得ス其事實發生ノ時ヨリ十年ヲ經過シタル後亦同シ

本條問の答　これも亦訴を起《おこ》すことを得ざる場合を定《さだ》めたり扨て第八百十三條第一號より第八號までに掲《かゝ》げたる事由に因る離婚《りこん》の訴は之を提起《ていき》する權利を有する者が離婚の原《げん》因《いん》たる事實あることを知りたるときより一年を經過《けいくわ》したる後は訴をなすことを得ず又未だ一年を過《す》ぎざるも其事實が發生《はつせい》したるときより十年を過《す》ぎたる後も同じく訴を提起《ていき》するの權利を失ふものとす

第八百十七條　第八百十三條第九號ノ事由ニ因ル離婚ノ訴ハ配偶者ノ生死カ分明ト爲リタル後ハ之ヲ提起スルコトヲ得ス

本條問の答　これも亦訴を提起《ていき》することを得ざる場合の規定《きてい》なり扨て第八百十三條第九號の事由即ち配偶者生死《いきしに》が三年以上分明《ぶんめい》たらざるときに起《おこ》し得べき離婚の訴は配偶者の

生けるか又は死せること分明《ぶんめい》となりたる後は之を提起《ていき》せることを得ざるものとす蓋し此の訴は生死分明ならざることを理由《りゆう》とせるものなれば既《すで》に生死分明したるときは其の必要なきに至るを以てなり

第八百十八條　第八百十三條第十號ノ場合ニ於テ離緣又ハ緣組取消ノ請求《せいきう》アリタルトキハ之ニ附帶《ふたい》シテ離婚ノ請求《せいきう》ヲ爲スコトヲ得

第八百十三條第十號ノ事由ニ因ル離婚ノ訴ハ當事者カ離緣又ハ緣組ノ取消《とりけし》アリタルコトヲ知リタル後三ケ月ヲ經過《けいくわ》シ又ハ離婚請求ノ權利ヲ抛棄《はうき》シタルトキハ之ヲ提起《ていき》スルコトヲ得ス

本條問の答　附帶《ふたい》の請求をなし得べき場合を規定《きてい》したり即ち第八百十三條第十號の場合に於て離緣又は緣組《えんぐみ》取消の請求ありたるときは其の訴に附帶《ふたい》して離婚の請求をも爲すことを得蓋便宜に出でたるものなり

次に第八百十三條第十號の事由《じいう》に因る所の離婚の訴は當事者《たうじしや》が離緣又は緣組のありたることを知りたる後三ケ月を經過《けいくわ》したるか又は離婚請求の權利を抛棄《はうき》したるとき之が訴を提起《ていき》することを得ざるものとす

第八百十九條　第八百十二條ノ規定《きてい》ハ裁判上ノ離婚《りこん》ニ之ヲ準用ス但裁判所ハ子ノ利益《りえき》ノ爲メ其《その》監護《かんご》ニ付キ之ニ異ナリタル處分ヲ命ス

ルコトヲ得

本條問の答　子の監督《かんとく》のことを定めたる規定《きてい》なり扨て第八百十二條は協議《けふぎ》に因る離婚の場合に於ける子の監督者《かんとくしや》を定めたるものなるか別段裁判に因《よ》る離婚の場合と異《こと》るべき所なきにより之を準用することとなしたり然れども裁判所は子の利益の爲めには其の監護に付て第八百十二條の規定に異《こと》りたる處分を命《めい》することを得るなり是れ協議上《けふぎじやう》の離婚に於けると裁判上の離婚に於ける場合との差異なりとす

第四章　親子

本章問の答　親子《おやこ》の關係と規定したるものなり親《おや》に實親と養親《やしなひおや》との區別《くべつ》ある子にも亦た實子養子の區別《くべつ》あり而して實子には嫡出子《ちやくしゆつし》、庶子《しよし》、私生子《しせいし》の三種あり所謂《いはゆる》嫡出子とは正當に婚姻したる夫婦《ふうふ》間《かん》に生したる子のことにて庶子《しよし》とは私生子を父が認知《にんち》したるものを云ひ私生子とは野合《やがふ》男女間に生じたる子と云ふ讀者《どくしや》宜しく注意をべし

第一節　實子

本節問の答　實子に關《くわん》する規定にして總《すべ》て二欵十七條より成《な》れり

第一款　嫡出子

本欵問の答　嫡出子に關《くわん》する規定なり以下條を逐《お》ふて説明《せつめい》せん

第八百二十條　妻カ婚姻《こんいん》中《ちう》ニ懷胎《くわいたい》シタル子ハ夫ノ子ト推定ス

婚姻成立ノ日ヨリ二百日後又ハ婚姻ノ解消若クハ取消ノ日ヨリ三百日内ニ生《うま》レタル子ハ婚姻中ニ懐胎《くわいたい》シタルモノト推定《すいてい》ス

本條問の答　夫の子なりと認定《にんてい》すべき場合を定めたり即ち妻が婚姻中に懐胎《くわいたい》したる子は夫の子と推定《すゐてい》するを以て他人の子なるも反對《はんたい》の証據を擧《あ》げて其の然《しか》らざることを証明《しやうめい》せざれば夫の子と推定《すいてい》せらるゝなり而して婚姻中に懐胎《くわいたい》したる子とは婚姻成立の日より二百日後又は婚姻の解消若しくば取消の日より三百日内に生れたる子を云ふなり

第八百二十一條　第七百六十七條第一項ノ規定ニ違反シテ再婚ヲ爲シタル女カ分娩《ぶんべん》シタル場合ニ於テ前條ノ規定《きてい》ニ依リ其子ノ父《ちゝ》ヲ定ムルコト能ハサルトキハ裁判所之ヲ定ム

本條問の答　再婚者の産《う》みたる子の父を定むる方法《はうはふ》を定めたるものなり扨て前に説明《せつめい》したる第七百六十七條第一項の規則に背《そむ》きて再婚したる女が分娩《ぶんべん》したるときに於て前條の規定に依りて其の子の父を定むること能《あた》はざるときは裁判所に於て審理《しんり》の上之を定むるものとす

第八百二十二條　第八百二十條ノ場合ニ於テ夫ハ子ノ嫡出ナルコトヲ否認《ひにん》スルコトヲ得

本條問の答　夫の否認權《ひにんけん》を規定したり婚姻中に生《う》まれたる子は第八百二十條に依り夫の

子と推定《すゐてい》せらるゝこととなれり然れども世間不貞《せけんふけい》の妻ありて他人と姦通《かんつう》して懷胎するこ
となきにあらず此の塲合に於て夫に與《あた》ふるに否認權《ひにんけん》を以てせずんば夫は姦夫《かんぷ》の子を己れ
の子となして養育《やうゐく》するの止むを得ざるに至《いた》らん是れ夫に與ふるに子の嫡出《ちやくしゆつ》なることを否
認するの權利を以てしたる所以なり

第八百二十三條 前條ノ否認權《ひにん》ハ子又ハ其法定代理人ニ對スル訴《うつたへ》ニ依リテ之ヲ行フ但夫カ子ノ法定代理人ナルトキハ裁判所ハ特別代理人ヲ選任スルコトヲ要ス

本條問の答　否認權行使《かうし》の方法《はうほふ》を規定せる前條の否認權は子又は其法定《はふてい》代理人に對して爲
すべきものとす但し夫が子の法定代理人なるときは恰かも一人にて原告となり又は被告
となり利害關係《りくわゐ》相反する塲合となるを以て裁判所は特別《とくべつ》代理人を撰任することゝせり

第八百二十四條 夫カ子ノ出生後ニ於《おひ》テ其嫡出《そのちやくしゆつ》ナルコトヲ承認シタルトキハ其否認權ヲ失フ

本條問の答　夫が否認權《ひにんけん》を行ふ方法を示《しめ》したるものなり即ち夫が子の生《うま》れたる後に其の
嫡出子なることを承認《しやうにん》したるときは其承認と同時に否認權を失《うしな》ふものなり蓋《けだし》一旦承認せ
は再び之を動かすことを得ざるが故なり

第八百二十五條 否認《ひにん》ノ訴ハ夫カ子ノ出生ヲ知リタル時《とき》ヨリ一年内

ニ之ヲ提起スルコトヲ要ス

本條問の答　否認權《ひにんけん》を行使し得べき期間《きかん》を定めたる規定なり即ち否認の訴《うつたへ》は夫が子の出生したることを知りたる時より起算《きさん》して一ケ年内に之を提起《ていき》することを要す故に若し一ケ年を經過《けいくわ》せは否認權は消滅《せうめつ》するものと知るべし

第八百二十六條　夫カ未成年者ナルトキハ前條ノ期間ハ其成年ニ達シタル時ヨリ之ヲ起算《きさん》ス但夫カ成年ニ達《たつ》シタル後ニ子ノ出生《しゆつしやう》ヲ知リタルトキハ此限ニ在ラス

夫カ禁治産者《きんちさんしや》ナルトキハ前條ノ期間ハ禁治産《きんちさん》ノ取消アリタル後夫カ子ノ出生ヲ知リタル時ヨリ之ヲ起算ス

本條問の答　訴權《そけん》期間の起算点《きさんてん》を定めたり扨て夫が未成年者《みせいねんしや》なるときは前條に定めたる一年の期間は其の成年《せいねん》に達したるときより起算するものとす但《たゞ》し夫が成年（滿二十年）に達《たつ》したる後に子の出生《しゆつしやう》したることを知りたるときは其の知りたるときより起算すべきものなり又夫が禁治産者《きんぢさんしや》なるときは一ケ年の期間は禁治産の取消《とりけし》ありたる後夫が子の出生を知りたるときより起算するものとす

第二款　庶子及ヒ私生子

本款問の答　庶子《しよし》と私生子《しせいし》に關する規定なり庶子私生子の意義《いぎ》は既に前に説明《せつめい》したるを

以て茲に再びせず

第八百二十七條　私生子ハ其《その》父又ハ母ニ於テ之ヲ認知《にんち》スルコトヲ得
父カ認知《にんち》シタル私生子ハ之ヲ庶子《しよし》トス

本條問の答　私生子の認知《にんち》に付きて規定せり認知とは己《おのれ》の子なりと認《みと》むることを云ふ故て私生子は其の父又は母に於て之を認知《にんち》することを得るものとす而して父が認知《にんち》したる私生子は之を庶子と云ふなり

第八百二十八條　私生子ノ認知《にんち》ヲ爲スニハ父又ハ母カ無能力者《ひのうりよくしや》ナルトキト雖モ其法定代理人ノ同意ヲ得ルコトヲ要セス

本條問の答　私生子の認知に關せり即ち私生子の認知《にんち》をなすには父又は母か無能力者《ひのうりよくしや》なるも普通《ふつう》の法律《はふりつ》行爲の如く其の法定代理人の同意《どうい》を得るに及はす自由に認知《にんち》することを得べし

第八百二十九條　私生子ノ認知《にんち》ハ戸籍吏《こせきり》ニ屆出ツルニ依リテ之ヲ爲ス
認知《にんち》ハ遺言ニ依リテモ亦之ヲ爲スコトヲ得

本條問の答　認知を爲す手續《てつゞき》を示したる規定なり即ち私生《しせい》子の認知《にんち》は戸籍吏に屆出づるに依りて爲すものなり然れども遺言にても認知を爲すことを得べし

第八百三十條　成年《せいねん》ノ私生子ハ其承諾《しやうだく》アルニ非サレハ之ヲ認知スルコトヲ得ス

本條問の答　成年の私生子《しせいし》認知に關せり即ち成年に達《たつ》せる私生子を認知するには其の私生子の承諾《しやうだく》を要す蓋《けだ》し父のみの自由にて認知《にんち》せらるゝものとせは眞《しん》の父に非ちざる者に認知《にんち》せらるゝ如き不幸《ふかう》に陷《おちい》ることあれはなり

第八百三十一條　父ハ胎内《たいない》ニ在ル子ト雖モ之ヲ認知《にんち》スルコトヲ得此場合ニ於テハ母ノ承諾ヲ得ルコトヲ要ス

父又ハ母ハ死亡《しばう》シタル子ト雖モ其直系卑屬《ちよくけいひぞく》アルトキニ限リ之ヲ認知スルコトヲ得此《この》場合《ばあひ》ニ於テ其直系卑屬カ成年者《せいねんしや》ナルトキハ其承諾ヲ得ルコトヲ要ス

本條問の答　胎内《たいない》の子と認知することを得る場合《ばあひ》を定めたるものなり本條第一項に依れば父は胎内《たいない》に在て未だ出産《しゆつさん》せざる子にても母の承認《しやうにん》さへ得れば認知することを得べし又第二項に依り父又は母は死亡《しばう》したる子にても其の直系卑屬《ちよくけいひぞく》即ち子又は孫等あるときは既に死亡したる子を自己《じこ》の子なりと認知することを得るなり蓋《けだ》し死したる子を認知《にんち》するの要なきが如しと雖ども直系卑屬《ちよくけいひぞく》あるときは其の者の利益《りえき》に關係あるが故なり然《しか》れども認知せられんとする私生子の直系卑屬が既に成年者《せいねんしや》なるときは其の者の承諾《しやうだく》を得ることを

要するものとす

第八百三十二條　認知《にんち》ハ出生ノ時ニ遡《さかのぼ》リテ其效力ヲ生ス但第三者カ既ニ取得《しゆとく》シタル權利《けんり》ヲ害《がい》スルコトヲ得ス

本條問の答　認知の効力《かうりよく》を定めたり即ち認知の効力は認知《にんち》したるときより生《しやう》ずるものにあらずして其の私生子《しせいし》の出生したる時に遡りて効力を生《しやう》ずるものなり然れども第三者が既に取得したる權利を害するを得ざるものとす

第八百三十三條　認知《にんち》ヲ爲シタル父又ハ母ハ其認知《にんち》ヲ取消《とりけ》スコトヲ得ス

本條問の答　認知《にんち》は取消《とりけ》すことを得ざるものなることを規定《きてい》したり即ち父又は母に於て一旦己《おの》れの子なりと認《みと》めたるときは後ちに至り之を取消し己《おの》れの子にあらずと云ふことを得ざるものとす蓋《けだ》し子の利益と保護《ほご》せんが爲めに外ならず

第八百三十四條　子其他ノ利害關係人《りがいくわんけいにん》ハ認知ニ對シテ反對《はんたい》ノ事實ヲ主張スルコトヲ得

本條問の答　認知に反對《はんたい》し得ることを定めたり世間《せけん》或は人の富裕《ふゆう》なるを羨《うらや》み其の人に父母なきを幸とし汝《なんぢ》は我れの子なりと認知し以て己《おの》れの利益を圖《はか》らんとする者なきにあらず故に子其の外利害《りがい》の關係を有する人は認知に對して反對の事實《じじつ》を主張し汝は吾れの父

にあらず吾《われ》は汝の子にあらずと主張《しゆちやう》して認知を拒《こば》むことを得るなり

第八百三十五條　子、其直系卑屬又ハ此等ノ者ノ法定代理人ハ父又ハ母ニ對シテ認知ヲ求ムルコトヲ得

本條問の答　父又は母に對《たい》して認知を求《もと》め得る者を定めたり即ち子《こ》、子の直系卑屬《ちよくけいひぞく》又は此れ等の者の法定《はふてい》代理人は其の父又は母に對して認知《にんち》せんことを求むるの權利を有《いう》す蓋し認知は子又は其の直系卑屬《ちよくけいひぞく》の爲め大なる利害關係あるを以てなり

第八百三十六條　庶子《しよし》ハ其父母ノ婚姻《こんいん》ニ因リテ嫡出子タル身分ヲ取得ス

婚姻中父母カ認知シタル私生子《しせいし》ハ其認知ノ時ヨリ嫡出子《ちやくしゆつし》タル身分ヲ取得ス

前二項ノ規定《きてい》ハ子カ既ニ死亡《しばう》シタル場合ニ之ヲ準用ス

本條問の答　庶子《しよし》又は私生子が當然《とうぜん》嫡出子たる身分を取得《しゆとく》し得べき場合を規定せり即ち本條第一項に依れば庶子は其父母の婚姻に因りて嫡出子たるの身分を得るものとす又第二項に依り婚姻中に父母《ふぼ》が認知《にんち》したる私生子も其の認知せられたる時より嫡出子たるの身分を取得《しゆとく》するものとす而して右述《の》べたる第一項第二項の規定《きてい》は既に死亡《しばう》して此の世に在らざる子にも準用するものとせ

第二節　養子

本節問の答　養子に關《くわん》する規則を定めたるものにて總《すべ》て四款四十條より成れり

第一款　縁組ノ要件

本款問の答　縁組の要件《ようけん》即ち縁組に欠《か》くべからざる條件に關して規定《きてい》したり

第八百三十七條　成年《せいねん》ニ達シタル者ハ養子《やうし》ヲ爲スコトヲ得

本條問の答　養子を爲《な》すべき人を定めたり成年に達《たつ》したる者とは滿二十年と成《な》りたる者と云ふ扨て成年に達《たつ》したる者は養子と成すことを得蓋《けだ》し未成年者は智能《ちのう》未だ足らざれば養子を成すの利不利《りふり》と判斷《はんだん》することを得ざるを常《つね》とすれども成年者に至りては總て法律行爲を有効《いうかう》に爲し得る能力と有するを以て養子と爲すの權利をも與《あた》へたるなり

第八百三十八條　尊屬《そんぞく》又ハ年長者ハ之ヲ養子《やうし》ト爲スコトヲ得ス

本條問の答　養子となすを得ざる人《ひと》を定めたり年長者《ねんちやうしや》とは己れより年上《としうへ》のものを云ふ扨て父母祖父母等の尊屬親《そんぞくしん》又は己より年長者と養子と爲すを得ざるは蓋《けだ》し養子と養子を爲す者との間には縁組によりて親子の關係《くわんけい》を爲すが故に己《おの》れの父母又は年長者を養子と爲すが如きは道理の許さゞる所なればなり

第八百三十九條　法定ノ推定《すいてい》家督《かとく》相續《さうぞく》人《にん》タル男子アル者ハ男子ヲ養子ト爲スコトヲ得ス但女壻ト爲ス爲メニスル場合ハ此限ニ在ラス

本條問の答　相續人《さうぞくにん》たる男子ある者の養子を禁じたる規定なり法定の推定家督相續人とは第九百七十條に揭《かゝ》げたる人々を云ふ扨て養子《やうし》は其の家の相續《さうぞく》となさんが爲めにするを常《つね》とするが故に法定の推定家督相續人たる男子《だんし》を有《いう》する者は男子を養子となすことを得ざるものとす何となれば男子相續人ある上は別に男子の養子を爲す必要なきが故なり左れば女婿《むすめむこ》となす爲めに男子を迎《むか》へて養子と爲すは何等《なんら》の差閊《さしつかへ》なきものと知るべし

第八百四十條　後見人ハ被後見人ヲ養子ト爲スコトヲ得ス其任務カ終了《しうれう》シタル後未タ管理ノ計算《けいさん》ヲ終ハラサル間亦同シ

前項ノ規定ハ第八百四十八條ノ場合ニハ之ヲ適用セス

本條問の答　本條は後見人《こうけんにん》の養子となるべき制限《せいげん》を定めたり即ち後見人は現在《げんざい》自己が後見し居《お》る者を養子と爲すことを得ざるは勿論《もちろん》既に後見人の役を終《を》へたる後にても未《いま》だ管理の勘定《かんぢやう》を爲し終らぬ間も亦後見人を養子《やうし》となすことを得ず蓋し被後見人の利益《りえき》を保護せし爲め後見人の私《わたく》しせられんことを圖りたるに過《す》ぎず次に第一項の規定は第八百四十八條の場合に適用せずと定めたり(第八百四十八條の說明と對照すべし)

第八百四十一條　配偶者アル者ハ其配偶者《はいぐうしや》ト共ニスルニ非サレハ緣《えん》組ヲ爲スコトヲ得ス

夫婦《ふうふ》ノ一方カ他ノ一方ノ子ヲ養子《やうし》ト爲スニハ他ノ一方ノ同意ヲ得

ルヲ以テ足ル

本條問の答　本條は配偶者《つれあひ》ある者の養子縁組に付《つい》ての規定なり即配偶者ある者は其配偶者と共同《きやうどう》にするにあらずば縁組を爲《な》すことを得ざるものなり若し別々《べつべつ》に縁組し得るものとせば婚姻は其れが爲《た》めに解除《かいじよ》せざるを得ざるに至るを以てなり次に夫婦《ふうふ》一方が他の一方の子を養子《やうし》とするには他の一方の同意《どうい》のみを得れば養子となすことを得べきものとす

第八百四十二條　前條第一項ノ場合ニ於テ夫婦ノ一方カ其意思ヲ表示《し》スルコト能《あた》ハサルトキハ他ノ一方ハ雙方《さうはう》ノ名義ヲ以テ縁組《えんぐみ》ヲ爲スコトヲ得

本條問の答　本條は配偶者《つれあひ》ある者が縁組となすに當《あた》り其配偶者が意思表示《いしへうし》をなすこと能《あた》はざる場合に付て規定《きてい》したり雙方の名義《めいぎ》を以てとは夫婦両人の名にて縁組《えんぐみ》をなすを云ふ扨て前條第一項の場合即ち配偶者《はいぐうしや》ある者が縁組を爲す場合《ばあひ》に於て夫婦中何《いづ》れか一方が縁組を爲す意思を表示すること能はざるときは他の一方の者は雙方の名義を以て縁組をることを得蓋《けだ》し此の場合には双方の意思表示《いしへうし》を爲すことを得ざればなり

第八百四十三條　養子ト爲ルヘキ者カ十五年未滿ナルトキハ其家ニ在ル父母之ニ代《かは》リテ縁組ノ承諾《しようだく》ヲ爲スコトヲ得

繼父母又ハ嫡母カ前項《ぜんかう》ノ承諾ヲ爲スニハ親族會《しんぞくくわい》ノ同意ヲ得ルコト

ヲ要ス

本條問の答　養子《やうし》となるべきものが十五歳以下なるときは其の家《いへ》にある父又は母は子に代《かは》りに縁組の承諾《しやうだく》を爲すことを得るものなり

第二項（まゝ父）（まゝ母）又は嫡母《ちやくぼ》が第一項の承諾をなすには親族會《しんぞくくわい》の同意を受くることを要するものとす

第八百四十四條　成年ノ子カ養子ヲ爲シ又ハ滿十五年以上ノ子カ養子ト爲ルニハ其家ニ在ル父母ノ同意ヲ得ルコトヲ要ス

本條問の答　滿二十年以上の子が養子を爲すか又滿十五年以上の子が養子と爲るには其家にある父母兩人の同意を得《う》ることを必要《ひつよう》とす

第八百四十五條　縁組又ハ婚姻ニ因リテ他家ニ入リタル者カ更ニ養子トシテ他家《たけ》ニ入ラント欲スルトキハ實家《じつか》ニ在ル父母ノ同意《どうい》ヲ得ルコトヲ要ス但妻カ夫ニ隨《したが》ヒテ他家ニ入ルハ此限《このかぎ》ニ在ラス

本條問の答　縁組又は婚姻《こんいん》によりて他《た》の家《いへ》へ行きたるものが更《さら》に養子となりて他家へ行くには其の者の實家《じつか》にある父母兩人の同意を得《う》ることを要す然れども妻が夫に附《つ》きて他家《たけ》に入る場合には里方の兩親の同意を入用とせず

第八百四十六條　第七百七十二條第二項及ヒ第三項ノ規定ハ前三條

ノ場合ニ之ヲ準用ス

第七百七十三條ノ規定ハ前二條ノ場合ニ之ヲ準用ス

本條問の答　前に說明《せつめい》したる第七百七十二條第二項と第三項との二つの規定《きてい》は第八百四十三條より第八百四十五條までの三條の場合に準用せらる

第二項第七百七十三條の規定も亦前二條即ち第八百四十四條第八百四十五條の二條に準用せらるゝものなり

第八百四十七條　第七百七十四條及ヒ第七百七十五條ノ規定ハ緣組ニ之ヲ準用ス

本條問の答　既に說明《せつめい》したる第七百七十四條と第七百七十五條の二つの規定《きてい》は緣組にも準用せらる

第八百四十八條　養子《やうし》ヲ爲サント欲スル者ハ遺言《いひごん》ヲ以テ其意思《いし》ヲ表示スルコトヲ得此場合ニ於テハ遺言執行者《いひごんしつかうしや》、養子ト爲ルヘキ者又ハ第八百四十三條ノ規定ニ依リ之ニ代ハリテ承諾ヲ爲シタル者及ヒ成年ノ證人二人以上ヨリ遺言《いひごん》カ效力ヲ生シタル後遲滯《ちたい》ナク緣組ノ屆出ヲ爲スコトヲ要ス

前項ノ屆出ハ養親《やうしん》ノ死亡ノ時ニ遡《さかのぼ》リテ其效力ヲ生ス

本條問の答　養子をなさんと思《おも》ふ者は遺言《かげん》を以ても其の意思《いし》を表示《へうし》せることを得るものなり而して遺言にて意思表示《へうし》を爲したるときは遺言と執行《しつかう》せる者養子となるべき者又は第八百四十三條の規定《きてい》によりて之に代り承諾《しやうだく》したる者幷に滿二十歳以上の証據人《しようこにん》二人以上より遺言が其の効力《かうりよく》を生じたる後遲れぬ樣《やう》縁組の屆出を戸籍吏《こせきり》になすを要す

第二項第一項に依りて爲せる所の屆出では養親の死したる時に立ち歸りて其効力を生ずるものとす

第八百四十九條　戸籍吏ハ縁組カ第七百四十一條第一項、第七百四十四條第一項第七百五十條第一項及ヒ前十二條ノ規定其他ノ法令ニ違反《いはん》セサルコトヲ認《みと》メタル後ニ非サレハ其屆出ヲ受理《じゆり》スルコトヲ得ス

第七百七十六條但書ノ規定ハ前項ノ場合ニ之ヲ準用ス

本條問の答　戸籍吏は縁組が第七百四十一條第一項第七百四十四條第一項第七百五十條第一項幷に以上說明《せつめい》し來りたる十二ケ條の規定其の外總《すべ》ての法律命令に違《たが》はざることを認めたる後《のち》ならでは其屆出と受《う》け付ることを得ざるものとす

第二項前の第七百七十六條但・書規定は右の第一項の塲合に準用せらる

百第八五十條　外國《ぐわいこく》ニ在ル日本人間ニ於テ縁組《えんぐみ》ヲ爲サント欲スルト

キハ其國ニ駐在《ちうさい》スル日本ノ公使又ハ領事《りやうじ》ニ其屆出ヲ爲スコトヲ得

此場合ニ於テ第七百七十五條及ヒ前二條ノ規定ヲ準用ス

本條問の答　外國《ぐわいこく》に在る日本人同志《どうし》が縁組せんと思《おも》はゞ其の外國に駐在《ちうざい》せる日本の公使か又は領事《りやうじ》に縁組の屆出をなすことを得《う》るなり而して此場合には第七百七十五條と前二條即ち第八百四十八條第八百四十九條の規定を準用するものとす

第二款　縁組ノ無效及ヒ取消

本款は縁組《えんぐみ》の無効と其取消《そのとりけし》に關し規定したるものにて總《すべ》て九ケ條より成《な》れり左に條を逐《お》ふて説明すべし

第八百五十一條　縁組《えんぐみ》ハ左ノ場合ニ限リ無效《むかう》トス

一　人違《ひとちがひ》其他ノ事由ニ因リ當事者間《たうじしやかん》ニ縁組ヲ爲ス意思ナキトキ

二　當事者カ縁組ノ屆出ヲ爲サヽルトキ但其屆出カ第七百七十五條第二項及ヒ第八百四十八條第一項ニ掲ケタル條件ヲ缺クニ止マルトキハ縁組《えんぐみ》ハ之カ爲メニ其效力《かうりよく》ヲ妨ケラルヽコトナシ

本條問の答　縁組の無效《むかう》となるは左に掲《かゝ》ぐる一二の場合に限《かぎ》るものとす

一　人違其《ひとちがひその》の外種々の事由《じいう》にて當事者の間に縁組するの意思なきとき

二　當事者《たうじしや》が縁組の屆を爲さゞるとき但其屆出が第七百七十五條第二項と第八百四十八條第一項に掲《かゝ》げたる條件《でうけん》を欠《か》きたる丈けならば縁組の効力あるものとす

第八百五十二條　縁組ハ後七條ノ規定ニ依ルニ非サレハ之ヲ取消スコトヲ得ス

本條問の答　縁組《えんぐみ》は自由に取消《とりけ》すことを得るものにあらず之を取消《とりけ》すには以下七條の規定に依るを要するものとす

第八百五十三條　第八百三十七條ノ規定ニ違反シタル縁組ハ養親又ハ其法定《はふてい》代理人ヨリ其取消《とりけし》ヲ裁判所ニ請求《せいきう》スルコトヲ得但養親カ成年ニ達《たつ》シタル後六ケ月ヲ經過《けいくわ》シ又ハ追認《ついにん》ヲ爲シタルトキハ此限ニ在ラス

本條問の答　第八百三十七條の規定に背《そむ》きたる縁組即ち未成年者《みせいねんしや》が養子を爲したるときは養親又は其の法定《はふてい》代理人より其の取消を裁判所に請求《せいきう》することを得べし但し養親が成年に達《たつ》したる後六ケ月を過《す》ぐるか又は之を追認《ついにん》したるときは最早《もは》や取消すことを得ざるものとす

第八百五十四條　第八百三十八條又ハ第八百三十九條ノ規定ニ違反シタル縁組ハ各當事者、其戸主又ハ親族ヨリ其取消ヲ裁判所ニ請

求スルコトヲ得

本條問の答　第八百三十八條又は第八百三十九條の規定《きてい》に背《そむ》きて爲したる縁組ハ各當事《かくたうじ》者《しや》其の者の屬《ぞく》する戸主又は親族より其取消を裁判所に向て請求《せいきう》することを得るものなり

第八百五十五條　第八百四十條ノ規定《きてい》ニ違反《ゐはん》シタル縁組ハ養子又ハ其實方《さとかた》ノ親族ヨリ其取消ヲ裁判所ニ請求《せいきう》スルコトヲ得但管理ノ計《けい》算《さん》カ終ハリタル後養子カ追認《ついにん》ヲ爲シ又ハ六ケ月ヲ經過《けいくわ》シタルトキハ此限ニ在ラス

追認《ついにん》ハ養子カ成年ニ達シ又ハ能力《のうりよく》ヲ回復《くわいふく》シタル後之ヲ爲スニ非サレハ其效ナシ

養子カ成年《せいねん》ニ達セス又ハ能力ヲ回復《くわいふく》セサル間ニ管理ノ計算《けいさん》カ終ハリタル場合ニ於テハ第一項但書ノ期間ハ養子カ成年ニ達シ又ハ能力ヲ回復シタル時ヨリ之ヲ起算ス

本條問の答　第八百四十條の規定に背《そむ》きて爲したる縁組即ち後見人《こうけんにん》は被後見人を養子と爲すことを得ざるに若し之を養子となしたるときは養子又は養子の里方《さとかた》の親族より其の縁組の取消を裁判所に請求《せいきう》することを得べし然《しか》れども後見人の爲すべき管理《かんり》の勘定《かんぢやう》が終りたる後養子が先《さき》に爲したる縁組を追認《ついにん》するか又は六ケ月を過《す》ぎたるときは最早《もはや》取

消を爲すことを得ざるなり
第二項縁組の追認《ついにん》は養子が滿《まん》二十年に達《たつ》したるか又は今迄能力《のうりよく》なかりし養子が其能力を回復《くわいふく》したる後ちになさゞれば追認《ついにん》の効力なきものなり
第三項養子が滿《まん》二十年に達《たつ》せず又は能力を回復《くわいふく》せざる間に後見人の管理《くわんり》の勘定か終了したる場合に於ては第一項の但《たゞ》し書《がき》の期間は養子が成年《せいねん》に達したるとき又は能力を回復したるときより起算するものとす

第八百五十六條　第八百四十一條ノ規定ニ違反シタル縁組ハ同意ヲ爲サヽリシ配偶者ヨリ其取消《とりけし》ヲ裁判所ニ請求《せいきう》スルコトヲ得但其配偶者カ縁組《えんぐみ》アリタルコトヲ知リタル後六ケ月ヲ經過《けいくわ》シタルトキハ追認ヲ爲シタルモノト看做ス

本條問の答　第八百四十一條の規定に違《たが》ひたる縁組即ち配偶者《つれあひ》の同意を得《え》ずして縁組したる場合は其の同意《どうい》をなさゞりし配偶者よりも取消を裁判所に請求《せいきう》することを得るものなり然れども其配偶者が縁組ありたることを知りたる後六ケ月を過ぐるときは追認したるものと看做さるゝを以て取消の請求をなすことを得ざるものとす

第八百五十七條　第八百四十四條乃至第八百四十六條ノ規定ニ違反シタル縁組《えんぐみ》ハ同意ヲ爲ス權利《けんり》ヲ有セシ者ヨリ其取消ヲ裁判所ニ請

求スルコトヲ得同意《どうい》カ詐欺《さぎ》又ハ強迫《きやうはく》ニ因リタルトキ亦同シ

第七百八十四條ノ規定ハ前項ノ場合ニ之ヲ準用ス

本條問の答　第八百四十四條より第八百四十六條までに規定《きてい》したる事項に背《そむ》きて爲したる縁組は同意《どうい》を爲すの權利を有《いう》せし者より其の取消を裁判所に請求《せいきう》することを得るものなり又其の同意が詐欺《さぎ》若しくば強迫《きやうはく》によりて爲されたるものなるときも同《おな》じく取消請求を爲し得べし

第二項第七百八十四條の規定は前第一項の場合にも準用せらる

第八百五十八條　婿養子《むこやうし》縁組ノ場合ニ於テハ各當事者ハ婚姻《こんいん》ノ無效又ハ取消《とりけし》ヲ理由トシテ縁組ノ取消ヲ裁判所ニ請求《せいきう》スルコトヲ得但婚姻ノ無效又ハ取消ノ請求《せいきう》ニ附帶《ふたい》シテ縁組ノ取消ヲ請求スルコトヲ妨ケス

前項ノ取消權ハ當事者カ婚姻《こんいん》ノ無效《むかう》ナルコト又ハ其取消アリタルコトヲ知リタル後六ケ月ヲ經過《けいくわ》シ又ハ其取消權ヲ拋棄《はうき》シタルトキハ消滅ス

本條問の答　婿《むこ》養子縁組と爲す場合に各當事者《かくたうじしや》は婚姻の無効又は取消を理由《りいう》として縁組の取消を裁判所に向《むかつ》て請求《せいきう》することを得べきのみならず婚姻の無効《なかう》又は取消の請求に附

きて縁組の取消を請求することをも得べし
第二項第一項に定めたる取消權《とりけしけん》は當事者か婚姻の無效《むかう》なること又は其の取消しありたることを知りし後《のち》六ヶ月を過《す》ぎたるとき又は取消を爲し得る權利を抛棄《はうき》したるときは消滅するものなり

第八百五十九條　第七百八十五條及ヒ第七百八十七條ノ規定ハ縁組ニ之ヲ準用ス但第七百八十五條第二項ノ期間ハ之ヲ六ヶ月トス

本條問の答　第七百八十五條（詐欺《さぎ》又は强迫《きやうはく》に因る婚姻の取消《とりけし》）と第七百八十七條（婚姻取消の效力）の両規定《りやうきてい》は養子縁組に準用《じゆんよう》するものとす但第七百八十五條第二項の期間《きかん》は三ヶ月なれども縁組の期間は六ヶ月とす

第三款　縁組ノ效力

本款は縁組の效力を定めたる規定にして第八百六十條第八百六十一條の二ヶ條より成れり

第八百六十條　養子《やうし》ハ縁組ノ日ヨリ養親ノ嫡出子《ちやくしゆつし》タル身分ヲ取得ス

本條問の答　養子は縁組によりて如何《いか》なる身分《みぶん》を取得《しゆとく》するものかと云ふに其の縁組したる日より養親の嫡出子たる身分を取得するものなり

第八百六十一條　養子ハ縁組ニ因リテ養親ノ家ニ入ル

本條問の答　養子は何《いづ》れの家に入るべきやは之れ本條の定むる所にして縁組に因りて養子は養親の家族となるべきものなり

第四款　離縁

本款は離縁のことを規定《きてい》す離縁とは養子を不縁《ふえん》することにして俗《ぞく》に云ふ所の離縁《りえん》の如く婚姻の解除《かいぢよ》をも含《ふく》むものにあらず以下條を逐ふて説明せん

第八百六十二條　縁組ノ當事者《たうじ》ハ其協議ヲ以テ離縁《りえん》ヲ爲スコトヲ得

養子カ十五年未《み》滿《まん》ナルトキハ其離縁ハ養親《やうしん》ト養子ニ代ハリテ縁組ノ承諾《しようだく》ヲ爲ス權利ヲ有スル者トノ協議《けふぎ》ヲ以テ之ヲ爲ス

養親カ死亡《しぼう》シタル後養子カ離縁《りえん》ヲ爲サント欲スルトキハ戸主ノ同意ヲ得テ之ヲ爲スコトヲ得

本條問の答　縁組の當事者《たうじしや》は相談附《さうだんづく》にて離縁《りえん》することを得るものなり

第二項養子が十五歳以下なるときは思慮分別《しりよふんべつ》足らざるを以て養子に代《かは》りて縁組の承諾を爲す權利を有する者即《すなは》ち養子の父又は母等と養親との相談にて離縁《りえん》するものとす

第三項養親が死亡《しぼう》したる後に養子自から離縁《りえん》せんと思はゞ其の家の戸主《こしゆ》の同意を得れば何時にても離縁するを得るものなり

第八百六十三條　滿《まん》二十五年ニ達《たつ》セサル者カ協議上ノ離縁《りえん》ヲ爲スニ

ハ第八百四十四條ノ規定ニ依リ其緣組ニ付キ同意ヲ爲ス權利ヲ有スル者ノ同意ヲ得ルコトヲ要ス

第七百七十二條第二項、第三項及ヒ第七百七十三條ノ規定ハ前項ノ場合ニ之ヲ準用ス

本條問の答　滿二十五歲以下の者が裁判《さいばん》に因りて離緣《りえん》となるにあらで相談上にて離緣《りえん》するには第八百四十四條の規定により其の緣組に付て同意を爲す權利を有する者の同意を得ざるべからず

第二項前旣《すで》に說明《せつめい》したる第七百七十二條第二項第三項幷に第七百七十三條の規定は相談の上にてなす離緣に準用するものとす

第八百六十四條　第七百七十四條及ヒ第七百七十五條ノ規定ハ協議上ノ離緣ニ之ヲ準用ス

本條問の答　第七百七十四條と第七百七十五條との兩規定《りやうきてい》は協議上の離緣に準用《じゆんよう》せらるものなり

第八百六十五條　戶籍吏ハ離緣カ第七百七十五條第二項、第八百六十二條及ヒ第八百六十三條ノ規定《きてい》其他ノ法令《ほふれい》ニ違反セサルコトヲ認《みと》メタル後ニ非サレハ其屆出ヲ受理《じゆり》スルコトヲ得ス

戸籍吏カ前項ノ規定《きてい》ニ違反《ゐはん》シテ届出ヲ受理シタルトキト雖モ離縁ハ之カ爲メニ其效力ヲ妨ケラルヽコトナシ

本條問の答　戸籍吏が離縁《りえん》の届出を受理《じゆり》するには離縁が第七百七十五條第二項第八百六十二條及び第八百六十三條に定《さだ》めたる規則其外總《すべ》ての法律命令に背《そむ》き居らさるや否やを取調《とりしら》べたる末如何にも違反《ゐはん》し居らずと認《みと》めたる上ならでは其の届出を受理《じゆり》するを得ざるものとす。

第二項若し戸籍吏《こせきり》が第一項の規定に違《たが》ひて其届出を受理したるときにても離縁《りえん》の効力には少しも關係なし

第八百六十六條　縁組《えんぐみ》ノ當事者ノ一方ハ左ノ場合ニ限《かぎ》リ離縁ノ訴ヲ提起スルコトヲ得

一　他《た》ノ一方ヨリ虐待《ぎやくたい》又ハ重大ナル侮辱《ぶぢよく》ヲ受ケタルトキ

二　他ノ一方ヨリ惡意《あくい》ヲ以テ遺棄《いき》セラレタルトキ

三　養親ノ直系尊屬《ちよくけいそんぞく》ヨリ虐待又ハ重大ナル侮辱ヲ受ケタルトキ

四　他ノ一方カ重禁錮一年以上ノ刑ニ處セラレタルトキ

五　養子ニ家名《かめい》ヲ瀆《けが》シ又ハ家産《かさん》ヲ傾《かたむ》クヘキ重大ナル過失アリタルトキ

六 養子カ逃亡《とうばう》シテ三年以上復歸《ふくき》セサルトキ」
七 養子ノ生死カ三年以上分明ナラサルトキ
八 他ノ一方カ自己《じこ》ノ直系尊屬ニ對シテ虐待《ぎやくたい》ヲ爲シ又ハ之ニ重大ナル侮辱ヲ加ヘタルトキ
九 壻養子《むこやうし》縁組ノ場合ニ於テ離婚《りこん》アリタルトキ又ハ養子カ家女ト婚姻《こんいん》ヲ爲シタル場合ニ於テ離婚若《も》シクハ婚姻ノ取消《とりけし》アリタルトキ

本條問の答　縁組の當事者《たうじしや》の一方（養親又は養子）は何《いづ》れも左に掲《かゝ》ぐる場合に限り離縁《りえん》の訴を起すことを得べし

一　他の一方より虐待《ぎやくたい》又は重大なる侮辱《ぶじよく》をうけたるとき　茲《こゝ》には重大なる侮辱とあると以て少々の事は離縁《りえん》の原因《おこり》となすを得ず

二　他の一方より惡意《あくい》を以て遺棄《ゐき》せられたるとき　故に遺棄《ゐき》せられたるも止むを得さるに出てたるときは離縁《りえん》の原因《おこり》とならず

三　養親の直系尊屬《ちよくけいそんぞく》より虐待又は重大なる侮辱《ぶじよく》を受けたるとき　本號は養親《やうしん》の直系尊屬なると配偶者《つれあひ》なるものとの差《ちがひ》あるのみ

四　他の一方が重禁錮《ぢうきんこ》一年以上の刑に處《しよ》せられたるとき　此の場合には世間《せけん》に對し面《めん》

目次《にくし》第《だい》もなければなり

五　養子は家名《かめい》を潰し又は家産を傾《かたむ》くべき重大なる過失《あやまち》ありたるとき　此の場合《ばあひ》には家を維持《ゐぢ》するが爲め止むを得ざるが故なり

六　養子が逃亡《たうばう》して三年以上分明《ぶんめい》ならざるとき　此の場合は到底《たうてい》其の養子を待つことを能《あた》はざるのみならず其家の相續《さうぞく》となさざるの意なりと看做《みな》すことを得べければなり

七　養子の生死《いきしに》が三年以上分明《ぶんめい》ならざるとき

八　他の一方が自己《じこ》の直系尊屬に對して虐待《ぎやくたい》をなし又は之に重大《ぢうだい》なる侮辱を加へたるとき　此の場合の理由は別に說明を要せずして明かなり

九　婿《むこ》養子緣組の場合に於て離婚《りこん》ありたるとき又は養子が家女《かじよ》と婚姻を爲したる場合に於て離婚《りこん》若しくば婚姻の取消《とりけし》ありたるとき　此の場合が離婚の原因《おこり》となるは養子の性質より來るものなり

第八百六十七條　養子カ滿《まん》十五年ニ達《たつ》セサル間ハ其緣組ニ付キ承諾《しやうだく》權《けん》ヲ有スル者ヨリ離緣《りえん》ノ訴ヲ提起《ていき》スルコトヲ得

第八百四十三條第二項ノ規定ハ前項ノ場合ニ之ヲ準用ス

本條問の答　滿十五歲以下の者には意思《いし》の發達《はつたつ》未だ定まらざる所多《おほ》きを以て此の年齡《ねんれい》に

達《たつ》せざる養子の離縁に付ては其《そ》の縁組に付き承諾を與《あた》ふるの權利を有《いう》せし者より離婚の訴を提起することを得るものとす

第二項第八百四十三條第二項の定めは前第一項の場合に準用せらる

第八百六十八條　第八百六十六條第一號乃至第六號ノ場合ニ於テ當事者ノ一方カ他《た》ノ一方又ハ其直系尊屬《ちよくけいそんぞく》ノ行爲ヲ宥恕《いうじよ》シタルトキハ離縁ノ訴ヲ提起スルコトヲ得ス

本條問の答　第八百六十六條第一號より第六號《がう》までの場合に於て當事者《たうじしや》の一方が他の一方又は其の直系尊屬《ちよくけいそんぞく》の行爲を許《ゆる》したるときは離縁の訴《うつたへ》を提起《ていき》することを得ざるものとす

第八百六十九條　第八百六十六條第四號ノ場合ニ於テ當事者ノ一方カ他ノ一方ノ行爲《かうい》ニ同意《どうい》シタルトキハ離縁ノ訴ヲ提起《ていき》スルコトヲ得ス

第八百六十六條第四號ニ掲《かゝ》ケタル刑ニ處《しよ》セラレタル者ハ他ノ一方ニ同一ノ事由《じいう》アルコトヲ理由トシテ離縁《りえん》ノ訴ヲ提起スルコトヲ得ス

本條問の答　第八百六十六條第四號の場合即ち（配偶者の一方が重禁錮一年以上の刑に處《しよ》せられたるとき）に他の一方が其の刑《けい》に處《しよ》せられたる行爲《かうゐ》に同意《どうい》したる時は離縁の訴

を起すことを得ざるものとす
第二項第八百六十六條第四項に掲《かゝ》げたる刑《けい》に處《しよ》せられたるものは他《た》の一方に同一の事由《じゆう》あるとも離縁の理由として訴ふることを得ざるなり

第八百七十條　第八百六十六條第一號乃至第五號及ヒ第八號ノ事由ニ因ル離縁《りえん》ノ訴ハ之ヲ提起《ていき》スル權利ヲ有スル者カ離縁ノ原因《げんいん》タル事實《じじつ》ヲ知リタル時ヨリ一年ヲ經過《けいくわ》シタル後ハ之ヲ提起《ていき》スルコトヲ得ス其事實發生ノ時ヨリ十年ヲ經過シタル後同亦シ

本條問の答　既《すで》に説明《せつめい》したる第八百六十六條第一項より第五項に至る五ヶ條及《およ》び第八號の事由《じゆう》によりて爲す所の離縁《りえん》の訴は之と提起《ていき》する權利と有《いう》する者が離縁の原因たる事實《じじつ》のありしことを知りたる時より數《かぞ》へて一年を過《すご》したるとき若しくば其原因たる事實《じじつ》が發生したる時より數《かぞ》へて十年を過ぎたる後は最早《もはや》訴を起《おこ》すことを得ざるなり

第八百七十一條　第八百六十六條第六號ノ事由ニ因ル離縁《りえん》ノ訴ハ養親カ養子《やうし》ノ復歸《ふくき》シタルコトヲ知リタル時ヨリ一年ヲ經過《けいくわ》シタル後ハ之ヲ提起《ていき》スルコトヲ得ス其復歸ノ時ヨリ十年ヲ經過《けいくわ》シタル後亦同シ

本條問の答　第八百六十六條第六號の事由《じゆう》(即ち養子が逃亡《たうばう》して三年以上復歸《ふくき》せざること)と

理由として爲せる離緣の訴《うつたへ》は養親が養子の復歸《ふくき》したることを知りたるときより一年を過ぎたる後なるか又は復歸《ふくき》したるときより十年を過《す》ぎたる後は最早《もは》や提起《ていき》することを得ざるものとす

第八百七十二條　第八百六十六條第七號ノ事由ニ因ル離緣ノ訴ハ養子ノ生死《しやうし》カ分明ト爲リタル後ハ之ヲ提起《ていき》スルコトヲ得ス

本條問の答　第八百六十六條第七號の事由《じゆう》（即ち養子の生死《いきしに》が三年以上分明《ぶんめい》ならざるとき）を原因《おこり》として爲す所の離緣の訴は養子の生死《いきしに》が分明となりたる後《のち》は最早《もは》や之を提起することを得ず蓋至當の事なり

第八百七十三條　第八百六十六條第九號ノ場合《ばあひ》ニ於テ離婚《りこん》又ハ婚姻取消ノ請求《せいきう》アリタルトキハ之ニ附帶《ふたい》シテ離緣ノ請求ヲ爲スコトヲ得

第八百六十六條第九號ノ事由《じいう》ニ因ル離緣ノ訴ハ當事者《たうじしや》カ離婚又ハ婚姻ノ取消アリタルコトヲ知リタル後六ケ月ヲ經過シ又ハ離緣請求ノ權利ヲ拋棄《はうき》シタルトキハ之ヲ提起《ていき》スルコトヲ得ス

本條問の答　第八百六十六條第九號の場合（婿《むこ》養子緣組《ゑんぐみ》の場合に於て離婚ありたる時又は養子が家女《かぢよ》と婚姻を爲したる場合に於て離婚《りこん》若《もし》くば婚姻取消《とりけし》ありたるとき）に於て離

婚又は婚姻の取消の請求《せいきう》ありたるときは之れに附けて離縁《りえん》の請求を爲すことを得るなり第二項第八百六十六條の事由《じいう》によりて爲す離縁の訴《うつたへ》は當事者が離婚又は婚姻の取消《とりけし》ありたることを知りし後ち六ヶ月を過ぎたるか又は離縁を請求し得るの權利を拋棄したるときは之を提起《ていき》することを得ざるものなり

第八百七十四條　養子カ戸主ト爲リタル後ハ離縁ヲ爲スコトヲ得ス
但隱居ヲ爲シタル後ハ此限ニ在ラス

本條問の答　例《たと》ひ養子なるも一旦《たん》戸主となりたる後は相談附《さうだんづ》くにても亦裁判の上にても最早《はや》や離縁することを得ざるものなり然とも其戸主たる養子が隱居《いんきよ》したる後は離縁の請求を爲し得るものとす

第八百七十五條　養子ハ離縁《りえん》ニ因リ其實家ニ於テ有セシ身分ヲ回復《くわいふく》ス但第三者カ既ニ取得シタル權利ヲ害スルコトヲ得ス

本條問の答　養子は離縁となりて其の里方《さとかた》に還《かへ》りたるときは元と實家《じつか》に在るとき有《いう》したりし身分を回復《くわいふく》するものなり然れども之れが爲めに第三者が既《すで》に取得したる權利を害することを得ず例《たと》へば養子甲は長男なりしに都合《つがふ》ありて他家に養子となりし塲合に甲の弟乙相續人となれるに依り甲は乙の家族となるに止まり乙を廢して更に家督相續人となるを得ざるが如し

第八百七十六條　夫婦カ養子ト爲リ又ハ養子カ養親ノ他ノ養子ト婚姻ヲ爲シタル場合ニ於テ妻《つま》カ離縁ニ因リテ養家《やうか》ヲ去ルヘキトキハ夫ハ其撰《そのせん》擇《たく》ニ從ヒ離縁又ハ離婚ヲ爲スコトヲ要ス

本條問の答　夫婦兩人が共《とも》に養子となるか又は養子が養親の他の養子と婚姻《こんゐん》したる場合は其の妻が離縁《りゑん》によりて養家を去るときは夫は離縁《りゑん》により養家を去るか又は妻と離婚をるか何れか一方を撰むことを要するなり

第五章　親權

本章は親權に關《くわん》する規則を定《さだ》めたるものにて總《すべ》て三節二十三ヶ條より成る抑《そもそ》も親權とは子の身体《しんたい》財產を保護《ほご》する爲めに法律が其父若しくば母に對《たい》して與《あた》へたる權利と云ふ例へば子を懲戒《ちようかい》するの權利又は財產を監督《かんとく》する權利等の如し故に親權を有《いう》する者は父母に限るものにて例《たと》ひ戸主たりとも此の權利を有《いう》することなし只だ繼父母《けいふぼ》又は嫡母は實《じつ》の父母と同じく親權を有すれども其の權利には種々の制限あり

第一節　總則

本節は以下二節に通《つう》ずる規則を定《さだ》めたり以下條を逐《お》ふて說明《せつめい》せん

第八百七十七條　子ハ其家ニ在ル父ノ親權《しんけん》ニ服ス但獨立《どくりつ》ノ生計ヲ立ツル成年者ハ此限ニ在ラス

父カ知レサルトキ、死亡《しばう》シタルトキ、家ヲ去リタルトキ又ハ親權ヲ行フコト能ハサルトキハ家ニ在ル母之ヲ行フ

本條問の答　子は實子《じつし》たると養子たるとを問はず總《すべ》て其の家にある父の親權に服《ふく》すべきものとす但し獨立《どくりつ》の生計を立て居る成年者は別に親權に服するの要《よう》なければ之に服すべきものは未成年者と獨立《どくりつ》の生計《せいけい》を立て居らざる成年者の二者なりと知るべし

第二項　第一項に定《さだ》めたる如く親權を行ふ者は父なれども左の場合に於ては止《や》むを得ず母をして行はしむるものなり

一　父が知れざるとき

二　父が死去したるとき

三　父が家を去りたるとき

四　父が親權《しんけん》を行ふ能《あた》はざるとき

第八百七十八條　繼父、繼母又ハ嫡母カ親權ヲ行フ場合ニ於テハ次章ノ規定ヲ準用ス

本條問の答　親權を行ふ者が父又は母にあらで繼父《まゝちゝ》繼母《まゝはゝ》又は嫡母なるときは次章《じしやう》即ち第六章後見人の規定《きだめ》を準用《じゆんよう》するものなり

第二節　親權ノ效力

本節は前節《ぜんせつ》に定めたる親權の效力に付ての規定《きてい》にして十七條より成れり

第八百七十九條　親權ヲ行フ父又ハ母ハ未成年《みせいねん》ノ子ノ監護及ヒ教育ヲ爲ス權利ヲ有シ義務ヲ負フ

本條問の答　親權《しんけん》を行ふ父又は母の權利義務如何《いかん》と云ふに其子の監護《かんご》と教育《けういく》と爲すとの二つなり

第八百八十條　未成年《みせいねん》ノ子ハ親權ヲ行フ父又ハ母カ指定《してい》シタル場所ニ其居所ヲ定ムルコトヲ要ス但第七百四十九條ノ適用ヲ妨ケス

本條問の答　未成年の子が住居《じうきよ》すべき場所は親權を行《おこな》ふ所の父又は母が指定《してい》したる場所なり然れども第七百四十九條の適用《てきよう》を妨《さまた》げざるにより親權を行《おこな》ふ父又は母の指定《してい》の居所が戸主の指定《てい》する處と異《こと》なる場合に於ては戸主は其家族《かぞく》を扶養するの義務を免るゝものとす

第八百八十一條　未成年《みせいねん》ノ子カ兵役ヲ出願《しゆつぐわん》スルニハ親權ヲ行フ父又ハ母ノ許可ヲ得ルコトヲ要ス

本條問の答　未成年の子が兵役《へいえき》に就《つ》かんことを出願するには親權を行《おこな》ふ父又は母の許《ゆるし》を得ざるべからず

第八百八十二條　親權《しんけん》ヲ行フ父又ハ母ハ必要《ひつえう》ナル範圍内ニ於テ自ラ

其子ヲ懲戒《ちようかい》シ又ハ裁判所ノ許可ヲ得テ之ヲ懲戒場《ちやうかいぢやう》ニ入ルヽコトヲ得

子ヲ懲戒場ニ入ルヽ期間《きかん》ハ六ケ月以下ノ範圍內ニ於テ裁判所《さいばんしよ》之ヲ定ム但此期間ハ父又ハ母ノ請求《せいきう》ニ因リ何時《なんどき》ニテモ之ヲ短縮《たんしゆく》スルコトヲ得

本條問の答　親權を行ふ《おこな》父又は母は必要なる區域內《くゐきない》にて自ら其の子を懲戒《ちようかい》し又は裁判所の許を得て其の子を懲戒場《ちやうかいば》に入るゝことも得るなり法文《はふぶん》に必要なる範囲內《はんゐ》とあるにより必要《ひつえう》なきに子を懲戒するが如きは親權の働《はたら》きにあらで全く不法の所爲《しよゐ》なりと知るべし

第二項　第一項に依り裁判所の許《ゆるし》を得て子を懲戒場に入れ置く期間《きかん》は六ケ月內にて裁判所の定むるものなり然れども裁判所に於て定めたる期間內にでも父又は母の請求あるときは何時にても其の期間を縮《ちゞ》むることを得べし

第八百八十三條　未成年ノ子ハ親權ヲ行フ父又ハ母ノ許可ヲ得ルニ非サレハ職業ヲ營ムコトヲ得ス

父又ハ母ハ第六條第二項ノ場合《ばあひ》ニ於テハ前項ノ許可《きよか》ヲ取消シ又ハ之ヲ制限スルコトヲ得

本條問の答　未成年者は未《いま》だ其の職業の良否《りやうひ》を判斷《はんだん》する智識に乏《とぼ》しきを常とするにより

親權を行《おこな》ふ父又は母の許を受けたる後ならでは職業《しよくげふ》を營むことを得ざるものとす

第二項　父又は母は第六條第二項の場合にては第一項の許を取消すことも得べく又制限することをも得べし

第八百八十四條　親權ヲ行《おこな》フ父又ハ母ハ未成年ノ子ノ財産ヲ管理《くわんり》シ又其財産ニ關《くわん》スル法律行爲ニ付キ其子ヲ代表《だいへう》ス但其子ノ行爲ヲ目的トスル債務《さいむ》ヲ生スヘキ場合ニ於テハ本人ノ同意《どうい》ヲ得ルコトヲ要ス

本條問の答　親權《しんけん》を行ふ父又は母は未成年《みせいねん》なる子に限りて財産の管理《くわんり》及び財産に關する法律行爲に付て其の子を代表《だいへう》するものなり但し其子の行爲（不行爲《ふかうゐ》を含《ふく》む）を以て目的《もくてき》とする債務《さいむ》を生ずる場合にありては本人の同意《どうい》を得ることを要《えう》するものとす

第八百八十五條　未成年ノ子カ其配偶者ノ財産ヲ管理《くわんり》スヘキ場合ニ於テハ親權ヲ行フ父又ハ母之ニ代ハリテ其財産ヲ管理ス

本條問の答　未成年《みせいねん》の子は自己の財産にても親權《しんけん》を行ふ父又は母に管理《くわんり》せらるゝものなれば其の配偶者の財産の管理も父又は母が其の子に代《かは》りて行ふものとす

第八百八十六條　親權ヲ行フ母カ未成年ノ子ニ代ハリテ左ニ掲ケタル行爲ヲ爲シ又ハ子《こ》ノ之ヲ爲スコトニ同意《どうい》スルニハ親族會ノ同意

ヲ得ルコトヲ要ス

一　營業ヲ爲スコト

二　借財《しやくざい》又ハ保證《ほしよう》ヲ爲スコト

三　不動産又ハ重要ナル動産ニ關スル權利ノ喪失ヲ目的トスル行爲ヲ爲スコト

四　不動産又ハ重要《ぢうえう》ナル動産ニ關スル和解《わかい》又ハ仲裁契約ヲ爲スコト

五　相續ヲ拋棄《はうき》スルコト

六　贈與《ぞうよ》又ハ遺贈ヲ拒絕《きよぜつ》スルコト

本條問の答　女子は其能力到底《たうてい》男子に及ばざるを以て親權《しんけん》を行ふ母が未成年者の子《こ》に代はりて左に掲《かゝ》げたる行爲と爲す場合幷に子が此等の行爲《かうゐ》をなすことに同意するには親族會の承諾と得るを要するものとす

一　營業《ゑいげふ》を爲すこと　營業を爲すとは廣《ひろ》く商業其他の職業と指《さ》す

二　借財又は保証《ほしやう》を爲すこと　借財とは金を借入《かりい》るゝ事又保証《ほしよう》とは受人となることなり

三　不動産又は重要《ぢうえう》なる動産に關する權利の喪失《そうしつ》を目的《もくてき》とする行爲と爲すこと　喪失《そうしつ》

と目的《もくてき》とする行爲と云ふは此等《これら》に物を賣却し又は讓渡す等《とう》のことを目的とする行ひのことなり

四　不動産《ふどうさん》又は重要なる動産に關する和解《わかい》又は仲裁契約を爲そこと　和解仲裁《わかいちうさい》は双方より幾分か讓り合ふものなるにより同意を要するなり

五　相續を拋棄《はうき》そること　相續の拋棄は利益《りゑき》を拋棄そるに同じきを常《つね》とするに因る

六　贈與《ぞうよ》又は遺贈を拒絶《きよぜつ》すること　此の二者を拒絶《きよぜつ》するは明らかに利益を拒絶《きよぜつ》そるものなるに因る

第八百八十七條　親權ヲ行フ母カ前條ノ規定ニ違反シテ同意ヲ與ヘタル行爲ハ子又ハ其法定代理人ニ於テ之ヲ取消スコトヲ得此場合ニ於テハ第十九條ノ規定ヲ準用ス

前項ノ規定《きてい》ハ第百二十一條乃至第百二十六條ノ適用《てきよう》ヲ妨ケス

本條問の答　前條に掲《かゝ》げたる行爲は若《も》し親權《しんけん》と行ふ母が親族會の同意を得《え》ずして爲すか又は同意《どうい》を與《あた》へたるときは其の子又は其の法定代理人《ほふてい》に於て之と取消《とりけ》すことを得べし而して此の場合には第十九條の規定を準用するものとす第二項の規定は第百二十一條より第百二十六條に至る六ヶ條の適用と妨ぐることなし

第八百八十八條　親權《しんけん》ヲ行フ父又ハ母ト其未成年《みせいねん》ノ子ト利益相反ス

ル行爲《かうゐ》ニ付テハ父又ハ母ハ其子ノ爲メニ特別代理人ヲ選任《せんにん》スルコトヲ親族會ニ請求スルコトヲ要ス
父又ハ母カ數人《すうにん》ノ子ニ對シテ親權ヲ行《おこな》フ場合ニ於テ其一人ト他ノ子トノ利益《りえき》相反《あひはん》スル行爲ニ付テハ其一方ノ爲メ前項ノ規定《きてい》ヲ準用ス

本條問の答　親權を行ふ所《ところ》の父又は母は其の未成年者《みせいねんしや》との間に時としては利益《りえき》相反する場合なきにあらず此場合に於《おい》ては父又は母は其利益相反《あいはん》する行爲《かうゐ》を爲さずして其の子の爲めに親族會に對して特別代理人を撰任することを請求するを要す第二項父又は母が數人《すうにん》の子に對して親親を行《おこな》ふ場合に於て其内の一人の子と他《た》の子との利益が相反《あひはん》する行爲に付ては其の一方の子の爲めに前條の規定を準用《じゆんよう》して特別代理人の撰任と親族會に請求するものとす

第八百八十九條　親權ヲ行フ父又ハ母ハ自己ノ爲メニスルト同一ノ注意《ちうい》ヲ以テ其管理權ヲ行《おこな》フコトヲ要ス
母ハ親族會ノ同意ヲ得テ爲シタル行爲ニ付テモ其責ヲ免ルヽコトヲ得ス但母ニ過失《くわしつ》ナカリシトキハ此限《このかぎり》ニ在ラス

本條問の答　親權と行《おこな》ふ父又は母が其の子に對《たい》して行ふ所の管理《くわんり》權の注意は自己《じこ》の爲め

にするに同一なる注意を以てすることを要するなり

第二項　母に過失《くわしつ》なかりし時の外母は親族會の同意《どうい》を得て爲したる行爲に付ても其の責《せき》を免るゝことを得ざるものとす

第八百九十條　子カ成年ニ達シタルトキハ親權ヲ行ヒタル父又ハ母ハ遲滯《ちたい》ナク其管理ノ計算《けいさん》ヲ爲スコトヲ要ス但其子ノ養育《やういく》及ヒ財產ノ管理ノ費用ハ其子ノ財產《ざいさん》ノ收益ト之ヲ相殺《さうさい》シタルモノト看做ス

本條問の答　親權を行《おこな》ひたる父又は母は其の子が滿《まん》二十年に達《たつ》したる時は直ちに其管理の勘定《かんじやう》を爲すことを要するものとす但し其の子を養育《やういく》したる費用幷に財產《ざいさん》の管理の爲めに使ひたる入用費は其《そ》の子《こ》の財產より生《しやう》じたる收益《しうえき》と差引きしたるものと看做すにより受け取ることを得ざるものなり

第八百九十一條　前條但書ノ規定ハ無償ニテ子ニ財產ヲ與フル第三者カ反對《はんたい》ノ意思ヲ表示《へうし》シタルトキハ其財產ニ付テハ之ヲ適用セス

本條問の答　前第八百九十條但し書の規定《きてい》は無代價《むだいか》にて子に財產を與《あた》ふる第三者が反對《はんたい》の意思を表示《へうし》したるときは其の與《あた》ふる所の財產に限りて適用《てきよう》するものとす

第八百九十二條　無償《むしやう》ニテ子ニ財產ヲ與《あた》フル第三者カ親權ヲ行フ父又ハ母ヲシテ之ヲ管理セシメサル意思ヲ表示シタルトキハ其財產

ハ父又ハ母ノ管理ニ屬セサルモノトス

前項ノ場合ニ於テ第三者カ管理《くわんり》者《しや》ヲ指定《してい》セサリシトキハ裁判所ハ子、其親族又ハ檢事ノ請求ニ因リ其管理者ヲ選任ス

第三者カ管理《くわんり》者《しや》ヲ指定セシトキト雖モ其管理《くわんり》者《しや》ノ權限カ消滅《しやうめつ》シ又ハ之ヲ改任スル必要アル場合ニ於テ第三者カ更ニ管理者ヲ指定セサルトキ亦同シ

第二十七條乃至第二十九條ノ規定ハ前二項ノ場合ニ之ヲ準用ス

本條問の答　無代價《むだいか》にて子に財産を與《あた》ふる第三者か親權と行ふ父又は母に其財産《そのざいさん》を管理せしめぬ意思《いし》と表示《へうし》したるときは之れが管理は父又は母に屬《ぞく》せず第二項の場合に於て第三者が其の財産《ざいさん》を管理する者と定めざりしときは裁判所《さいはんしよ》は子其親族又は撿事の請求によりて其の管理者を撰任するなり

第三項例《たと》ひ第三者か管理者を定《さだ》めしときにても其の管理者の權限《けんく》が消滅《せうめつ》したるとき又は之を改任《かいにん》する必要ある場合に第三者が更《さら》に管理人を定めざるときも亦同じく裁判所に於て撰任をべきことと第二項と異ならず

第四項　第二十七條より第二十九條に至る三ヶ條の規定は前二項及び三項の場合に準用す

第八百九十三條　第六百五十四條及ヒ第六百五十五條ノ規定ハ父又ハ母カ子ノ財産ヲ管理スル場合及ヒ前條ノ場合ニ之ヲ準用ス

本條問の答　第六百五十四條幷に第六百五十五條の規定は父又は母が其の子の財産を管理する場合及び前第八百九十二條の場合にも準用《じゆんよう》するものなり。

第八百九十四條　親權ヲ行ヒタル父若クハ母又ハ親族會員ト其子トノ間ニ財産《ざいさん》ノ管理ニ付テ生シタル債權《さいけん》ハ其管理權消滅《しやうめつ》ノ時ヨリ五年間之ヲ行ハサルトキハ時效ニ因リテ消滅ス

子カ未《いま》タ成年ニ達《たつ》セサル間ニ管理權カ消滅《しやうめつ》シタルトキハ前項ノ期間ハ其子カ成年《せいねん》ニ達シ又ハ後任《こうにん》ノ法定代理人カ就職《しうしよく》シタル時ヨリ之ヲ起算ス

本條問の答　親權を行《おこな》ひたりし父母又は親族會と其《そ》の子との間に財産の管理《くわんり》に付て生じたる債權は其の管理權《くわんりけん》が消滅したるときより五年の間行使《かうし》せぬときは時効《じかう》によりて消滅に歸するものなり

第二項　子か未《いま》だ成年に達せさる間に管理權《くわんりけん》が消滅し終《をは》りたるときは五年の時効期間、其の子が滿二十才に達《たつ》したるか又は後任の法定《はふてい》代理人が其の職に就《つ》きたるときよるものとす

第八百九十五條　親權《しんけん》ヲ行フ父又ハ母ハ其未成年《みせいねん》ノ子ニ代ハリテ戶主權及ヒ親權ヲ行フ

本條問の答　親權《しんけん》を行ふ父母は其の未成年者に對《たい》して親權を行ふのみならず亦未成年者の子即ち孫に代はりても戶主權及び親權を行ふものなり

第三節　親權ノ喪失

本節は親權の喪失《さうしつ》に關して規定《きてい》せり

第八百九十六條　父又ハ母カ親權《しんけん》ヲ濫用《らんよう》シ又ハ著シク不行跡ナルトキハ裁判所ハ子ノ親族《しんぞく》又ハ撿事ノ請求ニ因リ其親權《そのしんけん》ノ喪失ヲ宣告スルコトヲ得

本條問の答　裁判所が子の親族《しんぞく》又は撿事の請求に因りて親權の喪失《さうしつ》を宣告《せんこく》するを得べき場合は左の如し

一　父又は母が親權を行使《かうし》すべからざる場合に行使《かうし》したるとき

二　著《いちじる》しく不行跡《ふぎやうせき》なるとき

第八百九十七條　親權《しんけん》ヲ行フ父又ハ母カ管理ノ失當《しつたう》ニ因リテ其子ノ財產ヲ危《あやふ》クシタルトキハ裁判所ハ子ノ親族又ハ撿事ノ請求《せいきう》ニ因リ其管理權ノ喪失ヲ宣告スルコトヲ得

父カ前項ノ宣告《せんこく》ヲ受ケタルトキハ管理權ハ家ニ在ル母之《これ》ヲ行フ

本條問の答　親權を行ふ所《ところ》の父又は母の管理が宜《よろ》しからざるに因りて其の子の財產を危《あや》からしめたるときは裁判所は其子の親族《しんぞく》又は撿事の請求に因り管理權《くわんりけん》の喪失を宣告《せんこく》せることを得るなり

第二項　父が第一項によりて親權喪失《しんけんそうしつ》の宣告を受けたるときは管理權《くわんりけん》は其の家にある母の行ふべきものとす

第八百九十八條　前二條ニ定《さだ》メタル原因《げんいん》カ止ミタルトキハ裁判所ハ本人又ハ其親族ノ請求《せいきう》ニ因リ失權ノ宣告《せんこく》ヲ取消スコトヲ得

本條問の答　第八百九十六條第八百九十七條に定《さだ》めたる親權喪失《そうしつ》の原因が止《や》みたるときは本人又は其の親族の請求《せいきう》によりて裁判所は前に爲したる失權《しつけん》の宣告を取消《とり》し親權を行はしむることを得べし

第八百九十九條　親權ヲ行フ母ハ財產ノ管理ヲ辭スルコトヲ得

本條問の答　女子は前《まへ》にも述《の》べたるが如く理財《りざい》の事には拙《つた》なきを常とするが故に母が親權を行ふ場合に限りて財產の管理《くわんり》を辭《じ》することを得せしむるなり

第六章　後見

本章は後見《こうけん》に關する規則を定めたり抑《そもそ》も後見（ウシロ見）は幼者及身神に欠《か》く處ある者を

保護《ほご》する爲めに設《まう》くるものなれば今日にありては昔時《せきじ》の如く既に成年に達《たつ》せる女子に後見を附《ふ》することなし後見に二種《しゆ》あり一は法律上の後見にして他《た》の一は指定又は撰定《せんてい》の後見人なり其の後見の機關《きくわん》には後見人後見監督人親族會の三種あり詳細《しやうさい》は以下の說明に付て研究せらるべし

第一節　後見ノ開始

本節は後見の始まるときと定めたり

第九百條　後見《こうけん》ハ左ノ場合ニ於テ開始《かいし》ス

一　未成年者《みせいねんしや》ニ對シテ親權ヲ行フ者ナキトキ又ハ親權《しんけん》ヲ行フ者カ管理權ヲ有セサルトキ

二　禁治產ノ宣告アリタルトキ

本條問の答　後見の始《はじ》まる場合は左に掲《かゝ》ぐるときなり

一　未成年者に對《たい》して親權を行ふもののなきときか又は親權を行《おこな》ふ者か管理の權利を有《いう》せざるとき

二　本人が禁治產の宣告を受けたるとき

第二節　後見ノ機關

本節は後見の機關《きくわん》に付て規定せり機關とは道具《だうぐ》と云ふに同じ以下條を逐《お》ふて說明《せつめい》すべし

第一款　後見人

第九百一條　未成年者ニ對《たい》シテ最後ニ親權ヲ行フ者ハ遺言《いごん》ヲ以テ後見人ヲ指定《してい》スルコトヲ得但管理權ヲ有《いう》セサル者ハ此限ニ在ラス

親權ヲ行フ父ノ生前《せいぜん》ニ於テ母カ豫メ財產《ざいさん》ノ管理ヲ辭《じ》シタルトキハ父ハ前項ノ規定ニ依リテ後見人ノ指定ヲ爲スコトヲ得

本條問の答　未成年即ち滿《まん》二十才に達《たつ》せざる者に對して最《もつと》も後に於て親權を行ふ者は遺言を以ても後見人を定《さだ》むることを得べし然れども管理權を有《いう》せざる者は例《たと》ひ親權を行ふものと雖ども遺言にて後見人を定むることを得るなり

第二項　親權を行ふ父の生存中《せいぞんちう》に母が前以て財產の管理を斷《ことわ》りたるときは父は第一項の規定に因りて後見人と指定することを得るものなり

第九百二條　親權ヲ行フ父又ハ母ハ禁治產者ノ後見人ト爲ル

妻カ禁治產《きんちさん》ノ宣告ヲ受ケタルトキハ夫其後見人ト爲ル夫カ後見人《こうけんにん》タラサルトキハ前項ノ規定ニ依ル

夫カ禁治產ノ宣告《せんこく》ヲ受ケタルトキハ妻其後見人ト爲ル妻《つま》カ後見人タラサルトキ又ハ夫カ未成年者ナルトキハ第一項ノ規定ニ依ル

本條問の答　親權を行ふ父又母は自己《じこ》の家にある禁治產者の後見人となるものなり

第二項　妻《つま》が禁治產の宣告を受けたるときは夫《をつと》が其の後見人と爲るものなれば若《も》し夫が後見人とならざるときには前項の規定によりて親權を行ふ父又は母が後見人となるなり

第三項　夫が禁治產の宣告《せんこく》を受けたるときは妻《つま》が其の後見人と爲るものなれども若し妻が後見人と爲らざるとき又は夫が未成年者なるときは是れ亦第一項により親權を行ふ父又は母に於て後見人たるものとそ

第九百三條　前二條ノ規定《きてい》ニ依リテ家族ノ後見人タル者《もの》アラサルトキハ戶主其後見人ト爲ル

本條問の答　前二條(第九百一條及第九百二條)の規定《きてい》に依るも家族《かぞく》の後見人となるものなきときは其の家の戶主が後見人となるものなり

第九百四條　前三條ノ規定ニ依リテ後見人タル者アラサルトキハ後見人ハ親族會之ヲ選任ス

本條問の答　前條の規定《きてい》によるも尙は家族《かぞく》の後見人となる者なきときは親族會に於て(親族會のことは第七章の講義《かうぎ》に付て見るべし)後見人を撰《えら》むものとす

第九百五條　母カ財產ノ管理ヲ辭《じ》シ、後見人カ其任務ヲ辭《じ》シ親權ヲ行ヒタル父若クハ母カ家ヲ去リ又ハ戶主カ隱居ヲ爲シタルニ因リ後見人ヲ選任《せんにん》スル必要ヲ生《しやう》シタルトキハ其父母又ハ後見人ハ遲滯《たい》

ナク親族會ヲ招集シ又ハ其招集ヲ裁判所ニ請求スルコトヲ要ス

本條問の答　母が財産の管理《くわんり》を斷《ことわ》り後見人が其の務《つとめ》を斷り親權を行ひたる父若くば母が其の家《いへ》を去るか又は戸主が隱居《いんきよ》したるに因り後見人を撰《えら》むの必要起りたるときは其の父なり母なり後見人は遲《おく》れぬ樣親族會を呼び集《あつ》め又は呼び集《あつ》めんことを裁判所に請求することを要するものとす

第九百六條　後見人ハ一人タルコトヲ要ス

本條問の答　後見人は一人ならざるべからず蓋《けだ》し二人以上とせば往々《わうわう》意見の衝突《しやうとつ》を來たし却て後見人を設《まう》くるが爲めに本人の不利益《ふりえき》となることあるを以てなり

第九百七條　後見人ハ婦女《ふぢよ》ヲ除ク外左ノ事由アルニ非《あら》サレハ其任務ヲ辭スルコトヲ得ス

一　軍人《ぐんじん》トシテ現役ニ服《ふく》スルコト

二　被後見人《ひこうけんにん》ノ住所ノ市又ハ郡以外《いぐわい》ニ於テ公務ニ從事スルコト

三　自己《じこ》ヨリ先ニ後見人タルヘキ者ニ付キ本條《ほんでう》又ハ次條ニ掲ケタル事由ノ存セシ場合ニ於テ其事由カ消滅シタルコト

四　禁治産者《きんちさんしや》ニ付テハ十年以上後見ヲ爲シタルコト但配偶者《はいぐうしや》、直系血族及ヒ戸主ハ此限ニ在ラス

五　此他《このた》正當《せいたう》ノ事由

本條問の答　後見人なるものは既《すで》に前にも説《と》きたるが如く權利《けんり》にあらずして義務たるが故に左に掲《かゝ》ぐる事由あるときの外は其の任務《にんむ》を斷《ことわ》ることを得ざるなり但し婦女《ふぢよ》が後見人たることを斷《ことわ》るには必しも此の場合の事由《じゆう》あることを要せざるなり

一　軍人として現役《げんえき》に服《ふく》すること　故に豫備《よび》後備《こうび》となりたる後は後見人たるを辭《じ》せることを得ず

二　被後見人の住所《じうしよ》の市又は郡以外に於て公務《こうむ》に從事すること　公務とは官吏《くわんり》のみに限らず町村役の如き一切《さい》の公吏の職務《しよくむ》と云ふ

三　自己《じこ》より先に後見人たるべき者に付き本條又は次條に掲《かゝ》げたる事由の存《そん》せし場合に於て其の事由消滅《しやうめつ》したること　自己《じこ》より先きに後見人たるべきものとは例《たと》へば親族會より撰任《せんにん》したる後見人より見れば其の家《いへ》の戸主なるが如し

四　禁治産に付ては十年以上後見を爲したること　但配偶者《つれあひ》直系血族及び戸主《こしゆ》は此の限りにあらず之れ久しく勤《つと》めたる功績《こうせき》に依りて許《ゆる》さるゝものなり

五　此の他正當《せいたう》の事由　以上四個の場合に當《あた》らざるも正當《せいたう》の理由《りゆう》あるときは之れを許さゝるべからず

第九百八條　左ニ掲ケタル者ハ後見人タルコトヲ得ス

一 未成年者
二 禁治産者及ヒ準禁治産者
三 剝奪《はくだつ》公權《こうけん》者《しや》及ヒ停止《ていし》公權者
四 裁判所ニ於テ免黜《めんちゆつ》セラレタル法定代理人又ハ保佐人《ほさにん》
五 破産者
六 被後見人ニ對《たい》シテ訴訟ヲ爲シ又ハ爲シタル者及ヒ其配偶者《そのはいぐうしや》竝ニ直系血族
七 行方《ゆくへ》ノ知レサル者
八 裁判所ニ於テ後見ノ任務ニ堪ヘサル事跡、不正ノ行爲又ハ著《いちじる》シキ不行跡《ふぎやうせき》アリト認メタル者

本條問の答 後見人は何人にても可なるものにあらず其の後見人たるを得《う》さるものは左の如し

一 未成年者
二 禁治産者《きんちさんしや》及び準禁治産者

右第一第二の場合に掲《か》げたる者は何《いづ》れも智能《ちのう》の足らさるものにて他人より己《おの》れ先きに後見人又は保佐人を要するものたるが故なり

三　剝奪公權者《はくだつこうけんしや》及び停止公權者　剝奪《はくだつ》公權者とは公權を剝奪せられたる者にして停止《ていし》公權者とは全《まつた》く剝奪せられたるにはあらざれども一時差止《じさしと》められたる者を云ふなり

四　裁判所にて免黜《めんちゆつ》せられたる法定《はふてい》代理人又は保佐人《ほさにん》

五　破産者

六　被後見人に對《たい》して訴訟《そしよう》を爲したる者及び其の配偶者幷に直系血族《ちよくけいけつぞく》

七　行方の知れざる者

八　裁判所に於て後見人の任務《にんむ》に堪《た》へざる事跡《じせき》不正《ふせい》の行爲又は著《いちじる》しき不行跡ありと認《みと》めたる者

右三號より八號迄に掲《かゝ》げられたる者は何《いづ》れも信用の欠《か》けたる者なるによるなり

第九百九條　前七條ノ規定ハ保佐人ニ之ヲ準用ス

保佐人又ハ其代表《そのだいへう》スル者ト準禁治産者《じゆんきんちさん》トノ利益《りえき》相反スル行爲ニ付テハ保佐人《ほさ》ハ臨時保佐人ノ選任ヲ親族會ニ請求《せいきう》スルコトヲ要ス

本條問の答　前七條は何《いづ》れも後見人に關する規定《きだめ》なれども保佐人に準用せるものとす

第二項　保佐人又は其代表《そのだいへう》する者と準禁治産者との利益《りえき》が相反する行爲に付ては猶《な》ほ親

權を行ふ父又は母と其の子との利益が相反《あいはん》せる場合に於けるか如く保佐人は臨時《りんじ》保佐人の撰任と親族會に對して請求することを要するものとす

第二款　後見監督人

本款は後見監督人《こうけんかんとくにん》に付て規定せり後見監督人とは文字《もじ》の示《しめ》す如く後見人の職務執行を監《かん》査《さ》して不正の行爲《かうゐ》なからしむる爲めに設《まう》くるものにして後見あれば必らず後見監督人あることを要するものなり以下逐次說明せん

第九百十條　後見人ヲ規定《きてい》スルコトヲ得ル者ハ遺言《いごん》ヲ以テ後見監督人ヲ指定スルコトヲ得

本條問の答　後見人と指定《してい》せることを得る權利と有《いう》する者は亦《ま》た後見監督人と指定《してい》することを得るものなり

第九百十一條　前條ノ規定《きてい》ニ依リテ指定《してい》シタル後見監督人ナキトキハ法定後見人又ハ法定後見人ハ其事務ニ著手《ちやくしゆ》スル前親族會ノ招集《せうしふ》ヲ裁判所ニ請求シ後見監督人ヲ選任セシムルコトヲ要ス若シ之ニ違反《ゐはん》シタルトキハ親族會ハ其後見人ヲ免黜《めんちゆつ》スルコトヲ得

親族會ニ於テ後見人ヲ選任《せんにん》シタルトキハ直《たゞ》チニ後見監督人ヲ選任《せんにん》

本條　　の答　第九百十條の規定《きてい》によりて指定《してい》したる後見監督人なきときは法定《はふてい》の後見人又は指定後見人は其の事務《じむ》に手を着くる前に親族會の招集《せうしふ》を裁判所に對し請求《せいきう》して後見監督人を撰任《せんにん》せしむることを要《えう》するなり若し之れに違《たが》ひたるときは親族會は其の後見人を斥くることを得るものなり

第二項　後見人と後見監督人とは離《はな》るべからざるものなれば親族會に於て後見人を撰任《せんにん》したるときは亦《ま》た直《たゞ》ちに後見監督人を選《えら》むことを要するなり

第九百十二條　後見人就職《しうしよく》ノ後後見監督人ノ缺ケタルトキハ後見人ハ遲滯《ちたい》ナク親族會ヲ招集《せうしふ》シ後見監督人ヲ選任《せんにん》セシムルコトヲ要ス

此場合ニ於テハ前條第一項ノ規定ヲ準用ス

本條問の答　後見人が其職務《そのしよくむ》に就きたる後に後見監督人が欠けたるときは後見人は遲《おく》れぬ様親族會を招集《せうしふ》して後見監督人を選《えら》まざるべからず而して此の場合に於ては第九百十一條第一項の規定を準用するものとす

第九百十三條　後見人ノ更迭《かうてつ》アリタルトキハ親族會ハ後見督監《かんとく》人《にん》ヲ改選《かいせん》スルコトヲ要ス但前後見監督人ヲ再選《さいせん》スルコトヲ妨ケス

新後見人カ親族會《しんぞくくわい》ニ於テ選任《せんにん》シタル者ニ非サルトキハ後見監督人ハ遲滯ナク親族會ヲ招集シ前項ノ規定ニ依リテ改撰ヲ爲サシムル

コトヲ要ス若シ之ニ違反シタルトキハ後見人ノ行爲ニ付キ之ト連帶シテ其責ニ任ス

本條問の答　後見人が代《か》はりたるときは親族會は後見監督人を改《あらた》め選むことを要するなり然れども其の選むべき人は前の後見監督人を再び選むも差支《さしつかへ》なきなり

第二項　新後見人が親族會にて撰任《せんにん》したるものにあらざるときは後見監督人は遲れぬ樣親族會を招集し第一項の規定によりて改撰せしむるを要す若し之に背きたるときは後見人の行爲に付きて之れと連帶して其の責めに任せざるべからず

第九百十四條　後見人ノ配偶者《はいぐうしや》、直系血屬又ハ兄弟姉妹《きやうだいしまい》ハ後見監督人タルコトヲ得ス

本條問の答　後見人の配偶者《つれあひ》（後見人が夫《をつと》なるときは其の妻又妻あるときは其の夫《をつと》）直系の血族又は傍系親なる兄弟姉妹は後見監督人となることを得ざるものとす蓋し共謀して不正の行爲なからしめんとの意なり

第九百十五條　後見監督人ノ職務左ノ如シ

一　後見人ノ事務ヲ監督スルコト

二　後見人ノ缺《か》ケタル場合ニ於テ遲滯《ちたい》ナク其後任者ノ任務《にんむ》ニ就クコトヲ促シ若シ後任者ナキトキハ親族會ヲ招集シテ其撰

任ヲ爲サシムルコト

三　急迫《きうはく》ノ事情アル場合ニ於テ必要《ひつえう》ナル處分ヲ爲スコト

四　後見人又ハ其代表《そのだいへう》スル者ト被後見人トノ利益《りえき》相反スル行爲ニ付キ被後見人ヲ代表スルコト

本條問の答　後見監督人の職務《しよくむ》は左《さ》の如し

一　後見人の事務を監督すること

二　後見人の欠《か》けたる場合に於て遲《おく》れぬ機其の後任《こうにん》たる新後見人の任務《にんむ》に就くことを促《うなが》し若し後任者なきときは親族會を招集《せうしふ》して其の選任を爲さしむること

三　差迫《さしせま》りたる事情あるときは場合により必要《ひつえう》なる處分を爲すこと

四　後見人又は其の代表《だいへう》する者と被後見人との利益《りえき》が相反せる行爲《かうゐ》に付ては後見人は被後見人を代表することを得ざるにより此の場合に被後見人を代表すること

第九百十六條　第六百四十四條、第九百七條及ヒ第九百八條ノ規定ハ後見監督人ニ之ヲ準用ス

本條問の答　前既《すで》に説明《せつめい》したる第六百四十四條第九百七條及第九百〇八條の定《さだ》めは後見監督人に準用するものとす

第三節　後見ノ事務

本節は後見の事務《じむ》に付ての規定《きてい》にして總《すべ》て二十ヶ條より成れり

第九百十七條　後見人ハ遲滯ナク被後見人ノ財産ノ調査ニ著手シ一ケ月內ニ其《その》調査《てうさ》ヲ終ハリ且其目錄ヲ調製《てうせい》スルコトヲ要ス但此期間ハ親族會ニ於テ之ヲ伸長スルコトヲ得

財産ノ調査及ヒ其目錄《もくろく》ノ調製ハ後見監督人ノ立會《たちあひ》ヲ以テ之ヲ爲スニ非サレハ其效ナシ

後見人カ前二項ノ規定《きてい》ニ從ヒ財産《ざいさん》ノ目錄ヲ調製セサルトキハ親族會ハ之ヲ免黜スルコトヲ得

本條問の答　後見人は遲《おく》れぬ樣被後見人の財産《ざいさん》の調《しら》べに手を着け一ヶ月の內に其調《そのしら》べを終《をは》り且其の目錄を調製《てうせい》することを要す然れども此の期間は親族會《しんぞくくわい》に於て之《の》を伸すことを得べし

第二項　財産調査《てうさ》なり其の目錄の調製は後見《こうけん》監督人の立會《たちあひ》の上にて爲さゞれば其の効力なきものなり

第三項　後見人が前に述《の》べたる一二兩項《りやうかう》の規定に從《したが》ひ財産目錄を調製せざるときは親族會は其の後見を止めしむることを得るなり

第九百十八條　後見人ハ目錄《もくろく》ノ調製ヲ終ハルマデハ急迫《きうはく》ノ必要アル

行爲《かうゐ》ノミヲ爲ス權限ヲ有ス但之ヲ以テ善意《ぜんい》ノ第三者ニ對抗《たいかう》スルコトヲ得ス

本條問の答　後見人は目錄調製《もくろくてうせい》の上其の職務《しよくむ》を取るべきものなれば其の未《いま》だ調製を終らさる間は差迫《さしせま》り必要缺くへからざる行爲《かうゐ》に限り之を爲す權限を有《いう》するものとす但し之を以て善意《ぜんい》の第三者に對抗《たいこう》そると得さるなり

第九百十九條　後見人カ被後見人ニ對シ債權ヲ有シ又ハ債務ヲ負フトキハ財産ノ調査ニ著手《ちやくしゆ》スル前ニ之ヲ後見監督人ニ申出ツルコトヲ要ス

後見人カ被後見人ニ對《たい》シ債權ヲ有《いう》スルコトヲ知リテ之ヲ申出テサルトキハ其債權ヲ失フ

後見人カ被後見人ニ對シ債務ヲ負フコトヲ知リテ之ヲ申出テサルトキハ親族會ハ其後見人ヲ免黜《めんちゆつ》スルコトヲ得

本條問の答　後見人が被後見人に對《たい》して債權《さいけん》と有《いう》するか又は債務を負《おふ》ときは財産取調へにかゝる前に此事と後見監督人に申出るを要するなり

第二項　後見人が被後見人に對《たい》して債務を有《いう》することを知りながら申出ざるときは其の債權を失ふものとそ

第三項　後見人が被後見人に對《たい》して債務を負《お》ふことを知りながら之を申出ざるときは親族會は其の後見人を止めしむることを得るものとす

第八百二十條　前三條ノ規定ハ後見人就職《じうしよく》ノ後被後見人カ包括財産《はうくわつざいさん》ヲ取得シタル場合ニ之ヲ準用ス

本條問の答　前三條即ち第九百十七條第九百十八條第九百十九條の三つの規定は後見人が其職に就きたるのち被後見人が包括《はうくわつ》財産を得たる場合に準用《じゆんよう》せるものとそ

第九百二十一條　未成年者ノ後見人ハ第八百七十九條乃至第八百八十三條及ヒ第八百八十五條ニ定メタル事項ニ付キ親權ヲ行フ父又ハ母ト同一ノ權利義務《けんりぎむ》ヲ有ス但親權ヲ行フ父又ハ母カ定《さだ》メタル教育ノ方法《はうほふ》及ヒ居所ヲ變更《へんかう》シ、未成年者ヲ懲戒場ニ入レ、營業ヲ許可シ、其許可ヲ取消シ又ハ之ヲ制限スルニハ親族會ノ同意ヲ得ルコトヲ要ス

本條問の答　未成年者の後見人は第八百七十七條乃至第八百八十三條及び第八百八十五條に定めたる事柄《ことがら》に付て親權を行ふ父又は母と同じ權利《けんり》を有し亦た義務を負ふものなり但し親權を行《おこな》ふ父又は母が定めたる教育の仕方《しかた》及び居所を變へ未成年者を懲戒場に入れ營業を許《ゆる》し其の許を取消し又は之を制限《せいげん》するには親族會の同意を得ることを要す蓋《けだ》し此

れ等は重大なる事柄なるに因るなり

第九百二十二條　禁《きん》治產者《さんしや》ノ後見人ハ禁治產者ノ資力《しりよく》ニ應シテ其療養看護ヲ力ムルコトヲ要ス

禁治產者ヲ瘋癲《ふうてん》病院《びやうゐん》ニ入レ又ハ私宅ニ監置《かんち》スルト否トハ親族會ノ同意ヲ得テ後見人之ヲ定ム

本條問の答　禁治產者即ち瘋癲《ふてん》白痴《はくち》等《とう》の如き者の後見人は其の者の資力相應《しりよくさうおう》に其の療看護と力むることを要するものとす

第二項　禁治產者を瘋癲《ふうてん》病院に入れ又は私宅《したく》に監置すると然らざるとは親族會の同意《どうい》を得て後見人の定むるものとす

第九百二十三條　後見人ハ被後見人ノ財產ヲ管理シ又其財產ニ關スル法律行爲ニ付キ被後見人ヲ代表ス

第八百八十四條但書ノ規定《きてい》ハ前項ノ場合ニ之ヲ準用《じゆんよう》ス

本條問の答　後見人は後見せらるゝ者の財產《ざいさん》を管理《くわんり》し又は其の財產に關《くわん》する法律行爲に就《つひ》て被後見人を代表《だいへう》するものなり

第二項　第八百八十條但し書の規定は第一項の場合に準用するものとす

第九百二十四條　後見人ハ其就職ノ初ニ於テ親族會ノ同意ヲ得テ被

後見人ノ生活《せいくわつ》、教育又ハ療養看護《りやうかんご》及ヒ財産ノ管理ノ爲メ毎年費スヘキ金額ヲ豫定スルコトヲ要ス

前項ノ豫定額《よていがく》ハ親族會ノ同意ヲ得ルニ非《あら》サレハ之ヲ變更《へんかう》スルコトヲ得ス但已ムコトヲ得サル場合ニ於テ豫定額ヲ超ユル金額ヲ支出スルコトヲ妨ケス

本條問の答　後見人は其の職《しよく》に就《つ》き初めに於て親族會の承諾《しやうだく》を得て毎年の費用額を前以て定むることを要す其の事項は左の如し

一　被後見人の生活費用《せいくわつひやう》

二　教育又は療養看護《れうやうかんご》の費用

三　財産の管理費用

第二項　第一項に定めたる豫定額《よていがく》は親族會の承諾《しやうだく》を得されは變更《へんかう》することを得さるなり但し止むことを得ざる場合《ばあひ》に於て豫定の額を超《こ》へたる金額を支出するも妨《さまた》けなし

第九百二十五條　親族會ハ後見人及ヒ被後見人ノ資力《しりよく》其他ノ事情《じじやう》ニ依リ被後見人ノ財産《ざいさん》中ヨリ相當ノ報酬《はうしう》ヲ後見人ニ與《あた》フルコトヲ得

但後見人カ被後見人ノ配偶者直系血族又ハ戸主トナルトキハ此限「ニ在ラス

本條問の答　親族會は後見人幷《ならび》に被後見人の資力《しりよく》其の他の事情《じじやう》によりて被後見人の財産中より相當《さうたう》の報酬を後見人に與《あた》ふることを得べし但後見人が被後見人の配偶者《つれあひ》直系血族又は戸主なるときは報酬《はうしう》を與ふるに及ばず蓋《けだ》し此等の者は親族中尤も深《ふか》き縁者なるを以ての故なり

第九百二十六條　後見人ハ親族會ノ同意ヲ得テ有給ノ財産管理者ヲ使用《しよう》スルコトヲ得但第百六條ノ適用《てきよう》ヲ妨ケス

本條問の答　被後見人の財産《ざいさん》非常《ひじやう》に多く到底《たうてい》一人にて管理《くわんり》し得ざる場合もあるべしかゝる場合には後見人は親族會の同意を得て給料附きの財産管理者を雇入るゝことを得るなり但第百六十條の規定を妨ぐることなし

第九百二十七條　親族會ハ後見人就職ノ初ニ於テ後見人カ被後見人ノ爲メニ受取リタル金錢カ何程《なにほど》ノ額ニ達《たつ》セハ之ヲ寄託スヘキカヲ定ムルコトヲ要ス

後見人カ被後見人ノ爲メニ受取リタル金錢カ親族會ノ定メタル額ニ達《たつ》スルモ相當《さうたう》ノ期間内ニ之ヲ寄託《きたく》セサルトキハ其法定利息ヲ拂フコトヲ要ス

金錢ヲ寄託《きたく》スヘキ場所ハ親族會ノ同意《どうい》ヲ得テ後見人之ヲ定ム

本條問の答　親族會は後見人が其の職《しよく》に就きたる初《はじ》めに於て後見人が被後見人の爲めに受け取たる金が何程となれば之を寄托すへきかを定むるを要するものなり

第二項　後見人が被後見人の爲めに受《う》け取りたる金錢を前以て親族が定め置《お》ける後見人に於て其の法定利息《ほふていりそく》（法定利息とは法律に定めたる利息の事にて年五分なり）を拂《はら》はざるへからず蓋し其の利息を失ひたるは後見人の過失に原くを以てなり

第三項　金錢を寄託《きたく》すべき場所の何《いづ》れなるやは親族會の承諾を得て後見人の定《さだ》むるものとす

第九百二十八條　指定後見人及ヒ選定後見人ハ毎年少クトモ一回被後見人ノ財産《ざいさん》ノ狀況ヲ親族會ニ報告《はうこく》スルコトヲ要ス

本條問の答　指定《してい》せられたる後見人なり親族會に於て選《えら》まれたる後見人は毎年少《すくな》くとも一度は被後見人の財産の有樣《ありさま》を親族會に報告《はうこく》するを要するものなり

第九百二十九條　後見人カ被後見人ニ代ハリテ營業若クハ第十二條第一項ニ揭《かゝ》ケタル行爲ヲ爲シ又ハ未成年者ノ之《これ》ヲ爲スコトニ同意スルニハ親族會ノ同意《どうい》ヲ得ルコトヲ要ス但元本ノ領收《りやうしう》ニ付テハ此限ニ在ラス

本條問の答　後見人が被後見人に代《か》はりて營業を爲すか若《も》しくば第十二條第一項に揭《かゝ》げ

たりし行爲《かうゐ》となすか又は未成年者が之と爲すことに同意《どうい》するには自分一了簡《れうけん》にてすることを得ず必ず親族會の同意を得ざるべからず但し元本《げんぽん》（元手《もとで》と云ふに同じ）を領收することに付ては親族會の同意あるを要せざるなり

第九百三十條　後見人カ被後見人ノ財産又ハ被後見人ニ對スル第三者ノ權利ヲ讓受《ゆづりう》ケタルトキハ被後見人ハ之ヲ取消《とりけ》スコトヲ得此場合ニ於テハ第十九條ノ規定ヲ準用ス

前項ノ規定ハ第百二十一條乃至第百二十六條ノ適用ヲ妨ケス

本條問の答　後見人が被後見人の財産《ざいさん》か又は被後見人に對《たい》する第三者の權利を讓受《ゆづりう》けたるときは被後見人は其の讓受《ゆづりうけ》を取消して無効《むかう》とすることを得べし而して此の場合には第十九條の規定を準用するものとす

第二項第一項の規定は第百二十一條より第百二十六條迄の適用を妨ぐることなし

第九百三十一條　後見人ハ親族會ノ同意ヲ得ルニ非サレハ被後見人ノ財産ヲ賃借《ちんかり》スルコトヲ得ス

本條問の答　後見人が被後見人の財産を賃借《ちんが》りするには自分一了簡《れうけん》にて爲すことを得ずして必ず親族會の承諾《しやうだく》を得ざるべからず是れ蓋《けだ》し後見人の不正行爲《ふせいかうゐ》を防《ふせ》ぐに出でたるものなり

第九百三十二條　後見人カ其任務《にんむ》ヲ曠《むなし》クスルトキハ親族會ハ臨時管理人ヲ選《せん》任《にん》シ後見人ノ責任ヲ以テ被後見人ノ財産《ざいさん》ヲ管理セシムルコトヲ得

本條問の答　後見人が自己《じこ》の務《つとめ》を空《むな》しくするときは親族會は臨時の管理人を撰任《せんにん》して後見人の責任《せきにん》にて被後見人の財産と管理《くわんり》せしむることを得るなり故に若し臨時《りじ》の後見人が有金を使込《つかひこ》むとか或は過失《あやまち》によりて被後見人の財産に損害《そんがい》を掛けたる場合には後見人に於て賠償せざるべからず

第九百三十三條　親族會ハ後見人ヲシテ被後見人ノ財産ノ管理及ヒ返還ニ付キ相當《さうたう》ノ擔保ヲ供《きやう》セシムルコトヲ得

本條問の答　後見人は被後見人の財産《ざいさん》を管理するものなれば第一の損害《そんがい》を防《ふせ》がんが爲めに被後見人の財産の管理及返還《へんくわん》に付き相當《さうこう》の引き當てを出さしむることを得《う》べし

第九百三十四條　被後見人カ戸主ナルトキハ後見人ハ之ニ代ハリテ其權利ヲ行フ但家族《かぞく》ヲ離籍シ、其復籍《ふくせき》ヲ拒ミ又ハ家族カ分家ヲ爲シ若クハ廢絶《はいぜつ》家《か》ヲ再興スルコトニ同意スルニハ親族會《しんぞくくわい》ノ同意ヲ得ルコトヲ要ス

後見人ハ未成年者ニ代ハリテ親權ヲ行フ但第九百十七條乃至第九

百二十一條及ヒ前十條ノ規定ヲ準用ス

本條問の答　被後見人の戸主なるときは後見人《こうけんにん》は其の者に代《かは》りて戸主權を行《おこな》ふものとす然れども左に掲《かゝ》ぐる事項は親族會の同意《どうい》を得る上ならでは爲さゞるを得ず

一　家族《かぞく》と離籍《りせき》すること

二　家族の復籍を拒むこと

三　家族が分家《ぶんけ》を爲し又は廢絶《はいぜつ》したる家を再興《さいこう》せることに同意すること

第二項　後見人は未成年者《みせいねんしや》に代りて親權を行《おこな》ふものとす但し第九百十七條より第九百二十一條までの規定幷に前十條の規定を準用するものとす

第九百三十五條　親權ヲ行《おこな》フ者カ管理權ヲ有《いう》セサル場合ニ於テハ後見人ハ財産ニ關スル權限ノミヲ有ス

本條問の答　親權を行ふ者が管理權《くわんりけん》を有せざる場合即ち管理權の喪失《そうしつ》を宣告せられたるとき又は親權を行ふ母が管理《くわんり》を辭《じ》したるときに於ては後見人は財産に關《くわん》する權限《けんげん》のみを有せるに過ぎざるものとす

第九百三十六條　第六百四十四條、第八百八十七條、第八百八十九條第二項及ヒ第八百九十二條ノ規定ハ後見ニ之ヲ準用ス

本條問の答　前既に説明《せつめい》したる第六百四十四條第八百八十七條第八百八十九條第二項及

第八百九十二條の規定は後見人に準用するものとす

第四節　後見ノ終了

本節は後見《こうけん》の終《をは》ることを定めたり

第九百三十七條　後見人ノ任務《にんむ》カ終了《しうりやう》シタルトキハ後見人又ハ其相續人ハ二ヶ月内ニ其管理ノ計算《けいさん》ヲ爲スコトヲ要《えう》ス但此期間ハ親族會ニ於テ之ヲ伸長スルコトヲ得

本條問の答　後見人の仕事《しごと》が終《をは》りたるときも後見人又は其相續人は二ヶ月の間《あひだ》に其管理の計算《けいさん》をなさゞる可からず然《しか》らざれば後見を受くる者の財産を曖昧《あいまい》に處分せしや斗《はか》り難《がた》ければなり然れども此三ヶ月と云ふ期間《きかん》は親族會にて伸《の》ばすことを得

第九百三十八條　後見ノ計算ハ後見監督人ノ立會ヲ以テ之ヲ爲ス

後見人ノ更迭《かうてつ》アリタル場合ニ於テハ後見ノ計算《けいさん》ハ親族會ノ認可《にんか》ヲ得ルコトヲ要ス

本條問の答　第一項後見の計算《けいさん》は其計算を正《たゞ》しくなさんため後見監督人の立《た》ち會《あひ》を以て計算を爲す

第二項　後見人が變《かは》りし場合は後見人の計算《けいさん》は親族會の許《ゆる》しを受けさる可からず蓋《けだ》し計算の正確《せいかく》を保《たも》たんが爲めなり

第九百三十九條　未成年者カ成年ニ達《たつ》シタル後後見ノ計算ノ終了《しうれう》前《ぜん》ニ其者ト後見人又ハ其相續人トノ間ニ爲シタル契約ハ其者ニ於テ之ヲ取消《とりけ》スコトヲ得其者カ後見人又ハ其相續人ニ對《たい》シテ爲シタル單獨行爲亦同シ

第十九條及ヒ第百二十一條乃至第百二十六條ノ規定《てい》ハ前項ノ場合ニ之ヲ準用ス

本條問の答　二十年未滿の者が二十年に達したる後後見は終了すべきを以て直ちに計算に取り係《かゝ》らざるべからず然るに第九百三十七條に其期《き》間《かん》は二ヶ月又は多少の伸長《しんちやう》を與へられたる間になしたる契約《けいやく》は前の未成年者（二十年に達《たつ》して間もなき人）か取消すことを得又前の未成年者が此間に爲したる單獨行爲《たんどくかうゐ》即ち自分《じぶん》獨りの了簡でなしたる行爲に付きても亦た同じ蓋《けだ》し後見人と被後見人との是迄の關係《くわんけい》の上より止むを得ず契約を承諾《しやうだく》する事等あるべきを以て此等を法律は保護せしなり第十九條第百二十一條第百二十六條の規定は前項の場合に準用す

第九百四十條　後見人カ被後見人ニ返還スヘキ金額及ヒ被後見人カ後見人ニ返還《へんくわん》スヘキ金額ニハ後見ノ計《けい》算終了《さんしうりやう》ノ時ヨリ利息ヲ附ス

ルコトヲ要ス

後見人カ自己ノ爲メニ被後見人ノ金錢ヲ消費シタルトキハ其消費ノ時ヨリ之ニ利息《りそく》ヲ附スルコトヲ要ス尙ホ損害《そんがい》アリタルトキハ其賠償ノ責ニ任ス

本條問の答　後見人が過《あやま》ちにより被後見人に損害を及《およ》ぼし之が爲返却《へんきやく》すべき金錢を生じたるとき後見終了の時より利息《りそく》を附することゝせり

第二項　後見人が自分《じぶん》の爲に被後見人の金錢を費《つひ》やしたるときは其費《つひ》やしたるときより必らず利息《りそく》を附くべきものとす蓋《けだ》し自から勝手に費やせし金錢に利子《りし》を附するは當然《たうぜん》の事なり尙は被後見人に損害《そんがい》を蒙むらしめしときは無論賠償《むろんばいしやう》をべきものなり

第九百四十一條　第六百五十四條及ヒ第六百五十五條ノ規定ハ後見ニ之ヲ準用ス

本條問の答　前既に説明したる第二百五十四條及第六百五十五條の規定に之を準用せるものとす

第九百四十二條　第八百九十四條ニ定メタル時效ハ後見人後見監督人又ハ親族《しんぞく》會員ト被後見人トノ間《あひだ》ニ於テ後見ニ關《くわん》シテ生シタル債權ニ之ヲ準用ス

前項ノ時效ハ第九百三十九條ノ規定ニ依リテ法律行爲ヲ取消シタ

ル場合ニ於テハ其取消ノ時ヨリ之ヲ起算ス

本條問の答　第一項　第八百九十四條の規定《きてい》により後見人後見監督人又は親族會員《くわいゐん》が被後見人との間に於て後見に關《くわん》して生じたる債權《さいけん》は五ヶ年行はざるにより消滅す

第二項　五年の時效《じかう》は第九百三十九條の定めに依り法律行爲《はふりつかうゐ》を取《と》り消したる場合に於ては其取消の時より時效の計算を始むるものとす

第九百四十三條　前條第一項ノ規定《きてい》ハ保佐人又ハ親族《しんぞく》會員ト準禁治產者トノ間ニ之ヲ準用ス

本條問の答　前第九百四十二條第一項の規定《きてい》は保佐人又は親族會員と準禁治產者《じゆんきんぢさんしや》との間に準用せらる蓋《けだ》し別に規定を設《まう》くるの要なければなり

第七章　親族會

親族會なるものは親族の一致《いつち》して一家の事務《じむ》を相談する會にして專《もつぱ》ら當事者の利益《りえき》を斗り兼ねて後見の事務《じむ》と監督《かんとく》するものなり蓋し我國古來《こらい》より慶事あれば相集りて賀《が》し凶事あれば亦親族會合して相談《さうだん》せし等の慣例《くわんれい》に其源と汲《く》むものなり

第九百四十四條　本法其他ノ法令ノ規定ニ依リ親族會ヲ開《ひら》クヘキ場合ニ於テハ會議ヲ要スル事件ノ本人、戶主、親族、後見人、後見監督人、保佐人、檢事《けんじ》又ハ利害關係人ノ請求《せいきう》ニ因リ裁判所之ヲ招

集ス

本條問の答　此民法其他の法律命令《はふりつめいれい》の定むる所に從ひ親族會を開《ひら》くべき場合に於て相談を必要《ひつえう》とする本人戸主親族後見人後見監督人保佐人撿事《けんじ》又は利害の關係《くわんけい》ある人の申出により裁判所が之を招集《せうしふ》することゝせり而して此民法の定むる所は前に述《の》べたれば既《すで》に讀者の記憶《きおく》に存《そん》すべけれども二三を擧《あ》ぐれば第七百五十一條第八百〇九條等の如し

第九百四十五條　親族《しんぞく》會員ハ三人以上トシ親族其他《そのた》本人又ハ其家ニ緣故《えんこ》アル者ノ中ヨリ裁判所之ヲ選定《せんてい》ス

後見人ヲ指定スルコトヲ得ル者ハ遺言ヲ以テ親族會員ヲ選定スルコトヲ得

本條問の答　第一項　親族會員《くわいゐん》は三人以上とし親族其他《そのた》本人又は其家に緣故《えんこ》ある者の中より裁判所が之を撰ぶことゝせり

第二項　親族會は裁判所より撰《えら》ぶものゝ外後見人と指定《してい》し得るものは遺言にて親族《しんぞく》會員を撰ぶことを得るなり

第九百四十六條　遠隔《ゑんかく》ノ地ニ居住スル者其他正當《せいたう》ノ事由アル者ハ親族會員タルコトヲ辭スルコトヲ得

後見人、後見監督人及ヒ保佐人ハ親族會員タルコトヲ得ス

第九百八條ノ規定ハ親族會員ニ之ヲ準用ス

本條問の答　第一項　遠方《ゑんぱう》に住居《ぢうきよ》し居るものは何かに付き不便《ふべん》なるを以て親族會員たるを斷るを得べし尚は又洋行《またやうかう》をなすとか又は病氣とかにて正當《せいたう》なる事柄あるものは是れ亦親族會員たるを辭するを得るなり

第二項　前に述べし如く親族會は後見人を監督するものなれば後見人後見監督人及び保佐人にして會員たるは信《しん》に不都合《ふつがふ》なり尚は又此れ等の人と會員《くわいゐん》とせば後見人の爲めに利益を計《はか》らん爲め如何なる手段をもめぐらすや計《はか》り離《はな》ければ親族會員たるを得ざることゝせしなり

第三項　第九百八條は親族會員にも準用《じゆんよう》するを得るを以て讀者須《どくしやすべか》らく同條を再讀《さいどく》すべし

第九百四十七條　親族會ノ議事《ぎじ》ハ會員ノ過半《くわはん》數《すう》ヲ以テ之ヲ決ス
會員ハ自己《じこ》ノ利害ニ關スル議事ニ付キ表決《ひやうけつ》ノ數《すう》ニ加ハルコトヲ得ス

本條問の答　親族會の相談《さうだん》は會員の半數以上の贊成《さんせい》にて總《すべ》てのことを定むるものとなせしものなり

第二項　會員は自己の利害《りがい》に關係あることに付きては相談事《さうだんごと》に付き自己の意見を述《の》べ自己の利益《りえき》の爲めに事を計《はか》らはんとするは普通《ふつう》の人情なれば表決の數に加はることを得さ

るなり

第九百四十八條　本人、戸主、家ニ在ル父母、配偶者、本家並ニ分家ノ戸主《こしゆ》、後見人、後見監督人《かんとくにん》及ヒ保佐人ハ親族會ニ於テ其意見《いけん》ヲ述フルコトヲ得

親族會ノ招集《しやうしふ》ハ前項ニ掲《かゝ》ケタル者ニ之ヲ通知《つうち》スルコトヲ要ス

本條問の答　本人戸主家《いへ》にある父母夫婦の一方本家《ほんけ》幷に分家の戸主後見人後見監督人《かんとくにん》及保佐人は親族會にて意見《いけん》を述ぶることを得蓋《けだ》し此等の人々は何《いづ》れも親族會の事柄《ことがら》に付きては實に利害《りがい》の關係を有《いう》したるものなれば之に對して意見《いけん》を吐くは至當《したう》の事なり

第二項　親族會の呼《よ》び集《あつ》めは必ず利害關係を有《いう》する第一項に掲《かゝ》げたる人々に通知《つうち》をなそべきものとを蓋《けだ》し豫め此等と通知《つうち》し置かざれば第一項の効《かう》なきに至るを以てなり

第九百四十九條　無能力者《むのうりよくしや》ノ爲メニ設《まう》ケタル親族會ハ其者ノ無能力ノ止ムマテ繼續《けいぞく》ス此親族會ハ最初《さいしよ》ノ招集ノ場合ヲ除《のぞ》ク外本人、其法廷代理人《だいりにん》、後見監督人、保佐人《ほさ》又ハ會員之ヲ招集《しやうしふ》ス

本條問の答　年齡二十年に達《たつ》せざる者或は白痴《はくち》者等の能力なき者の爲めに設《まう》けたる親族會は其者の無能力《むのうりよく》なることが止《や》むまで設《まう》けたるものなり而して此親族會は最初《さいしよ》は第九百四十四條に掲《かゝ》げたる如く裁判所が之を呼《よ》び集《あつ》めるものなれども其人は本人《ほんにん》其法定代理人

後見監督人保佐人又は會員が之を呼集めるものとす

第九百五十條　親族會ニ缺員《けつゐん》ヲ生シタルトキハ會員ハ補缺員《ほけつゐん》ノ選定ヲ裁判所ニ請求スルコトヲ要ス

本條問の答　親族會員は初めに於て五名若しくば十名と云ふ樣《やう》に人數を定め親族會を組《く》み立てるものなり然《しか》るに若し何かの關係《くわんけい》にて此人數が欠《か》けしときは會員は其欠けたるを補《おぎな》ふ爲め裁判所に向つて補缺員《ほけつゐん》を撰《えら》ぶへきことを請求すへきものとす

第九百五十一條　親族會《しんぞくくわい》ノ決議ニ對《たい》シテハ一ケ月內ニ會員又ハ第九百四十四條ニ掲《かゝ》ケタル者ヨリ其不服《ふふく》ヲ裁判所ニ訴《うつた》フルコトヲ得

本條問の答　親族會の決議《けつぎ》に付ては一ケ月內に會員《くわいゐん》又は第九百四十四條本人戶主親族《しんぞく》後見人後見監督人保佐人撿事又は利害關係人《りがいくわんけいにん》より不服を裁判所に訴《うつた》ふることを得蓋し親族會の決議は此等の人に對して大なる利害關係を有し居ればなり

第九百五十二條　親族會カ決議ヲ爲スコト能ハサルトキハ會員ハ其決議ニ代ハルヘキ裁判ヲ爲スコトヲ裁判所ニ請求《せいきう》スルコトヲ得

本條問の答　親族會は會員の足《た》らざる爲め或は會員が呼《よ》び集《あつ》めに應せざる等の爲めに決《けつ》議《ぎ》をなす能《あた》はざる場合も起《おこ》るべし若し此の場合に親族會を開《ひら》く能はざることとなれば大に一家の不利益《ふりえき》となるを以て會員は其決議《そのけつぎ》に代《か》はるべき裁判を爲すことを裁判所に請求

し得るなり

第九百五十三條　第六百四十四條ノ規定ハ親族會員ニ之ヲ準用ス

本條問の答　第六百四十四條の規定《きてい》の如く親族會員は注意深《ちういぶか》き人が注意をなす心得《こゝろえ》を以て相談を爲すべきものと定めたるなり

第八章　扶養ノ義務

本條問の答　世の中《なか》の次第々々に進《すゝ》むに從ひ富者《ふしや》は益々富を増し貧者《ひんしや》は益々《ますます》貧しくなりて遂《つひ》に貧者は自分生活《せいくわつ》を爲す能はざるに至る若し此等のものを捨《す》て置《お》くときは國家の秩《ちつ》序《じよ》を亂《みだ》る行ひをなすに至《いた》るべし又一方より考《かんが》ふるも親族の内に互《たがひ》に生活に困難《こんなん》なるもの生ずるときは之を救ふは信に至當の事と云ふべし

第九百五十四條　直系血族《ちよくけい》及ヒ兄弟姉妹《けいていしまい》ハ互ニ扶養ヲ爲ス義務ヲ負フ

夫婦《ふうふ》ノ一方ト他ノ一方ノ直系尊屬《そんぞく》ニシテ其家ニ在ル者トノ間亦同シ

本條問の答　直系血族《けつぞく》及兄弟姉妹は相互《あひたがひ》に扶《たす》け養ふ義務を負ふ蓋《けだ》し此等の間柄《あひだがら》は信に親しきものにして此の間にも之を養《やしな》ふ義務《ぎむ》なしとせば世の中は實に頼《たの》み少《すく》なき世となりて人たる價《あたひ》は何所に存《そん》するや疑ふべきものなり又夫婦《ふうふ》の一方と他の一方の直系尊屬例へば

夫婦一方の親にして其家に在るものとの間も又扶養《ふやう》の義務あるものなり

第九百五十五條 扶養《ふやう》ノ義務ヲ負フ者數人アル場合《ばあひ》ニ於テハ其義務ヲ履行《りかう》スヘキ者ノ順序《じゆんじよ》左ノ如シ

第一　配偶者

第二　直系卑屬

第三　直系尊屬

第四　戸主

第五　前條第二項ニ揭ケタル者

第六　兄弟姉妹《けいていしまい》

直系卑屬又ハ直系尊屬ノ間《あひだ》ニ於テハ其親等ノ最《もつと》モ近《ちか》キ者ヲ先ニス

前條第二項ニ揭ケタル直系尊屬間亦同シ

本條問の答　第一項　扶《たす》け養《やしな》ふ義務を負ふもの數人《すうにん》あるときは其義務を盡《つく》すべき者の順序左の如し

第一　配偶者《つれあひ》

第二　直系卑屬《ほんすぢのめしたのもの》

第三　直系尊屬《ほんすぢのめうへのもの》

第四　戸主
第五　前條第二項に掲げたる者
第六　兄弟姉妹

此等《これら》は何《いづ》れも愛情の厚薄《こうはく》によりて其順序を定《さだ》めしものなり夫婦間の愛情《あいじやう》は子よりも厚《あつ》く子の愛情は寧《むし》ろ父母《ふぼ》よりも厚く父母の愛情は寧《むし》ろ戸主よりも厚《あつ》きが如し

第二項　直系卑屬即ち自分より下のもの直系尊屬即ち自分《じぶん》より上のもの丶間に於て其の親等の尤も近《ちか》き者を先きにせり例へば子は孫《まご》よりも親しく孫は曾孫《ひまご》よりも親しく曾孫は玄孫よりも親《した》しく又父母は祖父母《そふぼ》よりも親しく祖父母は高祖父母《かうそふぼ》より親しきが如し前條第二項に規定せる直系尊屬も亦た同じ

第九百五十六條　同順位《どうじゆんい》ノ扶養義務者數人アルトキハ各其資力《しりよく》ニ應シテ其義務ヲ分擔ス但家ニ在ル者ト家ニ在ラサル者トノ間ニ於テハ家ニ在ル者先ツ扶養《ふやう》ヲ爲スコトヲ要ス

本條問の答　同じ順位《じゆんゐ》にある扶養義務者數人《すうにん》あるとき例《たと》へば甲なる父母に三人の子ありとせば前條第二號の同じ順位《じゆんゐ》にあるものなれば此三人は甲の父母を養《やしな》ふべき義務あるものとす然れども此場合は三人の中の扶《たす》け養ひ得べき力の多少《たせう》によりて其義務を負《お》ふものとせしなり但し家《いへ》にあるものは家に在らざるものより愛情《あいじやう》深かければ先づ家にあるもの

が扶け養ふことゝせしなり

第九百五十七條　扶養《ふやう》ヲ受クル權利ヲ有スル者數人《すうにん》アル場合ニ於テ扶養《ふやう》義務《ぎむ》者ノ資《し》力カ其全員ヲ扶養《ふやう》スルニ足ラサルトキハ扶養義務者ハ左ノ順序《じゆんじよ》ニ從ヒ扶養ヲ爲スコトヲ要ス

第一　直系尊屬

第二　直系卑屬

第三　配偶者

第四　第九百五十四條第二項ニ掲ケタル者

第五　兄弟姉妹《けいていしまい》

第六　前五號ニ掲《かゝ》ケタル者ニ非《あら》サル家族

第九百五十五條第二項ノ規定《きてい》ハ前項ノ場合ニ之ヲ準用《じゆんよう》ス

本條問の答　扶《ふ》け養ひを受くる權利《けんり》あるもの數人ある場合には扶養《ふやう》の義務を負《お》ふものゝ力か其權利者全体《ぜんたい》を養《やしな》ふに足らざるときは扶養義務を負《お》ふものは左に掲《かゝ》ぐる順序に從ひ扶養をなすべきことゝなせり

第一　直系尊屬

第二　直系卑屬

第三　配偶者《つれあひ》
第四　夫婦《ふうふ》の一方と他の一方の者直系尊屬にして其家《いへ》にあるもの
第五　兄弟姉妹
第六　前の五號に掲《かゝ》げたるものにあらざる家族《かぞく》
此等《これら》は何《いづ》れも愛情の厚薄《こうはく》によりて順を立てたるものなり
第二項　第九百五十五條第二項の規定を準用するものなり

第九百五十八條　同順位《どうじゆんい》ノ扶養權利者數人アルトキハ各其需要《じゆよう》ニ應シテ扶養ヲ受クルコトヲ得

第九百五十六條但書ノ規定ハ前項ノ場合ニ之ヲ準用ス

本條問の答　第一項扶養《ふやう》を受くる權利者が數人《すうにん》ありて同じ順位《じゆんい》にあるときは其實際《じつさい》の入用に應《おう》じて扶養を受くることを得故に餘分《よぶん》の需用は之れより請求《せいきう》するの權利あり
第二項　同順位《どうじゆんい》の扶養權利者數人あるときには第九百五十六條の規定《きてい》を準用し家にあるものと家にあらざるものとにより區別す

第九百五十九條　扶養《ふやう》ノ義務ハ扶養ヲ受クヘキ者カ自己《じこ》ノ資産《しさん》又ハ勞務《らうむ》ニ依リテ生活《せいくわつ》ヲ爲スコト能《あた》ハサルトキニノミ存在《そんざい》ス自已ノ資産ニ依リテ教育ヲ受クルコト能ハサルトキ亦同シ

兄弟姉妹《けいていしまい》間ニ在リテハ扶養ノ義務ハ扶養ヲ受クル必要《ひつよう》カ之ヲ受クヘキ者ノ過失《くわしつ》ニ因ラスシテ生シタルトキニノミ存在《そんざい》ス但扶養義務者カ戸主ナルトキハ此限ニ在ラス

本條問の答　第一項扶養《ふやう》の義務は扶養を受くべき權利者が自分《じぶん》の財産にて生活し能《あた》はざるとき又は自分が仕事《しごと》をなすも到底《たうてい》仕事賃にて生活し能《あた》はざるときか又は自分の財産にては教育を受くる能はざる場合に之をなすべきものなり

第二項　兄弟姉妹の間《あいだ》にありて扶養を受くる權利者が過《あやま》ちに因《よ》らずして生活《せいくわつ》し能はざるときに限り扶養すべきものとす若《も》し然《しか》らざれば兄弟姉妹間にて怠惰《たいだ》なるものありて態《わざ》と扶養を受けんとするもの出づべければなり然れども扶養義務者が戸主なるときは第七百四十七條により扶養の義務を負ふものなり

第九百六十條　扶養《ふやう》ノ程度ハ扶養權利者ノ需要《じゆよう》ト扶養義務者ノ身分及ヒ資力トニ依リテ之ヲ定ム

本條問の答　扶養の度合《どあひ》は扶養を受くべき權利者の入用と扶養義務者《ぎむしや》の身分と養《やしな》ひ得る力とにより判斷《はんだん》して定むる事となりたし

第九百六十一條　扶養義務者ハ其撰擇《せんたく》ニ従ヒ扶養權利者《けんりしや》ヲ引取リテ之ヲ養ヒ又ハ之ヲ引取ラスシテ生活ノ資料《しれう》ヲ給付スルコトヲ要ス

但正當ノ事由アルトキハ裁判所ハ扶養權利者ノ請求ニ因リ扶養ノ方法ヲ定ムルコトヲ得

本條問の答　扶養義務者は自分《じぶん》の擇《よ》り分けに從ひ扶養權利者を引《ひ》き取るとも又は之を引き取らずして生活《せいくわつ》の元手を與《あた》へ養《やしな》ふとも其自由に任かす然れども何れの一方にか定《さだ》めざる可からず但し正當の申分《まうしぶん》ある時は裁判所は扶養權利者の申出により扶養の方法《はふ》を定むべし

第九百六十二條　扶養ノ程度又ハ方法カ判決ニ因リテ定マリタル場合ニ於テ其判決《はんけつ》ノ根據《こんきよ》ト爲リタル事情ニ變更《へんかう》ヲ生シタルトキハ當事者ハ其判決ノ變更《へんかう》又ハ取消《とりけし》ヲ請求スルコトヲ得

本條問の答　扶養の度合又は方法が裁判所の判決に因り定まりたるときは其判決せらるゝ根本となりし事柄の變《か》はりたるときは當事者《たうじしや》は其判決を變《か》へ又は取消《とりけ》すとの申出をなし得るなり

第九百六十三條　扶養ヲ受クル權利ハ之ヲ處分スルコトヲ得ス

本條問の答　扶養を受《う》くるものは生活《せいくわつ》に困難なる爲めに特《とく》に其人に對《たい》してなそべきものなれば扶養權利者《けんりしや》が此權利を賣《う》り渡し或は與《あた》へなどする處分をなすこと能《あた》はざるものとす

第五編　相《さう》續《ぞく》

本編問の答　相續に關《くわん》する規則を定めたるものにして七章に分《わか》つ第一章には家督相續《かとくさうぞく》に關する規則を定め第二章には遺產《ゐさん》相續に關する規則を定め第三章には相續の承認《しやうにん》及拋棄《はうき》に關する規則を定め第五章には相續人の曠缺《くわうけつ》を定め第六章は遺言《ゐげん》に付て規定《きてい》し第七章には遺留分《ゐりうぶん》に關する規則を定めたり次下章を逐《お》ふて述《のべ》ん

第一章　家督相續《かぞくきうぞく》

本章問の答　家督相續に關する規則を定めたるものにして三節《せつ》に分つ第一節は總則《そうそく》のことを定め第二節は家督相續に關することを定め第三節は家督相續のことを定めたり以下節を逐《お》ふて述《の》ぶべし

第一節　總《そう》則《そく》

第九百六十四條　家督相續《かぞくきうぞく》ハ左ノ事由《じゆう》ニ因リテ開始《かいし》ス

一　戸主《こしゆ》ノ死亡《しばう》、隱居《ゐんきよ》又ハ國籍喪失《こくせききうしつ》

二　戸主カ婚姻《こんいん》又ハ養子《やうし》緣組《えんぐみ》ノ取消《とりけし》ニ因リテ其家ヲ去リタル时

三　女戸主《ぢよこしゆ》ノ入夫婚姻《こんいん》又ハ入夫ノ離婚《りこん》

本條問の答　家督を相續することは如何《いか》なる事柄《ことがら》の生《しやう》じたるときに始《はじ》まるやと云ふに左の事柄の生じたるときに始まるものなり

(一)已《すで》に戸主となり居るものゝ死したるときと又隱居《いんきよ》したるときと日本國民《にほんこくみん》として必ず有《いう》すべき國籍《こくせき》を失《うしな》ひたるとき例《たと》へば日本人にして外國に至り日本政府《せいふ》の許《ゆるし》なくして勝手《かつて》に其國の兵士《へいし》となり或は官吏《くわんり》となりたるとき又歸化《きくわ》に由《よ》りて外國人となりたるときの如し

(二)或家《あるいへ》の男 某《むすこそれがし》が或家の女某と婚姻《こんいん》して其家の戸主となり又或は其家の養子《やうし》となりて戸主となり居るも一旦《いつたん》其婚姻又は養子緣組《えんぐみ》が取消《とりけ》されたる爲め其家を去《さ》りたるときは家督相續始まるものなり

(三)女《をんな》にして已《すで》に戸主となり居るものが入夫《にふふ》婚姻を爲したるに由り其入夫が戸主となるとき又其入夫を離婚《りこん》したるに由《よ》り他に戸主を要するときは新《あらた》に家督の相續始まるものなり

第九百六十五條　家督《かとく》相續《さうぞく》ハ被《ひ》相續人ノ住所ニ於テ開始《かいし》ス

本條問の答　家督の相續を爲すは何處《いづこ》にて爲すやと云へば夫《そ》れは被《ひ》相續人《さうぞくにん》の住居《すまゐ》の地にて相續を爲すものなり例《たと》へば泉州堺市《せんしうさかいし》の甲《かふ》太郎と云ふものゝ家督相續を乙《おつ》太郎なるもの相續するときは乙太郎は神戸《かうべ》に住居せるも甲太郎の住居せる地即《すなは》ち堺市にて相續することゝなるものなり

第九百六十六條　家督相續回復《くわいふく》ノ請求《せいきう》權《けん》ハ家督相續人又ハ其法定《はふてい》代

理人カ相續《さうぞく》權《けん》侵害《しんがい》ノ事實《じじつ》ヲ知リタル時ヨリ五年間之ヲ行ハサルトキハ時效《じかう》ニ因リテ消滅《せうめつ》ス相續開始ノ時ヨリ二十年ヲ經過《けいくわ》シタルトキ亦同シ

本條問の答　立派《りつぱ》に家督相續を爲す權利《けんり》を有《いう》するものありながら他の權利なき者が一旦《いつたん》相續を爲したるときに其正當《せいたう》に權利を有せるものが相續權を取戻《とりもど》す請求權《せいきうけん》なるものは正當の家督相續人か又相續人が未成年者《みせいねんしや》なるときは其後見人《こうけんにん》の如き法律に由《よ》り定りたる代理人が相續する權利なきものが相續したる事柄を知りたるときより五年の間なれば效力《かうりよく》あれども此五年を過ぎたるときは法律上の時效《じかう》に由《よ》り取戻の請求權は消滅《せうめつ》するものなり又九百六十四條の規定に由りて相續始まりたるときより二十年の日月を過ぎたるときは其後に至りては假令《たとひ》正當の相續權あるも之を主張《しゆちやう》して相續を爲すを得ざるものなり故に注意《ちうい》して如此《かくのごとき》時效に由り大切《たいせつ》なる權利を失はざる樣せざる可らず

第九百六十七條　相續《さうぞく》財產《ざいさん》ニ關《くわん》スル費用《ひよう》ハ其財產中ヨリ之ヲ支辨ス

但家督《とく》相續人ノ過失《くわしつ》ニ因ルモノハ此限《かぎり》ニ在ラス

前項ニ揭ケタル費用ハ遺留分《ゐりうぶん》權利者《けんりしや》カ贈與ノ減殺《げんさつ》ニ因リテ得タル財產ヲ以テ之ヲ支辨スルコトヲ要セス

本條問の答　財產《ざいさん》を相續するに付ては種々《しゆじゆ》の費用《ひよう》を要す此費用は當然《たうぜん》生ずるものなる

が先づ何より支拂ふやと云ふに之は其相續する財産中より支拂ふべきものなりされど相續人が自分の過失《くわしつ》に由《よ》り當然生すべきものゝ外余分《よぶん》に生じたる費用に付ては其財産中より支拂《しはら》ふこと能《あた》はずして自分より別に支拂はざる可らざるものとしたるなり

第二節　家督相續人

第九百六十八條　胎兒《たいじ》ハ家督《かとく》相續《さうぞく》ニ付テハ既《すで》ニ生マレタルモノト看《み》做《な》ス

前項ノ規定《きてい》ハ胎兒《たいじ》カ死體《したい》ニテ生マレタルトキハ之ヲ適用《てきよう》セス

凡そ私權《しけん》は出生《しゆつしやう》に由《よ》りて享《う》くることゝせる故胎内《たいない》の子は私權を享《う》くることを得ざるを通例《つうれい》とすれども家督相續の場合は例外《れいぐわい》として胎内の子に相續權を與《あた》ふることゝせり然《しか》しながら此場合は已《すで》に出生したるものとして法律が許《ゆる》したるものなることを考《かんが》へざる可らず而して此効力あるは他日《たじつ》出生したるときに其子の生活《せいくわつ》あるときに限《かぎ》るものにして若《も》し其子が死体《したい》にて出《い》でたるときは更《さら》に効力なきものと知るべし

第九百六十九條　左ニ掲《かゝ》ケタル者ハ家督相續人《かとくさうぞく》タルコトヲ得ス

一　故意《こい》ニ被《ひ》相續人又ハ家督相續ニ付キ先順位《せんじゆんゐ》ニ在ル者ヲ死ニ致《いた》シ又ハ死ニ致《いた》サントシタル爲メ刑《けい》ニ處《しよ》セラレタル者

二　被相續人ノ殺害《さつがい》セラレタルコトヲ知《し》リテ之ヲ告發《こくはつ》又ハ告訴《こくそ》

セサリシ者但其者ニ是非ノ辨別《べんべつ》ナキトキ又ハ殺害者《さつがい》カ自己《じこ》ノ配偶者《はいぐうしや》若《もし》クハ直系《ちよくけい》血族《けつぞく》ナリシトキハ此限ニ在ラス。

三　詐偽《さぎ》又ハ強迫《きやうはく》ニ因リ被相續人《ひさうぞくにん》カ相續ニ關スル遺言《ゐごん》ヲ爲シ、之ヲ取消《とりけ》シ又ハ之ヲ變更《へんかう》スルコトヲ妨《さまた》ケタル者

四　詐偽又ハ強迫ニ因リ被相續人ヲシテ相續ニ關スル遺言ヲ爲サシメ、之ヲ取消サシメ又ハ之ヲ變更セシメタル者

五　相續ニ關《くわん》スル被相續人ノ遺言書《ゐごんしよ》ヲ偽造《ぎざう》、變造《へんざう》、毀滅《きめつ》又ハ藏《ざう》匿《とく》シタル者

本條問の答　通常人《つうじやうじん》は家督相續人たることを得るものなれども左の場合には家督相續人たることを得ざるものあり

(一)被相續人《ひさうぞくにん》又は家督相續に付次の九百七十條にて定めたる相續の順番《じゆんばん》に付て己《おの》れより先に當れる順番の相續權ある人を殺して己《おの》れ家督を相續して利益を得或は他《た》に何か利益を目的《もくてき》として故意《こい》に人を殺し重罪《ぢうざい》の刑《けい》に處《しよ》せられたる者か又假令《たとひ》殺《ころ》さゞるも未遂犯《みすゐはん》として重罪輕罪《けいざい》の刑に處《しよ》せられたるものは惡人《あくにん》なるが故に家督相續人たることを得ざるものなり

(二)被相續人の殺《ころ》されたることを知りながら此事を警察署《けいさつしよ》に申出《まをしい》でざるもの又は裁判所《さいばんしよ》

に訴出《うつたへい》でざりしものは家督相續人たることを得ざるものなり去りながら申出又訴出でざるものが幼年《はうねん》或は癡愚《ちぐ》にて是非《ぜひ》善惡《ぜんあく》の辨別《べんべつ》なきとき又は殺したるものゝ自己の夫《をつと》又妻《さい》なるか若くば父母祖父母《そふぼ》子《と》孫《まご》等なるときは相續出來《でき》ざるにあらず

(三)被相續人が相續に付ての遺言《ゐげん》を爲すか或は此一旦《いつたん》爲したる遺言を取消《とりけ》すか或は此遺言を變更《へんかう》することを妨《さまた》げて爲す事を困難《こんなん》ならしめたるものは己《おの》れの利益《りえき》を計《はか》りたると否《いな》とを問はず相續權を失ふものなり是れ詐欺《さぎ》強迫《きやうはく》の手段《しゆだん》に由《よ》る故なり

(四)此場合は被相續人に對し無理《むり》に相續に關する遺言を爲さしむるか又は欺《あざむ》きて爲さしむるか又一旦《いつたん》遺言したることを詐欺を以て或《あるひ》は強《しい》て取消さすか又は遺言したることを詐欺或は強迫を以て變更せしめたるものは相續人となることを得ざるなり

(五)家督相續に付て被相續人の作る遺言書を僞造《ぎぞう》し(僞造とは自《みづか》ら遺言書を作《つく》りて被相續人の作りたるが如くするなり)又變造し(變造とは遺言者の作りたるものゝ遺言書の或部《あるぶ》分《ぶん》を減《げん》じ又は或事《あること》を增《ま》し又は或部《あるぶ》を換《か》へたるものなり)又遺言書を毀滅《きめつ》し或は藏匿《ざうとく》したるものは亦《また》相續人となることを出來ぬものなり

第九百七十條　被相續人ノ家族《かぞく》タル直系卑屬《ちよくけいひぞく》ハ左ノ規定《きてい》ニ從ヒ家督相續人ト爲ル

一　親等《しんとう》ノ異《こと》ナリタル者ノ間ニ在リテハ其近キ者ヲ先ニス

二　親等《しんとう》ノ同《おな》シキ者ノ間《あひだ》ニ在リテハ男ヲ先《さき》ニス
三　親等ノ同シキ男又ハ女ノ間ニ在リテハ嫡出子《ちやくしゆつし》ヲ先ニス
四　親等ノ同シキ嫡出子、庶子《しよし》及ヒ私生子《しせいじ》ノ間ニ在リテハ嫡出子及ヒ庶子ハ女ト雖モ之ヲ私生子ヨリ先ニス
五　前四號ニ掲《かゝ》ケタル事項《じかう》ニ付キ相同シキ者ノ間ニ在リテハ年長者ヲ先ニス

第八百三十六條ノ規定《きてい》ニ依リ又ハ養子縁組《やうしえんぐみ》ニ因リテ嫡出子タル身分ヲ取得シタル者ハ家督相續《かとくさうぞく》ニ付テハ其嫡出子タル身分ヲ取得シタル時《とき》ニ生《う》マレタルモノト看做《みな》ス

本條問の答　被相續人《ひさうぞくにん》の家族《かぞく》なる子《こ》孫《まご》曾《ひ》孫《まご》玄孫《やしやまご》などの直系卑族《ちよくけいひぞく》の人は左の規定に由りて順々《じゆんじゆん》に家督相續人となる

(一)親等《しんとう》の異《こと》なりたるもの丶間に於ては其近《ちか》きものを先《さき》にすとせる故例《たと》へば被相續人に子と孫とあるときは子は一親等《いつしんとう》にして孫は二親等《にしんとう》なりされば子は被相續人に對し親等最《もつと》も近きものなるを以て子は相續人たるべきものなり但し被相續人に太郎次郎の二男ありて太郎が長男にして家督相續人たるべきも一郎と云ふ一子を遺《のこ》し被相續人に先《さき》だつて死《し》したるときは太郎の弟たる次郎は一親等にして一郎より等親近

きも此場合には次郎相續すること能《あた》はずして被相續人《ひさうぞくにん》に對し二等親なる一郎が相續人たるべきものなり是《これ》は九百七十四條に規定する嫡孫承祖《ちやくそんしやうそ》なるものなり

(二)親等の同じき者の間に於ては男子《なんし》を先《さき》にすとせる故例《たと》へば一親等たる子《こ》に數人《すうにん》ありて其中に男子もあり女子もありたるときは男子を先に相續人とす又二親等たる孫の内に男女あるときも亦然りとす

(三)親等の同じき男子例へば一親等の男子甲乙《かふおつ》二人ありて其中甲《かふ》は庶子《しよし》にして乙は嫡《ちやく》出子《しゆつし》あるときは長男たり次男たることを問はず乙を先《さき》に相續人とす又親等の同じき女子の間に於ても同樣《どうやう》なりとす

(四)此場合は今例へば子女《しぢよ》二人ありて其中《うち》男子が私生子《しせいし》にして女子が嫡出なるか又は庶子なるときは假令女子と雖ども相續人たるものなり

(五)以上四つの事柄に付《つき》相同じき者の間に於ては年長者《ねんちやうしや》を先《さき》に相續人とす例へば二人の子ありて共に親等の同じき男子か又は女子にして共に嫡出子あるか又庶子あるか又私生子あるときは第一の年長者を以て相續人とするなり

庶子にして其父母《ふぼ》の婚姻《こんいん》を爲《な》したる爲めに嫡出子となりたるか又は養子緣組に由りて嫡出子となりたるものは家督相續に付ては其嫡出子たる身分《みぶん》を得たるときに生《うま》れ出でたるものとせらるゝなり

第九百七十一條　前條ノ規定《きてい》ハ第七百三十六條ノ適用《てきよう》ヲ妨《さまた》ケス

本條問の答　前條即《すなはち》九百七十條の規定《きてい》あるも七百三十六條の女戸主《をんなこしゆ》が入夫《にふふ》婚姻を爲したるときは入夫は其家の戸主となる規定には少《すこ》しも差支《さしつかへ》を生《しやう》せざることゝ知るべし

第九百七十二條　第七百三十七條及ヒ第七百三十八條ノ規定ニ依リテ家族《かぞく》ト爲リタル直系卑屬《ちよくけいひぞく》ハ嫡出子又ハ庶子タル他ノ直系卑屬ナキ場合《ばあひ》ニ限リ第九百七十條ニ定メタル順序《じゆんじよ》ニ從《したが》ヒテ家督相續人ト爲ル

本條問の答　親族篇第七百三十七條の戸主の子孫にして他家にあるものを家族となすとき又七百三十八條の婚姻又は養子縁組《やうしえんぐみ》に由《よ》りて他家《たけ》に入りたるものが其配偶者《はいぐうしや》又は養《やしなひ》親《おや》の親族にあらざる自己《じこ》の子或は孫を婚家《こんか》若くば養家《やうか》の家族となし又は婚家若くは養家を去りたるものが其家にある自己の子或は孫を己れの家の家族となしたるときは其家族となりたる子或は孫は嫡出子又は庶子《しよし》たる他の子或は孫たる直系《ちよくけい》の卑族《ひぞく》なきときに限り九百七十條に定めたる順に由り相續人となるものなり

第九百七十三條　法定《はふてい》ノ推定家族相續人ハ其姉妹《しまい》ノ爲ニスル養子縁《やうしえん》組《ぐみ》ニ因《よ》リテ其相續權《さうぞくけん》ヲ害セラルルコトナシ

本條問の答　法律に定めたる推定《すゐてい》家督相續人たる男子を有する被《ひ》相續人は新《あらた》に男子を養

子に貰受之《もらひうけ》を相續人と爲て法定の推定家督相續人の相續權《さうぞくけん》を害することを得ざることは八百三十九條に規定する處にして本條は法定の推定家督相續人が其姉《あね》或は妹《いもと》の爲め婿《むこ》を貰《もら》ひ受けて緣組を爲すも是れが爲め己れの相續權を侵害《しんがい》せらることなきを規定したるものなり例《たと》へば乙男甲女《おつなんかふによ》あるときに甲女の婿《むこ》として丙《へい》なる男子を養子となすも乙男に於ては矢張《やはり》相續人たり又甲女乙女の二人あるときに妹乙の婿として丁《てい》なる男子を養子とするも甲ある姉《あね》は尚《な》ほ家督相續人たるを失《うしな》はざるが如し

第九百七十四條　第九百七十條及ヒ第九百七十二條ノ規定ニ依リテ家督《かとく》相續人タルヘキ者カ家督《かとく》相續ノ開始前《かいしぜん》ニ死亡《しばう》シ又ハ其相續權《さうぞくけん》ヲ失《うしな》ヒタル場合《ばあひ》ニ於テ其者ニ直系卑屬《ちよくけいひぞく》アルトキハ其直系卑屬ハ第九百七十條及ヒ第九百七十二條ニ定メタル順序《じゆんじよ》ニ從《したが》ヒ其者ト同順位ニ於テ家督相續人ト爲ル

本條問の答　第九百七十條と第九百七十二條の規定に由りて家督相續人たるものが家督相續の始《はじ》まる前に死亡《しばう》するか又は其相續權を失《うしな》ひたるときに其者《もの》に子孫等《しそんとう》あるときは其子孫等は第九百七十條第九百七十二條に定めたる順序《じゆんじよ》に因《よ》りて死亡し又は權利を失ひたるもの丶順位《じゆんゐ》と同《どう》一の順位にて家督相續人となり得《う》るものなり例《たと》へば甲《かふ》なる被相續人の子に乙太郎と丙次郎と二人ありて乙の子ヌ數人あり又丙の子ヌも數人あるとき其乙太郎

が死亡するか又は相續權を失ひたるときに其乙太郎の子の內嫡出子《ちやくしゆつし》の男《をとこ》が家督相續を爲すべきものなり

第九百七十五條　法定《はふてい》ノ推定家督相續人ニ付キ左ノ事由《じゆう》アルトキハ被相續人ハ其推定家督相續人ノ廢除《はいじよ》ヲ裁判所《さいばんしよ》ニ請求《せいきう》スルコトヲ得

一　被《ひ》相續《さうぞく》人《にん》ニ對《たい》シテ虐待《ぎやくたい》ヲ爲シ又ハ之ニ重大ナル侮辱《ぶじよく》ヲ加ヘタルコト

二　疾病《しつぺい》其他身體《しんたい》又ハ精神《せいしん》ノ狀況《じやうきやう》ニ因リテ家政《かせい》ヲ執ルニ堪《た》ヘサルヘキコト

三　家名《かめい》ニ汚辱《をじよく》ヲ及ホスヘキ罪ニ因リ刑ニ處セラレタルコト

四　浪費者トシテ準禁治產《じゆんきんちさん》ノ宣告《せんこく》ヲ受ケ改悛《かいしゆん》ノ望ナキコト

此他正當《せいたう》ノ事由アルトキハ被相續人ハ親族會ノ同意《どうい》ヲ得テ其廢除《はいじよ》ヲ請求《せいきう》スルコトヲ得

本條問の答　法律に由り推定《すゐてい》したる相續人に付て左に記《しる》する事柄《ことがら》あるときは被相續人は推定相續人を廢除《はいじよ》せられんことを裁判所に請求《せいきう》することを得るなり

(一)相續人が被《ひ》相續人に對し腕力《わんりよく》を以て時々《じゞ》歐打《おうだ》等を爲すか或は一室に閉込《とぢこむ》るが如き虐待《ぎやくたい》を爲すか又は言語《ことば》或は文章《ぶんしやう》に由りて被相續人の名譽《めいよ》を害《がい》したるときは被相續

人は其相續人の嫡出子なると養子なると又他に法定の家督相續人あるとを問はず相續人の廢除《はいぢよ》を請求《せいきう》することを得るなり

(二)疾病《ひやうき》か又狂氣《きちがい》の者又精神衰弱《せいしんすゐじやく》の者又聾啞《つんぼおし》者禁治產者の如きものは家督相續を爲すも之より生ずる權利義務《けんりぎむ》を全くすると能《あた》はざるもの故是亦《これまた》廢除を請求し得るなり

(三)姦淫罪《かんいんざい》、强盜《がうたう》罪、竊盜《せつたう》罪、詐欺取財《さぎしゆざい》等の如き耻《は》づべき行爲《しわざ》に由り刑《けい》に處せられたるものは大に家名《かめい》を汚《けが》すものなり斯《かく》の如く家名を汚す行《おこな》ひありたるものは家督相續を爲さしむべきにあらず故に廢除を請求し得るなり

(四)常に花街《くわがい》に入込《いりこみ》て金錢を濫《みだ》りに費《つひや》すか或は其他衣服食物《いふくしよくもつ》家屋《おく》等に付て妄《みだ》りに無用の驕《おご》りを爲して金錢を濫《みだり》に費すに由り準禁治產を申渡されたるときは其者相續を爲すも直《たゞち》に財產《ざいさん》を費消《ひせう》するの恐《おそれ》ある故是亦廢除を請求し得るものとなしたるなり

以上の場合には只《たゞ》被相續人のみの考《かんがへ》にて廢除を請求し得るものにして此外に尙《な》ほ正當《せいたう》の理由《りゆう》あるときは親族會議《しんぞくくわいぎ》の同意《どうい》を得て廢除を請求し得るなり

第九百七十六條　被相續人カ遺言《ゐげん》ヲ以テ推定家督相續人ヲ廢除スル意思《いし》ヲ表示シタルトキハ遺言執行者《しつかうしや》ハ其遺言カ效力《かうりよく》ヲ生シタル後遲滯《ちたい》ナク裁判所ニ廢除《はいぢよ》ノ請求《せいきう》ヲ爲スコトヲ要ス此場合ニ於テ廢除ハ被相續人ノ死亡ノ時ニ遡《さかのぼ》リテ其效力ヲ生ス

本條問の答　被相續人が遺言《ゐげん》を以て法律上の推定《すゐてい》家督相續人を廢除する意志《いし》を表《へう》したるときは第六章第四節に規定《きてい》せる遺言執行者《しつかうしや》は遺言が効力《かうりよく》を生じたるとき即《すなはち》遺言者が死亡しさる後は遲延《ちゑん》なく直《たゞち》に裁判所に廢除の請求を必ず爲すべきものなり而して其廢除の効力は遺言者死亡の時に逆上《さかのぼ》るもの故其廢除の請求相立《あひた》つ上は已《すで》に遺言者死亡したるときに廢除せられたるものとなるなり

第九百七十七條　推定家督《すゐていかとく》相續人《さうぞくにん》廢除《はいじよ》ノ原因《げんいん》止ミタルトキハ被相續人又ハ推定家督相續人ハ廢除ノ取消ヲ裁判所ニ請求スルコトヲ得

第九百七十五條第一項第一號ノ塲合ニ於テハ被相續人ハ何時ニテモ廢除ノ取消ヲ請求スルコトヲ得

前二項ノ規定ハ相續開始ノ後ハ之ヲ適用《てきよう》セス

前條ノ規定《きてい》ハ廢除《はいじよ》ノ取消《とりけし》ニ之ヲ準用《じゆんよう》ス

本條問の答　推定家督相續人を廢除《はいじよ》し得る原因《げんいんや》止みたるときは例《たと》へば第九百七十五條の規定せる疾病《しつぺい》に由り家政《かせい》を執《と》るに堪《た》へざる爲め廢除せられたるとき又は準禁治産等に由り廢除せられたるときの如きは其後疾病全快《しつぺいぜんくわい》し準禁治産止《や》みたるときは相續人たるも差支《さしつかへ》なきに由り相續人よりも又被相續人よりも廢除の取消を請求することを得るなり又第九百七十五條第一項第一號の被相續人に對《たい》し虐待《ぎやくたい》を爲《な》し又は重大《ちうだい》なる侮辱《ぶじよく》を加へた

る爲め廢除したる場合に於ては廢除の請求を爲したるもの即被相續人は之を許して何時までも取消を請求することを得るものあり

右二つの場合には請求の取消を爲し得るも一旦《いつたん》相續開始《さうぞくかいし》せられたる後は取消の請求を爲し得ざるものなりと知る可し

被相續人《ひさうぞくにん》が廢除の請求を爲すときは其廢除は被相續人の死亡《しばう》の時に逆上《さかのぼ》りて効力《かうりよく》を生ずるものなることを規定せるが本條には廢除の取消に付ても被相續人の死亡の時に逆上りて効力を生ずるものなることを規定せるなり

第九百七十八條　推定家督《かとく》相續人ノ廢除《はいじよ》又ハ其取消ノ請求《せいきう》アリタル後其裁判《さいばん》確定《くわくてい》前ニ相續カ開始《かいし》シタルトキハ裁判所ハ親族、利害《りがい》關係《くわんけい》人又ハ檢事《けんじ》ノ請求《せいきう》ニ因リ戸主權ノ行使《かうし》及ヒ遺産《ゐさん》ノ管理ニ付キ必要ナル處分《しよぶん》ヲ命《めい》スルコトヲ得廢除《はいじよ》ノ遺言《ゐげん》アリタルトキ亦同シ

裁判所カ管理人《くわんりにん》ヲ選任《せんにん》シタル場合ニ於テハ第二十七條乃至第二十九條ノ規定ヲ準用ス

本條問の答　推定《すゐてい》家督相續人の廢除又は取消の請求ありたる後其請求に付ての裁判確定《くわくてい》する前に相續が始《はじ》まりたるときは裁判所は親族利害關係人《くわんけいにん》又は檢事の請求に由り戸主の權利を行ひ及び遺産の管理に付き必要なる處分を其請求者に命じて爲さしむることを得

被相續人が廢除の遺言を爲して死亡したるときも仝様《どうやう》なりとす
裁判所が遺産の管理《くわんり》を爲さしむる爲め管理人を選任《せんにん》したるときハ本法第廿七條廿八條廿九條の規定を準用すべきものとせり

第九百七十九條　法定ノ推定家督相續人ナキトキハ被相續人ハ家督相續人ヲ指定《してい》スルコトヲ得此指定ハ法定《はふてい》ノ推定家督相續人アルニ至リタルトキハ其效力《かうりよく》ヲ失フ
家督相續人ノ指定ハ之ヲ取消スコトヲ得
前二項ノ規定《きてい》ハ死亡《しばう》又ハ隱居《いんきよ》ニ因ル家督相續ノ場合ニノミ之ヲ適用ス

本條問の答　被相續人は法定《はふてい》の推定《すゐてい》家督相續人なきときに限り他に家督相續人を指定《してい》することを得るものなり是れ法定の家督相續人あるときは元來《ぐわんらい》法律の定むる所のもの故之を相續人とせざる可らざること勿論なればなり
故に一旦《いつたん》指定《してい》を爲すも其後子女《しぢよ》を生むか又は養子《やうし》を爲すときは法定の推定相續人あるに至りたる故最早《もはや》其指定の効力《かうりよく》は失ひたるものとなるなり
家督相續人を指定したるも後に取消す必要生じたるときは取消すことを得るなり
然《しか》しながら右は第九百六十四條の第一號の死亡《しばう》又は隱居《いんきよ》に由《よ》る相續の場合《ばあひ》にのみ限るも

のにして其他第二號三號等の場合には適用《てきよう》せざるものなり

第九百八十條　家督相續人ノ指定《してい》及ヒ其取消《とりけし》ハ之ヲ戸籍吏《こせきり》ニ屆出ツルニ因リテ其效力ヲ生ス

本條問の答　家督《かとく》相續人の取消及び指定《してい》は之を戸籍吏《こせきり》に（戸籍のことを取扱ふ役人）屆け出で始めて效力《かうりよく》を生《しやう》ずるものとすされば法定の相續人あらざるときに被相續人《ひさうぞくにん》が某《なにがし》を家督相續人となすと明言《めいげん》せるも之を屆出でざるときは效力なく又某を相續人に指定《してい》したる旨を屆出でたる上は其後他の或者を相續人に指定して前に指定したる某に對し指定を取消《とりけ》すとの通知《つうち》を爲すも戸籍吏に屆出でざる以上は其者は矢張《やはり》相續人たるべし

第九百八十一條　被相續人カ遺言ヲ以テ家督相續人ノ指定又ハ其取消ヲ爲ス意思ヲ表示シタルトキハ遺言執行者ハ其遺言カ效力ヲ生シタル後遲滯《ちたい》ナク之ヲ戸籍吏《こせきり》ニ屆出ツルコトヲ要ス此場合ニ於テ指定《してい》又ハ其取消《とりけし》ハ被相續人ノ死亡ノ時ニ遡《さかのぼ》リテ其效力《かうりよく》ヲ生ス

本條問の答　被相續人が生前《せいぜん》に甲《かふ》太郎なる者を家督相續人と定むる意志《いし》を遺言《いげん》を以て表《あらは》し又は一旦《いつたん》甲吉《かふきち》なるものを家督相續人と定めたるも之を取消す意志を表したるときは其被相續人の遺言を執行《しつかう》する者は其遺言が法律上效力を生じたる後《のち》遲延《ちえん》なく之を戸籍吏に必ず屆出でざる可らず此場合に於ては其指定又取消の效力は被相續人の死亡したる時よ

り生ずるものとす

第九百八十二條 法定《はふてい》又ハ指定《してい》ノ家督相續人ナキ場合ニ於テ其家ニ被相續人ノ父アルトキハ父、父アラサルトキ又ハ父カ其意思ヲ表示スルコト能ハサルトキハ母、父母共ニアラサルトキ又ハ其意思ヲ表示《へうじ》スルコト能《あた》ハサルトキハ親族會《しんぞくくわい》ハ左ノ順序ニ從《したが》ヒ家族中ヨり家督《かとく》相續人ヲ選定《せんてい》ス

第一 配偶者《はいぐうしや》但家女ナルトキ

第二 兄弟《けいてい》

第三 姉妹《しまい》

第四 第一號ニ該當《がいたう》セサル配偶者《はいぐうしや》

第五 兄弟姉妹ノ直系卑屬《ちよくけいひぞく》

本條問の答 本條は法定《はふてい》の家督相續人か又は被相續人の指定したる家督相續人なきときには左の順序《じゆんじよ》に由《よ》りて家督相續人を選定《せんてい》するものなることを規定《きてい》したるなり尤も之を選定するには其家に被相續人の父あるときは其父が選定し又父なきときか又は父あるも精《せい》神喪失等《しんさうしつとう》に由りて選定の意志《いし》を表《あらは》すこと能《あた》はざるときは母が選定を爲し父母共になきとき又は父母あるも精神喪失等に由り選定の意志を表す能はざるときは親族會合《しんぞくくわいがふ》し相談《さうだん》の

上選定せざる可らず

第一　此配偶者《はいぐうしや》とは被相續人の妻《さい》のことにして其家付《いへつき》の女《むすめ》たるものなり故に他家《たけ》より入來りし者なるときは相續人となる能はず此配偶者あるときは之を第一に相續人に選定《せんてい》せざる可らず

第二　此兄弟とは被相續人の兄弟のことにして其兄弟の內なれば兄たるも弟たるも差支なきものにして第一の配偶者なきときには此兄弟の內より選定すべきものなり

第三　此姉妹《あねいもと》とは矢張《やはり》被相續人の姉妹にして第二の兄弟は男子なる故之を先《さき》にし此第二の男兄弟《をとこきやうだい》なきとき又は相續人たる能《あた》はざるときは此姉妹中より選定《せんてい》するなり但し妹たると姉たるとを問はざることは兄弟の場合と仝じ

第四　此配偶者は第一の家女《かぢよ》なる配偶者と異《こと》にして他家より入來りて妻《つま》となり居るものなり之は兄弟姉妹なきときに始めて相續人たるべきものなり

第五　被相續人の兄弟姉妹の子、孫、曾孫《ひまご》等は第四の相續人なきときに相續人たるべきものなりとす

第九百八十三條　家督相續人ヲ選定《せんてい》スヘキ者ハ正當《せいたう》ノ事由アル場合ニ限リ裁判所ノ許可《きよか》ヲ得テ前條ニ揭《かゝ》ケタル順序《じゆんじよ》ヲ變更《へんかう》シ又ハ選定ヲ爲サヽルコトヲ得

本條問の答　前條ヨ由りて家督相續人を選定《せんてい》すべきもの即《すなはち》被相續人の父母又は親族會《しんぞくくわい》は通常《つうじやう》前九百八十二條に規定《きてい》せる順序《じゆんじよ》に從ひ相續人を選定すべきものなるも左の如き正當《せいたう》なる事柄《ことがら》ある場合には裁判所の許《ゆるし》を得て其順序を變更《へんかう》するか又は始より選定を爲さゞることを得るものなり

第一例　被相續人は兄と妹とあるとき兄が疾病《びやうき》又は不具者《かたわ》となり或は精神喪失錯亂《せいしんさうしつさくらん》等の爲め一家《いつか》を治《をさ》むる能はざるものと認《みと》むる場合には妹を先に相續人に選定することを得るが如し

第二例　他家より入來りて妻となりたる者が竊盜《せつたう》、詐欺《さぎ》其他の家名《かめい》を汚すべき罪を犯《をか》して處刑《しよけい》せられたるときには假令《たとひ》此者は九百八十二條に由りて第四番目に相續人たるべき權利あるも全く此を選定せずして他の者を選定して相續人となすを得べきものなり

第九百八十四條　第九百八十二條ノ規定《きてい》ニ依リテ家督《かとく》相續《さうぞく》人タル者ナキトキハ家《いへ》ニ在ル直系尊屬《ちよくけいそんぞく》中親等ノ最《もつと》モ近キ者家督《かとく》相續人ト爲ル但親等ノ同シキ者ノ間ニ在リテハ男ヲ先ニス

本條問の答　第九百八十二條の規定に由りて家督相續人たるべきものなきか若くは第九百八十二條中に記載《きさい》せられたるものあるも前條即第九百八十三條の規定に由りて選定せ

ざることゝなり此外に相續人たるべきものなきときは被相續人の家にある直系尊屬中《ちよくけいそんぞくちう》最《もつと》も近き親等《しんとう》の者家督相續人となる故に例《たと》へば被相續人の父、母、祖父《ぢゞ》、祖母《ばゞ》あるときは父相續人たるが如し而して若し親等の同じき者の間に在りては男を先にすと規定せる故一等親《いつとうしん》の内男子と女子とあるときは男子を先《さき》に相續人とすべきなり前例《ぜんれい》に於て父のあるも先《まづ》父が相續人たるものなり

第九百八十五條　前條ノ規定ニ依リテ家督相續人タル者ナキトキハ親族會ハ被相續人ノ親族《しんぞく》、家族《かぞく》、分家《ぶんけ》ノ戸主又ハ本家若《も》シクハ分家ノ家族中ヨリ家督相續人ヲ選定ス

前項ニ掲《かゝ》ケタル者ノ中ニ家督相續人《かとくさうぞくにん》タルヘキ者ナキトキハ親族會ハ他人ノ中ヨリ之ヲ選定ス

親族會ハ正當《せいたう》ノ事由《じいう》アル場合ニ限《かぎ》リ前二項ノ規定《きてい》ニ拘《かゝ》ハラス裁判所ノ許可《きよか》ヲ得テ他人《たにん》ヲ選定《せんてい》スルコトヲ得

本條問の答　前條則第九百八十四條の規定に由り家督相續人たるものなきときは親族會は被《ひ》相續人の親族《しんぞく》の者が又家族《かぞく》の者か又分家《ぶんけ》あるときは其戸主《こしゆ》が又本家《ほんけ》あるときは本家分家あるときは分家の家族中より適當《てきたう》の者を選定《せんてい》して家督相續人と為すべきものなり若し又此中にて家督相續人たるべき者なきときは親族會は全く他人の中より選定すべき

ものなり
然れども正當《せいたう》の事柄《ことがら》あるときは例へば一家《いつか》或は親族の不和《ふわ》を防《ふせ》ぐ爲めか或は家名を維持《ゐぢ》する爲め必要《ひつえう》なるとき親族會は右の規定《きてい》に拘《かゝは》らず裁判所の許《ゆるし》を得れば血統《けつとう》なき他人を選定して相續人と爲すを得るなり

第三節　家督相續ノ效力

本節凡《すべ》て六條にして家督相續開始《かいし》の上は其相續人は如何《いか》ある特權《とくけん》を有するや又隱居者入《いんきよしやにふ》夫婚姻《ふこんいん》を爲す女戸主は財産《ざいさん》を留保《りうほ》することを得るや又隱居又は入夫婚姻の場合に於て債權者は前戸主に辨濟《べんさい》を請求し得るや又國籍喪失者《こくせきさうしつしや》の家督相續人は如何ある權利を承繼《しやうけい》すべきや又國籍喪失に由る家督相續人の債務辨濟の限度《げんど》如何《いかん》等のことに付き規定したるなり

第九百八十六條　家督相續《ぞく》人ハ相續開始《かいし》ノ時ヨリ前戸主ノ有セシ權《けん》利義務《りぎむ》ヲ承繼ス但前戸主ノ一身ニ專屬《せんぞく》セルモノハ此限ニ在ラス

本條問の答　家督相續人は第九百六十四條に規定したる事柄に由りて相續開始したるときは其開始《かいし》の時より前戸主《せんこしゆ》たりし被相續人の有せし權利例へば土地家屋《とちかおく》の所有權、質權《しちけん》、抵當權、債權等の諸權利《しよけんり》を取得《しゆとく》し又被相續人の負擔《ふたん》せし義務例へば債務《さいむ》を負ふものとす然しながら前戸主の一身《いつしん》のみに專《もつぱ》ら屬《ぞく》する權利例へば扶養《ふやう》を受る權利の如き又義務例《たと》へば技術上《ぎじゆつじやう》のことにして彫刻《てうこく》を爲す義務或は書畫《しよぐわ》を揮毫《きがう》する義務の如きは承繼《しやうけい》するの限に

あらず是等のことは他の者の爲し能はざる義務又受る能はざる權利なるが故なり

第九百八十七條　系譜《けいふ》、祭具《さいぐ》及ヒ墳墓《ふんぼ》ノ所有權《しよいうけん》ハ家督相續ノ特權《とくけん》ニ屬ス

本條問の答　人は元來《ぐわんらい》自分に所有權ある財産は自由《じいう》に處分《しよぶん》し賣却讓與《ばいきやくじやうよ》を爲し得るものなれば被相續人は遺言に由りて後に規定する遺留分《ゐりうぶん》に關《くわん》する規定に反《はん》せざる限りは自己《じこ》の財産を贈與《ぞうよ》するも賣却《ばいきやく》するも勝手《かつて》なりとす故に系譜《けいふ》祭具《さいぐ》墳墓《ふんぼ》の如き自己に所有權あるものなれば自由に處分《しよぶん》し得可きが如きも之等《これら》の者は其家に必ず屬《ぞく》すべき大切《たいせつ》のものにして系譜は其家の祖先《そせん》より今代《こんだい》に至るまでの代々《よゝ》の系統《けいとう》を知るに欠《か》ぐ可らず又祭具墳墓の如きは子孫は勿論《もちろん》子孫の血脈《けちみやく》なきものも其家を相續《さうぞく》する以上は必ず奠祭《てんさい》すべき德義上《とくぎじやう》の責務ありされば債務を履行《りかう》せざるに由《よ》り債權者より差押《さしおさへ》を受る塲合にも之等のものは差押を免《まぬか》るゝものなり斯《かく》の如く法律上に於ても又道德上《だうとくじやう》に於ても重《おも》んずるものなれば家督相續の塲合には特別《とくべつ》の權利として之等《これら》のものは家督相續人に歸屬《きぞく》すべきものなり

第九百八十八條　隱居者《ゐんきよ》及ヒ入夫婚姻《こんいん》ヲ爲ス女戸主ハ確定《くわくてい》日附アル證書《しようしよ》ニ依リテ其財産《ざいさん》ヲ留保《りうほ》スルコトヲ得但家督相續人ノ遺留分《ゐりうぶん》ニ關スル規定《きてい》ニ違反《いはん》スルコトヲ得ス

本條問の答　隱居《ゐんきよ》に由り相續始るとき又女戸主が入夫《にふふ》婚姻《こんいん》を爲すに由り相續始るときに

其隱居者又女戶主は確定日附《くわくていひづけ》ある證書に由《よ》るときは其相續人に讓るべき財產を其儘自己に留め置きて保有《ほいう》することを得るなり尤も家督相續人に遺留《ゐりう》すべき部分《ぶゞん》をも留保《りうほ》するが如きことは遺留分の規定に反するもの故出來ざるなり

第九百六十四條の戶主が死亡《しばう》したる場合は勿論《もちろん》其他女戶主の入夫婚姻《にふふこんいん》の爲め又は戶主が養子緣組《やうしえんぐみ》の取消等に由り其家を去《さ》りたる爲め相續開始《かいし》する場合は之等の留保《りうほ》する本人は此世にあらざるか又一時只戶主となりて家督相續を爲したるものにして始より家督を有するものにあらざる故其財產《ざいさん》を留保するが如きことは許《ゆる》さゞるなり

第九百八十九條　隱居又ハ入夫婚姻ニ因ル家督相續ノ場合ニ於テハ前戶主ノ債權者《さいけんしや》ハ其前戶主ニ對《たい》シテ辨濟《べんさい》ノ請求ヲ爲スコトヲ得

入夫婚姻ノ取消《とりけし》又ハ入夫ノ離婚《りこん》ニ因ル家督相續ノ場合ニ於テハ入夫カ戶主タリシ間《あひだ》ニ負擔《ふたん》シタル債務ノ辨濟ハ其入夫ニ對シテ之ヲ請求スルコトヲ得

前二項ノ規定《きてい》ハ家督相續人ニ對《たい》スル請求《せいきう》ヲ妨《さまた》ケス

本條問の答　債務を負《お》ふたる戶主が其後隱居するか又入夫婚姻《にふふこんいん》に由りて他の者家督相續したるときに其隱居者又入夫の婦《つま》の債權者は之等《これら》の債務者に對し一身に專屬《せんぞく》する債務例へば書畫《しよぐわ》の揮毫《きがう》を爲すが如きものは固《もと》より一般《いつぱん》の債務例《たと》へば金錢を辨濟するが如きもの

にても債權者は辨濟を請求し得るなり故に若《も》し前戸《ぜんこ》主《しゆ》たる隱居者入夫《にふふ》の婦《つま》に第九百八十八條の規定に由り財産を留保《りうほ》しあるとき此債務者が期限至るも猶《なほ》辨濟せざるときに於ては其留保の財産を差押《さしおさ》ふることを得べし

又入夫婚姻を取消《とりけ》し又は入夫の離婚《りこん》を爲したるときは其入夫は最早《もはや》戸主にあらずといへども前に戸主たりしときに負《お》ふたる債務は自己《じこ》に於て辨濟すべきは當然《たうぜん》の義務なり故に法律は此塲合に於ては戸主の資格《しかく》を失《うしな》ひ其家を退去《たいきよ》せるも其者に對して債務の履行《りかう》を請求し得るの權利ありとす尤も此塲合にても債權者は只入夫即前戸主たりし者に對してのみ辨濟を請求する權利あるのみにあらずして猶現《あほげん》に家《か》督相續《とくさうぞく》せる者に對しても請求するの權利あり故に何れに對して請求を爲すもそれは債權者の自由なり

第九百九十條　國籍《こくせき》喪失《さうしつ》者《しや》ノ家督相續人ハ戸主權及ヒ家督相續《ぞく》ノ特權ニ屬《ぞく》スル權利《けんり》ノミヲ承繼《しやうけい》ス但遺留分《いりうぶん》及ヒ前戸主カ特ニ指定《してい》シタル家督財産ヲ承繼スルコトヲ妨ケス

國籍喪失者カ日本人ニ非《あら》サレハ享有《きやうゆう》スルコトヲ得サル權利ヲ有スル塲合《ばあひ》ニ於テ一年内ニ之ヲ日本人ニ讓渡《ゆづりわた》ササルトキハ其權利《けんり》ハ家督相續人ニ歸屬ス

本條問の答　戸主たるものが外國の國籍《こくせき》を得たる爲日本の國籍を喪失《さうしつ》したるに由《よ》り代《おはつ》て

家督を相續せる人は家督相續に付ての凡《すべ》ての權利を承繼《しやうけい》するにあらずして只戸《こ》主權《しゆけん》と家督相續の特權《とくけん》に屬《ぞく》する系譜《けいふ》、祭具《さいぐ》、墳墓《ふんぼ》を所有する權利のみを承繼するものとす然れども遺留分《ゐりうぶん》と前戸主が特別に指定したる相續財産《ざいさん》なれば承繼するに差支《さしつかへ》なし日本人にあらざれば享有《きやうゆう》することを得ざる權（例《たと》へば日本銀行の株券《かぶけん》を所有するときの如し）利を有する國籍喪失者が一年内に此權利を日本人に讓渡さゞるときは其權利は當《たう》然《ぜん》家督相續人に屬《ぞく》するものなり

第九百九十一條　國籍《こくせき》喪失《さうしつ》ニ因ル家督相續《かとくさうぞく》ノ場合ニ於テハ前戸主ノ債權者《さいけんしや》ハ家督相續人ニ對《たい》シテハ其受ケタル財産《ざいさん》ノ限度《げんど》ニ於テノミ辨濟ノ請求ヲ爲スコトヲ得

本條問の答　國籍《こくせき》を喪失《さうしつ》したるに由《よ》り外の者代て家督を相續したるときには其前戸主《ぜんこしゆ》即國籍喪失者の債權者は現在《げんざい》の家督相續人に對して其相續人が受けたる財産を限度《げんど》としてのみ辨濟の請求を爲すことを得るに過ぎずされば此場合の相續人にして只戸主權と家督相續の特權たる系譜《けいふ》墳墓《ふんぼ》等の所有權のみを承繼《しやうけい》し少しも財産《ざいさん》を受けざるときは債權者は一物《いちぶつ》も辨濟を受る能《あた》はざることゝなるなり然れども若し債權額一万圓にして相續人の受けたる財産の價額《かがく》五千圓なるときは債權者は其五千圓の辨濟を受ることを得ることゝなるも殘《のこ》り五千圓は相續人より辨濟を受る能はざるものにして此不足金は國籍《こくせき》を喪失《さうしつ》し

たる者に對して請求するの外なし

第二章　遺産相續

本章は之を三節に分ち第一節總則第二節遺産相續人《ゐさんさうぞくにん》に關《くわん》する規則第三節家督相續の効力とす

第一節　總則

本節は遺産相續開始《かいし》の場合等即本章全体《ぜんたい》に關する規則を定めたり

第九百九十二條　遺産《ゐさん》相續《さうぞく》ハ家族《かぞく》ノ死亡《しばう》ニ因リテ開始《かいし》ス

本條問の答　財産《ざいさん》を所有する家族《かぞく》が疾病《やまひ》其他の事に由りて死亡《しばう》したるときは何人《なんぴと》か其遺《のこ》した財産を相續せざる可らず此場合に其財産を相續することが即遺産相續にして此遺産相續は財産を所有せし家族《かぞく》の死亡に由りて開始《かいし》するものなり家督相續の場合は之と異《こと》なりて戸主の死亡其他の原因《げんいん》に由りて開始するものなり

第九百九十三條　第九百六十五條乃至第九百六十八條ノ規定ハ遺産相續ニ之ヲ準用ス

本條問の答　第九百六十五條乃至《ないし》第九百六十八條の規定は遺産《ゐさん》相續の場合に準用《じゆんよう》するものあれば今場合を區別《くべつ》して擧《あ》ぐれは左の如し

第一　第九百六十五條に家督相續は被相續人《ひさうぞくにん》の住所に於て開始《かいし》すとある故遺産《ゐさん》相續の

場合にも仝じく被相續人の住所に於て開始せらるゝことゝなる

第二　第九百六十六條の家督相續回復《くわいふく》の請求權は五年又は二十年の時効《じかう》に因り消滅《せうめつ》するものとせる故遺産相續の回復請求權も此の時効に因り消滅す

第三　第九百六十七條の規定《きてい》も遺産の場合に準用《じゆんよう》する故相續財産に關《くわん》する費用《ひよう》は相續人の過失《くわしつ》に因《よ》るものゝ外其財産中《ざいさんちう》より支拂《しはら》ふ可き遺留分權利者が贈與《ぞうよ》の減殺《げんさい》に因りて得たる財産を以て支辨《しべん》することを要《えう》せざることゝなる

第四　第九百六十八條の規定《きてい》に由れば胎兒《たいじ》は死体《したい》にて生れたる時の外家督相續に付ては既《すで》に生《うま》れたるものとする故遺産《ゐさん》の場合に於ても胎兒が死体にて生れたるときの外遺産相續に付ても既に生れたるものと見做《みな》すなり

第二節　遺産相續人

本節問の答　本節は七條にして遺産相續人の順位《じゆんゐ》と遺産相續人たることを得ざる者及び法律の推定《すゐてい》遺産相續人の廢除《はいじよ》を請求し得る場合又其廢除の請求を取消《とりけ》すことを請求し得る場合等を規定せるものなり

第九百九十四條　被相續人ノ直系卑屬《ちよくけいひぞく》ハ左ノ規定ニ從ヒ遺産《ゐさん》相續人トナル

一　親等《しんとう》ノ異《こと》ナリタル者ノ間ニ在リテハ其近《ちか》キ者ヲ先ニス

二　親等ノ同シキ者ハ同順位《どうじゆんゐ》ニ於テ遺産《ゐさん》相續《さうぞく》人ト為ル

本條問の答　被相續人《ひさうぞくにん》即死亡《しばう》したる者の直系卑屬《ちよくけいひぞく》たる子《こ》、孫《まご》は左の規定に因《よ》りて遺産相續人となるものとす

第一　被《ひ》相續人即死亡したる者に親等《しんとう》の異《こと》なりたる者即子孫あるときは其子は一等親にして孫より親等近き故子が遺産を相續すべきなり

第二　家督相續の場合は親等の同じき者たるも男を先に相續人とし又男或は女の間に於ては其内の嫡出子《ちやくしゆつし》を先に相續人とするものなれども遺産《ゐさん》相續の場合は親等同じき者は數人《すうにん》あるも相共に同時に相續人たることを得る故若し子數人あり又は孫のみ數人あるときは其子、孫は相共に遺産相續人となるなり

第九百九十五條　前條ノ規定ニ依リテ遺産相續人タルヘキ者カ相續ノ開始《かいし》前《ぜん》ニ死亡《しばう》シ又ハ其相續權ヲ失ヒタル場合ニ於テ其者ニ直系《ちよくけい》卑屬《ひぞく》アルトキハ其直系卑屬ハ前條ノ規定《きてい》ニ從《したが》ヒ其者ト同順位ニ於テ遺産相續人ト為ル

本條問の答　前條の規定に由り遺産相續人たるべき者が相續の開始前に死亡するか又は第九百九十七條以下の規定に由《よ》り相續權《さうぞくけん》を失ひたる場合に於《おい》て其死亡し相續權を失ひたる者に子、孫等あるときは其子孫は前條の規定に從ひ其死亡し又は相續權を失ひたる者

と同じ順位《じゆんゐ》にて遺産相續人となる例《たと》へば甲《かふ》なる遺産相續人が死亡し又は相續權を失ひたるときに甲に子又は孫あるときは其子孫は甲と同じ順位にて遺産相續人となるが如し

第九百九十六條　前二條ノ規定《きてい》ニ依《よ》リテ遺産相續人タルヘキ者ナキ場合ニ於テ遺産《ゐさん》相續《さうぞく》ヲ爲スヘキ者ノ順位左ノ如シ

第一　配偶者《はいぐうしや》

第二　直系尊屬《ちよくけいそんぞく》

第三　戸主《こしゆ》

前項第二號ノ場合《ばあひ》ニ於テハ第九百九十四條ノ規定《きてい》ヲ準用ス

本條問の答　前二條即第九百九十四條第九百九十五條の規定に由りて遺産相續人《ゐさんさうぞく》となるべきものなきときは左の順位《じゆんゐ》に由《よ》りて遺産相續を爲すべきものとす

第一　被《ひ》相續人の妻《さい》が先《ま》づ相續するものとす

第二　被相續人の父、母、祖父、祖母が第二位に相續人となる故に第一位の妻なきときは此尊屬親《そんぞくしん》の者が相續人となる但し第九百九十四條の規定に從はざる可らず

第三　右第二の相續者なきときは戸主が相續するものなり

第九百九十七條　左ニ掲ケタル者ハ遺産相續人タルコトヲ得ス

一　故意《こい》ニ被相續人又ハ遺産《ゐさん》相續ニ付キ先順位《せんじゆんゐ》若クハ同順位ニ

在ル者ヲ死ニ致シ又ハ死ニ致サントシタル爲メ刑《けい》ニ處《しよ》セラレタル者

二　第九百六十九條第二號乃至第五號ニ掲ケタル者

本條問の答　左に掲《かゝ》げたる者は遺産《ゐさん》相續人たることを得ざるものなり

第一　己れの利益《りゑき》を計る爲なると又怨《うらみ》を報《むく》ゆる爲たるとを問はず又毒藥《どくやく》を以てすると刄物《はもの》を以てするとを問はず故意《こい》に即前より考《かんが》へて被相續人を殺《ころ》すか又は殺さんとしたる爲め重罪輕罪《ちうざいけいざい》等の刑《けい》に處《しよ》せられたる者

第二　遺産相續に付己《おの》れより順位《じゆんゐ》の先《さき》なるもの若《もし》くば同じ順にある者を殺すか又は殺さんとしたる爲め重罪輕罪の刑に處せられたる者

第三　是非善惡《ぜひぜんあく》の辨別《べんべつ》なきとき又は殺したる者が自分の配偶者《はいぐうしや》若くば直系《ちよくけい》の血族《けつぞく》なりしときの外被《ひ》相續人の殺されたることを知りながら之を裁判所に告訴《こくそ》せず又其他の官署《くわんしよ》に告發《こくはつ》せざりし者

第四　被相續人が相續に付ての遺言を爲し或は此遺言を取消《とりけ》し或は一旦《いつたん》爲したる遺言を變更《へんかう》することを詐欺《さぎ》又は强迫《きやうはく》の手段《しゆだん》に由りて妨《さまた》げたる者

第五　詐欺又は强迫の手段に由り被相續人をして己れの心に反《はん》したる遺言《ゐげん》を爲さしめ或は之を取消さしめ或は之を變更せしめたる者

第六　相續に關《くわん》する被相續人の遺言書《ゐげんしよ》を僞造《ぎざう》したるか又變造《へんざう》したるか又は毀滅《きめつ》し藏匿《ざうとく》したる者

第九百九十八條　遺留分《ゐりうぶん》ヲ有スル推定《すゐてい》遺産相續人カ被相續人ニ對《たい》シテ虐待《ぎやくたい》ヲ爲シ又ハ之ニ重大《ぢうだい》ナル侮辱《ぶじよく》ヲ加ヘタルトキハ被相續人ハ其推定遺産相續人ノ廢除《はいぢよ》ヲ裁判《さいばん》所ニ請求《せいきう》スルコトヲ得

本條問の答　遺留分を有する推定遺産相續人が被《ひ》相續人に對《たい》し日々《ひゞ》毆打《おうだ》するか或は狹《せま》き室内《しつない》に拘禁《こうきん》するか或は充分《じうぶん》に衣食《いしよく》を給《きふ》すべきに充分に給せざるとか又は被相續人は姦淫《かんいん》せりとか人を殺《ころ》さんとせしとかの重大《ぢうだい》なる事柄《ことがら》を以て侮辱《ぶじよく》を加へたるときは被相續人は其推定《すゐてい》遺産相續人の廢除《はいぢよ》を裁判所に請求することを得るなり

第九百九十九條　被相續人ハ何時ニテモ推定遺産相續人廢除ノ取消ヲ裁判所ニ請求スルコトヲ得

本條問の答　被相續人は相續人より虐待《ぎやくたい》又は重大なる侮辱《ぶじよく》を受けたる爲め前條の規定に由り廢除の請求《せいきう》を爲したるも後に之を宥恕《いうぢよ》するときは何時《なんどき》にても廢除の取消を裁判所に請求することを得るものなり

第千條　第九百七十六條及ヒ第九百七十八條ノ規定ハ推定遺産相續人ノ廢除《はいぢよ》及ヒ其取消《とりけし》ニ之ヲ準用《じゆんよう》ス

本條問の答　第九百七十六條を準用するが故に被相續人が遺言を以て推定遺産相續人を廢除する意志《いし》を表《へう》したるときは遺言執行者《しつかうしや》は其遺言が効力《かうりよく》を生じたる後《のち》遲延《ちえん》なく裁判所に廢除《はいじよ》の請求を為すべく而《しか》して其請求相立つ上は被相續人の死亡《しばう》の時に遡《さかのぼ》りて効力を生ずるものとなる

又第九百七十八條の規定を準用《じゆんよう》するが故に被《ひ》相續人が推定遺産《すゐていゐさん》相續人を廢除する旨の遺言ありたるときは勿論《もちろん》被相續人より推定家督相續人の廢除又は取消を請求したる後其請求したることの裁判が確定《くわくてい》せざる前に被相續人の死亡《しばう》等に由り遺産相續開始《かいし》したるときは裁判所は親族《しんぞく》か又利害《りがい》の關係《くわんけい》ある人か又は撿事《けんじ》の請求に由りて遺産の管理《くわんり》に付き必要《ひつえう》なる處分《しよぶん》(例へば賣却《ばいきやく》するとか修繕《しうぜん》するとか)を命《めい》ずることを得るものとす

第三節　遺産相續ノ效力

本節は之を三款に分ち第一款に總則を定め第二款にて相續分に關する規則を定め第三款には遺産の分割《ぶんかつ》に關する規則を定めたり

第一款　總則

本款に於ては遺産相續人の承繼《しようけい》する權利義務と相續財産共有《ざいさんきやうゆう》のことに付き規定せるも要するに本節全体《ぜんたい》に通《つう》ずる規則を定めたるものと知るべし

第千一條　遺産《ゐさん》相續人ハ相續開始《かいし》ノ時ヨリ被相續人ノ財産《ざいさん》ニ屬《ぞく》セシ

一切《いつさい》ノ権利《けんり》義務《ぎむ》ヲ承継ス但被相續人ノ一身ニ専屬《せんぞく》セシモノハ此限ニ在ラス

本條問の答　遺産《ゐさん》相續人は相續開始《かいし》の時より被相續人の財産に屬《ぞく》せし凡《すべ》ての権利と義務とを承継《しやうけい》するものなり然《しか》れども其権利義務にして被相續人の一身《いつしん》に専屬《せんぞく》せしもの例へば扶養《ふやう》を受る権利の如き又軍功《ぐんこう》に由り年金《ねんきん》を受る如き権利又書畫《しよぐわ》の揮毫《きがう》を為す義務の如きものは承継するものにあらざるなり

第千二條　遺産相續人數人アルトキハ相續財産ハ其共有ニ屬ス

本條問の答　遺産相續人數人あるときとは第二節に規定《きてい》せる相續に付き同じ順位《じゆんゐ》の者二人以上あるときにして此の如《かく》く數人あるときは其財産は數人の共に有《いう》するものにして其中《うち》の一人が自由《じいう》に凡《すべ》ての遺産を處分《しよぶん》することを得ざるものなり共有《きやうゆう》財産に付ては本法第二編第三章の内に規定ある故此規定に從ふべきものなりといへども此相續編中に特別《とくべつ》の規定あるに於ては勿論之に從はざる可らず

第千三條　各共同《かくきやうどう》相續人ハ其相續分ニ應《おう》シテ被《ひ》相續人ノ権利《けんり》義務《ぎむ》ヲ承継ス

本條問の答　遺産相續人數人あるとき其各人は其遺産上の凡ての権利義務を有するものにあらずして其各人の相續分《さうぞくぶん》に應《おう》じて権利義務を承継するに過《す》ぎざるものなり例《たと》へば甲

乙丙の三人あるとき甲の相續分《さうぞくぶん》が三分の二にして乙丙《おつへい》の相續分各《おのおの》三分の一なるときは甲は權利義務の三分の二を承繼し乙丙は各三分の一を承繼するが如し

第二款　相續分

本款に於《おい》ては相續分の割合《わりあひ》及割合を定むる方法《はうはふ》並に相續分を第三者卽他の人に讓渡《じやうと》したるときの效果《かうくわ》等に付き規定したるものなり

第千四條　同順位ノ相續人數人アルトキハ其各自ノ相續分ハ相均《あひひと》シキモノトス但直系卑屬《ちよくけいひぞく》數人アルトキハ庶子《しよし》及ヒ私生子《しせいし》ノ相續分ハ嫡出子《ちやくしゆつし》ノ相續分ノ二分ノ一トス

本條問の答　同じ順位《じゆんゐ》の相續人數人あるときは其各人の相續分は相等《あひひと》しきものなり例《たと》へば父と母とが相續人なるときの如きは各其半宛《なかばづゝ》を相續するものとす然れども直系卑屬《ちよくけいひぞく》例へば子《こ》が數人あるとき其內の庶子《しよし》と私生子《しせいし》の相續分は各嫡出子《ちやくしゆつし》の相續分の二分の一だけ相續するものなり故に今三人の子ありて二人は嫡出子一人は庶子又は私生子なるときは其財產を五分して嫡出子は各五分の二づゝを相續分とし庶子又は私生子は五分の一を相續分となすなり

第千五條　第九百九十五條ノ規定ニ依リテ相續人タル直系卑屬ノ相續分ハ其直系尊屬《ちよくけいそんぞく》カ受クヘカリシモノニ同シ但直系卑屬數人アル

トキハ其各自ノ直系尊屬《そんぞく》カ受クヘカリシ部分《ぶぶん》ニ付キ前條ノ規定《きてい》ニ從ヒテ其相續分ヲ定ム

本條問の答　第九百九十五條の規定に由《よ》れば遺産《ゐさん》相續人たるべき者が相續の始《はじま》る前に死《し》亡《ばう》するか又は相續權を失ひたる場合に於て其者に子、孫等あるときは其子孫は死亡し又は相續權を失ひたる者と同じ順位に於て相續人と爲るものにして其相續人たる子或は孫の相續分《さうぞくぶん》は己《おの》れの父、母の受くべき筈《はず》の相續分を相續するものとす今一例《れい》を示《じめ》さん

甲《かふ》なる被相續人あり其相續人たる乙なるものが甲の死亡前死去《しばうぜんしきよ》したるときは其乙の子丙なる者は乙に代《かは》り同じ順位《じゆんゐ》にて相續する故丙《へい》の相續分は乙の相續分を相續す即ち遺産の三分の二を乙が受くべきものありし時は丙の受くべきものも亦其三分の二なりとす

而して若し相續開始《かいし》前死亡し又は相續權を失《うしな》ひたる者の子が二人以上あるときは左の例の如く相續分を定む

被相續人(甲)
　嫡出子(乙)　此嫡出子(乙)は甲の死亡前死亡したるものなり
　　嫡出子(イ)
　　庶　子(ロ)
　　私生子(ハ)
　庶　子(丙)
　　嫡出子(ニ)
　　嫡出子(ホ)…甲の死亡前死したるものなり
　　　嫡出子(天)
　　　同　(地)
　　　私生子(人)

今若《も》し遺産《ゐさん》を三万圓として其相續分《さうぞくぶん》を定むれば

嫡出子(乙)は二万圓
- (イ)は一万圓
- (ロ)は五千圓
- (ハ)は五千圓

庶　子(丙)は一万圓
- (ニ)は五千圓
- (ホ)は五千圓
  - (天)二千圓
  - (地)二千圓
  - (人)一千圓

第千六條　被《ひ》相續人ハ前二條ノ規定ニ拘《かゝ》ハラス遺言《ゐげん》ヲ以テ共同相續人ノ相續分ヲ定メ又ハ之ヲ定ムルコトヲ第三者ニ委託《ゐたく》スルコトヲ得但被相續人又ハ第三者ハ遺留分《ゐりうぶん》ニ關《くわん》スル規定ニ違反《ゐはん》スルコトヲ得ス

被相續人カ共同《きやうどう》相續人中ノ一人若《もし》クハ數《すう》人ノ相續分ノミヲ定メ又ハ之ヲ定メシメタルトキハ他ノ共同相續人ノ相續分ハ前二條ノ規定ニ依リテ之ヲ定ム

本條問の答　被相續人は前の第千四條と第千五條の規定《きてい》あるに拘《かゝ》はらず遺言《ゐげん》を以て共同相續人の相續分を定め又は自《みづか》ら定《さだ》めずして同じく遺言に由り第三者即ち他の人に相續分を定むることを委託《ゐたく》し得《う》るものとすされども其被《ひ》相續人又は第三者は遺留分《ゐりうぶん》に關する規

則に反《はん》して定むることを得ざるなり
若し被相續人が共同相續人甲乙丙丁戊《かふおつへいていぼ》の五人ある内甲のみか又は甲乙丙三人のみの相續分を自ら定め或は第三者をして定めしめたるときは他の共同相續人たる丁戊の相續分は第千四條と第千五條の規定に由りて之を定むべきものなり

第千七條　共同相續人中被相續人ヨリ遺贈《ゐぞう》ヲ受ケ又ハ婚姻《こんいん》、養子縁《やうしえん》組《ぐみ》、分家《ぶんけ》、廢絶《はいぜつ》家《か》再興《さいこう》ノ爲メ若クハ生計《せいけい》ノ資《し》本《ほん》トシテ贈與ヲ受ケタル者アルトキハ被相續人カ相續開始ノ時ニ於テ有セシ財産《ざいさん》ノ價額ニ其贈與《ぞうよ》ノ價額《かがく》ヲ加ヘタルモノヲ相續財産ト看做《みな》シ前三條ノ規定ニ依リテ算定《さんてい》シタル相續分ノ中ヨリ其遺贈又ハ贈與ノ價額ヲ控《かう》除《じよ》シ其殘額《ざんがく》ヲ以テ其者ノ相續分トス
遺贈又ハ贈與ノ價額カ相續分ノ價額ニ等シク又ハ之ニ超ユルトキハ受遺者又ハ受贈者ハ其相續分ヲ受クルコトヲ得ス
被相續人カ前二項ノ規定《きてい》ニ異《こと》ナリタル意思《いし》ヲ表示《へうじ》シタルトキハ其意思表示ハ遺留分ニ關スル規定ニ反《はん》セサル範圍内《はんゐない》ニ於テ其效力《かうりよく》ヲ有ス

本條問の答　共同相續人中或者《あるもの》が被《ひ》相續人の死亡に由り遺贈として若干《じやくかん》の財産《ざいさん》を受ける

か又は死せずして婚姻《こんいん》の爲め或は養子《やうし》縁組《えんぐみ》に由り或は分家が廢絶《はいぜつ》したる家を再興《さいこう》する爲め若くは生計《せいけい》の資本《しほん》として財産の贈與を受けたるときは被相續人が相續開始《かいし》の時に於《おい》て有《いう》せし財産の價額《かく》に贈與したる財産の價額を加へたるものを相續財産と見做し第千四條第千五條第千六條の三條の規定に因《よ》りて算定《さんてい》したる相續分の中《うち》より贈與又は遺贈の價額を減《げん》じて其殘額《ざんがく》を其者の相續分とするなり

例《たと》へば　被《ひ》相續人が死亡《しぼう》の時に有せし財産の價額一万圓にして甲乙の共同相續人あり若し甲が二千圓の遺贈を受けたるときは其二千圓を加へ一万二千圓を相續財產と見做《みな》し甲乙共に嫡出子《ちやくしゆつし》にして順位《じゆんゐ》同じきときは此一万二千圓を二分して六千圓の內より二千圓を差引《さしひ》き殘《のこ》り四千圓を甲の相續分とし乙は六千圓を相續分として得るなり

若し遺贈又は贈與の財產《ざいさん》の價額が相續分として受くる財産の價額《かく》と同じきか又は之より多きときは受遺者《じゆゐしや》又は受贈者《じゆぞうしや》は別に相續分を受くることを得ず例へば遺贈を受けたる財產の價額が二千圓にして相續分の價額が二千圓なるとき又は遺贈財產の價額二千圓にして相續財產の價額千五百圓なるときは相續分を受くることを得ざるなり

被相續人が右の規定に異《ことな》りたる方法《はうはふ》に因《よ》り相續分を定めんとする意志《いし》を表《へう》したるときは其意志は遺留分《ゐりうぶん》に關《くわん》する規定に反《はん》せざる限りは有効《いうかう》なり

第千八條　前條ニ揭《かゝ》ケタル贈與ノ價額《かがく》ハ受贈者ノ行爲《かうゐ》ニ因リ其目的タル財產カ滅失《めつしつ》シ又ハ其價格ノ增減《ぞうげん》アリタルトキト雖《いへど》モ相續開始ノ當時《たうじ》仍《な》ホ原狀《げんじやう》ニテ存《そん》スルモノト看做《みな》シテ之ヲ定ム

本條問の答　第千七條に揭《かゝ》げたる贈與《ぞうよ》の價額《かがく》は贈與を受けたる者の行爲に因り贈與の財產を滅失《めつしつ》するか又は其財產の價額が增減《ぞうげん》したるときも相續開始《かいし》の當時《たうじ》滅失もせず又價額も增減せずして原《もと》のまゝにてありたるものと見做《みな》して贈與の財產の價額を定む

例へば　百圓の價額ある机《つくゑ》の贈與を受けたる後失火《しつくわ》の爲め滅失《めつしつ》したるとき又は此机に彫刻《てうこく》を施《ほどこ》したる爲め二百圓となりたるか或は一部を毀損《きそん》したる爲め七十圓となりたるときも相續開始《かいし》の時には矢張《やはり》百圓の價額にて存《そん》せしものとす

第千九條　共同《きやうどう》相續人ノ一人カ分割前ニ其相續分《さうぞくぶん》ヲ第三者ニ讓渡《ゆづりわた》シタルトキハ他ノ共同相續人ハ其價額及ヒ費用《ひよう》ヲ償還《しやうくわん》シテ其相續分ヲ讓受タルコトヲ得

前項ニ定メタル權利《けんり》ハ一个月《かげつ》內ニ之ヲ行使《かうし》スルコトヲ要ス

本條問の答　共同相續人中の一人が共有財產を各自《かくじ》に分割《ぶんかつ》する以前に自己《じこ》の相續分を第三者即ち共同相續人より外の者に讓渡《ゆづりわた》したるときは他の共同相續人は其讓渡したる財產の價額《かがく》と讓渡に付て生じたる費用《ひよう》を第三者に償還《しやうくわん》して其相續分を讓受くることを得るな

り然れども此權利は何時《なんどき》にても行《おこな》ひ得るものにあらずして一ヶ月內に行はざれば其効力《かうりよく》なきものと知るべし

第三款　遺產ノ分割

本款に於ては被《ひ》相續人が遺言《ゆいごん》を以て分割の方法《しかた》を定むること或は期間分割を禁《きん》ずること分割の効力を生ずる時機《じき》分割物《ぶんかつぶつ》の擔保《たんぽ》のこと等要するに遺產《ゐさん》の分割に關《くわん》する規則《きそく》を定めたるものなり

第千十條　被相續人ハ遺言ヲ以テ分割ノ方法ヲ定メ又ハ之ヲ定ムルコトヲ第三者ニ委《ゐ》託《たく》スルコトヲ得

本條問の答　被《ひ》相續人は遺言《ゆゐごん》に由《よ》り共有《きやうゆう》に屬《ぞく》する相續財產を其相續分に應《おう》じて分配《ぶんぱい》する方法《しかた》を定むることを得又自《みづか》ら之を定めず第三者に委託《ゐたく》して定めしむることを得るなり

第千十一條　被相續人ハ遺言ヲ以テ相續開始《かいし》ノ時ヨリ五年ヲ超《こ》エサル期間內《きかんない》分割《ぶんかつ》ヲ禁《きん》スルコトヲ得

本條問の答　被相續人は遺言に由り相續開始の時より五年を過ぎざる間は相續財產の分割を禁ずることを得るものなれば若し五年以上例へば八年十年間分割を禁ずる旨を遺言するも其効力なく當然《たうぜん》五年の期間に短縮《たんしゆく》せらるゝなり

第千十二條　遺產ノ分割《ぶんかつ》ハ相續開始《かいし》ノ時ニ遡《さかのぼ》リテ其效力ヲ生ス

本條問の答　遺産分割の効力《かうりよく》は相續開始即《すなは》ち被相續人の死亡《しばう》したる時に遡《さかのぼ》りて生ずるものにして例《たと》へば甲乙丙の三人が家屋《かおく》什器《じふき》土地《とち》の三つを相續し後之を分割し甲は家屋乙は什器丙は土地を所有《しよいう》するときは相續開始の時より家屋は甲に什器は乙に土地は丙に屬《ぞく》するものと見るべきものなり

第千十三條　各共同相續人ハ相續開始前《かいしぜん》ヨリ存《そん》スル事由《じいう》ニ付キ他ノ共同相續人ニ對《たい》シ賣主《ばいしゆ》ト同シク其相續分ニ應《おう》シテ擔保《たんぽ》ノ責ニ任ズ

本條問の答　甲乙丙三人の共同相續人ありて其各人《かくじん》の相續分を見るに甲は千圓の價額《かがく》ある土地を得乙は金千圓丙は金五百圓を得たるものあり而して甲の相續分たる千圓の價ある土地が被《ひ》相續人より相續開始前《かいしぜん》に第三者に賣渡《うりわた》したるに由り甲は分割の結果《けつくわ》千圓の價ある土地を得ながら實際《じつさい》は其土地は第三者の所有に屬《ぞく》し甲は之が所有權を得ざる場合に於ては賣主たる被《ひ》相續人と同じく共同《きやうどう》相續人なる乙は四百圓をば甲に償還《しやうくわん》すべく又丙は二百圓を甲に償還すべきなり

第千十四條　各共同相續人ハ其相續分ニ應シ他ノ共同相續人カ分割ニ因リテ受ケタル債權《さいけん》ニ付キ分割ノ當時《たうじ》ニ於ケル債務者《さいむしや》ノ資力《しりよく》ヲ擔保ス

辨濟期《べんさいき》ニ在ラサル債權及ヒ停止條件附《ていしでうけんつき》債權ニ付テハ各共同相續人

八　辨濟ヲ爲スヘキ時ニ於ケル債務者《さいむしや》ノ資力《しりよく》ヲ擔保《たんぽ》ス

本條問の答　共同相續人ある甲乙丙が相續分《さうぞくぶん》として財産の分割《ぶんかつ》を得たるとき例《たと》へば甲は千圓の價額ある家屋《かをく》を得乙は又千圓の金を得丙は被相續人より丁ある者に貸渡《かしわた》したる二千圓の債權を得たるときに於て其債權に對《たい》する債務者《さいむしや》ある丁が五百圓より資力《しりよく》なきときは丙は債權の全額《ぜんがく》を受取ること能《あた》はずして空《むな》しく千五百圓を失《うしな》ふことゝなる故に此場合に於ては他の甲乙二人の共同相續人は其相續分卽ち甲は千圓に對する百二十五圓を丙に償還すべく乙も亦千圓に對する百二十五圓を丙に償還すべき責あり而して丙は又二千圓の相續分に對《たい》する二百五十圓を自ら擔保《たんぽ》に充《あ》つるものとして損失《そんしつ》することを覺悟《かくご》せざる可らず故に甲乙二人は各八百七十五圓を得丙は千七百五十圓を得るに至る

然して條文《ぢやうぶん》に分割の當時《たうじ》に於ける債務者の資力《しりよく》を擔保すとある故必《かなら》ず分割の當時債務者に辨濟の資力なかりしものならざる可らず若し之に反して分割の當時は資力を有せしも其時に債權者が辨濟《べんさい》を請求《せいきう》せずして其後資力を失ひて辨濟することを得ざるに至るも之れ資力ある當時に請求せざりし債權者の過失《くわしつ》あるが故に他の共同《きやうどう》相續人は其擔保《たんぽ》の責《せめ》に任せざるものとす

辨濟期《べんさいき》にあらざる債權例へば分割《ぶんかつ》せしは九月にして辨濟期限は十二月なるとき又停止《ていし》條件附債權例《たと》へば或外國に注文《ちうもん》したる品物が横濱港《よこはまかう》に到着《たうちやく》したるときは若干金《じやくかんきん》を支拂ふべ

しと約したるときの如きは辨濟期にあらざる債權に付ては十二月又停止條件附債權に付ては横濱に着荷《ちやくに》したるときに於ける債務者の資力を擔保《たんぽ》すべきものなり

第千十五條　擔保ノ責《せめ》ニ任《にん》スル共同相續人中償還《しやうくわん》ヲ爲ス資力《しりよく》ナキ者アルトキハ其償還スルコト能ハサル部分《ぶぶん》ハ求償者《きうしやうしや》及ヒ他ノ資力アル者各其相續分ニ應《おう》シテ之ヲ分擔《ぶんたん》ス但求償者ニ過失アルトキハ他ノ共同相續人ニ對シテ分擔ヲ請求スルコトヲ得

本條問の答　前條に規定《きてい》せる如く債務者の資力《しりよく》に付き擔保《たんぽ》の責《せめ》に任《にん》ずべき共同相續人中償權者に償還を爲す資力なき者あるときは其償還すること能はざる部分は償還を求むる者及び他の資力ある共同相續人は各其相續分に應《おう》じて分擔《ぶんたん》せざる可らず例《たと》へば甲乙丙の共同相續人あるときに甲は千圓の債權を得乙は千圓の土地を得丙は五百圓の家屋《かおく》を得たり而して甲が債務《さいむ》の千圓の辨濟を請求したるも債務者資力なき爲め其半金《はんきん》即ち五百圓の支拂を爲したるに過《す》ぎざるときは甲は二百圓乙は二百圓丙は百圓の償還義務を負《お》ふべきものなり然るに若し丙が百圓を償還すること能《あた》はず漸《やうや》く五十圓だけ償還し得るときは求《きう》償者《しやうしや》たる甲及び乙は相續分同一なるが故甲は二十五圓乙も亦二十五圓を分擔《ぶんたん》せざる可らず然して償還を求むる甲が早く丙に償還を求めざる爲め資力なきに至りたるときの如きは之れ己れの過失なるが故此の場合は他の共同相續人に對して分擔を償還することを請

求する能はざるものとす

第千十六條　前三條ノ規定《きてい》ハ被相續人カ遺言《ゐげん》ヲ以テ別段《べつだん》ノ意思ヲ表示シタルトキハ之ヲ適用《てきよう》セス

本條問の答　第千十三條第千十四條第千十五條の規定は被相續人が遺言《ゐごん》に由《よ》り別に擔保《たんぽ》の責《せめ》を負《お》はしめざる意志《いし》を表示《へうじ》したるときは適用《てきよう》せざるものとすされば被相續人は擔保の責に付てのことを定むるは自由なりと知るべし

第三章　相續ノ承認《しやうにん》及ヒ拋棄《はうき》

本章之を三節に分ち第一節にて總則を定め第二節にて承認に關する規則を定め第三節にて拋棄《はうき》に關《くわん》する規則を定めたり

第一節　總則

本節には相續人が承認又は拋棄を爲すべき期間に關することと法定家督《はふていかとく》相續人が相續の拋棄《はうき》を爲し得及得ざることと相續人が相續財産を管理《くわんり》する注意《ちうい》の程度《ていど》承認及拋棄を取消すこと等に付き規定したるものなり

第千十七條　相續人ハ自己《じこ》ノ爲メニ相續ノ開始《かいし》アリタルコトヲ知リタル時ヨリ三个月内ニ單純《たんじゆん》若クハ限定《げんてい》ノ承認《しやうにん》又ハ拋棄《はうき》ヲ爲スコトヲ要ス但此期間《きかん》ハ利害關係《りがいくわんけい》人又ハ檢事《けんじ》ノ請求ニ因リ裁判所ニ於テ

之ヲ伸長《しんちやう》スルコトヲ得

相續人ハ承認《しやうにん》又ハ抛棄《はうき》ヲ爲ス前ニ相續財產《ざいさん》ノ調查《てうさ》ヲ爲スコトヲ得

本條問の答　家督又は遺產《ゐさん》の相續人は自己《じこ》の爲めに相續の開始《かいし》ありたることを知りたる時より三个月內には必ず單純《たんじゆん》の承認（單純の承認とは被相續人の權利義務を限りなく承繼する承認なり）若くば限定《げんてい》の承認（限定の承認とは己が相續して得たる財產を限りとして被相續人の債務等を辨濟《べんさい》すべきことを留保《りうほ》して爲す承認なり）を爲すか又は相續の抛棄を爲さゞる可らず

然れとも此三个月の期間は如何《いか》なる場合にても延《のば》すことを得ざるものにあらずして若し相續に付て利害《りがい》の關係《くわんけい》ある人か又は撿事《けんじ》の請求あるときは裁判所は其期間を五个月或は六个月に延長《えんちやう》することを得るものなり

相續人は承認《しやうにん》又は抛棄を爲すに付ては通常《つうじやう》相續財產を調查《てうさ》せざれば果《はた》して承認を爲すべきか將《はた》抛棄《はうき》を爲すべきやを定むること能はず故を以て本條は相續財產の調查を爲すを得としたるなれば若し調查せずして承認なり又抛棄を爲すことを決定《けつてい》し得る場合に於《おい》ては調查せざるも少しも不可なし

第千十八條　相續人カ承認《しやうにん》又ハ抛棄《はうき》ヲ爲サスシテ死亡《しばう》シタルトキハ前條第一項ノ期間《きかん》ハ其者ノ相續人カ自己《じこ》ノ爲メニ相續ノ開始《かいし》アリ

タルコトヲ知リタル時ヨリ之ヲ起算《きさん》ス

本條問の答　甲なる相續人が相續の承認もせず又抛棄もせずして死亡したるときは前の第千十七條に規定せる三个月の期間は甲の相續人乙が自分の爲めに相續開始ありたることを知りたるときより起算《きさん》して向ふ三个月間は承認又は抛棄の効力《かうりよく》あるものなり

第千十九條　相續人カ無能力者《むのうりよくしや》ナルトキハ第千十七條第一項ノ期間ハ其法定代理人《はふていだいり》カ無能力者ノ爲メニ相續ノ開始《かいし》アリタルコトヲ知リタル時ヨリ之ヲ起算《きさん》ス

本條問の答　家督《かとく》又は遺産《ゐさん》相續人にして幼年者《にうねんしや》なるか白痴者《はくちしや》なる等法律上無能力者あるときは假令自己《たとひじこ》の爲め相續の開始《かいし》ありたることを知るも此時より三个月の期間の起算《きさん》を爲す能はずして後見人《こうけんにん》の如き法定代理人が無能力者の爲めに相續の開始ありたることを知りたるときより起算して定むるものなり

第千二十條　法定《はふてい》家督相續《ぞく》人ハ抛棄《はうき》ヲ爲スコトヲ得ス但第九百八十四條ニ掲ケタル者ハ此限ニ在ラス

本條問の答　法律に因《よ》りて定まる家督相續人は第九百八十四條に規定せる尊屬親《そんぞくしん》が相續人となるときの外自分の爲めに開始したる家督相續の抛棄を爲すことを得ざるものとす茲に注意《ちうい》すべきは家督相續人は抛棄を爲すことを得ずとある故遺産相續の場合は抛棄す

ることを得るものなることと是なり

第千二十一條　相續人ハ其固有《こいう》財產《ざいさん》ニ於ケルト同一ノ注意ヲ以テ相續財產ヲ管理《くわんり》スルコトヲ要ス但承認《しやうにん》又ハ拋棄《はうき》ヲ為シタルトキハ此限ニ在ラス

裁判所ハ利害關係人《りがいくわんけいにん》又ハ撿事《けんじ》ノ請求ニ因リ何時《なんどき》ニテモ相續財產ノ保存《ほぞん》ニ必要《ひつよう》ナル處分《しよぶん》ヲ命《めい》スルコトヲ得

裁判所カ管理人ヲ選任《せんにん》シタル場合《ばあひ》ニ於テハ第二十七條乃至《ないし》第二十九條ノ規定《きてい》ヲ準用《じゆんよう》ス

本條問の答　家督《かとく》又は遺產《ゐさん》のみの相續人は自己《しこ》が始より所有《しよいう》せる財產に對してなす注意と同一の注意を以て己れの相續したる財產を大切《たいせつ》に管理せざる可らず但し單純《たんじゆん》なると限定なるとを問はず承認を為す時は則ち固有《こいう》財產となり又拋棄を為したるときは其財產に付ては最早《もはや》管理する權《けん》なきに至りたるもの故此場合には同一の注意を以て管理することを要せざるものなり

裁判所は相續に付き利害の關係ある人又は撿事の請求あるときは何時にても相續財產の保存《ほぞん》に付き必要なる處分《しよぶん》例へば腐朽《ふきう》の恐《おそれ》あるとき賣却《ばいきやく》するか或は破損《はそん》所を修繕《しゆうぜん》する等のことを命ずることを得るものなり

裁判所が管理人《くわんりにん》を選任《せんにん》したる場合に於ては本法第廿七條第廿八條第廿九條の規定に從《したが》はざる可らず而して右三條の規定の如何は各條に就て見れば明なるを以て今茲《いまこゝ》に掲載《けいさい》せざるなり

第千二十二條　承認及ヒ拋棄ハ第千十七條第一項ノ期間内ト雖モ之ヲ取消《とりけ》スコトヲ得ス

前項ノ規定《きてい》ハ第一編及ヒ前編ノ規定ニ依リテ承認又ハ拋棄《はうき》ノ取消ヲ爲スコトヲ妨《さまた》ケス但其取消權《とりけしけん》ハ追認《ついにん》ヲ爲スコトヲ得ル時ヨリ六个月間之ヲ行ハサルトキハ時效《じかう》ニ因リテ消滅《せうめつ》ス承認又ハ拋棄ノ時ヨリ十年ヲ經過《けいくわ》シタルトキ亦同シ

本條問の答　一旦《いつたん》相續の承認《しやうにん》及び拋棄《はうき》を爲すも第千十七條第一項の三个月の期間内といへども之を取消すことを得ざるものなり

此取消すことを得ざる規定は本法第一編總則及び第四編親族法の規定に因りて承認又は拋棄《はうき》の取消を爲すことを妨《さまた》げざるものとす尤も其取消權《とりけしけん》は追認《ついにん》（追認とは跡《あと》より承認することなり）を爲すことを得る時より六个月間行はざるときは法律の時效《じかう》に因《よ》りて消滅《せうめつ》す又承認し或は拋棄する時より十年を經過《けいくわ》したるときも亦同じく時效《じかう》に因り消滅す

第二節　承認

本節之を分て二欵《くわん》とし第一欵には單純《たんじゆん》承認に關《くわん》することを定め第二欵には限定《げんてい》承認に關することを定めたり

第一欵　單純承認《たんじゆんしやうにん》

第千二十三條　相續人カ單純承認《たんじゆんしやうにん》ヲ爲シタルトキハ無限《むげん》ニ被相續人ノ權利義務ヲ承繼《しやうけい》ス

本欵には單純承認の結果《けつくわ》及び單純承認を爲したりと見做《みな》す場合を規定《きてい》す

本條問の答　相續人が單純承認を爲したるときは限《かぎ》りなき責任《せきにん》を以て被相續人の權利義務を承繼《しやうけい》するものとす故に其承繼したる債務が相續《さうぞく》したる財産《ざいさん》の價額《かゝく》より多きも悉《こと〴〵》く辨濟せざる可らず

第千二十四條　左ニ掲ケタル場合ニ於テハ相續人ハ單純承認ヲ爲シタルモノト看做《みな》ス

一　相續人カ相續財産ノ全部又ハ一部ヲ處分《しよぶん》シタルトキ但保存《ほぞん》行爲《かうゐ》及ヒ第六百二條ニ定メタル期間《きかん》ヲ超《こ》エサル賃貸《ちんがし》ヲ爲スハ此限ニ在ラス

二　相續人カ第千十七條第一項ノ期間內ニ限定承認又ハ拋棄ヲ爲ササリシトキ

三　相續人カ限定承認《げんていしやうにん》又ハ拋棄《はうき》ヲ爲シタル後ト雖モ相續財產ノ全《ぜん》部《ぶ》若クハ一部ヲ隱匿《いんとく》シ私ニ之ヲ消費《せうひ》シ又ハ惡意《あくい》ヲ以テ之ヲ財產《ざいさん》目錄《もくろく》中《ちう》ニ記載《きさい》セサリシトキ但其相續人カ拋棄ヲ爲シタルニ因リテ相續人ト爲リタル者カ承認ヲ爲シタル後ハ此限ニ在ラス

本條問の答　左に掲《かゝ》げたる場合は相續人は單純承認《たんじゆんしやうにん》を爲したるものと見做《みな》し決して反《はん》對《たい》の推定《すゐてい》を許さゞるものなり

第一　相續人が相續財產の全部又は一部を他人に讓渡《ゆづりわたし》するか又は質入《しちいれ》若くハ抵當《ていたう》となすときは單純承認を爲したるものと見做すべきものなり何となれば此の如き所爲は財產の所有者にあらざれば爲すことを得ざるものなるが故に一旦相續人が之等《これら》の所爲を行ふたる以上は相續を拒《こば》むの意思《いし》なきものと推定すべく且又限定承認を爲すの意を示《しめ》さゞる故に最早《もはや》單純承認を爲したるものと推定《すゐてい》すべきことと當然《たうぜん》のことなればなり

然れども其財產に付て之に修繕《しゆうぜん》を加ふるとか或は物の腐敗《ふはい》を防《ふせ》ぐ爲め或藥を施《ほどこ》すが如き保存《ほぞん》の行爲《かうい》及び本法第六百二條に定めたる樹木《じゆもく》の栽植《さいしよく》又は伐採《ばつさい》を目的とする山林《さんりん》の賃貸借《ちんたいしやく》其他土地の賃貸借動產《どうさん》の賃貸借の如きは相續を承認したる

者と見做《みな》すこと能《あた》はざるなり

第二 相續人が第千十七條第一項の期間三个月内に限定承認《げんていしやうにん》又は拋棄《はうき》を爲さゝるときは卽單純《たんじゆん》承認を爲したるものとす

第三 相續人が相續せし財産に對するだけを限りとし權利義務の承繼《しやうけい》を承認するか又は相續の拋棄を爲したるに於ては財産の全部若くは一部をも自由に處分することを得ざるなり況して限定承認又は拋棄を爲して相續人が相續《さうぞく》に對《たい》する行爲確《かういくわく》定《てい》せざる以前にありては其財産に對し何等《なんら》の權利なき筈《はず》なり假令相續人が限定承認又は拋棄を爲したる後にても相續財産の全部若くは一部を隱匿《いんとく》するか或は私《ひそ》かに消費《せうひ》するか又は惡意《あくい》を以て全部若くは一部を財産目錄中《もくろくちう》に記載《きさい》せざりしときは之れ不正《ふせい》の行爲《かうい》に由《よ》りて私利《しり》を計《はか》らんとするものにしてもとより權利にあらざるなり故に法律は此場合に於ては單純承認卽ち限りなく被相續人の權利義務を承繼《しやうけい》することを承認したるものと見做《みな》して無限《むげん》の責任《せきにん》を負《お》はしむ然れども右は他に未だ相續人なき場合のことなる故若し相續人が相續を拋棄したるに由り次の相續順位にあるもの承認して相續人となりたる上は最早《もはや》其拋棄したる者が爲したる隱匿消費《いんとくせうひ》等《とう》の行爲は不法行爲《ふはふかうゐ》の制裁《せいさい》を受ることゝなり從《したが》つて單純承認を爲したるものと見做《みな》すの必要《ひつえう》なきなり

第二款　限定承認

本款には相續人が承繼《しやうけい》する權利義務の程度《ていど》と限定承認の手續《てつゞき》等其他限定承認に關する規則を定めたるものなり

第千二十五條　相續人ハ相續ニ因《よ》リテ得タル財產《さいさん》ノ限度《げんど》ニ於テノミ被《ひ》相續人ノ債務《さいむ》及ヒ遺贈《ゐぞう》ヲ辨濟《べんさい》スヘキコトヲ留保《りうほ》シテ承認ヲ爲スコトヲ得

本條問の答　相續人は相續に由《よ》りて得たる財產の限度《げんど》に於《おい》てのみ被相續人の負《お》ふたる債務及び爲したる遺贈《ゐぞう》を辨濟《べんさい》すべきことを留保《りうほ》して相續の承認を爲すことを得故に例《たと》へば一万圓の相續財產の中五千圓を相續したるときは其五千圓の財產に對するだけの權利義務を負ふに止まるに付き債務及び遺贈を辨濟する義務も五千圓を限りてのみ負擔《ふたん》すべきことを豫《あらかじ》め定《さだ》めて承認を爲し得るなり

第千二十六條　相續人カ限定承認《げんていしやうにん》ヲ爲サント欲《ほつ》スルトキハ第千十七條第一項ノ期間內《きかんない》ニ財產《ざいさん》目錄《もくろく》ヲ調製《てうせい》シテ之ヲ裁判所ニ提出《ていしゆつ》シ限定承認ヲ爲ス旨ヲ申述スルコトヲ要ス

本條問の答　相續人が限定承認を爲さんとするときは第千十七條第一項に規定《きてい》せる三个月の期間內に財產の名と數《かず》と品質《しなしつ》等を一々記載《きさい》せる財產目錄を調製《てうせい》して之を裁判所に差

出し限定承認を爲す旨を申述《まをしの》べざる可らず若し此《かく》の如くせざるときは限定承認を爲すも法律上少しも効力なきものなり

第千二十七條　相續人カ限定承認ヲ爲シタルトキハ其被相續人ニ對シテ有セシ權利《けんり》義務《ぎむ》ハ消滅《せうめつ》セサリシモノト看做《みな》ス

本條問の答　相續人が單純《たんじゆん》承認を爲したるときは其被《ひ》相續人に對して有する權利義務は本法第五百二十條の規定に由り同一人に歸《き》したる故消滅《せうめつ》すべきものなるも限定承認を爲したるときは相續したる財産《ざいさん》を限《かぎ》りて被《ひ》相續人の負《お》ひたりし債務及び遺贈《ゐそう》を辨濟《べんさい》すべきものなる故自己《じこ》の始より有《いう》せし財産あるときハ此財産と相續に由《よ》りて得たる財産とは混《こん》同《どう》すべからず即《すなは》ち單純承認の場合の如く權利義務が悉《ことごと》く相續人に歸《き》したるものにあらざる故相續人が曾《かつ》て被《ひ》相續人に對《たい》して有せし權利義務は消滅せざるものと見做《みな》すものなれば被《ひ》相續人に千圓の債權《さいけん》を有《いう》したるときは其相續財産の中《うち》より辨濟《べんさい》を受くべく又二千圓の債務を負へりし時は相續人自己の始めより有せし財産中より辨濟せざる可らず

第千二十八條　限定承認者ハ其固有《こいう》財産《ざいさん》ニ於ケルト同一ノ注意《ちうい》ヲ以テ相續財産ノ管理《くわんり》ヲ繼續《けいぞく》スルコトヲ要ス

第六百四十五條、第六百四十六條、第六百五十條第一項、第二項及ヒ第千二十一條第二項、第三項ノ規定ハ前項ノ場合ニ之ヲ準用

ス

本條問の答　限定承認の塲合には自己の固有財産《こいうざいさん》即ち始《はじめ》より有せし財産と相續財産即ち相續に因り得たる財産とは區別《くべつ》しあるものにして其相續財産は債權者及び受遺者《じゆゐしや》の爲めの擔保《たんぽ》とも云ふべきものなれば其利益《りゑき》を保《たも》つ爲め善良《ぜんりやう》なる管理者《くわんりしや》の爲すべき注意を以て保管《ほくわん》すべきが如きも已《すで》に相續したる財産は相續人の財産に外ならず故に此の如く特別の注意を要せずして固有財産の管理に付て必要なる程の注意と同一の注意を以て相續財産の管理を爲せば可なるものとしたるなり

左の塲合の規定《きてい》は右相續財産の管理の塲合に準用《じゆんよう》するものなり（千廿一條は畧す）

第六百四十五條　受任者《じゆにんしや》は委任者《ゐにんしや》の請求あるときは何時《なんどき》にても委任を受けたる事務《じむ》を處理《しより》したる狀況《じやうきやう》を報告《はうこく》し又委任が終りたる後は遲滯《ちたい》なく其始末《しまつ》を報告せざるべからざるものとす

第六百四十六條　受任者は委任せられたる事務を處理するに當りて受取りたる金錢其他のものを委任者に引渡《ひきわた》さゞる可らず其收取《しうじゆ》したる果實《くわじつ》も亦同じ

受任者が受任者の爲めに自己《じこ》の名を以て得たる權利は之を委任者に移轉《いてん》せざるべからざるものとす

第六百五十條　受任者が委任せられたる事務を處理するに必要なりと認《みと》む可き費用《ひよう》を

出したるときは委任者に對して其費用及び其費用を支出《しゝゆつ》したる日以後《いご》の利息《りそく》の償還を請求《せいきう》することを得
受任者が委任事務を處理するに必要《ひつえう》と認《みと》むべき債務を負擔《ふたん》したるときは委任者をして自己《じこ》に代《かは》りて其辨濟《べんさい》を爲さしめ又其債務が辨濟期にあらざるときは相當《さうたう》の擔保を供せしむることを得

第千二十九條　限定《げんてい》承認《しようにん》者ハ限定承認ヲ爲シタル後五日內ニ一切《いつさい》ノ相續債權者及ヒ受遺者《じゆゐしや》ニ對《たい》シ限定承認ヲ爲シタルコト及ヒ一定ノ期間內《きかんない》ニ其請求《せいきう》ノ申出ヲ爲スヘキ旨ヲ公告《こうこく》スルコトヲ要ス但其期間ハ二个月ヲ下ルコトヲ得ス
第七十九條第二項及ヒ第三項ノ規定ハ前項ノ場合ニ之ヲ準用ス

本條問の答　限定承認者は限定承認を爲したる後五日內に一切《いつさい》の相續財產に對する債權者及び受遺《じゆゐ》者《しや》に對して期限承認を爲したることと一定の期間即ち二个月以上に於て債權の辨濟又は遺贈の辨濟を請求《せいきう》する申出を爲すべき旨を新聞紙《しんぶんし》或は其他のものを以て公告《こうこく》せざる可らざるものとす
左の規定は右の場合に準用するものなり
第七十九條　前項の公告には債權者が期間內《きかんない》に申出を爲さゞるときは其債權は淸算《せいさん》上

り除斥《ぢよせき》せらるべき旨を附記《ふき》せざる可らず但《たゞし》清算人は知れたる債權者を除斥せざる可らず

清算人は知れたる債權者には各別《かくべつ》に其申出を催告《さいこく》せざる可らず

第千三十條　限定承認者ハ前條第一項ノ期間《きかん》滿了《まんれう》前《ぜん》ニハ相續債權者及ヒ受遺者《じゆゐしや》ニ對シテ辨濟《べんさい》ヲ拒ムコトヲ得

本條問の答　限定承認者は前條第一項の規定《きてい》に從《したが》ひ請求の申出期間《まをしいできかん》を五个月と定めたるときは五个月又は六个月と定めたるときは六个月の期間內には假令債權者及受遺者より辨濟の請求申出あるも之を拒《こば》むことを得るものなり何となれば定めたる期間《きかん》の經過《けいくわ》せざる以上は辨濟の義務《ぎむ》生ぜざればなり

第千三十一條　第千二十九條第一項ノ期間滿了ノ後ハ限定承認者ハ相續財產ヲ以テ其期間內ニ申出テタル債權者其他知レタル債權者ニ各其債權額《さいけんがく》ノ割合《わりあひ》ニ應《おう》シテ辨濟ヲ爲スコトヲ要ス但優先權《いうせんけん》ヲ有スル債權者ノ權利ヲ害《がい》スルコトヲ得ス

本條問の答　限定《げんてい》承認者が其相續したる財產を以て債權者及び受遺者《じゆゐしや》に對する全債務《ぜんさいむ》を辨濟することを得るときは別《べつ》に割合《わりあひ》を定めて辨濟することを要せざるも若し然らざるときは各債權額《さいけんがく》の割合に應《おう》じて公平《こうへい》に辨濟せざる可らず此場合に於ては第千二十九條第一

項の規定に從ひ定めたる一定《いつてい》の期間終《をは》りたる後限定承認者は其相續したる財産を以て其期間内に申出でたる債權者及び申出でざるも已に知れたる債權者に各其債權額の割合に應《おう》じて辨濟を爲さゞる可らず例《たと》へば甲の債權額が三千圓にして乙は二千圓丙は千圓なる塲合に相續財産の價額《かがく》が三千圓なるときは甲に千五百圓乙に千圓丙に五百圓を辨濟《べんさい》せざる可らず

然れども質權《しちけん》或は抵當權《ていたうけん》の如き優先權《いうせんけん》を有する債權者の權利を害《がい》することを得ざるものなり何となれば之等《これら》の優先權者は優先權の性質《せいしつ》として他の普通《ふつう》の債權者に先《さき》だち別段に辨濟を受くべき權利あるものにして他の普通債權者は其殘余《ざんよ》を以て辨濟を受くるに過《す》ぎざるが故なり

第千三十二條　限定承認者ハ辨濟期《べんさいき》ニ至《いた》ラサル債權《さいけん》ト雖モ前條ノ規定ニ依リ之ヲ辨濟スルコトヲ要ス

條件《でうけん》附《つき》債權又ハ存續期間《そんぞくきかん》ノ不確定《ふかくてい》ナル債權ハ裁判所ニ於テ選任《せんにん》シタル鑑定人《かんていにん》ノ評價《ひやうか》ニ從ヒテ之ヲ辨濟スルコトヲ要ス

本條問の答　凡《およ》そ債務は辨濟期の到來《たうらい》したるときに履行《りかう》すること通例《つうれい》なれども限定承認の場合には辨濟の手續を速《すみやか》に完了《くわんれう》せしめん爲めに第千三十一條の規定《きてい》あるを以て假令其債權は辨濟期に至らさるも必ず辨濟せざる可らざるものとす

停止《ていし》條件《でうけん》又は解除《かいぢよ》條件等の條件附債務又は債權存續《そんぞく》する期間の定りなき債權は裁判所に於て選任《せんにん》したる鑑定人《かんていにん》の評定《ひやうてい》したる價《あたひ》に由りて辨濟せざる可らざるものとす

第千三十三條　限定承認者ハ前二條ノ規定ニ依リテ各債權者ニ辨濟ヲ爲シタル後《のち》ニ非サレハ受遺者《じゆゐしや》ニ辨濟《べんさい》ヲ爲スコトヲ得ス

本條問の答　限定承認者は前の第千三十一條第千三十二條の規定に由りて各債權者に辨濟を爲したる後にあらざれば被《ひ》相續人より遺贈を受けたる者に辨濟を爲すことを得ざるものなり何となれば債權者は債務者に金錢を貸與《たいよ》する等《とう》の行爲《かうい》を爲して債務者より或ことを行《おこな》ひ或ことを爲さゞることを命《めい》ずる權《けん》あるも受遺者の如きは別に權利に由りて遺贈を受くるものにあらざるが故なり

第千三十四條　前三條ノ規定《きてい》ニ從ヒテ辨濟ヲ爲スニ付キ相續財產《ざいさん》ノ賣却《ばいきやく》ヲ必要トスルトキハ限定《げんてい》承認者ハ之ヲ競賣《きやうばい》ニ付スルコトヲ要ス但裁判所ニ於テ選任《せんにん》シタル鑑定人《かんていにん》ノ評價ニ從ヒ相續財產ノ全部又ハ一部ノ價額ヲ辨濟シテ其競賣ヲ止ムルコトヲ得

本條問の答　第千三十一條乃至《ないし》第千三十三條の規定《きてい》に從ひ辨濟を爲すに付き土地《とち》家屋《かおく》の如き之を賣却《ばいきやく》して金錢に換《か》へざる可らざるときは限定承認者は或特別《あるとくべつ》の人にのみ賣却すること能はず必ず競賣《せりうり》に由《よ》り公平《こうへい》を保《たも》たざる可らず

然れども裁判所に於て選任《せんにん》したる鑑定人《かんていにん》の爲したる評價《ひやうか》に從ひて若し債務《さいむ》の辨濟に付き相續財産の全部《ぜんぶ》を要するときは全部又一部の財産にて濟むときは一部の價《あたひ》を債權者に辨濟するときは競賣《せりうり》を止《や》むることを得此規定《きてい》をなしたるは債務者が土地家屋《かおく》等を賣却《ばいきやく》せずして永《なが》く保存《ほぞん》せんと欲《ほつ》することあるが爲なり

第千三十五條　相續債權者《さいけん》及ヒ受遺者《じゆゐしや》ハ自己《じこ》ノ費用《ひよう》ヲ以テ相續財産ノ競賣《きやうばい》又ハ鑑定《かんてい》ニ參加《さんか》スルコトヲ得此場合ニ於テハ第二百六十條第二項ノ規定ヲ準用ス

本條問の答　競賣《せりうり》又は評價額の高低《かうてい》は債權者及び遺贈を受くる者の重大《ちうだい》なる利害《りがい》の關係あるが故に相續債權者及び受遺者は自己の費用を以てするときは相續財産の競賣《せりうり》又は鑑《かん》定《てい》に加はることを得るものなり而して此場合には第二百六十條第二項の規定を準用《じゆんよう》するが故に債權者及び受遺者が參加《さんか》の請求をなしたるに拘《かゝは》らず其參加を待《ま》たず競賣又は鑑定を爲したるときは參加を請求したる相續債權者及び受遺者に其競賣又は鑑定を以て對抗《たいかう》することを得ず即《すなは》ち効力《かうりよく》なきものなり

第千三十六條　限定承認者《げんていしやうにんしや》カ第千二十九條ニ定メタル公告《こうこく》若クハ催《さい》告《こく》ヲ爲スコトヲ怠《おこた》リ又ハ同條第一項ノ期間內ニ或債權者若クハ受遺者ニ辨濟ヲ爲シタルニ因リ他ノ債權者若クハ受遺者ニ辨濟ヲ爲

スコト能ハサルニ至リタルトキハ之ニ因リテ生シタル損害《そんがい》ヲ賠償スル責《せめ》ニ任《にん》ス第千三十條乃至《ないし》第千三十三條ノ規定ニ違反《いはん》シテ辨濟《べんさい》ヲ爲シタルトキ亦同シ

前項ノ規定《きてい》ハ情《じやう》ヲ知リテ不當《ふたう》ニ辨濟ヲ受ケタル債權者又ハ受遺者ニ對《たい》スル他ノ債權者又ハ受遺者ノ求償《きうしやう》ヲ妨ケス

第七百二十四條ノ規定ハ前二項ノ場合ニモ亦之ヲ適用《てきよう》ス

本條問の答　區別して左に述ん

第一　限定承認者《げんていしやうにんしや》は第千二十九條の規定《きてい》に從ひ一定《いつてい》の期間内に債權者及び受遺者に對《たい》し辨濟請求の申出を爲すべき旨《むね》の公告を要《えう》するものなるに之を怠《おこた》りて公告《こうこく》を爲さゞるか或は五日内に一切《いつさい》の相續債權者及び受遺者《じゆゐしや》に限定承認を爲したることを公告すべきに之を怠りて爲さゞるときは之が爲め先方《せんぱう》に損害《そんがい》を生《しやう》じたるときは賠償《ばいしやう》せざる可らず之れ已《おの》れの過失《くわしつ》なればなり

第二　清算人《せいさんにん》は請求の申出なきも知れたる債權者に對して請求の申出を催告《さいこく》せざる可らざるに之を怠りて催告せざるときは即ち自己の過失なるが故に先方に於て之が爲め損害《そんがい》ありたるときは賠償の責《せめ》ありとす

第三　第千二十九條に定めたる二个月以上の期間内《きかんない》に數人《すうにん》の債權者中或債權者例《たと》へば

甲乙丙丁の債權者ありて其中の甲なる債權者若くば數人の受遺者中或受遺者例へば甲乙丙の受遺者ありて其中の丙なる受遺者に辨濟を爲したるに因り他の乙丙丁若くば甲乙の受遺者に辨濟すること能はざるに至りたるときは之が爲めに乙丙丁又甲乙に生《しやう》じたる損害《そんがい》を賠償《ばいしやう》せざる可らず

第四　第千三十條乃至第千三十三條の規定に違反《ゐはん》して辨濟を爲《な》したるときも亦損害賠償の責任《せきにん》あるものとす

右の如き規定《きてい》あるも若し先《さき》に辨濟を受けたる債權者又は受遺者が限定《げんてい》承認が不正《ふせい》の利益《りえき》を得んが爲め殊更《ことさら》に自分《じぶん》等にのみ辨濟したるものなることを知りたるときは他の債權者又は受遺者は其不當《ふたう》に辨濟を受けたる者に損害の賠償《ばいしやう》を求《もと》むることを得るなり

左に掲ぐる第七百二十四條の規定は右二項の場合に適用するものなり

第七百二十四條　不法行爲《ふはふかうゐ》に由る損害賠償の請求權《せいきうけん》は被害者《ひがいしや》又は其法定代理人が損害及び加害者《かがいしや》を知りたる時より三年間之を行はざるときは時効《じかう》に因りて消滅《せうめつ》す不法行爲の時より二十年を經過《けいくわ》したるときも亦同じ

第千三十七條　第千二十九條第一項ノ期間內ニ申出テサリシ債權者及ヒ受遺者ニシテ限定承認者ニ知レサリシ者ハ殘餘《ざんよ》財產《ざいさん》ニ付テノミ其權利《けんり》ヲ行《おこな》フコトヲ得但相續財產ニ付キ特別《とくべつ》擔保《たんぽ》ヲ有スル者ハ

此限ニ在ラス

本條問の答　第千二十九條第一項の期間内《きかんない》に請求の申出を爲《な》さゞりし債權者及び受遺者にして限定《げんてい》承認者に知れざりし者は他の申出をなしたるか又は然らざるも既に知れたる債權者及び受遺者に辨濟《べんさい》して其殘《のこ》れる財産に付てのみ辨濟を受くることを得るものなり若《も》し此《めく》の如くせざるときは知れざる債權者又は受遺者にも同一の割合に因り辨濟せざる可らざることゝなる然るに之等の債權者又受遺者にして知れざるときは辨濟の割合を定むること困難《こんなん》にして既《すで》に知れ居る債權者及び受遺者は永《なが》く辨濟を受くること能《あた》はざるの不幸《ふかう》を生ずることあるに至る而して知れざりし債權者又受遺者にして相續財産に付き特《とく》別《べつ》ある擔保を有するものは特別の擔保《たんぽ》よりして辨濟を受くることを得るなり

第三節　拋棄

本節には拋棄《はうき》の手續と拋棄の効力《かうりよく》と拋棄したる場合の相續財産管理《くわんり》の程度《ていど》等に付き規定したるものなり

第千三十八條　相續ノ拋棄《はうき》ヲ爲サント欲《ほつ》スル者ハ其旨《むね》ヲ裁判所ニ申《しん》述《じゆつ》スルコトヲ要《えう》ス

本條問の答　家督相續たると遺産《ゐさん》相續たるとを問はず相續の拋棄《はうき》を爲さんとするときは必ず裁判所に申立つべきものなり然らざるときは拋棄の効力生ぜざるなり

第千三十九條　拋棄《はうき》ハ相續開始《かいし》ノ時ニ遡《さかのぼ》リテ其效力《かうりよく》ヲ生ス
數《すう》人ノ遺產《ゐさん》相續人アル場合ニ於《おい》テ其一人カ拋棄ヲ爲シタルトキハ其相續分ハ他《た》ノ相續人《さうぞくにん》ノ相續分ニ應《おう》シテ之ニ歸屬《きぞく》ス

本條問の答　相續開始《かいし》の時に拋棄《はうき》したるは勿論《もちろん》相續開始後《かいしご》二个月を經過《けいくわ》して拋棄したる場合にても相續開始の時に拋棄したると同一《どういつ》にして嘗《かつ》て相續人たらざりしものと見做《みな》さるべきものなり

甲乙丙の遺產《ゐさん》相續人ある場合《ばあひ》に於《おい》て甲の相續分は四百圓乙の相續分は三百圓丙の相續分は二百圓なるとき其内の一人乙が相續を拋棄したるときは甲は乙の相續分たりし三百圓の三分の二に當る二百圓を得丙は三分の一に當る一百圓を得ることゝなる

第千四十條　相續ノ拋棄《はうき》ヲ爲シタル者ハ其拋棄ニ因《よ》リテ相續人ト爲リタル者カ相續財產《さうぞくざいさん》ノ管理《くわんり》ヲ始《はじ》ムルコトヲ得ルマテ自己《じこ》ノ財產ニ於ケルト同一ノ注意《ちうい》ヲ以テ其財產ノ管理ヲ繼續《けいぞく》スルコトヲ要ス
第六百四十五條、第六百四十六條、第六百五十條第一項、第二項及ヒ第千二十一條第二項、第三項ノ規定ハ前項ノ場合ニ之ヲ準用ス

本條問の答　相續の拋棄《はうき》を爲《な》したる者は其拋棄に因《よ》りて自己《じこ》に代《かは》りて相續人となりたる

者が相續したる財産の管理《くわんり》を始《はじ》むることを得るまでは自己の財産を管理すると同一の注意を以て其財産の管理を繼續《けいぞく》せざるべからず若し此間管理者《くわんりしや》なきときは其財産は消失《せうしつ》或は減損《げんそん》して相續者の不利《ふり》を來《きた》すべければなり

第六百四十五條第六百四十六條第六百五十條第一項二項及び第千二十一條第二項三項の規定《きてい》は右の塲合に準用《じゆんよう》するものなり之等《これら》の各條《かくでう》は第千廿八條の下《もと》に掲《かゝ》げたるを以て就《つい》て見れば明《あきらか》なり

第四章　財産《ざいさん》ノ分離《ぶんり》

本章には財産の分離《ぶんり》を請求《せいきう》することを得《う》るは何人《なんぴと》なるや又請求を爲したる者の權利等要するに財産の分離に關する規則を定めたるなり

第千四十一條　相續債權者《さいけんしや》又ハ受遺者《じゆゐしや》ハ相續開始《かいし》ノ時ヨリ三个月內ニ相續人ノ財産中ヨリ相續財産ヲ分離センコトヲ裁判所ニ請求スルコトヲ得其期間《きかん》滿了《まんれう》ノ後ト雖モ相續財産《ざいさん》カ相續人ノ固有《こいう》財産ト混合《こんがふ》セサル間亦同シ

裁判所カ前項ノ請求《せいきう》ニ因リテ財産ノ分離《ぶんり》ヲ命《めい》シタルトキハ其請求ヲ爲シタル者ハ五日內ニ他ノ相續債權者及ヒ受遺者ニ對シ財産分離ノ命令《めいれい》アリタルコト及ヒ一定ノ期間內ニ配當加入《はいたうかにふ》ノ申出ヲ爲ス

ヘキ旨ヲ公告スルコトヲ要ス但其期間ハ二个月ヲ下ルコトヲ得ス

本條問の答　相續債權者又は受遺者は相續開始《かいし》の時より三个月内に相續人の現《げん》に有《いう》する財産中より固有《こいう》財産と相續に因《よ》りて得たる財産とを分別《ぶんべつ》することを裁判所に請求することを得るのみならず假令《たとひ》其三个月の期間《きかん》終りたる後にても相續に因りて得たる財産が固有財産と混合《こんがふ》せずして別になり居る間は亦分別を請求し得如此分離《ぶんり》を請求《せいきう》することを得せしめたるは例へば被相續人の債務多くして相續人の始より負ひたりし債務少きとき若し相續財産と固有《こいう》財産と混合《こんがふ》せるに於ては被《ひ》相續人の負《お》ひたりし債務を辨濟《べんさい》せんとして其相續財産にて不足《ふそく》なるときは遂《つひ》に固有財産中より支出《しゝゆつ》することゝなるに至らば相續人の債權者は爲めに全部の辨濟を受くる能《あた》はざるが如き不幸《ふかう》を來《きた》すべく又之に反《はん》して相續人の債務多く被相續人の債務少きときは被相續人の債權者は全部の辨濟を受くること能はざる不幸《ふかう》を來すの恐《おそれ》あるが故なり

裁判所が右分離《ぶんり》の請求を至當《したう》として財産の分離を命《めい》じたるときは其請求を爲したるものは命せられたるより五日内に他に相續債權者及び受遺者《じゆゐしや》あるときは此者に對《たい》し財産分離の命令ありたることと又一定の期間内（此期間は二个月以上ならざる可らず）例へば三个月或は五个月内に財産配當《はいたう》に加入《かにふ》するの申出を爲すべしとの旨を新聞紙《しんぶんし》其他の方法に因《よ》り公告《こうこく》して知らしめざる可らず

第千四十二條　財産《ざいさん》分離《ぶんり》ノ請求ヲ爲シタル者及ヒ前條第二項ノ規定ニ依リテ配當《はいたう》加入《かにふ》ノ申出ヲ爲シタル者ハ相續財産ニ付キ相續人ノ債權者ニ先チテ辨濟ヲ受ク

本條問の答　前條の規定《きてい》に從《したが》ひ財産分離の請求を爲したる者及び前條の規定に從ひ配當《はいたう》加入の申出を爲したるものは相續したる財産に付き相續人の債權者より先に辨濟を受くるものとす

第千四十三條　財産分離ノ請求アリタルトキハ裁判所《さいばんしよ》ハ相續《さうぞく》財産《ざいさん》ノ管理《くわんり》ニ付キ必要《ひつえう》ナル處分《しよぶん》ヲ命《めい》スルコトヲ得

裁判所カ管理人ヲ選任《せんにん》シタル場合ニ於テハ第二十七條乃至第二十九條ノ規定ヲ準用ス

本條問の答　財産分離の請求ありたるときは裁判所は相續財産を管理《くわんり》するに付き必要《ひつえう》なる處分例《たと》へば財産目錄《もくろく》を作《つく》ること又は財産に封印《ふういん》を爲すが如きことを請求者に對し命ずることを得るなり

裁判所が相續財産の管理《くわんり》に付き管理人を選《えら》び任《にん》じたる場合に於ては第廿七條乃至第廿九條の規定を準用《じゆんよう》するなり參考《さんかう》の爲め左に記載《きさい》せん

第廿七條は左の如し

前二條の規定に因り裁判所に於て選任《せんにん》したる管理人は其管理すべき財産の目録を調《てう》製《せい》することを要す但其費用《ひよう》は不在者《ふざいしや》の財産を以て之を支辨《しべん》す

不在者の生死《せいし》分明《ぶんめい》ならざる場合に於《おい》て利害關係人《くわんけいにん》又は撿事の請求あるときは裁判所は不在者が置きたる管理人にも前項の手續を命ずることを得

右の外凡《すべ》て裁判所が不在者の財産の保存《ほぞん》に必要と認《みと》むる處分《しよぶん》は之を管理人に命《めい》ずることを得

第廿八條は左の如し

管理人が第百三條に定めたる權限《けんげん》を超《こ》ゆる行爲《かうゐ》を必要とするときは裁判所の許可《きよか》を得て之を爲すことを得《う》不在者の生死分明《しやうしぶんめい》ならざる場合に於て其管理人が不在者の定め置きたる權限を超《こ》ゆる行爲を必要とするとき亦同じ

第廿九條は左の如し

裁判所は管理人をして財産の管理《くわんり》及び返還《へんくわん》に付き相當《さうたう》の擔保《たんぽ》を供《きやう》せしむることを得

裁判所は管理人と不在者《ふざいしや》との關係《くわんけい》其他の事情《じじやう》に依り不在者の財産中より相當の報酬《はうしう》を管理人に與ふることを得

第千四十四條　相續人ハ單純承認《たんじゆんしようにん》ヲ爲シタル後《のち》ト雖モ財産分離ノ請求アリタルトキハ爾後《じご》其固有《こいう》財産ニ於ケルト同一ノ注意《ちうい》ヲ以テ相

續財産ノ管理《くわんり》ヲ爲スコトヲ要ス但裁判《さいばん》所ニ於テ管理人ヲ選任《せんにん》シタルトキハ此限ニ在ラス

第六百四十五條乃至第六百四十七條及ヒ第六百五十條第一項、第二項ノ規定《きてい》ハ前項ノ塲合ニ之ヲ準用《じゆんよう》ス

本條問の答　相續人が單純《たんじゆん》承認即ち被相續人《さうぞくにん》の權利義務を無限《むげん》に承繼《しやうけい》する承認を爲した後といへども相續債權者又は受遺者《じゆゐしや》より財産分離の請求《せいきう》ありたるときは其後は固有《こいう》財産を管理《くわんり》するに付て爲す注意《ちうい》と同一の注意を以て相續財産の管理を爲さゞる可らず然れども裁判所に於て別に管理人を選任《せんにん》したるときは此管理人に於て管理すべきが故に相續人は管理するに及ばざるなり

第六百四十五條乃至第六百四十七條及び第六百五十條一項二項の規定は右の塲合に準用することゝなるが此の内第六百四十五條第六百四十六條第六百五十條の規定は前第千廿八條の下に記《しる》したるを以て只第六百四十七條のみを左に掲《かゝ》げて參考《さんかう》とせん

第六百四十七條

受任者《じゆにんしや》が委《ゐ》任者《にんしや》に引渡すべき金額《きんがく》又は利益《りえき》の爲めに用ゆべき金額を自己《じこ》の爲めに消費《せうひ》したるときは其消費したる日以後《いご》の利息《りそく》を拂ふことを要す尚《な》ほ損害《そんがい》ありたるときは其賠償《ばいしやう》の責《せめ》に任《にん》ず

第千四十五條　財產《ざいさん》ノ分離《ぶんり》ハ不動產《ふどうさん》ニ付テハ其登記《とうき》ヲ為スニ非サレハ之ヲ以テ第三者ニ對抗《たいかう》スルコトヲ得ス

本條問の答　財產分離《ぶんり》の場合に於て動產に付ては直《たゞち》に第三者に對して有效《いうかう》なるも不動產に付ては其登記《とうき》を為さゞれば第三者に對し效力《かうりよく》なきものとす之れ不動產に付ての權利は常に登記に因《よ》りて生《しやう》ずるものなればなり

第千四十六條　第三百四條ノ規定ハ財產分離ノ場合ニ之ヲ準用ス

本條問の答　第三百四條の規定は財產分離の場合に準用するものなるがさて其規定は先取特權《さきどりとくけん》は其目的物の賣却《ばいきやく》賃貸《ちんがし》滅失《めつしつ》又は毀損《きそん》に因りて債務者が受くべき金錢其他の物に對しても之を行ふことを得但先取特權者《さきどりとくけんしや》は其拂渡《はらひわたし》又は引渡前に差押《さしおさへ》を為すことを要す

債務者が先取特權の目的物《もくてきぶつ》の上に設定《せつてい》したる物權の對價《たいか》に付き亦同にとある故財產分離の請求後相續人が善意《ぜんい》且つ過失《くわしつ》なき第三者に或動產を賣渡したるときは相續債權者及び受遺者《じゆゐしや》は其賣却代金《ばいきやく》に付き辨濟を受くるの權利あり又第三者が或物《あるもの》を滅失《めつしつ》したるに由《よ》り相續人が之に對《たい》して損害賠償金《ばいしやうきん》を得たるときは此賠償金より辨濟を受くるの權利あるものとなる

第千四十七條　相續人ハ第千四十一條第一項及ヒ第二項ノ期間滿了

前ニハ相續債權者及ヒ受遺者ニ對《たい》シテ辨濟《べんさい》ヲ拒ムコトヲ得
財産分離ノ請求《せいきう》アリタルトキハ相續人《さうぞくにん》ハ第千四十一條第二項ノ期間滿了《まんれう》ノ後相續財産ヲ以テ財産分離ノ請求又ハ配當《はいたう》加入《かにふ》ノ申出ヲ爲シタル債權者及ヒ受遺者ニ各其債權ノ割合《わりあひ》ニ應《おう》シテ辨濟《べんさい》ヲ爲スコトヲ要ス但優先權《いうせんけん》ヲ有スル債權者ノ權利ヲ害《がい》スルコトヲ得ス
第千三十二條乃至《ないし》第千三十六條ノ規定《きてい》ハ前項ノ場合ニ之ヲ準用《じゆんよう》ス

本條問の答　相續人は第千四十一條第一項及び第二項の期間《きかん》の滿了前《まんれうぜん》に於ては相續債權者及び受遺者《じゆゐしや》に對して辨濟を拒《こば》むことを得之れ其期間内は相續人の辨濟を爲すと爲さゝるとは自由《じいう》の權利あればなり

相續債權者及び受遺者より財産分離の請求ありたるときは相續人は第千四十一條第二項の期間《きかん》終《をは》りたる後相續財産を以て財産分離の請求を爲したる債權者及び受遺者に又配當《はいたう》加入の申出を爲したる債權者及び受遺者に各其債權額の割合に應じて辨濟を爲さゝるべからず但し優先權《ゆうせんけん》を有する債權者其性質上《せいしつじやう》他の通常債權者に先《さきだ》つて辨濟を受くべき權利ある故此債權者の權利を害することを得ざるなり

而して第千三十二條乃至第千三十六條の規定は右の場合に準用《じゆんよう》するものとす此條々《でう〳〵》に付ては既《すで》に説明《せつめい》したる故就《つい》て見るべし

第千四十八條　財産分離《ぶんり》ノ請求《せいきう》ヲ爲シタル者及ヒ配當加入《はいたうかにう》ノ申出ヲ爲シタル者ハ相續財産ヲ以テ全部《ぜんぶ》ノ辨濟《べんさい》ヲ受クルコト能《あた》ハサリシ場合ニ限リ相續人ノ固有《こいう》財産ニ付キ其權利《けんり》ヲ行フコトヲ得此場合ニ於テハ相續人ノ債權者ハ其者ニ先チテ辨濟ヲ受クルコトヲ得

本條問の答　財産分離《ざいさんぶんり》の請求を爲したるもの及び配當加入《はいたうかにふ》の申出を爲《な》したるものは相續人が相續したるに由りて得たる財産に對する債權者なるを以て其財産より辨濟を受くべきものなりされども其財産にして債權額《さいけんがく》の凡《すべ》てより少きときは債權者は此財産のみにては全き辨濟を受くること能《あた》はざるや明《あきらか》なり然るときは各《かく》債權者は爲に損害《そんがい》を蒙《かうむ》ることゝなる故に法律は之等《これら》の債權者を保護《ほご》する爲め此相續財産より全部の辨濟を受くること能はざりし場合に限り其不足額《ふそくがく》を相續人の固有《こいう》財産より辨濟を受くることを得るものとなしたるなり然れども此場合に於ては被相續人の債權者にあらずして相續人の債權者は相續人の固有財産に付ては元來《ぐわんらい》債權の目的物《もくてきぶつ》なる故被相續人の債權者即《すなは》ち相續債權者に先《さきだ》ちて辨濟を受くべきは至當《したう》なり故に相續債權者は其殘《のこ》りの財産あるときは之に付て後より辨濟を受くべきものとす尙《な》ほ解《かい》し易《やす》き爲め左《さ》に一例を示さん

相續財産四千圓　被相續人の債權者乙の債權額五千圓
仝　丙の債權額三千圓

相續人の債權者（い）の債權額五千圓
仝　（ろ）の債權額一千圓
相續人の固有財産七千圓

右の場合に於《おい》ては乙丙の債權額合計《がふけい》八千圓にして之に對《たい》する相續財産額四千圓なるを以て到底《たうてい》各全額《ぜんがく》の辨濟を受くること能はず乙は五千圓の債權に對して二千五百圓の辨濟《べんさい》を受け丙は三千圓の債權に對して千五百圓の辨濟を受くるに止り尚は乙は二千五百圓丙は千五百圓の不足あり此不足額《ふそくだか》は相續人の固有財産《こいうざいさん》七千圓の中より辨濟を受くべきも此固有財産に對《たい》しては（い）（ろ）の債權者先《ま》づ辨濟を受くるが故に其殘額《ざんがく》は一千圓となる此一千圓より乙は六百二十五圓を得丙は三百七十五圓を得されば乙は合計三千百二十五圓丙は千八百七十五圓の辨濟を受くることゝなるなり

第千四十九條　相續人《さうぞくにん》ハ其固有財産ヲ以テ相續債權者若クハ受遺者ニ辨濟ヲ爲シ又ハ之ニ相當《さうたう》ノ擔保《たんぽ》ヲ供《きやう》シテ財産分離ノ請求ヲ防止《ばうし》シ又ハ其效力《かうりよく》ヲ消滅《せうめつ》セシムルコトヲ得但相續人ノ債權者カ之ニ因リテ損害《そんがい》ヲ受クヘキコトヲ證明《せうめい》シテ異議《ゐぎ》ヲ述ヘタルトキハ此限ニ在ラス

本條問の答　相續人は自己《じこ》の固有《こいう》財産を以て相續債權者若くば受遺者《じゆゐしや》に辨濟を爲して財産分離《ぶんり》請求《せいきう》の効力を消滅せしむることを得べく又其債權額遺贈《ゐぞう》額に相當《さうたう》する保証金《ほしようきん》或は

保証物《ほしようぶつ》を供《きやう》して財産分離の請求を防《ふせ》ぎ止《と》むることを得るなり
然れども此《かく》の如くするときは相續人の債權者が損害《そんがい》を受くることを證明《しようめい》して異議《いぎ》を申出づるに於ては右の如く爲すを得ざるなり

第千五十條　相續人カ限定承認《げんていしようにん》ヲ爲スコトヲ得ル間又ハ相續財産カ相續人ノ固有《こいう》財産ト混合《こんがふ》セサル間ハ其債權者ハ財産分離《ぶんり》ノ請求《せいきう》ヲ爲スコトヲ得

第三百四條、第千二十七條、第千二十九條乃至第千三十六條、第千四十三條乃至第千四十五條及ヒ第千四十八條ノ規定ハ前項ノ塲合ニ之ヲ準用《じゆんよう》ス但第千二十九條ニ定《さだ》メタル公告《こうこく》及ヒ催告《さいこく》ハ財産分離ノ請求《せいきう》ヲ爲シタル債權者《さいけんしや》之ヲ爲スコトヲ要《えう》ス

本條問の答　相續人が限定承認《げんていしようにん》を爲《な》すことを得る間又は相續財産が相續人の固有財産と混合《こんがふ》せざる間《あひだ》は其債權者は即《すなは》ち相續人の債權者は財産分離《ざいさんぶんり》の請求を爲すことを得るものなり之れ畢竟《ひつきやう》相續債權者及び受遺者《じゆゐしや》をして財産分離《ぶんり》の請求を爲さしむる以上は公平《こうへい》を保《たも》つ爲め相續人の債權者にも之を爲すことを得せしめたるものなり
第三百四條第千廿七條第千廿九條乃至第千三十六條第千四十三條乃至第千四十五條及び第千四十八條の規定《きてい》は右の塲合に準用《じゆんよう》するも其中第千廿九條に定めたる公告《こうこく》及び催告《さいこく》は

財産分離の請求を爲したる債權者即ち相續人の債權者より之を爲さゞる可らざるなり

第五章　相續人ノ曠缺《くわうけつ》

本章には相續人不分明《ふぶんめい》の場合に於て相續財産を管理《くわんり》することを必《ひつ》要するに相續人不分明なるときに關する規則を定めたるものなり

第千五十一條　相續人アルコト分明ナラサルトキハ相續財産ハ之ヲ法人トス

本條問の答　相續人あることが分明《ぶんめい》ならざるときは相續財産は之を法人《はふじん》とするなり（法人とは自然《しぜん》人にあらずして法律上《はふりつじやう》假りに人と見做《みな》せるものなり）何となれば他日相續人が現《あら》はるゝか又は相續財産が國庫《こくこ》の有《いう》に歸《き》するに至るまでは其財産は何人《なんぴと》の有《いう》に屬《ぞく》するや明ならざるが故なり

第千五十二條　前條ノ場合ニ於テハ裁判所ハ利害關係《りがいくわんけい》人又ハ檢事《けんじ》ノ請求《せいきう》ニ因リ相續財産ノ管理人《くわんりにん》ヲ選任《せんにん》スルコトヲ要ス

裁判所ハ遲滞《ちたい》ナク管理人ノ選任ヲ公告《こうこく》スルコトヲ要《えう》ス

本條問の答　前條の如く相續人不分明《ふぶんめい》の時は裁判所は被《ひ》相續人の債權者又は受遺者《じゆゐしや》等の利害關係人《りがいくわんけいにん》又は檢事の請求に因《よ》り相續財産の管理人《くわんりにん》を選任《せんにん》することを得《う》るにあらず必ず選任せざる可らざるものなり

右の如く裁判所が管理人《くわんりにん》を選任《せんにん》したるときは裁判所は直《たゞち》に管理人を選任《せんにん》したる旨を公告《こうこく》せざるべからず

第千五十三條　第二十七條乃至第二十九條ノ規定ハ相續財産ノ管理人ニ之ヲ準用《じゆんよう》ス

本條問の答　本條は第二十七條乃至第廿九條の規定は相續財産の管理人《くわんりにん》の場合に準用《じゆんよう》するものなるが之等《これら》の各條《かくでう》は第千四十三條の場合に記載《きさい》したる故就《つい》て見《み》る可し

第千五十四條　管理人ハ相續債權者又ハ受遺者《じゆゐしや》ノ請求《せいきう》アルトキハ之ニ相續財産ノ状況《じやうきやう》ヲ報告《はうこく》スルコトヲ要ス

本條問の答　裁判所《さいばんしよ》より選任せられたる管理人は相續債權者又は受遺者より請求ありたるときは之に相續財産の状況《じやうきやう》報告《はうこく》せざる可らざるものとす之れ相續債權者及び受遺者を保護《ほご》するの主旨《しゆし》に出でたるものなり

第千五十五條　相續人アルコト分明《ぶんめい》ナルニ至《いた》リタルトキハ法人《はふじん》ハ存《そん》立《りつ》セサリシモノト看做《みな》ス但管理人カ其權限《けんげん》内《ない》ニ於テ爲シタル行爲ノ效力ヲ妨ケス

本條問の答　初め相續人不分明《ふぶんめい》にして止《や》むなく相續財産を法人《はふじん》となしたるも後日《ごにち》相續人分明なるに至りしときは其相續人は相續開始《かいし》の始《はじめ》より存《そん》したるものとして法人は始めよ

り存立せざりしものと見做《みな》さるゝなり何《なん》となれば法人と見做《みな》せしは一時假りに出でたるものにして相續人が始めより全《まつた》くなきことの確定《くわくてい》したるものにあらざればなり然れども相續人不分明の間に管理人《くわんりにん》が其權限内《けんじやない》に於て爲したる行爲《かうゐ》は矢張有効《やはりいうかう》なりとす何となれば法律に因《よ》り裁判所が正當《せいたう》に任《にん》じたる管理人が職務《しよくむ》の必要に因《よ》り爲したる處の行爲なればなり

第千五十六條　管理人ノ代理權《だいりけん》ハ相續人カ相續ノ承認《しやうにん》ヲ爲シタル時ニ於テ消滅ス

前項ノ場合ニ於テハ管理人ハ遲滯《ちたい》ナク相續人ニ對《たい》シテ管理ノ計算《けいさん》ヲ爲スコトヲ要ス

本條問の答　管理人が相續人の代理《だいり》を爲す權《けん》即ち代理權は相續人が單純承認《たんじゆんしやうにん》なると限定《げんてい》承認なるとを問はず相續の承認を爲したる時に於《おい》て消滅《せうめつ》するものなり右の如く代理權の消滅したる場合には管理人は延滯《えんたい》なく相續人に對《たい》して管理《くわんり》に付ての計算《けいさん》を爲《な》さゞる可らず

第千五十七條　第千五十二條第二項ニ定メタル公告《こうこく》アリタル後二个月内ニ相續人アルコト分明ナルニ至ラサルトキハ管理人ハ遲滯ナク一切《いつさい》ノ相續債權者及ヒ受遺者《じゆゐしや》ニ對《たい》シ一定ノ期間《きかん》内《ない》ニ其請求ノ申

出ヲ爲スヘキ旨《かね》ヲ公告《こうこく》スルコトヲ要ス但其期間ハ二个月ヲ下ルコトヲ得ス
第七十九條第二項、第三項及ヒ第千三十條乃至第千三十七條ノ規定ハ前項ノ場合ニ之ヲ準用《じゆんよう》ス但第千三十四條但書ノ規定《きてい》ハ此限ニ在ラス

本條問の答　第千五十二條第二項に定めたる公告ありたる後二个月内に相續人あること分明《ぶんめい》なるに至らざるときは管理人《くわんりにん》は遲滯《ちたい》なく一切《いつさい》の相續債權者及び受遺者に對し一定の期間內例へば三个月或は四个月間に辨濟請求《べんさいせいきう》の申出を爲すべき旨《むね》を公告《こうこく》せざる可らず而して一定の期間は必ず二个月以上ならざる可らず
第七十九條第二項第三項及び第千三十條乃至《ないし》第千三十七條の規定は右の場合に準用《じゆんよう》するものなり但第千三十四條但書の規定《きてい》は準用せざる故相續財產競賣《けいばい》の場合に於て裁判所にて選任《せんにん》したる鑑定人《かんていにん》の評價《ひやうか》に從ひ相續財產の全部《ぜんぶ》又は一部の價額《かがく》を辨濟して其競賣を止むることを得ざるなり

第七十九條第二項第三項の規定は左の如し
前項の公告《こうこく》には債權者が期間內に申出を爲さゞるときは其債權は淸算《せいさん》より除斥《ぢよせき》せらるべき旨《むね》を附記《ふき》することを要す但淸算人は知れたる債權者を除斥するを得ず

清算人《せいさんにん》は知れたる債權者には各別《かくべつ》に其申出を催告《さいこく》することを要す

第千五十八條　前條第一項ノ規定《きてい》ニ依リテ定メタル期間《きかん》滿了《まんれう》ノ後仍《なほ》ホ相續人アルコト分明《ぶんめい》ナラサルトキハ裁判所《さいばんしよ》ハ管理人又ハ檢事《けんじ》ノ請求ニ因リ相續人アラハ一定ノ期間内ニ其權利《けんり》ヲ主張《しゆちやう》スヘキ旨ヲ公告《こうこく》スルコトヲ要ス但其期間ハ一年ヲ下ルコトヲ得ス

本條問の答　前條即ち第千五十七條第一項の規定に因りて定めたる請求申出の期間二个月或は三个月の滿了後《まんれうご》仍《な》ほ相續人あること明《あきらか》ならざるときは裁判所は管理人《くわんりにん》又は檢事の請求に因《よ》り相續人あらば一年以上例《たと》へば二年或は三年の一定期間内に相續權利を主張《しゆちやう》すべき旨を公告せざるべからず

第千五十九條　前條ノ期間内ニ相續人タル權利ヲ主張スル者ナキトキハ相續財産ハ國庫《こくこ》ニ歸屬《きぞく》ス此場合ニ於テハ第千五十六條第二項ノ規定《きてい》ヲ準用《じゆんよう》ス

相續債權者及ヒ受遺者ハ國庫ニ對《たい》シテ其權利《けんり》ヲ行フコトヲ得ス

本條問の答　前條即ち第千五十八條の規定《きてい》に因《よ》り一定《いつてい》の期間内《きかんない》に相續人たる權利を主張《しゆちやう》するものなきときは何時《いつ》までも相續財産を其まゝに置くべきにあらず故に此場合には相續財産は國庫《こくこ》に歸屬《きぞく》す此場合には第千五十六條第二項の規定を準用《じゆんよう》するが故管理人《くわんりにん》は遲

滯《たい》なく管理の計算《けいさん》を爲すことを要するなり
相續債權者及び受遺者《じゆゐしや》は最早《もはや》相續財産が國庫に歸屬したる以上は國庫に對して其權利を行ふことを得ざるなり何となれば國庫に對して仍《な》は請求《せいきう》することを得せしむるときは實《じつ》際《さい》其煩雜《はんざつ》に耐《た》へざるが故なり

第六章　遺　言

本章之を五節に分《わか》ち第一節に於《おい》て總則を定め第二節に於て遺言《ゐげん》の方式《はうしき》を定め第三節に於て遺言《ゐげん》の効力《かうりよく》を定め第四節に於て遺言の執行《しつかう》を定め第五節に於て遺言の取消《とりけし》のことを定む要するに遺言に關する規則を定めたるなり

第一節　總　則

本節には遺言の方式《はうしき》のことと遺言の能力《のうりよく》のことと遺言の効力《かうりよく》のこと等要するに遺言に關する規則の全体《ぜんたい》に付き定めたるものなり

第千六十條　遺言《ゐげん》ハ本法ニ定メタル方式《はうしき》ニ從フニ非サレハ之ヲ爲スコトヲ得ス

本條問の答　遺言は本人の死後《しご》に効力《かうりよく》を生ずるものなれば已《すで》に本人なきときは錯誤詐欺《さくごさぎ》等生《しやう》じ易《やす》し故に豫《あらかじ》め錯誤詐欺等を防《ふせ》ぐの方法《しかた》を取らざる可らずされば遺言は本法に定めたる方法に從《したが》ふにあらざれば爲すことを得ずとなしたる所以《ゆゑん》なり

第千六十一條　滿《まん》十五年ニ達《たつ》シタル者ハ遺《ゐ》言《げん》ヲ爲スコトヲ得

本條問の答　滿十五年にては未成年者《みせいねんしや》なりといへども此遺言なるものは後見人《こうけんにん》の如き法《はふ》定代理人《ていだいりにん》をして爲さしむることを得ざるもの故若し遺言を爲さんとするときは自《みづか》ら爲《な》さる可らず而して一方《いつぱう》には法定代理人の承諾《しやうだく》に因《よ》り養子《やうし》縁組等《えんぐみとう》を爲すことを得るものなれば仮令《たとひ》成年《せいねん》に達《たつ》せざるも遺言を爲すことを得せしめたるなり

第千六十二條　第四條、第九條、第十二條及ヒ第十四條ノ規定ハ遺言ニハ之ヲ適用セス

本條問の答　第四條第九條第十二條及び第十四條の規定は遺言には之を適用《てきよう》せざるものなれば左の如くなる

第一遺言年齢《ゐげんねんれい》即ち滿《まん》十五歳に達《たつ》したるものは未成年者《みせいねんしや》たるも法定《はふてい》代理人の同意を得ずして遺言を爲すことを得

第二禁治産者《きんちさんしや》の爲したる遺言といへども本心《ほんしん》に復《ふく》したるとき之を爲したる以上は有効《いうかう》にして其法定代理人又は承繼人《しやうけいにん》は之を取消《とりけ》すことを得ず

第三準禁治産者《じゆんきんぢさんしや》が遺言を爲すには保佐《ほさ》人の同意を得るに及ばず

第四妻は夫《をつと》の許可《きよか》なくして自由《じいう》に遺言を爲すことを得べし

第千六十三條　遺言者ハ遺言ヲ爲ス時ニ於テ其能力ヲ有スルコトヲ

要ス

本條問の答　遺言者は遺言を爲す時には必《かなら》ず能力《のうりよく》を有《いう》せざる可らずとせる故其後《そのご》は心神《しんしん》喪失《さうしつ》して能力を失《うしな》ふも遺言は仍《な》ほ効力《かうりよく》を有するものなり

第千六十四條　遺言者ハ包括《はうくわつ》又ハ特定《とくてい》ノ名義ヲ以テ其財産ノ全部又ハ一部ヲ處分《しよぶん》スルコトヲ得但遺留分《ゐりうぶん》ニ關スル規定ニ違反《ゐはん》スルコトヲ得ス

本條問の答　遺言者は包括名義《はうくわつめいぎ》(包括とは財産凡《すべ》ての名義を以てすること)又は特定名義《とくていめいぎ》(特定とは其財産の中の或もの例《たと》へば或家屋《かおく》の名義《めいぎ》を以てすること)を以て其財産の全部又は一部を賣却贈與《ばいきやくぞうよ》等の處分《しよぶん》を爲すことを得るなり然れども遺留分《ゐりうぶん》に關《くわん》する規定《きてい》に違反《ゐはん》することを得ざるなり

第千六十五條　第九百六十八條及ヒ第九百六十九條ノ規定ハ受遺者ニ之ヲ準用《じゆんよう》ス

本條問の答　第九百六十八條の規定は受遺者《じゆゐしや》に準用《じゆんよう》する故遺言者《ゐげんしや》は未だ出生《しゆつしやう》せざる子にも遺贈《ゐぞう》を爲すことを得べきなり

又第九百六十九條を準用する故左の者は受遺者たることを得ざるものとす

一　故意《こい》に遺言者又は受贈《じゆぞう》に付き先順位《せんじゆんゐ》にある者を死《し》に致し又は死に致さんとしたる

爲め刑《けい》に處《しよ》せられたる者

（二）遺言者の殺害《せつがい》せられたるを知りて之を告發《こくはつ》又は告訴《こくそ》せざりし者但其者に是非《ぜひ》の辨《べん》別《べつ》なきとき又は殺害者《せつがいしや》が自己《じこ》の配偶者《つれあひ》若くば直系血族《ちよくけいけつぞく》なりしときは此限にあらず

（三）詐欺《さぎ》又は强迫《きやうはく》に因り遺言者が遺贈に關する遺言を爲し之を取消し又は之を變更《へんかう》することを妨《さまた》げたる者

（四）詐欺又は强迫に因《よ》り遺言者をして遺贈《ゐぞう》に關《くわん》する遺言を爲さしめ之を取消《とりけ》さしめ又は之を變更せしめたるもの

（五）遺贈に關する遺言者の遺言書を僞造變造毀滅《ぎざうへんざうきめつ》又は藏匿《ざうとく》したる者

第千六十六條　被後見人カ後見ノ計算《けいさん》終了《しうれう》前ニ後見人又ハ其配偶者《はいぐうしや》若クハ直系卑屬《ちよくけいひぞく》ノ利益《りえき》ト爲ルヘキ遺言《いげん》ヲ爲シタルトキハ其遺言ハ無效《むかう》トス

前項ノ規定《きてい》ハ直系血屬《けつぞく》、配偶者《はいぐうしや》又ハ兄弟姉妹《しまい》カ後見人タル場合ニハ之ヲ適用《てきよう》セス

本條問の答　後見《こうけん》に付ての計算終了前《けいさんしうれうぜん》に被後見人《ひこうけんにん》が後見人又は後見人の妻若くば後見人の子の利益《りえき》となるべき遺言を爲したるときは其遺言は無效なり何となれば後見の計算終了せざる以前に於ては後見人は私利《しり》を計る爲め後見たる地位《ちゐ》を利用して能力《のうりよく》の乏しき被

後見人をして後見人の利益《りえき》となる遺言を爲さしむることの恐《おそれ》あればなり然れども右の規定《きてい》は遺言者の父母祖父母《そふぼ》又夫《をつと》か妻か又兄弟姉妹《きやうだいしまい》が後見人たる場合には之を適用《てきよう》せざる故後見の計算終了《けいさんしうれう》前と雖ども遺言は無効《むかう》にあらざるなり

第二節　遺言《ゐげん》ノ方式《はうしき》

本節之を二款《くわん》に分ち第一款に於て普通《ふつう》の方式《はうしき》を定め第二款に於て特別《とくべつ》の方式を定めたり

第一款　普通方式

本款に於ては或特別《とくべつ》の事情《じじやう》なき場合には何人《なんぴと》も遺言を爲すに當《あた》り從はざる可らざる一般《いつぱん》の方式を定めたり

第千六十七條　遺言ハ自筆《じひつ》證書《しようしよ》、公正《こうせい》證書又ハ秘密《ひみつ》證書ニ依リテ之ヲ爲スコトヲ要ス但特別方式ニ依ルコトヲ許ス場合ハ此限ニ在ラス

本條問の答　遺言は特別《とくべつ》の方式《はうしき》に依ることを許《ゆる》す場合の外自筆《じひつ》証書（自筆証書とは遺言者自《みづか》ら書きたるもの）公正《こうせい》証書（公正証書とは公証人《こうしようにん》等の作《つく》りたるもの）秘密《ひみつ》證書（秘密證書とは遺言者之を作《つく》り封印《ふういん》を爲して開示《かいじ》せざるもの）に依りて爲さゞる可らず夫れ此の如く鄭重《ていちやう》に爲すは前にも述《の》べたる如く詐欺《さぎ》或は錯誤《さくご》を豫防《よばう》するが爲なり

第千六十八條　自筆證書ニ依リテ遺言ヲ爲スニハ遺言者其全文、日

附及ヒ氏名ヲ自書《じしよ》シ之ニ捺印《なついん》スルコトヲ要ス
自筆《じひつ》證書中ノ挿入《さうにふ》削除《さくじよ》、其他ノ變更《へんかう》ハ遺言者其場所ヲ指示《しじ》シ之ヲ變更シタル旨《むね》ヲ附記《ふき》シテ特ニ之ニ署名《しよめい》シ且其變更ノ場所ニ捺印スルニ非サレハ其效ナシ

本條問の答　自筆證書に因りて遺言を爲すには遺言者は其證書の全文《ぜんぶん》と日附《ひづけ》と自己《じこ》の氏名を自ら書き之に捺印《なついん》せざる可らず故に此中一を欠《か》ぐか又は其中の一を他人に書せしむるときは無効《むかう》となる
自筆《じひつ》證書中新《あらた》に文字《もじ》を挿入《さしいれ》するか又は既《すで》に記載《きさい》しある文字を削除《さくじよ》するか其他變更《へんかう》するときは遺言者其場所を指示《しじ》し之を變更したる旨を附記《ふき》し特に之に氏名を署《しよ》し且其變更したる場所に捺印《なついん》するにあらざれば無効《むかう》なり例《たと》へば證書中家屋《かをく》とある下に家具倉庫《かぐさうこ》の四字を書き入れ或は家具の二字を削《けづ》り或は又倉庫《さうこ》を土地《とち》と改《あらた》めたる時の如き其證書の何葉《なんまい》の表《おもて》何行目《なんぎやうめ》又は裏《うら》の何行目家屋の下に家具倉庫の四字を加へたりと記《しる》し又家屋の下家具の二字を削《けづ》りたりと記《しる》し又倉庫を土地《とち》と改《あらた》めたりと附記《ふき》し之に氏名を署《しよ》し且つ其變更《へんかう》の場所に必ず捺印せざる可らざるなり

第千六十九條　公正證書《こうせい》ニ依リテ遺言ヲ爲スニハ左ノ方式《はうしき》ニ從《したが》フコトヲ要ス

一　證人《しようにん》二人以上ノ立會《たちあひ》アルコト

二　遺言者《ゐげんしや》カ遺言ノ趣旨《しゆし》ヲ公證人ニ口授《こうじゆ》スルコト

三　公證人カ遺言者ノ口述《こうじゆつ》ヲ筆記《ひつき》シ之ヲ遺言者及ヒ證人ニ讀聞《よみき》カスコト

四　遺言者及ヒ證人カ筆記ノ正確《せいかく》ナルコトヲ承認《しやうにん》シタル後各自之ニ署名《しよめい》、捺印《なついん》スルコト但遺言者カ署名スルコト能《あた》ハサル場合ニ於テハ公證人其事由《じゆう》ヲ附記《ふき》シテ署名ニ代フルコトヲ得

五　公證人カ其證書ハ前四號ニ掲ケタル方式ニ從ヒテ作リタルモノナル旨ヲ附記シテ之ニ署名、捺印スルコト

本條問の答　公正《こうせい》證書に依りて遺言を為すには左の方式《はうしき》に必ず從《したが》はざる可らず

(一)証人として立會《たちあ》ふ者必ず二人以上なかる可らず而して三人あると五人なるとは制《せい》限《げん》なし只一人なるときは無効《むかう》たるなり

(二)遺言者は遺言の趣旨《しゆし》を公証人《こうしようにん》に自《みづか》ら述《の》べざる可らざる故自ら演述《えんじゆつ》を為し得たるものならざる可らず唖者《おし》の如きは此方式に從ふ能はず而して公証人は遺言者の口述《こうじゆつ》のまゝ筆記すべきものなり

(三)公証人は遺言者の口述したることを筆記したる上は遺言者及び證人に讀聞すべき

ものとす何となれば若し書漏《かきもら》しあきや又は錯誤《さくご》なきやを調《しら》べ之れあるときは直《たゞち》に訂正《ていせい》して後日の紛爭《ふんさう》を防《ふせ》がざる可らざるを以てなり而して仍《な》ほ注意《ちうい》すべきは公証人自ら筆記せず他人をして筆記せしむるときは無効となることなり

（四）遺言者及び證人が筆記の正確《せいくわく》なることを承認《しやうにん》したる後は各自《かくじ》之に署名《しよめい》し捺印《なついん》すべきものなり若し遺言者が署名することを能はざるときは公證人は其事の由を附記して署名《なをかく》に代《か》ゆることを得るものなり

（五）公證人は此證書《しようしよ》は右一より四までの方式《はうしき》に從ひて作《つく》りたるものある旨《むね》を附記《ふき》して之に署名捺印《しよめいなついん》すべきものなり

第千七十條 祕《ひ》密《みつ》證書ニ依リテ遺言ヲ爲スニハ左ノ方式ニ從フコトヲ要ス

一 遺言者カ其證書ニ署名捺印スルコト

二 遺言者カ其證書ヲ封《ふう》シ證書ニ用ヰタル印章《いんしやう》ヲ以テ之ニ封印スルコト

三 遺言者カ公證人一人及ヒ證人二人以上ノ前ニ封書《ふうしよ》ヲ提出《ていしゆつ》シテ自己《じこ》ノ遺言書《ゐげんしよ》ナル旨《むね》及ヒ其筆者ノ氏名、住所ヲ申述スルコト

四　公證人《こうしようにん》カ其證書提出《ていしゆつ》ノ日附及ヒ遺言者ノ申述ヲ封紙《ふうし》ニ記載シタル後遺言者及ヒ證人ト共ニ之ニ署名、捺印スルコト

第千六十八條　第二項ノ規定ハ祕密證書ニ依ル遺言ニ之ヲ準用ス

本條問の答　祕密《ひみつ》證書に依《よ》りて遺言を爲すには必ず左《さ》の方式《はうしき》に從はざる可らず

(一)遺言者が其證書に署名捺印《しよめいなついん》することは說明《せつめい》せずして明《あきらか》なり

(二)遺言者は其證書を封《ふう》じ且《か》つ證書に用ひたる印章《いんしやう》を以て之に封印《ふういん》すべきものなり之れ祕密を要するが故なり

(三)遺言者は公證人《こうしようにん》一人及び證人二人以上の前に封書を提出《ていしゆつ》して自己《じこ》の遺言書《ゐげんしよ》なることと及び其證書の全文《ぜんぶん》を筆記《ひつき》したる者の氏名と住所を口頭《こうとう》にて申述《まをしの》ぶべきなりされば此祕密證書は自己が書くも亦他人が書くも有効なり

(四)公證人は證書提出《ていしゆつ》の日《ひ》と遺言者の申述《まをしのべ》たることを封紙《ふうがみ》に記載《きさい》したる後遺言者及び證人と共に之に署名捺印すべきものなり

第千六十八條第二項の規定《きてい》は祕密《ひみつ》證書に依る遺言に準用《じゆんよう》するが故に祕密證書中の挿入削《かきいれさく》除《じよ》其他の變更《へんかう》は遺言者其場所を指定《してい》し之を變更したる旨を附記《ふき》して特《とく》に之に署名し且つ變更の場所に捺印するにあらざれば無效なり

第千七十一條　祕密《ひみつ》證書ニ依ル遺言ハ前條ニ定メタル方式ニ缺《か》クル

モノアルモ第千六十八條ノ方式ヲ具備《ぐび》スルトキハ自筆《じひつ》證書ニ依ル遺言《いげん》トシテ其效力《かうりよく》ヲ有ス

本條問の答　秘密證書に依りて爲す遺言は前の條に定めたる一より四迄の方式中欠ぐるものあるも第千六十八條の方式《はうしき》を具備《ぐび》するときは自筆《じひつ》證書に依る遺言としては其効力《かうりよく》あるものとす

第千七十二條　言語《げんご》ヲ發《はつ》スルコト能ハサル者カ秘密《ひみつ》證書ニ依リテ遺言ヲ爲ス場合《ばあひ》ニ於テハ遺言者ハ公證人及ヒ證人ノ前ニ於テ其證書ハ自己《じこ》ノ遺言書ナル旨竝《ならび》ニ其筆者《ひつしや》ノ氏名、住所ヲ封紙《ふうし》ニ自書《じしよ》シテ第千七十條第一項第三號ノ申述ニ代フルコトヲ要ス

公證人《こうしようにん》ハ遺言者カ前項ニ定メタル方式《はうしき》ヲ踐《ふ》ミタル旨ヲ封紙ニ記載シテ申述ノ記載ニ代フルコトヲ要ス

本條問の答　言語《げんぎよ》を發《はつ》すること能はざるもの例《たと》へば唖者《おし》の如き者が秘密《ひみつ》證書に依りて遺言を爲す場合に於ては遺言者は公證人《こうしようにん》及び證人の前に於て其證書は自己《じこ》の遺言書なる旨竝《ならび》に其證書を書《か》きたる者の氏名《しめい》住所を封紙《ふうがみ》に自ら書《みづかしよ》して第千七十條第一項第三号の申述に代へざる可らざるなり

公證人は遺言者が右に定めたる方式を守りたる旨を封紙《ふうがみ》に記《しる》して以て申述《まをしのべ》を記載《きさい》する代

りとなさゞる可らず

第千七十三條　禁治《きんち》産者《さんしや》カ本心ニ復《ふく》シタル時ニ於テ遺言ヲ爲スニハ醫師《いし》二人以上ノ立會《たちあひ》アルコトヲ要ス

遺言《ゐげん》ニ立會ヒタル醫師ハ遺言者カ遺言ヲ爲ス時ニ於テ心神《しんじ》喪失《さうしつ》ノ狀況《じやうきやう》ニ在ラサリシ旨ヲ遺言書ニ附記シテ之ニ署名、捺印スルコトヲ要ス但祕密《ひみつ》證書ニ依リテ遺言ヲ爲ス場合《ばあひ》ニ於テハ其封紙《ふうし》ニ右ノ記載《きさい》及ヒ署名、捺印《なついん》ヲ爲スコトヲ要ス

本條問の答　心神喪失《しんじさうしつ》の爲め一旦禁治産《いつたんきんぢさん》の宣告《せんこく》を受けたる者が其後本心《ほんしん》に復《ふく》したる時に於て遺言を爲すには醫師《いし》二人以上の立會《たちあひ》あるを要す何となれば其遺言の當時《たうじ》果《はた》して本心にて爲すや否《いな》やを確《たしか》め又本心に復《ふく》して爲したることを證明《しようめい》するに必要なればなり而して遺言に立會たる醫師は遺言者が遺言を爲す時に於て心神喪失《しんじさうしつ》の狀況《じやうきやう》にあらざりし旨を遺言書に附記《ふき》して之に署名捺印《しよめいなついん》せざる可らず若し祕密證書に依りて遺言を爲す場合に於ては證書に記入する能はざる故其封紙に右の記入及び氏名を署し且つ捺印を必ず爲さゞる可らざるなり

第千七十四條　左ニ揭《かゝ》ケタル者ハ遺言《ゐげん》ノ證人又ハ立會人《たちあひにん》タルコトヲ得ス

一　未成年者《みせいねんしや》
二　禁治産者準禁治産者
三　剝奪《はくだつ》公權者《こうけんしや》及ヒ停止《ていし》公權者
四　遺言者ノ配偶者《はいぐうしや》
五　推定《すゐてい》相續人《そうぞくにん》、受遺者《じゆゐしや》及ヒ其配偶者竝《ならび》ニ直系血族《ちよくけいけつぞく》
六　公證人《こうしようにん》ト家ヲ同シクスル者及公證人ノ直系血族竝ニ筆生《ひつせい》、雇人《やとひにん》

本條問の答　左の者は證人《しようにん》又は立會人《たちあひにん》たることを得ざるなり何となれば之等《これら》の者は無能《むのう》力者《りよくしや》なるか又は其遺言に付き利害《りがい》の關係《くわんけい》を有する者なるか又は證人又は立會人となる信用なき者なるを以てなり

（一）未成年者《みせいねんしや》
未成年者といへども滿《まん》十五歳に達《たつ》したるときは遺言を爲すことを得るも遺言の證人又は立會《たちあひ》人たることを得ざるなり

（二）禁治産者《きんぢさんしや》及び準禁治産者
之等《これら》の者は無能力者《むのうりよくしや》たるが故なり

（三）剝奪公權者《はくだつこうけんしや》及び停止《ていし》公權者

例《たと》へば官吏《くわんり》となるか衆議院議員《しゆうぎゐんぎゐん》となる權利を剝奪《はくだつ》せられたる者と之等の權利を剝奪せられたるにあらずして一時停止せられたる者なれども既に此の如き處分を受けたる以上は信用《しんよう》なく又完全《くわんぜん》なる能力《のうりよく》なきが故證人たり立會人たるを得ざるなり

(四)遺言者の配偶者《つれあひ》
之等《これら》は利害關係《りがいくわんけい》を有する者なるが故なり

(五)遺言者の推定《すゐてい》相續人受遺者《じゆゐしや》及び其配偶者《つれあひ》並《ならび》に直系血族《ちよくけいけつぞく》
之等は利害の關係を有する者なる故なり

(六)公證人と家を同じくする者及び公證人の直系血族並《ちよくけいけつぞくなら》びに筆生雇人《ひつせいやとひにん》
之等は信用を與ふることを得ざる者なればなり

第千七十五條　遺言《ゐげん》ハ二人以上同一ノ證書ヲ以テ之ヲ爲スコトヲ得ス

本條問の答　遺言は一人一の證書に限るものにして二人以上のものが同一の證書を以て遺言を爲すことを得ざるなり何となれば此の如《かく》き共同遺言《きやうどうゐごん》に於ては種々《しゆじゆ》の不便《ふべん》あるのみならず各人《かくじん》の意思《いし》に付き疑《うたがひ》を生じ遂《つひ》に紛爭《あらそひ》の種《たね》となることあればなり

第二款　特別《とくべつ》方式

本款は普通《ふつう》の場合にあらずして或《あるひ》特別《とくべつ》の事情《じじやう》ある場合に要する特別方式に關《くわん》する規則を定めたるものなり

第千七十六條　疾病《しつぺい》其他ノ事由ニ因リテ死亡《しばう》ノ危急《ききふ》ニ迫《せま》リタル者カ遺言ヲ爲サント欲スルトキハ證人三人以上ノ立會ヲ以テ其一人ニ遺言ノ趣旨《しゆし》ヲ口授《こうじゆ》シテ之ヲ爲スコトヲ得此場合《ばあひ》ニ於テハ其口授ヲ受ケタル者之ヲ筆記シテ遺言者及ヒ他ノ證人ニ讀聞カセ各證人其筆記《ひつき》ノ正確《せいかく》ナルコトヲ承認《しやうにん》シタル後之ニ署名、捺印スルコトヲ要ス

前項ノ規定《きてい》ニ依リテ爲《な》シタル遺言《ゐげん》ハ遺言ノ日ヨリ二十日内ニ證人《しやうにん》ノ一人又ハ利害關係人《りがいくわんけいにん》ヨリ裁判所ニ請求《せいきう》シ其ノ確認《かくにん》ヲ得ルニ非サレハ其效ナシ

裁判所《さいばん》ハ遺言カ遺言者ノ眞意《しんい》ニ出テタル心證《しんしよう》ヲ得ルニ非サレハ之ヲ確認スルコトヲ得ス

本條問の答　疾病《びやうき》其他負傷《けが》の爲め等に由り死に迫《せま》りたる者が遺言を爲さんと欲《ほつ》するときは證人三人以上の立會《たちあひ》を以て其中の一人に遺言の趣旨《しゆし》を口述《こうじゆつ》して爲すことを得るなり此場合に於ては其口授《くじゆ》を受けたるものは之を筆記《ひつき》して遺言者及び他の證人に讀聞《よみきか》せ各證人

其筆記《ひつき》の正確《せいくわく》なることを承認《しやうにん》したる後之に署名捺印《しよめいなついん》せざる可らざるものとす

右の規定に由りて爲したる遺言は遺言を爲したる日より二十日内に證人の一人又は遺言に付き利害の關係ある人より裁判所に請求して裁判所が其遺言を確認《くわくにん》せしときは有効《いうかう》のものとなるなり

遺言確認《くわくにん》の請求《せいきう》ありたるとき裁判所は其遺言が遺言者の眞實《しんじつ》の心《こゝろ》より出でたるものなりとの心證《しんしよう》を得るに非《あら》ざれば確認することを得ざるものなり

第千七十七條　傳染病《でんせんびやう》ノ爲メ行政處分《ぎやうせいしよぶん》ヲ以テ交通《かうつう》ヲ遮斷《しやだん》シタル場所ニ在ル者ハ警察官《けいさつくわん》一人及ヒ證人一人以上ノ立會ヲ以テ遺言書ヲ作ルコトヲ得

本條問の答　「コレラ」病赤痢病《ひやうせきりびやう》等の傳染病《うつりやまひ》の爲め行政處分《ぎやうせいしよぶん》を以て交通《かうつう》を遮斷《しやだん》せられたる場所例《たと》へば私宅《したく》又は病院《びやうゐん》に在る者が遺言書を作《つく》るには警察官《けいさつくわん》一人と他の證人一人以上の立會なかるべからざるものとす

第千七十八條　從軍中《じゆうぐんちう》ノ軍人及ヒ軍屬《ぐんぞく》ハ將校《しやうかう》又ハ相當官一人及ヒ證人二人以上ノ立會ヲ以テ遺言書ヲ作ルコトヲ得若シ將校及ヒ相當官カ其場所ニ在ラサルトキハ準士官《じゆんしくわん》又ハ下士《かし》一人ヲ以テ之ニ代フルコトヲ得

從軍中ノ軍人又ハ軍屬カ疾病《しつぺい》又ハ傷痍《しやうゐ》ノ爲メ病院ニ在ルトキハ其院ノ醫師《いし》ヲ以テ前項ニ掲《かゝ》ケタル將校《しやうかう》又ハ相當官《さうたうくわん》ニ代フルコトヲ得

本條問の答　從軍中《じゆうぐんちう》の軍人及び軍屬《ぐんぞく》は少尉《せうゐ》大佐中將《たいさちうじやう》等の將校又は將官に相當《さうたう》する軍醫理《ぐんいり》事《じ》一人と他の證人二人以上の立會《たちあひ》あれば遺言書を作《つく》ることを得而して若し將校《しやうかう》及び相當官が其場所にあらざるときは準士官《じゆんしくわん》又は下士《かし》一人を以て之に代ゆることを得るなり

從軍中の軍人又は軍屬が疾病《びやうき》又は傷痍《きず》の爲め病院《びやうゐん》にあるときは其院の醫師《いし》を以て右に掲げたる將校又は相當官に代ゆることを得るなり

右の規定は特別《とくべつ》なる場合に於ける遺言なるを以て軍人軍屬を保護《ほご》する爲め特《とく》に簡易《かんい》なる方式を定むるものなり

第千七十九條　從軍中疾病傷痍《しやうゐ》其他ノ事由《じゆう》ニ因リテ死亡《しばう》ノ危急《ききふ》ニ迫リタル軍人及ヒ軍屬ハ證人二人以上ノ立會ヲ以テ口頭ニテ遺言ヲ爲スコトヲ得

前項ノ規定《きてい》ニ從ヒテ爲シタル遺言ハ證人其趣旨《しゆし》ヲ筆記《ひつき》シテ之ニ署名、捺印《なついん》シ且證人ノ一人又ハ利害《りがい》關係人ヨリ遲滯《ちたい》ナク理事《りじ》又ハ主理ニ請求《せいきう》シテ其確認《くわくにん》ヲ得ルニ非サレハ其效ナシ

第千七十六條第三項ノ規定ハ前項ノ場合ニ之ヲ準用ス

本條問の答　從軍中疾病傷痍《じゆうぐんちうしつびやうしやうい》其他の事由《こと》に依り死亡の危急《きゝふ》に迫《せま》りたる軍人及び軍屬は証人二人以上の立會を以て口頭《こうとう》のみにて遺言を爲し得るなり右の規定に從ひて爲したる遺言は証人たる者其趣旨《しゆし》を筆記《ひつき》し之に署名捺印《しよめいなついん》し且つ証人の一人又は利害の關係ある者より遲延《ちえん》なく理事《りじ》又は主理《しゆり》に請求《せいきう》して遺言の確認を得るにあらざれば其効なきものなり

第千七十六條第三項の規定《きてい》は右の場合に準用《じゆんよう》する故理事《りじ》又は主理《しゆり》は遺言が遺言者の眞意《しんい》に出でたる心証を得るにあらざれば之を確認することを得ざることゝなる之れ陸軍の理事及び海軍《かいぐん》の主理《しゆり》は一種の裁判官《さいばんくわん》なれば司法《しはふ》の裁判所に準じたるなり

第千八十條　艦船《かんせん》中ニ在ル者ハ軍艦《ぐんかん》及ヒ海軍所屬ノ船舶《せんぱく》ニ於テハ將校又ハ相當官一人及ヒ證人二人以上其他ノ船舶ニ於テハ船長又ハ事務員《じむゐん》一人及ヒ證人《しようにん》二人以上ノ立會《たちあひ》ヲ以テ遺言書ヲ作ルコトヲ得

前項ノ場合《ばあひ》ニ於テ將校又ハ相當《さうたう》官カ其艦船《かんせん》中ニ在ラサルトキハ準士官又ハ下士一人ヲ以テ之ニ代フルコトヲ得

本條問の答　艦船中《かんせんちう》にある者が遺言書を作《つく》るには左の二个《ふたつ》の區別《くべつ》あり

第一　軍艦《ぐんかん》及び海軍所屬《かいぐんしよぞく》の船舶に於て遺言を爲すときは將校《しやうかう》又は相當官《さうたうくわん》一人及び證人二人以上の立會《たちあひ》を以て爲す

第二　其他の船舶《せんぱく》にある者が遺言を爲《な》すときは船長《せんちやう》又は事務員《じむゐん》一人及び證人二人以上
の立會を以て爲す

右の場合に將校《しやうかう》又は相當官《さうたうくわん》が其艦船中に在らざるときは準士官《じゆんしくわん》又は下士一人を以て之に代ふることを得るなり

第千八十一條　第千七十九條ノ規定《きてい》ハ艦船《かんせん》遭難《さうなん》ノ場合ニ之ヲ準用ス
但海軍《かいぐん》ノ所屬ニ非サル船舶中ニ在ル者カ遺言《ゐげん》ヲ爲シタル場合《ばあひ》ニ於テハ其確認ハ之ヲ裁判所ニ請求スルコトヲ要ス

本條問の答　第千七十九條の規定は艦船が暴風《ばうふう》其他の事に由り遭難《さうなん》の場合に之を準用《じゆんよう》するが故に艦船遭難の場合に死《し》に迫《せま》りたる軍人軍屬及び其他の者は證人二人以上の立會を以て口頭《こうとう》にて遺言を爲すことを得ることゝなる而して此の如くして爲したる遺言は證人其趣旨《しゆし》を筆記《ひつき》し之に署名捺印《しよめいなついん》し且つ證人の一人又は利害關係人《りがいくわんけいにん》より遲延《ちえん》なく理事又は主理に請求《せいきう》して其確認《くわくにん》を得るにあらざれば其効《かう》なし然れども海軍所屬のものあらざる船舶中に在る者が遺言を爲したる場合に於ては其遺言の確認は理事又は主理に求むること能はざる故此場合は裁判所に確認の請求を爲すべきものとす

第千八十二條　第千七十七條、第千七十八條及ヒ第千八十條ノ場合ニ於テハ遺言者《ゐげんしや》、筆者《ひつしや》、立會人及ヒ證人ハ各自遺言書ニ署名、捺

印スルコトヲ要ス

本條問の答　第千七十七條の傳染病《うつりやまひ》の爲め行政處分《ぎやうせいしよぶん》を以て交通《かうつう》を遮斷《しやだん》したる場所に在る者が遺言を爲すときと從軍中《じうぐんちう》の軍人軍屬が遺言を爲すときと艦船中《かんせんちう》に在る者が遺言を爲さんとするときに於ては遺言者筆記者立會人及び證人は各自ら遺言書に署名捺印せざる可らざるものとす

第千八十三條　第千七十七條乃至《ないし》第千八十一條ノ場合《ばあひ》ニ於《おい》テ署名又ハ捺印スルコト能ハサル者アルトキハ立會人又ハ證人ハ其事由《じゆう》ヲ附記スルコトヲ要《えう》ス

本條問の答　第千七十七條乃至第千八十一條に掲《かゝ》げたる遺言の場合に若し署名《しよめい》すること能《あた》はざるか又は捺印《なついん》すること能《あた》はざる者あるときは立會人又は証人は其何故に署し能はず又捺印し能はざるやの事を附記せざる可らざるなり

第千八十四條　第千六十八條第二項及ヒ第千七十三條乃至第千七十五條ノ規定《きてい》ハ前八條ノ規定ニ依ル遺言ニ之ヲ準用《じゆんよう》ス

本條問の答　第千六十八條第二項及び第千七十三條乃至第千七十五條の規定は第千七十六條より第千八十三條の規定に依る遺言に之を準用するものなり

第千八十五條　前九條ノ規定ニ依リテ爲シタル遺言ハ遺言者カ普通《ふつう》

方式《はうしき》ニ依リテ遺言《ゐげん》ヲ為スコトヲ得ルニ至リタル時ヨリ六个月間生《せい》存《ぞん》スルトキハ其効《かう》ナシ

本條問の答　第千七十六條より第千八十四條までの規定に依りて為したる遺言は遺言者が普通方式《ふつうはうしき》に依りて遺言を為すに差支《さしつかへ》なきに至りたるときより六个月間生存《せいぞん》するときは其特別方式《とくべつはうしき》に依りたる遺言は効力《かうりよく》を失《うしな》ふものとす蓋《けだ》し此特別の方式に依る遺言は簡便《かんべん》を主としたるもの故遺言の確實《かくじつ》を保《たも》つには未だ充分《じうぶん》なりと云ふべからず故に特別方式に依る原因消滅《げんいんせうめつ》したるときは普通方式に依り遺言を確實ならしむること正當《せいたう》なるが故に此場合には特別方式に依りて為したる遺言を無効としたるなり

第千八十六條　日本ノ領事《りやうじ》ノ駐在《ちうざい》スル地ニ在ル日本人カ公正證書又ハ祕密《ひみつ》證書ニ依リテ遺言ヲ為サント欲《ほつ》スルトキハ公證人ノ職務《しよくむ》ハ領事之ヲ行フ

本條問の答　日本領事《りやうじ》の駐在《ちうざい》する地は即ち外國なり而して此外地《ぐわいち》に在る日本人が公正証書又は秘密証書に依りて遺言を為さんとするときは公証人の職務は日本領事之を行ふものなり之れ外國には日本の公証人在らざればなり

第三節　遺言《ゐげん》ノ効力《かうりよく》

本節には遺言の効力《かうりよく》を生ずる時機《じき》又遺贈抛棄《ゐそうはうき》のこと等要するに遺言の効力に關する規則

を定めたるものなり

第千八十七條　遺言《ゐげん》ハ遺言者ノ死亡《しばう》ノ時ヨリ其效力《かうりよく》ヲ生ス

遺言ニ停止條件《ていしでうけん》ヲ附シタル場合ニ於テ其條件カ遺言者ノ死亡後ニ成就《じやうじゆ》シタルトキハ遺言ハ條件成就ノ時ヨリ其效力ヲ生ス

本條問の答　遺言は遺言者の生存中《せいぞんちう》に於て爲し得べきものにして死者決《しやけつ》して爲し得べき道理《だうり》なし而して其遺言の法律上《はふりつじやう》の效力を生ずるは遺言者の死亡《しばう》の時にあり故に生存中は如何《いか》なる遺言を爲し又幾何《いくばく》の遺言を爲すも何時《なんどき》にても自由《じいう》に之を取消《とりけし》し或は變更《へんかう》することを得るものなり

遺言に停止條件《ていしでうけん》を附《ふ》したる場合例《たと》へば甲が乙に家屋《かをく》を賣渡《うりわた》したるときは我が家屋を與《あた》ふべしと遺言したる場合に於て其賣買が遺言者の死亡後に成立ちたるときは其遺言の效力は條件成就《じやうじゆ》の時即ち家屋賣買《ばいばい》の成立ちたる時より生ずるものなりされば其賣買が遺言者の死亡前に成立《なりた》ちたるときは效力《かうりよく》を生ぜざるものと知るべし

第千八十八條　受遺者ハ遺言者ノ死亡後何時ニテモ遺贈《ゐぞう》ノ拋棄《はうき》ヲ爲スコトヲ得

遺贈ノ拋棄《はうき》ハ遺言者ノ死亡《しばう》ノ時ニ遡《さかのぼ》リテ其效力ヲ生ス

本條問の答　受遺者《じゆゐしや》は一旦《いつたん》遺贈を受くるの權利《けんり》を得るも遺言者の死亡後《しばうご》何時《なんどき》にても自己《じこ》

の都合《つがふ》に依り遺贈を受くる權利を拋棄《はうき》することを得るなり前條の規定に因り遺贈は遺言者の死亡《しばう》に因りて始《はじ》めて効力を生《しやう》ずるものなる故に死亡前に於ては假令《たとひ》拋棄せんとするも拋棄する權利あらざるなり而して遺贈を受くる權利を拋棄したるときは其効力は拋棄したる時に始めて生ずるにあらずして遺言者の死亡したる時に遡《さかのぼ》りて効力を生ずるものなれば受遺者は始めより曾《かつ》て遺贈を受けたることなきものと同じ

第千八十九條　遺贈義務者《ぎむしや》其他ノ利害《りがい》關係人ハ相當ノ期間《きかん》ヲ定メ其期間内ニ遺贈ノ承認《しやうにん》又ハ拋棄《はうき》ヲ爲スヘキ旨ヲ受遺者ニ催告《さいとく》スルコトヲ得若シ受遺者カ其期間内《きかんない》ニ遺贈義務者《ぎむしや》ニ對シテ其意思《いし》ヲ表示セサルトキハ遺贈ヲ承認シタルモノト看做ス

本條問の答　遺贈を爲すべき義務ある者と其他義務者にあらざるも遺贈に付き利害の關係ある人例《たと》へば遺贈義務者の債權者又は相續人《さうぞくにん》等の者は一个月とか二个月とか相當《さうたう》の期間を定め其期間内に遺贈を承認《しやうにん》するか又は拋棄《はうき》を爲すべき旨《むね》を受遺《じゆゐ》者《しや》に向つて催告《さいとく》することを得るなり然るに若し受遺者が其期間内に遺贈義務者に對して其意志即ち承認又は拋棄を表示《へうじ》せざるときは遺贈を承認したるものと看做《みな》すものなり蓋《けだ》し遺贈を承認するは普通《ふつう》の人情《にんじやう》なればなり

第千九十條　受遺者カ遺贈ノ承認又ハ拋棄ヲ爲サスシテ死亡シタル

トキハ其相續人ハ自己《じこ》ノ相續權ノ範圍內《はんゐない》ニ於テ承認又ハ拋棄ヲ爲スコトヲ得但遺言者カ其遺言ニ別段《べつだん》ノ意思《いし》ヲ表示シタルトキハ其意思ニ從フ

本條問の答　受遺者が遺贈の承認又は拋棄を爲さずして死亡したるときは其相續人は自己の相續權の範圍內《はんゐない》例《たと》へば全部《ぜんぶ》又は一部の相續分に於《おい》て承認又は拋棄を爲すことを得るなり然れども遺言者が其遺言に付き別段《べつだん》の意志《いし》を表示《へうじ》したるとき例へば受遺者死亡したるときは其相續人に相續《さうぞく》せしめざる意志とか或は數人《すうにん》の相續人あるも各獨立《どくりつ》して承認《しやうにん》又は拋棄《はうき》を爲すことを得せしめざる意志を表示したるときは其意志に從ふべきなり

第千九十一條　遺贈《ゐぞう》ノ承認及ヒ拋棄《はうき》ハ之ヲ取消《とりけ》スコトヲ得ス

第千二十二條第二項ノ規定ハ遺贈ノ承認及ヒ拋棄ニ之ヲ準用ス

本條問の答　遺贈に付き一旦承認するか又拋棄したるときは其後に至り之を取消すことを得ざるものとす

第千二十二條第二項の規定《きてい》は遺贈の承認及び拋棄に準用《じゆんよう》するものなるが故に第一編及び前編《ぜんぺん》の規定に依りて遺贈《ゐぞう》の承認又は拋棄の取消《とりけし》を爲すことを得れども其取消權は追認《つゐにん》を爲すことを得るときより六个月間之を行《おこな》はざるか承認《しやうにん》又は拋棄の時より十年を經過《けいくわ》したるときは時効《じかう》に因りて取消權消滅《とりけしけんせうめつ》するものなり

第千九十二條　包括受遺者ハ遺産相續人ト同一ノ權利義務ヲ有ス

本條問の答　包括名義《はうくわつめいぎ》を以て相續財産の全部又は一部の遺贈を受けたるものは遺産相續人と同一の權利義務を有するものなり

第千九十三條　受遺者ハ遺贈《ゐぞう》カ辨濟期《べんさいき》ニ至《いた》ラサル間ハ遺贈義務者ニ對《たい》シテ相當《さうたう》ノ擔保《たんぽ》ヲ請求スルコトヲ得停止條件附遺贈ニ付キ其條件ノ成否未定《せいひみてい》ノ間亦同シ

本條問の答　受遺者は遺贈が辨濟期に至らざる間は何時無資力《むしりよく》となり又は遺贈物《ゐぞうぶつ》を毀滅《きめつ》するやも計《はか》られざる故遺贈義務者に對《たい》して相當《さうたう》の擔保《たんぽ》を請求することを得るものなり又停止條件附遺贈例へば甲が乙に家屋を賣渡したるときは乙は千圓を甲に與ふべしとの條件《でうけん》あるとき其賣買《ばいばい》の成立《せいりつ》するや否《いな》や未だ定まらざる間は亦相當《さうたう》の擔保を請求することを得るなり

第千九十四條　受遺者ハ遺贈ノ履行《りかう》ヲ請求《せいきう》スルコトヲ得ル時ヨリ果《くわ》實《じつ》ヲ取得《しゆとく》ス但遺言者カ其遺言ニ別段《べつだん》ノ意思ヲ表示シタルトキハ其意思ニ從フ

本條問の答　受遺者《じゆゐしや》は遺言者《ゐげんしや》が其遺言にて別段の意志を表示《へうじ》したるときの外遺贈の履行《りかう》を請求することを得るときより夫《そ》れより生ずる果實《くわじつ》を取得《しゆとく》するものなり例へば土地の遺

贈を受けたる場合に於て一个月目に其遺贈の履行《りかう》を遺贈義務者に請求《せいきう》するの權を得たるときは其後の土地賃貸料《ちんがしれう》は受遺者之を取得《しゆとく》することを得べきなり已に遺贈の引渡《ひきわたし》を請求する權利生じたる上は其物に所有權《しよいうけん》を生じたるものなれば其物より生ずる果實は即ち我所有物たるに外ならざるなり

第千九十五條　遺贈義務者カ遺言者ノ死亡後《しばうご》遺贈ノ目的物《もくてきぶつ》ニ付キ費用ヲ出シタルトキハ第二百九十九條ノ規定ヲ準用ス

果實《くわじつ》ヲ收取《しうしゆ》スル爲メニ出タシタル通常ノ必要費《ひつえうひ》ハ果實ノ價格《かかく》ヲ超《こ》エサル限度《げんど》ニ於テ其償還《しやうくわん》ヲ請求スルコトヲ得

本條問の答　遺贈義務者が遺言者の死亡後《しばうご》遺贈の目的物《もくてきぶつ》に付き或必要費《ひつえうひ》を出したるときは受遺者をして其費用《ひよう》を償還《しやうくわん》せしむることを得べく又有益費《いうえきひ》を出したるときは其物の價額が存する場合に限り所有者即ち受遺者の選擇《せんたく》に從《したが》ひ其費《ついや》したる金額又は增價額《ぞうかがく》を償還せしむることを得但し此場合には裁判所は受遺者の請求に依り之に相當の期間を許し與ふることを得るなり

又果實《くわじつ》を收取《しうしゆ》する爲めに出したる通常《つうじやう》の必要費は果實《くわじつ》の價額を超《こ》へざる限度《げんど》に於て其償還を請求《せいきう》することを得例《たと》へば果實の價格《かかく》が百圓にして此を收取する爲めに種々の必要《ひつえう》なる費用《ひよう》の額が百二十圓なるときは超過《てうくわ》せる二十圓は償還を請求することを得ざるなり

第千九十六條　遺贈ハ遺言者ノ死亡前ニ受遺者カ死亡シタルトキハ其效力ヲ生セス

停止《ていし》條件《でうけん》附《つき》遺贈ニ付テハ受遺者カ其條件ノ成就《じやうじゆ》前《ぜん》ニ死亡シタルトキ亦同シ但遺言者カ其遺言ニ別段《べつだん》ノ意思《いし》ヲ表示《へうじ》シタルトキハ其意思ニ從フ

本條問の答　遺言の効力《かうりよく》は前にも述《の》べたる如く遺言者の死亡《しばう》後に至り効力を生ずるものなれば遺言者の死亡前に於ては何の効力なし故に遺言者の生存中《せいぞんちう》に受遺者が死亡《しばう》したるときは其効力を生ぜざるなりされど遺言者が受遺者の相續人にも遺贈すべき旨を遺言したるに於ては假令《たとひ》受遺者は遺贈を受くる能《あた》はざるも其相續人にして遺言者の死亡後仍《な》ほ生存せるときは遺贈を受くることを得べきなり

停止《ていし》條件附《でうけんつき》の遺贈に付ては受遺者が其條件の成立《なりた》つ前に死亡したるときは假令《たとひ》遺言者は已《すで》に死亡せるも元來《ぐわんらい》此遺贈は條件成立《でうけんせいりつ》の時に始めて効力を生ずるもの故其條件の成就せざる前に本人即ち權利者が死亡したるもの故遺贈の効力生ぜざるなり但し遺言者が遺言を以て其相續人に遺贈を爲すべき等の別段《べつだん》なる意思《いし》を表示《へうじ》したるときに於ては其意思に從ふべきものなりとす

第千九十七條　遺贈カ其效力《かうりよく》ヲ生セサルトキ又ハ拋棄《はうき》ニ因リ其效力

ナキニ至リタルトキハ受遺者カ受クヘカリシモノハ相續人ニ歸屬《きぞく》ス但遺言者カ其遺言ニ別段ノ意思ヲ表示シタルトキハ其意思ニ從フ

本條問の答　遺贈が効力《かうりよく》を生ぜざるとき例《たと》へば遺言者の死亡前《しばうぜん》に受遺者が死亡したるとき又は停止《ていし》條件《でうけん》の成就前《じやうじゆぜん》に受遺者が死亡したるときの如き又は受遺者が拋棄《はうき》したる爲め遺贈を受くる權利なきに至りたるときは受遺者受くべかりし遺贈は其相續人に屬するものなり然れども遺言者が其遺言に因り別段の意思を表示したるとき例へば甲乙二人に二分の一宛《づゝ》の定めにて財產《ざいさん》の全部を贈與《ぞうよ》したる場合に甲は或事柄《ことがら》の爲め遺贈を受くるの權利を失《うしな》ふたるに於ては其甲の受くべかりし二分の一は乙に歸屬《きぞく》するものと定めたるか又其部分は貧民救助《ひんみんきうじよ》の資《し》に充《あ》つべきものと定めたるが如きときは其意思《いし》に從ひ乙に屬《ぞく》せしめ又貧民救助の資に充てしめざる可らず

第千九十八條　遺贈ハ其目的タル權利カ遺言者ノ死亡ノ時ニ於テ相續財產ニ屬セサルトキハ其效力ヲ生セス但其權利カ相續《さうぞく》財產《ざいさん》ニ屬《ぞく》セサルコトアルニ拘ハラス之ヲ以テ遺贈ノ目的ト爲シタルモノト認《みと》ムヘキトキハ此限《このかぎり》ニ在ラス

本條問の答　遺贈は其目的《もくてき》とせる權利が遺言者の死亡《しばう》の時に於て相續財產《さうぞくざいさん》に屬《ぞく》せざるも

のなるとき例《たと》へば甲なる遺言者が乙に對し淸水燒花瓶《きよみづやきくわびん》一箇《ゐぞう》を遺贈すべしと遺言したるときに於て甲が此花瓶《くわびん》を購求《かうきう》せざる前に死亡したるならば其花瓶は相續財產中に在らずして他人の財產中《ざいさんちう》に在るものなり故に此場合には遺言卽ち遺贈《ゐぞう》の効力《かうりよく》生ぜざるなり然れども其權利例へば前の淸水燒花瓶《きよみづやきくわびん》が相續財產に屬《ぞく》せざることあるも之を以て遺贈《ゐぞう》の目的《もくてき》と爲したるものと充分《じうぶん》認むべきときは有効《いうかう》なり

第千九十九條　相續財產ニ屬セサル權利ヲ目的トスル遺贈カ前條但書ノ規定《きてい》ニ依リテ有效ナルトキハ遺贈義務者《ぎむしや》ハ其權利ヲ取得シテ之ヲ受遺者ニ移轉《いてん》スル義務ヲ負《お》フ若シ之ヲ取得《しゆとく》スルコト能ハサルカ又ハ之ヲ取得スルニ付キ過分《くわぶん》ノ費用ヲ要《えう》スルトキハ其價額《かがく》ヲ辨償スルコトヲ要ス但遺言者カ其遺言ニ別段ノ意思ヲ表示シタルトキハ其意思ニ從フ

本條問の答　他人の權利を目的《もくてき》としたる遺贈《ゐぞう》が前の第千九十八條但書《たゞしがき》に因り有効《いうかう》なるときは遺贈の義務《ぎむ》ある者は其物を買求《かひもと》めるか或は貰《もら》ひ受けて其所有權を取得し而して之を受遺者に與ふる義務を負ふものとす然るに若し之を取得すること能はざるか又は其物を取得するに付き過分《くわぶん》の費用を要《えう》するときは其代《かは》りに價額を受遺者に辨償《べんしやう》せざる可らず然れども遺言者が遺言に因り其物を取得することを能はざるも又は取得するに過分の費用を

要するときにても價額を辨償《べんしやう》するに及《およ》ばずと定めたるとき又は其價額と均《ひと》しき他の物を遺贈すべしと定めたる場合の如き意思を表示したるに於ては其意思に從ふべきなり

第千百條　不特定物《ふとくていぶつ》ヲ以テ遺贈ノ目的ト爲シタル場合ニ於テ受遺者カ追奪《ついだつ》ヲ受ケタルトキハ遺贈義務者ハ之ニ對シテ賣主《うりぬし》ト同シク擔《たん》保《ぽ》ノ責《せめ》ニ任《にん》ス

前項ノ場合ニ於テ物ニ瑕疵《かし》アリタルトキハ遺贈《ゐぞう》義務者《ぎむしや》ハ瑕疵ナキ物ヲ以テ之ニ代フルコトヲ要ス

本條問の答　不特定物《ふとくていぶつ》とは特定せざるものにして例《たと》へば簞笥《たんす》數箇ある場に只單《たゞひとへ》に其中一の簞笥《たんす》と云ふが如し之に反《はん》し特定物と云へば其數箇《すうこ》中《ちう》に只一箇白木《しらき》にして桐《きり》のものあるとき之を指定《してい》して云ふときは之れ特定物となる而して此不特定物なる簞笥中何れか一を以て遺贈の目的《もくてき》となしたる場合に受遺者が或者より追奪《ついだつ》を受けたるとき之を保護《ほご》する途《みち》なきに於ては受遺者は爲めに損害《そんがい》を蒙《かふむ》る故に法律は此場合を規定《きてい》して其目的物《もくてきぶつ》の賣主は勿論《もちろん》遺贈義務者も之に對《たい》しては受遺者の權利《けんり》を全《まつた》からしむる爲め擔保《たんぽ》の責《せめ》を負《お》ふべきものとなしたるなり

若し右の數箇《すうこ》の簞笥《たんす》中《ちう》其一箇を遺贈《ゐぞう》すべしと定めたる場合に受遺者《じゆゐしや》の受けたる簞笥に瑕《か》疵《し》ありたるときは遺贈義務者たる者は他の瑕疵なき簞笥を以て之に代へざる可らず

第千百一條　遺言者カ遺贈ノ目的物《もくてきぶつ》ノ滅失《めつしつ》若クハ變造《へんざう》又ハ其占有《せんいう》ノ喪失《さうしつ》ニ因リ第三者ニ對シテ償金ヲ請求《せいきう》スル權利ヲ有スルトキハ其權利ヲ以テ遺贈《ゐぞう》ノ目的ト爲シタルモノト推定《すゐてい》ス

遺贈ノ目的物カ他ノ物ト附合《ふがふ》又ハ混和《こんくわ》シタル塲合ニ於テ遺言者カ第二百四十三條乃至第二百四十五條ノ規定ニ依リ合成物《がふせいぶつ》又ハ混和物ノ單獨《たんどく》所有者又ハ共有者《きやうゆうしや》ト爲《な》リタルトキハ其全部ノ所有權又ハ共有權ヲ以テ遺贈ノ目的ト爲シタルモノト推定ス

本條問の答　遺言者が左の三个の塲合に第三者に對し償金《しやうきん》を請求《せいきう》する權利を有するときは其權利を以て遺贈の目的物《もくてきぶつ》と爲したるものと推定《すゐてい》す但し此塲合は推定するに過《す》ぎざる故反証《はんしやう》を以て之を破《やぶ》ることを得るものなり

第一　遺贈の目的物の滅失《めつしつ》したる塲合例《たと》へば遺言者が火災保險《くわさいほけん》に附《ふ》したる家屋《かをく》ありて之を甲なる者に遺贈することを遺言したるに其家屋が火災の爲め滅失したるときは其保險金《ほけんきん》を以て遺贈の目的《もくてき》と爲したるものと推定《すゐてい》する故に甲は其保險金を保險者又は遺贈義務者に請求することを得るなり

第二　遺贈の目的物《もくてきぶつ》を變造《へんざう》したる塲合例へば人の住ずべき家屋《かをく》を遺贈の目的としたるに第三者が之を變造《へんざう》して馬牛《うまうし》の小屋《こや》と爲したる爲め第三者より償金《しやうきん》を受くべき

ときは其償金を以て遺贈《ゐぞう》の目的《もくてき》となしたるものと推定《すゐてい》する故に其償金を第三者又は遺贈義務者に請求《せいきう》することを得るなり

第三 遺贈の目的者の占有喪失《せんいうさうしつ》に因る場合例《たと》へば左甚五郎《ひだりじんごらう》の作《つく》りたる一箇《ひとつ》の箱《はこ》を或甲ある第三者に預《あづ》けたるに其後行方《のちゆくへ》知れずして其占有《せんいう》を失ひたる爲め第三者より償金を受くべきときは其償金を以て權利とする故此權利が遺贈の目的と爲りたるものと推定《すゐてい》せらるゝ故其償金を第三者又は遺贈義務に請求するとを得るなり

遺贈の目的物が他の物と附合《ふがふ》したる場合例《たと》へば甲なる材木《ざいもく》と乙なる材木と附合して一の家屋又は机《つくゑ》を作《つく》りたる場合又は混和《こんくわ》したる場合例《たと》へば澤《さは》の鶴《つる》と云ふ酒《さけ》と櫻正宗《さくらまさむね》と云ふ酒と混和したる場合に於て其甲ある材木又澤の鶴と云ふ酒が遺贈の目的物ならば遺言者は第二百四十三條第二百四十四條第二百四十五條の規定《きてい》に依り右の合成物《がふせいぶつ》たる家屋机又混和物たる酒の單獨所有者《たんどくしよいうしや》となりたるか又は共有者《きやういうしや》と爲りたるときは其全部の所有權（單獨所有者の場合）又は共有權（共有者の場合）を以て遺贈の目的となしたるものと推定す第二百四十三條第二百四十四條第二百四十五條の規定を參考《さんかう》の爲め左《さ》に掲《かゝ》ぐ

第二百四十三條 各別の所有者に屬《ぞく》する數箇の動産《どうさん》が附合に因り毀損《きそん》するにあらざれば之を分離《ぶんり》すること能《あた》はざるに至りたるときは其合成物の所有權は主たる動産《どうさん》の所有者に屬《ぞく》す分離の爲め過分《くわぶん》の費用《ひよう》を要するとき亦同じ

第二百四十四條　附合したる動産に付き主從《しゆじゆう》の區別《くべつ》を爲すこと能《あた》はざるときは各動産の所有者は其附合の當時《たうじ》に於ける價額の割合《わりあひ》に應《おう》じて合成物《がふせいぶつ》を共有す

第二百四十五條　前二條の規定《きてい》は各別の所有者に屬《ぞく》するものが混和《こんくわ》じて識別《しきべつ》すること能はざるに至りたる場合に之を準用す

第千百二條　遺贈ノ目的タル物又ハ權利カ遺言者ノ死亡ノ時ニ於テ第三者ノ權利ノ目的《もくてき》タルトキハ受遺者《じゆゐしや》ハ遺贈義務者ニ對シ其權利ヲ消滅《せうめつ》セシムヘキ旨ヲ請求スルコトヲ得ス但遺言者カ其遺言ニ反《はん》對《たい》ノ意思ヲ表示シタルトキハ此限ニ在ラス

本條問の答　遺贈《ゐぞう》の目的物《もくてきぶつ》たる物例へば正宗《まさむね》の刀《かたな》又は遺贈の目的物たる權利例《たと》へば金千圓の債權《さいけん》の如きものが遺言者の死亡《しばう》の時に於て第三者の權利の目的《もくてき》たるとき例へば右等《みぎら》の目的物又權利に抵當權《ていたうけん》を設定《せつてい》したるときは受遺者《じゆゐしや》は遺贈義務者に對し其抵當權の如き第三者の權利を消滅《せうめつ》せしむべき旨を請求することを得ざるなり但し遺言者が其遺言に反《はん》對《たい》の意思《いし》を表示《へうじ》したるときは然《しか》らざるなり

第千百三條　債權《さいけん》ヲ以テ遺贈ノ目的《もくてき》ト爲シタル場合ニ於テ遺言者カ辨濟《べんさい》ヲ受ケ且其受取リタル物カ尚ホ相續《さうぞく》財産《ざいさん》中《ちう》ニ存スルトキハ其物ヲ以テ遺贈ノ目的ト爲シタルモノト推定ス

金錢ヲ目的トスル債權《さいけん》ニ付テハ相續財產中ニ其債權額《さいけんがく》ニ相當《さうたう》スル金錢ナキトキト雖モ其金額ヲ以テ遺贈ノ目的ト爲シタルモノト推定ス

本條問の答　或債權を以て遺贈の目的となしたる塲合に於て遺言者が其債權の辨濟《べんさい》を受け且つ受取りたる物が尙《な》は相續財產中《さうぞくざいさんちう》に存在《そんざい》するときは其物を遺贈《ゐそう》の目的物と爲したるものと推定《すゐてい》するものなり例へば甲なる遺言者が乙より炭《すみ》百俵《へう》を受くべき債權を丙に遺贈すべき旨の遺言を爲せし後辨濟の期至りて甲が之を受取り今尙は相續財產中に存在する塲合に限り其物を以て遺贈の目的と爲せしものと推定《すゐてい》するが如し

金錢を目的とする債權例へば金千圓の辨濟を受くべき債權を遺言の目的と爲したるときに於《おい》て遺言者其千圓の辨濟《べんさい》を受け而して其相續財產中に千圓の金錢なしと云へども其千圓の金額《きんがく》を以て遺贈《ゐそう》の目的と爲したるものと推定するなり

第千百四條　負擔附《ふたんつき》遺贈ヲ受ケタル者ハ遺贈ノ目的ノ價額《かがく》ヲ超《こ》エサル限度《げんど》ニ於テノミ其負擔シタル義務ヲ履行《りかう》スル責ニ任ス

受遺者カ遺贈ノ拋棄ヲ爲シタルトキハ負擔ノ利益ヲ受クヘキ者自ヲ受遺者ト爲ルコトヲ得但遺言者カ其遺言ニ別段《べつだん》ノ意思《いし》ヲ表示《へうじ》シタルトキハ其意思ニ從フ

本條問の答　負擔附《ふたんつき》遺贈とは遺言者の債務を辨濟《べんさい》すべきことを條件《でうけん》として遺贈を受ける場合にして例《たと》へば遺言者の債務額《さいむがく》が千圓又は二万圓なるとき受けたる遺贈の額が一万圓なるときは其一万圓を限りとして受遺者の負擔《ふたん》したる義務《ぎむ》を履行《りかう》すれば足る受遺者か遺贈の拋棄《はうき》を爲したるときは負擔の利益《りえき》を受くべき者自《みつか》ら受遺者と爲ることを得るなり例《たと》へば遺言者が甲者に金千圓を贈《おく》るべきことを條件《でうけん》として乙に家屋を遺贈したる場合に於て乙之を拋棄したるときは甲は負擔の利益を受くべき者なる故自ら乙に代りて受遺者となるを得るものなれば其家屋を受くることゝなる然れども遺言者が此場合には其遺贈の家屋は丙なるものに贈與《ぞうよ》するとか又賣拂《うりはら》ひ甲に對する千圓の贈金は別に贈ると云ふが如き別段の意思を表示したるときは之に從ふべきものなり

第千百五條　負擔附《ふたんつき》遺贈ノ目的ノ價額カ相續ノ限定承認又ハ遺留分《おりぶん》回復《くわいふく》ノ訴《うつたへ》ニ因リテ減少《げんせう》シタルトキハ受遺者ハ其減少ノ割合ニ應シテ其負擔シタル義務ヲ免《まぬか》ル但遺言者カ其遺言ニ別段ノ意思《いし》ヲ表示シタルトキハ其意思ニ從フ

本條問の答　負擔附遺贈の目的の價額が相續の限定承認《げんていしやうにん》又は遺留分回復《ゐりうぶんくわいふく》の訴に因りて減少《げんせう》したるときは遺言者が其遺言に別段《べつだん》の意思表示なしたるときの外受遺者は其減少の割合に應《おう》じて其負擔《ふたん》義務を免《まぬか》るゝものなり例へば負擔附遺贈の價額が千圓にして負擔額四

百圓なるときは相續の限定《げんてい》承認又は遺留分回復《ゐりうぶんくわいふく》の訴《うつたへ》に依り八百圓に減少したるときは三百二十圓の負擔となる卽ち八十圓の義務を免るゝなり

第四節　遺言《ゐげん》ノ執行《しつかう》

本節には遺言書の撿認《けんにん》のことと遺言執行者《しつかうしや》のことと等《とう》要するに遺言に關《くわん》する規則を定めたるものなり

第千百六條　遺言書ノ保管者《ほくわんしや》ハ相續ノ開始《かいし》ヲ知リタル後遲滯《ちたい》ナク之ヲ裁判所ニ提出《ていしゆつ》シテ其撿認《けんにん》ヲ請求スルコトヲ要ス遺言書ノ保管者ナキ場合ニ於テ相續人カ遺言書ヲ發見《はつけん》シタル後亦同シ

前項ノ規定ハ公正證書《こうせい》ニ依ル遺言ニハ之ヲ適用《てきよう》セス

封印《ふういん》アル遺言書ハ裁判所ニ於テ相續人又ハ其代理人ノ立會《たちあひ》ヲ以テスルニ非サレハ之ヲ開封《かいふう》スルコトヲ得ス

本條問の答　遺言書の保管《ほくわん》を爲す者は相續の開始《かいし》を知りたる後遲滯《ちたい》なく之を裁判所に提《てい》出《しゆつ》して其眞《しん》なるや又は僞書《ぎしよ》なるや或は秘密證書《ひみつしようしよ》なるや又開封《かいふう》したるや否《いな》や等の撿認《けんにん》を請求することを要するものなり決《けつ》して延引《えんいん》し又は打捨《うちす》て置《お》く可らず若し保管者なきときに於て相續人が遺言書を發見《はつけん》したる時も亦撿認《けんにん》を請求《せいきう》せざる可らず

右の規定は公證人《こうしようにん》が遺言書を作《つく》りたる場合には之れ公吏《こうり》の作りたる者なれば撿認するに

も及ばざるものにして適用せざるなり

封印《ふういん》ある遺言書は之れ秘密《ひみつ》を要する主意《しゆい》に出でたるものなれば裁判所に於て相續人又は其代理人の立會《たちあひ》を以てするに非《あら》ざれば開封《かいふう》することを得ざるものなり

第千百七條　前條ノ規定ニ依リテ遺言書ヲ提出スルコトヲ怠リ、其檢認《けんにん》ヲ經《へ》スシテ遺言ヲ執行シ又ハ裁判所外ニ於テ其開封《かいふう》ヲ為シタル者ハ二百圓以下ノ過料《くわれう》ニ處《しよ》セラル

本條問の答　前第千百六條の規定《きてい》に依りて遺言書を裁判所に提出《ていしゆつ》することを怠《おこた》り其檢認を經《へ》ずして遺言を執行《しつかう》し又は裁判所外に於《おい》て其開封《かいふう》を為《な》したる者は二百圓以下の過料に處せらるゝものなり

第千百八條　遺言書ハ遺言ヲ以テ一人又ハ數人《すうにん》ノ遺言執行者《しつかうしや》ヲ指定《してい》シ又ハ其指定ヲ第三者ニ委託《ゐたく》スルコトヲ得

遺言執行者指定《してい》ノ委託ヲ受ケタル者ハ遲滯《ちたい》ナク其指定《してい》ヲ為シテ之ヲ相續人ニ通知スルコトヲ要ス

遺言執行者指定ノ委託ヲ受ケタル者カ其委託ヲ辭《じ》セントスルトキハ遲滯《ちたい》ナク其旨ヲ相續人ニ通知《つうち》スルコトヲ要ス

本條問の答　遺言者は遺言《ゐげん》を以て一人又は數人《すうにん》の遺言執行者《しつかうしや》を指定《してい》し又は自《みづか》ら指定せず

第三者に委託《ゐたく》することを得るものなり。

遺言執行者を指定《してい》する委託を受けたるものは遲滯《ちたい》なく其指定《してい》を爲して之を相續人に必ず通知せざるべからず

又遺言執行者指定の委託《ゐたく》を受けたる者は其委託を辭《じ》せんとするときは遲滯《ちたい》なく其旨《むね》を相續人に必ず通知せざる可らず

第千百九條　遺言執行者カ就職《しうしよく》ヲ承諾《しやうだく》シタルトキハ直チニ其任務《にんむ》ヲ行フコトヲ要ス

本條問の答　遺言執行者《しつかうしや》が執行の職《しよく》に就《つ》くことを承諾《しやうだく》したるときは直《たゞち》に其任務《にんむ》を行ふべきものとす

第千百十條　相續人其他ノ利害關係人《りがいくわんけいにん》ハ相當ノ期間ヲ定メ其期間內ニ就職ヲ承諾スルヤ否《いな》ヤヲ確答《くわくたう》スヘキ旨ヲ遺言執行者ニ催告《さいこく》スルコトヲ得若シ遺言執行者カ其期間內ニ相續人ニ對シテ確答ヲ爲サルトキハ就職《しうしよく》ヲ承諾シタルモノト看做《みな》ス

本條問の答　相續人其他利害《りがい》の關係《くわんけい》ある人は相當《さうたう》の期間を定め其期間內《きかんない》に職に就くことを承諾《しやうだく》するや否やを確答《くわくたふ》すべき旨を遺言執行者に催告《さいこく》することを得るなり但し遺言執行者が其期間內に相續人に對して確答を爲さゞるときは職に就くことを承諾したるものと

做《な》す何となれば遺言者死亡の後《のち》なるを以て新《あらた》に遺言執行者を指定《してい》することと能はざるを
もて不都合《ふつがふ》を生ずればなり

第千百十一條　無能力者及ヒ破産者《はさんしや》ハ遺言執行者《しつかうしや》タルコトヲ得ス

本條問の答　無能力者《なのうりよくしや》と破産者とは遺言執行者となるも充分《じうぶん》其職務《しよくむ》を盡《つく》すことと能はざる故遺言の利益《りえき》を受くる者の不利《ふり》を來《きた》すに至るも計《はか》られざれば遺言執行者たることを得ざるものとなしたるなり

第千百十二條　遺言執行者ナキトキ又ハ之ナキニ至リタルトキハ裁判所ハ利害關係人ノ請求ニ因リ之ヲ選任《せんにん》スルコトヲ得
前項ノ規定ニ依リテ選任シタル遺言執行者ハ正當《せいたう》ノ理由《りいう》アルニ非サレハ就職ヲ拒ムコトヲ得ス

本條問の答　遺言執行者が始よりなきとき又は一旦定《いつたんさだま》りありしも其後之なきに至りたるときは裁判所は利害關係人《りがいくわんけいにん》の請求に依り之を選任《せんにん》することを得るなり而して選任したる遺言執行者は正當の理由なきときは就職《じうしよく》を拒《こば》むことを得ざるものなり
右の遺言執行者なきと云へる塲合は左の如し
（一）遺言者が遺言執行者を指定《してい》せざりしとき
（二）遺言執行者に指定せられたる者が就職を拒みたるとき

(三)遺言執行者を指定すべき委託《ゐたく》を受けたる者が其指定を爲さゝるとき
(四)遺言執行者に指定せられたる者が無能力者《むのうりよくしや》又は破産者《はさんしや》なるとき

第千百十三條　遺言執行者ハ遲滯《ちたい》ナク相續財産《さうぞくざいさん》ノ目録ヲ調製《てうせい》シテ之ヲ相續人ニ交付スルコトヲ要ス
遺言執行者ハ相續人ノ請求《せいきう》アルトキハ其立會ヲ以テ財産目録《もくろく》ヲ調《てう》製《せい》シ又ハ公證人ヲシテ之ヲ調製セシムルコトヲ要ス

本條問の答　遺言執行者は遲滯《ちたい》なく相續財産の目録《もくろく》を調製《てうせい》して之を相續人に交附《かうふ》することを要す之れ相續人は相續の承認《しやうにん》又は抛棄《はうき》を爲すに付き財産額の何程なるか又如何《いか》なる種類《しゆるゐ》の財産あるやを知らんと欲《ほつ》するものあると且つ遺言執行者自身《じしん》に於ても其數量種類《すうりやうしゆるゐ》を明知《めいち》するの必要《ひつえう》あるべく又他に對して明白《めいはく》ならしむるの責あればなり
遺言執行者は相續人の請求あるときは其立會を以て財産目録を調製し又は公証人をして調製せしめざる可らず

第千百十四條　遺言執行者ハ相續財産ノ管理《くわんり》其他遺言ノ執行ニ必要《ひつえう》ナル一切《いつさい》ノ行爲《かうゐ》ヲ爲ス權利義務ヲ有ス
第六百四十四條乃至第六百四十七條及ヒ第六百五十條ノ規定ハ遺言執行者《しつかうしや》ニ之ヲ準用《じゆんよう》ス

本條問の答　遺言執行者は職務《しよくむ》に因《よ》り相續財産の管理《くわんり》其他遺言の執行に必要《ひつえう》なる一切《いつさい》の行爲《かうゐ》を爲すべき權利と義務を有するなり

第六百四十四條乃至《ないし》第六百四十七條及び第六百五十條の規定は遺言執行者に準用《じゆんよう》するものなり故に

（第一）執行者は善良《ぜんりやう》なる管理者《くわんりしや》の注意《ちうい》を以て委任事務《ゐにんじむ》を處理《しより》する義務を負《お》ふ

（第二）執行者は委任者の請求あるときは何時《なんどき》にても委任事務處理の狀況《じやうきやう》を報告《はうこく》し又委任終了《しうれう》の後は遲滯《ちたい》なく其始末《しまつ》を報告せざる可らず

（第三）執行者は委任事務を處理するに當りて受取りたる金錢其他の物を委任者に引渡さゞる可らず其收得《しうとく》したる果實《くわじつ》も亦同じ

執行者が委任者の爲めに自己《じこ》の名を以て取得《しゆとく》したる權利は之を委任者に移轉《いてん》せざる可らず

（第四）執行者が委任者に引渡すべき金額《きんがく》又は其利益《りえき》の爲めに用ゆべき金額を自己の爲めに消費《せうひ》したるときは其消費したる日以後《いご》の利息《りそく》を拂《はら》はざる可らず而して尙は損害《そんがい》ありたるときは賠償《ばいしやう》せざる可らず

（第五）執行者が委任事務を處理するに必要と認むべき費用を出したるときは委任者に對して其費用及び支出の日以後に於ける利息の償還を請求することを得

執行者が委任事務を處理するに必要と認むべき債務を負擔したるときは委任者をして自己に代《かは》りて其辨濟《べんさい》を爲さしめ又其債務《さいむ》が辨濟期に在らざるときは相當《さうたう》の擔保《たんぽ》を供《きやう》せしむることを得

執行者が委任事務を處理《しより》する爲め自己《じこ》に過失《くわしつ》なくして損害を受けたるときは委任者に對して其賠償を請求することを得

第千百十五條　遺言執行者アル場合ニ於テハ相續人ハ相續財産ヲ處分シ其他遺言ノ執行ヲ妨クヘキ行爲ヲ爲スコトヲ得ス

本條問の答　遺言執行者を置くは相續財産を處分《しよぶん》し其他遺言のことを執行《しつかう》せしむる爲なれば已《すで》に遺言執行者ある上は相續人《さうぞくにん》は執行者の爲す相續財産の處分其他遺言の執行を妨《さまた》ぐる如き行爲を爲す可らざるなり

第千百十六條　前三條ノ規定《きてい》ハ遺言カ特定財産《とくていざいさん》ニ關《くわん》スル場合ニ於テハ其財産ニ付テノミ之ヲ適用ス

本條問の答　前三條即ち第千百十三條第千百十四條第千百十五條の規定は遺言が特定財産例《たと》へば此の家彼の机《つくゑ》と云ふが如き別段《べつだん》に指定《してい》したる財産に關する場合に於ては其財産に付てのみ適用するものとす

第千百十七條　遺言執行者ハ之ヲ相續人ノ代理人《だいりにん》ト看做《みな》ス

本條問の答　遺言執行者は相續人に屬《ぞく》する權利を行《おこな》ふものなれば從《したがつ》て相續人の代理人と看做すべきものなり

第千百十八條　遺言執行者ハ已ムコトヲ得サル事由アルニ非サレハ第三者ヲシテ其任務《にんむ》ヲ行ハシムルコトヲ得ス但遺言者カ其遺言ニ反對《はんたい》ノ意思《いし》ヲ表示《へうじ》シタルトキハ此限ニ在ラス

遺言執行者カ前項但書ノ規定ニ依リ第三者ヲシテ其任務《にんむ》ヲ行《おこな》ハシムル場合《ばあひ》ニ於テハ相續人ニ對シ第百五條ニ定メタル責任《せきにん》ヲ負《お》フ

本條問の答　遺言執行者《しつかうしや》は遺言の執行に付き適當《てきたう》なるものとして指定《してい》せられたるものなれば妄《みだ》りに他《た》の者代《かはつ》て執行すべきにあらずといへども若《も》し止《や》むことを得ざる事由《じゆう》あるに於ては第三者をして其任務《にんむ》を行《おこな》はしむることを得るなり然れども遺言者《ゐげんしや》が其遺言に反對《はんたい》の意思《いし》を表示《へうじ》したるときは此限りにあらざるなり

遺言執行者が右但書の規定《きてい》に依り第三者をして其任務《にんむ》を行はしむる場合例《たと》へば疾病《びやうき》とか又は代理人を選任《せんにん》し之をして任務を行《おこな》はしむる等の場合には相續人《さうぞくにん》に對し遺言執行者《しつかうしや》は第百五條の規定に依《よ》り代理人《だいりにん》を選任すること及び監督《かんとく》すること又代理人を選任したるときは其不適任《ふてきにん》又は不誠實《ふせいじつ》なることを知りて之を本人に通知《つうち》し又解任《かいにん》することを怠《おこた》りたることに付きて責任を負ふものとせらるゝなり

第千百十九條　數人ノ遺言執行者アル場合ニ於テハ其任務ノ執行ハ過半《くわはん》數《すう》ヲ以テ之ヲ決ス但遺言者カ其遺言ニ別段《べつだん》ノ意思ヲ表示シタルトキハ其意思ニ從フ

各遺言執行者ハ前項ノ規定《きてい》ニ拘《かゝ》ハラス保存《ほぞん》行爲《かうゐ》ヲ爲スコトヲ得

本條問の答　數人《すうにん》の遺言執行者ある場合に於《おい》ては其任務《にんむ》の執行《しつかう》は過半數《くわはんすう》を以て之を決すとせる故例《たと》へば五人の遺言執行者あるとき其中《うち》三人同じ意見《いけん》にして二人反對《はんたい》あるも三人の方過半數故此意見にて決するなり然れども遺言者か之と異りたる別段の意思を表示したるときは之に從ふものとす

數人の遺言執行者あるとき任務の執行は過半數を以て決《けつ》すとの規定《きてい》あるも財産《ざいさん》を處分《しよぶん》する行爲《かうい》にあらずして保存《ほぞん》する爲めの行爲に付ては各《かく》遺言執行者は單獨《たんどく》の意見にて之を爲すことを得るなり

第千百二十條　遺言執行者ハ遺言ニ報酬《はうしう》ヲ定メタルトキニ限リ之ヲ受クルコトヲ得

裁判所ニ於テ遺言執行者ヲ選任《せんにん》シタルトキハ裁判所ハ事情《じゞやう》ニ依リ其報酬ヲ定ムルコトヲ得

遺言執行者カ報酬ヲ受クヘキ場合ニ於テハ第六百四十八條第二項

及ヒ第三項ノ規定ヲ準用ス

本條問の答　遺言執行者《しつかうしや》は遺言にて若干《じやくかん》の報酬《はうしう》を與《あた》ふることを定《さだ》めたるときに限《かぎ》り之を受くることを得べし然《しか》れども裁判所が遺言執行者を選任《せんにん》したるときは裁判所は事情《じじやう》に依りては其報酬《はうしう》を定むることを得るものなり

右何れの場合にても遺言執行者が報酬を受くべき場合に於ては第六百四十八條第二項及び第三項の規定を適用《てきよう》するが故に執行者《しつかうしや》が委任《ゐにん》せられたる任務《にんむ》を履行《りかう》せる後にあらざれば之を請求《せいきう》することを得ず但し或期間を以て報酬を定めたるときは其期間《きかん》の經過《けいくわ》したる後之を請求することを得るものなり而して又執行者の責となす可らざる事由に依り委任の事務《じむ》が其履行の半途《はんと》に於て終了《しうれう》したるときは執行者は巳《すで》に爲したる履行の割合《わりあひ》に應《おう》じて報酬を請求することを得べきことゝなる

第千百二十一條　遺言執行者カ其任務《にんむ》ヲ怠《おこた》リタルトキ其他正當《せいたう》ノ事由アルトキハ利害關係人ハ其解任ヲ裁判所ニ請求スルコトヲ得

遺言執行者ハ正當ノ事由《じいう》アルトキハ就職《しうしよく》ノ後ト雖モ其任務《にんむ》ヲ辭《じ》スルコトヲ得

本條問の答　遺言執行に付き利害《りがい》の關係《くわんけい》ある人は遺言執行者《しつかうしや》の解任《かいにん》を裁判所に請求《せいきう》することを得る場合左の如し

(一)遺言執行者が其任務《にんむ》を怠《おこた》りて延引《えんいん》し又は爲《な》さゞるとき
(二)遺言執行者が疾病《ひやうき》或は精神喪失《せいしんそうしつ》等の正當《せいたう》なる事由《じゆう》あるとき

遺言執行者は右の如き正當の事由あるときは一旦職《いつたんしよく》に就《つ》きたる後といへども其任務を辭《じ》することを得るものなり

第千百二十二條　第六百五十四條及ヒ第六百五十五條ノ規定《きてい》ハ遺言執行者《しつかうしや》ノ任務カ終了《しうれう》シタル場合ニ之ヲ準用《じゆんよう》ス

本條問の答　第六百五十四條及び第六百九十五條の規定は遺言執行者の任務が終りたる場合に之を準用《じゆんよう》するが故に執行任務終了《しつかうにんむしうれう》の場合に於て急迫《きふはく》の事情《じじやう》あるときは執行の任を受けたるもの又其相續人又は法定《はふてい》代理人は執行事務を委任《ゐにん》したる者又其相續人又は法定代理人が委任事務を所理《しより》することを得るに至るまで必要《ひつえう》なる處分《しよぶん》を爲《な》すべきものなり又委任の終《を》りたる事由《じゆう》が其委任者より生じたると委任を受けたる執行者の方より生じたるとを問《と》はず之を相手方に通知《つうち》し又は相手方が之を知りたるときにあらざれば之を以て相手方に對抗《たいかう》することを得ざるなり

第千百二十三條　遺言ノ執行ニ關《くわん》スル費用《ひよう》ハ相續財産《さうぞくざいさん》ノ負擔《ふたん》トス但之ニ因リテ遺留分《ゐりうぶん》ヲ減《げん》スルコトヲ得ス

本條問の答　遺言を執行《しつかう》するに付きて要する費用は相續財産の中より支辨《しべん》すべきものな

り但し之が爲め遺《ゐ》留分《りうぶん》を減《げん》ずることを得ざるものとす

第五節　遺言ノ取消

本節には遺言と遺言の牴觸《ていしよく》したる場合の効力《かうりよく》遺言の取消權拋棄《とりけしけんはうき》のこと等要するに遺言の取消に關する規則を定めたるものなり

第千百二十四條　遺言者ハ何時《なんどき》ニテモ遺言ノ方式《はうしき》ニ從ヒテ其遺言ノ全部又ハ一部ヲ取消スコトヲ得

本條問の答　遺言者は何時《なんどき》にても遺言の方式《はうしき》に從ふときは其遺言の全部《ぜんぶ》又は一部を取消《とりけ》すことを得るものなり而《しか》して之れ明示《めいじ》の取消なるが本條單《ひとへ》に遺言の方式に從《したが》ひとある故必ずしも遺言を爲したるときの方式と同一の方式に依《よ》るに及《およ》ばず公正《とうせい》証書秘密《ひみつ》証書自筆《じひつ》証書にて爲す遺言は此三方式中何れの方式に依りて取消《とりけし》を爲すも有効《いうかう》なりされば自筆証書にて爲す遺言を公正証書にて取消すことを得べく又公正証書にて爲す遺言を秘密証書にて取消すことを得るなり

第千百二十五條　前ノ遺言ト後ノ遺言ト牴觸《ていしよく》スルトキハ其牴觸スル部分ニ付テハ後ノ遺言ヲ以テ前ノ遺言ヲ取消シタルモノト看做ス

前項ノ規定ハ遺言ト遺言後ノ生前《せいぜん》處分《しよぶん》其他ノ法律《はふりつ》行爲《かうゐ》ト牴觸スル場合ニ之ヲ準用ス

本條問の答　前の遺言《ゐげん》と後の遺言と牴觸《ていしよく》するときは其牴觸する部分《ぶぶん》に付ては後の遺言を以て前の遺言を取消したるものと看做《みな》すが故例《たと》へば前の遺言書には甲の家屋《かおく》を遺贈すべしとあり後の遺言書には乙の土地を遺贈すべしとありたるときは其後の遺言に依る土地を遺贈したるものと爲るなり

右の規定は遺言と遺言後の生前處分《せいぜんしよぶん》其他の法律行爲《はふりつかうゐ》と牴觸《ていしよく》する場合に準用《じゆんよう》する故例へば甲の家屋を遺贈すべしと遺言したる後其家屋を乙に賣渡《うりわた》したる場合又は其家屋《かおく》に抵當權《ていたうけん》を設定《せつてい》したる場合の如きは之が爲めに前に爲したる遺贈の遺言は取消されたるものとせらるゝなり

第千百三十六條　遺言者カ故意《こい》ニ遺言書ヲ毀滅《きめつ》シタルトキハ其毀滅シタル部分ニ付テハ遺言ヲ取消シタルモノト看做《みな》ス遺言者カ故意ニ遺贈ノ目的物ヲ毀滅シタルトキ亦同シ

本條問の答　遺言者が故意《こい》を以て遺言書《ゐげんしよ》を毀滅《きめつ》したるとき例へば遺言書中に家屋及び土地とあるに其及び土地の四字《よじ》を抹殺《まつさつ》するか又は破《やぶ》り捨《す》てたるときは其毀滅したる部分《ぶぶん》即ち土地の遺贈《ゐぞう》に付ての遺言は取消《とりけ》したるものと看做《みな》さるゝなり何となれば遺言書は遺言を證明《しようめい》する唯一《ゆゐいつ》の證據《しようこ》なればなり

右は遺言者が故意に遺贈の目的物《もくてきぶつ》を毀滅《きめつ》したるときにも同一なりとす

第千百二十七條　前三條ノ規定ニ依リテ取消サレタル遺言ハ其取消ノ行爲《かうい》カ取消サレ又ハ效力《かうりよく》ヲ生セサルニ至リタルトキト雖モ其效力ヲ回復《くわいふく》セス但其行爲カ詐欺《さぎ》又ハ強迫《きやうはく》ニ因ル場合ハ此限ニ在ラス

本條問の答　前三條即ち第千百廿四條乃至《ないし》第千百廿六條の規定《きてい》に依り取消《とりけ》されたる遺言は其取消を爲したる行爲が其後取消され又は効力を生ぜざるに至りたるときといへども其遺言は無効《むかう》なり例へば自筆《じひつ》証書にて爲したる遺言が其後公正《こうせい》証書にて全部《ぜんぶ》又は一部を取消したるときは仮令《たとひ》後日《ごにち》其公正証書を取消すも前の公正証書にて爲したる遺言は其効《かう》力《りよく》なきものなり然れども其取消の行爲《かうい》が詐欺《さぎ》又は強迫《きやうはく》に因《よ》る場合は矢張《やはり》有効なり

第千百二十八條　遺言者ハ其遺言ノ取消權《とりけしけん》ヲ拋棄《はうき》スルコトヲ得ス

本條問の答　遺言者は遺言の取消權を拋棄することを得ざるものとす何となれば遺言を取消すは人の有すべき自由《じいう》の一にして且《か》つ取消すべき必要《ひつえう》あるに拘《かゝは》らず之を取消さゝる如きは公益上《こうえきじやう》より云ふも不都合《ふつがふ》なればなり故に一旦爲したる遺言を取消さゝる旨を遺言したる後にても自由に取消すに差支《さしつかへ》なきなり

第千百二十九條　負擔《ふたん》附遺贈ヲ受ケタル者カ其負擔シタル義務《ぎむ》ヲ履《り》行《かう》セサルトキハ相續人ハ相當《さうたう》ノ期間ヲ定メテ其履行ヲ催告《さいこく》シ若シ其期間內ニ履行ナキトキハ遺言ノ取消ヲ裁判所ニ請求スルコトヲ

得

本條問の答　負擔附《ふたんつき》遺贈を受けたる者が其負擔したる義務《ぎむ》を履行《りかう》せざるときは相續人は相當《さうたう》の期間《きかん》を定めて其期間内に履行《りかう》すべきことを催告《さいこく》し若し又其期間内に履行なきときは遺言の取消を裁判所に請求《せいきう》することを得るものなり

第七章　遺留分《ゐりうぶん》

本章には家督《かとく》相續人の受くる遺留分《ゐりうぶん》の割合《わりあひ》又遺産相續人の受くべき遺留分の割合又其算《さん》定方法《ていはうはふ》又減殺《げんさい》の請求權等要するに遺留分に關する規則を定めたるものなり

第千百三十條　法定家督相續人タル直系卑屬《ちよくけいひぞく》ハ遺留分トシテ被相續人ノ財産ノ半額ヲ受ク

此他ノ家督相續人ハ遺留分トシテ被相續人ノ財産ノ三分ノ一ヲ受ク

本條問の答　法定家督《はふていかとく》相續人たる直系卑屬《ちよくけいひぞく》即ち子《こ》、孫《まご》は男子なると女子なると又嫡出子《ちやくしゆつし》なると庶子《しよし》なるとを問はず遺留分《ゐりうぶん》として被相續人《ひさうぞくにん》の財産の半額《はんがく》を受くるものとし又此他の家督相續人は遺留分として被相續人の財産の三分の一を受くるものとするなり故に被相續人は所有權《しよいうけん》の結果自己《けつくわじこ》の財産を贈與《ぞうよ》し又は賣却《ばいきやく》する等自由に處分《しよぶん》することを得るものなるも其財産中《ざいさんちう》法定家督相續人たる直系卑屬に對して半額を遺留し又家督相續人が直

系卑屬の外の者なるときは此相續人に對しては被相續人の財產の三分の一を必ず遺留せざる可らざるものとす

第千百三十一條　遺產相續人タル直系卑屬《ちよくけいひぞく》ハ遺留分トシテ被相續人ノ財產ノ半額ヲ受ク

遺產相續人タル配偶者《はいぐうしや》又ハ直系尊屬ハ遺留分トシテ被相續人ノ財產ノ三分ノ一ヲ受ク

本條問の答　遺產《ゐさん》相續人たる直系卑屬《ちよくけいひぞく》は又前條の如く子たると孫《まご》たると男子《なんし》たると女子《によし》たると嫡出子《ちやくしゆつし》たると庶子《しよし》たるとを問はず遺留分として被相續人の財產の半額を受け又遺產相續人たる配偶者《つれあひ》(夫又妻)又は直系卑屬《ひぞく》は遺留分として被《ひ》相續人の財產の三分の一を受くるものとす而して此直系卑屬數人《すうにん》あるとき其受くる割合《わりあひ》に付ては前に述《の》べたる遺產相續の章に就て見れば知ることを得る故爰に說かず

第千百三十二條　遺留分《りうぶん》ハ被《ひ》相續人カ相續開始《さうぞくかいし》ノ時ニ於テ有セシ財產ノ價額《かがく》ニ其贈與《ぞうよ》シタル財產ノ價額ヲ加ヘ其中ヨリ債務《さいむ》ノ全額《ぜんがく》ヲ控除《こうじよ》シテ之ヲ算定《さんてい》ス

條件附權利又ハ存續期間《そんぞくきかん》ノ不確定《ふくわくてい》ナル權利ハ裁判所ニ於テ選定《せんてい》シタル鑑定人《かんていにん》ノ評價《ひやうか》ニ從ヒ其價格ヲ定ム

家督相續ノ特權《とくけん》ニ屬《ぞく》スル權利ハ遺留分ノ算定《さんてい》ニ關《くわん》シテハ其價額ヲ算入セス

本條問の答　遺留分は被《ひ》相續人が相續開始《さうぞくかいし》の時に於て有せし財産の價額《かゝく》に其贈與《ぞうよ》したる財産の價額を加へ其中より債務《さいむ》の全額を引去《ひきさ》りて之を算定《さんてい》するものとす例へば被相續人が相續開始《かいし》の時に有せし財産が一万圓にして贈與《ぞうよ》したる財産の價額が二千圓なるとき又被相續人の負ひし債務が六千圓なれば一万二千圓の内より六千圓を引去り殘額六千圓の内より其半額三千圓又三分の一なる二千圓を受くることゝなる

條件附權利《でうけんつきけんり》又は存續期間の不確定《ふくわくてい》なる權利は裁判所に於《おい》て選定《せんてい》したる鑑定人《かんていにん》の評價《ひやうか》に從ひ其價額を定むるものとす

又家督《かとく》相續の特權《とくけん》に屬《ぞく》する權利なる系譜《けいふ》祭具《さいぐ》墳墓《ふんぼ》の所有權は遺留分の算定《さんてい》に關《くわん》しては其價額を算入《さんにふ》せざるものとす之は已《すで》に述《の》べたることにして則《すなは》ち承繼《しやうけい》すべき普通《ふつう》の權利にあらずして所謂特別《いはゆるとくべつ》の權利《けんり》に屬《ぞく》するものなればなり

第千百三十三條　贈與ハ相續開始前一年間ニ爲シタルモノニ限リ前條ノ規定ニ依リテ其價額ヲ算入ス一年前ニ爲シタルモノト雖モ當事者雙方《さうはう》カ遺留分權利者ニ損害《そんがい》ヲ加フルコトヲ知リテ之ヲ爲シタルトキ亦同シ

本條問の答　贈與《ぞうよ》は相續開始前《かいしぜん》一年の間《あひだ》に爲したるものに限《かぎ》り前條即ち第千百三十二條の規定《きてい》に依り其價額を被《ひ》相續人が相續開始の時に有せし財産《ざいさん》の價額に加へて算《さん》するものとす而して假令《たとひ》相續開始の一年以前に贈與《ぞうよ》を爲したるものといへども當事者双方《たうじしやさうはう》が遺留分を受くべき權利ある者に損害を加ふることを知りて贈與を爲したるときも亦同じく其價額を算入するものとするなり

第千百三十四條　遺留分權利者及ヒ其承繼人《しやうけいにん》ハ遺留分ヲ保全《ほぜん》スルニ必要《ひつえう》ナル限度《げんど》ニ於テ遺贈及ヒ前條ニ掲ケタル贈與ノ減殺《げんさつ》ヲ請求《せいきう》スルコトヲ得

本條問の答　遺留分を受くべき權利者と其承繼人《しやうけいにん》は遺留分《ゐりうぶん》を保全《ほぜん》するに必要《ひつえう》ある限度《げんど》に於て遺贈《ゐぞう》及び前條即ち第千百三十三條に掲《かゝ》げたる贈與の減殺《げんさい》を受贈者《じゆぞうしや》に對《たい》して請求することを得るものなり例へば被相續人が三千圓の價額ある財産を相續開始六个月前に或者に贈與し而して相續開始の時に有せし被相續人の財産の價額が千圓なるときに於て其財産の半額《はんがく》を受くべき相續人あるときは其相續人あり又は承繼人《しやうけいにん》は贈與の價額《かがく》三千圓と千圓の財産とを合したるもの即ち四千圓の半額二千圓を遺留分として受くべきものなり然れども相續開始《かいし》の時に被《ひ》相續人の有せし財産の價額即ち相續財産《さうぞくざいさん》の價額が千圓なるを以て尚《なほ》は千圓の不足《ふそく》あり故に此千圓を減殺《げんさい》すべきことを受贈者に對して請求《せいきう》することを得

べきものなりとす

第千百三十五條 條件附權利又ハ存續《そんぞく》期《き》間《かん》ノ不確定《ふくわくてい》ナル權利ヲ以テ贈與《ぞうよ》又ハ遺贈ノ目的ト爲シタル場合ニ於テ其贈與又ハ遺贈ノ一部ヲ減殺《げんさい》スヘキトキハ遺留分權利者ハ第千百三十二條第二項ノ規定ニ依リテ定メタル價格ニ從《したが》ヒ直《たゞ》チニ其殘部《ざんぶ》ノ價額ヲ受贈者又ハ受遺者ニ給付《きふふ》スルコトヲ要ス

本條問の答 條件附《でうけんつき》權利又は存續期間の不確定《ふくわくてい》なる權利を以て贈與又は遺贈の目的《もくてき》となしたる場合に於《おい》て其贈與又は遺贈の一部を減《げん》ずべきときは遺留分《ゐりうぶん》を受くる權利者《けんりしや》は第千百三十二條第二項の規定に依りて定めたる價額に從ひ直に其殘部の價額を受贈者又は受遺者に給付《きふ》せざる可らざるものとす今左に例《れい》を揭《かゝ》げて解《かい》し易《やす》からしめん

第一　條件附權利を贈與の目的としたる場合

例《たと》へば被相續人甲者《かふしや》が相續開始前一年間に今後若し米價下落《べいかげらく》したるときは一の家屋《かをく》を與《あた》ふべしとの條件附きたる權利を乙者に贈與したり

右の贈與に付き第千百三十二條第二項の規定《きてい》に依り裁判所に於て選定《せんてい》したる鑑定人《かんていにん》の評價《ひやうか》に因《よ》り千圓の價額《かがく》あるものと定りたり

而して相續開始の時に於ける被相續人の有せし財産の價額は五百圓なり

右の場合に於て半額《はんがく》を受くべき遺留分權利者《ゐりうぶんけんりしや》は千五百圓の半額七百五十圓を受くべきもの故仍《な》は二百五十圓の不足《ふそく》ありて此不足額を贈與價額《ぞうよかがく》の千圓より減《げん》ずるときは殘額《ざんがく》七百五十圓となる即ち此金を受贈者《じゆぞうしや》乙に給付《きふふ》すべきものなり

第二　存續期間の不確定なる權利を遺贈したる場合

例へば被相續人甲者が終身定期金《しうしんていきゝん》を乙者に遺贈する目的《もくてき》と爲したるときに第千百三十二條の二項に依り裁判所が選任《せんにん》したる鑑定人《かんていにん》が評價《ひやうか》して其價額を千圓と定めたり而して相續開始の時被相續人の有せし財産の價額は七百圓なり

右の場合に於《おい》て半額《はんがく》を受くべき遺留分權利者は千七百圓の半額八百五十圓を受くべきもの故仍《な》は百五十圓の不足ありて此不足額《ふそくがく》を遺贈價額の千圓より減《げん》ずるときは殘《ざん》額《がく》八百五十圓となる即ち此金を受遺者《じゆゐしや》に給附すべきものなり

第千百三十六條　贈與《ぞうよ》ハ遺贈ヲ減殺《げんさい》シタル後ニ非サレハ之ヲ減殺スルコトヲ得ス

本條問の答　贈與竝びに遺贈《ゐぞう》の減殺を爲すべき場合《ばあひ》には先《ま》づ遺贈の減殺を爲したる後に贈與の減殺を爲すべきものなり

第千百三十七條　遺贈ハ其目的ノ價額ノ割合ニ應シテ之ヲ減殺ス但遺言者カ其遺言ニ別段ノ意思《いし》ヲ表示《へうじ》シタルトキハ其意思ニ從フ

本條問の答　遺贈は其遺贈の目的《もくてき》たるものゝ價額が各異《かくゐ》なるときは其多少《たせう》の割合《わりあひ》に應《おう》じて減殺《げんさい》すべきものなり但し遺言者が其遺言に別段《べつだん》の意思《いし》を表示《へうじ》したるときは其意思《いし》に從ふべきは勿論なり

例へば甲乙丙三人の受遺者あるとき甲は五千圓乙は三千圓丙は二千圓の遺贈を受けたる場合に於《おい》て不足額《ふそくがく》が百圓なるときは甲より五十圓乙より三十圓丙より二十圓を減殺《げんさい》すべきものにして甲のみか又は乙のみか或《あるひ》は丙のみより全額《ぜんがく》百圓を減殺することを得ざるものなりとす

第千百三十八條　贈與ノ減殺ハ後ノ贈與ヨリ始メ順次《じゆんじ》ニ前ノ贈與ニ及フ

本條問の答　贈與の減殺は後の贈與より始め順次《じゆんじ》に前の贈與《ぞうよ》に及ぶべきものとす故に例へば被《ひ》相續人より遺留分《ゐりうぶん》として受くべき價額が壹千圓なるとき初《はじ》めに甲に七百圓を贈與したるときは未《いま》だ遺留分を損《そん》せざる故之を減殺《げんさい》すること能《あた》はざるも其次に乙者に五百圓を贈與したるときは二百圓の超過《てうくわ》にして即ち二百圓だけ遺留分を損《そん》じたるものなる又第三次に丙に三百圓を贈與したるに於ては五百圓だけ遺留分を害したることゝなるを以て先づ最後《さいご》に贈與したる丙より三百圓を減殺すべく次に乙に對しては二百圓を減殺すべきなり

何故如此規定《きてい》を爲したるやと云ふに遺贈の場合に於《おい》ては遺言を爲したる時の前後《ぜんご》を論《ろん》ぜず其効力《かうりよく》は凡《すべ》て被《ひ》相續人の死亡《しばう》の時に始《はじ》まるものなる故に其目的《もくてき》の價額の割合《わりあひ》に應《おう》じて減殺《げんさい》すべきこと當然《たうぜん》なるも贈與の場合に於《おい》ては始めの贈與を爲すも未だ遺留分《ゐりうぶん》を害《がい》するに至らざる場合あるべきが故なり

第千百三十九條　受贈者ハ其返還《へんくわん》スヘキ財産ノ外尚ホ減殺ノ請求《せいきう》アリタル日以後ノ果實《くわじつ》ヲ返還スルコトヲ要ス

本條問の答　受贈者《じゆぞうしや》は其返還すべき財産の外仍《な》ほ減殺の請求《せいきう》ありたる日以後《いご》の果實《くわじつ》を返還せざる可らず例へば受遺者甲が千圓の價額ある家屋を受け其内二百圓を減殺の請求に依り返還したるも尚は其二百圓に對《たい》する果實（例へは其家屋《かおく》を賃貸《ちんがし》して十圓の賃貸料《ちんがしれう》を得たるときの如し）即ち二圓の果實も共に返還すべきものなるが如し

第千百四十條　減殺ヲ受クヘキ受贈者ノ無資力《むしりよく》ニ因リテ生シタル損《そん》失《しつ》ハ遺留分權利者ノ負擔《ふたん》ニ歸《き》ス

本條問の答　減殺《げんさい》を受くべき受遺者が無《む》資力《しりよく》例《たさ》へば受贈の目的物《もくてきぶつ》を返《かへ》すこと能《あた》はざるか又其價額《かがく》を返《かへ》すことも能はざるときの如きは之に因りて生じたる損失は遺留分權利者即ち相續人の負擔すべきものとす

第千百四十一條　負擔附贈與ハ其目的ノ價額中ヨリ負擔ノ價額ヲ控《かう》

除シタルモノニ付キ其減殺ヲ請求《せいきう》スルコトヲ得

本條問の答　負擔附贈與は其目的《もくてき》たるものゝ價額中より其負擔《ふたん》したる價額の差引《さしひ》きされるものに付き其減殺《げんさい》を請求することを得例へば甲なる贈與者《ぞうよしや》が乙に對し甲が負《お》ふたる二千圓の債務を辨濟《べんさい》すべき旨《むね》を以て五千圓の價額ある家屋を贈與したるときは其五千圓の内より甲の債務二千圓を引き去り殘り三千圓に對して減殺を請求することを得るなり

第千百四十二條　不相當ノ對價《たいか》ヲ以テ爲シタル有償行爲《いうしやうかうい》ハ當事者雙《さう》方《はう》カ遺留分權利者ニ損害《そんがい》ヲ加フルコトヲ知リテ爲シタルモノニ限リ之ヲ贈與ト看做《みな》ス此場合ニ於テ遺留分權利者カ其減殺《げんさい》ヲ請求スルトキハ其對價ヲ償還《しやうくわん》スルコトヲ要ス

本條問の答　不相當《ふさうたう》の對價《たいか》を以て爲したる有償行爲とは例《たと》へば千圓の價値《かち》ある家屋《かおく》を百圓にて賣渡したる時の如きものにして此場合に當事者《たうじしや》双方《さうはう》即ち賣渡人と買受人とが遺留分權利者に損害《そんがい》を加ふることを知りて如此《かくのごとき》ことを爲したるときに限りて此家屋は贈與《ぞうよ》したるものと看做《みな》す而して此場合に於て遺留分權利者が賣渡人に對して減殺を請求したるときは其對價百圓を買受人に償還せざる可らざるものとす

此の規定を設《まう》けたるは當事者の不正《ふせい》なる所爲《しよゐ》より遺留分權利者の損害を生ずることを豫《よ》防《ばう》する爲めに出でたるものにして其贈與と看做《みな》すは贈與の規定を適用《てきよう》して減殺を請求し

得せしめんが爲なり

第千百四十三條　減殺《げんさい》ヲ受クヘキ受贈者《じゆぞうしや》カ贈與《ぞうよ》ノ目的ヲ他人ニ讓渡シタルトキハ遺留分權利者ニ其價額ヲ辨償スルコトヲ要ス但讓受《ゆづりうけ》人《にん》カ讓渡ノ當時遺留分權利者ニ損害《そんがい》ヲ加フルコトヲ知リタルトキハ遺留分權利者ハ之ニ對シテモ減殺ヲ請求スルコトヲ得

前項ノ規定ハ受贈者カ贈與ノ目的《もくてき》ノ上ニ權利ヲ設定《せつてい》シタル場合ニ之ヲ準用ス

本條問の答　減殺《げんさい》を受くべき受贈者《じゆぞうしや》が贈與《ぞうよ》の目的となり居るものを他人《たにん》に讓渡したるときは遺留分《ゐりうぶん》を受くべき權利者《けんりしや》に對《たい》し其價額を辨償せざる可らず何となれば遺留分權利者は法律《はふりつ》に因り遺留分は是非《ぜひ》とも受くべき權利《けんり》ある故之を害《がい》することを得ざればなり但し讓受人が讓渡の當時《たうじ》に於て此行爲《かうい》は遺留分權利者に損害《そんがい》を加ふるものなることを知りたるときは遺留分權利者は讓受人に對しても減殺を請求することを得るなり

右の規定は受贈者が贈與の目的たるもの丶上に權利を設定《せつてい》したる場合例へば地上權《ちじやうけん》とか地役權《ちえきけん》とか又は質權抵當權《しちけんていたうけん》等を設定《せつてい》したるときに準用《じゆんよう》するものなり

第千百四十四條　受贈者及ヒ受遺者ハ減殺《げんさい》ヲ受クヘキ限度《げんど》ニ於テ贈與又ハ遺贈ノ目的《もくてき》ノ價額ヲ遺留分權利者ニ辨償《べんしやう》シテ返還ノ義務ヲ

免ルルコトヲ得

前項ノ規定ハ前條第一項但書ノ場合ニ之ヲ準用ス

本條問の答　受贈者《じゆぞうしや》と受遺者は遺留分權利者《ゐりうぶんけんりしや》より減殺を受くべき限度《げんど》に於て贈與又は遺贈の目的《もくてき》の價額を遺留分權利者に辨償して受贈又受遺の目的たるものを返《かへ》すの義務《ぎむ》を免《まぬか》るゝものなり例へば贈與又は遺贈の目的たるものゝ價額一千圓なる家屋の場合に於て若し五百圓の減殺を受くべきときは其五百圓を遺留分權利者に辨償して家屋を返すの義務を免るゝものなり

右の規定《きてい》は第千百四十三條第一項但書の場合に準用《じゆんよう》す

第千百四十五條　減殺ノ請求權《せいきうけん》ハ遺留分權利者カ相續ノ開始《かいし》及ヒ減《げん》殺《さつ》スヘキ贈與又ハ遺贈《ゐぞう》アリタルコトヲ知リタル時ヨリ一年間之ヲ行ハサルトキハ時效ニ因リテ消滅《せうめつ》ス相續開始《かいし》ノ時ヨリ十年ヲ經過《けいくわ》シタルトキ亦同シ

本條問の答　減殺の請求權《せいきうけん》は遺留分權利者が相續の開始《かいし》及び減殺《げんさい》すべき贈與又は遺贈ありたることを知りたるときより一年間《かん》之を行《おこな》はざるときは時效《じかう》に因りて消滅《せうめつ》するものなり又相續開始《かいし》の時より十年を過《す》ぎたるときも亦時効に因《よ》りて消滅《せうめつ》す

第千百四十六條　第九百九十五條、第千四條、第千五條、第千七條

及ヒ第千八條ノ規定《きてい》ハ遺留分ニ之ヲ準用《じゆんよう》ス

本條問の答　第九百九十五條と第千四條と第千五條と第千七條と第千八條の規定は遺留《ゐりう》分《ぶん》に之を準用《じゆんよう》するものなり

改正日本民法問答講義終

民法施行法

本法問の答　本法は民法を行《おこな》ふに付て入用の法律《ほふりつ》にして如何程民法は立派《りつぱ》なるも本法なくば不都合《ふつがふ》の所を生じ行ふこと能《あた》はざるに到《いた》らん假令ば民法第四百六十七條に債權《さいけん》の讓渡には確定《かくてい》の日附ある證書を以て債務者に通知《つうち》を爲すか又は承諾《しやうだく》を得べし然らざれば他人に向ては讓渡の效《かう》なしと定めたるにも拘《かゝは》らず民法中確定の日附ある證書のことに付一も定めたる所なし故《ゆゑ》に本法に於て之れが其定めを爲せるが如し其外民法施行前《しかうぜん》に差支なくして出來たる事柄《ことがら》が民法にて不都合《ふつがふ》とせるときは如何に取扱《とりあつか》ふべきかを定めたり若し本法なきときは此等の取扱及び確定《くわくてい》證書の事に付て忽《たちま》ち疑を出し人民は迷を爲すに至《いた》る是れ民法を行《おこな》ふに付て入用の法律なりと謂《い》ふ所以《ゆゑん》なり

第一章　通則

本章問の答　本法全体《ぜんたい》に通《つう》じて用ゐらるゝ規則を定む

第一條　民法施行前《しかうぜん》ニ生シタル事件ニ付テハ本法ニ別段ノ定アル場合ヲ除《のぞ》ク外民法ノ規定《きてい》ヲ適用セス

本條問の答　民法を行ふ前則《すなは》ち明治三十一年七月十六日前に出來《でき》たる事柄にて民法施行法に取扱方を定むるものは取除きて何等《なんら》の取扱法を定めざるものは民法の定を用ゐざるものとするなり

第二條　民法ニ於テ破産《はさん》ト稱スルハ民事ニ付テハ家資《かし》分散《ぶんさん》ヲ謂フ

本條問の答　民法の内にて破産《はさん》と云ふことを用ゐたるものは民事《みんじ》に付ては家資《かし》分散《ぶんさん》と云ふことなり家資《かし》分散《ぶんさん》とは彼の身代限《しんだいかぎり》と云ふことなり

第三條　身代限ノ處分《しよぶん》ヲ受ケタル者ハ其債務《さいむ》ヲ完濟《くわんさい》スルマテハ之ヲ破産者ト看做ス

本條問の答　身代限の處分《しよぶん》を受けたる者は其債務則ち借金等《しやくきんとう》と全《まつた》く返《かへ》すまでは破産者と看做《みな》す故に身代限の處分を受けたる者は破産者《はさんしや》と同様に取扱はれ名譽《めいよ》の職務に就《つ》くことは出來ざるべし

第四條　證書ハ確定日附《くわくていひづけ》アルニ非サレハ第三者ニ對《たい》シ其作成ノ日ニ付キ完全《くわんぜん》ナル證據力《しやうこりよく》ヲ有セス

本條問の答　証書は確定日附《くわくていひづけ》、次ぎの條の證書あるにあらざれば第三者たる其證書の事《こと》柄《がら》に關係なき者に向ひ證書を作《つく》りたる日に付き全き證據《しやうこ》とならざるべし確定日附の證書は其日附と繰《た》ぐる如き事は爲し能《あた》はざれども其他の證書は自由《じゆう》に其日附を動《うご》かすことを得るなり其證書のことに關係《くわんけい》せざる者は之れが爲めに損害《そんがい》を受くるに到るを以てなり

第五條　證書ハ左ノ場合ニ限リ日附ノ確定アルモノトス

一　公正證書ナルトキハ其日附ヲ以テ確定日附トス

二　登記所《とうきしよ》又ハ公證人役場《やくば》ニ於テ私署證書ニ日附アル印章《いんしやう》ヲ押捺シタルトキハ其印章《いんしやう》ノ日附ヲ以テ確定《くわくてい》日附トス

三　私署《ししよ》證書ノ署名者中ニ死亡《しばう》シタル者アルトキハ其死亡ノ日ヨリ確定日附アルモノトス

四　確定《くわくてい》日附アル證書中ニ私署證書ヲ引用《いんよう》シタルトキハ其證書ノ日附ヲ以テ引用シタル私署證書ノ確定日附トス

五　官廳《くわんちやう》又ハ公署ニ於テ私署證書ニ或事項ヲ記入《きにゆう》シ之ニ日附ヲ記載《きさい》シタルトキハ其日附《ひづけ》ヲ以テ其證書ノ確定《くわくてい》日附トス

本條問の答　證書は本條に定《さだ》むる第一號より第五號に定むる場合に確定《くわくてい》の日附《ひづけ》あるものとせ其場合は第一公正《こうせい》證書則ち公證人が作《つく》りたる證書其外公《おほや》けの役所にて作《つく》りたる證書は其日附《ひづけ》は確定の日附あるものとせ第二登記所則ち不動産《ふどうさん》登記所又は商號《しやうがう》登記所又は公證人役場にて私署《ししよ》證書則ち人民相互の證書に日附のある印形《いんぎやう》を捺《お》したるときは其印形《いんぎやう》の日附が確定の日附となるなり第三私署證書に氏名《しめい》と記《しる》したる者の中にて死《し》したる者あるときは其死《し》したる日よりは確定日附《ひづけ》あるものとす是れ死そるときは僞《いつは》らんとするも爲し能《あた》はざるべし第四確定日附ある證書則ち裁判《さいばん》言渡書又は公證人の作りたる證書中に私署《しよ》

證書と用ひて何事か記入《きにふ》したるときは其公正證書の日附が用《もち》ひたる私署證書の確定《くわくてい》日附となる既《すで》に確定證書に記入《きにふ》ありたる上は私署證書の日附を僞《いつは》らんとそるも爲し能《あた》はざるが故なり第五官廳《くわんちやう》則ち縣廳郡役所等にて又は公署《こうしよ》則ち市役所町村役場にて私署證書に或《ある》事項《じかう》假令《たとへ》は右聞届け候事などを記し而して日附を記載《きさい》したるときは其日附が私署證書の日附となるものとす本條に限《かぎ》りと云ふことを入れたる故以上述《の》べたる證書丈《だ》けが確定日附あるものと知るべし

第六條　私署《ししよ》證書ニ確定日附ヲ附《ふ》スルコトヲ登記所又ハ公證人役場ニ請求《せいきう》スル者アルトキハ登記《とうき》官吏《くわんり》又ハ公證人ハ確定《くわくてい》日附簿ニ署名者ノ氏名又ハ其一人ノ氏名ニ外何名ト附記シタルモノ及ヒ件名ヲ記載《きさい》シ其證書ニ登簿《とうぼ》番號《ばんがう》ヲ記入シ帳簿及ヒ証書ニ日附アル印章ヲ押捺《あうなつ》シ且其印章ヲ以テ帳簿ト證書トニ割印《わりいん》ヲ爲スコトヲ要ス
證書カ數紙《すうし》ヨリ成レル場合ニ於テハ前項《ぜんかう》ニ掲ケタル印章ヲ以テ毎紙ノ繼目《つぎめ》又ハ綴目《とぢめ》ニ契印《けいゐん》ヲ爲スコトヲ要ス

本條問の答　私署證書に確定日附《ひづけ》を附け記《しる》すことを登記所《とうきしよ》又は公證人の役場に求《もと》むる者あるときは登記を取扱ふ官吏《くわんり》又は公證人は確定日附の帳簿《ちやうぼ》に私署證書に氏名《しめい》を記したる者の氏名又は署名者《しよめいしや》數人あるときは其一人の氏名に外何名と附記《ふき》したるもの及び事件《じけん》の

名と記載《きさい》し其證書に登記したる番號を記入し帳簿《ちやうぼ》及び證書に日附のある印形《いんぎやう》と捺《おし》し且其日附の印形にて帳簿ゞ證書とに割《わ》り印《いん》を爲さざるべからず又證書が一枚にあらずして數枚の紙にて成れる場合に於ては前項の印章《いんしやう》則ち日附の印形《いんぎやう》にて一枚毎に其繼《その》ぎ目に契印《つぎいん》則ちつぎ印を爲すべきものとす是れ他《と》の紙を以て換《か》ゆるの恐《おそれ》あるが故なり

第七條　確定《くわくてい》日附簿ニハ豫ゞ登簿《とうぼ》番號《ばんがう》ヲ印刷シ請求順ヲ以テ前條ノ規定ニ從ヒ記入ヲ爲スコトヲ要ス

確定日附簿ニハ地方《ちはう》裁判所長其紙數《しすう》ヲ表紙ノ裏面ニ記載シ職氏名《しよくしめい》ヲ署シ職印ヲ押捺シ且職印ヲ以テ毎紙ノ綴目ニ契印ヲ爲スコトヲ要ス

本條問の答　確定日附の帳簿《ちやうぼ》には前以て登記の番號を印刷《いんさつ》し置き確定日附と請求《せいきう》する順番により前條の定に從ひ記入《きにふ》を爲すものとす確定日附の帳簿には地方《ちはう》裁判所の長が其紙數何枚あると云ふことを表紙《へうし》の裏《うら》に記載し地方裁判所長判事何某との職氏名《しよくしめい》を署《しよ》し職印を捺《お》し其上職印にて一枚の紙毎に契印《つぎいん》を爲すべきものとす是れは帳簿の正しく且確《たし》かなることを保そる爲めなり

第八條　私署證書ニ確定《かくてい》日附ヲ附スルコトヲ登記所又ハ公證人役場《こうしようにんやくば》ニ請求《せいきう》スル者ハ命令《めいれい》ノ定ムル所ニ依リ手數料ヲ納《おさ》ムルコトヲ要ス

本條問の答　私署《ししよ》證書に確定日附ヽ附くることを登記所又は公證人役塲《こうしやうやくぢよ》に求め出《い》づる者は勅命にて定めたる手數料《てすうれう》金拾錢を納《おさ》めざるべからず納めざれは日附を付《つ》くるに及ばざるなり

第九條　左ノ法令《はふれい》ハ民法施行ノ日ヨリ之ヲ廢止《はいし》ス

一　明治五年第二百九十五號布告
二　明治六年第二十一號布告
三　同年第二十八號布告
四　同年第四十號布告
五　同年第百六十二號布告
六　同年第百七十七號布告
七　同年第二百十五號布告代人規則
八　同年第二百五十二號布告
九　同年第三百六號布告動產不動產書入金穀貸借規則
十　同年第三百六十二號布告出訴期限規則
十一　明治七年第二十七號布告
十二　明治八年第六號布告

十三　同年第六十三號布告
十四　同年第百二號布告金穀貸借請人證人辨償規則
十五　同年第百四十八號布告建物書入質規則及ヒ建物賣買讓渡規則
十六　明治九年第七十五號布告
十七　同年第九十九號布告
十八　明治十年第五十號布告
十九　明治十四年第七十三號布告
二十　明治十七年第二十號布告
二十一　明治二十三年法律第九十四號財産委棄法
二十二　同年勅令第二百十七號辨濟提供規則
明治六年第十八號布告地所《ちしよ》質入書入規則ハ第十一條ヲ除《のぞ》ク外民法施行ノ日ヨリ之ヲ廢止ス

本條問の答　本條第一號より第二十二號までの布告《ふこく》及び規則《きそく》等は明治三十一年七月十六日より廢止《はいし》となる其布告は第一明治五年第二百九十五號布告人の身体《しんたい》の賣買を禁《きん》じ及び諸奉公人年限《しよほうこうにんねんげん》と定め藝娼妓《げいしやうぎ》を解き且之に附ての貸借訴訟《たいしやくそせう》は取上げさる件第二明治六年第

二十一號布告妻《さい》にあらざる婦女《ふじよ》が生みたる子は私生《しせい》と爲し其婦女の引受けたらしむる件第三明治六年第二十八號布告華族《くわぞく》及び士族の相續《さうぞく》の件第四明治六年第四十號布告則ち貸金銀利息《りそく》のことを改め双方示談《じだん》の上證文に記載《きさい》せしむる件第五明治六年第百六十二號布告夫婦の間柄《あひだがら》にて已《や》むを得ざる事ありて其婦離縁《りえん》を求むるも夫之を承知《しやうち》せざるとき出訴《しゆつそ》そることが出來る件第六明治六年第百七十七號脫籍《だつせき》並は行先《ゆくさき》の知《し》れざる者八十歳と過《す》ぐれば戸籍と除《のぞ》く事に付ての布告第七明治六年第二百十五號人の代人《だいにん》と爲る事に付ての布告第八明治六年第二百五十二號負債《ふさい》にて身代限《しんだいかぎり》の者へ貸金穀其他義務《ぎむ》を得べき者定約期限未だ滿《み》たざる内の分處置振《しよちぶり》の事に付ての布告第九明治六年第三百六號動産《どうさん》及び不動産書入金穀貸借《きんこくたいしやく》の規則に付ての布告第十明治六年第三百六十二號裁判所へ出訴《しゆつそ》そる期限の規則に付ての布告第十一明治七年第二十七號預《あづ》け金穀《きんこく》證書中封書の儘《まゝ》預り或は使用せざるの明文《めいぶん》なきものは訴出づる節貸金同樣《せつかしきんどうやう》にせしむる件に付ての布告第十二明治八年第六號民法の裁判上負債者《ふさいしや》失踪後の訴訟成例改正《せいれいかいせい》の件に付ての布告第十三明治八年第六十三號金銀其他借用《しやくよう》證書に數名連書中失踪《しつそう》又は死亡《しばう》し相談人無きとき返還《へんくわん》の件に付ての布告第十四明治八年第百二號金穀貸借《きんこくたいしやく》受人證人辨償規則《きそく》の布告第十五明治八年第百四十八號建物書入質規則《きそく》及び建物賣買讓渡《ゆづりわたし》規則に付ての布告《ふこく》第十六明治九年第七十五號合家を禁《きん》じ從前合家せし分取扱方の件《けん》に付ての布告第十七明治九年第百九十九號金穀等借用證

書讓渡の節書換《せつかきかへ》せしむる件に付ての布告第十八明治十年第五十五號諸證書の姓名《せいめい》は自書《じしよ》し實印押《じついんお》さしむる等の件に付布告第十九明治十四年第七十三號無能力者《むのうりよくしや》法律に定《さだ》めたる代人及び民事《みんじ》擔當人《たんとうにん》の件に付ての布告第二十明治十七年第二十號單身戸主《たんしんこしゆ》死亡又は除籍《じよせき》者絶家《しやぜつか》期限《きげん》に付ての布告第二十一明治二十三年法律第九十四號財産《ざいさん》を委棄《ゐき》する法第二十二明治二十三年勅令第二百十七號辨濟《べんさい》の提供《ていきやう》規則にして又明治六年第十八號布告地所《ちしよ》質入書入規則は第十一條を除《のぞ》く外《ほか》民法施行の日より廢止《はいし》せるものとす

第十條　民法中不動産《ふどうさん》上ノ權利ニ關スル規定ハ當分《たうぶん》ノ内之ヲ沖繩縣ニ適用セス

本條問の答　民法の中不動産上《うちふどうさんじやう》の權利則ち抵當權《ていたうけん》不動産質等に關する規定は當分《たうぶん》の内沖繩縣には行《おこな》はざるべし是れ同縣は風俗《ふぞく》慣習大に本法と異《こと》にするを以てなり

第十一條　本法ハ民法施行ノ日ヨリ之ヲ施行ス

本條問の答　民法施行法は民法を行《おこな》ふ日より施行《しかう》す則ち民法に付ての法律《ほふりつ》なるが故なり

第二章　總則編ニ關スル規定《きてい》

本條問の答　民法總則《そうそく》を行ふに付ての定《さため》なり

第十二條　民法施行前ニ民法又ハ第十一條ニ掲ケタル原因ノ爲メニ後見人ヲ附《ふ》シタル者ハ其施行《しかう》ノ日ヨリ禁治産者又ハ準禁治産者ト

看做ス

後見人《こうけんにん》ハ民法施行ノ日ヨリ一ケ月内ニ禁治産《きんぢさん》又ハ準禁治産ノ請求ヲ為スコトヲ要ス

本條問の答　民法を行ふ前に心神喪失《しんくさうしつ》したる者又は心神十分でなきもの聾唖盲《つんぼおしめくら》及び金錢と浪費するものに後見人を附《つ》けたる者は民法施行の日より禁治産者《きんぢさんしや》又は準禁治産者と看做《みな》すべきなり又後見人は民法施行の日《ひ》より一ケ月の内に禁治産又は準禁治産の請求《せいきう》と為さざるべからざるなり

第十三條　後見人其他民法第七條ニ掲ケタル者カ民法施行ノ日ヨリ一ケ月内ニ禁治産《きんぢさん》又ハ準禁治産ノ請求《せいきう》ヲ為サヽリシトキハ其期間《きかん》經過《けいくわ》ノ後ハ前條第一項ノ規定ヲ適用セス

前項ノ期間内ニ禁治産又ハ準禁治産ノ請求《せいきう》アリタルモ裁判所ニ於テ之ヲ却下《きやくか》シタルトキハ抗告《かうこく》期間經過ノ後、若《も》シ抗告アリタルトキハ最後《さいご》ノ抗告棄却ノ時《とき》ヨリ又訴ニ於テ禁治産又ハ準禁治産ノ宣告ヲ取消《とりけ》シタルトキハ其判決《はんけつ》確定ノ日ヨリ前條第一項ノ規定ヲ適用《てきよう》セス

本條問の答　後見人《こうけんにん》其他民法第七條に掲《かゝ》げたる本人配偶者四親等内の親族《しんぞく》戸主保佐人《ほさにん》又

は検事《けんじ》等が民法を行ふ日より一ヶ月の内に禁治産又は準禁治産の請求を為さゞりしときは一ヶ月過《す》ぎたる後は禁治産又は準禁治産と看做《みな》さゞるなり又一ヶ月の内に禁治産又は準禁治産の求《もと》めありたるも裁判所に於て其原因《そのげんいん》なき故か其求を却下《きやくか》したるときは抗告期間則七日を過《す》ぎたる後若し其却下の言渡《いひわたし》には理由なしとて抗告したるとき最《もつと》も後の抗告棄却《ききやく》ありたる時より又訴《うつたへ》にて禁治産又は準禁治産の宣告《せんこく》と取消したるときは其取消判決が確定したる日より禁治産又は準禁治産と看做さざるなり

第十四條　刑法第十條第三號、第三十五條、第三十六條、刑法附則第四十一條、陸軍刑法第十八條第四號及ヒ海軍刑法第九條第四號第二十二條ハ之ヲ削除ス

刑法第五十五條中「行政ノ處分ヲ以テ治産ノ禁ノ幾分ヲ免スルヿヲ得」但ノ二十三字及ヒ陸軍刑法第三十二條中「第三十五條第三十六條」ノ十字ハ之ヲ削除ス

本條問の答　刑法《けいはふ》によれば重罪の刑に處《しよ》せられたる者は重罪の刑の期限終るまでは其財産に關する權利を行ふことを止められる則《すなは》ち禁治産者となるも民法には禁治産の宣告《せんこく》を為すには心神《しんしん》を失《うしな》ふたるものならざるべからざるを以て自然《しぜん》刑法の禁治産は廢止せらる是を以て本條に刑法第十條第三號第三十五條第三十六條刑法附則第四十一條陸軍刑法第十

八條第四號及び海軍刑法《かいぐんけいはう》第九條第四號第二十二條は削《けづ》ることゝせり又刑法の中第三十五條に行政の處分《しよぶん》を以て治産の禁の處分を免《めん》ずることを得但の二十三字及び陸軍《りくぐん》刑法第三十二條中第三十五條第三十六條の十字《じ》は削《けづ》ることゝせり是れ皆禁治産に關係《くわんけい》せる條項なるを以て其儘《まゝ》にては不都合《ふつがふ》なるが故なり

第十五條 民法施行ノ日ニ於テ刑事《けいじ》禁治産者タル者ハ其施行《せかう》ノ日ヨリ能力ヲ回復ス

本條問の答 刑事の禁治産は廢《はい》せられたるを以て刑法施行《しかう》の日に於て刑事禁治産者たる者は民法を行《おこな》ふ日より治産の能力を取戻《とりもど》すことゝなるべし

第十六條 民法施行前ヨリ刑事禁治産者ノ財産ヲ管理スル者ハ刑事禁治産者又ハ刑事《けいじ》禁治産者カ定《さだ》メタル他ノ管理者カ其財産ヲ管理スルコトヲ得ルマテ管理《くわんり》ヲ繼續《けいぞく》スルコトヲ要ス

前項ノ場合ニ於テ管理者ハ民法第百三條ニ定《さだ》メタル權限ヲ有《いう》ス但刑事禁治産者カ別段《べつだん》ノ意思ヲ表示《へうし》シタルトキハ此限ニ在ラス

本條問の答 民法を行ふ日の前より刑事《けいじ》の禁治産の財産を支配《しはい》する者は刑事禁治産者が財産を支配《しはい》することが出來るまで又刑事禁治産者が定《さた》めたる外の管理者《くわんりしや》が其財産を支配《しはい》することを[illegible]るまで其爲し來《きた》りし支配を引續けさるべからず民法施行なりたるとて突然《とつぜん》

支配を止《や》むるときは不都合《ふつがふ》なるが故なり而して右の場合に於ての管理者《くわんりしや》は民法第三條の權利の定なき代理《だいり》人《にん》と同じく保存行爲《ほぞんかうゐ》又代理の目的物又は其權利の性質《せいしつ》を變《へん》せざる內にて其利用又は改良《かいりやう》を目的とせる行爲《かうゐ》を爲すことが出來る但《たゞ》し刑事禁治產者が別《べつ》に意見を示したるときは其意見によるべきものとす

第十七條 民法第二十五條乃至第二十九條ノ規定ハ民法施行前ニ住所又ハ居所ヲ去リタル者ニ付テモ亦之ヲ適用ス

民法施行前ヨリ不在《ふざい》者ノ財產ヲ管理《くわんり》スル者ハ其施行ノ日ヨリ民法ノ規定ニ從《したが》ヒテ其管理ヲ繼續《けいぞく》ス

本條問の答　民法第二十五條乃至《ないし》第二十九條の失踪《しつそう》に付ての定は民法を行ふ前《ぜん》より住み居る所又は現在《げんざい》居《お》る所を去りて長く歸《かへ》らざる者に付ても用《もち》ゐるなり又民法を行ふ前より家出《いへで》したる者の財產を支配《しはい》せる者は民法を行ふ日より民法の定により其支配《しはい》を引續ぐべからざるものなり

第十八條 民法第三十條及ヒ第三十一條ノ規定ハ民法施行前ヨリ生死分明《ぶんめい》ナラサル者ニモ亦之《またこれ》ヲ適用ス

民法施行前既《すで》ニ民法第三十條ノ期間《きかん》ヲ經過《けいくわ》シタル者ニ付テハ直チニ失踪《しつそう》ノ宣告ヲ爲スコトヲ得此場合《ばあひ》ニ於テハ失踪者ハ民《みん》法《はふ》ノ施行

ト同時ニ死亡シタルモノト看做ス

本條問の答　民法第三十條の行先《ゆくさき》の七年間も分《わか》らざるとき又戰爭《せんさう》に行きたるか又沈沒《ちんぼつ》したる船《ふね》に乘りたること明かにして生死《しやうし》の分らざること三年なるときは失踪《しつそう》と看做その定《きめ》又失踪の宣告《せんこく》の受けたる者は右の七年なり又三年なりが滿《み》ちたる時に死したるものと看做《みな》その定は民法を行ふ前より生死《しやうし》の分らざる者にも用ゐるものとす又民法を行ふ前既に民法三十條の期間《きかん》たる七年や三年やを過《す》ぎたる者に付ては直《す》ぐに失踪の宣告《せんこく》を爲すことが出來る此の塲合に於ては失踪者《しつそうしや》は民法の施行《しかう》なる日に死亡《しばう》したるものと看做さるゝものとす

第十九條　民法施行前ヨリ獨立《どくりつ》ノ財産ヲ有スル社團《しやだん》又ハ財團ニシテ民法第三十四條ニ揭ケタル目的ヲ有スルモノハ之ヲ法人トス

前項ノ法人ノ代表者《だいへうしや》ハ民法第三十七條又ハ第三十九條ニ揭《かゝ》ケタル事項其他《そのた》社員又ハ寄附者カ定メタル事項ヲ記載《きさい》シタル書面ヲ作リ民法施行ノ日ヨリ三ケ月内ニ之ヲ主務官廳《しゆむくわんちやう》ニ差出タシ其認可ヲ請フコトヲ要ス此塲合《ばあひ》ニ於テ主務官廳ハ其書面《しよめん》カ民法其他ノ法令ニ反《はん》スルトキ又ハ公益《こうえき》ノ爲メ必要ト認《みと》ムルトキハ其變更ヲ命スルコトヲ要ス

前項ノ規定ニ從ヒテ認可ヲ得タル書面ハ定款又ハ寄附行爲ト同一ノ效力ヲ有ス

本條問の答　民法を施行《しかう》する前より獨《ひと》り立する財産を持ち居る社團《しやだん》が財團かにて民法第三十四條の目的《もくてき》則ち祭の爲め又宗教慈善《じぜん》學術《がくじゆつ》技藝《ぎげい》其外公益に關する社團《しやだん》又は財團にして營利《えいり》を目的《もくてき》とせざるものは法人とすることを得此法人の代理《だいり》となる者は民法第三十七條の第一號より第六號までに記《しる》したる事柄《ことがら》又第三十九條に記《しる》したる事柄其外社員《しやゐん》又は寄附したる者が定《さだ》めたる事柄を記《しる》したる書面を作《つく》りて民法を行ふべき日より三ケ月の内に之を目的《もくてき》とする事柄を取扱ふ主務官廳に差出《さしだ》し其許を請《う》けざるべからず主務官廳は其認可を與《あた》ふる時に其差出したる書面が民法其外の法令《ほふれい》に背《そむ》き居るとき又は公益の爲め必要《ひつえう》と認《みと》めたるときは其事柄を變《へん》ぜしむることを得るなり此の定に從《したが》ひて認可《にんか》を得たる書面は定款又は寄附行爲と同じ力あるものとなるべし

第二十條　法人ノ代表者カ前條第二項ノ規定ニ從ヒ主務官廳ノ認可ヲ得タルトキハ二週間内ニ各事務所ノ所在地ニ於テ左ノ事項ヲ登記スルコトヲ要ス

一　民法第四十六條第一項第一號乃至第三號及ヒ第五號乃至第八號ニ掲ケタル事項

二　主務官廳ノ認可ノ年月日

前項ノ期間《きかん》ハ主務官廳ノ認可書ノ到達《たうたつ》シタル時ヨリ之ヲ起算《きさん》ス

第一項ノ規定ニ從ヒテ爲シタル登記ハ民法第四十六條第一項ニ定メタル登記ト同一ノモノト看做ス

本條問の答　右の法人《ほふにん》の代理する者が前條第二項の定に從ひ主務官廳の認可《にんか》を得たるときは二週間の内に各の事務所《じむしよ》あるときは其事務所に本條第一號第二號の事柄《ことがら》を登記せざるべからず第一法人の目的《もくてき》法人の名稱事務所の所在《しよざい》法人の存續する時期を定《さだ》めたるときは其時期法人の身代《しんだい》の總額出資《しゆつし》の方法を定めたるときは其方法法人の代理者《だいりしや》たる理事の氏名及び其住所第二主務官廳の認可《にんか》ありたる其年月日是れなり而して右二週間《しうかん》は主務官廳の認可書《にんかしよ》の到達《たうたつ》したる時より數《かぞ》ふるものとす又右の定めにより登記するときは民法第四十六條第一項に定めたる登記と同じものとするなり

第二十一條　第十九條第一項ノ法人カ財産目錄又ハ社員名簿ヲ備ヘサルトキハ民法施行ノ後遲滯《ちたい》ナク之ヲ作ルコトヲ要ス

本條問の答　第十九條第一項に定めたる法人《ほふにん》が財産目錄又は社員《しやゐん》の氏名を記したる帳簿を備《そな》へざるときは民法が行はれたる後速《すみや》かに作らさるべからず然《しか》らざれば法人の財産高又社員は誰《たれ》なるか知ることを得されは法人の信用を得ること能《あた》はさるべければなり

第二十二條　法人ノ代表者カ前三條ノ規定ニ反シ認可ヲ受ケ登記ヲ爲シ又ハ財産目録若クハ社員名簿ヲ作ルコトヲ怠リタルトキハ五圓以上二百圓以下ノ過料ニ處セラル

本條問の答　法人の代表者《だいへうしや》たる理事《りじ》が前三條の定に背《そむ》き認可を受くることを怠《おこた》り又登記を爲すこと若くば財産目録社員《しやいん》氏名の帳簿を作《つく》ることを怠《おこた》りたるときは五圓以上二百圓以下の過料《くわれう》に處分せらるべし是れ法人を大切《たいせつ》にする爲めなり

第二十三條　第十九條第一項ノ法人カ其目的《もくてき》以外《いぐわい》ノ事業ヲ爲シ又ハ認可ノ條件《でうけん》ニ違反シ其他公益ヲ害《がい》スヘキ行爲ヲ爲シタルトキハ主務官廳ハ其解散《かいさん》ヲ命《めい》スルコトヲ得

本條問の答　第十九條第一項の法人《ほふじん》が其登記したる事柄と異《こと》なる事業を爲し又は主務官廳より與《あた》へたる認可のヶ條に背《そむ》き其外公益《こうえき》を害すべき行爲則ち世間を迷《まよ》はすべき事柄を爲したるときは解散を命ぜらるゝこともあるべし

第二十四條　民法ノ規定ニ依リ法人ニ關シテ登記シタル事項ハ裁判所ニ於テ遲滯ナク之ヲ公告スルコトヲ要ス

本條問の答　民法の定《さだ》め通りに從ひて法人に付き登記《とうぎ》したる事柄《ことがら》は裁判所に於ては速かに公《こ》告《こく》せざるべからず公告によりて世人《せじん》は法人の出來たることを知るものなればなり

第二十五條　主務官廳《しゆむくわんちやう》カ正當ノ理由ナクシテ法人ノ設立《せつりつ》許可《きよか》ヲ取消シ又ハ其解散《かいさん》ヲ命シタルトキハ其法人ハ行政《ぎやうせい》裁判所ニ出訴スルコトヲ得

本條問の答　主務官廳が一旦許可《たんきよか》を與《あた》へながら其許可を取消《とりけ》すべき譯《わけ》なきに拘らず之を取消し又解散《かいさん》すべき譯《わけ》なきにも拘はらず解散を命《めい》じたるときは其法人は行政裁判所に訴《うつた》ふることを得是れ權利及び利害《りがい》に關《くわん》すること大なればなり

第二十六條　法人ノ清算人カ民法第七十九條及ヒ第八十一條第一項ノ規定《きてい》ニ依リ爲スヘキ公告《こうこく》ハ裁判所カ爲スヘキ登記事項《とうきじかう》ノ公告ト同一ノ方法ヲ以テ之ヲ爲スコトヲ要ス

本條問の答　法人が解散《かいさん》せる場合に清算勘定《せいさん》の爲めに選《えら》びたる清算人が民法第七十九條の定に從ひ二ヶ月内に三回の公告《こうこく》をなすこと又第八十一條第一項の法人の財産が債務《さいむ》を辨濟《べんさい》するに足《た》らざることが明《あきら》かなるときは破産《はさん》の宣告を求《もと》め其旨を公告することの其公法は裁判所が爲すべき登記の事柄を公告すると同じ方法にて爲すべきものとす

第二十七條　剝奪《はくだつ》公權者《こうけんしや》及ヒ停止公權者ハ法人ノ理事《りじ》、監事又ハ清算人タルコトヲ得ス

本條問の答　重罪《ぢうざい》の刑に處せられて公權《こうけん》を奪《うば》はれたる者及び輕罪の刑《けい》に處せられて公權

を行ふことを止《と》められたる者は法人の理事《りじ》又は監事《かんじ》若くば淸算人《せいさんにん》たることを得ざるべし
右の處分《しよぶん》を受けたる者は世間には信用《しんよう》するもの少《すく》なきにより法人の爲めには不利益《ふりえき》となるのみならず又刑の罰《ばつ》をして重《おも》からしむる爲なり而して公權《こうけん》とは凡て議員を選擧《せんきよ》し又選擧せらるゝ權其外名譽職《めいよしよく》となるの權利を謂《い》ふなり

第二十八條 民法中法人ニ關《くわん》スル規定ハ當分ノ內神社寺院祠宇《じんしやじゐん》及ヒ佛堂ニハ之ヲ適用セス

本條問の答 民法中法人に關《くわん》する定は當分の內神社寺院祠宇及び佛堂《ぶつだう》には用ゐず以上の四のものは法人たるべきものなれども民法施《し》行《こう》と共に法人とするときは人民の手數《てすう》と困《こん》難《なん》とを感《かん》ずるを以て法人とせざるべし

第二十九條 民法施行前ニ出訴期限ヲ經過シタル債權ハ時效ニ因リテ消滅シタルモノト看做ス

本條問の答 民法を行《おこな》ふ前に明治六年第三百六十二號の出訴期限《しゆつそきげん》規則の期限を過ぎたる債權《さいけん》は民法中の時效《じかう》に因りて消滅《せうめつ》したるものと看做すなり

第三十條 民法施行前ニ出訴期限ヲ經過セサル債權ニ付テハ民法中時效《じかう》ニ關スル規定ヲ適用《てきよう》ス

本條問の答 民法を行《おこな》ふ前に明治六年第三百六十二號の出訴期限《しゆつそきげん》規則の期限を過ぎざる

債權に付ては民法の時効《じかう》の規則を用《もち》ゐるべし是れ未だ既得《きとく》の權利を得たるものにあらざる故適用《てきよう》するも不都合《ふつがう》なしと見たるものならん

第三十一條 民法施行前ニ進行ヲ始メタル出訴期限カ民法ニ定メタル時效ノ期間ヨリ長《なが》キトキハ舊法《きうはふ》ノ規定ニ從フ但其殘期カ民法《みんぽふ》施行ノ日ヨリ起算シ民法ニ定メタル時效ノ期間ヨリ長キトキハ其日ヨリ起算シテ民法ノ規定ヲ適用ス

本條問の答　民法を行ふ前既《すで》に時效《じかう》にかゝり始めたる債權《さいけん》の出訴期限が民法に定《さだ》めたる時效の期間《きかん》より長きときは舊《ふる》き法に從ふべきものとす若し其時效《じかう》にかゝり始めたる殘りの期間が民法に定《さだ》めたる時效の期間より長きときは其日より數《かぞ》へて民法の規定を適用《てきよう》するものと知るべし

第三十二條 前條但書ノ規定ハ舊法ニ出訴期限ナキ權利ニ之ヲ適用ス

本條問の答　前條但書の定《さだめ》は舊法に出訴期限なき權利則《すなは》ち何年經《ふ》るも訴《うつた》ふることを得る權利則ち舊法には不動産上の權利には出訴期限なきを以て此等の權利に用ゐるなり

第三十三條 前三條ノ場合《ばあひ》ニ於テ民法中時效ノ中斷《ちうだん》及ヒ停止ニ關スル規定ハ民法施行ノ日ヨリ之ヲ適用ス

本條問の答　前三條の塲合に於て民法中時效《じかう》の中斷及び停止《ていし》に關係《くわんけい》せる定は民法を行ふ日より適用《てきよう》す故に第三十一條の民法の施行前《ぜん》に進行を始《はじ》めたる出訴期限が民法に定めたる時效の期限より長きときは舊法の定に從ふものと雖《いへ》とも民法の中斷及び停止の規則を受けざるべからざるなり

第三十四條　第三十條乃至第三十二條ノ規定ハ時效期間ノ性質ヲ有セサル法定期間ニ之ヲ準用ス

本條問の答　右第三十條乃至《ないし》第三十二條は時效期限の性質《せいしつ》を有《いう》せざる法定期間にも準用するものと知るべし

第三章　物權編ニ關スル規定

本章問の答　物權編《ぶつけんへん》を行ふに付ての定を爲すものなり

第三十五條　慣習上物《くわんしふじやうぶつ》權ト定メタル權利ニシテ民法施行前ニ發生《はつせい》シタルモノト雖モ其施行《しかう》ノ後ハ民法其他ノ法律《はふりつ》ニ定ムルモノニ非サレハ物權タル效力ヲ有セス

本條問の答　慣習《くわんしふ》にて物權と認《みと》めたる權利假令《たとへ》貸借人の權利の如きものにして民法施行の前に出來《でき》たるものなりと雖ども民法施行後は民法が其外《そのほか》の法律にて物權と定めたるになければ物權《ぶつけん》とせざるべし物權は他人の權利に利害《りがい》を與《あた》ふるものなるが故に斯の如く定

めたるものなり殊《こと》に物權は誰《たれ》でも勝手に新《あたら》しき物權を設《まう》くることを得《え》ざればなり

第三十六條　民法ニ定《さだ》メタル物權ハ民法施《し》行《かう》前《ぜん》ニ發生シタルモノト雖《いへど》モ其施行ノ日ヨリ民法ニ定《さだ》メタル效力《かうりよく》ヲ有ス

本條問の答　民法に定めたる物權は好《よ》しや民法を行ふ前《まへ》に出來《でき》たるものと雖《いへ》ども民法を行ふべき日より民法に定めたる效があるものなり

第三十七條　民法又ハ不《ふ》動《どう》產《さん》登記法ノ規定ニ依リ登《とう》記《き》スヘキ權利ハ從來登記《とうき》ナクシテ第三者ニ對《たい》抗《こう》スルコトヲ得ヘカリシモノト雖モ民法施行ノ日ヨリ一年內《ねんない》ニ之ヲ登記スルニ非《あら》サレハ之ヲ以テ第三者ニ對抗スルコトヲ得ス

本條問の答　民法又は不《ふ》動產《どうさん》登記法の定《さだ》めにより登記をすべき權利《けんり》にして今迄は登記なくして他人に向ても效《かう》ありし權利と雖《いへ》ども民法が施《し》行《かう》となりたる日より後は其施《し》行《かう》の日より一年の內に登記するでなければ他人に向て物權《ぶつけん》を有《いう》すると申立つるを得《え》ざるべし

第三十八條　民法施《し》行《かう》前《ぜん》ヨリ占有又ハ準《じゆん》占有ヲ爲ス者ニハ其施行ノ日ヨリ民法ノ規定ヲ適用ス

本條問の答　民法を行《おこな》ふ前より他人の物《もの》又は權利と占有又は準占有を爲《な》す者には民法が施行となりたる日より後は民法の定と適用するものと知るべし

第三十九條　民法施行前ヨリ動產ヲ占有スル者カ民法第百九十二條ノ條件ヲ具備《ぐび》スルトキハ民法ノ施行ト同時《どうじ》ニ其動產ノ上ニ行使《かうし》スル權利ヲ取得ス

本條問の答　民法を行《おこな》ふ前より他人の動產たる火鉢夜具等《ひばちやぐとう》を占有せる者が平穩且公然《へいおんかつこうぜん》にして動產《どうさん》の占有を始《はじ》めたる者が善意《ぜんい》にして且過失なきとき即《すなは》ち民法第百九十二條のヶ條と具《そな》ふるときは民法が行《おこな》はると共《とも》に其動產を自由に使用收益《しようしふえき》する權利を有するものとす

第四十條　遺失物《いしつぶつ》ハ明治九年第五十六號布告遺失物取扱《とりあつかひ》規則第二條ニ依リ榜示《ぼうし》ヲ爲シタル後一年內ニ其所有者《しよいうしや》ノ知レサルトキハ民法施行前ニ其榜示ヲ爲シタルトキト雖モ拾得者《しうとくしや》其所有權ヲ取得ス但漂著物《へうちやくぶつ》ニ付テハ明治八年第六十六號布告內國船難破及漂流物《へうりうぶつ》取扱規則ノ規定ニ從フ

本條問の答　遺失《ゐしつ》物則ちおとし物は明治九年第五十六號布告《ふこく》の遺失物取扱規則の第二條に依り立札《たてふだ》を爲して世間へ其拾《ひろ》ひしことを公告したる後一年の內に其所有者《そのしよいうしや》が知れざるときは民法を行ふ前に立札《たてふだ》にて示したる者と雖とも拾得者《しふとくしや》其所有權を得るものとす併《しか》し河海湖《かはうみみづうみ》等に浮《うか》び來たる物に付ては明治八年第六十六號の布告內國船難破《ないこくせんなんぱ》及漂流物取扱規則の規定《きてい》に從ふ是れ漂流物《へうりうぶつ》は遺失物と少しく其事柄《ことがら》を異《こと》にするを以て從て其取扱規則

を別になしたるものなり

第四十一條　埋藏物《まいぞうぶつ》ニ付テハ特別法ノ施行ニ至ルマテ遺失物《しつぶつ》ト同一ノ手續ニ依リテ公告ヲ爲スコトヲ要ス

本條問の答　土中に埋《う》もれたる物《もの》に付ては特に其《ぞく》事に付ての法律《ほふりつ》が發布なるまでは遺失物と同一の手續《てつゞき》則ち標示《へうし》して公告をなるものとす

第四十二條　民法施行前ヨリ民法第二百四十二條乃至第二百四十六條ノ規定《きてい》ニ依レハ所有權ヲ取得《しゆとく》スヘカリシ状況《じやうきやう》ニ在ル者ハ民法ノ施行ト同時ニ民法ノ規定ニ從ヒテ所有權ヲ取得ス但第三者カ正當ニ取得シタル權利ヲ妨ケス

本條問の答　民法を行《おこな》ふ前より民法第二百四十二條乃至《ないし》第二百四十六條の規定《きてい》則ち土地に從として附合《ふがふ》したる物又他人の動産を附合《ふがふ》せしめ其所有權と得ることが出來《でき》る有様に在る者は民法が行はるゝと同時《どうじ》に民法の定《さだめ》により所有權を得《う》ることゝなるべし併《しか》し他人が正當に取得《しゆとく》したる權利即ち賣買等により買取《かいと》りたるものなるときは其權利を妨《さまた》ぐることを得ざるべし

第四十三條　共有者《きやうゆうしや》カ民法施行前ニ於テ五年ヲ超《こ》ユル期間内共有物「ノ分割《ぶんかつ》ヲ爲サヽル契約《けいやく》ヲ爲シタルトキハ其契約《けいやく》ハ民法施行ノ日ヨ

リ五年ヲ超エサル範圍內ニ於テ其效力ヲ有ス

本條問の答　不動產《ふどうさん》又は動產と共有《きやうゆう》せる者が民法を行ふ前にて五年以上の期間內《きかんない》は共有物を分《わか》たざるべしとの契約《けいやく》を爲したるときは其契約は民法を行ふ日より五年を越《こ》えざる內丈け效《かう》わるものなり故に假令《たとへ》ば十年內共有物を分割《ぶんかつ》せざるとの契約は若し民法施行の日に殘《のこ》り八年あるときは五年丈有效《いうかう》にして三年は無效《むかう》となるべし

第四十四條　民法施行前ニ設定《せつてい》シタル地上權ニシテ存續《そんぞく》期間《きかん》ノ定ナキモノニ付キ當事者《たうじしや》カ民法第二百六十八條第二項ノ請求《せいきう》ヲ爲シタルトキハ裁判所《さいばんしよ》ハ設定《せつてい》ノ時ヨリ二十年以上民法《みんぽふ》施行ノ日ヨリ五十年以下ノ範圍《はんゐ》內ニ於テ其存續期間ヲ定《さだ》ム

地上權者カ民法施行前ヨリ有シタル建物又ハ竹木アルトキハ地上權ハ其建物ノ朽廢《きうはい》又ハ其竹木ノ伐採《ばつさい》期ニ至ルマテ存續ス

地上權者カ前項ノ建物ニ修繕《しうぜん》又ハ變更《へんかう》ヲ加ヘタルトキハ地上權ハ原建物ノ朽廢スヘカリシ時ニ於テ消滅ス

本條問の答　民法を行ふ前に設《まう》けたる地上權《ちじやうけん》にして其續くべき期間《きかん》の定なきものに付き當事者《たうじしや》が民法第二百六十八條第二項の二十年以上五十年以下にて存續《そんぞく》期間の定方《ていはう》に付き請求《せいきう》を爲したるときは裁判所は地上權設定《せつてい》の時より二十年以上民法施行の日より五十年

下の內にて存續《そんぞく》期間を定むるものとも地上權を有《いう》する者が民法の行はるゝ前より地上建物《たてもの》又は竹木を有《いう》するときは地上權は其建物の朽《く》ち果《は》つるに到《いた》る迄又は其竹木の伐《き》り採る期限に至るまで續《つゞ》くものとするなり若し又地上權を有《いう》する者が右の建物に修繕《しうぜん》を爲したるか又建物の變更《へんかう》を爲したるときは地上權は原《も》と修繕又は變更を加《くは》ふる前のときの建物の朽ちたりし時に消滅するものとす

第四十五條　外國人又ハ外國法人ノ爲メニ設定シタル地上權ニハ條約又ハ命令《めいれい》ニ別段ノ定ナキ場合ニ限リ民法ノ規定《きてい》ヲ適用ス

本條問の答　外國人又は外國人が其國にて建《た》てたる法人の爲《ため》に設けたる地上權には條約又は命令《めいれい》に別に定あるときは其定に從ひ別《べつ》に定のなきときは民法の定めに從ふべし

第四十六條　民法第二百七十五條及ヒ第二百七十六條ノ期間ハ民法施行前ヨリ同條ニ定《さだ》メタル事實《じじつ》カ始マリタルトキト雖モ其始ヨリ之ヲ起算ス

本條問の答　民法第二百七十五條及び第二百七十六條の五年及び二年が民法を行ふ前より同條に定めたる所の收益《しうえき》を得ざること又小作料《とさくれう》の支拂を怠《おこた》り又は破產の宣告を受けたるときの事實《じじつ》が始《はじ》まりたるときと雖ども其始より數《かぞ》ふるものとす

第四十七條　民法施行前ニ設定《せつてい》シタル永小作權ハ其ノ存續期間《きかん》カ五十

十年ヨリ長キトキト雖モ其效力ヲ存ス但其期間カ民法施行ノ日ヨリ起算《きさん》シテ五十年ヲ超《こ》ユルトキハ其日ヨリ起算《きさん》シテ之ヲ五十年ニ短縮ス

民法施行前ニ期間《きかん》ヲ定メスシテ設定《せつてい》シタル永小作權ノ存續《そくぞく》期間ハ慣習《くわんしふ》ニ依リ五十年ヨリ短《みじか》キ場合ヲ除《のぞ》ク外民法施行ノ日ヨリ五十年トス

本條問の答　民法を行ふ前に設《まう》けたる永小作權は其引續《そのひきつゞ》くべき期間が五十年より長《なが》きときと雖ども效力と存《そん》せるものとす併し其永小作權の期間《きかん》が民法を行ふ日より數《かぞ》へて五十年を超《こ》えたるときは其日より數《かぞ》へて五十年に縮《ちゞ》むるものとそ又民法を行ふ前に小作權《こさくけん》の期間を定めずして設《まう》けたる永小作權の存續《そくぞく》期間が慣習《くわんしふ》に依りて五十年より短《みじか》きときは其れによるも五十年より長きときは民法と行ふべき日より五十年とそるなり

第四十八條　民法ノ規定ニ從ヘハ民法施行前ヨリ先取特權《せんしゆとくけん》ヲ有スヘカリシ債權者《さいけんしや》ハ其施行ノ日ヨリ先取特權ヲ有ス

本條問の答　民法を行ふ前より有そる債權者《さいけんしや》の債權にして民法の規定《きてい》そる所によるときは先取特權《さきどりとくけん》となるべきものなるときは其債權者は民法施行《しかう》となる日より先取特權を有することゝなるべし

第四十九條　民法第三百七十條ノ規定ハ民法施行前ニ抵當權ノ目的タル不動産《ふどうさん》ニ附加シタル物ニモ亦之ヲ適用《てきよう》ス

本條問の答　民法第三百七十條抵當《ていたう》の權利は抵當地《ていたうち》の上にある建物を除《のぞ》く外其目的たる不動産《ふどうさん》に付て一體《たい》となりたる物に及ぶとの定《さだめ》は民法を行ふ前より抵當權の目的《もくてき》たる不動産に附き加りたる物にも適用《てきよう》して抵當權は其附加したる物に及ぶべきなり

第五十條　民法第三百七十四條ノ規定ハ民法施行前ニ設定シタル抵當權ニモ亦之ヲ適用《てきよう》ス但民法施行ノ日ヨリ一年内ニ特別《とくべつ》ノ登記ヲ爲シタル利息《りそく》其他ノ定期金ニ付テハ元本《げんほん》ト同一ノ順位《じゆんい》ヲ以テ抵當權ヲ行フコトヲ得

本條問の答　第三百七十四條　抵當權《ていたうけん》を有する者が利息《りそく》其外月々年々《としどし》と期限を定めて支拂を受くる權利を有するときは其滿期《まんき》となりたる最後《さいご》の二年分丈けに付き抵當權《ていたうけん》を行ふことを得るとの規定は民法を施行《しかう》そる前より設けたる抵當權にも亦適用《てきよう》するなり併《しか》し民法を行ふ日より一年の内に利息《りそく》其外定期金に付て特別《とくべつ》に登記したるときは元金《もときん》と同じ順位を以て則ち元金《もときん》が一番抵當なれば一番の順《じゆん》にて抵當の權利を行ふことを得るなり

第五十一條　民事訴訟法第六百四十九條第二項及ヒ第三項ヲ改メテ左ノ三項トス

不動產《ふどうさん》ノ上ニ存《そん》スル一切ノ先取特權及ヒ抵當權ハ賣却《ばいきやく》ニ因リテ消滅ス

留置權《りうちけん》カ不動產ノ上ニ存スル場合《ばあひ》ニ於テハ競落人ハ其留置權ヲ以テ擔保スル債權ヲ辨濟スル責ニ任ス

質權カ不動產ノ上ニ存スル場合《ばあひ》ニ於テハ競落人ハ其質權ヲ以テ擔保スル債權及ヒ質權者ニ對《たい》シテ優先權《いうせんけん》ヲ有スル者ノ債權ヲ辨濟スル責ニ任ス

本條問の答　民事訴訟法《みんじそしようほふ》第六百四十九條第二項及び第三項を改《あらた》めて不動產の上にある一切の先取特權《さきどり》及び抵當權は不動產を賣却《ばいきやく》するにより消滅し又留置權《りうち》が不動產の上にある場合に於ては競賣《せりうり》によりて競落《せりおと》したる者は其留置權を以て引當《ひきあて》とする債權を辨濟する責《せめ》あるものとし又質權が不動產の上《うへ》に在る場合には競賣《せりうり》によりて競落《せりおと》したる者は其質權にて引當《ひきあて》とする債權及び質の權利者に向て優先權《ゆうせんけん》則ち質權者より優《まさ》りたる債權を支拂ふべき責あるものとすとの三項に定めたり

第四章　債權編ニ關スル規定

本章問の答　債權編《さいけんぺん》を行ふに付ての規定なり

第五十二條　明治十年第六十六號布告利息制限法第三條ハ之ヲ削除

ス

本條問の答　明治十年第六十六號の布告利息制限法《りそくせいげんはふ》第三條法律上の利息《りそく》とは人民相互《きつと》の契約《けいやく》にて利息の高《たか》も定めざるときは裁判所より言渡《いひわた》す所の者にして元金《ぐわんきん》の多少に拘《かゝは》らず百分の六とすとの規定は民法に既《すで》に其定と爲したれば削《けづ》ることゝなしたり

第五十三條　民法施行前ヨリ債務《さいむ》ヲ負擔《ふたん》スル者カ其施行ノ後ニ至リ債務ヲ履行《りかう》セサルトキハ民法ノ規定《きてい》ニ從ヒ不履行ノ責《せめ》ニ任ス

前項ノ規定ハ債權者カ債務ノ履行ヲ受クルコトヲ拒ミ又ハ之ヲ受クルコト能ハサル場合ニ之ヲ準用ス

本條問の答　民法を行ふ前より債務《さいむ》を負《お》ひ居る者が民法施行の後に至り債務の辨濟《べんさい》を爲さゞるときは民法の定《さだめ》に從ひ不履行の責《せめ》に任ずることゝなり右の定は債權者が債務者の債務の履行《りかう》を受くることを拒《こば》み又禁治産の宣告《せんこく》を受けて未《いま》だ後見人の定なくして受くること能はざるときは亦之を準用するなり

第五十四條　民事訴訟法第七百三十三條第一項ヲ左ノ如ク改ム

民法第四百十四條第二項及ヒ第三項ノ場合ニ於テハ第一審ノ受訴裁判所ハ申立ニ因リ民法ノ規定《きてい》ニ從ヒテ決定《けつてい》ヲ爲ス

本條問の答　民事訴訟法《そしようほふ》第七百三十三條第一項を民法第四百十四條第二項及び第三項の

場合に於ては第一審の訴《うつたへ》を受くる裁判所は申立に因《よ》り民法の定によりて決定《けつてい》すと改めたり若し原《もと》の儘《まゝ》なるとき債權編と抵觸《ていしよく》がするを以てなり

第五十五條　民事訴訟法第三百七十四條ヲ左ノ如ク改ム

債務ノ性質《せいしつ》カ强制履行ヲ許《ゆる》ス場合ニ於テ第一審ノ受訴裁判所ハ申立ニ因リ決定《けつてい》ヲ以テ相當《さうたう》ノ期間ヲ定メ債務者カ其期間內ニ履行《りかう》ヲ爲ザヽルトキハ其遲延《ちえん》ノ期間ニ應《おう》シ一定ノ賠償《ばいしやう》ヲ爲スヘキコト又ハ直チニ損害《そんがい》ノ賠償ヲ爲スヘキコトヲ命《めい》スルコトヲ要ス

本條問の答　民事訴訟法《そしやうほふ》第七百三十四條と債務《さいむ》の性質《せいしつ》が貸金等の如く强制《きやうせい》して履行せしむることを許《ゆる》す場合にて第一審の訴を受くる裁判所は債權者の申立《まをしたて》により決定の裁判にて相當の期間《きかん》を定め債務者が其期間內に債務を行《おこな》はざるときは其遲《おそ》くなりたる期間に應《おう》じ一定の賠償《ばいしやう》を爲すべきことと又は直ぐに損害《そんがい》の償と爲すべきことと言ひ付くものとすと改めたり

第五十六條　金錢ヲ目的トスル債務ヲ負擔シタル者カ民法施行前ヨリ其履行《りかう》ヲ怠リタルトキハ損害賠償ノ額《がく》ハ其施行ノ日以後《いご》ハ民法第四百四條ニ定《さだ》メタル利率《りりつ》ニ依リテ之ヲ定《さだ》ム但民法第四百十九條第一項但書ノ適用ヲ妨ケス

本條問の答　金錢を目的《もくてき》とする債務を負擔《ふたん》したる者則ち金を借りたる者が民法を行ふ前より其辨濟期限來たるに辨濟《べんさい》を爲さゞるべきは其損害賠償の額《かく》は民法施行の日以後は民法第四百四條に定めたる年五分の利率に依りて之を定む但し民法第四百十九條第一項但書約定の利息《りそく》が法定利息なるときは約定利息《りそく》によるとのことは尙右の場合にも用ゐるものとするなり

第五十七條　指圖證劵、無記名證劵及ヒ民法第四百七十一條ニ揭ケタル證劵ハ公示催告ノ手續ニ依リテ之ヲ無效ト爲スコトヲ得

本條問の答　指圖証劵《さしづ》則ち何某に拂ひ渡れと指圖《さしづ》したる証劵及無記名証劵則ち債權者の何人《なんぴと》なるかを記さゞる証劵及び民法第四百七十一條に揭《かゝ》げたる証劵則ち証書に債權者を指名《しめい》したるも其証書の所持人に辨濟《べんさい》すべき旨を附記《ふき》したる場合は公示催告《こうしさいこく》の手續に依り之を無效とすることが出來るべし

第五十八條　民法施行《しかう》前《ぜん》ニ發生《はつせい》シタル債務ト雖モ相殺《さうさつ》ニ因リ之ヲ免ルヽコトヲ得

雙方《さうはう》ノ債務カ民法施行前ヨリ互ニ相殺《さうさつ》ヲ爲スニ適《てき》シタルトキハ相殺ノ意思表示ハ民法施行ノ日ニ遡リテ其效力ヲ生ス

本條問の答　民法を行ふべき前に出來《でき》たる債務と雖ども相殺を爲し互に其債務の支拂を

免《まぬか》かるゝことを得又双方《さうはう》の債務が民法を行ふ前より相互《あひたがひ》に相殺を爲すことが出來るときは相殺と爲そとの意思《いし》と民法を行ふべき日より一ヶ月も二ヶ月も後《のち》に示《しめ》そと雖ども民法を行ふべき日に遡《さかのぼ》りて相殺が出來たることゝなるべし

第五十九條 民法第六百五條ノ規定ハ民法施行前ニ爲シタル不動産ノ賃貸借ニモ亦之ヲ適用ス

本條問の答 民法第六百五條不動産の賃貸借《ちんたいしやく》は登記《とうき》したるときは其登記より後《のち》に不動産に付物權を得たる者に向ても效《かう》あることゝなるとの定《さだめ》は民法を行ふべき日以前に爲したる不動産の賃貸借にも適用《てきよう》す故に民法施行前《しかうぜん》に爲したる賃貸借は登記するにあらざれば他人に向て其效あらざるべし

第六十條 第四十五條ノ規定ハ外國人又ハ外國法人ニ土地ヲ賃貸シタル場合ニ之ヲ準用ス

本條問の答 外國人又は外國法人に土地《とち》を賃貸したる場合には第四十五條の定を準用《じゆんよう》し條約又は命令《めいれい》に別法の定なき場合に限《かぎ》り民法の規定を適用《てきよう》するものと知るべし

第六十一條 刑法附則第五十四條乃至第六十條ハ之ヲ削除ス

本條問の答 刑法附則《けいはふふそく》第五十四條乃至第七十條の徵償處分《てうせうしよぶん》規則は削《けづ》ることゝせり既に民法に此等のことを記載《きさい》せるを以て最早《もはや》入用なきことゝなれり

第五章　親族編ニ關スル規定

本章問の答　親族編《しんぞくへん》と行ふに付ての定なり

第六十二條　民法施行ノ際《さい》家族《かぞく》タル者ハ民法ノ規定《きてい》ニ依レハ家族タルコトヲ得サル者ト雖モ之ヲ家族トス
家族ハ民法施行ノ日ヨリ民法ノ規定《きてい》ニ従ヒテ戸主權《こしゆけん》ニ服ス

本條問の答　民法を行ふべき際《さい》一家の家族《かぞく》たる者は民法の規定《きてい》によれば家族たることを得ざる者則ち同居《どうきよ》の親族にあらざる者と雖ども家族とするなり既《すで》に家族となるものは民法と行ふべき日より民法の規定に従ひて戸主たる權を有する者に服せざるべからぞ

第六十三條　民法ノ規定ニ依レハ父又ハ母ノ家ニ入ルヘキ者ト雖モ民法施行ノ際他家ニ在ル者ニハ其規定ヲ適用セス

本條問の答　民法の規定に依れば嫡出子《ちやくしゆつし》及び庶子は父の家《いへ》に入る又私生子は母の家《いへ》に入るべきものなれども民法を行ふべき際既《さいすで》に他人の家に在る者には其定を適用《てきよう》せざるべし

第六十四條　民法施行前ニ隱居者《いんきよしや》又ハ家督相續人カ詐欺《さぎ》又ハ強迫ニ因リ隱居ヲ爲シ又ハ相續《そうぞく》ヲ承認《しやうにん》シタルトキハ民法第七百五十九條ノ規定ニ依リテ之ヲ取消スコトヲ得但第三十二條及ヒ第三十四條ノ適用ヲ妨ケス

民法第七百六十條ノ規定ハ民法施行前ニ家督相續人ノ債權者ト爲リタル者ニモ亦之ヲ適用ス

本條問の答　民法を行ふべき前に隱居《ゐんきよ》したる者又は家督《かとく》相續人が詐欺《さぎ》により又は强迫《きやうはく》により隱居を爲し又は相續を承知《しやうち》したるときは民法第七百五十九條の定《さだめ》に從ひ隱居又は相續と取消《とりけ》すことを得併《しゆ》し民法施行法第三十一條及び第三十四條の時效《じかう》のことに付ての規則は適用《てきよう》を妨げざるなり又民法第七百六十條の規定は民法施行せる前《まへ》に家督相續人の債權者となりたる者にも適用《てきよう》するなり同條は既に述《の》べたれば之を畧す

第六十五條　民法施行前ニ爲シタル婚姻《こんゐん》又ハ養子《やうし》緣組カ其當時ノ法律ニ依レハ無效ナルトキト雖モ民法ノ規定ニ因リ有效ナルヘキトキハ民法施行ノ日ヨリ有效トス

本條問の答　民法を行ふ前に爲《な》したる婚姻又は養子《やうし》緣組が其婚姻《そのこんゐん》又は養子緣組の時の法律に依れば假令《たとひ》無效《むかう》なるべきものと雖ども民法の規定《きてい》に依るときには有效《いうかう》となるべきときは民法を行ふべき日より有效のものとするなり

第六十六條　民法第七百六十七條第一項ノ期間ハ前婚カ民法施行前ニ解消シ又ハ取消サレタルトキト雖モ其解消又ハ取消ノ時ヨリ之ヲ起算ス

本條問の答　民法第七百六十七條第一項の女は前婚の解消《かいせう》又は取消の日より六ケ月を過ぎたるに非らされば再婚《さいこん》することを得ずとの六ケ月は前の婚姻《こんゐん》が民法か行るゝ前に解け又は取消《とりけ》されたるときと雖ども其解消又は取消の時より算《かぞ》ふるものとす

第六十七條　民法施行《しかう》前《ぜん》ニ生シタル事實カ民法ニ因リ婚姻《こんゐん》又ハ養子縁組ノ取消ノ原因《げんゐん》タルヘキトキハ其婚姻又ハ養子《やうし》縁組ハ之ヲ取消スコトヲ得但其事實《じじつ》カ既ニ民法ニ定メタル期間ヲ經過《けいくわ》シタルモノナルトキハ此限ニ在ラス

本條問の答　民法を行ふべき前に出來《でき》たる事柄か民法によれば婚姻《こんゐん》又は養子取消の原因《げんゐん》となるべきものなるときは其婚姻又は養子縁組は取消《とりけ》すことを得併《しか》し其取消の原因となるべき事柄《ことがら》が既に民法に定めたる期間《きかん》を過ぎ有效となるべきものなるときは取消《とりけ》すことを得ざるべきなり

第六十八條　民法施行前ニ爲シタル婚姻又ハ養子縁組ト雖モ其施行ノ日ヨリ民法ニ定メタル效力ヲ生ス

本條問の答　民法を行《おこな》ふべき前になしたる婚姻又は養子縁組と雖《いへ》ども民法施行の日《ひ》より民法に定めたる效が出來ることゝなるべし

第六十九條　民法施行前ニ婚姻ヲ爲シタル者カ夫婦ノ財産ニ付キ別

段ノ契約ヲ爲サヽリシトキハ其財產關係ハ民法施行ノ日ヨリ法定財產制ニ因ル

民法施行前ニ夫婦《ふうふ》カ其財產ニ付キ契約《けいやく》ヲ爲シタルトキハ其契約ハ婚姻屆出ノ後《のち》ニ爲シタルモノト雖モ其效力《かうりよく》ヲ存ス但其契約カ法定財產制《せい》ニ異ナルトキハ民法施行ノ日ヨリ六ヶ月內ニ其登記《とうき》ヲ爲スニ非サレハ之ヲ以テ夫婦ノ承繼人及ヒ第三者ニ對抗スルコトヲ得ス

本條問の答　民法を行ふべき前に婚姻《こんいん》を爲したる者が夫婦《ふうふ》の財產に付き別に何等の契約《けいやく》を爲さゞりしときは夫婦《ふうふ》財產關係は民法施行の日より法定《ほふてい》財產制に依るべきものとなる又民法を行ふ前に夫婦《ふうふ》が其財產に付き契約《けいやく》を爲したるときは其契約は婚姻を屆出《とゞけい》でたる後に爲したるものと雖《いへ》ども契約の效あるなり但《たゞ》し其契約が法律《はふりつ》に定めたる所と異《こと》なるときは民法を行ふべき日《ひ》より六ヶ月の內に其契約を登記《とうき》せるに非らざれば之を以て夫婦の承繼人則《すなは》ち相續人及び第三者に手向《てむか》ふことを得ざるべし

第七十條　民法施行前ニ生シタル事實《じじつ》カ民法ニ因リ離婚又ハ離緣《りえん》ノ原因《げんいん》タルヘキトキハ夫婦又ハ養子《やうし》緣組《えんぐみ》ノ當事者ノ一方ハ離婚又ハ離緣《りえん》ノ訴ヲ提起《ていき》スルコトヲ得

第六十七條但書ノ規定ハ前項ノ場合ニ之ヲ準用ス

本條問の答　民法を行《おとな》ふ前に出來たる事柄が民法に依《よ》るときは離婚《りこん》又は養子離縁の原因となるべきときは夫婦《ふうふ》の中何《うちいづ》れなりとも又養子縁組の當事《たうじ》者《しや》の一方が離婚又は離縁の訴《うつたへ》を起《おこ》すことを得併し其事柄《ことがら》が民法に定めたる期間を過《す》ぎ離婚又は離縁と爲すことが出來さるときは訴を起すことを得さるべし

第七十一條　嫡出ノ推定《すゐてい》及ヒ否認《ひにん》ニ關スル民法ノ規定ハ民法施行前ニ懷胎《くわいたい》シタル子ニモ亦之ヲ適用《てきよう》ス

本條問の答　嫡出の推定《すゐてい》則ち婚姻中に胎《はら》みたる子は夫の子とその定方及び否認《ひにん》則ち夫の子とすることが不承知《ふしやうち》の民法の定方は民法を行《おとな》ふ前に胎《はら》みたる子にも當《あ》てはめて嫡出の推定をなし又否認することを得るなり

第七十二條　子ハ民法施行ノ日ヨリ民法ノ規定ニ從ヒテ父又ハ母ノ親權ニ服ス

本條問の答　人の子たるものは民法を行《おとな》ふ日より民法の定に從《したが》ひて父又は母たる者の親《おや》の權に服するものと知れ

第七十三條　裁判所ハ民法《みんぽふ》施行前ニ生シタル事實《じじつ》ニ據リテ親權又ハ管理權ノ喪失《さうしつ》ヲ宣告《せんこく》スルコトヲ得

本條問の答　裁判所は民法を行ふ前に出來たる事實則ち父又は母が親權を濫用し又は著しく〳〵不行跡《ふぎやうせき》なるとき又は親權《しんけん》を行ふ父又は母が管理をそるに其當《ほ》を得ざるにより子の財産を危《あやふ》くしたる如き事實あるときは親權《しんけん》又は管理權の喪失《さうしつ》を宣告《せんこく》することを得るなり

第七十四條　民法第九百條第一號ノ場合ニ於テ民法施行ノ際未成年者ノ後見人タル者アルトキハ其後見人ハ民法施行ノ日ヨリ民法ノ規定ニ從ヒテ其任務ヲ行フ

本條問の答　民法第九百條第一號未成年者に向《ひあ》ふて親權を行ふ者なきとき又は親權《しんけん》を行ふ者が能力《のうりよく》を失ひたるか又管理權を失《うしな》ふたるか等にて管理權《くわんりけん》なきときに於て民法を行ふべき際《きい》未成年者の後見人となるべき者あるときは其後見人《そのこうけんにん》は民法を行ふべき日より民法の定に從《したが》ひ後見人の仕事《しごと》を行ふべきものなり

第七十五條　民法第九百條第一號ノ場合ニ於テ民法施行ノ際未成年者カ後見人ヲ有《ゆう》セサルトキハ民法ニ定《さだ》メタル者其後見人ト爲ル

本條問の答　民法第九百一條第一號前條と同じ場合《ばあひ》に於て民法を行ふ際未《さいみ》成年者《せいねんしや》が後見人を有《いう》せざるときは民法に定《きだ》めたる者が後見人となる如何なる者が後見人《こうけんにん》となるかは民法後見の章に付て一見あるべし

第七十六條　民法施行前ニ民法第七條又ハ第十一條ニ掲ケタル原因

ノ爲メニ後見人ヲ附《ふ》シタル者アル場合《ばあひ》ニ於テ後見人其他民法第七條ニ掲《かゝ》ケタル者ノ請求ニ因リ禁治産《きんじさん》又ハ準禁治産ノ宣告《せんこく》アリタルトキハ後見人ハ其宣告ノ時ヨリ民法ノ規定ニ従ヒテ後見人ノ任務ヲ行ヒ準禁治産ノ宣告《せんこく》アリタルトキハ保佐人ノ任務《にんむ》ヲ行フ

本條問の答　民法を行ふ前《まへ》に民法第七條又は第十一條に掲《かゝ》げたる心神の喪失《さうしつ》又は心神の確《たし》かでなき爲めに後見人を附《つ》けたる者ある場合にて後見人其他《そのた》民法第七條に掲《か》げたる本人配偶者《つれあひ》戸主保佐人等の求《もと》めにより禁治産の言渡《いひわたし》ありたるときは後見人は其言渡の時《とき》より民法の定に従《したが》ひて後見人の仕事を行《おこな》ひ準禁治産の言渡ありたるときは保佐人《ほさにん》の仕事を行ふものとするなり

第七十七條　民法施行前ニ未成年《みせいねん》又ハ民法第七條若クハ第十一條ニ掲《かゝ》ケタル原因《げんいん》ニ非サル事由ノ爲メニ選任《せんにん》シタル後見人ノ任務《にんむ》ハ民法施行ノ日ヨリ終了ス

未成年者ノ後見人《こうけんにん》又ハ民法第七條若クハ第十一條ニ掲《かゝ》ケタル原因ノ爲メニ選任《せんにん》シタル後見人カ民法第九百八條ニ該當《がいたう》スルトキ亦同シ

本條問の答　民法を行《おこな》ふ前に未成年者も非《あ》らず又は民法第七條の心神《しんしん》を失ひたる者若く

ば第十一條心神《しんく》の不確《ふたしか》の者にあらざる事に選《えら》びたる後見人の仕事はと民法行《おこな》ふ日より終るものとす又未成年者《みせいねんしや》の後見人又は民法第七條若くは第十一條に掲《かゝ》げたる事の爲めに選びたる後見人が民法第九百八條に掲《かゝ》げたる者に當《あた》るときは後見人の仕事《しごと》は民法を行ふ日より終ることゝなるべし

第七十八條　民法第九百三十七條及ヒ第九百四十條乃至第九百四十二條ノ規定ハ前條ノ場合ニ之ヲ準用ス

民法第九百三十八條ノ規定ハ前條第二項ノ場合ニ之ヲ準用ス

本條問の答　前條により後見人の仕事《しごと》が終《をは》る場合に民法第九百三十七條及び第九百四十條乃第條九百四十二條の定を準用《じゆんよう》するを以て此等諸條により計算《けいさん》を爲そべきなり又前條第二項の場合《ばあひ》にも民法第九百二十八條を準用《じゆんよう》す故に後見の計算《けいさん》は後見監督人の立會《たちあひ》を以て爲そことと又親族會の認可を經ざるべからず

第七十九條　第七十四條又ハ第七十六條ノ規定ニ依リテ後見人ノ任務ヲ行フ者ハ後見監督人《とうけんかんとくにん》ヲ選任セシムル爲メ遲滯《ちたい》ナク親族會ノ招集ヲ裁判所ニ請求スルコトヲ要ス若シ之ニ違反シタルトキハ親族會ハ其後見人ヲ免黜《めんちゆつ》スルコトヲ得

本條問ノ答　民法施行法第七十四條又は第七十六條の定《さため》によりて後見人の仕事《しごと》を行ふ者

は後見監督人を選《えら》ぶ爲め速かに親族會を招集《せうしふ》することを裁判所に求《もと》めざるべからず若し之れに背《そむ》き招集を裁判所に求《もと》めざるときは親族會は其後見人を免《めん》することを得る是れ後見人たる者其義務を盡さゞると以てなり

第八十條　第七十四條又ハ第七十六條ノ規定ニ依リテ後見人ノ任務ヲ行フ者ハ遲滯《ちたい》ナク被後見人ノ財産《ざいさん》ヲ調査シ其目錄ヲ調製《てうせい》スルコトヲ要ス

民法第九百十七條第二項、第三項、第九百十八條及ヒ第九百十九條ノ規定ハ前項ノ場合ニ之ヲ準用ス

本條問の答　第七十四條又は第七十六條の定によりて後見人の仕事を爲すものは速かに被後見人の財産を取調《とりしら》べ其目錄を調製《てうせい》せざるべからず而して其目錄を造《つく》るに付ては民法第九百十七條第二項第三項第九百十八條及び第九百十九條の定に從ひて爲すべきものとするなり

第八十一條　民法第九百二十四條及ヒ第九百二十七條ノ規定ハ後見人カ第七十四條又ハ第七十六條ノ規定ニ依リテ其任務ヲ行フ場合ニ之ヲ準用ス

本條問の答　後見人《こうけんにん》が第七十四條又は第七十六條の定《さだ》めにより後見人たる仕事《しごと》を行ふ塲

合には民法第九百二十四條及《およ》び第九百二十七條の定むる所の被後見人の生活《せいくわつ》又は教育《けういく》の爲めに入《い》るべき金其外後見人が被後見人の金を如何程《いかほど》の高に至る迄受取るときは預《あづ》くるものなるか等を定めざるべからず

第八十二條　民法第九百三十條ノ規定ハ後見人カ民法施行前ニ被後見人ノ財產《ざいさん》又ハ被後見人ニ對《たい》スル第三者ノ權利《けんり》ヲ讓受ケタル場合ニモ亦之ヲ適用ス

本條問の答　民法第九百三十條は後見人が民法を行ふ前に被後見人の財產又は被後見人に向ひて有《いう》する他人の權利を讓受《ゆづりう》けたる場合にも適用《てきよう》す故に被後見人は之を取《と》消《け》すことを得るも後見人は苦情《くじやう》を述《の》ぶることを能《あた》はざるべし

第八十三條　後見人カ民《みん》法《はふ》施行前ヨリ被後見人ノ財產ヲ賃借《ちんしやく》セルトキハ後見監督人ヲ選任《せんにん》セシムルタメ招集《せうしふ》シタル親族會ノ同意ヲ求ムルコトヲ要ス若シ親族會カ同意ヲ爲サヽリシトキハ賃貸借ハ其效力ヲ失フ

本條問の答　後見人が民法と行ふ前より被後見の動產《どうさん》又は不動產を自分《じぶん》に賃借せるときは後見監督人を選ばしむる爲め招《まね》き集《あつ》めたる親族會の承諾《しやうだく》を求めて賃借を爲さゞるべからず故に若《も》し親族會に於て承知《しやうち》せざりしときは賃貸借は止《や》めとなるべきなり

第六章　相續編ニ關スル規定

本章問の答　相續編《さうぞくへん》を行ふに付ての定《さだめ》なり

第八十四條　民法施行前ニ民法第九百六十九條及ヒ第九百九十七條ニ掲ケタル行爲ヲ爲シタル者ト雖モ相續人タルコトヲ得ス

本條問の答　民法を行ふ前に民法第九百六十九條に掲げたる第一號より第五號の事柄及び第九百九十七條の第一號第二號に掲《かゝ》げたる事柄を爲したる者と雖《いへ》ども民法施行後にも矢張《やはり》相續人となることを得《え》ざるべし

第八十五條　民法第九百七十四條及ヒ第九百九十五條ノ規定ハ相續人タルヘキ者カ民法施行前ニ死亡《しばう》シ又ハ其相續權ヲ失《うしな》ヒタル場合ニモ亦之ヲ適用ス

本條問の答　相續人《さうぞくにん》たるべき者が民法を行ふべき前に死《し》し又は其相續權を失《うしな》ひたる場合には民法第九百七十四條及び第九百九十五條の規定を適用するなり

第八十六條　相續人廢除《はいじよ》ノ原因タル事實カ民法施行前《しかうぜん》ニ生シタルトキト雖モ廢《はい》除《じよ》ノ請求《せいきう》ヲ爲スコトヲ得

本條問の答　相續人と廢《はい》すべき原因《げんいん》たる事柄《ことがら》が民法を行ふ前に出來たるときと雖《いへ》ども民法を行ふべき日後に廢《はい》することを得るなり

第八十七條　相續人廢除《はいじよ》ノ取消ニ關《くわん》スル民法ノ規定ハ其施行前ニ廢《はい》除《じよ》シタル相續人ニモ亦之ヲ適用《てきよう》ス

本條問の答　相續人を廢《はい》したるも又其れを取消《とりけ》すべき民法の定《さだめ》は民法を行ふべき前に廢《はい》したる相續人にも適用《てきよう》して原《もと》の相續人とすることを得るなり

第八十八條　家督《かとく》相續人指定《してい》ノ取消ニ關スル民法ノ規定《きてい》ハ其施行前ニ指定《してい》シタル家督相續人ニモ亦之ヲ適用《てきよう》ス

本條問の答　一旦家督《かとく》相續人と指《さ》し定めたるも不都合《ふつがふ》のことありたるを以て其れを取消すべき民法の定は民法施行前に指《さ》し定《さだ》めたる家督相續にも適用《てきよう》して取消すことを得るものと知るべし

第八十九條　民法第九百八十九條ノ規定ハ民法施行前ニ前戸主ノ債權者ト爲リタル者ニモ亦之ヲ適用ス

本條問の答　民法を行ふべき日以前《いぜん》に前戸主の債權者《さいけんしや》と爲りたる者にも民法第九百八十九條の定を適用するものなり

第九十條　民法第千七條及ヒ第千八條ノ規定ハ民法施行前ニ爲シタル贈與《ぞうよ》ニモ亦之ヲ適用《てきよう》ス

本條問の答　民法を行《おこな》ふべき日の前に爲したる贈與《ぞうよ》にも民法第千七條及び第千八條の定

を適用《てきよう》す此れは民法施行前も後も贈與《ぞうよ》其者には變《かは》りたる處なければなり

第九十一條　相續《さうぞく》ノ承認、拋《はう》棄《き》及ヒ財産ノ分離ニ關《くわん》スル民法ノ規定ハ其施行前ニ開始シタル相續ニハ之ヲ適用セス

本條問の答　相續《さうぞく》を承認そること相續を棄《す》つること及び財産を分《わか》つことの民法の定は民法を施行せる前《まへ》に始りたる相續には適用《りきよう》せざるべし若し此れを適用するときは非常《ひじやう》に面倒となり或《あるひ》は既《すで》に其得たる物を取られ得ざる物《もの》を得ることゝなればなり

第九十二條　相續人曠缺《くわうけつ》ノ場合ニ關スル民法ノ規定《きてい》ハ其施行法ニ開始シタル相續ニ付テハ其施行ノ日ヨリ之ヲ適用ス

本條問の答　相續人が欠《か》けてなき場合に付き其處置《そのしよち》方《はう》を定めたる民法の規定《きてい》は民法を行ふ前既《すで》に始りたる相續に付《つひ》ては民法を行ふ日より適用《てきよう》するなり

第九十三條　相續財産ノ管理《くわんり》人カ民法第千五十七條ノ規定ニ依リ爲スヘキ公告《こうこく》ハ裁判所カ同法第千五十八條ノ規定《きてい》ニ依リ爲スヘキ公告ト同一ノ方法ヲ以テ之ヲ爲スコトヲ要ス

本條問の答　相續財産を管理《くわんり》する者が民法第千五十七條の定むる所《ところ》により爲そべき公告《こうこく》は裁判所が民法第千五十八條の定《さだ》むる所により爲そべき公告《こうこく》と同じ方法《はうはふ》にて爲さゞるべからざるなり

第九十四條　遺言《いごん》ノ成立及ヒ取消ニ付テハ其當時《たうじ》ノ法律ヲ適用シ其效力ニ付テハ遺言者《いげんしや》ノ死亡當時ノ法律ヲ適用ス

本條問の答　遺言《ゆいごん》が成立《なりた》つことゝ又遺言と取消《とりけ》すことに付ては遺言を爲《な》したる時の法律を用ひて其成立《なりた》つものなるか又取消《とりけ》すべきものなるかを定め遺言《ゆいごん》によりて如何なることが出來《でき》るかは遺言者の死したる時の法律を適用《てきよう》を故に遺言は民法を行ふ前に爲して民法施行後に死《し》するときは遺言の成立《なりたち》及び取消は民法施行前の法律に從《したが》ひ效力に付ては民法を適用するものと知るべし

第九十五條　民法第千百三十二條乃至第千百三十六條及ヒ第千百三十八條乃至第千百四十五條ノ規定ハ民法施行前ニ爲シタル贈與ニモ亦之ヲ適用ス

本條問の答　民法第千百三十二條乃至《ないし》第千百三十六條及び千百三十八條乃至《ないし》第千百四十五條の定《さだめ》は民法を行ふ前に爲したる贈與《ぞうよ》にも適用す此等の諸條《しよでう》は既に述べたれば同條の問答《もんだふ》と看て會得《ゑとく》をべし

民法施行法畢

明治卅五年一月二日印刷
明治卅五年一月五日五版

講述者　吉野寛

大阪市南區安堂寺橋通四丁目二百番屋敷
發行者　又間安次郎

大阪市西區阿波座壹番町六十番邸
大阪製本印刷株式會社代表者
印刷者　矢野松之助

大阪市南區安堂寺町御堂筋南へ入
賣捌元　又間精華堂

民法問答講義　　日本立法資料全集　別巻 1218

平成31年２月20日　復刻版第１刷発行

著　者　吉　野　　寛

発行者　今　井　　貴
　　　　渡　辺　左　近

発行所　信　山　社　出　版

〒113-0033　東京都文京区本郷６－２－９－102
モンテベルデ第２東大正門前
電　話　03（3818）1019
ＦＡＸ　03（3818）0344
郵便振替　00140-2-367777（信山社販売）

Printed in Japan.

制作／㈱信山社，印刷・製本／松澤印刷・日進堂

ISBN 978-4-7972-7335-9 C3332

別巻　巻数順一覧【950 ～ 981 巻】

巻数	書　名	編・著者	ISBN	本体価格
950	実地応用町村制質疑録	野田藤吉郎、國吉拓郎	ISBN978-4-7972-6656-6	22,000 円
951	市町村議員必携	川瀬周次、田中迪三	ISBN978-4-7972-6657-3	40,000 円
952	増補 町村制執務備考 全	増澤鐵、飯島篤雄	ISBN978-4-7972-6658-0	46,000 円
953	郡区町村編制法 府県会規則 地方税規則 三法綱論	小笠原美治	ISBN978-4-7972-6659-7	28,000 円
954	郡区町村編制 府県会規則 地方税規則 新法例纂 追加地方諸要則	柳澤武運三	ISBN978-4-7972-6660-3	21,000 円
955	地方革新講話	西内天行	ISBN978-4-7972-6921-5	40,000 円
956	市町村名辞典	杉野耕三郎	ISBN978-4-7972-6922-2	38,000 円
957	市町村吏員提要〔第三版〕	田邊好一	ISBN978-4-7972-6923-9	60,000 円
958	帝国市町村便覧	大西林五郎	ISBN978-4-7972-6924-6	57,000 円
959	最近検定 市町村名鑑 附 官国幣社 及 諸学校所在地一覧	藤澤衛彦、伊東順彦、増田穆、関惣右衛門	ISBN978-4-7972-6925-3	64,000 円
960	鼇頭対照 市町村制解釈 附 理由書 及 参考諸布達	伊藤寿	ISBN978-4-7972-6926-0	40,000 円
961	市町村制釈義 完　附 市町村制理由	水越成章	ISBN978-4-7972-6927-7	36,000 円
962	府県郡市町村 模範治績　附 耕地整理法 産業組合法 附属法令	荻野千之助	ISBN978-4-7972-6928-4	74,000 円
963	市町村大字読方名彙〔大正十四年度版〕	小川琢治	ISBN978-4-7972-6929-1	60,000 円
964	町村会議員選挙要覧	津田東璋	ISBN978-4-7972-6930-7	34,000 円
965	市制町村制 及 府県制　附 普通選挙法	法律研究会	ISBN978-4-7972-6931-4	30,000 円
966	市制町村制註釈 完　附 市制町村制理由〔明治21年初版〕	角田真平、山田正賢	ISBN978-4-7972-6932-1	46,000 円
967	市町村制詳解 全　附 市町村制理由	元田肇、加藤政之助、日鼻豊作	ISBN978-4-7972-6933-8	47,000 円
968	区町村会議要覧 全	阪田辨之助	ISBN978-4-7972-6934-5	28,000 円
969	実用 町村制市制事務提要	河邨貞山、島村文耕	ISBN978-4-7972-6935-2	46,000 円
970	新旧対照 市制町村制正文〔第三版〕	自治館編輯局	ISBN978-4-7972-6936-9	28,000 円
971	細密調査 市町村便覧(三府四十三県 北海道 樺太 台湾 朝鮮 関東州)　附 分類官公衙公私学校銀行所在地一覧表	白山榮一郎、森田公美	ISBN978-4-7972-6937-6	88,000 円
972	正文 市制町村制 並 附属法規	法曹閣	ISBN978-4-7972-6938-3	21,000 円
973	台湾朝鮮関東州 全国市町村便覧 各学校所在地〔第一分冊〕	長谷川好太郎	ISBN978-4-7972-6939-0	58,000 円
974	台湾朝鮮関東州 全国市町村便覧 各学校所在地〔第二分冊〕	長谷川好太郎	ISBN978-4-7972-6940-6	58,000 円
975	合巻 佛蘭西邑法・和蘭邑法・皇国郡区町村編成法	箕作麟祥、大井憲太郎、神田孝平	ISBN978-4-7972-6941-3	28,000 円
976	自治之模範	江木翼	ISBN978-4-7972-6942-0	60,000 円
977	地方制度実例総覧〔明治36年初版〕	金田謙	ISBN978-4-7972-6943-7	48,000 円
978	市町村民 自治読本	武藤榮治郎	ISBN978-4-7972-6944-4	22,000 円
979	町村制詳解　附 市制及町村制理由	相澤富蔵	ISBN978-4-7972-6945-1	28,000 円
980	改正 市町村制 並 附属法規	楠綾雄	ISBN978-4-7972-6946-8	28,000 円
981	改正 市制 及 町村制〔訂正10版〕	山野金蔵	ISBN978-4-7972-6947-5	28,000 円